THE PHILOCALIA

OF ORIGEN

The Text Revised
with a Critical Introduction and Indices, by

J. Armitage Robinson

Elibron Classics
www.elibron.com

THE PHILOCALIA

OF ORIGEN

London: C. J. CLAY & SONS,
CAMBRIDGE UNIVERSITY PRESS WAREHOUSE,
AVE MARIA LANE.

Cambridge: DEIGHTON, BELL AND CO.
Leipzig: F. A. BROCKHAUS.
New York: MACMILLAN AND CO.

THE PHILOCALIA

OF ORIGEN

THE TEXT REVISED

WITH A CRITICAL INTRODUCTION AND INDICES

BY

ARMITAGE ROBINSON

NORRISIAN PROFESSOR OF DIVINITY
IN THE UNIVERSITY OF CAMBRIDGE

CAMBRIDGE
AT THE UNIVERSITY PRESS
1893

𝕮𝖆𝖒𝖇𝖗𝖎𝖉𝖌𝖊:

PRINTED BY C. J. CLAY, M.A. AND SONS,

AT THE UNIVERSITY PRESS.

CLARISSIMO · PHILOSOPHORVM · GOTTINGENSIVM · ORDINI

QVORVM · EX · DECRETO

QVO · TEMPORE · CAROLI · LACHMANNI · SVI

MEMORIAM · SAECVLAREM · CELEBRABANT

AD · GRADVM · DOCTORIS · PROVECTVS · SVM

HVNC · LIBRVM · GRATO · ANIMO

D · D

R.   *b*

PREFACE.

THE Philocalia of Origen is a compilation of selected passages from Origen's works made by SS. Gregory and Basil. The wholesale destruction of his writings which followed upon the warfare waged against his opinions shortly after his death has caused a special value to attach to the Philocalia as preserving to us in the original much of Origen's work which would otherwise have been entirely lost or would have survived only in the translations of Rufinus. Moreover even his great and comparatively popular work Against Celsus depends for its text solely on a manuscript of the thirteenth century, so that we have great cause for gratitude in the preservation of a large part of it in the Philocalia. But apart from its textual importance this collection deserves attention as forming an excellent introduction to the study of Origen. Much of his best thought is here presented to us, arranged under various important heads ; and we are guided to the appreciation of his theological standpoint by two of the strongest intellects of the century after his own.

A fresh edition of the Philocalia has long been needed. Indeed the only complete edition that has ever appeared is that of Joh. Tarinus, published at Paris in 1618. His work was partially reproduced at Cambridge in 1658 by William Spencer, who appended to his famous edition of the Contra

Celsum those parts of the Philocalia which had not been extracted from that Book. After this Delarue distributed over his four great volumes (Paris, 1733) the various sections according to their original position in Origen's writings. Lastly Lommatzsch (Berlin, 1846) brought them together again, substituting however for the most part the text of the original works where these were still extant. During all this time nothing was done for the improvement of the Philocalia text, which Tarinus had printed from late and untrustworthy manuscripts.

For the present edition more than fifty MSS have been examined and genealogically arranged, and the three most important of them have been fully collated: one very serious displacement of several pages has thus been remedied, and the whole text, which is of considerable importance for the criticism of the New Testament, has been placed on a firmer basis.

My original intention had been to edit the Contra Celsum, and in 1886 I commenced, in cooperation with the Rev. F. Wallis of Gonville and Caius College, a preliminary investigation of the MSS of that Book. At this point we were much indebted to the Rev. E. C. Selwyn, now Head Master of Uppingham, for the use of some materials which he had already collected with a similar purpose. Dr Hort however pointed out, what experience quickly justified, that no satisfactory work could be done on the Contra Celsum text until the far older and more numerous MSS of the Philocalia had been fully investigated, and he urged that precedence should be given to an edition of the Philocalia.

After my investigation of the Philocalia MSS was completed, I learned that Dr Koetschau of Jena had undertaken a similar task with a view to editing the Contra Celsum. We agreed to publish our results independently, and in 1889 I wrote an article on the subject in the *Journal of Philology*, while his work appeared almost simultaneously in Harnack's

Texte und Untersuchungen. Dr Koetschau differed from me in maintaining that Paris. Suppl. 616 of the Contra Celsum was independent of Vat. Gr. 386 ; but he has since informed me that a further examination of the Vatican MS has removed his objections to my view. I trust we shall soon have from him a thoroughly satisfactory text of the Contra Celsum, based upon what is unhappily the only independent MS which has survived.

It is a pleasure to record my obligations to the Librarians of the many Libraries which I have visited in the course of preparing for this work, to the Syndics of the University Press who have undertaken its publication, and to one of my sisters whose help has lightened the labour of making the Indices.

CHRIST'S COLLEGE,
April, 1893.

Διὰ τοῦτ' ἂν ἡὐξάμην παραλαβεῖν σε καὶ φιλοσοφίας Ἑλλήνων τὰ οἱονεὶ εἰς χριστιανισμὸν δυνάμενα γενέσθαι ἐγκύκλια μαθήματα ἢ προπαιδεύματα ...ἵν', ὅπερ φασὶ φιλοσόφων παῖδες περὶ γεωμετρίας καὶ μουσικῆς γραμματικῆς τε καὶ ῥητορικῆς καὶ ἀστρομίας ὡς συνερίθων φιλοσοφίᾳ, τοῦθ' ἡμεῖς εἴπωμεν καὶ περὶ αὐτῆς φιλοσοφίας πρὸς χριστιανισμόν.

ORIGENES · AD · GREGORIVM

CONTENTS.

INTRODUCTION

TEXT OF THE PHILOCALIA.

I. MANUSCRIPTS OF THE PHILOCALIA.

1. *Venice* 47 (= B). Until quite recently the earliest known MS of the Philocalia was a cursive quarto of the eleventh century in the Library of S. Mark at Venice (Gr. 47). This MS held a unique position not merely on account of its being two centuries older than any other, but also because it contained peculiar *prolegomena* of its own, and a series of marginal criticisms warning the reader against aberrations from the orthodox faith. In 1844, however, and again in 1859, on his return from Mt Sinai, Tischendorf visited the Monasterial Library at Patmos, and his attention was directed to a tenth century MS, which had been erroneously described as 'Origenis Hexapla.' On inspection he found that it contained (1) the Philocalia, (2) Scholia from the Hexapla on Proverbs, and (3) Scholia on certain works of Gregory the Divine, together with a life of that saint. The Patmos MS then is the oldest copy of the Philocalia at present known to exist; but in order to explain its relative importance it is necessary first to give an account of the Venice Codex.

Ven. 47 is a parchment quarto of 156 leaves, 10 in. by $7\frac{1}{2}$ in., containing 31 lines in a page: the character is small minuscules hanging from the lines: the headings are in small capitals, and the ink throughout is a reddish brown. It probably belongs to the eleventh century.

Now most MSS of the Philocalia commence with a short preface (ἐκλογὴν ἡ παροῦσα περιέχει βίβλος κ.τ.λ.) stating that it was compiled by Basil and Gregory, and sent by the latter to Theodore, Bishop of Tyana, together with a letter which then follows (ἑορτὴ καὶ τὰ γράμματα κ.τ.λ.), and which is found in Gregory's collected works (Benedictine edition, no. cxv). After this comes a table of contents introduced by the words, τάδε ἔνεστιν (al. ἐστὶν) ἐν τῆδε τῆ βίβλῳ. But Ven. 47 begins with the word πρόλογος, under which comes a long preface of five pages (see below, p. 1 ff.) commencing indeed with ἐκλογὴν ἡ παροῦσα κ.τ.λ., but inserting various comments and modifications, working it up into a defence of the action of Basil and Gregory in producing a selection from Origen's works, and at the same time suggesting that the present Philocalia has been interpolated for heretical purposes since it left their hands. In conclusion, the writer of the preface says that he has placed marks against obnoxious passages (αἱρετικά· ψεκτά· κατὰ τοὺς ἰδίους ἔκαστα τόπους ἐστηλιτεύσαμεν). Then follows Gregory's letter, and after it, on the next page, τάδε ἔνεστιν ἐν τῆδε τῆ βίβλῳ. ἐκλογὴ κεφαλαίων ἐκ διαφόρων συγγραμμάτων τοῦ δυσσεβοῦς ὠριγένους. An almost invisible line has been since drawn through the word δυσσεβοῦς. Then comes a table of contents, shewing 27 chapters, correctly numbered throughout, with the subsections of c. xxi also properly numbered. This is the only copy in which I know this numeration to be quite correctly done. Opposite to ιϛ′ and κ′ in this index are references to the Contra Celsum in the blacker ink of a later hand. After a simple border and its proper heading, c. i begins with the words ἐπεὶ περὶ τηλικούτων κ.τ.λ. The MS ends with the words γηίνων πράξεων on f. 156 r. The other side of the leaf contains some close but smeared writing in a later hand, consisting of extracts relating to Origen from Photius, Bibliotheca, §§ 117, 118.

Two correctors have been at work on the MS. The first seems to be contemporaneous with the original scribe : the other is much later, using a blacker ink and inserting corrections from a MS of the Contra Celsum, to the chapters of which he has put the reference in the index. Besides these a large and clumsy hand has written occasional notes to defend Origen from the charges preferred against him in the margin. The MS belonged to Cardinal Bessarion, whose signature it has on the first page.

From Ven. 47 is copied Vat. 389, and from that again a MS, dated 1573, which has been lately transferred from Sir T. Phillipps' Library at Cheltenham to Berlin.

There is a curious note in the margin of Ven. 47, which throws an interesting light upon its history. Origen has been declaring (Philoc. c. i, p. 25) that certain passages of Scripture have no literal sense, but are purposely meaningless or even absurd when interpreted literally, in order that we may be forced to seek for the deeper moral and spiritual truths which every Scripture contains. He instances the Mosaic distinction whereby certain animals are pronounced unclean, which as a matter of fact have no existence except in fable. One of these fabulous creatures is the τραγέλαφος, a monstrous combination of the goat and the stag. Here the critic interposes, and says in the margin: 'But we once saw a τραγέλαφος, which came from Thrace to Caesar Barda's house,' and so on. Now Barda was a clever statesman of the reign of Michael III, under whose frivolous reign he enjoyed almost absolute power. He was advanced to the dignity of Caesar in 862 A.D., and was murdered in 866 A.D. Notorious for his vices, he was yet a good jurist, and as the solitary patron of literature he brought about a revival of learning which alone redeems his memory from disgrace. It was he, for example, who procured the appointment of the learned Photius to the patriarchate (Zonaras, pp. 160, 161). Thus we are guided to Constantinople and the second half of the ninth century, as the locality and date of the archetype of Ven. 47.

There can be little room for doubt that Barda's contemporary was the writer of the long preface. And therefore we may now go a step further in tracing back this line of text. For the preface speaks of the codex from which the scribe was copying as παλαιοτάτη οὖσα, so that we might be justified in assigning it conjecturally to the seventh, if not to an earlier century. These considerations naturally raise the expectation that the line of text thus preserved will have special merits; and the fact that no editor has as yet taken it into account lends additional interest to our investigation of it. Nor indeed does it disappoint us. Again and again, in those passages which are extracted from the Contra Celsum, we find that Ven. 47 agrees with the Contra Celsum readings against all the rest of the Philocalia evidence. The following instances will suffice to shew this : p. 77 l. 15 σκευασθὲν, cett. κατασκευασθὲν, p. 91 l. 6 κἂν ὀλίγην, cett. καὶ ὀλίγην, p. 92 l. 7 μυρίους, cett. μυρίοις, p. 96 l. 21 λεκτέον δὲ, cett. λεκτέον δὴ, p. 99 l. 15 καὶ γυναῖκα γαμουμένην, om. cett. p. 107 l. 26 νῦν δὲ ζητεῖτε, cett. νῦν ζητεῖτε, p. 130 l. 18 καὶ ἐσθίεσθαι, om. cett., p. 181 l. 24 παραδοθέντα, cett. παραδεδομένα. Similarly in many places in c. xxiv, which is derived from Eusebius, Praeparatio Evangelica, vii. 22, this MS alone reproduces the Eusebian text (see Gaisford's edition, vol. II p. 213, &c); as, for example, in the following readings: p. 212 l. 23 ἀδύνατον ὑπάρχειν, cett. ὑπάρχειν ἀδύνατον, p. 213 l. 7 ἀλλ' εἰ, cett. ἀλλ' ἤ, and many others.

But by far the most important correction which Ven. 47 enables us to make in the hitherto received text of the Philocalia is in c. xxvii, which is taken from Origen's lost Commentaries on Exodus. For here a most extraordinary dislocation has taken place, through the disarrangement of some loose leaves in a long lost codex which must now be regarded as the archetype of all the other Philocalia MSS. As it has not hitherto been observed I shall explain it with some fulness; but I shall confidently leave the restored text to be its own justification.—The words ἰδοὺ ἐγὼ ἀπο-κτενῶ τὰ πρωτότοκά σου (p. 244, cf. Exod. iv. 23) are, in the Patmos MS, as in those of both the other groups, followed by καὶ γνώσονται γὰρ κ.τ.λ. (p. 249, cf. Exod. vii. 5). So on p. 250, οὕτω δ' ἡμεῖς καὶ πᾶσαν ἀπειλὴν is followed by ἀπό τε τῶν ἱερῶν γραφῶν κ.τ.λ. (p. 245); on p. 249, ἐν τῇ ἐξόδῳ ἀναγέγραπται by ἆρα γὰρ ὁ σκληρύνων σκληρὸν σκληρύνει κ.τ.λ. (p. 244); and on p. 245, ἡμεῖς δὲ πολλαχόθεν πειθόμενοι by καὶ πόνον καὶ κόλασιν κ.τ.λ. (p. 250). Now reckoning that a leaf of the mutilated codex contained 29 lines, or about a page, of this edition, we are able by the aid of the Venice MS both to restore the true order and to explain the error. The leaves of the MS in question must have contained the following passages :

1. ἆρα γὰρ ὁ σκληρύνων—πολλαχόθεν πειθόμενοι.
2–5. ἀπό τε τῶν ἱερῶν γραφῶν—ἐν τῇ ἐξόδῳ ἀναγέγραπται.
6. καὶ γνώσονται γὰρ—καὶ πᾶσαν ἀπειλήν.
7. καὶ πόνον καὶ κόλασιν κ.τ.λ.

Now ff. 1 and 6 became detached and exchanged places, and so the mischief was done. Ven. 47 is the only codex, apart from its immediate descendants, which gives the right order. There is one other fragmentary testimony to it, which will be noticed later on.

These facts lead us to conclude that Ven. 47 affords a wholly independent text, and often preserves to us right readings where all other MSS have gone astray.

2. *The Patmos MS* (= A). During the Easter Vacation of 1887 I was hospitably entertained in the Monastery of S. John the Divine, while I was engaged in making a collation of this MS. Patmos 270 is a parchment quarto of 435 leaves, the leaf measuring 8½ in. by 6 in., the written part 6¼ in. by 4 in. The character is small minuscules sometimes crossing, sometimes hanging from the line: there are 29, rarely 30, lines in a page; the ink is brown throughout; the capitals are small and plain, and the headings are in small capitals: there are scarcely any corrections. The contractions are very numerous at the outset: but on f. 143 r they begin to lessen, and they are not found from 143 v to 153 v, where they recommence to a slight extent half-way down the page. The grave and acute accents are very slanting; the circumflex is sometimes round and sometimes pointed. The breathings are formed by a perpendicular line with a side stroke to the right or the left. The prepositions in composition often retain their accent: the breathings are omitted after οὐκ, οὐχ, ὑφ, &c.: there is no ι adscript or subscript. A friend's camera enabled me to bring back photographic facsimiles of several pages. Tischendorf assigns the MS to the xth century: I should incline to place it towards its close.

As this MS is so difficult of access I give here a somewhat full statement of its contents.

f. 1 r. Top part torn away; first legible words, parts being pasted over: γενέσθαι μὴ ἀμφιβάλλοντας κ.τ.λ. (18 lines).

f. 1 v. Several lines lost; then: μετώπου κ.τ.λ. (3 lines) down to κατὰ τοὺς ἰδίους ἕκαστα τόπους ἐστηλιτεύσαμεν. Then a very plain border followed by ἐπιστολὴ τοῦ ἁγίου γρηγορίου τοῦ θεολόγου πρὸς θεόδωρον ἐπίσκοπον τυάνων. ἑορτὴ καὶ τὰ γράμματα, κ.τ.λ. (14 lines). After another plain border comes in a much later hand: πρῶτον μὲν ἐννοεῖ τὰς ἀγγελικάς—σημειωτέον ὅτι καὶ πρὸ παντὸς τοῦ ὁρωμένου τούτου κόσμου τὰς ἀγγελικάς φησιν ἀποστῆναι δυνάμεις.

f. 2 r. τάδε ἔνεστιν ἐν τῆδε τῇ βίβλω.

ᾱ. περὶ τοῦ κ.τ.λ., commencing the index.

On f. 3 r, three-quarters down, after ἀπάτης comes another border: then follows

περὶ αὐτεξουσίου καὶ κ.τ.λ.......ἐστι ταῦτα
ā. εἰς τὸ ἐσκλήρυνεν κ.τ.λ.

and so on through the six subsections of c. xxi, which are num-
bered as distinct chapters: so that we reach at last on the fifth
line of f. 4 r,

ιβ̄. εἰς τὸ ἐσκλήρυνεν κ.τ.λ.

Here follows another border, and we commence the book itself
with the heading of c. i. A leaf is lost after φάσκοντας (p. 10), and the
next leaf begins with κυριεύων (p. 11). The Philocalia ends on f. 185
v, l. 5, with γηίνων πράξεων and a plain border. Then follows im-
mediately, and in the same handwriting: σχόλια εἰς τὰς παροιμίας,
for which see Tischendorf, Notitia Cod. Sinaitici, p. 76. This
again ends with a plain border on f. 230 r, near the bottom: after
which follows the note: μετελήφθησαν ἀφ ὧν εὕρομεν ἐξαπλῶν. καὶ
πάλιν αὐταχειρὶ πάμφιλος καὶ εὐσέβιος διορθωσαντο. Another border
closes the page; and f. 231 r gives an index to some work of
Gregory the Divine, followed by scholia on certain of his λόγοι.
The writing ceases abruptly on f. 435 v with the words καταθέμενος.
τοῦτο καὶ βούλεται καὶ δύναται, and so the MS ends.

It will be seen from this description that the Patmos codex is
unfortunately mutilated at the commencement, and that the first
thing which is continuously legible is the dedicatory letter of
Gregory. But the words immediately above this, κατὰ τοὺς ἰδίους
ἕκαστα τόπους ἐστηλιτεύσαμεν, together with others preceding them,
are sufficient to identify the passage with the close of the long
preface contained in Ven. 47. It is most remarkable however that
we find none of the marginal notes which occur in the Venice MS ;
nor is there a single trace of the signs of dissent which are pro-
mised at the close of the preface: the abusive epithet applied to
Origen has also disappeared.

The fact is that the scribe of the Patmos MS used a text quite
independent of that used by the writer of Ven. 47; and the long
preface is, so far as I can judge, the only point which they have
genealogically in common. Confirmation of this may be found in
the *apparatus criticus* of the present edition; and I need here
only refer to the instances cited above in my discussion of Ven. 47,
and more especially to the dislocation of the text in c. xxvii.

The importance of this conclusion is very great. For if the two earliest copies of the Philocalia, of the xth and xith centuries respectively, give us independent texts, their coincidence in any given reading affords a strong presumption that it is the original Philocalia reading of the passage; and where this is further confirmed by the testimony of the Contra Celsum text, we have attained as nearly as we can ever hope to attain to the *ipsissima verba* of Origen's autograph.

3. *Paris. Suppl.* 615 (= C) *and kindred MSS*[1]. The two important MSS which have occupied us hitherto belong to the xth and xith centuries. The next in order of age is the best representative of a distinctly marked group, which reads e.g. ἐστὶν for ἔνεστιν in the index; see above p. xiv. This is Paris. Suppl. Gr. 615, which is placed by Omont in the xiiith century, and is a beautiful vellum codex, written in two columns, and with 24 lines to a page. It measures 11 in. by 7¾ in., and consists of 198 leaves. The character is minuscules hanging from the ruled lines. The capital letters and the headings of the chapters are in gold.

Unfortunately at the beginning of the codex several leaves are lost, and others are missing later on. The first of the existing leaves moreover have been misplaced by the binder: but when they are rearranged the earliest words that we find are τοῖς πολλοῖς μὴ εὑρῆσθαι (p. 14). There are some corrections apparently contemporaneous with the original writing: and here and there a later hand has made changes in a blacker ink. The first column of f. 104 r begins with a broad gold line, followed by an index with gold capitals to the headings but no numeration of chapters. The index ends on f. 104 v, half way down the second column: the rest of the page is blank, and then a leaf is lost. This index illustrates a feature specially marked in this group: viz., the expressed division of the Philocalia into two books, the second of which commences with c. xxi.

From Par. S. 615 is copied Basil. A. iii. 9 (= F), which was written by a monk named Cyril in 1565 A.D. I have referred to it as F in the *apparatus* of the Preface on p. 1. It is also probable that the very imperfect MS bound up with the 'Codex Regius' of the Contra

---

[1] For further descriptions of these MSS see Journ. of Philol. vol. xviii, no. 35, pp. 46—51.

Celsum (Paris. 945) is likewise a copy of Par. S. 615, as far as it goes. Besides these two MSS, Par. S. 615 has another batch of descendants, whose lineage is perplexing, because they embody corrections both from the c. Cels. text and from another Philocalia group. These are Monac. 523, Constantinop. 453, Ottob. 410, Bodl. Roe 8 and Cantab. Trin. Coll. O. I. 10.

Side by side with Par. S. 615 we find a number of MSS which offer the same general text, and yet demand an archetype of their own independent of that codex. These are Ven. 122 (with its copies, Monac. 52 and Taurin. B. I. 6), Vat. 385, Athen. 191 and Vat. 429. These MSS are linked together and separated from all others by the peculiar mistakes, οὕτω for ὅτῳ (p. 96 l. 14), and ἀπαλλαγησόμεθα for ἀπολογησόμεθα (p. 92 l. 17). Moreover they are frequently right where Par. S. 615 has blundered (e.g. κατασκευαστέον...τῷ λόγῳ, p. 97 ll. 21 f.).

The most important of them, Ven. 122 (=D), fortunately bears its date, A.D. 1343. This is a MS on paper, with 377 leaves, measuring 11¾ in. by 8¼ in., and containing 30 lines on a page, written in a small and rapid hand with many contractions. It contains three works of Cyril of Alexandria, a treatise of Photius, and a letter sent by Thomas, Patriarch of Jerusalem, to the Armenian heretics. This letter had been dictated in Arabic by Theodore Abucara and translated into Greek by Michael the Presbyter. Then ff. 289—377 contain the Philocalia.

4. *Venice* 48 (=E) *and kindred MSS.*[1] This group is the largest of all and quite the most confusing. But it yields at last to subdivision, and may be arranged in two classes, the first of which has three clear divisions within it very closely connected with each other. The second class is more miscellaneous, and consists entirely of late MSS. Characteristic of the entire group is an omission on p. 144 l. 26, where the words καὶ οὐ κακίαν μὲν are wholly wanting. Now in the representative MSS of the first class the omission of these words is recognised by a blank space of a whole line, or part of a line. But in some later MSS of the first class, and in all, as far as I know, of the second, the omission is silently made and no gap is left.

---

[1] See Journ. of Phil. ibid. pp. 52—58.

Other common readings of the entire group are τὸ μεῖζον ὧν ἔχομεν in Gregory's dedicatory letter : τοῦ βίου τὰ πράγματα (p. 96 l. 24): and the omission of ἕνα before ἐνόμισαν (p. 89 l. 25). Of course many other instances might be given : but these will suffice to link all these MSS together as forming a group by themselves.

(i)   In the first class the three divisions are best represented by (1) Ven. 48, (2) Par. 456, and (3) Par. 940. Besides their very close correspondence of text, the MSS of this class are linked together and separated from all others by the addition of ἔτι before the heading εἰς τὸ ἐσκλήρυνε κύριος τὴν καρδίαν φαράω at the close of the index. On the other hand, their variations are such that I think none of them can be a copy of either of the others.

(1)   Ven. 48 is the oldest member of the whole group. It is a MS of the xivth century, written by the same scribe as the Contra Celsum MS, Ven. 44. Its fly leaf is torn away, otherwise we should doubtless have read Bessarion's name as in that codex. It is a paper quarto with 220 leaves. There are no corrections, excepting a very few by the first hand as it seems ; and this makes it the more difficult to detect what MSS are copied from it. On f. 220 v is written, I think in Bessarion's hand, ὠνησάμην τουτὶ τὸ βιβλίον ἑνὸς χρυσίνου καὶ ἡμίσεως. At the top of f. 103 r, in chap. xxi (p. 170), there is written above the first line in red ink : ā+εἰς τὸ ἐσκλήρυνε κσ̄ τὴν καρδίαν φαράω. This rubric refers to the sixth line, Ἀρξώμεθα κ.τ.λ., at the end of which is a red ā; and it must have been added as an afterthought, perhaps in the MS from which Ven. 48 was copied. The subsequent sections have no such heading, but only numbers at the side. This stray rubric reproduces itself in various ways, and so forms another link between the various MSS of the whole group.

Four MSS, Mediol. A. 165, Lugd. Bat. 61, Flor. Laur. Kk. 1. 39, and Vat. Regin. 3, are probably copied from Ven. 48.

(2)   Par. 456 bears the date 1426 A.D., and was brought to Paris from Constantinople. It is very closely related to Ven. 48, though not copied from it. The same may be said of Ottobon. 67, which is dated 1436 A.D., and also comes from Constantinople. Both of these MSS contain Arrian's Expeditio Alexandri immediately after the Philocalia. And the Paris MS prefixes to the Philocalia the following lines suggesting a comparison between the work

R.   c

of Origen and Alexander: I cannot be sure whether Ott. 67 has
them or not.

εἰ μὲν θέλεις ἄνθρωπε θαυμάζειν βίον,
τύχας ἀλεξάνδρου τε καὶ πράξεις ἔχεις·
εἰ νοῦν δ᾽ ἀτεχνῶς μυστικῶν ἑρμηνέα,
ὠριγένην θαύμασον ὃς τοῦτον ἔχει· κ.τ.λ.

These lines were doubtless composed by the scribe of Par.
456, or its archetype, if that also contained Arrian's work. They
reappear in some later MSS with some variations of text, though
Arrian's work is not given and so the whole point of them is
gone.

(3) Par. 940 (= G) is defective at the close, and is thus connected
with two other MSS, both of which are probably copied from it. It
is a paper MS of the xvth century, 'olim Boistallerianus.' It
contains, after the Philocalia, Basil's Homilies on the Hexaemeron,
and two works of Gregory of Nyssa. It stops abruptly on f. 81 v,
l. 14, with ἀλλὰ ἀπὸ ἁπαλότητος (p. 244), and leaves a blank till f. 82
v, l. 7, where it goes on again with τῶν μετὰ τὰ τεράστια (p. 253),
ending finally seven lines from the foot of f. 83 r with ὑλικὸς γάρ τις
ἀπὸ τῆς ἑαυτοῦ (p. 255). This obviously points to a mutilated
archetype.

From Par. 940 are copied Oxf. New Coll. 147 and Mediol.
H. 101.

By a most remarkable coincidence the sentence at which Par.
940 first breaks off has carried us just far enough to shew that the
scribe had before him the true order of c. xxvii, which has been
preserved to us in its completeness by Ven. 47 alone. For the
sentence runs thus: ἰδοὺ ἐγὼ ἀποκτενῶ τὰ πρωτότοκά σου· ἆρα γὰρ ὁ
σκληρύνων σκληρὸν σκληρύνει; σαφὲς δ᾽ ὅτι τὸ σκληρὸν οὐ σκληρύνεται·
ἀλλὰ ἀπὸ ἁπαλότητος. This extraordinary link of connection with
Ven. 47 would be enough to upset our whole system of grouping,
were it not that a closer examination reveals the fact that this last
chapter has been copied from a source quite different from that of
the earlier part of the MS, which is nearly akin to Ven. 48 and
Par. 456. It is sufficiently clear that this chapter is not taken
directly from Ven. 47; but it is certainly from a MS very closely
allied to it.

We must include somewhere in this first class Vat. 1454, an incomplete MS, ending with χρηστέον (p. 251 l. 19); for it prefixes ἔτι to the last heading in the index.

(ii) The somewhat miscellaneous second class seems to contain no MS earlier than the xvith century. It is linked with the first class by the omission, though without a gap, in c. xx (p. 144); but separated from it by not reading ἔτι before the last section of the index, by the blunder διαλύσεων for ἐπιλύσεων in the preface, and by reading λαμβάνειν ἢ διδόναι for διδόναι ἢ λαμβάνειν on p. 96 l. 19; and it sometimes gives right readings where the first class has gone wrong. This class has a peculiar interest as containing the MSS on which the only complete printed text of the Philocalia, that of Joh. Tarinus in 1618, is based. The text of the Philocalia published by Lommatzsch is ultimately derived from this edition in those passages where the original works of Origen are not extant; but in other parts the text of the original works, e.g. the Contra Celsum, has for the most part been substituted for the Philocalia text.

(1) The MS from which Tarinus printed, Par. 458, contains after the Philocalia a work of Zacharias, Bishop of Mitylene, written in very large characters and dated 1531 A.D. This he edited at the same time, adding also the Opiniones de Anima, which he found in the 'Codices Thuani' of the Philocalia, the readings of which he reproduces in his notes.

Par. 457 and Par. 459 (A.D. 1543) are closely allied to Par. 458 and need not be further described.

(2) The following are linked with Par. 456 by the reproduction of the Iambics mentioned above, but their text is different and belongs to this second class:

(a) Reading correctly θέλεις: Par. 941 (A.D. 1535) and, what is probably a copy of it, Lugd. Bat. 67.

(b) Reading θέλῃς: Flor. Riccard. K. I. 13 and Vat. 1565. The beginning of the Riccardian MS is wanting, but it can be gathered from Vat. 1565, which has the word προθεωρία before the preface, and ἐπιστολή before Gregory's letter. These peculiarities are common also to Lugd. Bat. 44, which is incomplete, ending as it does with συγκατατίθενται τῷ διδάσκοντι (p. 241). For these reasons therefore among others these three MSS must be classed together.

The Riccardian MS contains, after the Philocalia and the verses
on Origen, some iambics of the monk Bessarion on the death of
Theodora, followed by two other verse pieces, and an acrostic
prophecy of Christ and the Cross by the Erythraean Sibyl.   The
verses of Bessarion are found also in Par. 456 and Par. 941.   Now
in E. Miller's catalogue of the Greek MSS in the Escurial (pp·
332—386) may be seen the contents of an old catalogue made
before the great fire of 1671.   From this I gather that two MSS of
the Philocalia must then have perished.   One of these is described
as containing also certain verses of Bessarion and other writers,
and also verses of the Erythraean Sibyl.

(3)   The following too, belonging to this same class, have a
common bond in the heading φιλοκαλία ἐκ τῶν ὠριγένους βιβλίων......
συλλεγεῖσα παρὰ τῶν ἁγίων πατέμων ἡμῶν κ.τ.λ.

Taur. B. vi. 25, containing Bk. II followed by Bk. I, and
without index.   Par. 942 and Par. 943, 'Codd. Thuani,' also con-
taining Bk. II followed by Bk. I, but incomplete, and with two
indices.

Lastly, we must bring together here several incomplete copies,
all probably of late date and quite unimportant.

Vat. 388 contains Bk. I only and has no preface or index.
Although it has the same heading as the 'Codd. Thuani,' its text
is quite different; e.g. its first chapter commences with ἐπεὶ, not
ἐπειδή.

I am inclined to class with this a MS in Vienna, no. 53 in the
Catalogue of Lambecius, for the description of which, together
with some tracings, I am indebted to the painstaking kindness of
the late Mr H. W. Wallis, Fellow of Gonville and Caius College.
The MS is extremely difficult to decipher, partly on account of the
ravages of bookworms, but far more owing to a brown stain
going through the whole book and covering about seven-eighths of
each page.   It agrees with Vat. 388 in reading ἐπεὶ at the be-
ginning of c. i, and in containing only the first book.   But my data
for classification are small owing to the mutilation and illegibility
of the codex.

In the Barberini Library at Rome (III 84) there is a copy
containing Bk. II only.

Among the Savile MSS in the Bodleian (No. 11) there is a portion of Bk. II, namely cc. xxi, xxv and xxvii.

At Moscow, as may be seen by Matthaei's Catalogue, there are four very late fragments of Bk. II, which need not here be particularly enumerated.

There is also a complete copy of the Philocalia mentioned in the same catalogue (No. 12). Matthaei speaks of it as a paper MS of the xvth century, and transcribes the following note from the last leaf: ἡ παροῦσα βίβλος τυγχάνει τῆς μονῆς τοῦ ξηροποτάμου, πριαθεῖσα ἐκ τῆς μονῆς τοῦ ξενοφῶντος σὺν ἑτέροις πλείοσι βιβλίοις.

At this point a question naturally arises as to the relation between the various types of text which our enquiry has led us to distinguish, and the comparative value to be assigned to each of them.

Beginning with the two later groups we may ask, Can evidence be produced to show that Par. S. 615 and Ven. 48 have a common ancestor, which stands apart from the Patmos codex? To answer this in the affirmative, instances must be collected in which these two MSS have common blunders which are not found in the latter, and which are moreover such as an intelligent scribe would not have easily rectified. The following cases may perhaps serve this purpose.

1. p. 76 l. 16 οὐ φαίνεται Patm., Ven. 47; om. Par. S. 615, Ven. 48.

This passage forms the close of a quotation from Plato's Crito, which is continued much further in the c. Cels. text: but if the compilers of the Philocalia had stopped before the words οὐ φαίνεται, it is not very probable that these two words, and no others, would afterwards have been appended. Hence we may conclude that they were in the original Philocalia; and if so it is difficult to suppose that the two MSS in question omitted them quite independently.

2. p. 103 l. 20 (c. Cels. i. 62) ἱκανοὺς πρὸς τὸ νοεῖν καὶ λέγειν ἀρεσκόντως πλήθεσιν ἐπιλεξάμενος Patm., Ven. 47. ἱκανοὺς πρὸς τὸ νοεῖν καὶ λέγειν ἀρέσκοντας πλήθεσιν ἀπολεξάμενος Par. S. 615, Ven. 48.

Here a comparison of the c. Cels. text shews that both ἀρέσκοντας and ἀπολεξάμενος are probably wrong.

3. p. 102 l. 4 οὕτως ἔχουσαν c. Cels. MSS, Patm., Ven. 47.
    ἔχουσαν οὕτως Par. S. 615, Ven. 48.

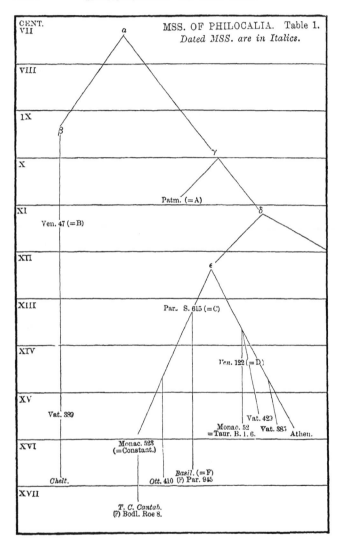

CENT.
VII

MSS. OF PHILOCALIA. Table 2.
Dated MSS. are in Italics.

VIII

IX

X

XI

XII

XIII

ζ

XIV

Ven. 48 (= E)

XV

Par. 456.
Ott. 67.
Mediol. A. 165   (?) Vat. 1454   Par. 940
(Laurent., Vat. Regin. 3)

[11 MSS. of Cl. 2]

XVI

Lugd. 61

Mediol. H. 101 Nov. Coll.

XVII

4. p. 100 l. 29 εἶτ᾽ ἐπεί φησιν c. Cels. MSS, Patm., Ven. 47.

εἶτ᾽ ἐπάγει φησιν Par. S. 615, Ven. 48.

Here the mistake has arisen from a misreading of ἐπεί, and it destroys the sense.

We may therefore accept the theory of a common original (δ) for the groups represented by Par. S. 615 and Ven. 48, giving us new blunders not found in Patm. and Ven. 47.

We may go on further to assume for this MS (δ) and the Patmos MS a common original (γ), which contained the dislocation of c. xxvii. This MS (γ) may quite well have been copied from the παλαιοτάτη βίβλος (a), when its pages had become displaced, long after the copy (β) had been made by Barda's contemporary.

II. MANUSCRIPTS OF THE CONTRA CELSUM.

All the known MSS of the Contra Celsum are copied from one in the Vatican, Gr. 386. This is a MS of the xiiith century, and it contains also the Panegyric on Origen by Gregory Thaumaturgus, which is prefixed likewise to many of its copies. At the end of the first book it has this note:

πρὸς τὸν ἐπιγεγραμμένον κέλσου ἀληθῆ λόγον ὠριγένους τόμος ā :—
μετεβλήθη καὶ ἀντεβλήθη ἐξ ἀντιγράφων τῶν αὐτοῦ ὠριγένους βιβλίων.

In the xvth or xvith century a leaf had disappeared from Bk. ii. c. 13 ff. (R. I. 399 C) after the words περὶ τοῦ συγκαταθέσθαι τοῖς, the next leaf (f. 42 r) beginning ματος ἵνα αὐτὸ τηρήσῃ κ.τ.λ. (Ru. I. 403 B). But as early as the xivth century it had been tampered with by erasure. Thus in i. 32 (Ru. I. 350 A) the words which I here enclose in brackets were erased on account of their blasphemous character: they form part of one of Celsus's slanders about our Lord's birth: ἐλεγχθεῖσα ἐπὶ μοιχείᾳ [καὶ τίκτουσα ἀπό τινος στρατιώτου Πανθήρα τοὔνομαʼ] καὶ ἴδωμεν κ.τ.λ.

The earliest copy[1] of Vat. 386 is Par. S. 616, which was written by Lucas Monachus for the emperor Andronicus III. in 1340 A.D.

---

[1] This relation between the two MSS is denied by Dr Koetschau, who believes that Par. S. 616 is an independent witness to the text. I have

A note at the beginning by a later hand tells us that when the codex came into the possession of Manuel Rhetor he erased the name of Andronicus. It is a parchment MS with large red headings and capitals. It prefixes Gregory's Panegyric, and adds the Exhortatio ad Martyrium. It differs from Vat. 386 in the headings of the books, and by the absence of the note μετεβλήθη καὶ ἀντεβλήθη κ.τ.λ. It also corrects some of the obvious blunders of that MS, such as its original ἐξ ἧς (i. 2, Ru. I. 320 C), and the misspellings ἡρώδοτον and κιτιεύς (i. 5, Ru. I. 324 B). In the Panther passage (i. 32, Ru. I. 403 B) it merely omits the words καὶ τίκτουσα, giving what follows as it is read in the text of Delarue, and leaving no gap.

From Par. S. 616 are copied Basil. A. iii. 9 and Par. 945, the 'Codex Regius' of Delarue.

The other MSS need only be enumerated here. From Ven. 44 (cent. xiv.) are copied Vat. Palat. Gr. 309 (Hoeschel's 'Codex Palatinus'), and the fragments in the Ambrosian Library at Milan (I. 119 P inf.), and probably also the two Oxford MSS, Bodl. Gr. Misa. 21 and New College, No. 146.

From Ven. 48 (cent. xiv.) are copied Lugd. Bat. 17; Ven. 46 (with its copy Par. S. 293 'Codex Jolianus') Matrit. O. 6, written by George Trypho, 1555; Vat. 387 with the two fragments Ottob. 35 and 75; and Monac. 64, of which there is a copy in the same library made for Hoeschel, and by him corrected for the press (Monac. 517).

When we come to estimate the comparative excellence of the Contra Celsum and Philocalia texts in those passages which the compilers of the latter book derived from the former, the palm, as might naturally be expected, is carried off by the text of the original work. Gregory and Basil had no special motive for a very scrupulous accuracy; and there is no doubt that, besides the slight literary alterations which were sometimes necessary to introduce their extracts, they made a considerable number of mistakes from which the Contra Celsum text has remained free.

fully discussed the question in *Journ. of Philol.*, vol. XVIII., no. 36, and need not repeat the evidence here. Further details respecting the Contra Celsum MSS will be found in *Journ. of Philol.*, vol. XVIII., no. 35, p. 62 ff. and in Mr Wallis's article in the *Classical Review*, Nov. 1889.

Thus if we take the first important extract, c. Cels. i. 9—11 (Philoc. c. xviii. ad init.), the result of the comparison of the two texts when critically ascertained is that where the Philocalia differs from the Contra Celsum it is generally inferior to it. In fact the Contra Celsum readings often must be right, and for the most part are preferable. But on the other hand it is to be noted that no divergence in the Philocalia is of more than verbal importance; and this fact goes far to prove that there is no ground whatever for the supposition that the Philocalia, as we have it, has been tampered with from doctrinal motives.

III. CATENAE.

(1) Two considerable quotations from the Philocalia are found in the Munich Catena on the Epistle to the Romans, published by Cramer at Oxford in 1844. The MS which he used (Cod. 412) is described in Hardt's Catalogue (vol. iv. p. 289) as a parchment codex of the xiith century. As the Catena contains passages from Oecumenius I suppose that it cannot have been compiled before the close of the xth century. The first text commented upon is Rom. vii. 7, and the first comment is χρυσοστόμου Ἀντίθεσιν πάλιν κ.τ.λ. The last text is xvi. 24, and the Catena concludes with a comment of Theodoret, ending εἰς τοὺς αἰῶνας τῶν αἰώνων· ἀμήν.

The first of the Philocalia citations (Cramer, vol. iv. p. 276) commences: Ἐκ τῆς φιλοκαλίας τοῦ Ὠριγένους. Πρόσχωμεν δὲ ἄνωθεν τοῖς εἰρημένοις κ.τ.λ., and after a few modified phrases it continues as in our text p. 227 l. 15 to p. 229 l. 29. This passage is from c. xxv. of the Philocalia, where it is quoted from Origen's first book of Commentaries on the Romans.

The other citation (Cramer, vol. iv. pp. 340 ff. and p. 349) is from the third book of the De Principiis as quoted in Philoc. c. xxi. It is somewhat disordered in its arrangement. Thus it begins: Ἐκ τῆς ἐκλογῆς τοῦ Ὠριγένους. ἴδωμεν δὲ καὶ κ.τ.λ. (=p. 170 l. 3). After slight modifications it goes on continuously as in p. 170 l. 28—p. 172 l. 17. Then comes an earlier piece, p. 158 l. 14—p. 162 l. 9; which again is followed by later pieces, p. 173 l. 17—p. 175 l. 5;

p. 176 l. 28—p. 177 l. 15. After a break we have (Cramer, p. 349) a small extract (Ὠριγένους ἐκ τῶν ἐκλογῶν) from the same chapter, p. 175 l. 21—p. 176 l. 2.

A comparison of the text as given by Cramer[1] shews that we have for these passages the testimony of a MS which is wholly independent of the extant MSS of the Philocalia, and in some few instances is right where all of these are wrong together. Thus to give one instance, after the words εἰδὼς τὰ πάντα πρὸ γενέσεως αὐτῶν (p. 227 l. 11) it adds καὶ ὡς εἰδὼς τὰ πάντα πρὸ γενέσεως αὐτῶν, words which would easily fall out, but which when replaced considerably improve the run of the sentence by supplying the missing conjunction. Other obvious improvements shew that the Catena represents a Philocalia MS which must have existed independently side by side with the archetype of all the MSS which we know. Although there are a few cross combinations, it is reassuring to find that it confirms the position which we have assigned to Ven. 47, with which in several instances it agrees against all the rest.

(2) A mere scrap of five lines in the Oxford Catena on the Romans (Bodl. E. II. 20, A.D. 1601; Cramer, vol. iv. p. 5 ll. 21—25) corresponds to Philoc. xxv. p. 231 ll. 8 ff. : see the *apparatus* at the foot of our text. Vatic. Gr. 762 contains a Catena on the Romans: but I know nothing further of it.

These are the only quotations which I have found in Catenae corresponding to passages in the Philocalia : but the whole subject of Catenae is one which much needs to be worked, and which is certain to be fruitful for the criticism of Origen.

IV. TRANSLATIONS BY RUFINUS.

(1) *The De Principiis.* On his return to Italy, after the healing of the first breach of friendship between Jerome and himself on the ground of Origenism, Rufinus published in 398 a

---

[1] Mr A. E. Brooke has kindly collated for me the MS at Munich in these passages. The only corrections to be made in Cramer are: p. 273 l. 5 ἄρα] ἄρα MS, p. 343 l. 10 ὅ] ᾦ MS, l. 14 παρ' ἑαυτοῦ] + κακοῦ MS, p. 344 l. 2 σκληρούμενον] σκληρυμμὸν MS, p. 345 l. 21 ἔκτιμον] ἔντιμον MS, p. 346 l. 12 γενέσθαι] om. MS.

translation of the De Principiis. He tells us (Ap. i., Vallarsi's
Jerome, vol. ii. p. 582) that he did this at the earnest request of one
Macarius, who being engaged on a treatise on Freewill, and being
guided as he believed to Rufinus by a dream, desired to learn
the views of the great Alexandrian teacher on this topic. Rufinus
was fully aware of the storm which would follow such a translation,
and at first put him off with Pamphilus's Apology for Origen, in
which many extracts from the De Principiis were embodied. He fur-
ther endeavoured to save his reputation for orthodoxy by prefixing
to his translation of this work a preface in which he carefully stated
his own creed, and by adding an appendix to prove that the most
objectionable passages in Origen's works were the forged insertions
of heretics. When Macarius still clamoured for the De Principiis
itself, Rufinus yielded, and prefixed to his translation a notable
preface in which he said that he was only following the example
of a great scholar who had translated several works of Origen and
had praised him in the most exalted terms. This was the cause of
a new breach with Jerome, and led to a most painful and discredit-
able controversy. The preface went on to state the principles upon
which Rufinus had made his translation.

" Sicubi ergo nos in libris eius aliquid contra id inuenimus, quod
ab ipso in ceteris locis pie de trinitate fuerat definitum, uelut adulter-
atum hoc et alienum aut praetermisimus aut secundum eam regulam
protulimus, quam ab ipso frequenter inuenimus affirmatam. si qua
sane uelut peritis iam et scientibus loquens, dum breuiter transire
uult, obscurius protulit ; nos, ut manifestior fieret locus, ea quae de
ipsa re in aliis eius libris apertius legeramus adiecimus, explana-
tioni studentes : nihil tamen nostrum diximus, sed licet in aliis locis
dicta tamen sua sibi reddidimus."

With regard to the substance of his work therefore he tells us
honestly enough that his object was to present Origen to the Latin
world in an inoffensive form, and to attain this end by omitting,
as probably the insertions of heretics, passages where he seemed to
contradict his own teachings, and by expanding other passages in
Origen's sense as he had gathered it from his other works.

After this frank confession it is at first surprising to find how
exceedingly little change in either direction can be traced in
those parts of his work of which the original Greek is preserved to

us in cc. i. and xxi. of the Philocalia: but this may be explained by the consideration that SS. Gregory and Basil would select passages which were free from the objections which have been indicated. At any rate it says something for the trustworthiness of Rufinus, that where we are able to confront him with the original we have no fault to find with him on the ground of theological modifications.

The two following passages are omitted by Rufinus : (1) De Princ. iv. 19, 20 = Philoc. p. 28, διὰ τοῦτο δεῖ ἀκριβῶς...ὅσον ἐπὶ τῇ λέξει μὴ γεγενημένους. The first sentence of this is replaced by a platitude. The passage deals with the care needed to decide what portions of Scripture are or are not literally true. (2) De Princ. iv. 21 = Philoc. pp. 29 f., ἀλλ' οὐδὲ ὁ ἐν τῷ φανέρῳ Ἰουδαῖος...προηγουμένῳ λόγῳ γεγενημένων. This is the remarkable passage referred to in Socr. H. E. iii. 7, where Adam is made to represent Christ, and Eve the Church.

On the other hand in De Princ. iii. 10 ad fin. (Ru. I. 118), after the words ὡς γῆ τυγχάνουσα (Philoc. p. 161), Rufinus adds a sentence, which is merely explanatory and sums up the previous argument.

His translation however was assailed by Jerome not only on the ground of his suppression of Origen's heretical statements, but also for the unscholarly style of his Latin composition. Rufinus was well aware that he was open to criticism in this direction, and declares that he at first refused the request of Macarius on the ground of his long residence in the East: "nullum dicebam me usum huiuscemodi operis habuisse, et ad Latinum sermonem tricennali iam paene incuria torpuisse."

But when we come to his work with the view of collecting evidence for the emendation of the existing Greek texts, we are prepared to forgive that want of the 'eloquence' of Jerome which he so often deplores, if only he be found to have translated literally enough to enable us to judge of the readings of uncertain passages. Here we are sadly disappointed. His translation is in fact what we should now call a paraphrase. He gives as a rule a quite intelligible sense; and for the most part it is Origen's sense, if we have regard to the general thought rather than to the individual sentence. He thoroughly appreciated his author, and may be considered as fairly representing his views and arguments. What we have most to complain of is that he constantly fails to appreciate the care-fully balanced sentences of the Greek. He obviously does not understand the constructions, though he seems to grasp by a happy instinct the general drift. He is determined at all hazards to be clear, and he frequently repeats a remark which he has already rendered in another form, introducing sometimes a striking phrase which has no counterpart at all in the original.

An instance taken from the earlier part of the fourth book of the De Principiis will serve to illustrate several of these criticisms, and may be taken as a fair specimen of Rufinus's translation.

PHILOCALIA, I. 6 (p. 12).

Λεκτέον δὲ ὅτι τὸ τῶν προφητικῶν λόγων ἔνθεον, καὶ τὸ πνευματικὸν τοῦ Μωσέως νόμου, ἔλαμψεν ἐπιδημήσαν-τος Ἰησοῦ. ἐναργῆ γὰρ παραδείγ-ματα περὶ τοῦ θεοπνεύστους εἶναι τὰς παλαιὰς γραφὰς πρὸ τῆς ἐπιδημίας τοῦ Χριστοῦ παραστῆσαι οὐ πάνυ δυνατὸν ἦν· ἀλλ' ἡ Ἰησοῦ ἐπιδημία δυναμένους ὑποπτεύεσθαι τὸν νόμον καὶ τοὺς προφήτας ὡς οὐ θεῖα εἰς τοὐμφανὲς ἤγαγεν ὡς οὐρανίῳ χάριτι ἀναγεγραμμένα. ὁ δὲ μετ' ἐπιμελείας καὶ προσοχῆς ἐντυγχάνων τοῖς προ-φητικοῖς λόγοις, παθὼν ἐξ αὐτοῦ τοῦ ἀναγινώσκειν ἴχνος ἐνθουσιασμοῦ, δι' ὧν πάσχει πεισθήσεται οὐκ ἀνθρώπων εἶναι συγγράμματα τοὺς πεπιστευ-μένους ἡμῖν εἶναι θεοῦ λόγους.

DE PRINCIPIIS, IV. 6 (Ru. I. 161 f.).

Quibus etiam illud addendum, quod siue prophetarum uaticinatio, siue Moysis lex, diuina esse et di-uinitus inspirata ex eo maxime il-luminata est et probata, ex quo in hunc mundum Christus aduenit. ante enim quam complerentur ea quae ab illis fuerant praedicta, quam-uis uera essent et a deo inspirata, tamen ostendi uera esse non poterant pro eo quod nondum probarentur impleta. aduentus uero Christi uera esse et diuinitus inspirata quae dixerant declarauit, cum utique prius haberetur incertum si eorum quae praedicta fuerant exitus esset im-plendus. sed et si quis cum omni studio et reuerentia qua dignum est prophetica dicta consideret, in eo ipso dum legit et diligentius in-tuetur, certum est quod aliquo di-uiniore spiramine mentem sensum-que pulsatus agnoscat non humani-tus esse prolatos eos quos legit, sed dei esse sermones: et ex semetipso sentiet non humana arte nec mortali eloquio, sed diuino, ut ita dixerim, cothurno libros esse conscriptos.

We must however in justice remember that the paraphrastic style of translation was by no means peculiar to Rufinus. Jerome himself has no word of blame for this. Indeed in his letter to Pammachius, 'De optimo genere interpretandi' (lvii, Vallarsi I. 308) he had distinctly defended it, except in the case of the translation of the Scriptures. And in the few instances in which we can set passages of his own translation of the De Principiis and of Rufinus's side by side with the original Greek there is little to choose between them on the score of literalness.

These passages are three in number: De Princ. iii. 21 (Ru. I. 134) = Philoc. xxi. (p. 175) εἰ δὲ ἅπαξ...Ῥεβέκκας γενέσθαι : De Princ. iii. 22 (Ru. I. 136) = Philoc. xxi. (p. 176) δυνατὸν μεντοί γε...ἡτοιμασμένον : De Princ. iv. 23 (Ru. I. 185 f.) = Philoc. i. (p. 32) τάχα δὲ ὥσπερ...ἐθνῶν καλοῦνται. The fragments of Jerome's version are preserved in his letter to Avitus (Vallarsi I. 916), and may be seen together with that of Rufinus in Delarue's edition.

The last of these passages I give at length, partly as an illustration of the comparative merits of the versions, and partly because it is immediately followed by a section in Rufinus which the editors of the Philocalia omitted, and by a section in Jerome which both they and Rufinus omitted. These sections are here enclosed within brackets.

Τάχα δὲ ὥσπερ οἱ ἐντεῦθεν κατὰ τὸν κοινὸν θάνατον ἀποθνήσκοντες ἐκ τῶν ἐνταῦθα πεπραγμένων οἰκονομοῦνται, εἰ κριθεῖεν ἄξιοι τοῦ καλουμένου χωρίου ᾅδου, τόπων διαφόρων τυγχάνειν κατὰ τὴν ἀναλογίαν τῶν ἁμαρτημάτων· οὕτως οἱ ἐκεῖθεν, ἵν' οὕτως εἴπω, ἀποθνήσκοντες εἰς τὸν ᾅδην τοῦτον καταβαίνουσι, κρινόμενοι ἄξιοι τῶν τοῦ παντὸς περιγείου τόπου διαφόρων οἰκητηρίων βελτιόνων ἢ χειρόνων, καὶ παρὰ τοῖσδε, ἢ τοῖσδε τοῖς πατράσιν· ὡς δύνασθαί ποτε Ἰσραηλίτην πεσεῖν ἐς Σκύθας, καὶ Αἰγύπτιον εἰς τὴν Ἰουδαίαν κατελθεῖν. πλὴν ὁ σωτὴρ συναγαγεῖν ἦλθε τὰ πρόβατα τὰ ἀπολωλότα οἴκου Ἰσραὴλ· καὶ πολλῶν ἀπὸ τοῦ Ἰσραὴλ μὴ εἰξάντων τῇ διδασκαλίᾳ αὐτοῦ, καὶ οἱ ἀπὸ τῶν ἐθνῶν καλοῦνται. κέκρυπται δὲ, ὡς ἡγούμεθα, ἐν ταῖς ἱστορίαις ταῦτα.

Rufinus translates: 'Fortassis enim sicut hi qui de hoc mundo secundum communem mortem istam recedentes pro actibus suis et meritis dispensantur prout digni fuerint iudicati, alii quidem in locum qui dicitur infernus, alii in sinum Abrahae, et per diuersa quaeque uel loca uel mansiones : ita etiam ex illis locis uelut illic,

si dici potest, morientes, a superis in hunc inferum descendunt.
[nam ille inferus ad quem hinc morientium animae ducuntur,
credo, ob hanc distinctionem infernus inferior a scriptura nominatur,
sicut dicitur in psalmis : *Quia liberasti animam meam ex inferno
inferiori.*] unusquisque ergo descendentium in terram pro meritis,
uel loco suo quem ibi habuerat, dispensatur in hoc mundo in diuersis
uel locis uel gentibus uel conuersationibus uel infirmitatibus nasci,
uel a religiosis aut certe minus piis parentibus generari, ita ut
aliquando contingat Israelitam in Scythas descendere, et Aegyptium
pauperem deduci ad Iudaeam : uerumtamen saluator noster congre-
gare uenit oues quae perierant domus Israel : et cum plurimi ex
Israelitis non acquieuissent doctrinae eius, hi qui ex gentibus erant,
uocati sunt. [unde consequens uidebitur etiam prophetias quae sin-
gulis gentibus proferuntur, reuocari magis ad animas debere et
diuersas mansiones earum caelestes. sed et historias rerum ges-
tarum, quae dicuntur uel genti Israel uel Ierusalem uel Iudaeae acci-
disse, illis uel illis gentibus impugnantibus, perscrutandum est et
perquirendum, quoniam in quamplurimis corporaliter gesta non
constant, quomodo magis ista conueniebant illis gentibus animarum,
quae in caelo isto quod transire dicitur habitant uel etiam nunc
habitare putandae sunt. si quis uero euidentes et satis manifestas
assertiones horum de scripturis sanctis exposcat a nobis, respon-
dendum est quia occultare magis haec spiritui sancto in his quae
uidentur esse historiae rerum gestarum, et altius tegere consilium
fuit, in quibus descendere dicuntur in Aegyptum, uel captiuari in
Babyloniam, uel in his ipsis. regionibus quidam quidem humiliari
nimis et sub seruitio effici dominorum, alii uero in ipsis captiuitatis
locis clari ac magnifici habiti sunt, ita ut potestates et principatus
tenuerint regendisque populis praefuerint.] quae omnia, ut dixi-
mus, abscondita et celata in scripturae sanctae historiis conte-
guntur.'

Jerome translates : ' Et forsitan quomodo in isto mundo qui
moriuntur separatione carnis et animae, iuxta operum differentiam
diuersa apud inferos obtinent loca ; sic qui de caelestis Ierusalem, ut
ita dicam, administratione moriuntur, ad nostri mundi inferna de-
scendunt, ut pro qualitate meritorum diuersa in terris possideant
loca.' Here his quotation ceases, but he at once introduces with
the words ' et iterum' another section : [' et quia comparauimus de

isto mundo ad inferna pergentes animas, iis animabus quae de superiori caelo ad nostra habitacula peruenientes quodammodo mortuae sunt, prudenti inuestigatione rimandum est, an hoc ipsum possimus etiam in natiuitate dicere singularum; ut quomodo quae in ista terra nostra nascuntur animae, uel de inferno rursum meliora capientes, ad superiora ueniunt et humanum corpus assumunt, uel de melioribus locis ad nos usque descendunt; sic et ea loca quae supra sunt in firmamento, aliae animae possideant, quae de nostris sedibus ad meliora proficiunt: aliae quae de caelestibus ad firmamentum usque delapsae sunt, nec tantum fecere peccatum, ut ad loca quae incolimus truderentur.']

It will be observed that each adds phrases apparently his own; Rufinus, "Abraham's bosom," and Jerome, "the heavenly Jerusalem": and each appends a section not found in the Philocalia. Both sections are no doubt Origen's; but it is not clear which should come first. I incline to place that in Rufinus first, and to explain the ταῦτα κέκρυπται of what Jerome has preserved to us. The illustration from Ps. lxxvi. 13 may be an insertion by Rufinus, as it is absent from the Philocalia and from Jerome; but it is quite in Origen's manner.

There is another passage of which both versions exist, but it is omitted in the Philocalia. It occurs in De Princ. iii. 22 (Ru. I. 136 f.), between the words χείρονας γίνεσθαι and ἐπεὶ δὲ ὅπου κ.τ.λ. (Philoc. xxi. p. 176 l. 27).

Here Rufinus has: 'Unde et arbitrandum est possibile esse aliquos qui primo quidem a paruis peccatis coeperint in tantam malitiam diffundi, et in tantum malorum uenire profectum, ut nequitiae modo et aduersariis potestatibus exaequentur: et rursum si per multas poenarum graues animaduersiones respicere aliquando potuerint, et paulatim medelam uulneribus suis requirere tentauerint, cessante malitia reparari posse ad bonum: ex quo opinamur, quoniam quidem (sicut frequenter diximus) immortalis est anima et aeterna, quod in multis et sine fine spatiis per immensa et diuersa saecula possibile est ut uel a summo bono ad infima mala descendat, uel ab ultimis malis ad summa bona reparetur.'

Jerome renders: 'Ego arbitror posse quosdam homines a paruis uitiis incipientes ad tantam nequitiam peruenire (si tamen noluerint ad meliora conuerti et poenitentia emendare peccata) ut et con-

R.   d

trariae fortitudines fiant; et rursum ex inimicis contrariisque uir-
tutibus in tantum quosdam per multa tempora uulneribus suis
adhibere medicinam, et fluentia prius delicta constringere, ut ad
locum transeant optimorum. saepius diximus in infinitis perpetuis-
que saeculis, in quibus anima subsistit et uiuit, sic nonnullas earum
ad peiora corruere, ut ultimum malitiae locum teneant; et sic
quasdam proficere, ut de ultimo malitiae gradu ad perfectam ueni-
ant consummatamque uirtutem.'

This section Jerome quotes only to condemn it; and it was
doubtless passed over by the editors of the Philocalia as unsatis-
factory. It goes much further than the sentence preceding it, to
which Rufinus had of his own accord prefixed the phrase 'magis
conuenit regulae pietatis ut credamus,' &c.

Rufinus has embodied in his translation of the De Principiis,
with but slight alterations, his previous versions of such passages
as are quoted from that book in the apology of Pamphilus.

(2) *Exegetical Works.* The favourable estimate of the fidelity
of Rufinus to his originals, which we are inclined to form from his
translation of the passages of the De Principiis which are contained
in the Philocalia, is seriously modified when we come to observe
the way in which he has dealt with other sections which are taken
from Origen's Homilies or Commentaries.

These sections are

(1)   Philoc. c. i. ad fin. (p. 35)=Hom. V. in Leviticum (Ru. II. 205)[1].
(2)   Philoc. c. ix. (p. 54)=Comm. IX. in Ep. ad Romanos (Ru. IV. 580).
(3)   Philoc. c. xii. (p. 62)=Hom. XX. in Josuam (Ru. II. 442).
(4)   Philoc. c. xxv. (p. 226)=Comm. I. in Ep. ad Romanos (Ru. IV. 462).
(5)   Philoc. c. xxvii. (p. 255)=Comm. II. in Canticum (Ru. III. 51).

In the preface (Ru. IV. 408) to his version of the Commentaries
on the Romans, Rufinus says that his friend Heraclius required him
to reduce the lengthy work of Origen to a moderate compass; 'ut
...abbreuiem, et ad media, si fieri potest, spatia coarctem.' In his
epilogue (Ru. IV. 688) he speaks of the immense labour which this
had involved, and compares it with the task which he had performed
in the case of the Homilies on Genesis, Exodus and, above all,

[1] This was first pointed out by Dr Westcott, Dict. Christ. Biogr., art.
'Origenes.'

Leviticus: 'sicut in homiliis siue in oratiunculis in Genesim et in Exodum fecimus, et praecipue in his, quae in librum Leuitici ab illo quidem perorandi stylo dicta, a nobis uero explanandi specie translata sunt.' In the case of Joshua and Judges on the other hand the labour had been less: 'nam illa quae in Jesum Naue et in Judicum librum...scripsimus, simpliciter ut inuenimus, et non multo cum labore transtulimus.'

So serious, indeed, were the modifications of Origen's work which were thus effected that, as Rufinus tells us in this same epilogue, certain 'malevolent minds' suggested that he might well prefix his own name rather than Origen's to the book. 'Verum ego, qui plus conscientiae meae quam nomini defero, etiam si addere aliqua uideor, et explere quae desunt, aut breuiare quae longa sunt, furari tamen titulum eius qui fundamenta operis iecit et construendi aedificii materiam praebuit, rectum non puto.' With a touch of satirical humour, however, he promises that when he completes his proposed version of the 'Recognitio' of Clement of Rome[1], it shall be entitled 'Rufini Clemens.'

Looking at the extracts in question we find that those from the Epistle to the Romans are so abbreviated that without the explanation of Rufinus we could scarcely have believed that they were intended to represent the corresponding sections in the Philocalia at all; and we get no help from them for the criticism of the Greek text.

In the passage from the Homilies on Joshua, on the contrary, he has expanded his author into nearly twice the original compass, adding much explanatory matter of his own: so that here again we need not look for much help for our special purpose.

The extracts from Leviticus and the Song of Songs are very short: but in these places the version of Rufinus somewhat more faithfully represents the original, though it characteristically shirks the difficulties of the Greek constructions.

---

[1] Of the Clementine extract at the end of c. xxiii. and of Rufinus's version I shall speak later on.

V. THE EUSEBIAN EXTRACT.

Chapter xxiv. of the Philocalia has the following heading prefixed to it: Περὶ ὕλης, ὅτι οὐκ ἀγένητος οὐδὲ κακῶν αἰτία. ἐκ τῆς Εὐσεβίου τοῦ Παλαιστιναίου εὐαγγελικῆς προπαρασκευῆς, λόγου ἑβδόμου. The meaning of this is that although Gregory and Basil believed, as we shall see, that the section was the work of Origen himself, yet they found it convenient to copy it from Eusebius.

When we turn to Euseb. Praep. Ev. vii. 22 we find the passage immediately after a quotation from Philo on a similar topic. But its authorship is ascribed to Maximus. Καὶ τὰ μὲν τοῦ Φίλωνος τοῦτον ἐχέτω τὸν τρόπον. Μαξίμῳ δὲ τῆς Χριστοῦ διατριβῆς οὐκ ἀσήμῳ ἀνδρὶ καὶ λόγος οἰκεῖος συγγέγραπται ὁ Περὶ τῆς ὕλης. ἐξ οὗ μοι δοκῶ μέτρια χρησίμως παραθήσεσθαι ἐς ἀκριβῆ τοῦ προβλήματος ἔλεγχον. Then follows the whole section as given in the Philocalia.

But we also find the first quarter of the section, with what is evidently its immediately preceding context, in the fragment of the Dialogue of S. Methodius on Free Will, first published by Joh. Meursius (*Var. Div. Liber*, Leyden, 1619). Moreover in the epitome of Methodius on Free Will given by Photius cod. 236 we have the whole of the section, slightly abbreviated here and there, together with summaries of what preceded and followed it in the work of Methodius.

1. *Maximus or Methodius?* A difficult question is thus presented to us, and upon our answer to it must depend the principle on which we are to proceed in constructing our text. If Eusebius is right in assigning it to Maximus, we must suppose that Methodius took it from his Dialogue and inserted it without acknowledgment into his own; and in that case Eusebius is our principal authority, and we may regard the slight variations in Methodius as intentional modifications. But if Methodius be the true author, then we must look to him first of all and endeavour by critical processes to ascertain what he originally wrote.

But apart from our present object the question is of great interest, and it deserves a more accurate investigation than it has yet received. I may say at once that I have been led to the conclusion that Methodius is the original writer of the passage by the following considerations.

(1) We have no ground for supposing that an author of such power as Methodius would have cared to borrow without acknowledgment and without modification the main portion of a Dialogue by an earlier writer.

It is true that in the Dialogue on the Resurrection he makes one of his interlocutors quote at great length from Origen: but he is careful to give the exact reference, and to tell us that he has somewhat abbreviated the passage. Similarly he quotes by name from Athenagoras and from Justin Martyr; and we may reasonably suppose that he would have treated Maximus in the same way if he had had occasion to make use of his writings.

(2) The generally Platonic flavour of the passage is entirely in keeping with all the known writings of Methodius. The admirable work of Albert Jahn, entitled *S. Methodius Platonizans*[1], enables the reader at a glance to appreciate the force of this argument. Not only is the passage in Dialogue form, but it treats a Platonic topic in a thoroughly Platonic spirit and in Platonic language, and shews the same facile handling of Plato's phrases which is so conspicuous, for example, in the Dialogue on the Resurrection. If Maximus were its author, then we should have in this otherwise unknown person another brilliant writer, at once a careful student and a conspicuously successful imitator of Plato. This argument, together with the preceding one, has sufficed to convince Jahn, the most critical editor of the writings of Methodius, that Eusebius must have made a mistake in assigning the section to Maximus.

(3) A still more decisive argument is to be found in the examination of the context; and as this has not yet been fully drawn out I shall attempt to do it here.

The main part of the Dialogue has been reconstructed by Jahn from the fragment of Meursius and the epitome in Photius, together with portions of the so-called Adamantian Dialogue and fragments preserved elsewhere.

The Dialogue opens with a contrast between the deadly song of

[1] Halle, 1865. At the same time he published a companion volume of the extant works of S. Methodius.

the Sirens and the harmonious hymns of the choir of Prophets and
the choir of Apostles. We too in our day must learn to raise our
hymn of praise. This we may do by a truth-loving discussion of
divine mysteries.

Then a speaker to whose words is prefixed OYAΛ. (that is, pro-
bably, Valentinianus) describes how on the previous afternoon he
had observed the beauties of nature in sea and sun and moon, and
had been led to praise their Maker. On his way home he had been
startled by witnessing the most fearful crimes, robbery, bloodshed
and adultery; and had been led to ask whether God could possibly
be the Maker of these as well. He then announces his conclusion
that Matter is eternally coexistent with God, that the choicer parts
of it were ordered by God in the Creation of the world, while the
dregs which remained became the source of evil.

The section in dispute is the beginning of the answer to this
statement, and it is headed OPΘOΔ. in Meursius's fragment. After
its close our knowledge of the Dialogue is unhappily more scanty:
but we can see that the question of the origin of evil among men is
especially dealt with; and this necessitates the discussion of Free
Will which follows, and which has given its name to the whole
Dialogue.

The general harmony of the section with these surroundings will
be obvious to every reader of it as it stands in our text (pp. 212 ff).
We must now look into details, and these may best be presented
side by side under three main heads[1].

(a) Links between the extract and the preceding part of the
Dialogue.

p. 54. τῶν κρειττόνων ἀπολαύειν
δοκῶ περὶ τούτων διαλεγόμενος.

p. 54. ἕκαστος ὑμῶν τὸ τοῦ πλη-
σίον νομίζει λέγειν. καὶ διὰ τοῦτο
ζῆλος πονηρὸς οὐκ ἔστιν ἐν ὑμῖν, τὰ
λείποντα τῷ ἀδελφῷ ἀναπληροῦν δε-
δεγμένοις.

p. 55. Accounts of murder, theft
and adultery.

p. 58. οὐ γὰρ σεαυτὸν ὠφελήσεις
μόνον χρησάμενος τῷ κρείττονι.

p. 58. εἰ μὲν ἐκ φιλονεικίας ἡμῖν
ἡ ζήτησις ἐγίνετο...ἐπεὶ δὲ φιλίας
ἕνεκα μᾶλλον καὶ τῆς πρὸς τὸν πλησίον
ὠφελείας τὴν ἐξέτασιν ποιούμεθα...

p. 59. ποιεῖ δὲ φόνους καὶ μοι-
χείας καὶ κλοπὰς...

[1] I give references for convenience to the pages of Jahn's edition.

pp. 55, 56. ἐγὼ πόθεν ταῦτα (τὰ κακὰ), ἀναζητεῖν ἠρχόμην.

p. 56. διόπερ ἔδοξέ μοι συνυπάρχειν τι αὐτῷ, ᾧ τοὔνομα ὕλη...

p. 56. ἀποίου τε καὶ ἀσχηματίστου οὔσης αὐτῆς...καὶ ἀτάκτως φερομένης.

p. 56. τὰ κοινὰ τῆς πρὸς σὲ φιλίας...

p. 56. βούλομαι δὲ καὶ τουτονὶ τὸν ἑταῖρον ἀκροατὴν γενέσθαι τῶν ἡμετέρων λόγων...

p. 56. οὐ γάρ μοι τὸ νικῆσαι πρόκειται κακῶς, ἀλλὰ τὸ ἀληθὲς ἐκμαθεῖν...

p. 58. ἐπεὶ δὲ πόθος ἐστί σοι περὶ τῆς τῶν κακῶν γενέσεως ζητεῖν.

p. 57. ὅτι μὲν οὖν ὑπάρχειν ἀδύνατον ἀγένητα δύο ἅμα, οὐδὲ σὲ ἀγνοεῖν νομίζω, εἰ καὶ τὰ μάλιστα δοκεῖς τοῦτο προλαβὼν προτεθεικέναι τῷ λόγῳ.

p. 58. Ἡ δὲ ὕλη ἄποιος ἦν καὶ ἀσχημάτιστος; Οὕτω προλαβὼν ἐξεῖπον τῷ λόγῳ.

p. 57. ὁμοίως αὐτὸν τῇ ὕλῃ ἀτάκτως φέρεσθαι.

p. 58. ἐπεὶ δὲ φιλίας μᾶλλον, κ.τ.λ. (ut supra).

p. 59. τὸν μὲν πρὸς τὸν ἑταῖρον, ὦ φίλε, λόγον...

p. 58. ὅτι οὐ πιθανῶς εἰπὼν ψεῦδος νικῆσαι θέλεις, ἀλλὰ δειχθῆναι τὴν ἀλήθειαν...

(b) Links between the extract and the later parts of the Dialogue.

p. 62. οἶον φόνος καὶ μοιχεία καὶ τὰ τούτοις παραπλήσια.

p. 63. καὶ ἐντεῦθεν ἤδη τὸ κακὸν ἄρχεται.

p. 63. οὐδὲ γὰρ ἀγένητον ταύτην (τὴν παρακοήν) τις εἰπεῖν ἔχει.

p. 59. ποιεῖ δὲ φόνους καὶ μοιχείας καὶ κλοπὰς καὶ ὅσα τούτοις ὅμοια.

p. 59. οὐκ ἔσται ἀνάρχως κακός.

p. 59. οὐδὲ ἀγένητα τὰ κακά.

(c) Links between the parts of the Dialogue preceding and following the extract.

p. 54. τῶν δὲ ἐπὶ πλεῖον ἀκούων τοῦ κρείττονος ἀπολαύσει βίου.

p. 54. τῶν κρειττόνων ἀπολαύειν δοκῶ.

p. 55. Description of sea, sun and moon in their due order.

p. 55. τήν τε γῆν πεπηγυῖαν ὁρῶν...

p. 63. ἵνα τῶν κρειττόνων ἄνθρωπος ἀπολαύειν δυνηθῇ.

p. 63. εἰ γὰρ ὡς ἕν τι γέγονε τῶν στοιχείων ἢ τῶν ὁμοίως δουλευόντων θεῷ...

p. 63, n. ἐάν τε γὰρ οὐρανὸν εἴπῃς ...ἐάν τε περὶ ἡλίου...καὶ γῆν ὁμοίως πεπηγυῖαν ὁρᾷς...

pp. 55, 56. ἐγὼ πόθεν ταῦτα ἀνα-
ζητεῖν ἠρχόμην...καὶ τίς ὁ τοσαῦτα κατ'
ἀνθρώπων μηχανησάμενος...πόθεν τε
ἡ εὕρεσις αὐτῶν καὶ τίς ὁ τούτων διδά-
σκαλος.

p. 62. ἐπὶ δὲ τὴν τῶν κακῶν ἐξέ-
τασιν ἔρχεσθαι δεῖ καὶ ἀναγκαίως
ἀναζητεῖν τὰ παρὰ ἀνθρώποις.

p. 63. πάντως δὲ πόθεν τοῦτο τὸ
παρακοῦσαι ἐρωτήσεις...ὁ διδάσκων
τοίνυν τὸ κακόν ἐστιν ὁ δράκων.

The above instances, especially if considered in their contexts,
sufficiently establish the close relation between all the extant parts
of the Dialogue. We have in it a carefully planned and quite
consistent piece; nor are there any traces whatever of compilation.
The whole is the work of one writer, and a comparison of his
other works makes it difficult to resist the conclusion that the
writer is Methodius.

But if this be so, how are we to account for the express state-
ment of Eusebius prefixed to the extract and quoted above?

(*a*) His only other mention of this Maximus carries us no
further. It is in *H. E.* v. 27, where, after mentioning the works of
Irenaeus, he gives a list of authors, τῶν τότε παλαιῶν καὶ ἐκκλησια-
στικῶν ἀνδρῶν, Heraclitus, Candidus, Apion, Arabianus and others,
whose writings he knows, but of whom he tells us that he has no
means of ascertaining and recording either their dates or any
other information about them[1]. Among these he mentions: καὶ τὰ
Μαξίμου περὶ τοῦ πολυθρυλήτου παρὰ τοῖς αἱρεσιώταις ζητήματος, τοῦ
πόθεν ἡ κακία, καὶ περὶ τοῦ γενητὴν ὑπάρχειν τὴν ὕλην. This is little
more than an echo of the heading he has prefixed to the extract.
We may perhaps conclude that Eusebius knew nothing more of
Maximus than that he was, as he supposed, the author of the
Dialogue in question, which he could not date, but which he
referred to a period when the topic of the origin of evil was much
discussed.

(*b*) But if Eusebius knew practically nothing of Maximus, he
cannot have been equally ignorant of Methodius. It is true that
he does not mention him in his Ecclesiastical History, although
according to Jerome (Catal. 83) he was a martyr at the close of the

---

[1] This last statement (ὧν διὰ τὸ μηδεμίαν ἔχειν ἀφορμὴν οὐχ οἷόν τε οὔτε
τοὺς χρόνους παραδοῦναι γραφῇ, οὔθ' ἱστορίας μνήμην ὑποσημήνασθαι) seems
to apply to the whole list, and to be a kind of retractation of the words τῶν
τότε with which he had set out.

Diocletian persecution. But in his Defence of Origen he speaks of him as a contemporary, and asks: 'Quomodo ausus est Methodius nunc contra Origenem scribere, qui haec et haec de Origenis locutus est dogmatibus?' These words were written about 308 A.D., and refer no doubt in part to the Dialogue on the Resurrection, in which the views of Origen are quoted and severely attacked. It is possible that Methodius apart from his writings did not play an important part in the events of his time, and that Eusebius may have been tempted to omit him altogether on account of his attack on Origen. Socrates (*H. E.* vi. 13) depreciates him on this ground, and classes him with Eustathius, Apolinarius and Theophilus, whom he terms εὐτελεῖς, who, unable to gain a reputation on their merits, sought one by attacking their betters[1].

(c) The date of the Dialogue on Free Will is a not unimportant factor in the question. The speaker who holds the eternity of matter is represented as coming to his view quite independently from his own observation of the evils around him, and as being quite ready to exchange his tentative theory for a better if it can be found. The exponent of the true view, too, says that he is not at all surprised at the other's conclusion. The same experiences have led other minds in the same direction: καὶ γὰρ πρὸ σοῦ τε καὶ ἐμοῦ πολλοί τινες ἄνδρες ἱκανοὶ περὶ τούτου τὴν μεγίστην ζήτησιν ἐποιήσαντο· καὶ οἱ μὲν ὁμοίως διετέθησάν σοι κ.τ.λ. Here the view of Origen, though differing in some important points from the Valentinian view, may perhaps be included; but no harsh word is spoken: nor indeed is there any trace of bitterness against any one in the whole discussion, the temper of which is quite ideal. If we contrast with this the tone of the Dialogue on the Resurrection, in which Origen is accused of specious arguments and deceitfulness and is even compared to the Sirens, we shall feel convinced that the Dialogue on Free Will must belong to a much earlier period. It might perhaps be put back even as far as 270 A.D.; in which case it would be forty years old when Eusebius quoted from it; and so his error might be the more explicable.

---

[1] He says that Methodius ὕστερον ὡς ἐκ παλινῳδίας θαυμάζει τὸν ἄνδρα ('Ωριγένην) ἐν τῷ διαλόγῳ ᾧ ἐπέγραψε Ξενῶνα. Allatius pointed out that this was the Dialogue Περὶ τῶν γενητῶν (Phot. no. 235). The words τοῦ Ξενῶνος there go with ἐκλαμβάνοντος, and not as suggested in Dict. Biogr., Art. 'Methodius'.

(*d*) Bandini in his Laurentian Catalogue (I. 430), after mentioning a fragment of Methodius of the xth century, beginning and ending as in the edition of Meursius, says: 'In codice uero in duas partes diuisum: cuius secundae, quae incipit a uerbis, ὅτι μὲν ὑπάρχειν ἀδύνατον κ.λ. titulus est: περὶ θεοῦ καὶ ὕλης'. This rubric is not given by Meursius: but we may well believe that if it preceded the extract in the copy which Eusebius used it may have facilitated his mistake[1].

Meursius divides the speeches of the interlocutors by the words ΟΥΑΛ. and ΟΡΘΟΔ. Now it is contrary to the manner of Methodius not to give names of his own invention to his speakers, and ὀρθόδοξος can hardly be a proper name. One is tempted to suggest that the name of the orthodox speaker was Maximus[2], in which case that name might have stood at the head of the Eusebian extract which is now headed ΟΡΘΟΔ. in Meursius, and indeed the whole Dialogue would probably have been known as Μάξιμος, ἢ περὶ τοῦ αὐτεξουσίου. If this were the case the error of Eusebius would be satisfactorily explained[3].

2. *The Adamantian Dialogue.* If we have succeeded in vindicating the extract as the work of Methodius, we still have to face the question, How came it to be embodied in a Philocalia of Origen's writings?

For the answer to this we must turn to the scholion at the end of the extract (p. 225), which runs thus: ταῦτα ἀπὸ τοῦ ζ΄ λόγου τῆς

---

[1] The same rubric occurs in the Old Sclavonic version of the whole Dialogue.

[2] Other instances of Latin names are Auxentius in the Dial. on the Resurrection, and Marcella, Procilla, Domnina in the Symposium. Eus. and Phot. agree in not distinguishing the speeches by any symbols at all. On the other hand Methodius generally lets out the names of the speakers in the course of their dialogue, whereas here we have only ὦ φίλε and πρὸς τὸν ἑταῖρον: and, further, in the Adamantian Dialogue part of the matter here given is introduced as the ὅρος Οὐαλεντίνου. In the fragments contained in Cod. Coislin. 276 (given by Pitra, *loc. cit.*) the Valentinian speaker is 'Aglaophon' and the orthodox speaker is 'Methodius'; but this is probably a false inference from the Dialogue on the Resurrection. The Old Sclavonic version, recently published by Bonwetsch, gives no names to the interlocutors.

[3] The above was in type before I learned from Dr Hort that the same suggestion about Maximus had been made by Zahn, in an important article on the Adamantian Dialogue in the *Zeitschrift für Kirchengeschichte*, IX. 193 ff.

Εὐσεβίου τοῦ Παλαιστιναίου εὐαγγελικῆς προπαρασκευῆς ἤντληται, ὄντα ὥς φησιν Μαξίμου οὐκ ἀσήμου ἐν τοῖς χριστιανοῖς συγγραφέως. αὐτολεξεὶ δὲ ταῦτα ηὕρηται κείμενα ἐν τῷ Ὠριγένους πρὸς Μαρκιωνιστὰς καὶ ἄλλους αἱρετικοὺς διαλόγῳ, Εὐτροπίου δικάζοντος, Μεγεθίου δὲ ἀντιλέγοντος.

This leads us to suppose that Gregory and Basil incorporated the section into their Philocalia believing that it was Origen's, but copied it from Eusebius, because they had not at hand the work from which they thought it came. Two inaccuracies in their statement bear this out. First, they were wrong in saying αὐτολεξεὶ, as a reference to the Dialogue in question shews that there it has undergone serious modifications: secondly, the name of the opponent at the outset of the passage in question is Droserius, and later on it is Valens. Megethius is an earlier disputant, who has been disposed of in the former part of the Dialogue.

Of the authorship of this so-called Adamantian Dialogue we know nothing. Adamantius is merely the name of the orthodox interlocutor. Possibly he may be intended to represent Origen; but even if this be so we are not justified in supposing that the writer wished to pass off his work as Origen's. The Dialogue at the point which concerns us is almost entirely a compilation from Methodius, from whose work on the Resurrection the author borrows further on. His indebtedness begins before the Eusebian extract and continues after the close of it[1]. His tone is vehement and supercilious, and forms a striking contrast to the work from which he has so largely borrowed.

A translation of it by Rufinus has recently been published by Caspari, who endeavours to shew that the translator must have had an earlier edition of the Dialogue before him than our present Greek text[2]. A careful comparison of the two texts shews that the Greek varies from the Latin on almost every page in a way that cannot be accounted for by the ordinary habits of Rufinus as a translator: and I am disposed to agree with Zahn in thinking that the Greek of the Dialogue, as we have it, was subjected to an extensive and most unsatisfactory revision between the years 330—337.

[1] See the footnotes in Jahn's edition of Methodius, pp. 56 ff.
[2] Kirchenhistorische Anecdota, I. (Christiania, 1883).

The original form of the Dialogue, which is represented by the version of Rufinus, we may perhaps refer to the period between the death of Methodius and the cessation of the persecution, that is to say to the years 311—313. But it is somewhat difficult to think that the work of Methodius should have been pirated at so early a period.

We know that the later years of Rufinus were busied with his translations of Origen's Commentaries and of the Clementine Recognitions. Moreover the preface to his translation of this Dialogue inclines us to regard it as one of his earlier works. It may have come out soon after his De Principiis in 387. In any case we gather that by the close of the fourth century the Adamantian Dialogue was attributed to Origen by one of his most ardent admirers. This considerably lessens our difficulty in supposing that Gregory and Basil had made the same false identification not so very long before. We have no sufficient ground therefore for questioning the genuineness of the scholion at the close of the Eusebian extract in the Philocalia.

3. *Authorities for the Text.* It remains then only to enumerate the authorities available for each of the above-mentioned sources of the text.

(1) In the first place of importance, as far as it goes, we must set the fragment of Methodius published by Meursius (Leyden, 1619). I have collated a tenth (or, possibly, ninth) century MS of this at Florence (Plut. 9 Cod. 23 f. 193; see Bandini I. 430). Leo Allatius may have had another MS in the Vatican (Not. in Eustath. p. 45), but we have no reason for thinking that it contained more of the Dialogue. I have referred occasionally in my *apparatus* to the testimony of the Old Sclavonic Version, recently published in a German translation by Bonwetsch (Erlangen and Leipzig, 1891).

(2) To this we must add the fragments preserved in the *Sacra Parallela*, Cod. Coisl. 276 f. 241 v. and 143 v. (xth cent. Montfaucon). These are quoted by Pitra (*Spicileg. Solesm.* iii. 621 ff.), but I have collated them afresh.

(3) Next will come the Eusebian quotation (Praep. Evang. vii. 22) from which the Philocalia text is immediately taken. I have used Gaisford's Edition, which has a considerable *apparatus*

criticus. Heikel (*De Praep. Ev. edendae ratione*, Helsingforsiae, 1886) makes it clear that the most important MSS for this part of the *Praeparatio* are I (Marc. 341) and O (Bonon. 3643). It will be seen that I often agrees with the Philocalia MSS against all the rest. But even the concurrence of I and O does not always give the true Eusebian reading, which sometimes is attested only by the Philocalia MSS, just as in earlier books of the *Praeparatio* it is attested only by A (Par. 451).

(4) The Epitome in Photius Cod. 236 is an important and independent witness to the text of Methodius. I have used Bekker's edition (1824), accepting the concurrence of his MSS A and B as giving the Photian text.

(5) Lastly the Adamantian Dialogue, Greek and Latin, though full of intentional modifications of Methodius, is important on account of the very early date of its evidence to the text. I have collated for the passage in question two MSS in the Library of Trinity College, Cambridge, both of the 17th century. These are B. 9. 10, which is copied from Paris. Reg. 56, and contains marginal collations from Reg. 1219; and O. 4. 41, which was written in the Bodleian Library.

My *apparatus criticus* for this chapter has been constructed independently of the much fuller one given by Bonwetsch: but I have availed myself occasionally of some of his testimonies, especially of those to I and O of the *Praeparatio*. Where my *apparatus* differs from his I must accept full responsibility for my share of the errors which are, I fear, inevitable in work of so complex a character.

I have recorded with but insignificant exceptions all readings characteristic (1) of the Philocalia text, (2) of the direct line of the Eusebian tradition, and (3) of the direct line of the Methodian tradition. Where the testimony of the Adamantian Dialogue and of Photius fails us, owing to intentional modifications, I have noted the fact by adding the symbols * and × respectively after the other authorities.

VI. THE CLEMENTINE EXTRACT.

At the end of c. xxiii. (p. 210) we find a short extract from the Clementine Recognitions. It follows immediately upon a longer citation from the third book of Origen's Commentary on Genesis, and seems hitherto to have been regarded as having been actually quoted by Origen in that book. The earlier part of the citation is also found in Eusebius Praeparatio vi. 11; but Eusebius ceases to quote at an earlier point (p. 207), so that we cannot tell whether he too found the Clementine extract in the same connection. It is of course exceedingly improbable that Origen could have embodied in his Commentary a passage from the Recognitions; and it is worth while to note that the sentence which introduces the extract in the Philocalia is written in small capitals in the Venice MS, and was accordingly regarded by the scribe simply as a rubrical heading originating from the compilers of the book. This no doubt is the true explanation: the passage was introduced by Gregory and Basil merely on account of its fitness as a supplement to the arguments of Origen himself.

The extract is here said to be taken from the fourteenth book (λόγῳ ιδ') of the Περίοδοι. In the translation of the Recognitions by Rufinus it is found in the tenth book: but judging from what Rufinus says in his preface of the two editions of the Greek Recognitions, and of the way in which he dealt with them, we can lay no stress on his numeration of the books. The passage is not found in the Homilies, nor does their numeration give us any guidance here.

VII. SOURCES OF THE PHILOCALIA.

The following are the sources from which the Philocalia is drawn, arranged in the order of Delarue's edition, with the pages of the present edition appended.

Epist. ad Gregorium	Ru. I.	30	p. 64
De Principiis Lib. III.		108	152
Lib. IV.		156	7
Contra Celsum Lib. I.		320	72

VIII. ON THE TEXT OF THIS EDITION.

I have collated throughout the Patmos MS, Ven. 47 and Paris. Suppl. 615. Occasionally I have given the readings of other MSS: thus, for example, where the Paris MS is imperfect, I have used Ven. 122 as a fair representative of the same group. It has been my endeavour to record all readings of interest for the study of the text, but the scope of this edition forbad the inclusion as a rule of minor variations, e.g. differences of spelling and obvious blunders of the scribes.

In the Contra Celsum extracts it was necessary to lighten the *apparatus* by excluding generally such variants in the Philocalia tradition as were at once shewn to be wrong by a comparison of the Contra Celsum MS (Vat. Gr. 386).

An exception to these general principles will be found in all cases of quotation from Scripture, where the variants are more fully recorded.

The following table will explain the abbreviations used in the *apparatus criticus*.

A = Patm. 270.	F = Basil. A. iii. 9.
B = Ven. 47.	G = Paris. 940.
C = Paris. Suppl. 615.	ℵ = Vat. Gr. 386 (Contra Celsum).
D = Ven. 122.	cat = Catena Monac. 412.
E = Ven. 48.	cat₂ = Catena Bodl. E. ii. 20.

The following additional symbols are used in c. xxiv. :

Eu = Eusebius *Praeparatio Evangelica* vii.

Me = Methodius *De Libera Voluntate* i. (Me^f = Cod. Laurent., M^m = Ed. Meursii, M^s = Vers. Sclav.)

Da = Joannes Damascenus *Sacra Parallela*, Cod. Coisl. 276.

Di = Dialogus Adamantii (Di^b = Cod. Trin. Coll. B. 9. 10, Di^o = Cod. Trin. Coll. O. 4. 4).

Ph = Photius *Cod.* 236.

∗ = no evidence from Dialogus Adamantii.

× = no evidence from Photius.

ERRATA.

p. 9 l. 6 *for* Mc xiii *read* Mc xiii 9
p. 55 l. 28 *for* Ro viii 14 *read* Ro vii 14
p. 75 l. 17 *for* Ps xxv *read* Ps xxvii
p. 76 l. 13 *for* ρονδ' *read* ρον δ'
p. 123 l. 5 *for* εὐγνο- *read* εὐγνω-
p. 145 l. 7 *for* cf. Lev *read* cf. Lev xi
p. 147 l. 30 *for* Ex xxiv *read* Ex xxiv 2
p. 245 l. 31 *for* ἑτέρου B *read* δι' ἑτέρου B
p. 257 l. 29 *for* x *read* xi

ΩΡΙΓΕΝΟΥC ΦΙΛΟΚΑΛΙΑ.

DEF Ἐκλογὴν ἡ παροῦσα περιέχει βίβλος γραφικῶν ζητημάτων καὶ
ἐπιλύσεων ἐκ διαφόρων βίβλων τῷ Ὠριγένει πονηθεισῶν ἠθροι-
σμένην ὑπὸ τῶν τὰ θεῖα σοφῶν Βασιλείου καὶ Γρηγορίου· ἐν πυκτίῳ
τε παρὰ θατέρου τούτων Γρηγορίου τοῦ θεολόγου Θεοδώρῳ τῷ τηνι-
5 καῦτα ἐπισκοποῦντι τὰ Τύανα λέγεται ἐστάλθαι· καθὼς ἡ πρὸς αὐτὸν
δείκνυσιν ἐπιστολή, ἔχουσα οὕτως·
ABDEF Ἑορτὴ καὶ τὰ γράμματα καὶ τὸ κρεῖττον ὅτι προφθάνεις τὸν S. Greg. Ep.
καιρὸν τῇ προθυμίᾳ τὸ προεορτάζειν ἡμῖν χαριζόμενος. τὰ μὲν οὖν ^{cxv}
παρὰ τῆς σῆς εὐλαβείας τοιαῦτα· ἡμεῖς δὲ ὧν ἔχομεν τὸ μεῖζον ἀντι-
10 δίδομεν τὰς εὐχάς. ἵνα δέ τι καὶ ὑπόμνημα παρ' ἡμῶν ἔχῃς, τὸ δ'
αὐτὸ καὶ τοῦ ἁγίου Βασιλείου, πυκτίον ἀπεστάλκαμέν σοι τῆς Ὠρι-
γένους φιλοκαλίας ἐκλογὰς ἔχον χρησίμους τοῖς φιλολόγοις. τοῦτο
καὶ δέξασθαι καταξίωσον, καὶ ἀπόδειξιν ἡμῖν δοῦναι τῆς ὠφελείας
καὶ σπουδῇ καὶ πνεύματι βοηθούμενος.

B [Πρόλογος. Ἐκλογὴν ἡ παροῦσα περιέχει βίβλος γραφικῶν ζητη-
μάτων καὶ ἐπιλύσεων ἐκ διαφόρων βίβλων τῷ Ὠριγένει πονηθεισῶν
ἠθροισμένη. φασὶ δὲ ταύτην τινές, ἔτι δὲ καὶ τὴν εἰς κεφάλαια ταύτης
διαίρεσίν τε καὶ τάξιν, καὶ μὴν καὶ τὰς καθ' ἕκαστον ἐκείνων ἐπι-
γραφὰς, ἔργον τῶν τὰ θεῖα σοφῶν Βασιλείου καὶ Γρηγορίου γενέσθαι·
20 ἐν πυκτίῳ τε παρὰ θατέρου τούτων Γρηγορίου τοῦ θεολόγου Θεοδώρῳ
ἐστάλθαι τῷ τὴν μνήμην ὁσίῳ τηνικαῦτα ἐπισκοποῦντι τὰ Τύανα.
ὅπερ ὡς ἐν προλόγῳ καὶ ἡ βίβλος ἀφ' ἧς τὴν μεταγραφὴν πεποιή-
μεθα, παλαιοτάτη γε οὖσα, κατασκευάζειν ἠβούλετο. πόθεν δὲ τοῦτο
διισχυρίζονται; ἐξ ἐπιστολῆς δῆθεν τοῦ αὐτοῦ θείου ἀνδρὸς πρὸς τὸν
25 μνημονευθέντα γραφείσης Θεόδωρον, καὶ τῷ ῥηθέντι πυκτίῳ συν-

---

2, 3 ἠθροισμένη DF 5 λέγεται ἐστάλθαι] F ; ἐστάλθαι D (cf. infra
B); ἐπεσταλμένην E 6 ἐπιστολὴ δείκνυσιν E 9 τὸ μεῖζον ὧν ἔχομεν E
9, 10 ἀντιδιδόαμεν DF 11 πτυκτίον A 12 χρησίμους] τῶν χρησίμων
Greg.

R.   1

ἐκπεμφθείσης. ἐπεὶ οὖν τὴν μὲν ἐπιστολὴν αὐτοῦ σαφῶς οὖσαν τοῦ Β
τῆς θεολογίας ἐπωνύμου γνωρίζομεν, πολλὰ δὲ τῶν ἐν τῇ τοιαύτῃ
συλλογῇ τῶν ὀρθῶν ἀπᾴδοντα δογμάτων εὑρίσκομεν· εἰκότως ἡμεῖς
τῷ τῆς ἀληθείας ἑπόμενοι λόγῳ ἐκείνην τε τῷ παρόντι καθυποτάξαι
προλόγῳ συνείδομεν, καὶ τῶν Ὠριγένους προασπιστῶν τὸ κακούρ- 5
γημα λανθάνον τοῖς ἐντυγχάνουσιν εὐφώρατον καταστῆσαι.

Γεγράφθαι μὲν οὖν ὑπὸ τοῦ θεολόγου ταύτην οὐδὲ ἡμεῖς ἀμφι-
βάλλομεν· τῷ μάλιστα πάσαις ταῖς τῶν ἐπιστολῶν αὐτοῦ βίβλοις
ὡσαύτως ἔχουσαν φέρεσθαι, καὶ ὑπ' οὐδένος ἀντιλέγεσθαι. τοῦτο δὲ
συνομολογοῦντες ἀκολούθως δεχόμεθα καὶ τὸ ἕτερον· ὅπερ ἐστὶν, τὸ 10
καὶ συναγωγὴν ἐκ τῶν Ὠριγένους ὑπὸ τῶν σοφῶν γενέσθαι καθηγη-
τῶν· τῶν χρησίμων μέντοι καὶ ὠφελίμων ῥητῶν, καθ' ἃ καὶ αὐτὸ ἐπὶ
λέξεως τῷ προσεχῶς εἰρημένῳ τοῦ θεολόγου περιέχεται γράμματι.
ἣν γὰρ αὐτοὺς εἰκὸς, τοῦ πνεύματος μελίσσας ὑπάρχοντας, ἐκ δια-
φόρων ἀνθέων τὰ κάλλιστα δρέπεσθαι, πρὸς ἑνὸς ἀδόλου κηρίου συμ- 15
πλήρωσιν· ἐξ οὗ βασιλεῖς τε καὶ ἰδιῶται, κατὰ τὸν σοφὸν παροι-
μιαστὴν Σολομῶντα, γεύονται καὶ γλυκαίνονται, καὶ πρὸς πᾶσαν ὑγίαν
ἔχουσιν ἐπιτήδειον. ἐκεῖνα τοιγαροῦν συναθροῖσαι τοὺς θεσπεσίους
ἐκείνους πατέρας πιστεύομεν, ὅσα μηδεμίαν αἱρετικῆς ἔχει πικρίας
ἐπιπλοκήν· οὐ μὴν καὶ πάντα χύδην τά τισι τῶν ὑποτεταγμένων 20
ἐμφερόμενα κεφαλαίων· ὧν πολὺ τὸ ἀπηχὲς καὶ ἀλλότριον πρὸς τὴν
θεόπνευστον τῶν πατέρων διδασκαλίαν ἐλέγχεται.

Πότε γὰρ Βασίλειος καὶ Γρηγόριος, οἱ ἀκαταμάχητοι τῆς εὐσεβείας
ἀγωνισταὶ, κτίσμα τὸν υἱὸν τοῦ θεοῦ ἢ τὸ πνεῦμα τὸ ἅγιον βλασφη-
μοῦντός τινος ἠνέσχοντο μόνον· οὗ τί φαμεν καὶ ὡς ὠφέλιμα τὰ 25
τοιαῦτα δόγματα τοῖς φιλολόγοις ἀπεθησαύρισαν; οὐ πᾶς αὐτοῖς ὁ
ἀγὼν κατὰ τῆς Ἀρείου τε καὶ Εὐνομίου καὶ τῆς τῶν παραπλησίων
ἐκείνοις συγκεκρότηται δυσφημίας; οὐ μυθικὸν καὶ Ἕλλησι πρέ-
ποντα τὸν περὶ προυπάρξεως καὶ ἀποκαταστάσεως καὶ τῶν ὁμοίων
δογμάτων ἀπεφήναντο λόγον; καὶ τί δεῖ τὰ πολλὰ λέγειν; ἐπιλείψει 30
γὰρ ἡμᾶς διηγουμένους ὁ χρόνος, ὅσους ὑπὲρ τῆς ὀρθοδόξου πίστεως
κατεβάλοντο μόχθους. ἐκείνοις μὲν οὖν εἰς τὸ δεῖξαι ὁμότιμον καὶ
ὁμόδοξον καὶ κατὰ τὴν αὐτὴν ἀλήθειαν συναΐδιόν τε καὶ ὁμοούσιον τὴν
παναγίαν καὶ ἀρχικὴν τριάδα σύμπας ὁ βίος σχεδὸν κατηνάλωται, ἐν
τῇ ζωοποιῷ τῶν εὐσεβῶν δογμάτων πόᾳ τὰ τοῦ χριστοῦ νέμουσι 35
πρόβατα, καὶ συνήθει πρὸς αὐτὰ κεχρημένοις φωνῇ μηδὲν ἐξηλ-
λαγμένον ἐχούσῃ πρὸς τὴν ἀλήθειαν. ἐνταῦθα δὲ πᾶν τοὐναντίον
ἔστιν εὑρεῖν· ὅσα μὲν γὰρ ἀπηριθμησάμεθα ἄτοπα, καὶ ἕτερα ἔτι

(A)Β πρὸς τούτοις, τόποις τισὶν ἐνέσπαρται τοῦ πάροντος βιβλίου· ἑνὸς δὲ
τῶν κεφαλαίων, τοῦ εἰκοστοῦ δευτέρου φαμὲν, ἐξ αὐτῆς εὐθὺς τῆς ἐπι-
γραφῆς τὸ κίβδηλόν τε καὶ νόθον διασημαίνεται. εἰ τοίνυν πάντα
ἐκεῖνα τοὺς ἁγίους παράσχοιμεν ἐκκρῖναι τοὺς πατέρας τῇ συλλογῇ,
5 ἐξ ἀνάγκης καὶ τοῖς οὐκ ὀρθῶς ἔχουσιν ὡς ὀρθοῖς συνθησόμεθα. καὶ
σκόπει τὸ ἄτοπον ὅσον· τοὺς γὰρ τῆς εὐθύτητος γνώμονας τῆς δια-
στροφῆς γραψόμεθα τῆς ἡμετέρας· ἀλλὰ μὴ γένοιτο. τίς γὰρ τῶν καὶ
μετρίως λόγους κρίνειν ἐπισταμένων παραδέξοιτο ἂν, ὡς οὗτοι ἐκεῖνοι
οἱ τῆς εὐσεβείας ὑπέρμαχοι ἐν ταῖς ὑπ᾽ αὐτῶν γινομέναις ἐκλογαῖς
10 ἅμα τῷ σίτῳ συνήγαγον καὶ τὰ ἄχυρα; σῖτον δὲ λέγειν τινὰ τῶν
παρὰ τοῖς αἱρετικοῖς εὖ μάλα συγκεχωρήμεθα· ἐπείπερ, κατὰ τὸν
σοφώτατον Κύριλλον, ‘οὐ πάντα ὅσα λέγουσιν οἱ αἱρετικοὶ φεύγειν S.Cyr.Alex.
καὶ παραιτεῖσθαι χρή· πολλὰ γὰρ ὁμολογοῦσιν ὧν καὶ ἡμεῖς ὁμολο- Ep. xliv
γοῦμεν.’ οὐκ ἄρα δὴ οὖν Βασίλειος καὶ Γρηγόριος ἅμα τῷ σίτῳ συνε-
15 φόρησαν ἡμῖν καὶ τὰ ἄχυρα· πῶς γάρ; ἀλλὰ τῶν τὰς ὁδοὺς Κυρίου
διαστρεφόντων τινὲς τῆς ἑλληνικῆς Ὠριγένους ποικίλως ἀντιποιού-
μενοι δυσσεβείας, καθ᾽ ὁμοιότητα τοῦ τὸν καθηγητὴν αὐτῶν ὑποσκε-
λίσαντος διαβόλου, τῷ ἡμετέρῳ σίτῳ τὰ ἄχυρα νῦν συνανέμιξαν, ὡς
ἐκεῖνος ἔκπαλαι τῷ δεσποτικῷ ἀγρῷ τὰ ζιζάνια. ἡμέτερος γὰρ ὁ
20 σῖτος· καὶ ἡμέτερα, ἔνθα ἂν εὑρεθεῖεν, τὰ ὀρθόδοξα δόγματα· ὧν οἱ
θεόπνευστοι κήρυκες διὰ τῆς οἰκείας πανσόφου διδασκαλίας, κατὰ τὸ
δεδομένον αὐτοῖς ἄνωθεν τῆς διακριτικῆς δυνάμεως πτύον, τοῦ ἀχύρου
τὸν σῖτον ἀποκαθάραντες, τὸν μὲν εἰς τὴν καλὴν ἀποθήκην τὴν
ἐκκλησίαν εἰσήγαγον, τὸ δὲ τῷ πυρὶ παραδεδώκασι τῷ ἀσβέστῳ, κἂν
25 Ὠριγένης μὴ βούληται.
    Διὰ πάντων οὖν τούτων ἐκεῖνο ἐροῦμεν, ὡς προσῆκεν ἡμᾶς τῇ ἐπι-
Α στολῇ μαρτυροῦντας τὸ γνήσιον, καὶ συλλογὴν ὑπὸ τῶν ἁγίων γε-
νέσθαι μὴ ἀμφιβάλλοντας, τῇ τε αὐτῶν ὀρθοδοξίᾳ ἡλίου λαμπρότερον
φαινομένῃ προσέχοντας, οἴκοθεν ἐπιλογίζεσθαι τὸ λοιπόν. τόδε γέ
30 ἐστιν, ὡς ὁμολογουμένως τινές, καθ᾽ ἃ λέλεκται, τὴν Ὠριγένους νο-
σοῦντες κακοδοξίαν, χώραν διὰ τῆς τοῦ ἁγίου Γρηγορίου λαβόντες
ἐπιστολῆς, βεβήλοις τισὶ παρενθήκαις τολμηρῶς τὸ τῆς ἐκλογῆς κατε-
μόλυναν ἄθροισμα· ὡς ἂν οἱ ἁπλούστερον ἐντυγχάνοντες εὑρεθεῖεν,
καθ᾽ ὅ που Βασίλειος εἶπεν ὁ θεῖος, τὰ δηλητήρια μετὰ τοῦ μέλιτος
35 προσιέμενοι. ἵνα τοίνυν ἐκεῖνο μὴ γένηται, πρόδηλα ταῦτα τοῖς
ἐντυγχάνουσιν ἐσπουδάσαμεν καταστῆσαι. ὅθεν τῇ τῶν ὑποκειμέ-
νων κεφαλαίων συναγωγῇ καὶ ἐκθέσει πάσῃ τὸν νοῦν ὡς οἷόν τε ἦν
ἀκριβῶς ἐπιστήσαντες, καὶ ταύτην κατὰ δύναμιν βασανίσαντες, τοῖς

ὑποβολιμαίοις καὶ νόθοις ἐπὶ μετώπου σημεῖα παρατεθείκαμεν ταῦτα· AB
αἱρετικά· ψεκτά· δι' ὧν ἐκεῖνα ὡς αἱρετικὰ, ὡς ψεκτά, κατὰ τοὺς ἰδίους
ἕκαστα τόπους ἐστηλιτεύσαμεν.

Ἐπιστολὴ τοῦ ἁγίου Γρηγορίου τοῦ θεολόγου πρὸς Θεόδωρον ἐπί-
σκοπον Τυάνων·   5
Ἑορτὴ καὶ τὰ γράμματα, κ.τ.λ.

Τάδε ἔνεστιν ἐν τῇδε τῇ βίβλῳ· ἐκλογὴ κεφαλαίων ἐκ διαφόρων B
συγγραμμάτων τοῦ δυσσεβοῦς Ὠριγένους.]

Τάδε ἔνεστιν ἐν τῇδε τῇ βίβλῳ.   AD

α΄. Περὶ τοῦ θεοπνεύστου τῆς θείας γραφῆς, καὶ πῶς ταύτην ABD
ἀναγνωστέον καὶ νοητέον, τίς τε ὁ τῆς ἐν αὐτῇ ἀσαφείας λόγος, καὶ
τοῦ κατὰ τὸ ῥητὸν ἔν τισιν ἀδυνάτου ἢ ἀλόγου.

β΄. Ὅτι κέκλεισται καὶ ἐσφράγισται ἡ θεία γραφή.

γ΄. Διὰ τί κβ΄ τὰ θεόπνευστα βιβλία.

δ΄. Περὶ σολοικισμῶν καὶ εὐτελοῦς φράσεως τῆς γραφῆς.   15

ε΄. Τίς ἡ πολυλογία, καὶ τίνα τὰ πολλὰ βιβλία· καὶ ὅτι πᾶσα ἡ
θεόπνευστος γραφὴ ἓν βιβλίον ἐστίν.

ϛ΄. Ὅτι ἓν ὄργανον θεοῦ τέλειον καὶ ἡρμοσμένον πᾶσα ἡ θεία
γραφή.

ζ΄. Περὶ τοῦ ἰδιώματος τῶν προσώπων τῆς θείας γραφῆς.   20

η΄. Περὶ τοῦ μὴ δεῖν τὰ σολοικοειδῆ καὶ μὴ σώζοντα τὴν κατὰ τὸ
ῥητὸν ἀκολουθίαν ῥητὰ τῆς γραφῆς ἐπιχειρεῖν διορθοῦσθαι, πολὺ τοῖς
συνιέναι δυναμένοις τὸ τῆς διανοίας ἀκόλουθον σώζοντα.

θ΄. Τίς ὁ λόγος τοῦ τὴν θείαν γραφὴν τῷ αὐτῷ ὀνόματι κατὰ διά-
φορα σημαινόμενα κεχρῆσθαι πολλάκις καὶ ἐν τῷ αὐτῷ τόπῳ.   25

ι΄. Περὶ τῶν ἐν τῇ θείᾳ γραφῇ δοκούντων ἔχειν τι λίθου προσ-
κόμματος καὶ πέτρας σκανδάλου.

ια΄. Ὅτι χρὴ πάσης τῆς θεοπνεύστου γραφῆς τὸ τρόφιμον διώ-
κειν, καὶ τὰ ὑπὸ τῶν αἱρετικῶν ταρασσόμενα ῥητὰ δυσφήμοις ἐπα-
πορήσεσι μὴ ἀποτρέπεσθαι μηδὲ ὑπερηφανεῖν, ἀλλὰ καὶ αὐτῶν μετα- 30
λαμβάνειν τῆς ἐν ἀπιστίᾳ ταραχῆς ἐκτός.

ιβ΄. Πρὸς τὸ μὴ ἐκκακεῖν ἐν τῇ ἀναγνώσει τῆς θείας γραφῆς
τὸν μὴ συνιέντα τὸ σκοτεινὸν τῶν ἐν αὐτῇ αἰνιγμάτων καὶ παρα-
βολῶν.

ιγ΄. Πότε καὶ τίσι τὰ ἀπὸ φιλοσοφίας μαθήματα χρήσιμα εἰς τὴν 35
τῶν ἱερῶν γραφῶν διήγησιν, μετὰ γραφικῆς μαρτυρίας.

ABD ιδ΄. Ὅτι τοῖς θέλουσι μὴ σφάλλεσθαι περὶ τὴν ἀλήθειαν ἐν τῷ
νοεῖν τὰς θείας γραφὰς ἀναγκαιότατά ἐστι τὰ ἁρμόζοντα εἰς τὴν χρῆσιν
εἰδέναι λογικά, ὧν ἄνευ ἀκριβείας σημαινομένων οὐ δύναται ὃν δεῖ
τρόπον παρίστασθαι.

5 ιε΄. Πρὸς τοὺς Ἑλλήνων φιλοσόφους τὸ εὐτελὲς τῆς τῶν θείων
γραφῶν φράσεως διασύροντας, καὶ τὰ ἐν χριστιανισμῷ καλὰ βέλτιον
παρ᾽ Ἕλλησιν εἰρῆσθαι φάσκοντας· καὶ προσέτι δυσειδὲς τὸ τοῦ
κυρίου σῶμα λέγοντας· καὶ τίς ὁ λόγος τῶν διαφόρων τοῦ λόγου
μορφῶν.

10 ιϛ΄. Περὶ τῶν διαβαλλόντων τὸν χριστιανισμὸν διὰ τὰς ἐν τῇ ἐκ-
κλησίᾳ αἱρέσεις.

ιζ΄. Πρὸς τοὺς λέγοντας τῶν φιλοσόφων μηδὲν διαφέρειν τῷ παρ᾽
Ἕλλησι φερομένῳ ὀνόματι τὸν ἐπὶ πᾶσι θεὸν καλεῖν Δία· ἢ τῷ δεῖνα,
φέρε εἰπεῖν, παρ᾽ Ἰνδοῖς· ἢ τῷ δεῖνα παρ᾽ Αἰγυπτίοις.

15 ιη΄. Πρὸς τοὺς Ἑλλήνων φιλοσόφους πάντα ἐπαγγελλομένους εἰ-
δέναι, καὶ αἰτιωμένους τὸ ἀνεξέταστον τῆς τῶν πολλῶν ἐν χρι-
στιανισμῷ πίστεως· καὶ ὡς προτιμώντων τῆς ἐν βίῳ σοφίας τὴν
μωρίαν· καὶ ὅτι οὐδεὶς σοφὸς ἢ πεπαιδευμένος μεμαθήτευται τῷ
Ἰησοῦ· ἀλλ᾽ ἢ ναῦται καὶ τελῶναι πονηρότατοι ἠλιθίους καὶ ἀναι-
20 σθήτους, ἀνδράποδά τε καὶ γύναια καὶ παιδάρια ὑπάγοντες τῷ κη-
ρύγματι.

ιθ΄. Ὅτι ἡ εἰς τὸν κύριον ἡμῶν πίστις, μηδὲν κοινὸν ἔχουσα
πρὸς τὴν ἄλογον τῶν ἐθνῶν δεισιδαίμονα πίστιν, ἐπαινετή τέ ἐστι
καὶ ταῖς ἀρχῆθεν κοιναῖς ἐννοίαις συναγορεύει· καὶ πρὸς τοὺς λέ-
25 γοντας πῶς ἐκ θνητοῦ σώματος ὄντα τὸν Ἰησοῦν θεὸν νομί-
ζομεν.

κ΄. Πρὸς τοὺς λέγοντας μὴ διὰ τὸν ἄνθρωπον ἀλλὰ διὰ τὰ ἄλογα
ζῷα γεγονέναι τὸν ἅπαντα κόσμον καὶ τοὺς ἀνθρώπους· ἐπεὶ ἀπο-
νώτερον ἡμῶν τῶν ἀνθρώπων τὰ ἄλογα ζῇ· καὶ ὅτι σοφώτερα ἡμῶν
30 ὄντα θεοφιλῆ τέ ἐστι καὶ ἔννοιαν ἔχει θεοῦ καὶ προγινώσκει τὰ μέλ-
λοντα. ἐν οἷς καὶ κατὰ μετεμψυχώσεως, καὶ περὶ οἰωνιστικῆς καὶ
τῆς κατ᾽ αὐτὴν ἀπάτης.

κα΄. Περὶ αὐτεξουσίου καὶ τῶν δοκούντων τοῦτο ἀναιρεῖν ῥητῶν
γραφικῶν ἐπίλυσις καὶ ἑρμηνεία· ἅτινά ἐστι ταῦτα·

35 α΄. Εἰς τὸ Ἐσκλήρυνε Κύριος τὴν καρδίαν Φαραώ.

β΄. Εἰς τὸ Ἐξελῶ αὐτῶν τὰς λιθίνας καρδίας καὶ ἐμβαλῶ
σαρκίνας, ὅπως ἐν τοῖς προστάγμασί μου πορεύωνται
καὶ τὰ δικαιώματά μου φυλάσσωσιν.

γ΄. Εἰς τὸ "Ἵνα βλέποντες μὴ βλέπωσι καὶ ἀκούοντες ἀκού- ABD
σωσι καὶ μὴ συνιῶσι, μήποτε ἐπιστρέψωσι καὶ ἀφεθῇ
αὐτοῖς.

δ΄. Εἰς τὸ Οὐ τοῦ θέλοντος οὐδὲ τοῦ τρέχοντος, ἀλλὰ τοῦ
ἐλεοῦντος θεοῦ. 5

ε΄. Εἰς τὸ Καὶ τὸ θέλειν καὶ τὸ ἐνεργεῖν ἐκ τοῦ θεοῦ ἐστίν.

ϛ΄. Εἰς τὸ Ἄρ' οὖν ὃν θέλει ἐλεεῖ, ὃν δὲ θέλει σκληρύνει.

κβ΄. Τίς ἡ τῶν ἐπὶ γῆς λογικῶν ἤτοι ἀνθρωπίνων ψυχῶν δια-
σπορὰ ἐπικεκρυμμένως δηλουμένη ἐκ τῆς οἰκοδομῆς τοῦ πύργου καὶ
τῆς κατ' αὐτὴν συγχύσεως τῶν γλωσσῶν. ἐν ᾧ καὶ περὶ πολλῶν 10
κυρίων ἐπιτεταγμένων τοῖς διασπαρεῖσι κατὰ ἀναλογίαν τῆς κατα-
στάσεως.

κγ΄. Περὶ εἱμαρμένης, καὶ πῶς προγνώστου ὄντος τοῦ θεοῦ τῶν
ὑφ' ἑκάστου πραττομένων τὸ ἐφ' ἡμῖν σώζεται. καὶ τίνα τρόπον
οἱ ἀστέρες οὐκ εἰσὶ ποιητικοὶ τῶν ἐν ἀνθρώποις, σημαντικοὶ δὲ μό- 15
νον· καὶ ὅτι ἄνθρωποι τὴν περὶ τούτων γνῶσιν ἀκριβῶς ἔχειν οὐ
δύνανται, ἀλλὰ δυνάμεσι θείαις τὰ σημεῖα ἔκκειται· καὶ τίς ἡ τούτων
αἰτία. ἐν ᾧ καὶ Κλήμεντος ἐπισκόπου Ῥώμης ἐν τῷ πρὸς τὸν πατέρα
ἐν Λαοδικείᾳ λόγῳ ἀναγκαιότατόν τι θεώρημα, ἐν οἷς δοκεῖ ἀληθεύειν ἡ
ἀστρολογία. 20

κδ΄. Ὅτι οὐκ ἀγένητος οὐδὲ κακῶν αἰτία ἡ ὕλη.

κε΄. Ὅτι ὁ ἐκ προγνώσεως ἀφορισμὸς οὐκ ἀναιρεῖ τὸ αὐτε-
ξούσιον.

κϛ΄. Περὶ ἀγαθῶν καὶ κακῶν, καὶ ὅτι ταῦτα ἐν προαιρετικοῖς καὶ
ἐν ἀπροαιρέτῳ καὶ κατὰ τὴν τοῦ χριστοῦ διδασκαλίαν· ἀλλ' οὐχ ὡς 25
Ἀριστοτέλης οἴεται.

κζ΄. Εἰς τὸ Ἐσκλήρυνε Κύριος τὴν καρδίαν Φαραώ.

ΩΡΙΓΕΝΟΥΣ ΦΙΛΟΚΑΛΙΑ.

I.

ABD Περὶ τοῦ θεοπνεύστου τᾶς θείας γραφᾶς, καὶ πῶς
ταῦτην ἀναγνωστέον καὶ νοητέον· τίς τε ὁ τᾶς ἐν
αὐτῇ ἀσαφείας λόγος καὶ τοῦ κατὰ τὸ ῥητὸν ἔν τισιν
ἀδυνάτου ἢ ἀλόγου. ἐκ τοῦ δ΄ τόμου τοῦ περὶ ἀρχῶν,
5 καὶ Διαφόρων ἄλλων συνταγμάτων Ὠριγένους.

1. Ἐπεὶ περὶ τηλικούτων ἐξετάζοντες πραγμάτων,
οὐκ ἀρκούμενοι ταῖς κοιναῖς ἐννοίαις καὶ τῇ ἐναργείᾳ τῶν
βλεπομένων, προσπαραλαμβάνομεν εἰς τὴν φαινομένην
ἡμῖν ἀπόδειξιν τῶν λεγομένων μαρτύρια τὰ ἐκ τῶν πε-
10 πιστευμένων ἡμῖν εἶναι θείων γραφῶν, τῆς τε λεγομένης
παλαιᾶς διαθήκης καὶ τῆς καλουμένης καινῆς, λόγῳ τε
πειρώμεθα κρατύνειν ἡμῶν τὴν πίστιν, καὶ οὐδέπω περὶ
τῶν γραφῶν ὡς θείων διηλέχθημεν· φέρε καὶ περὶ τούτων
ὀλίγα ὡς ἐν ἐπιτομῇ διαλάβωμεν, τὰ κινοῦντα ἡμᾶς ὡς
15 περὶ θείων γραμμάτων εἰς τοῦτο παρατιθέμενοι. καὶ πρῶ-
τόν γε τοῦ ἀπ᾽ αὐτῶν τῶν γραμμάτων καὶ τῶν ἐν αὐτοῖς
δηλουμένων ῥητοῖς χρήσασθαι, περὶ Μωσέως καὶ Ἰησοῦ
Χριστοῦ, τοῦ νομοθέτου τῶν Ἑβραίων καὶ τοῦ εἰσηγητοῦ

---

1 Ru. I. 156   9 μαρτύρια] μαρτυρίαν B; testimonia Ruf.
13 διειλέχθημεν D   16 τῶν γραμμάτων] AE; om. D; τῶν πραγ-
μάτων B

τῶν κατὰ χριστιανισμὸν σωτηρίων δογμάτων, ταῦτα δια- ABD
ληπτέον. πλείστων γὰρ ὅσων νομοθετῶν γεγενημένων ἐν
Ἕλλησι καὶ βαρβάροις, καὶ διδασκάλων δόγματα καταγ-
γελλόντων ἐπαγγελλόμενα τὴν ἀλήθειαν, οὐδένα ἱστορή-
σαμεν νομοθέτην ζῆλον ἐμποιῆσαι δεδυνημένον τοῖς λοιποῖς 5
ἔθνεσι περὶ τοῦ παραδέξασθαι τοὺς λόγους αὐτοῦ· πολλήν
τε παρασκευὴν τὴν μετὰ τῆς δοκούσης ἀποδείξεως λογικῆς
εἰσενεγκαμένων τῶν περὶ ἀληθείας φιλοσοφεῖν ἐπαγγελλο- 157
μένων, οὐδεὶς δεδύνηται τὴν νομισθεῖσαν αὐτῷ ἀλήθειαν
ἔθνεσι διαφόροις ἐμποιῆσαι, ἢ ἑνὸς ἔθνους ἀξιολόγοις πλή- 10
θεσι. καίτοιγε ἐβούλοντο ἂν καὶ οἱ νομοθέται κρατῦναι
τοὺς φανέντας νόμους εἶναι καλοὺς εἰ δυνατὸν παρὰ παντὶ
τῷ τῶν ἀνθρώπων γένει, οἵ τε διδάσκαλοι ἐπινεμηθῆναι ἣν
ἐφαντάσθησαν εἶναι ἀλήθειαν πανταχοῦ τῆς οἰκουμένης.
ἀλλ' ὡς οὐ δυνάμενοι προσκαλέσασθαι τοὺς ἀπὸ τῶν 15
ἑτέρων διαλέκτων καὶ τῶν πολλῶν ἐθνῶν ἐπὶ τὴν τήρησιν
τῶν νόμων καὶ τὴν παραδοχὴν τῶν μαθημάτων, τοῦτο
ποιῆσαι οὐδὲ ἐπεβάλοντο τὴν ἀρχήν, οὐκ ἀφρόνως γε
σκοπήσαντες περὶ τοῦ ἀδύνατον αὐτοῖς τὸ τοιοῦτον τυγχά-
νειν. πᾶσα δὲ Ἑλλὰς καὶ βάρβαρος ἡ κατὰ τὴν οἰκου- 20
μένην ἡμῶν ζηλωτὰς ἔχει μυρίους, καταλιπόντας τοὺς
πατρῴους νόμους καὶ νομιζομένους θεούς, τῆς τηρήσεως
τῶν Μωσέως νόμων καὶ τῆς μαθητείας τῶν Ἰησοῦ Χριστοῦ
λόγων· καίτοιγε μισουμένων μὲν ὑπὸ τῶν τὰ ἀγάλματα
προσκυνούντων τῶν τῷ Μωσέως νόμῳ προστιθεμένων, καὶ 25
τὴν ἐπὶ θανάτῳ δὲ πρὸς τῷ μισεῖσθαι κινδυνευόντων τῶν
τὸν Ἰησοῦ Χριστοῦ λόγον παραδεξαμένων.

2. Καὶ ἐὰν ἐπιστήσωμεν πῶς ἐν σφόδρα ὀλίγοις
ἔτεσι, τῶν ὁμολογούντων τὸν χριστιανισμὸν ἐπιβουλευο-
μένων, καί τινων διὰ τοῦτο ἀναιρουμένων ἑτέρων δὲ ἀπολ- 30
λύντων τὰς κτήσεις, δεδύνηται ὁ λόγος, καίτοιγε οὐδὲ τῶν
διδασκάλων πλεοναζόντων, πανταχόσε κηρυχθῆναι τῆς οἰ-

15 οὐ] Β; οἷα Α; οἷα μὴ D   21 καταλείποντας ΑΒ

ABD κουμένης, ὥστε Ἕλληνας καὶ βαρβάρους, σοφούς τε καὶ
ἀνοήτους προσθέσθαι τῇ διὰ Ἰησοῦ θεοσεβείᾳ· μεῖζον ἢ
158 κατὰ ἄνθρωπον τὸ πρᾶγμα εἶναι λέγειν οὐ διστάζομεν·
μετὰ πάσης ἐξουσίας καὶ πειθοῦς τῆς περὶ τοῦ κρατυν-
5 θήσεσθαι τὸν λόγον τοῦ Ἰησοῦ διδάξαντος· ὥστε εὐλόγως
ἂν χρησμοὺς νομίσαι τὰς φωνὰς αὐτοῦ, οἷον ὅτι Ἐπὶ   Mt x 18;
βασιλέων καὶ ἡγεμόνων ἀχθήσεσθε ἕνεκεν ἐμοῦ εἰς μαρ-   cf. Mc xiii
τύριον αὐτοῖς καὶ τοῖς ἔθνεσι· καί· Πολλοὶ ἐροῦσί μοι ἐν   Mt vii 22 f.;
ἐκείνῃ τῇ ἡμέρᾳ· κύριε, κύριε, οὐ τῷ ὀνόματί σου ἐφά-   cf. Lc xiii 26
10 γομεν, καὶ τῷ ὀνόματί σου ἐπίομεν, καὶ τῷ ὀνόματί σου
δαιμόνια ἐξεβάλομεν; καὶ ἐρῶ αὐτοῖς· ἀποχωρεῖτε ἀπ᾽ ἐμοῦ
οἱ ἐργαζόμενοι τὴν ἀνομίαν, οὐδέποτε ἔγνων ὑμᾶς. εἰρη-
κέναι μὲν γὰρ ταῦτα ἀποφθεγγόμενον μάτην, ὥστε αὐτὰ
μὴ ἀληθῆ γενέσθαι, τάχα εἰκὸς ἦν· ὅτε δὲ ἐκβέβηκε τὰ
15 μετὰ τοσαύτης ἐξουσίας εἰρημένα, ἐμφαίνει θεὸν ἀληθῶς
ἐνανθρωπήσαντα σωτηρίας δόγματα τοῖς ἀνθρώποις παρα-
δεδωκέναι.

3. Τί δὲ δεῖ λέγειν καὶ ὅτι προεφητεύθη ὁ χριστός,
τότε ἐκλείψειν τοὺς ἐξ Ἰούδα ἄρχοντας εἰρημένους καὶ   cf. Ge xlix 10
20 ἡγουμένους [ἐκ] τῶν μηρῶν αὐτοῦ, ὅταν ἔλθῃ ᾧ ἀπόκειται,
δηλονότι ἡ βασιλεία, καὶ ἐπιδημήσῃ ἡ τῶν ἐθνῶν προσ-
δοκία; σαφῶς γὰρ ἐκ τῆς ἱστορίας δῆλον, καὶ ἐκ τῶν
σήμερον ὁρωμένων, ὅτι ἀπὸ τῶν χρόνων Ἰησοῦ οὐκ ἔτι
βασιλεῖς Ἰουδαίων ἐχρημάτισαν, πάντων τῶν Ἰουδαϊκῶν
25 πραγμάτων ἐν οἷς ἐσεμνύνοντο, λέγω δὲ τῶν τε κατὰ τὸν
ναὸν καὶ τὸ θυσιαστήριον καὶ τὴν ἐπιτελουμένην λατρείαν
καὶ τὰ ἐνδύματα τοῦ ἀρχιερέως, καταλελυμένων. ἐπληρώθη
γὰρ ἡ λέγουσα προφητεία· Ἡμέρας πολλὰς καθήσονται οἱ   Hos iii 4
υἱοὶ Ἰσραὴλ οὐκ ὄντος βασιλέως οὐδὲ ὄντος ἄρχοντος, οὐκ
30 οὔσης θυσίας οὐδὲ ὄντος θυσιαστηρίου οὐδὲ ἱερατείας οὐδὲ
δήλων. καὶ τούτοις χρώμεθα τοῖς ῥητοῖς πρὸς τοὺς, ἐν
159 τῷ θλίβεσθαι ἀπὸ τῶν ἐν τῇ Γενέσει ὑπὸ τοῦ Ἰακὼβ πρὸς

6 νομίσαι τὰς φωνὰς] νοῆσαι τὰς εὐχὰς B   20 om. ἐκ ABD
20 ᾧ] BD; ὃ AB (marg. e pri. man.)   28 καθίσονται D

τὸν Ἰούδαν εἰρημένων, φάσκοντας τὸν ἐθνάρχην ἀπὸ τοῦ (A)BD
Ἰούδα γένους τυγχάνοντα ἄρχειν τοῦ λαοῦ, οὐκ ἐκλειψόντων
τῶν ἀπὸ τοῦ σπέρματος αὐτοῦ, ἕως ἧς φαντάζονται Χρι-
στοῦ ἐπιδημίας.   εἰ γὰρ ἡμέρας πολλὰς καθήσονται οἱ υἱοὶ
Ἰσραὴλ οὐκ ὄντος βασιλέως οὐδὲ ὄντος ἄρχοντος, οὐκ 5
οὔσης θυσίας οὐδὲ θυσιαστηρίου οὐδὲ ἱερατείας οὐδὲ δή-
λων· ἐξ οὗ δὲ κατεσκάφη ὁ ναὸς, οὐκ ἔστι θυσία, οὐδὲ
θυσιαστήριον οὐδὲ ἱερατεία· δῆλον ὅτι ἐξέλιπεν ἄρχων ἐξ
Ἰούδα, καὶ ἡγούμενος ἐκ τῶν μηρῶν αὐτοῦ. ἐπεὶ δὲ ἡ
Ge xlix 10 προφητεία φησίν· Οὐκ ἐκλείψει ἄρχων ἐξ Ἰούδα, οὐδὲ 10
ἡγούμενος ἐκ τῶν μηρῶν αὐτοῦ, ἕως ἂν ἔλθῃ τὰ ἀποκεί-
μενα αὐτῷ· δῆλον ὅτι ἐλήλυθεν ᾧ τὰ ἀποκείμενα, ἡ προσ-
δοκία τῶν ἐθνῶν.   καὶ τοῦτο σαφὲς ἐκ τοῦ πλήθους τῶν
ἐθνῶν τῶν διὰ Χριστοῦ πεπιστευκότων εἰς τὸν θεόν.

4. Καὶ ἐν τῇ τοῦ Δευτερονομίου δὲ ᾠδῇ προφητικῶς 15
δηλοῦται ἡ διὰ τὰ ἁμαρτήματα τοῦ προτέρου λαοῦ ἐσομένη
τῶν ἀσυνέτων ἐθνῶν ἐκλογή, οὐ δι᾽ ἄλλου τινὸς ἢ τοῦ
Deut xxxii 21 Ἰησοῦ γεγενημένη.   Αὐτοὶ γάρ φησι παρεζήλωσάν με ἐπ᾽
οὐ θεῷ, παρώργισάν με ἐν τοῖς εἰδώλοις αὐτῶν· κἀγὼ παρα-
ζηλώσω αὐτοὺς ἐπ᾽ οὐκ ἔθνει, καὶ ἐπὶ ἔθνει ἀσυνέτῳ 20
παροργιῶ αὐτούς.   καὶ ἔστι σφόδρα σαφῶς καταλαβεῖν
δυνατόν, τίνα τρόπον οἱ λεγόμενοι παρεζηλωκέναι τὸν
θεὸν Ἑβραῖοι ἐπὶ τῷ οὐ θεῷ, καὶ παρωργικέναι αὐτὸν ἐν
τοῖς εἰδώλοις αὐτῶν, παρωργίσθησαν εἰς ζηλοτυπίαν ἐπὶ
τῷ οὐκ ἔθνει, τῷ ἀσυνέτῳ ἔθνει, ὅπερ ὁ θεὸς ἐξελέξατο 25
διὰ τῆς ἐπιδημίας Χριστοῦ Ἰησοῦ καὶ τῶν μαθητῶν αὐτοῦ.
1 Co i 26 ff. βλέπομεν οὖν τὴν κλῆσιν ἡμῶν, ὅτι οὐ πολλοὶ σοφοὶ κατὰ 160
σάρκα, οὐ πολλοὶ δυνατοί, οὐ πολλοὶ εὐγενεῖς· ἀλλὰ τὰ
μωρὰ τοῦ κόσμου ἐξελέξατο ὁ θεός, ἵνα καταισχύνῃ τοὺς
σοφούς, καὶ τὰ ἀγενῆ καὶ τὰ ἐξουθενημένα ἐξελέξατο ὁ 30

1 post φάσκοντας deest folium in A   4 καθίσονται D
7 οὐκ ἔστι] B; οὐκέτι D   20 αὐτοὺς] αὐτοῖς B   21 αὐτούς]
αὐτοῖς B   21 ἔστι σφόδρα σαφῶς] D; ἔτι σφόδρα B; est ergo
satis evidenter Ruf.   24 παρωξύνθησαν D

(A)BD θεός, καὶ τὰ μὴ ὄντα, ἵνα ἐκεῖνα τὰ πρότερον ὄντα καταργήσῃ· καὶ μὴ καυχήσηται ὁ κατὰ σάρκα Ἰσραήλ, καλούμενος ὑπὸ τοῦ ἀποστόλου σάρξ, ἐνώπιον τοῦ θεοῦ.

5. Τί δὲ δεῖ λέγειν περὶ τῶν ἐν ψαλμοῖς προφητειῶν
5 περὶ Χριστοῦ, ᾠδῆς τινος ἐπιγεγραμμένης Ὑπὲρ τοῦ ἀγα-   Ps xlv (xliv)
πητοῦ, οὗ ἡ γλῶσσα λέγεται εἶναι κάλαμος γραμματέως   1 f.
ὀξυγράφου· ὡραῖος κάλλει παρὰ τοὺς υἱοὺς τῶν ἀνθρώπων,
ἐπεὶ ἐξεχύθη χάρις ἐν χείλεσιν αὐτοῦ; τεκμήριον γὰρ
τῆς ἐκχυθείσης χάριτος ἐν χείλεσιν αὐτοῦ τὸ ὀλίγου δια-
10 γεγενημένου τοῦ χρόνου τῆς διδασκαλίας αὐτοῦ (ἐνιαυτὸν
γάρ που καὶ μῆνας ὀλίγους ἐδίδαξεν) πεπληρῶσθαι τὴν
οἰκουμένην τῆς διδασκαλίας αὐτοῦ καὶ τῆς δι' αὐτοῦ θεο-
σεβείας. ἀνατέταλκε γὰρ ἐν ταῖς ἡμέραις αὐτοῦ δικαιο-   Ps lxxii
σύνη, καὶ πλῆθος εἰρήνης παραμένον ἕως συντελείας, ὃ   (lxxi) 7 f.
15 ἀνταναίρεσις ὠνόμασται σελήνης· καὶ μένει κατακυριεύων
ἀπὸ θαλάσσης ἕως θαλάσσης, καὶ ἀπὸ ποταμῶν ἕως
περάτων τῆς οἰκουμένης. καὶ δέδοται σημεῖον τῷ οἴκῳ   cf. Is vii 14
Δαυείδ· ἡ παρθένος γὰρ ἔτεκε καὶ ἐν γαστρὶ ἔσχε καὶ   Mt i 23;
ἔτεκεν υἱόν, καὶ τὸ ὄνομα αὐτοῦ Ἐμμανουήλ, ὅπερ ἐστὶ
20 Μεθ' ἡμῶν ὁ θεός. πεπλήρωται, ὡς ὁ αὐτὸς προφήτης
φησί· Μεθ' ἡμῶν ὁ θεός· γνῶτε ἔθνη καὶ ἡττᾶσθε, ἰσχυ-   Is viii 8 f.
κότες ἡττᾶσθε· ἡττήμεθα γὰρ καὶ νενικήμεθα οἱ ἀπὸ τῶν
ἐθνῶν ἑαλωκότες ὑπὸ τῆς χάριτος τοῦ λόγου αὐτοῦ. ἀλλὰ
καὶ προείρηται τόπος γενέσεως αὐτοῦ ἐν τῷ Μιχαίᾳ· Καὶ   Mt ii 6;
25 σὺ γάρ φησι Βηθλεὲμ γῆ Ἰούδα, οὐδαμῶς ἐλαχίστη εἶ ἐν   cf. Mic v 2
161 τοῖς ἡγεμόσιν Ἰούδα· ἐκ σοῦ γὰρ ἐξελεύσεται ἡγούμενος,
ὅστις ποιμανεῖ τὸν λαόν μου τὸν Ἰσραήλ. καὶ αἱ ἑβδο-   Dan ix 24
μήκοντα ἑβδομάδες ἐπληρώθησαν ἕως Χριστοῦ ἡγουμένου
κατὰ τὸν Δανιήλ. ἦλθέ τε κατὰ τὸν Ἰὼβ ὁ τὸ μέγα κῆτος   Job iii 8
30 χειρωσάμενος, καὶ δεδωκὼς ἐξουσίαν τοῖς γνησίοις αὐτοῦ   Lc x 19
μαθηταῖς πατεῖν ἐπάνω ὄφεων καὶ σκορπίων, καὶ ἐπὶ πᾶσαν
τὴν δύναμιν τοῦ ἐχθροῦ, οὐδὲν ὑπ' αὐτῶν ἀδικουμένοις.

13 δικαιοσύνη] D; om. B   15 κατακυριεύων] B; κυριεύων A (hic
enim rursus incipit); κατακυριεῦον D   26 ἐκ σοῦ] ἐξ οὗ B

ἐπιστησάτω δέ τις καὶ τῇ τῶν ἀποστόλων πανταχόσε ABD
ἐπιδημίᾳ τῶν ὑπὸ τοῦ Ἰησοῦ ἐπὶ τὸ καταγγεῖλαι τὸ εὐαγ-
γέλιον πεμφθέντων, καὶ ὄψεται καὶ τὸ τόλμημα οὐ κατὰ
ἄνθρωπον καὶ τὸ ἐπίταγμα θεῖον. καὶ ἐὰν ἐξετάσωμεν
πῶς ἄνθρωποι καινῶν μαθημάτων ἀκούοντες καὶ ξένων 5
λόγων προσήκαντο τοὺς ἄνδρας, νικηθέντες ἐν τῷ θέλειν
αὐτοῖς ἐπιβουλεύειν ὑπό τινος θείας δυνάμεως ἐπισκο-
πούσης αὐτούς· οὐκ ἀπιστήσομεν, εἰ καὶ τεράστια πεποι-

cf. He ii 4 ήκασιν, ἐπιμαρτυροῦντος τοῦ θεοῦ τοῖς λόγοις αὐτῶν καὶ
διὰ σημείων καὶ τεράτων καὶ ποικίλων δυνάμεων.   10

6. Ἀποδεικνύντες δὲ ὡς ἐν ἐπιτομῇ περὶ τῆς θεότητος
Ἰησοῦ, καὶ χρώμενοι τοῖς περὶ αὐτοῦ λόγοις προφητικοῖς,
συναποδείκνυμεν θεοπνεύστους εἶναι τὰς προφητευούσας
περὶ αὐτοῦ γραφάς· καὶ τὰ καταγγέλλοντα τὴν ἐπιδημίαν
αὐτοῦ γράμματα καὶ διδασκαλίαν μετὰ πάσης δυνάμεως 15
καὶ ἐξουσίας εἰρημένα, καὶ διὰ τοῦτο τῆς ἀπὸ τῶν ἐθνῶν
ἐκλογῆς κεκρατηκότα. λεκτέον δὲ ὅτι τὸ τῶν προφητικῶν
λόγων ἔνθεον, καὶ τὸ πνευματικὸν τοῦ Μωσέως νόμου,
ἔλαμψεν ἐπιδημήσαντος Ἰησοῦ. ἐναργῆ γὰρ παραδείγ-
ματα περὶ τοῦ θεοπνεύστους εἶναι τὰς παλαιὰς γραφὰς 20
πρὸ τῆς ἐπιδημίας τοῦ Χριστοῦ παραστῆσαι οὐ πάνυ δυνα-
τὸν ἦν· ἀλλ' ἡ Ἰησοῦ ἐπιδημία δυναμένους ὑποπτεύεσθαι
τὸν νόμον καὶ τοὺς προφήτας ὡς οὐ θεῖα εἰς τοὐμφανὲς 162
ἤγαγεν ὡς οὐρανίῳ χάριτι ἀναγεγραμμένα. ὁ δὲ μετ'
ἐπιμελείας καὶ προσοχῆς ἐντυγχάνων τοῖς προφητικοῖς 25
λόγοις, παθὼν ἐξ αὐτοῦ τοῦ ἀναγινώσκειν ἴχνος ἐνθου-
σιασμοῦ, δι' ὧν πάσχει πεισθήσεται οὐκ ἀνθρώπων εἶναι
συγγράμματα τοὺς πεπιστευμένους ἡμῖν εἶναι θεοῦ λόγους.
καὶ τὸ ἐνυπάρχον δὲ φῶς τῷ Μωσέως νόμῳ, καλύμματι
ἐναποκεκρυμμένον, συνέλαμψε τῇ Ἰησοῦ ἐπιδημίᾳ, περι- 30

cf. 2 Co iii αιρεθέντος τοῦ καλύμματος, καὶ τῶν ἀγαθῶν κατὰ βραχὺ
16; He x 1   εἰς γνῶσιν ἐρχομένων, ὧν σκιὰν εἶχε τὸ γράμμα.

7. Πολὺ δ' ἂν εἴη νῦν ἀναλέγεσθαι τὰς περὶ ἑκάστου
τῶν μελλόντων ἀρχαιοτάτας προφητείας, ἵνα δι' αὐτῶν ὁ

DE PRINCIPIIS LIB. IV.   13

ABD ἀμφιβάλλων πληχθεὶς ὡς ἐνθέων, διψυχίαν πᾶσαν καὶ
περισπασμὸν ἀποθέμενος, ὅλῃ ἑαυτὸν ἐπιδῷ τῇ ψυχῇ τοῖς
λόγοις τοῦ θεοῦ. εἰ δὲ μὴ καθ' ἕκαστον τῶν γραμμάτων
τοῖς ἀνεπιστήμοσι προσπίπτειν δοκεῖ τὸ ὑπὲρ ἄνθρωπον
5 τῶν νοημάτων, θαυμαστὸν οὐδέν· καὶ γὰρ ἐπὶ τῶν τῆς
ἁπτομένης τοῦ παντὸς κόσμου προνοίας ἔργων, τινὰ μὲν
ἐναργέστατα φαίνεται, ᾗ προνοίας ἐστὶν ἔργα, ἕτερα δὲ
οὕτως ἀποκέκρυπται, ὡς ἀπιστίας χώραν παρέχειν δοκεῖν
τῆς περὶ τοῦ τέχνῃ ἀφάτῳ καὶ δυνάμει διοικοῦντος τὰ ὅλα
10 θεοῦ. οὐχ οὕτω γὰρ σαφὴς ὁ περὶ τοῦ προνοοῦντος τεχνι-
κὸς λόγος ἐν τοῖς ἐπὶ γῆς, ὡς ἐν ἡλίῳ καὶ σελήνῃ καὶ
ἄστροις· καὶ οὐχ οὕτω δῆλος ἐν τοῖς κατὰ τὰ ἀνθρώπινα
συμπτώματα, ὡς ἐν ταῖς ψυχαῖς καὶ τοῖς σώμασι τῶν ζῴων,
σφόδρα τοῦ πρὸς τί καὶ ἕνεκα τίνος εὑρισκομένου τοῖς
15 τούτων ἐπιμελομένοις, περὶ τὰς ὁρμὰς καὶ τὰς φαντασίας
καὶ φύσεις τῶν ζῴων, καὶ τὰς κατασκευὰς τῶν σωμάτων.

163 ἀλλ' ὥσπερ οὐ χρεοκοπεῖται ἡ πρόνοια διὰ τὰ μὴ γινω-
σκόμενα παρὰ τοῖς γε ἅπαξ παραδεξαμένοις αὐτὴν καλῶς·
οὕτως οὐδὲ ἡ τῆς γραφῆς θειότης διατείνουσα εἰς πᾶσαν
20 αὐτήν, διὰ τὸ μὴ καθ' ἑκάστην λέξιν δύνασθαι τὴν ἀσθέ-
νειαν ἡμῶν παρίστασθαι τῇ κεκρυμμένῃ λαμπρότητι τῶν
δογμάτων ἐν εὐτελεῖ καὶ εὐκαταφρονήτῳ λέξει ἀποκειμένῃ.
ἔχομεν γὰρ θησαυρὸν ἐν ὀστρακίνοις σκεύεσιν, ἵνα λάμψῃ 2 Co iv 7
ἡ ὑπερβολὴ τῆς δυνάμεως τοῦ θεοῦ, καὶ μὴ νομισθῇ εἶναι
25 ἐξ ἡμῶν τῶν ἀνθρώπων. εἰ γὰρ αἱ κατημαξευμέναι τῶν
ἀποδείξεων ὁδοὶ παρὰ τοῖς ἀνθρώποις ἐναποκείμεναι τοῖς
βιβλίοις κατίσχυσαν τῶν ἀνθρώπων, ἡ πίστις ἡμῶν ἂν 1 Co ii 4 f.
εὐλόγως ὑπελαμβάνετο ἐν σοφίᾳ ἀνθρώπων, καὶ οὐκ ἐν
δυνάμει θεοῦ· νῦν δὲ τῷ ἐπάραντι τοὺς ὀφθαλμοὺς σαφές,
30 ὅτι ὁ λόγος καὶ τὸ κήρυγμα παρὰ τοῖς πολλοῖς δεδύνηται
οὐκ ἐν πειθοῖς σοφίας λόγοις, ἀλλ' ἐν ἀποδείξει πνεύ-
ματος καὶ δυνάμεως. διόπερ δυνάμεως ἡμᾶς οὐρανίου, ἢ

15 ἐπιμελωμένοις B; ἐπιμελουμένοις A

14 PHILOCALIA CAP. I.

He vi 1

1 Co ii 6f.

Ro xvi 25 ff.

2 Ti i 10

Is lxi 1
Is xlv 13
Zech ix 10
Is vii 15

Is xi 6f.

καὶ ὑπερουρανίου, πληττούσης ἐπὶ τὸ σέβειν τὸν κτίσαντα AB(C)(D)
ἡμᾶς μόνον, πειραθῶμεν ἀφέντες τὸν τῆς ἀρχῆς τοῦ
χριστοῦ λόγον, τουτέστι τῆς στοιχειώσεως, ἐπὶ τὴν τελειό-
τητα φέρεσθαι, ἵνα ἡ τοῖς τελείοις λαλουμένη σοφία καὶ
ἡμῖν λαληθῇ. σοφίαν γὰρ ἐπαγγέλλεται ὁ ταύτην κεκτη- 5
μένος λαλεῖν ἐν τοῖς τελείοις, ἑτέραν τυγχάνουσαν παρὰ
τὴν σοφίαν τοῦ αἰῶνος τούτου καὶ τὴν σοφίαν τῶν ἀρχόν-
των τοῦ αἰῶνος τούτου τὴν καταργουμένην· αὕτη δὲ ἡ 164
σοφία ἡμῖν ἐντυπωθήσεται τρανῶς, κατὰ ἀποκάλυψιν
μυστηρίου χρόνοις αἰωνίοις σεσιγημένου, φανερωθέντος δὲ 10
νῦν διά τε γραφῶν προφητικῶν καὶ τῆς ἐπιφανείας τοῦ
κυρίου καὶ σωτῆρος ἡμῶν Ἰησοῦ Χριστοῦ· ᾧ ἡ δόξα εἰς
τοὺς σύμπαντας αἰῶνας. ἀμήν.

8. Μετὰ τὸ ὡς ἐν ἐπιδρομῇ εἰρηκέναι περὶ τοῦ θεο-
πνεύστους εἶναι τὰς θείας γραφάς, ἀναγκαῖον ἐπεξελθεῖν 15
τῷ τρόπῳ τῆς ἀναγνώσεως καὶ νοήσεως αὐτῶν, πλείστων
ἁμαρτημάτων γεγενημένων παρὰ τὸ τὴν ὁδὸν τοῦ πῶς δεῖ
ἐφοδεύειν τὰ ἅγια ἀναγνώσματα τοῖς πολλοῖς μὴ εὑρῆσθαι.
οἵ τε γὰρ σκληροκάρδιοι καὶ ἰδιῶται τῶν ἐκ περιτομῆς εἰς
τὸν σωτῆρα ἡμῶν οὐ πεπιστεύκασι, τῇ λέξει τῶν περὶ 20
αὐτοῦ προφητειῶν κατακολουθεῖν νομίζοντες, καὶ αἰσθητῶς
μὴ ὁρῶντες αὐτὸν κηρύξαντα αἰχμαλώτοις ἄφεσιν, μηδὲ
οἰκοδομήσαντα ἣν νομίζουσιν ἀληθῶς πόλιν εἶναι τοῦ θεοῦ,
μηδὲ ἐξολοθρεύσαντα ἅρματα ἐξ Ἐφραίμ, καὶ ἵππον ἐξ
Ἰερουσαλήμ, μηδὲ βούτυρον καὶ μέλι φαγόντα, καὶ πρὶν 25
γνῶναι αὐτὸν ἢ προελέσθαι πονηρὰ ἐκλέξασθαι τὸ ἀγαθόν.
ἔτι δὲ λύκον τὸ ζῷον τὸ τετράποδον οἰόμενοι προφη-
τεύεσθαι μέλλειν βόσκεσθαι μετὰ ἀρνός, καὶ πάρδαλιν
ἐρίφῳ συναναπαύεσθαι, μοσχάριόν τε καὶ ταῦρον καὶ
λέοντα ἅμα βοσκηθήσεσθαι ὑπὸ μικροῦ παιδίου ἀγόμενα, 30
καὶ βοῦν καὶ ἄρκον ἅμα νεμηθήσεσθαι, συνεκτρεφομένων
αὐτῶν ἀλλήλοις τῶν παιδίων, καὶ λέοντα ὡς βοῦν φάγεσθαι

18 τοῖς πολλοῖς] incipit C   31 νεμηθήσεσθαι]+καὶ B

ABC ἄχυρα· μηδὲν τούτων αἰσθητῶς ἑωρακότες γεγενημένον ἐν
165 τῇ τοῦ πεπιστευμένου ἡμῖν χριστοῦ ἐπιδημίᾳ, οὐ προσ-
ήκαντο τὸν κύριον ἡμῶν Ἰησοῦν, ἀλλ' ὡς παρὰ τὸ δέον
χριστὸν ἑαυτὸν ἀναγορεύσαντα ἐσταύρωσαν. οἵ τε ἀπὸ
5 τῶν αἱρέσεων ἀναγινώσκοντες τό· Πῦρ ἐκκέκαυται ἐκ τοῦ Jer xv 14
θυμοῦ μου· καί· Ἐγὼ θεὸς ζηλωτὴς, ἀποδιδοὺς ἁμαρτίας Ex xx 5
πατέρων ἐπὶ τέκνα ἐπὶ τρίτην καὶ τετάρτην γενεάν· καί·
Μεταμεμέλημαι χρίσας τὸν Σαοὺλ εἰς βασιλέα· καί· Ἐγὼ cf. 1 Sam xv
θεὸς ποιῶν εἰρήνην καὶ κτίζων κακά· καὶ ἐν ἄλλοις τό· Is xlv 7
10 Οὐκ ἔστι κακία ἐν πόλει, ἣν κύριος οὐκ ἐποίησεν· ἔτι δὲ Am iii 6
καὶ τό· Κατέβη κακὰ παρὰ κυρίου ἐπὶ πύλας Ἱερουσαλήμ· Mic i 12
καί· Πνεῦμα πονηρὸν παρὰ θεοῦ ἔπνιγε τὸν Σαούλ· καὶ 1 Sam xvi 14
μυρία ὅσα τούτοις παραπλήσια· ἀπιστῆσαι μὲν ὡς θεοῦ
ταῖς γραφαῖς οὐ τετολμήκασι, πιστεύοντες δὲ αὐτὰς εἶναι
15 τοῦ δημιουργοῦ, ᾧ Ἰουδαῖοι λατρεύουσιν, ᾠήθησαν, ὡς
ἀτελοῦς καὶ οὐκ ἀγαθοῦ τυγχάνοντος τοῦ δημιουργοῦ, τὸν
σωτῆρα ἐπιδεδημηκέναι τελειότερον καταγγέλλοντα θεόν,
ὅν φασι μὴ τὸν δημιουργὸν τυγχάνειν, διαφόρως περὶ τού-
του κινούμενοι· καὶ ἅπαξ ἀποστάντες τοῦ δημιουργοῦ, ὅς
20 ἐστιν ἀγέννητος μόνος θεός, ἀναπλασμοῖς ἑαυτοὺς ἐπιδε-
δώκασι, μυθοποιοῦντες ἑαυτοῖς ὑποθέσεις, καθ' ἃς οἴονται
γεγονέναι τὰ βλεπόμενα, καὶ ἕτερά τινα μὴ βλεπόμενα,
ἅπερ ἡ ψυχὴ αὐτῶν ἀνειδωλοποίησεν. ἀλλὰ μὴν καὶ οἱ
ἀκεραιότεροι τῶν ἀπὸ τῆς ἐκκλησίας αὐχούντων τυγχάνειν
25 τοῦ μὲν δημιουργοῦ μείζονα οὐδένα ὑπειλήφασιν, ὑγιῶς
τοῦτο ποιοῦντες· τοιαῦτα δὲ ὑπολαμβάνουσι περὶ αὐτοῦ,
ὁποῖα οὐδὲ περὶ τοῦ ὠμοτάτου καὶ ἀδικωτάτου ἀνθρώπου.

9. Αἰτία δὲ πᾶσι τοῖς προειρημένοις ψευδοδοξιῶν καὶ
ἀσεβειῶν, ἢ ἰδιωτικῶν περὶ θεοῦ λόγων, οὐκ ἄλλη τις εἶναι
30 δοκεῖ ἢ ἡ γραφὴ κατὰ τὰ πνευματικὰ μὴ νενοημένη, ἀλλ'
166 ὡς πρὸς τὸ ψιλὸν γράμμα ἐξειλημμένη. διόπερ τοῖς
πειθομένοις μὴ ἀνθρώπων εἶναι συγγράμματα τὰς ἱερὰς

8 om. εἰς B   20 om. θεὸς B; qui est omnium Deus Ruf.

βίβλους, ἀλλ' ἐξ ἐπιπνοίας τοῦ ἁγίου πνεύματος βουλή- AB(C)(D)
ματι τοῦ πατρὸς τῶν ὅλων διὰ Ἰησοῦ Χριστοῦ ταύτας
ἀναγεγράφθαι καὶ εἰς ἡμᾶς ἐληλυθέναι, τὰς φαινομένας
ὁδοὺς ὑποδεικτέον, ἐχομένοις τοῦ κανόνος τῆς Ἰησοῦ Χρι-
στοῦ κατὰ διαδοχὴν τῶν ἀποστόλων οὐρανίου ἐκκλησίας. 5
καὶ ὅτι μὲν οἰκονομίαι τινές εἰσι μυστικαί, δηλούμεναι διὰ
τῶν θείων γραφῶν, πάντες καὶ οἱ ἀκεραιότατοι τῶν τῷ
λόγῳ προσιόντων πεπιστεύκασι· τίνες δὲ αὗται, οἱ εὐγνώ-
μονες καὶ ἄτυφοι ὁμολογοῦσι μὴ εἰδέναι.   εἰ γοῦν ἐπαπο-
cf. Ge xix   ρῆσαι τις περὶ τῆς τοῦ Λὼτ θυγατρομιξίας, καὶ τῶν δύο 10
30 ff.
cf. Ge xvi   γυναικῶν τοῦ Ἀβραὰμ, δύο τε ἀδελφῶν γεγαμημένων τῷ
cf. Ge xxix
21 ff.   Ἰακὼβ, καὶ δύο παιδισκῶν τετεκνωκυιῶν ἐξ αὐτοῦ, οὐδὲν
cf. Ge xxx   ἄλλο φήσουσιν ἢ μυστήρια ταῦτα τυγχάνειν, ὑφ' ἡμῶν μὴ
cf. Ex xxv ff. νοούμενα.   ἀλλὰ καὶ ἐπὰν ἡ κατασκευὴ τῆς σκηνῆς ἀνα-
γινώσκηται, πειθόμενοι τύπους εἶναι τὰ γεγραμμένα, ζη- 15
τοῦσιν ᾧ δυνήσονται ἐφαρμόσαι ἕκαστον τῶν κατὰ τὴν
σκηνὴν λεγομένων· ὅσον μὲν ἐπὶ τῷ πείθεσθαι ὅτι τύπος
τινός ἐστιν ἡ σκηνή, οὐ διαμαρτάνοντες· ὅσον δὲ ἐπὶ τῷ,
τῷδέ τινι ἀξίως τῆς γραφῆς ἐφαρμόζειν τὸν λόγον οὗ ἐστι
τύπος ἡ σκηνή, ἔσθ' ὅτε ἀποπίπτοντες· καὶ πᾶσαν δὲ διή- 20
γησιν νομιζομένην περὶ γάμων ἀπαγγέλλειν ἢ παιδοποιῶν
ἢ πολέμων, ἢ ὧν δήποτε ἱστοριῶν ἂν παρὰ τοῖς πολλοῖς
δεχθησομένων, ἀποφαίνονται εἶναι τύπους· ἐν δὲ τῷ τίνων,
πῇ μὲν διὰ τὴν ἕξιν οὐ πάνυ συγκεκροτημένην, πῇ δὲ διὰ
τὴν προπέτειαν, ἔσθ' ὅτε κἂν συγκεκροτημένος τις τυγχάνῃ 25
καὶ ἀπρόπτωτος, διὰ τὴν εἰς ὑπερβολὴν χαλεπωτάτην εὕ- 167
ρεσιν τῶν πραγμάτων τοῖς ἀνθρώποις, οὐ πάνυ σαφηνίζεται
ὁ περὶ τούτων ἑκάστου λόγος.

10. Καὶ τί δεῖ λέγειν περὶ τῶν προφητειῶν, ἃς πάν-
τες ἴσμεν αἰνιγμάτων καὶ σκοτεινῶν λόγων πεπληρῶσθαι; 30
κἂν ἐπὶ τὰ εὐαγγέλια δὲ φθάσωμεν, κἀκείνων ὁ ἀκριβὴς
νοῦς, ἅτε νοῦς ὢν Χριστοῦ, δεῖται χάριτος τῆς δοθείσης τῷ

20 post ἀποπίπτοντες desunt duo folia in C   23 λεχθησομένων
BE   30 πεπληρῶσθαι λόγων AD

ABD εἰρηκότι· Ἡμεῖς δὲ νοῦν Χριστοῦ ἔχομεν· ἵνα εἰδῶμεν τὰ ¹ Co ii 16;
ὑπὸ τοῦ θεοῦ χαρισθέντα ἡμῖν· ἃ καὶ λαλοῦμεν, οὐκ ἐν ¹² f.
διδακτοῖς ἀνθρωπίνης σοφίας λόγοις, ἀλλ' ἐν διδακτοῖς
πνεύματος. καὶ τὰ ἀποκεκαλυμμένα δὲ τῷ Ἰωάννῃ τίς οὐκ
5 ἂν ἀναγνοὺς καταπλαγείη τὴν ἐπίκρυψιν ἀπορρήτων μυστη-
ρίων καὶ τῷ μὴ νοοῦντι τὰ γεγραμμένα ἐμφαινομένων; αἱ
δὲ τῶν ἀποστόλων ἐπιστολαὶ τίνι τῶν βασανίζειν λόγους
ἐπισταμένων δόξαιεν ἂν εἶναι σαφεῖς καὶ εὐχερῶς νοού-
μεναι, μυρίων ὅσων κἀκεῖ, ὡς δι' ὀπῆς, μεγίστων καὶ
10 πλείστων νοημάτων βραχεῖαν ἀφορμὴν παρεχόντων; διό-
περ τούτων οὕτως ἐχόντων, καὶ μυρίων ὅσων σφαλλομένων,
οὐκ ἀκίνδυνον ἐν τῷ ἀναγινώσκειν εὐχερῶς ἀποφαίνεσθαι
νοεῖν τὰ δεόμενα τῆς κλειδὸς τῆς γνώσεως, ἥντινα ὁ σωτήρ
φησιν εἶναι παρὰ τοῖς νομικοῖς· καὶ ἀπαγγελλέτωσαν οἱ
15 μὴ βουλόμενοι παρὰ τοῖς πρὸ τῆς ἐπιδημίας τοῦ χριστοῦ
τὴν ἀλήθειαν τυγχάνειν, πῶς ἡ τῆς γνώσεως κλεὶς ὑπὸ τοῦ
κυρίου ἡμῶν Ἰησοῦ Χριστοῦ λέγεται παρ' ἐκείνοις τυγχά-
νειν, τοῖς, ὥς φασιν αὐτοί, μὴ ἔχουσι βίβλους περιεχούσας
τὰ ἀπόρρητα τῆς γνώσεως καὶ παντελῆ μυστήρια. ἔχει
20 γὰρ οὕτως ἡ λέξις· Οὐαὶ ὑμῖν τοῖς νομικοῖς, ὅτι ἤρατε τὴν Lc xi 52
κλεῖδα τῆς γνώσεως· αὐτοὶ οὐκ εἰσήλθετε, καὶ τοὺς εἰσερ-
χομένους ἐκωλύσατε.

168   11.   Ἡ τοίνυν φαινομένη ἡμῖν ὁδὸς τοῦ πῶς δεῖ ἐν-
τυγχάνειν ταῖς γραφαῖς καὶ τὸν νοῦν αὐτῶν ἐκλαμβάνειν
25 ἐστὶ τοιαύτη, ἀπ' αὐτῶν τῶν λογίων ἐξιχνευομένη. παρὰ
τῷ Σολομῶντι ἐν ταῖς Παροιμίαις εὑρίσκομεν τοιοῦτόν τι
προστασσόμενον περὶ τῶν γεγραμμένων θείων δογμάτων·
Καὶ σὺ δὲ ἀπόγραψαι αὐτὰ τρισσῶς ἐν βουλῇ καὶ γνώσει, Prov xxii 20 f.
τοῦ ἀποκρίνασθαι λόγους ἀληθείας τοῖς προβαλλομένοις
30 σοι. οὐκοῦν τριχῶς ἀπογράφεσθαι δεῖ εἰς τὴν ἑαυτοῦ
ψυχὴν τὰ τῶν ἁγίων γραμμάτων νοήματα· ἵνα ὁ μὲν
ἁπλούστερος οἰκοδομῆται ἀπὸ τῆς οἱονεὶ σαρκὸς τῆς γρα-

φῆς, οὕτως ὀνομαζόντων ἡμῶν τὴν πρόχειρον ἐκδοχήν· ὁ AB(C)(D)
δὲ ἐπὶ ποσὸν ἀναβεβηκὼς, ἀπὸ τῆς ὥσπερεὶ ψυχῆς αὐτῆς·
ὁ δὲ τέλειος καὶ ὅμοιος τοῖς παρὰ τῷ ἀποστόλῳ λεγομέ-

1 Co ii 6 f. νοις· Σοφίαν δὲ λαλοῦμεν ἐν τοῖς τελείοις, σοφίαν δὲ οὐ
τοῦ αἰῶνος τούτου, οὐδὲ τῶν ἀρχόντων τοῦ αἰῶνος τούτου 5
τῶν καταργουμένων· ἀλλὰ λαλοῦμεν θεοῦ σοφίαν ἐν
μυστηρίῳ, τὴν ἀποκεκρυμμένην, ἣν προώρισεν ὁ θεὸς πρὸ
τῶν αἰώνων εἰς δόξαν ἡμῶν· ἀπὸ τοῦ πνευματικοῦ νόμου,

He x 1 σκιὰν περιέχοντος τῶν μελλόντων ἀγαθῶν. ὥσπερ γὰρ ὁ
ἄνθρωπος συνέστηκεν ἐκ σώματος καὶ ψυχῆς καὶ πνεύματος· 10
τὸν αὐτὸν τρόπον καὶ ἡ οἰκονομηθεῖσα ὑπὸ θεοῦ εἰς ἀνθρώ-
πων σωτηρίαν δοθῆναι γραφή. διὰ τοῦτο ἡμεῖς καὶ τὸ ἐν
τῷ ὑπό τινων καταφρονουμένῳ βιβλίῳ, τῷ Ποιμένι, περὶ
τοῦ προστάσσεσθαι τὸν Ἑρμᾶν δύο γράψαι βιβλία, καὶ
μετὰ ταῦτα αὐτὸν ἀναγγέλλειν τοῖς πρεσβυτέροις τῆς ἐκ- 15
κλησίας ἃ μεμάθηκεν ὑπὸ τοῦ πνεύματος, οὕτω διηγού-

Herm Vis ii 4 μεθα. ἔστι δὲ ἡ λέξις αὕτη· Γράψεις δύο βιβλία, καὶ
δώσεις ἐν Κλήμεντι καὶ ἐν Γραπτῇ· καὶ Γραπτὴ μὲν νου-
θετήσει τὰς χήρας καὶ τοὺς ὀρφανούς· Κλήμης δὲ πέμψει
εἰς τὰς ἔξω πόλεις· σὺ δὲ ἀναγγελεῖς τοῖς πρεσβυτέροις 169
τῆς ἐκκλησίας. Γραπτὴ μὲν γὰρ, ἡ νουθετοῦσα τὰς χήρας
καὶ τοὺς ὀρφανοὺς, αὐτὸ ψιλόν ἐστι τὸ γράμμα, νουθετοῦν
τοὺς παῖδας τὰς ψυχὰς, καὶ μηδέπω πατέρα θεὸν ἐπιγρά-
ψασθαι δυναμένους, καὶ διὰ τοῦτο ὀρφανοὺς καλουμένους·
νουθετοῦν δὲ καὶ τὰς μηκέτι μὲν τῷ παρανόμῳ νυμφίῳ χρω- 25
μένας, χηρευούσας δὲ τῷ μηδέπω ἀξίας αὐτὰς τοῦ νυμφίου
γεγονέναι. Κλήμης δὲ, ὁ ἤδη τοῦ γράμματος ἐξιστάμενος,
εἰς τὰς ἔξω πόλεις λέγεται πέμπειν τὰ λεγόμενα, ὡς εἰ
λέγοιμεν τὰς ἔξω τῶν σωματικῶν καὶ τῶν κάτω νοημάτων
τυγχανούσας ψυχάς. οὐκέτι δὲ διὰ γραμμάτων, ἀλλὰ διὰ 30
λόγων ζώντων, αὐτὸς ὁ μαθητὴς τοῦ πνεύματος προστάσ-

5 om. οὐδὲ τ. ἀ. τ. αἰ. τούτου BD   6 τὴν καταργουμένην D
16 μεμάθηκεν] AE; didicit Ruf.; μεμαθήκαμεν BD   26 -μένας]
rursus incipit C   31 ζώντων λόγων AC

AB(C)(D) σεται ἀναγγέλλειν τοῖς τῆς πάσης ἐκκλησίας τοῦ θεοῦ
πρεσβυτέροις πεπολιωμένοις ὑπὸ φρονήσεως.

12. Ἀλλ᾽ ἐπεί εἰσί τινες γραφαὶ τὸ σωματικὸν οὐδα-
μῶς ἔχουσαι, ὡς ἐν τοῖς ἑξῆς δείξομεν, ἔστιν ὅπου οἱονεὶ
5 τὴν ψυχὴν καὶ τὸ πνεῦμα τῆς γραφῆς μόνα χρὴ ζητεῖν.
καὶ τάχα διὰ τοῦτο αἱ ἐπὶ καθαρισμῷ τῶν Ἰουδαίων ὑδρίαι Jn ii 6
κεῖσθαι λεγόμεναι, ὡς ἐν τῷ κατὰ Ἰωάννην εὐαγγελίῳ ἀνέ-
γνωμεν, χωροῦσιν ἀνὰ μετρητὰς δύο ἢ τρεῖς· αἰνισσομένου
τοῦ λόγου περὶ τῶν παρὰ τῷ ἀποστόλῳ ἐν κρυπτῷ Ἰου- Ro ii 29
10 δαίων, ὡς ἄρα οὗτοι καθαρίζονται διὰ τοῦ λόγου τῶν γρα-
φῶν, ὅπου μὲν δύο μετρητὰς, τὸν ἵν᾽ οὕτως εἴπω ψυχικὸν
καὶ τὸν πνευματικὸν λόγον χωροῦντος· ὅπου δὲ τρεῖς, ἐπεί
τινες ἔχουσι πρὸς τοῖς προειρημένοις καὶ τὸ σωματικὸν
οἰκοδομῆσαι δυνάμενον. ἓξ δὲ ὑδρίαι εὐλόγως εἰσὶ τοῖς ἐν
15 κόσμῳ καθαριζομένοις, γεγενημένῳ ἐν ἓξ ἡμέραις ἀριθμῷ
τελείῳ.

13. Ἀπὸ μὲν οὖν τῆς πρώτης ἐκδοχῆς καὶ κατὰ τοῦτο
ὠφελούσης ὅτι ἔστιν ὄνασθαι, μαρτυρεῖ τὰ πλήθη τῶν
170 γνησίως καὶ ἁπλούστερον πεπιστευκότων· τῆς δὲ ὡς ἂν εἰς
20 ψυχὴν ἀναγομένης διηγήσεως παράδειγμα τὸ παρὰ τῷ
Παύλῳ ἐν τῇ πρώτῃ πρὸς Κορινθίους κείμενον. Γέγραπται 1 Co ix 9 f.
γάρ φησιν· οὐ φιμώσεις βοῦν ἀλοῶντα. ἔπειτα διηγού- cf.Deut xxv 4
μενος τοῦτον τὸν νόμον ἐπιφέρει· Μὴ τῶν βοῶν μέλει
τῷ θεῷ; ἢ δι᾽ ἡμᾶς πάντως λέγει; δι᾽ ἡμᾶς γὰρ ἐγράφη,
25 ὅτι ὀφείλει ἐπ᾽ ἐλπίδι ὁ ἀροτριῶν ἀροτριᾶν, καὶ ὁ ἀλοῶν
ἐπ᾽ ἐλπίδι τοῦ μετέχειν. καὶ πλεῖσται δὲ περιφερόμεναι
τοῖς πλήθεσιν ἁρμόζουσαι ἑρμηνεῖαι, καὶ οἰκοδομοῦσαι
τοὺς ὑψηλοτέρων ἀκούειν μὴ δυναμένους, τὸν αὐτόν πως
ἔχουσι χαρακτῆρα. (13) πνευματικὴ δὲ διήγησις τῷ
30 δυναμένῳ ἀποδεῖξαι, ποίων ἐπουρανίων ὑποδείγματι καὶ He viii 5
σκιᾷ οἱ κατὰ σάρκα Ἰουδαῖοι ἐλάτρευον, καὶ τίνων μελ- He x i

6 ὑδρεῖαι C   12 χωρούντων] CE   13 τὸ] τὸν C   14 ὑδρεῖαι
AC   17 οὖν] C; igitur Ruf.; om. οὖν AB   28 ὑψηλότερον B
29 post ἔχουσι χα desunt multa folia in C

2—2

λόντων ἀγαθῶν ὁ νόμος ἔχει σκιάν.   καὶ ἀπαξαπλῶς ἐπὶ ABD
πάντων, κατὰ τὴν ἀποστολικὴν ἐπαγγελίαν, ζητητέον

1 Co ii 7 f.   σοφίαν ἐν μυστηρίῳ, τὴν ἀποκεκρυμμένην, ἢν προώρισεν
ὁ θεὸς πρὸ τῶν αἰώνων εἰς δόξαν τῶν δικαίων, ἢν οὐδεὶς τῶν
ἀρχόντων τοῦ αἰῶνος τούτου ἔγνωκε.   φησὶ δέ που ὁ 5
αὐτὸς ἀπόστολος, χρησάμενός τισι ῥητοῖς ἀπὸ τῆς Ἐξόδου

1 Co x 11   καὶ τῶν Ἀριθμῶν, ὅτι Ταῦτα τυπικῶς συνέβαινεν ἐκείνοις·
ἐγράφη δὲ δι᾽ ἡμᾶς, εἰς οὓς τὰ τέλη τῶν αἰώνων κατήντησε.
καὶ ἀφορμὰς δίδωσι τοῦ τίνων ἐκεῖνα τύποι ἐτύγχανον,

1 Co x 4   λέγων· Ἔπινον γὰρ ἐκ πνευματικῆς ἀκολουθούσης πέτρας, 10
ἡ δὲ πέτρα ἦν ὁ χριστός.   καὶ τὰ περὶ τῆς σκηνῆς δὲ ἐν

He viii 5; cf.   ἑτέρᾳ ἐπιστολῇ ὑπογράφων ἐχρήσατο τῷ· Ποιήσεις πάντα
Ex xxv 40   κατὰ τὸν τύπον τὸν δειχθέντα σοι ἐν τῷ ὄρει.   ἀλλὰ
μὴν καὶ ἐν τῇ πρὸς Γαλάτας ἐπιστολῇ, οἱονεὶ ὀνειδίζων
τοῖς ἀναγινώσκειν νομίζουσι τὸν νόμον καὶ μὴ συνιεῖσιν 15
αὐτὸν, μὴ συνιέναι κρίνων ἐκείνους, ὅσοι μὴ ἀλληγορίας 171

Ga iv 21 ff.   εἶναι ἐν τοῖς γεγραμμένοις νομίζουσι· Λέγετέ μοι, φησὶν,
οἱ ὑπὸ νόμον θέλοντες εἶναι, τὸν νόμον οὐκ ἀκούετε;
γέγραπται γὰρ ὅτι Ἀβραὰμ δύο υἱοὺς ἔσχεν, ἕνα ἐκ τῆς
παιδίσκης καὶ ἕνα ἐκ τῆς ἐλευθέρας· ἀλλ᾽ ὁ μὲν ἐκ τῆς 20
παιδίσκης κατὰ σάρκα γεγέννηται, ὁ δὲ ἐκ τῆς ἐλευθέρας
διὰ τῆς ἐπαγγελίας· ἅτινά ἐστιν ἀλληγορούμενα· αὗται
γάρ εἰσιν δύο διαθῆκαι, καὶ τὰ ἑξῆς.   παρατηρητέον γὰρ
ἕκαστον τῶν εἰρημένων ὑπ᾽ αὐτοῦ, ὅτι φησίν· Οἱ ὑπὸ
νόμον θέλοντες εἶναι, οὐχί· Οἱ ὑπὸ τὸν νόμον ὄντες· 25
καί· Τὸν νόμον οὐκ ἀκούετε; τοῦ ἀκούειν ἐν τῷ νοεῖν καὶ
γινώσκειν κρινομένου.   καὶ ἐν τῇ πρὸς Κολασσαεῖς δὲ
ἐπιστολῇ, διὰ βραχέων τὸ βούλημα τῆς πάσης ἐπιτεμ-

Col ii 16 f.   νόμενος νομοθεσίας, φησί· Μὴ οὖν τις ὑμᾶς κρινέτω ἐν
βρώσει ἢ ἐν πόσει, ἢ ἐν μέρει ἑορτῆς ἢ νουμηνίας ἢ 30
σαββάτων· ἅ ἐστι σκιὰ τῶν μελλόντων.   ἔτι δὲ καὶ ἐν
τῇ πρὸς Ἑβραίους, περὶ τῶν ἐκ περιτομῆς διαλεγόμενος,

8 κατήντηκεν AD   12 τῷ] τὸ ABD   21 γεγένηται A   23 εἰ-
σιν]+αἱ A   29 κρινέτω]+ἢ AD

ABD γράφει· Οἵτινες ὑποδείγματι καὶ σκιᾷ λατρεύουσι τῶν He viii 5
ἐπουρανίων. ἀλλ' εἰκὸς διὰ ταῦτα περὶ μὲν τῶν πέντε
Μωσέως ἐπιγεγραμμένων βιβλίων μὴ ἂν διστάξαι τοὺς
τὸν ἀπόστολον ἅπαξ ὡς θεῖον ἄνδρα προσιεμένους· περὶ
5 δὲ τῆς λοιπῆς ἱστορίας βούλεσθαι μανθάνειν, εἰ κἀκείνη
τυπικῶς συνέβαινε. παρατηρητέον δὲ ἐκ τῆς πρὸς Ῥωμαίους
τό· Κατέλιπον ἐμαυτῷ ἑπτακισχιλίους ἄνδρας, οἵτινες οὐκ Ro xi 4; cf.
ἔκαμψαν γόνυ τῇ Βάαλ· κείμενον ἐν τῇ τρίτῃ τῶν ¹ Reg xix 18
Βασιλειῶν· ὅτι ὁ Παῦλος εἴληφεν ἀντὶ τῶν κατ' ἐκλογὴν
10 Ἰσραηλιτῶν, τῷ μὴ μόνον τὰ ἔθνη ὠφελῆσθαι ἀπὸ τῆς
Χριστοῦ ἐπιδημίας, ἀλλὰ καί τινας τῶν ἀπὸ τοῦ θείου
γένους.

14. Τούτων οὕτως ἐχόντων τοὺς φαινομένους ἡμῖν
χαρακτῆρας τῆς νοήσεως τῶν γραφῶν ὑποτυπωτέον.
172 καὶ πρῶτόν γε τοῦτο ὑποδεικτέον, ὅτι ὁ σκοπὸς τῷ φωτί-
ζοντι πνεύματι προνοίᾳ θεοῦ διὰ τοῦ ἐν ἀρχῇ πρὸς τὸν
θεὸν λόγου τοὺς διακόνους τῆς ἀληθείας, προφήτας καὶ
ἀποστόλους, ἦν προηγουμένως μὲν ὁ περὶ τῶν ἀπορρήτων
μυστηρίων τῶν κατὰ τοὺς ἀνθρώπους πραγμάτων· ἀνθρώ-
20 πους δὲ νῦν λέγω τὰς χρωμένας ψυχὰς σώμασιν· ἵν' ὁ
δυνάμενος διδαχθῆναι ἐρευνήσας, καὶ τοῖς βάθεσι τοῦ νοῦ
τῶν λέξεων ἑαυτὸν ἐπιδούς, κοινωνὸς τῶν ὅλων τῆς βουλῆς
αὐτοῦ γένηται δογμάτων. εἰς δὲ τὰ περὶ τῶν ψυχῶν,
οὐκ ἄλλως δυναμένων τῆς τελειότητος τυχεῖν χωρὶς τῆς
25 πλουσίας καὶ σοφῆς περὶ θεοῦ ἀληθείας, τὰ περὶ θεοῦ
ἀναγκαίως ὡς προηγούμενα τέτακται, καὶ τοῦ μονογε-
νοῦς αὐτοῦ· ποίας ἐστὶ φύσεως, καὶ τίνα τρόπον υἱὸς
τυγχάνει θεοῦ, καὶ τίνες αἱ αἰτίαι τοῦ μέχρι σαρκὸς
ἀνθρωπίνης αὐτὸν καταβεβηκέναι καὶ πάντη ἄνθρωπον
30 ἀνειληφέναι· τίς τε καὶ ἡ τούτου ἐνέργεια, καὶ εἰς τίνας
καὶ πότε γινομένη. ἀναγκαίως δὲ ὡς περὶ συγγενῶν
καὶ τῶν ἄλλων λογικῶν θειοτέρων τε καὶ ἐκπεπτωκότων

10 τῷ] τὸ BD; om. A   ὠφελεῖσθαι D   11 om. ἀπὸ B
24 οὐκ ἄλλως] οὐ καλῶς B

τῆς μακαριότητος, καὶ τῶν αἰτίων τῆς τούτων ἐκπτώσεως, ABD
ἐχρῆν εἰς τοὺς λόγους τῆς θείας ἀνειλῆφθαι διδασκαλίας·
καὶ περὶ τῆς διαφορᾶς τῶν ψυχῶν, καὶ πόθεν αἱ διαφοραὶ
αὗται ἐληλύθασι· τίς τε ὁ κόσμος, καὶ διὰ τί ὑπέστη. ἔτι
δὲ πόθεν ἡ κακία τοσαύτη καὶ τηλικαύτη ἐστὶν ἐπὶ γῆς, 5
καὶ εἰ μὴ μόνον ἐπὶ γῆς, ἀλλὰ καὶ ἀλλαχοῦ, ἀναγκαῖον
ἡμᾶς μαθεῖν.

15. Τούτων δὴ καὶ τῶν παραπλησίων προκειμένων
τῷ φωτίζοντι πνεύματι τὰς τῶν ἁγίων ὑπηρετῶν τῆς ἀλη-
θείας ψυχάς· δεύτερος ἦν σκοπὸς, διὰ τοὶς μὴ δυναμένους 10
τὸν κάματον ἐνεγκεῖν ὑπὲρ τοῦ τὰ τηλικαῦτα εὑρεῖν,
κρύψαι τὸν περὶ τῶν προειρημένων λόγον ἐν λέξεσιν 173
ἐμφαινούσαις διήγησιν περιέχουσαν ἀπαγγελίαν τὴν περὶ
τῶν αἰσθητῶν δημιουργημάτων, καὶ ἀνθρώπου κτίσεως, καὶ
τῶν ἐκ τῶν πρώτων κατὰ διαδοχὴν μέχρι πολλῶν γεγενη- 15
μένων· καὶ ἄλλαις ἱστορίαις, ἀπαγγελλούσαις δικαίων
πράξεις, καὶ τῶν αὐτῶν τούτων ποτὲ γενόμενα ἁμαρτή-
ματα ὡς ἀνθρώπων, καὶ ἀνόμων καὶ ἀσεβῶν πονηρίας
καὶ ἀκολασίας καὶ πλεονεξίας. παραδοξότατα δὲ, διὰ
ἱστορίας τῆς περὶ πολέμων καὶ νενικηκότων καὶ νενικη- 20
μένων, τινὰ τῶν ἀπορρήτων τοῖς ταῦτα βασανίζειν δυνα-
μένοις σαφηνίζεται. καὶ ἔτι θαυμασιώτερον, διὰ γραπτῆς
νομοθεσίας οἱ τῆς ἀληθείας νόμοι προφητεύονται· μετὰ
ἀληθῶς πρεπούσης θεοῦ σοφίᾳ δυνάμεως πάντων τούτων
εἱρμῷ ἀναγεγραμμένων. προέκειτο γὰρ καὶ τὸ ἔνδυμα 25
τῶν πνευματικῶν, λέγω δὲ τὸ σωματικὸν τῶν γραφῶν, ἐν
πολλοῖς ποιῆσαι οὐκ ἀνωφελὲς, δυνάμενόν τε τοὺς πολ-
λοὺς, ὡς χωροῦσι, βελτιοῦν.

16. (15) Ἀλλ᾽ εἴπερ, εἰ δι᾽ ὅλων σαφῶς τὸ τῆς
νομοθεσίας χρήσιμον αὐτόθεν ἐφαίνετο καὶ τὸ τῆς ἱστο- 30
ρίας ἀκόλουθον καὶ γλαφυρόν, ἠπιστήσαμεν ἂν ἄλλο τι
παρὰ τὸ πρόχειρον νοεῖσθαι δύνασθαι ἐν ταῖς γραφαῖς·

ABD ᾠκονόμησέ τινα οἱονεὶ σκάνδαλα καὶ προσκόμματα καὶ
ἀδύνατα διὰ μέσου ἐγκαταταχθῆναι τῷ νόμῳ καὶ τῇ ἱστορίᾳ
ὁ τοῦ θεοῦ λόγος· ἵνα μὴ πάντη ὑπὸ τῆς λέξεως ἑλκόμενοι
τὸ ἀγωγὸν ἄκρατον ἐχούσης, ἤτοι ὡς μηδὲν ἄξιον θεοῦ
5 μανθάνοντες τέλεον ἀποστῶμεν τῶν δογμάτων, ἢ μὴ κι-
νούμενοι ἀπὸ τοῦ γράμματος μηδὲν θειότερον μάθωμεν.
174 χρὴ δὲ καὶ τοῦτο εἰδέναι, ὅτι, τοῦ προηγουμένου σκοποῦ
τυγχάνοντος τὸν ἐν τοῖς πνευματικοῖς εἱρμὸν ἀπαγγεῖλαι
γεγενημένοις καὶ πρακτέοις, ὅπου μὲν εὗρε γενόμενα κατὰ
10 τὴν ἱστορίαν ὁ λόγος ἐφαρμόσαι δυνάμενα τοῖς μυστικοῖς
τούτοις, ἐχρήσατο ἀποκρύπτων ἀπὸ τῶν πολλῶν τὸν βαθύ-
τερον νοῦν· ὅπου δὲ ἐν τῇ διηγήσει τῆς περὶ τῶν νοητῶν
ἀκολουθίας οὐχ εἵπετο ἡ τῶνδέ τινων πρᾶξις ἡ προανα-
γεγραμμένη διὰ τὰ μυστικώτερα, συνύφηνεν ἡ γραφὴ τῇ
15 ἱστορίᾳ τὸ μὴ γενόμενον· πῇ μὲν μηδὲ δυνατὸν γενέσθαι,
πῇ δὲ δυνατὸν μὲν γενέσθαι, οὐ μὴν γεγενημένον. καὶ
ἔσθ᾽ ὅτε μὲν ὀλίγαι λέξεις παρεμβεβλημέναι εἰσὶ κατὰ τὸ
σῶμα οὐκ ἀληθευόμεναι, ἔσθ᾽ ὅτε δὲ πλείονες. τὸ δ᾽
ἀνάλογον καὶ ἐπὶ τῆς νομοθεσίας ἐκληπτέον, ἐν ᾗ ἔστι
20 πλεονάκις εὑρεῖν καὶ τὸ αὐτόθεν χρήσιμον, πρὸς τοὺς
καιροὺς τῆς νομοθεσίας ἁρμόζον· ἐνίοτε δὲ λόγος χρήσιμος
οὐκ ἐμφαίνεται. καὶ ἄλλοτε καὶ ἀδύνατα νομοθετεῖται, διὰ
τοὺς ἐντρεχεστέρους καὶ ζητητικωτέρους· ἵνα τῇ βασάνῳ
τῆς ἐξετάσεως τῶν γεγραμμένων ἐπιδιδόντες ἑαυτούς,
25 πεῖσμα ἀξιόλογον λάβωσι περὶ τοῦ δεῖν τοῦ θεοῦ ἄξιον
νοῦν εἰς τὰ τοιαῦτα ζητεῖν. (16) οὐ μόνον δὲ περὶ τῶν
πρὸ τῆς παρουσίας ταῦτα τὸ πνεῦμα ᾠκονόμησεν, ἀλλὰ
γάρ, ἅτε τὸ αὐτὸ τυγχάνον καὶ ἀπὸ τοῦ ἑνὸς θεοῦ, τὸ
ὅμοιον καὶ ἐπὶ τῶν εὐαγγελίων πεποίηκε καὶ ἐπὶ τῶν
30 ἀποστόλων· οὐδὲ τούτων πάντη ἄκρατον τὴν ἱστορίαν
τῶν προσυφασμένων κατὰ τὸ σωματικὸν ἐχόντων, μὴ γε-
γενημένων· οὐδὲ τὴν νομοθεσίαν καὶ τὰς ἐντολὰς πάντως
τὸ εὔλογον ἐντεῦθεν ἐμφαίνοντα.

1 οἱονεί] εἰς B   15 μηδὲ] μὴ AD   33 om. ἐντεῦθεν AD

17. Τίς γοῦν νοῦν ἔχων οἰήσεται πρώτην καὶ δευτέραν ABD
Ge i 5   καὶ τρίτην ἡμέραν, ἑσπέραν τε καὶ πρωῖαν, χωρὶς ἡλίου 175
γεγονέναι καὶ σελήνης καὶ ἀστέρων; τὴν δὲ οἱονεὶ πρώτην
καὶ χωρὶς οὐρανοῦ; τίς δ᾽ οὕτως ἠλίθιος ὡς οἰηθῆναι
τρόπον ἀνθρώπου γεωργοῦ τὸν θεὸν πεφυτευκέναι παράδει- 5
Ge ii 8 f.   σον ἐν Ἐδὲμ κατὰ ἀνατολὰς, καὶ ξύλον ζωῆς ἐν αὐτῷ
πεποιηκέναι ὁρατὸν καὶ αἰσθητόν, ὥστε διὰ τῶν σωματι-
κῶν ὀδόντων γευσάμενον τοῦ καρποῦ τὸ ζῆν ἀναλαμβάνειν·
καὶ πάλιν καλοῦ καὶ πονηροῦ μετέχειν τινὰ παρὰ τὸ
μεμασῆσθαι τὸ ἀπὸ τοῦδε τοῦ ξύλου λαμβανόμενον; ἐὰν 10
Ge iii 8   δὲ καὶ θεὸς τὸ δειλινὸν ἐν τῷ παραδείσῳ περιπατεῖν
λέγηται, καὶ ὁ Ἀδὰμ ὑπὸ τὸ ξύλον κρύπτεσθαι· οὐκ οἶμαι
διστάξειν τινὰ περὶ τοῦ αὐτὰ τροπικῶς διὰ δοκούσης
ἱστορίας, καὶ οὐ σωματικῶς γεγενημένης, μηνύειν τινὰ
Ge iv 16   μυστήρια. ἀλλὰ καὶ Κάιν ἐξερχόμενος ἀπὸ προσώπου 15
τοῦ θεοῦ σαφῶς τοῖς ἐπιστήσασι φαίνεται κινεῖν τὸν
ἐντυγχάνοντα ζητεῖν πρόσωπον θεοῦ καὶ ἐξέρχεσθαί τινα
ἀπ᾽ αὐτοῦ. καὶ τί δεῖ πλείω λέγειν, τῶν μὴ πάνυ ἀμ-
βλέων μυρία ὅσα τοιαῦτα δυναμένων συναγαγεῖν, ἀναγε-
γραμμένα μὲν ὡς γεγονότα, οὐ γεγενημένα δὲ κατὰ τὴν 20
λέξιν; ἀλλὰ καὶ τὰ εὐαγγέλια δὲ τοῦ αὐτοῦ εἴδους τῶν
Mt iv 8   λόγων πεπλήρωται· εἰς ὑψηλὸν ὄρος τὸν Ἰησοῦν ἀνα-
βιβάζοντος τοῦ διαβόλου, ἵν᾽ ἐκεῖθεν αὐτῷ δείξῃ τοῦ
παντὸς κόσμου τὰς βασιλείας καὶ τὴν δόξαν αὐτῶν. τίς
γὰρ οὐκ ἂν τῶν μὴ παρέργως ἀναγινωσκόντων τὰ τοιαῦτα 25
καταγινώσκοι τῶν οἰομένων τῷ τῆς σαρκὸς ὀφθαλμῷ,
δεηθέντι ὕψους ὑπὲρ τοῦ κατανοηθῆναι δύνασθαι τὰ κατω-
τέρω καὶ ὑποκείμενα, ἑωρᾶσθαι τὴν Περσῶν καὶ Σκυθῶν
καὶ Ἰνδῶν καὶ Παρθυαίων βασιλείαν, καὶ ὡς δοξάζονται
παρὰ ἀνθρώποις οἱ βασιλεύοντες; παραπλησίως δὲ τούτοις 30
καὶ ἄλλα μυρία ἀπὸ τῶν εὐαγγελίων ἔνεστι τὸν ἀκριβοῦντα

1 οἰήσεται] ὁρίσεται apud Justiniani ep. ad Mennam.   13 διστά-
ζειν AD   17 τί πρόσωπον θεοῦ, καὶ τί conj. Tarinus; quae facies
Dei sit, et quomodo Ruf.; vide autem infra p. 25 l. 27

ABD τηρῆσαι, ὑπὲρ τοῦ συγκαταθέσθαι συννφαίνεσθαι ταῖς
176 κατὰ τὸ ῥητὸν γεγενημέναις ἱστορίαις ἕτερα μὴ συμβε-
βηκότα.

18. (17) Ἐὰν δὲ καὶ ἐπὶ τὴν νομοθεσίαν ἔλθωμεν τὴν
5 Μωσέως, πολλοὶ τῶν νόμων, τῷ ὅσον ἐπὶ τῷ καθ' ἑαυτοὺς
τηρεῖσθαι, τὸ ἄλογον ἐμφαίνουσιν, ἕτεροι δὲ τὸ ἀδύνατον.
τὸ μὲν ἄλογον, γῦπες ἐσθίεσθαι ἀπαγορευόμενοι, οὐδενὸς cf. Lev xi 14
οὐδὲ ἐν τοῖς μεγίστοις λιμοῖς ἐκβιασθέντος ὑπὸ τῆς ἐνδείας
ἐπὶ τοῦτο τὸ ζῷον φθάσαι· καὶ ὀκταήμερα παιδία ἀπε-
10 ρίτμητα ἐξολοθρεύεσθαι ἐκ τοῦ γένους αὐτῶν κελευόμενα·
δέον, εἰ ὅλως ἐχρῆν τι περὶ τούτων κατὰ τὸ ῥητὸν νενομο-
θετῆσθαι, τοὺς πατέρας αὐτῶν κελεύεσθαι ἀναιρεῖσθαι, ἢ
τοὺς παρ' οἷς τρέφονται. νῦν δέ φησιν ἡ γραφή· Ἀπερί- Ge xvii 14
τμητος πᾶς ἄρρην, ὃς οὐ περιτμηθήσεται τῇ ἡμέρᾳ τῇ
15 ὀγδόῃ, ἐξολοθρευθήσεται ἐκ τοῦ γένους αὐτοῦ. εἰ δὲ καὶ
ἀδύνατα νομοθετούμενα βούλεσθε ἰδεῖν, ἐπισκεψώμεθα ὅτι
τραγέλαφος μὲν τῶν ἀδυνάτων ὑποστῆναι ζῷον τυγχάνει, cf. Deut xiv
ὃν ὡς καθαρὸν κελεύει Μωσῆς ἡμᾶς προσφέρεσθαι· γρὺψ 5, 12
δὲ οὐχ ἱστόρηταί ποτε ὑποχείριος ἀνθρώπῳ γεγονέναι, ὃν
20 ἀπαγορεύει ἐσθίεσθαι ὁ νομοθέτης. ἀλλὰ καὶ τὸ δια-
βόητον σάββατον τῷ ἀκριβοῦντι τό· Καθήσεσθε ἕκαστος Ex xvi 29
εἰς τοὺς οἴκους ὑμῶν· μηδεὶς ὑμῶν ἐκπορευέσθω ἐκ τοῦ
τόπου αὐτοῦ τῇ ἡμέρᾳ τῇ ἑβδόμῃ· ἀδύνατόν ἐστι φυλα-
χθῆναι κατὰ τὴν λέξιν· οὐδενὸς ζῴου δυναμένου δι' ὅλης
25 καθέζεσθαι τῆς ἡμέρας, καὶ ἀκινητεῖν ἀπὸ τοῦ καθέζεσθαι.
διόπερ τινὰ μὲν οἱ ἐκ περιτομῆς, καὶ ὅσοι θέλουσι πλέον
τῆς λέξεως δηλοῦσθαι μηδὲν, οὐδὲ τὴν ἀρχὴν ζητοῦσιν,
ὥσπερ τὰ περὶ τραγελάφου καὶ γρυπὸς καὶ γυπὸς, εἴς τινα
δὲ φλυαροῦσιν εὑρησιλογοῦντες, ψυχρὰς παραδόσεις φέ-
30 ροντες, ὥσπερ καὶ περὶ τοῦ σαββάτου, φάσκοντες τόπον
179 ἑκάστου εἶναι δισχιλίους πήχεις. ἄλλοι δὲ, ὧν ἐστὶ
Δοσίθεος ὁ Σαμαρεὺς, καταγινώσκοντες τῆς τοιαύτης διη-

5 τῷ ὅσον] τὸ ὅσον AB   9 ἐπὶ] ὑπὸ B   29 εὑρισιλ. A;
εὑρεσιλ. D   31 ἑκάστῳ AD

γήσεως οἴονται ἐπὶ τοῦ σχήματος, οὗ ἂν καταληφθῇ τις ἐν ABD
τῇ ἡμέρᾳ τοῦ σαββάτου, μένειν μέχρις ἑσπέρας. ἀλλὰ
Jer xvii 21 καὶ τὸ μὴ αἴρειν βάσταγμα ἐν τῇ ἡμέρᾳ τοῦ σαββάτου
ἀδύνατον· διόπερ εἰς ἀπεραντολογίαν οἱ τῶν Ἰουδαίων
διδάσκαλοι ἐληλύθασι, φάσκοντες βάσταγμα μὲν εἶναι τὸ 5
τοιόνδε ὑπόδημα, οὐ μὴν καὶ τὸ τοιόνδε, καὶ τὸ ἥλους ἔχον
σανδάλιον, οὐ μὴν καὶ τὸ ἀνήλωτον· καὶ τὸ οὑτωσὶ ἐπὶ
τοῦ ὤμου φορούμενον, οὐ μὴν καὶ ἐπὶ τῶν δύο ὤμων.
      19. (18) Εἰ δὲ καὶ ἐπὶ τὸ εὐαγγέλιον ἐλθόντες τὰ
Lc x 4   ὅμοια ζητήσαιμεν, τί ἂν εἴη ἀλογώτερον τοῦ· Μηδένα 10
κατὰ τὴν ὁδὸν ἀσπάσησθε· ὅπερ ἐντέλλεσθαι νομίζουσιν
Mt v 39   οἱ ἀκέραιοι τὸν σωτῆρα τοῖς ἀποστόλοις; ἀλλὰ καὶ δεξιὰ
σιαγὼν τύπτεσθαι λεγομένη ἀπιθανωτάτη ἐστί· παντὸς
τοῦ τύπτοντος, εἰ μὴ ἄρα πεπονθώς τι παρὰ φύσιν τυγ-
χάνει, τῇ δεξιᾷ χειρὶ τύπτοντος τὴν ἀριστερὰν σιαγόνα. 15
Mt v 28 f. ἀδύνατον δὲ ἀπὸ τοῦ εὐαγγελίου ἔστι λαβεῖν ὀφθαλμὸν
δεξιὸν σκανδαλίζοντα. ἵνα γὰρ χαρισώμεθα τὸ δύνασθαι
ἐκ τοῦ ὁρᾶν σκανδαλίζεσθαί τινα, πῶς τῶν δύο ὀφθαλμῶν
ὁρώντων τὴν αἰτίαν ἀνενεκτέον ἐπὶ τὸν δεξιόν; τίς δὲ καὶ
καταγνοὺς ἑαυτοῦ ἐν τῷ ἑωρακέναι γυναῖκα πρὸς τὸ ἐπι- 20
θυμῆσαι, ἀναφέρων τὴν αἰτίαν ἐπὶ μόνον τὸν δεξιὸν ὀφθαλ-
μόν, εὐλόγως ἂν τοῦτον ἀποβάλοι; ἀλλὰ καὶ ὁ ἀπόστολος
1 Co vii 18 νομοθετεῖ, λέγων· Περιτετμημένος τις ἐκλήθη; μὴ ἐπι-
σπάσθω. πρῶτον μὲν ὁ βουλόμενος ὄψεται ὅτι παρὰ τὴν
προκειμένην αὐτῷ ὁμιλίαν ταῦτά φησι· πῶς γὰρ περὶ 25
γάμου καὶ ἁγνείας νομοθετῶν οὐ δόξει ταῦτα εἰκῆ παρεμ-
βεβληκέναι; δεύτερον δὲ τίς ἐρεῖ ἀδικεῖν τὸν, εἰ δυνατὸν, 180
διὰ τὴν παρὰ τοῖς πολλοῖς νομιζομένην ἀσχημοσύνην ἐπὶ
τῷ περιτετμῆσθαι, ἐπιδιδόντα ἑαυτὸν τῷ ἐπισπάσασθαι;
      20. Ταῦτα δὲ ἡμῖν πάντα εἴρηται ὑπὲρ τοῦ δεῖξαι, ὅτι 30
σκοπὸς τῇ δωρουμένῃ ἡμῖν θείᾳ δυνάμει τὰς ἱερὰς γραφὰς
ἐστιν οὐχὶ τὰ ὑπὸ τῆς λέξεως παριστάμενα μόνα ἐκλαμβά-

16 λαβεῖν] ἐκβαλεῖν D   29 περιτετμῆσθαι]+ἐπισπάσασθαι B
τῷ ἐπισπάσασθαι] τὸ ἐπισπάσασθαι AB

ABD νειν, ἐνίοτε τούτων ὅσον ἐπὶ τῷ ῥητῷ οὐκ ἀληθῶν ἀλλὰ καὶ
ἀλόγων καὶ ἀδυνάτων τυγχανόντων· καὶ ὅτι προσύφανταί
τινα τῇ γενομένῃ ἱστορίᾳ καὶ τῇ κατὰ τὸ ῥητὸν χρησίμῳ
νομοθεσίᾳ. (19) ἵνα δὲ μὴ ὑπολάβῃ τις ἡμᾶς ἐπὶ πάντων
5 τοῦτο λέγειν, ὅτι οὐδεμία ἱστορία γέγονεν, ἐπεί τις οὐ
γέγονε· καὶ οὐδεμία νομοθεσία κατὰ τὸ ῥητὸν τηρητέα
ἐστὶν, ἐπεί τις κατὰ τὴν λέξιν ἄλογος τυγχάνει ἢ ἀδύνατος·
ἢ ὅτι τὰ περὶ τοῦ σωτῆρος γεγραμμένα κατὰ τὸ αἰσθητὸν
οὐκ ἀληθεύεται· ἢ ὅτι οὐδεμίαν νομοθεσίαν αὐτοῦ καὶ
10 ἐντολὴν φυλακτέον· λεκτέον ὅτι σαφῶς ἡμῖν παρίσταται
περί τινων τὸ τῆς ἱστορίας εἶναι ἀληθές· ὡς ὅτι Ἀβραὰμ
ἐν τῷ διπλῷ σπηλαίῳ ἐτάφη ἐν Χεβρὼν, καὶ Ἰσαὰκ, καὶ Ge xxv 9 f.
Ἰακὼβ καὶ ἑκάστου τούτων μία γυνή· καὶ ὅτι Σίκιμα Ge xlviii 22;
μερὶς δέδοται τῷ Ἰωσήφ, καὶ Ἱερουσαλὴμ μητρόπολίς ἐστι Jos xxiv 32
15 τῆς Ἰουδαίας, ἐν ᾗ ᾠκοδόμητο ὑπὸ Σολομῶντος ναὸς θεοῦ,
καὶ ἄλλα μυρία. πολλῷ γὰρ πλείονά ἐστι τὰ κατὰ τὴν
ἱστορίαν ἀληθευόμενα ¯τῶν προσυφανθέντων γυμνῶν πνευ-
ματικῶν. πάλιν τε αὖ τίς οὐκ ἂν εἴποι τὴν λέγουσαν
ἐντολήν· Τίμα τὸν πατέρα καὶ τὴν μητέρα, ἵνα εὖ γένηταί Ex xx 12 ; cf.
20 σοι· χωρὶς πάσης ἀναγωγῆς χρησίμην τυγχάνειν καὶ Eph vi 2 f.
τηρητέαν γε, καὶ τοῦ ἀποστόλου Παύλου χρησαμένου
αὐτῇ αὐτολεξεί· τί δὲ δεῖ λέγειν περὶ τοῦ· Οὐ φονεύσεις· Ex xx 13 ff.
181 οὐ μοιχεύσεις· οὐ κλέψεις· οὐ ψευδομαρτυρήσεις; καὶ
πάλιν ἐν τῷ εὐαγγελίῳ ἐντολαί εἰσι γεγραμμέναι οὐ
25 ζητούμεναι, πότερον αὐτὰς κατὰ τὴν λέξιν τηρητέον ἢ οὔ·
ὡς ἡ φάσκουσα· Ἐγὼ δὲ λέγω ὑμῖν, ὃς ἐὰν ὀργισθῇ τῷ Mt v 22
ἀδελφῷ αὐτοῦ, καὶ τὰ ἑξῆς· καί· Ἐγὼ δὲ λέγω ὑμῖν, μὴ Mt v 34
ὀμόσαι ὅλως. καὶ παρὰ τῷ ἀποστόλῳ τὸ ῥητὸν τηρητέον·
Νουθετεῖτε τοὺς ἀτάκτους, παραμυθεῖσθε τοὺς ὀλιγοψύ- 1 Th v 14
30 χους, ἀντέχεσθε τῶν ἀσθενῶν, μακροθυμεῖτε πρὸς πάντας·
εἰ καὶ παρὰ τοῖς φιλοτιμοτέροις δύναται σώζειν ἕκαστον
αὐτῶν, μετὰ τοῦ μὴ ἀθετεῖσθαι τὴν κατὰ τὸ ῥητὸν ἐν-
τολήν, βάθη σοφίας θεοῦ.

11 om. ὡς B   28 ὀμόσαι] ὀμῶσαι A; ὀμόσει BD

21. Ὁ μέντοι γε ἀκριβὴς ἐπί τινων περιελκυσθήσεται, ΑΒΓ χωρὶς πολλῆς βασάνου μὴ δυνάμενος ἀποφήνασθαι, πότερον ἤδε ἡ νομιζομένη ἱστορία γέγονε κατὰ τὴν λέξιν ἢ οὔ· καὶ τῆσδε τῆς νομοθεσίας τὸ ῥητὸν τηρητέον ἢ οὔ. διὰ τοῦτο δεῖ ἀκριβῶς τὸν ἐντυγχάνοντα, τηροῦντα τὸ τοῦ 5 σωτῆρος πρόσταγμα τὸ λέγον· Ἐρευνᾶτε τὰς γραφάς· ἐπιμελῶς βασανίζειν, πῆ τὸ κατὰ τὴν λέξιν ἀληθές ἐστιν, καὶ πῆ ἀδύνατον· καὶ, ὅση δύναμις, ἐξιχνεύειν ἀπὸ τῶν ὁμοίων φωνῶν τὸν πανταχοῦ διεσπαρμένον τῆς γραφῆς νοῦν τοῦ κατὰ τὴν λέξιν ἀδυνάτου. (20) ἐπεὶ τοίνυν, ὡς 10 σαφὲς ἔσται τοῖς ἐντυγχάνουσιν, ἀδύνατος μὲν ὁ ὡς πρὸς τὸ ῥητὸν εἱρμός, οὐκ ἀδύνατος δὲ ἀλλὰ καὶ ἀληθὴς ὁ προηγούμενος· ὅλον τὸν νοῦν φιλοτιμητέον καταλαμβάνειν, συνείροντα τὸν περὶ τῶν κατὰ τὴν λέξιν ἀδυνάτων λόγον νοητῶς τοῖς οὐ μόνον οὐκ ἀδυνάτοις ἀλλὰ καὶ ἀλη- 15 θέσι κατὰ τὴν ἱστορίαν, συναλληγορουμένοις τοῖς ὅσον ἐπὶ τῇ λέξει μὴ γεγενημένοις. διακείμεθα γὰρ ἡμεῖς περὶ πάσης τῆς θείας γραφῆς, ὅτι πᾶσα μὲν ἔχει τὸ πνευματικόν, οὐ πᾶσα δὲ τὸ σωματικόν· πολλαχοῦ γὰρ ἐλέγχεται ἀδύνατον ὂν τὸ σωματικόν. διόπερ πολλὴν προσ- 182 οχὴν συνεισακτέον τῷ εὐλαβῶς ἐντυγχάνοντι ὡς θείοις γράμμασι ταῖς θείαις βίβλοις· ὧν ὁ χαρακτὴρ τῆς νοήσεως τοιοῦτος ἡμῖν φαίνεται.

22. Ἔθνος τι ἐπὶ γῆς ἀπαγγέλλουσιν οἱ λόγοι ἐξειλέχθαι τὸν θεόν, ὃ καλοῦσιν ὀνόμασι πλείοσι. καλεῖται γὰρ 25 τοῦτο τὸ πᾶν ἔθνος Ἰσραήλ· λέγεται δὲ καὶ Ἰακώβ. ὅτε δὲ διῄρηται κατὰ τοὺς χρόνους Ἱεροβοὰμ υἱοῦ Νάβατ, αἱ μὲν ὑπὸ τούτῳ λεγόμεναι φυλαὶ δέκα ὠνομάσθησαν Ἰσραήλ· αἱ δὲ λοιπαὶ δύο καὶ ἡ Λευιτικὴ, ὑπὸ τῶν ἐκ σπέρματος τοῦ Δαυείδ βασιλευόμεναι, Ἰούδας. ὁ δὲ σύμπας 30 τόπος, ὅντινα ᾤκουν οἱ ἀπὸ τοῦ ἔθνους, δεδομένος αὐτοῖς ἀπὸ τοῦ θεοῦ, καλεῖται Ἰουδαία, ἧς μητρόπολις Ἱερου-

Jn v 39

ABD σαλήμ· μητρόπολις δηλονότι πλειόνων πόλεων, ὧν τὰ
ὀνόματα πολλαχοῦ μὲν καὶ ἄλλοθι διεσπαρμένως κεῖται,
ὑφ᾽ ἓν δὲ κατειλεγμέναι εἰσὶν ἐν Ἰησοῦ τῷ τοῦ Ναυῆ.

(21) τούτων οὕτως ἐχόντων, ὑψῶν τὸ διανοητικὸν ἡμῶν
5 ὁ ἀπόστολός φησί που· Βλέπετε τὸν Ἰσραὴλ κατὰ σάρκα· 1 Co x 18
ὡς ὄντος τινὸς Ἰσραὴλ κατὰ πνεῦμα. καὶ ἀλλαχοῦ λέγει·
Οὐ γὰρ τὰ τέκνα τῆς σαρκός, ταῦτα τέκνα τοῦ θεοῦ· οὐδὲ Ro ix 8, 6
πάντες οἱ ἐξ Ἰσραήλ, οὗτοι Ἰσραήλ. ἀλλ᾽ οὐδὲ ὁ ἐν τῷ Ro ii 28 f.
φανερῷ Ἰουδαῖός ἐστιν, οὐδὲ ἡ ἐν τῷ φανερῷ ἐν σαρκὶ
10 περιτομή· ἀλλ᾽ ὁ ἐν τῷ κρυπτῷ Ἰουδαῖος, καὶ περιτομὴ
καρδίας ἐν πνεύματι, οὐ γράμματι. εἰ γὰρ ἡ κρίσις τοῦ
Ἰουδαίου ἐκ τοῦ κρυπτοῦ λαμβάνεται, νοητέον ὅτι, ὥσπερ
Ἰουδαίων σωματικόν ἐστι γένος, οὕτω τῶν ἐν κρυπτῷ Ἰου-
δαίων ἐστί τι ἔθνος, τῆς ψυχῆς τὴν εὐγένειαν ταύτην κατά
15 τινας λόγους ἀπορρήτους κεκτημένης. ἀλλὰ καὶ πολλαὶ
προφητεῖαι περὶ τοῦ Ἰσραὴλ καὶ τοῦ Ἰούδα προφητεύουσι,
διηγούμεναι τὰ ἐσόμενα αὐτοῖς. καὶ οὐ δήπου αἱ τοσαῦται
τούτοις γεγραμμέναι ἐπαγγελίαι, ὅσον ἐπὶ τῇ λέξει τα-
πειναὶ τυγχάνουσαι καὶ οὐδὲν ἀνάστημα παριστᾶσαι καὶ
20 ἀξίωμα ἐπαγγελίας θεοῦ, οὐχὶ ἀναγωγῆς μυστικῆς δέονται;
εἰ δὲ αἱ ἐπαγγελίαι νοηταί εἰσι δι᾽ αἰσθητῶν ἐπαγγελλό-
183 μεναι· καὶ οἷς αἱ ἐπαγγελίαι, οὐ σωματικοί.

23. Καὶ ἵνα μὴ ἐπιδιατρίβωμεν τῷ λόγῳ τῷ περὶ τοῦ
ἐν κρυπτῷ Ἰουδαίου καὶ τῷ περὶ τοῦ ἔσω ἀνθρώπου Ἰσ-
25 ραηλίτου, καὶ τούτων αὐτάρκων ὄντων τοῖς μὴ ἀκέντροις,
ἐπὶ τὸ προκείμενον ἐπανερχόμεθα, καί φαμεν τὸν Ἰακὼβ
πατέρα εἶναι τῶν δώδεκα πατριαρχῶν, κἀκείνους τῶν δη-
μάρχων, καὶ ἔτι ἐκείνους τῶν ἑξῆς Ἰσραηλιτῶν. ἆρ᾽ οὖν
οἱ μὲν σωματικοὶ Ἰσραηλῖται τὴν ἀναγωγὴν ἔχουσιν ἐπὶ
30 τοὺς δημάρχους, καὶ οἱ δήμαρχοι πρὸς τοὺς πατριάρχας, οἱ
δὲ πατριάρχαι πρὸς τὸν Ἰακὼβ καὶ τοὺς ἔτι ἀνωτέρω· οἱ
δὲ νοητοὶ Ἰσραηλῖται, ὧν τύπος ἦσαν οἱ σωματικοί, οὐχὶ

5, 6 om. κατὰ σάρκα· ὡς ὄντος τινὸς Ἰσραὴλ B   23 λόγῳ τῷ]
E; λόγῳ τοῦ A; λόγῳ BD

ἐκ δήμων εἰσὶ, τῶν δήμων ἐκ φυλῶν ἐληλυθότων, καὶ τῶν ABD
φυλῶν ἀπὸ ἑνός τινος, γένεσιν οὐ τοιαύτην σωματικὴν
ἔχοντος, ἀλλὰ τὴν κρείττονα, γεγενημένου κἀκείνου ἐκ τοῦ
Ἰσαὰκ, καταβεβηκότος κἀκείνου ἐκ τοῦ Ἀβραὰμ, πάντων
ἀναγομένων ἐπὶ τὸν Ἀδὰμ, ὃν ὁ ἀπόστολος εἶναί φησι τὸν 5
χριστόν; πᾶσα γὰρ ἀρχὴ πατριῶν τῶν ὡς πρὸς τὸν τῶν
ὅλων θεὸν κατωτέρω ἀπὸ Χριστοῦ ἤρξατο τοῦ μετὰ τὸν
τῶν ὅλων θεὸν καὶ πατέρα οὕτω πατρὸς ὄντος πάσης ψυχῆς,
ὡς ὁ Ἀδὰμ πατήρ ἐστι πάντων τῶν ἀνθρώπων. εἰ δὲ καὶ
ἡ Εὔα ἐπιτέτευκται τῷ Παύλῳ εἰς τὴν ἐκκλησίαν ἀναγο- 10
μένη, οὐ θαυμαστὸν, τοῦ Κάιν ἐκ τῆς Εὔας γεγενημένου,
καὶ πάντων τῶν ἑξῆς τὴν ἀναγωγὴν ἐχόντων ἐπὶ τὴν Εὔαν,
ἐκτυπώματα τῆς ἐκκλησίας τυγχάνειν· πάντων ἀπὸ τῆς
ἐκκλησίας προηγουμένῳ λόγῳ γεγενημένων.

24. (22) Εἰ δὴ πληκτικά ἐστι τὰ περὶ τοῦ Ἰσραὴλ 15
καὶ τῶν φυλῶν καὶ τῶν δήμων αὐτοῦ ἡμῖν εἰρημένα, ἐπὰν
Mt xv 24   φάσκῃ ὁ σωτήρ· Οὐκ ἀπεστάλην εἰ μὴ εἰς τὰ πρόβατα τὰ
ἀπολωλότα οἴκου Ἰσραήλ· οὐκ ἐκλαμβάνομεν ταῦτα ὡς οἱ
πτωχοὶ τῇ διανοίᾳ Ἐβιωναῖοι, τῆς πτωχῆς διανοίας ἐπώνυ-
μοι· ἐβίων γὰρ ὁ πτωχὸς παρ' Ἑβραίοις ὀνομάζεται· ὥστε 20
ὑπολαβεῖν ἐπὶ τοὺς σαρκίνους Ἰσραηλίτας προηγουμένως
Ro ix 8   τὸν Χριστὸν ἐπιδεδημηκέναι. Οὐ γὰρ τὰ τέκνα τῆς σαρ-
κὸς, ταῦτα τέκνα τοῦ θεοῦ. πάλιν ὁ ἀπόστολος περὶ τῆς
Ga iv 26 f. Ἰερουσαλὴμ τοιαῦτά τινα διδάσκει, ὅτι Ἡ ἄνω Ἰερουσα-
λὴμ ἐλευθέρα ἐστὶν, ἥτις ἐστὶ μήτηρ ἡμῶν. καὶ ἐν ἄλλῃ 25
He xii 22 f. ἐπιστολῇ· Ἀλλὰ προσεληλύθατε Σιὼν ὄρει καὶ πόλει θεοῦ
ζῶντος, Ἰερουσαλὴμ ἐπουρανίῳ, καὶ μυριάσιν ἀγγέλων,
πανηγύρει καὶ ἐκκλησίᾳ πρωτοτόκων ἀπογεγραμμένων ἐν 184
οὐρανοῖς. εἰ τοίνυν ἐστὶν ἐν ψυχῶν γένει ὁ Ἰσραὴλ, καὶ
ἐν οὐρανῷ τις πόλις Ἰερουσαλήμ· ἀκολουθεῖ τὰς πόλεις 30
Ἰσραὴλ μητροπόλει χρῆσθαι τῇ ἐν οὐρανοῖς Ἰερουσαλήμ·
καὶ ἀκολούθως τῇ πάσῃ Ἰουδαίᾳ. ὅσα τοιγαροῦν προφη-

15 δὴ] δὲ AD   19 πτωχῆς] πτωχείας τῆς AD   20 ἐβίων]
ἐβίω B   28 om. καὶ AD   32 om. καὶ AD

ABD τεύεται περὶ Ἱερουσαλὴμ καὶ λέγεται περὶ αὐτῆς, εἰ θεοῦ
ὡς θεοῦ ἀκούωμεν καὶ σοφίαν φθεγγομένου, περὶ τῆς ἐπου-
ρανίου πόλεως καὶ παντὸς τοῦ τόπου τοῦ περιεκτικοῦ τῶν
πόλεων τῆς ἁγίας γῆς νοητέον τὰς γραφὰς ἀπαγγέλλειν.
5 τάχα γὰρ ὁ σωτὴρ ἐπ' ἐκείνας ἡμᾶς ἀνάγων τὰς πόλεις,
τοῖς εὐδοκιμήσασιν ἐν τῷ τὰς μνᾶς καλῶς ᾠκονομηκέναι,
ἐπιστασίαν δίδωσι δέκα ἢ πέντε πόλεων.
25. Εἰ τοίνυν αἱ προφητεῖαι αἱ περὶ Ἰουδαίας καὶ
περὶ Ἱερουσαλὴμ καὶ Ἰσραὴλ καὶ Ἰούδα καὶ Ἰακὼβ, μὴ
10 σαρκίνως ἡμῶν ἐκλαμβανόντων ταῦτα, μυστήρια τοιάδε
τινὰ ὑποβάλλουσιν, ἀκόλουθον ἂν εἴη καὶ τὰς προφητείας
τὰς περὶ Αἰγύπτου καὶ Αἰγυπτίων, καὶ Βαβυλῶνος καὶ
Βαβυλωνίων, καὶ Τύρου καὶ Τυρίων, καὶ Σιδῶνος καὶ Σιδω-
νίων, ἢ τῶν λοιπῶν ἐθνῶν, μὴ μόνον περὶ τῶν σωματικῶν
15 τούτων Αἰγυπτίων καὶ Βαβυλωνίων καὶ Τυρίων καὶ Σιδω-
νίων προφητεύειν. εἰ γὰρ Ἰσραηλῖται νοητοί, ἀκόλουθον
καὶ Αἰγυπτίους εἶναι νοητοὺς καὶ Βαβυλωνίους. οὐδὲ γὰρ
πάνυ ἁρμόζει τὰ ἐν τῷ Ἰεζεκιὴλ λεγόμενα περὶ Φαραὼ
βασιλέως Αἰγύπτου ἀνθρώπου τινὸς ἄρξαντος ἢ ἄρξοντος
20 τῆς Αἰγύπτου λέγεσθαι, ὡς δῆλον ἔσται τοῖς παρατηρου-
μένοις. ὁμοίως τὰ περὶ τοῦ ἄρχοντος Τύρου οὐ δύναται
νοεῖσθαι περί τινος ἀνθρώπου ἄρξοντος τῆς Τύρου. καὶ
185 τὰ περὶ τοῦ Ναβουχοδονόσορ πολλαχοῦ λεγόμενα, καὶ
μάλιστα ἐν τῷ Ἡσαΐᾳ, [πῶς] οἷόν τε ἐκλαβεῖν περὶ τοῦ
25 ἀνθρώπου ἐκείνου; οὔτε γὰρ ἐξέπεσεν ἐκ τοῦ οὐρανοῦ, Is xiv 12
οὐδὲ ἑωσφόρος ἦν, οὐδὲ πρωῒ ἀνέτελλεν ἐπὶ τὴν γῆν ὁ
Ναβουχοδονόσορ ὁ ἄνθρωπος. οὐ μὴν οὐδὲ τὰ λεγόμενα
ἐν τῷ Ἰεζεκιὴλ περὶ Αἰγύπτου, ὡς τεσσαράκοντα ἔτεσιν Ezek xxix
ἐρημωθησομένης ὥστε πόδα ἀνθρώπου μὴ εὑρεθῆναι ἐκεῖ, 11 f.
30 καὶ ὡς ἐπὶ τοσοῦτον πολεμηθησομένης ποτὲ ὥστε δι' ὅλης

---

1 θεοῦ] παύλου conj. Ruaeus; si Pauli verba quasi Christi in eo
loquentis audivimus Ruf.   16 προφητεύειν]+ἀλλὰ καὶ περὶ τῶν
νοητῶν E   22 ἄρχοντος] ἄρξαντος AD   24 πῶς] om. ABD;
οὐχ E; quomodo Ruf.

αὐτῆς τὸ αἷμα γενέσθαι μέχρι τῶν γονάτων, νοῦν τις ἔχων ABD
ἐκλήψεται περὶ τῆς παρακειμένης Αἰγύπτου τοῖς τὰ σώ-
ματα ὑπὸ ἡλίου μεμελασμένοις Αἰθίοψι.

κἀὶ μεθ' ἕτερα·

26. (23) Τάχα δὲ ὥσπερ οἱ ἐντεῦθεν κατὰ τὸν κοινὸν 5
θάνατον ἀποθνήσκοντες ἐκ τῶν ἐνταῦθα πεπραγμένων
οἰκονομοῦνται, εἰ κριθεῖεν ἄξιοι τοῦ καλουμένου χωρίου
ᾅδου, τόπων διαφόρων τυγχάνειν κατὰ τὴν ἀναλογίαν
τῶν ἁμαρτημάτων· οὕτως οἱ ἐκεῖθεν, ἵν' οὕτως εἴπω, ἀπο-
θνήσκοντες εἰς τὸν ᾅδην τοῦτον καταβαίνουσι, κρινόμενοι 10
ἄξιοι τῶν τοῦ παντὸς περιγείου τόπου διαφόρων οἰκητηρίων
βελτιόνων ἢ χειρόνων, καὶ παρὰ τοῖσδε ἢ τοῖσδε τοῖς
πατράσιν· ὡς δύνασθαί ποτε Ἰσραηλίτην πεσεῖν ἐς Σκύθας, 186
καὶ Αἰγύπτιον εἰς τὴν Ἰουδαίαν κατελθεῖν.   πλὴν ὁ σωτὴρ

Mt xv 24;
cf. Jn xi 52 συναγαγεῖν ἦλθε τὰ πρόβατα τὰ ἀπολωλότα οἴκου Ἰσραήλ· 15
καὶ πολλῶν ἀπὸ τοῦ Ἰσραὴλ μὴ εἰξάντων τῇ διδασκαλίᾳ
αὐτοῦ, καὶ οἱ ἀπὸ τῶν ἐθνῶν καλοῦνται.

27. Κέκρυπται δὲ, ὡς ἡγούμεθα, ἐν ταῖς ἱστορίαις
Mt xiii 44 ταῦτα.   καὶ γὰρ ἡ βασιλεία τῶν οὐρανῶν ὁμοία ἐστὶ θη-
σαυρῷ κεκρυμμένῳ ἐν τῷ ἀγρῷ, ὃν ὁ εὑρὼν ἔκρυψεν, καὶ ἀπὸ 20
τῆς χαρᾶς αὐτοῦ ὑπάγει καὶ πάντα ὅσα ἔχει πωλεῖ καὶ
ἀγοράζει τὸν ἀγρὸν ἐκεῖνον.   καὶ ἐπιστήσωμεν εἰ μὴ τὸ
βλεπόμενον τῆς γραφῆς, καὶ τὸ ἐπιπόλαιον αὐτῆς καὶ
πρόχειρον, ὁ πᾶς ἐστιν ἀγρὸς πλήρης παντοδαπῶν τυγχά-
νων φυτῶν· τὰ δὲ ἐναποκείμενα καὶ οὐ πᾶσιν ὁρώμενα, 25
ἀλλ' ὡσπερεὶ ὑπὸ τὰ βλεπόμενα φυτὰ κατορωρυγμένα,
Col ii 3; Is
xlv 2 f. οἱ θησαυροὶ τῆς σοφίας καὶ γνώσεως ἀπόκρυφοι· οὕστινας
τὸ πνεῦμα διὰ τοῦ Ἡσαΐου σκοτεινοὺς καὶ ἀοράτους καὶ 187
ἀποκρύφους καλεῖ· δεομένους ἵν' εὑρέθωσι θεοῦ τοῦ μόνου
δυναμένου τὰς κρυπτούσας αὐτοὺς χαλκᾶς πύλας συν- 30
τρίψαι, καὶ τοὺς σιδηροῦς ἐπικειμένους ταῖς θύραις μοχλοὺς
συνθλάσαι· ἵν' εὑρεθῇ πάντα τὰ ἐν τῇ Γενέσει περὶ τῶν

23 ἐπιπόλεον AB   27 καὶ] + τῆς AD   29 om. δεομένους ἵν'
εὑρέθωσι AD   32 om. περὶ B

ABD διαφόρων ἀληθινῶν ψυχῆς γενῶν καὶ οἱονεὶ σπερμάτων
ἐγγύς που τοῦ Ἰσραὴλ ἢ πόρρω τυγχανόντων, καὶ ἡ ἐς
Αἴγυπτον κάθοδος τῶν ἑβδομήκοντα ψυχῶν, ὅπως ἐκεῖ
γένωνται ὡσεὶ τὰ ἄστρα τοῦ οὐρανοῦ τῷ πλήθει. ἀλλ'
5 ἐπεὶ οὐ πάντες οἱ ἐξ αὐτῶν φῶς εἰσὶ τοῦ κόσμου· οὐ γὰρ
πάντες οἱ ἐξ Ἰσραήλ, οὗτοι Ἰσραήλ· γίνονται ἐκ τῶν
ἑβδομήκοντα καὶ ὡσεὶ ἄμμος ἡ παρὰ τὸ χεῖλος τῆς
θαλάσσης ἡ ἀναρίθμητος.

He xi 12; cf.
Ge xxii 17
Mt v 14;
Ro ix 6

[ΕΝ ΤΗ ΛΘ' ΟΜΙΛΙΑ ΤΩΝ ΕΙC ΤΟΝ ΙΕΡΕΜΙΑΝ.]

10   28. Ὥσπερ δὲ πάντα τὰ τοῦ θεοῦ δωρήματα εἰς
ὑπερβολὴν μείζονά ἐστι τῆς θνητῆς ὑποστάσεως· οὕτω
καὶ ὁ ἀκριβὴς λόγος τῆς περὶ πάντων τούτων σοφίας,
παρὰ τῷ θεῷ τῷ καὶ οἰκονομήσαντι ταῦτα γραφῆναι
τυγχάνων, θέλοντος τοῦ πατρὸς τοῦ λόγου, γένοιτο ἂν
15 ἐν τῇ ἄκρως μετὰ πάσης φιλοτιμίας καὶ συναισθήσεως
τῆς ἀνθρωπίνης ἀσθενείας τῆς περὶ τὴν κατάληψιν τῆς
σοφίας κεκαθαρμένῃ ψυχῇ. εἰ δέ τις προπετέστερον ἑαυ-
τὸν ἐπιδώῃ, μὴ συνιδὼν τὸ ἀπόρρητον τῆς σοφίας τοῦ
θεοῦ καὶ τοῦ ἐν ἀρχῇ πρὸς τὸν θεὸν λόγου καὶ αὐτοῦ
20 θεοῦ ὄντος, καὶ ὅτι κατὰ τὸν λόγον καὶ θεὸν, καὶ κατὰ
τὴν παρ' αὐτῷ σοφίαν, ταῦτα καὶ ζητητέον καὶ εὑρετέον·
ἀνάγκη τὸν τοιοῦτον, εἰς μυθολογίας καὶ φλυαρίας ἐκπί-
πτοντα καὶ ἀναπλασμοὺς, τῷ περὶ ἀσεβείας ἑαυτὸν ὑπο-
βάλλειν κινδύνῳ. διόπερ μνημονευτέον καὶ τῆς παρὰ
25 τῷ Σολομῶντι ἐν τῷ Ἐκκλησιαστῇ περὶ τῶν τοιούτων
ἐντολῆς, λέγοντι· Μὴ σπεύσῃς τοῦ ἐξενεγκεῖν λόγον πρὸ
προσώπου τοῦ θεοῦ· ὅτι ὁ θεὸς ἐν τῷ οὐρανῷ ἄνω, καὶ
σὺ ἐπὶ τῆς γῆς κάτω· διὰ τοῦτο ἔστωσαν οἱ λόγοι σου
ὀλίγοι. πρέπει δὲ τὰ ἅγια γράμματα πιστεύειν μηδεμίαν

Eccl v 1

5 αὐτῶν] αὐτοῦ B; ex ipsis Ruf.   9 desideratur titulus
in codd., sed cf. infra cap. x.   20 om. καὶ post ὄντος B
λόγον]+ἂν B

R.   3

κεραίαν ἔχειν κενὴν σοφίας θεοῦ· ὁ γὰρ ἐντειλάμενος ἐμοὶ ABD
τῷ ἀνθρώπῳ, καὶ λέγων· Οὐκ ὀφθήσῃ ἐνώπιόν μου κενός·
πολλῷ πλέον αὐτὸς οὐδὲν κενὸν ἐρεῖ. ἐκ γὰρ τοῦ πληρώ-
ματος αὐτοῦ λαβόντες οἱ προφῆται λέγουσι· διὸ πάντα
πνεῖ τῶν ἀπὸ πληρώματος· καὶ οὐδέν ἐστιν ἐν προφητείᾳ 5
ἢ νόμῳ ἢ εὐαγγελίῳ ἢ ἀποστόλῳ, ὃ οὐκ ἔστιν ἀπὸ πληρώ-
ματος. διὰ τοῦτο ἐπεί ἐστιν ἀπὸ πληρώματος, πνεῖ τοῦ
πληρώματος τοῖς ἔχουσιν ὀφθαλμοὺς βλέποντας τὰ τοῦ
πληρώματος, καὶ ὦτα ἀκούοντα τῶν ἀπὸ πληρώματος, καὶ
αἰσθητήριον τῆς εὐωδίας τῶν ἀπὸ πληρώματος πνέον. ἐὰν 285
δέ ποτε ἀναγινώσκων τὴν γραφὴν προσκόψῃς νοήματι
ὄντι καλῷ λίθῳ προσκόμματος καὶ πέτρᾳ σκανδάλου, αἰτιῶ
σαυτόν. μὴ ἀπελπίσῃς γὰρ τὸν λίθον τοῦτον τοῦ προσ-
κόμματος καὶ τὴν πέτραν τοῦ σκανδάλου ἔχειν νοήματα,
ὥστ' ἂν γενέσθαι τὸ εἰρημένον· Καὶ ὁ πιστεύων οὐ κατ- 286
αισχυνθήσεται. πίστευσον πρῶτον, καὶ εὑρήσεις ὑπὸ τὸ
νομιζόμενον σκάνδαλον πολλὴν ὠφέλειαν ἁγίαν.

Ek τῶν εἰϲ τὸν ν′ ψαλμὸν ἐϲηγητικῶν. ἐν μέρει
τῆϲ κατὰ τὸν Οὐρίαν ἱϲτορίαϲ τὴν ἀρχὴν ἀλληγορήϲαϲ,
ἐπιφέρει·   20

29. Εἰ δέ τῳ βίαιον εἶναι δοκεῖ τὸ ἐκ μέρους μὲν ἱστο-
ρίαν ἀλληγορῆσαι μὴ ἐξομαλίσαι δὲ αὐτήν, δῆλον ὅτι
ταῦτα μὲν μάτην λελέξεται, ἄλλα δὲ εἰς τὸν τόπον ζητη-
τέον· εἰ μὴ ἄρα ἐπὶ πλέον τις βασανίσας τὰ κατὰ τὸν
τόπον εὕροι πάντα ἀποκαταστῆσαι, καὶ τὰ περὶ τὸν 724
ἀναιρεθέντα ἄνδρα, καὶ τὴν δοκοῦσαν αὐτοῦ χρηστότητα,
μὴ βουλομένου εἰς τὸν οἶκον αὐτοῦ γενέσθαι καὶ ἀνα-
παύεσθαι, τοῦ λαοῦ ἐν στρατοπέδῳ τυγχάνοντος καὶ ἀγω-
νιῶντος. οὐκ οἶδα δὲ πῶς οἱ φεύγοντες τὴν ἐν τούτοις
ἀλληγορίαν, καὶ τὴν λέξιν δι' ἑαυτὴν ἀναγεγράφθαι νομί- 30

Ex xxxiv 20
cf. Jn i 16

Ro ix 33:
1 Pe ii 7; cf.
Is viii 14

Ro ix 33;
cf. Is xxviii
16

---

3 om. τοῦ B   10 ἐὰν δὲ κ.τ.λ.] Ru. III. 285; vide infra cap. x.
18 Ru. II. 723.   21 εἰ δέ τῳ] AᵐᵍBᵐᵍD; εἰ δὲ τὸ A*B*

COMM. IN PSALMVM L.　　35

ABD ζοντες, παραστήσονται τῷ βουλήματι τοῦ ἁγίου πνεύματος
πράγματα ἀναγραφῆς ἀξιώσαντος, ἐφ᾽ οἷς οὐ μόνον
ἀκολασία ἀλλὰ καὶ ὠμότης καὶ ἀπανθρωπία κατηγορεῖται
τοῦ Δαυείδ, τολμήσαντος εἰς τὸν Οὐρίαν πρᾶγμα ἀλλό-
5 τριον καὶ τοῦ τυχόντος ἤθους μετρίως βελτιωθέντος. ἐγὼ
δὲ εἴποιμ᾽ ἂν ὅτι ὥσπερ αἱ κρίσεις τοῦ θεοῦ μεγάλαι καὶ Wisd xvii 1
δυσδιήγητοί εἰσι, δοκοῦσαι αἴτιαι τυγχάνειν τοῦ τὰς
ἀπαιδεύτους πλανᾶσθαι ψυχάς· οὕτως καὶ αἱ γραφαὶ
αὐτοῦ μεγάλαι μὲν καὶ πεπληρωμέναι νοημάτων εἰσὶν
10 ἀπορρήτων καὶ μυστικῶν καὶ δυσθεωρήτων· σφόδρα δὲ καὶ
δυσδιήγητοί εἰσι καὶ αἴτιαι δοκοῦσαι τοῦ τὰς ἀπαιδεύτους
πλανᾶσθαι τῶν ἑτεροδόξων ψυχὰς, ἀπερισκέπτως καὶ μετὰ
προπετείας κατηγορούντων τοῦ θεοῦ ἐξ ὧν οὐ νοοῦσι
γραφῶν, καὶ διὰ τοῦτο ἐκπιπτόντων ἐπὶ ἀναπλασμὸν
15 ἄλλου θεοῦ. ἀσφαλὲς οὖν τὸ περιμένειν τὴν ἑρμηνείαν
τοῦ σαφηνιστοῦ λόγου, καὶ τῆς ἐν μυστηρίῳ σοφίας 1 Co ii 7 f.
ἀποκεκρυμμένης, ἣν οὐδεὶς τῶν ἀρχόντων τοῦ αἰῶνος
τούτου ἔγνωκεν, κατὰ ἀποκάλυψιν μυστηρίου χρόνοις Ro xvi 25 f.
αἰωνίοις σεσιγημένου, φανερωθέντος δὲ τοῖς ἀποστόλοις
20 καὶ τοῖς ἐκείνοις παραπλησίοις διά τε γραφῶν προφητικῶν
καὶ τῆς γενομένης εἰς αὐτοὺς ἐπιφανείας τοῦ σωτῆρος 2 Ti i 10;
ἡμῶν λόγου τοῦ ἐν ἀρχῇ πρὸς τὸν θεόν. Jn i 1 f.

Ἀπὸ τῆς εἰς τὸ Λεγίτικὸν ὁμιλίας [εʹ] εὐθὺς μετὰ
τὴν ἀρχήν.

25 30. Μὴ νοήσαντες δὲ διαφορὰν ἰουδαϊσμοῦ ὁρατοῦ
καὶ ἰουδαϊσμοῦ νοητοῦ, τουτέστιν ἰουδαϊσμοῦ φανεροῦ
καὶ ἰουδαϊσμοῦ τοῦ ἐν τῷ κρυπτῷ, οἱ ἀπὸ τῶν ἀθέων καὶ Ro ii 28 f.
ἀσεβεστάτων αἱρέσεων εὐθέως διέστησαν ἀπὸ τοῦ ἰουδαϊσ-
μοῦ καὶ τοῦ θεοῦ τοῦ δόντος ταύτας τὰς γραφὰς καὶ

11 αἴτιαι] αἴτιοι B　　δοκοῦσαι] δοκοῦσι DE　　23, 24 Ru. II.
192. desideratur titulus in ABD; habet E (sed ὁμιλίας δευτέρας):
locus invenitur apud Ruf. Hom. v. (Ru. II. 205)

3—2

ὅλον τὸν νόμον, καὶ ἀνέπλασαν ἕτερον θεὸν παρὰ τὸν ABD
δεδωκότα θεὸν τὸν νόμον καὶ τοὺς προφήτας, παρὰ τὸν
ποιήσαντα οὐρανὸν καὶ γῆν. τὸ δ' οὐχ οὕτως ἔχει, ἀλλ' ὁ
δεδωκὼς τὸν νόμον δέδωκε καὶ τὸ εὐαγγέλιον· ὁ ποιήσας
τὰ βλεπόμενα κατεσκεύασε καὶ τὰ μὴ βλεπόμενα. καὶ 5
συγγένειαν ἔχει τὰ βλεπόμενα καὶ τὰ μὴ βλεπόμενα·
Ro i 20   οὕτω δὲ ἔχει συγγένειαν, ὥστε τὰ ἀόρατα τοῦ θεοῦ ἀπὸ
κτίσεως κόσμου τοῖς ποιήμασι νοούμενα καθορᾶσθαι. 193
συγγένειαν ἔχει καὶ τὰ βλεπόμενα τοῦ νόμου καὶ τῶν
προφητῶν πρὸς τὰ μὴ βλεπόμενα ἀλλὰ νοούμενα τοῦ 10
νόμου καὶ τῶν προφητῶν. ἐπεὶ οὖν συνέστηκεν ἡ γραφὴ
καὶ αὐτὴ οἱονεὶ ἐκ σώματος μὲν τοῦ βλεπομένου, ψυχῆς δὲ
τῆς ἐν αὐτῷ νοουμένης καὶ καταλαμβανομένης, καὶ πνεύ-
He viii 5 ματος τοῦ κατὰ τὰ ὑποδείγματα καὶ σκιὰν τῶν ἐπουρα-
νίων· φέρε, ἐπικαλεσάμενοι τὸν ποιήσαντα τῇ γραφῇ 15
σῶμα καὶ ψυχὴν καὶ πνεῦμα, σῶμα μὲν τοῖς πρὸ ἡμῶν,
ψυχὴν δὲ ἡμῖν, πνεῦμα δὲ τοῖς ἐν τῷ μέλλοντι αἰῶνι
κληρονομήσουσι ζωὴν αἰώνιον καὶ μέλλουσιν ἥκειν ἐπὶ
τὰ ἐπουράνια καὶ ἀληθινὰ τοῦ νόμου, ἐρευνήσωμεν οὐ τὸ
γράμμα ἀλλὰ τὴν ψυχὴν ἐπὶ τοῦ παρόντος· εἰ δὲ οἷοί τέ 20
ἐσμεν, ἀναβησόμεθα καὶ ἐπὶ τὸ πνεῦμα, κατὰ τὸν λόγον
τὸν περὶ τῶν ἀναγνωσθεισῶν θυσιῶν.

II.

Ὅτι κέκλεισται καὶ ἐσφράγισται ἡ θεία γραφή. ἀπὸ
τοῦ εἰς τὸν α΄ ψαλμὸν τόμου.

1. Κεκλεῖσθαι καὶ ἐσφραγίσθαι τὰς θείας γραφὰς οἱ 25
θεῖοί φασι λόγοι, τῇ κλειδὶ τοῦ Δαυεὶδ, τάχα δὲ καὶ
Ex xxviii 32 σφραγῖδι, περὶ ἧς εἴρηται τό· Ἐκτύπωμα σφραγῖδος,
ἁγίασμα κυρίῳ· τουτέστι τῇ δυνάμει τοῦ δεδωκότος αὐτὰς

5 κατεσκεύασε] δέδωκε AD   23 Ru. ii. 525; citat. apud
Epiph. Haer. lxiv. (Petav. 529)   25 κεκλεῖσθαι]+μὲν B

ABD θεοῦ, τῇ ὑπὸ τῆς σφραγῖδος δηλουμένῃ. περὶ μὲν οὖν τοῦ
κεκλεῖσθαι καὶ ἐσφραγίσθαι ὁ Ἰωάννης ἀναδιδάσκει ἐν τῇ
ἀποκαλύψει λέγων· Καὶ τῷ ἀγγέλῳ τῆς ἐν Φιλαδελφίᾳ Ap iii 7 f.
ἐκκλησίας γράψον· τάδε λέγει ὁ ἅγιος, ὁ ἀληθινὸς, ὁ
5 ἔχων τὴν κλεῖν τοῦ Δαυειδ, ὁ ἀνοίγων καὶ οὐδεὶς κλείσει,
καὶ κλείων καὶ οὐδεὶς ἀνοίξει· οἶδά σου τὰ ἔργα· ἰδοὺ
δέδωκα ἐνώπιόν σου θύραν ἠνεῳγμένην, ἣν οὐδεὶς δύναται
κλεῖσαι αὐτήν. καὶ μετ᾽ ὀλίγα· Καὶ εἶδον ἐπὶ τὴν δεξιὰν Ap v 1 ff.
τοῦ καθημένου ἐπὶ τὸν θρόνον βιβλίον γεγραμμένον
10 ἔσωθεν καὶ ἔξωθεν, κατεσφραγισμένον σφραγῖσιν ἑπτά.
καὶ εἶδον ἄλλον ἄγγελον ἰσχυρὸν κηρύσσοντα ἐν φωνῇ
μεγάλῃ· τίς ἄξιος ἀνοῖξαι τὸ βιβλίον καὶ λῦσαι τὰς σφρα-
γῖδας αὐτοῦ; καὶ οὐδεὶς ἠδύνατο ἐν τῷ οὐρανῷ οὔτε ἐπὶ
τῆς γῆς οὔτε ὑποκάτω τῆς γῆς ἀνοῖξαι τὸ βιβλίον οὔτε
15 βλέπειν αὐτό. καὶ ἔκλαιον ὅτι οὐδεὶς ἄξιος εὑρέθη ἀνοῖξαι
τὸ βιβλίον οὔτε βλέπειν αὐτό. καὶ εἷς τῶν πρεσβυτέρων
λέγει μοι· μὴ κλαῖε· ἰδοὺ ἐνίκησεν ὁ λέων ἐκ τῆς φυλῆς
Ἰούδα, ἡ ῥίζα Δαυειδ, ἀνοῖξαι τὸ βιβλίον καὶ τὰς ἑπτὰ
σφραγῖδας αὐτοῦ.

20 2. Περὶ δὲ τοῦ ἐσφραγίσθαι μόνον ὁ Ἡσαίας οὕτως·
Καὶ ἔσται ὑμῖν τὰ ῥήματα πάντα ταῦτα ὡς οἱ λόγοι τοῦ Is xxix 11 f.
βιβλίου τούτου τοῦ ἐσφραγισμένου, ὃ ἐὰν δῶσιν αὐτὸ
526 ἀνθρώπῳ ἐπισταμένῳ γράμματα λέγοντες· ἀνάγνωθι ταῦτα,
καὶ ἐρεῖ· οὐ δύναμαι ἀναγνῶναι, ἐσφράγισται γάρ· καὶ δο-
25 θήσεται τὸ βιβλίον τοῦτο εἰς χεῖρας ἀνθρώπου μὴ ἐπιστα-
μένου γράμματα, καὶ ἐρεῖ αὐτῷ· ἀνάγνωθι τοῦτο, καὶ ἐρεῖ·
οὐκ ἐπίσταμαι γράμματα. ταῦτα γὰρ οὐ μόνον περὶ τῆς
ἀποκαλύψεως Ἰωάννου καὶ τοῦ Ἡσαίου νομιστέον λέγε-
σθαι, ἀλλὰ καὶ περὶ πάσης θείας γραφῆς, ὁμολογουμένως

3 Φιλαδελφεία AD   4 ὁ ἀληθινὸς] καὶ ἀληθινὸς B   7 ἐνώ-
πιόν σου θύραν ἠνεῳγμένην] θύραν ἐνώπιόν σου ἠνεῳγμένην Epiph.
ἣν] καὶ AD   10 ἔξωθεν] ὄπισθεν Epiph.   11 om. ἄλλον D Epiph.
om. ἐν Epiph.   16 εἷς]+ἐκ Epiph.   17 λέων]+ὁ Epiph.
21 πάντα ταῦτα] ταῦτα πάντα D Epiph.   26 om. καὶ ἐρεῖ αὐτῷ
ἀνάγνωθι τοῦτο Epiph.

παρὰ τοῖς κἂν μετρίως ἐπαΐειν λόγων θείων δυναμένοις ABD
πεπληρωμένης αἰνιγμάτων καὶ παραβολῶν σκοτεινῶν τε
λόγων καὶ ἄλλων ποικίλων εἰδῶν ἀσαφείας, δυσλήπτων
τῇ ἀνθρωπίνῃ φύσει. ὅπερ διδάξαι βουλόμενος καὶ ὁ
σωτήρ φησιν, ὡς τῆς κλειδὸς οὔσης παρὰ τοῖς γραμματεῦσι 5
καὶ Φαρισαίοις οὐκ ἀγωνιζομένοις τὴν ὁδὸν εὑρεῖν τοῦ

Lc xi 52; cf. ἀνοῖξαι, τό· Οὐαὶ ὑμῖν τοῖς νομικοῖς, ὅτι ἤρατε τὴν κλεῖδα
Mt xxiii 14 τῆς γνώσεως· αὐτοὶ οὐκ εἰσήλθετε, καὶ τοὺς εἰσερχομένους
οὐκ ἀφίετε εἰσελθεῖν.

ΚΑῚ ΜΕΘ᾽ ἕτερα·   10

3. Μέλλοντες δὲ ἄρχεσθαι τῆς ἑρμηνείας τῶν ψαλ-
μῶν, χαριεστάτην παράδοσιν ὑπὸ τοῦ Ἑβραίου ἡμῖν καθο-
λικῶς περὶ πάσης θείας γραφῆς παραδεδομένην προτάξω- 527
μεν. ἔφασκε γὰρ ἐκεῖνος ἐοικέναι τὴν ὅλην θεόπνευστον
γραφὴν, διὰ τὴν ἐν αὐτῇ ἀσάφειαν, πολλοῖς οἴκοις ἐν οἰκίᾳ 15
μιᾷ κεκλεισμένοις· ἑκάστῳ δὲ οἴκῳ παρακεῖσθαι κλεῖν οὐ
τὴν κατάλληλον αὐτῷ· καὶ οὕτω διεσκεδάσθαι τὰς κλεῖς
περὶ τοὺς οἴκους, οὐχ ἁρμοζούσας καθ᾽ ἑκάστην ἐκείνοις οἷς
παράκεινται· ἔργον δὲ εἶναι μέγιστον εὑρίσκειν τε τὰς
κλεῖς καὶ ἐφαρμόζειν αὐτὰς τοῖς οἴκοις, οὓς ἀνοῖξαι δύναν- 20
ται· νοεῖσθαι τοίνυν καὶ τὰς γραφὰς οὔσας ἀσαφεῖς, οὐκ
ἄλλοθεν τὰς ἀφορμὰς τοῦ νοεῖσθαι λαμβανούσας ἢ παρ᾽
ἀλλήλων ἐχουσῶν ἐν αὐταῖς διεσπαρμένον τὸ ἐξηγητικόν.
ἡγοῦμαι γοῦν καὶ τὸν ἀπόστολον τὴν τοιαύτην ἔφοδον τοῦ

1 Co ii 13 συνιέναι τοὺς θείους λόγους ὑποβάλλοντα λέγειν· Ἃ καὶ 25
λαλοῦμεν οὐκ ἐν διδακτοῖς ἀνθρωπίνης σοφίας λόγοις, ἀλλ᾽
ἐν διδακτοῖς πνεύματος, πνευματικοῖς πνευματικὰ συγκρί-
νοντες.

ΚΑῚ ΜΕΤᾺ ΠΟΛΛᾺ ϹΥΓΚΡΊΝΩΝ ΤΟῪϹ ἙΝΙΚῶϹ ΚΕΙΜΈΝΟΥϹ
ΜΑΚΑΡΙϹΜΟῪϹ ΠΡΌϹ ΤΟῪϹ ΠΛΗΘΥΝΤΙΚῶϹ ΕἸΡΗΜΈΝΟΥϹ, 30
ΦΗϹΊΝ·

1 παρὰ τοῖς κἂν] παρὰ τοῖς καὶ D; παρὰ τοῖς A; καὶ παρὰ τοῖς
Epiph.   2 πεπληρωμένης] πεπληρωμένοις Epiph.   9 plura
habet Epiph. l.c.   25 θείους] τοιούτους B

ABD   4. Εἰ δὲ Τὰ λόγια κυρίου λόγια ἁγνά, ἀργύριον πεπυ- Ps xii (xi) 7
ρωμένον, δοκίμιον τῇ γῇ, κεκαθαρισμένον ἑπταπλασίως·
καὶ μετὰ πάσης ἀκριβείας ἐξητασμένως τὸ ἅγιον πνεῦμα
ὑποβέβληκεν αὐτὰ διὰ τῶν ὑπηρετῶν τοῦ λόγου, μήποτε cf. Lc i 2
5 καὶ ἡμᾶς διαφεύγῃ ἡ ἀναλογία, [καθ' ἥν] ἐπὶ πᾶσαν ἔφθασε
γραφὴν θεόπνευστον ἡ σοφία τοῦ θεοῦ μέχρι τοῦ τυχόντος
γράμματος· καὶ τάχα καὶ διὰ τοῦτο ὁ σωτήρ φησι· Ἰῶτα Mt v 18
ἐν ᾗ μία κεραία οὐ μὴ παρέλθῃ ἀπὸ τοῦ νόμου, ἕως ἂν
πάντα γένηται. ὃν τρόπον γὰρ ἐπὶ τῆς κοσμοποιίας ἡ
10 θεία τέχνη οὐ μόνον ἐν οὐρανῷ καὶ ἡλίῳ καὶ σελήνῃ καὶ
ἄστροις φαίνεται δι' ὅλων τῶν σωμάτων ἐκείνων πεφοιτη-
κυῖα, ἀλλὰ καὶ ἐπὶ γῆς ἐν ὕλῃ εὐτελεστέρᾳ τὸ αὐτὸ πεποίη-
κεν, ὡς μὴ ὑπερηφανεῖσθαι ἀπὸ τοῦ τεχνίτου μήτε τὰ
σώματα τῶν ἐλαχίστων ζώων, πολλῷ δὲ πλέον καὶ τὰς
15 ἐνυπαρχούσας ψυχὰς ἐν αὐτοῖς, ἑκάστης ἰδίωμά τι λαβού-
σης ἐν αὐτῇ, ὡς ἐν ἀλόγῳ σωτήριον· μήτε τὰ τῆς γῆς
βλαστήματα, ἑκάστῳ ἐνυπάρχοντος τοῦ τεχνικοῦ περὶ τὰς
ῥίζας καὶ τὰ φύλλα καὶ τοὺς ἐνδεχομένους καρποὺς καὶ τὰς
διαφορὰς τῶν ποιοτήτων· οὕτως ἡμεῖς ὑπολαμβάνομεν περὶ
20 πάντων τῶν ἐξ ἐπιπνοίας τοῦ ἁγίου πνεύματος ἀναγεγραμ-
μένων, ὡς τῆς ἐπιδιδούσης τὴν ὑπεράνθρωπον σοφίαν ἱερᾶς
προνοίας διὰ τῶν γραμμάτων τῷ γένει τῶν ἀνθρώπων,
λόγια σωτήρια ἐνεσπαρκυίας, ὡς ἔστιν εἰπεῖν, ἑκάστῳ γράμ-
ματι κατὰ τὸ ἐνδεχόμενον ἴχνη τῆς σοφίας.

528   5. Χρὴ μέντοι γε τὸν ἅπαξ παραδεξάμενον τοῦ κτί-
σαντος τὸν κόσμον εἶναι ταύτας τὰς γραφὰς πεπεῖσθαι, ὅτι
ὅσα περὶ τῆς κτίσεως ἀπαντᾷ τοῖς ζητοῦσι τὸν περὶ αὐτῆς
λόγον, ταῦτα καὶ περὶ τῶν γραφῶν. ἔστι δέ γε καὶ ἐν τῇ
κτίσει τινὰ ἀνθρωπίνῃ φύσει δυσεύρετα ἢ καὶ ἀνεύρετα·
30 καὶ οὐ διὰ τοῦτο κατηγορητέον τοῦ ποιητοῦ τῶν ὅλων, φέρε
εἰπεῖν, ἐπεὶ οὐχ εὑρίσκομεν αἰτίαν βασιλίσκων κτίσεως καὶ

4 αὐτὰ] αὐτὰς B   5 διαφεύγῃ] διαφεύγει AB   om. καθ' ἥν
AB   ἐπὶ] ἐπεὶ A (? B*)   ἔφθασε] ἔπνευσε D   7 om. καὶ post
τάχα AD   27 κτίσεως] κρίσεως AB*

τῶν ἄλλων ἰοβόλων θηρίων· ἐνθάδε γὰρ ὅσιον, τὸν αἰσθα- ABD
νόμενον τῆς ἀσθενείας τοῦ γένους ἡμῶν, καὶ ὅτι τέχνης
θεοῦ λόγους μετὰ πάσης ἀκριβείας τεθεωρημένους ἐκλα-
βεῖν ἡμῖν ἀμήχανον, θεῷ ἀνατιθέναι τὴν τούτων γνῶσιν,
ὕστερον ἡμῖν, ἐὰν ἄξιοι κριθῶμεν, φανερώσοντι ταῦτα περὶ 5
ὧν νῦν εὐσεβῶς ἐπεστήσαμεν. οὕτω τοίνυν καὶ ἐν ταῖς
θείαις γραφαῖς χρὴ ὁρᾶν, ὅτι πολλὰ ἀπόκειται ἐν αὐταῖς
δυσαπόδοτα ἡμῖν. οἱ γοῦν ἐπαγγελλόμενοι μετὰ τὸ ἀπο-
στῆναι τοῦ κτίσαντος τὸν κόσμον καὶ ᾧ ἀνέπλασαν ὡς θεῷ
προστρέχειν λυέτωσαν τὰς προσαγομένας ὑφ᾽ ἡμῶν αὐτοῖς 10
ἀπορίας, ἢ τὸ ἑαυτῶν γε συνειδὸς πειθέτωσαν μετὰ τὸ
τηλικοῦτον τόλμημα τῆς ἀσεβείας ἀναπεπαῦσθαι συμφώ-
νως ταῖς παρ᾽ αὐτοῖς ὑποθέσεσι περὶ τῶν ζητουμένων καὶ
περὶ τῶν προσαγομένων αὐτοῖς ἀπορημάτων. εἰ γὰρ κἀκεῖ
οὐδὲν ἧττον τὰ ἀπορήματα μένει, ἀποστάντων τῆς θεότη- 15
τος· πόσῳ ὁσιώτερον ἦν μένοντας ἐπὶ τῆς ἐννοίας τῆς περὶ
θεοῦ, ἀπὸ τῶν κτισμάτων τοῦ γενεσιουργοῦ θεωρουμένου,
μηδὲν ἄθεον καὶ ἀνόσιον περὶ τοῦ τηλικούτου ἀποφαίνεσθαι
θεοῦ;

III.

Διὰ τί ΚΒ′ τὰ θεόπνευστα ΒιΒλία.   ἐκ τοῦ αὐτοῦ 20
εἰς τὸν α′ ψαλμὸν τόμου.

Ἐπεὶ δὲ ἐν τῷ περὶ ἀριθμῶν τόπῳ, ἑκάστου ἀριθμοῦ
δύναμίν τινα ἔχοντος ἐν τοῖς οὖσιν, ᾗ κατεχρήσατο ὁ τῶν
ὅλων δημιουργὸς εἰς τὴν σύστασιν ὁτὲ μὲν τοῦ παντὸς ὁτὲ
δὲ εἴδους τινὸς τῶν ἐν μέρει, προσέχειν δεῖ καὶ ἐξιχνεύειν 25
ἀπὸ τῶν γραφῶν τὰ περὶ αὐτῶν καὶ ἑνὸς ἑκάστου αὐτῶν·
οὐκ ἀγνοητέον ὅτι καὶ τὸ εἶναι τὰς ἐνδιαθήκους βίβλους,
ὡς Ἑβραῖοι παραδιδόασι, δύο καὶ εἴκοσι, οἷς ὁ ἴσος ἀριθμὸς
τῶν παρ᾽ αὐτοῖς στοιχείων ἐστὶν, οὐκ ἄλογον τυγχάνει. ὡς

28 οἷς ὁ ἴσος] ὅσος vel ὅσος ὁ Eus. (H. E. vi. 25)

ABD γὰρ τὰ κβ′ στοιχεῖα εἰσαγωγὴ δοκεῖ εἶναι εἰς τὴν σοφίαν
καὶ τὰ θεῖα διδάγματα τοῖς χαρακτῆρσι τούτοις ἐντυπού-
μενα τοῖς ἀνθρώποις· οὕτω στοιχείωσίς ἐστιν εἰς τὴν σο-
φίαν τοῦ θεοῦ, καὶ εἰσαγωγὴ εἰς τὴν γνῶσιν τῶν ὄντων, τὰ
5 κβ′ θεόπνευστα βιβλία.

IV.

Περὶ ϲολοικιϲμῶν καὶ εὐτελοῦϲ φράϲεωϲ τῆϲ
γραφῆϲ. ἐκ τοῦ δ′ τόμου τῶν εἰϲ τὸ κατὰ Ἰωάν-
νην, μετὰ τρία φύλλα τῆϲ ἀρχῆϲ.

1. Ὁ διαιρῶν παρ' ἑαυτῷ φωνὴν καὶ σημαινόμενα καὶ
10 πράγματα, καθ' ὧν κεῖται τὰ σημαινόμενα, οὐ προσκόψει
τῷ τῶν φωνῶν σολοικισμῷ, ἐπὰν ἐρευνῶν εὑρίσκῃ τὰ πράγ-
ματα, καθ' ὧν κεῖνται αἱ φωναί, ὑγιῆ· καὶ μάλιστα ἐπὰν
ὁμολογῶσιν οἱ ἅγιοι ἄνδρες τὸν λόγον αὐτῶν καὶ τὸ κή- 1 Co ii 4
ρυγμα οὐκ ἐν πειθοῖς σοφίας εἶναι λόγων, ἀλλ' ἐν ἀπο-
15 δείξει πνεύματος καὶ δυνάμεως.
Εἶτα εἰπὼν τὸν τοῦ εὐαγγελιϲτοῦ ϲολοικιϲμὸν
ἐπάγει·

2. Ἄτε δὲ οὐκ ἀσυναίσθητοι τυγχάνοντες οἱ ἀπόστολοι
τῶν ἐν οἷς προσκόπτουσι, καὶ περὶ ἃ οὐκ ἠσχόληνται,
20 φασὶν ἰδιῶται εἶναι τῷ λόγῳ, ἀλλ' οὐ τῇ γνώσει· νομι- 2 Co xi 6
στέον γὰρ αὐτὸ οὐχ ὑπὸ Παύλου μόνον ἀλλὰ καὶ ὑπὸ τῶν
λοιπῶν ἀποστόλων λέγεσθαι ἄν. ἡμεῖς δὲ καὶ τό· Ἔχο- 2 Co iv 7
μεν δὲ τὸν θησαυρὸν τοῦτον ἐν ὀστρακίνοις σκεύεσιν, ἵνα ἡ
ὑπερβολὴ τῆς δυνάμεως ᾖ τοῦ θεοῦ καὶ μὴ ἐξ ἡμῶν· ἐξει-
25 λήφαμεν ὡς θησαυροῦ μὲν λεγομένου τοῦ ἀλλαχόσε Col ii 3
θησαυροῦ τῆς γνώσεως καὶ σοφίας τῆς ἀποκρύφου, ὀστρα-
κίνων δὲ σκευῶν τῆς εὐτελοῦς καὶ εὐκαταφρονήτου παρ'
Ἕλλησι λέξεως τῶν γραφῶν ἀληθῶς ὑπερβολῆς δυνάμεως

2 διδάγματα] παιδεύματα B   6 Ru. IV. 93   14 πειθοῖς]
πειθοῖ D cf. p. 71 l. 30, p. 103 l. 26.   20 φασὶν] φαῖεν B

τοῦ θεοῦ ἐμφαινομένης· ὅτι ἴσχυσε τὰ τῆς ἀληθείας ABD
μυστήρια καὶ ἡ δύναμις τῶν λεγομένων οὐκ ἐμποδιζομένη
ὑπὸ τῆς εὐτελοῦς φράσεως φθάσαι ἕως περάτων γῆς, καὶ

1 Co i 26 f.   ὑπαγαγεῖν τῷ Χριστοῦ λόγῳ οὐ μόνον τὰ μωρὰ τοῦ κόσμου,
ἀλλ᾽ ἔστιν ὅτε καὶ τὰ σοφὰ αὐτοῦ. βλέπομεν γὰρ τὴν 5
κλῆσιν, οὐχ ὅτι οὐδεὶς σοφὸς κατὰ σάρκα, ἀλλ᾽ ὅτι οὐ

Ro i 14   πολλοὶ σοφοὶ κατὰ σάρκα. ἀλλὰ καὶ ὀφειλέτης ἐστὶ
Παῦλος καταγγέλλων τὸ εὐαγγέλιον οὐ μόνον βαρβάροις
παραδιδόναι τὸν λόγον ἀλλὰ καὶ Ἕλλησι, καὶ οὐ μόνον
ἀνοήτοις τοῖς εὐχερέστερον συγκατατιθεμένοις ἀλλὰ καὶ 10

2 Co iii 6   σοφοῖς· ἱκάνωτο γὰρ ὑπὸ θεοῦ διάκονος εἶναι τῆς καινῆς
1 Co ii 4 f.   διαθήκης, χρώμενος ἀποδείξει πνεύματος καὶ δυνάμεως, ἵνα
ἡ τῶν πιστευόντων συγκατάθεσις μὴ ᾖ ἐν σοφίᾳ ἀνθρώ-
πων ἀλλ᾽ ἐν δυνάμει θεοῦ. ἴσως γὰρ εἰ κάλλος καὶ 94
περιβολὴν φράσεως, ὡς τὰ παρ᾽ Ἕλλησι θαυμαζόμενα, 15
εἶχεν ἡ γραφὴ, ὑπενόησεν ἄν τις οὐ τὴν ἀλήθειαν κε-
κρατηκέναι τῶν ἀνθρώπων, ἀλλὰ τὴν ἐμφαινομένην ἀκο-
λουθίαν καὶ τὸ τῆς φράσεως κάλλος ἐψυχαγωγηκέναι
τοὺς ἀκροωμένους, καὶ ἠπατηκὸς αὐτοὺς προσειληφέναι.

V.

Τίς ἡ πολυλογία, καὶ τίνα τὰ πολλὰ βιβλία· καὶ 20
ὅτι πᾶσα ἡ θεόπνευστος γραφὴ ἓν βιβλίον ἐστίν.
ἐκ τοῦ ε΄ τόμου τῶν εἰς τὸ κατὰ Ἰωάννην, εἰς τὸ
προοίμιον.

1. Ἐπεὶ μὴ ἀρκούμενος τὸ παρὸν ἀνειληφέναι πρὸς
ἡμᾶς ἔργον τῶν τοῦ θεοῦ ἐργοδιωκτῶν, καὶ ἀπόντας τὰ 25
πολλά σοι σχολάζειν καὶ τῷ πρὸς σὲ καθήκοντι ἀξιοῖς,
ἐγὼ ἐκκλίνων τὸν κάματον, καὶ περιϊστάμενος τὸν παρὰ
θεοῦ τῶν ἐπὶ τὸ γράφειν εἰς τὰ θεῖα ἑαυτοὺς ἐπιδεδωκότων

10 om. τοῖς B

ABD κίνδυνον, συναγορεύσαιμι ἂν ἐμαυτῷ ἀπὸ τῆς γραφῆς παραιτούμενος τὸ πολλὰ ποιεῖν βιβλία. φησὶ γὰρ ἐν τῷ Ἐκκλησιαστῇ Σολομῶν· Υἱέ μου, φύλαξαι τοῦ ποιῆσαι Eccl xii 12 βιβλία πολλά· οὐκ ἔστι περασμός, καὶ μελέτη πολλὴ 5 κόπωσις σαρκός. ἡμεῖς γάρ, εἰ μὴ ἔχοι νοῦν τινα κεκρυμμένον καὶ ἔτι ἡμῖν ἀσαφῆ ἡ προκειμένη λέξις, ἄντικρυς παραβεβήκαμεν τὴν ἐντολὴν μὴ φυλαξάμενοι ποιῆσαι βιβλία πολλά.

Εἶτα εἰπὼν ὡς εἰς ὀλίγα τοῦ εὐαγγελίου ῥητὰ 10 τέσσαρες αὐτῷ διηνύσθησαν τόμοι ἐπιφέρει·

2. Ὅσον γὰρ ἐπὶ τῇ λέξει δύο σημαίνεται ἐκ τοῦ· Υἱέ μου, φύλαξαι τοῦ ποιῆσαι βιβλία πολλά· ἓν μὲν ὅτι οὐ δεῖ κεκτῆσθαι βιβλία πολλά, ἕτερον δὲ ὅτι οὐ δεῖ συντάξαι βιβλία πολλά· καὶ εἰ μὴ τὸ πρῶτον, πάντως ‘τὸ δεύτερον· 15 εἰ δὲ τὸ δεύτερον, οὐ πάντως τὸ πρότερον. πλὴν ἑκατέρωθεν δόξομεν μανθάνειν, μὴ δεῖν ποιεῖν βιβλία πλείονα. ἠδυνάμην δὲ πρὸς τὸ νῦν ἡμῖν ὑποπεπτωκὸς ἱστάμενος ἐπιστεῖλαί σοι ὡς ἀπολογίαν τὸ ῥητόν, καί, κατασκευάσας τὸ πρᾶγμα ἐκ τοῦ μηδὲ τοὺς ἁγίους πολλῶν βιβλίων 20 συντάξεσιν ἐσχολακέναι, παύσασθαι πρὸς τὸ ἑξῆς τοῦ 95 κατὰ τὰς συνθήκας, ἃς ἐποιησάμεθα πρὸς ἀλλήλους, ὑπαγορεύειν τὰ διαπεμφθησόμενά σοι· καὶ τάχα σὺ πληγεὶς ὑπὸ τῆς λέξεως πρὸς τὸ ἑξῆς ἂν ἡμῖν συνεχώρησας. ἀλλ᾽ ἐπεὶ τὴν γραφὴν εὐσυνειδήτως ἐξετάζειν δεῖ, μὴ προπετῶς 25 ἑαυτῷ καταχαριζόμενον τὸ νενοηκέναι ἐκ τοῦ ψιλὴν τὴν λέξιν ἐξειληφέναι, οὐχ ὑπομένω μὴ τὴν φαινομένην μοι ὑπὲρ ἐμαυτοῦ ἀπολογίαν, ᾗ χρήσαιο ἂν κατ᾽ ἐμοῦ εἰ παρὰ τὰς συνθήκας ποιήσαιμι, παρατιθείς. καὶ πρῶτόν γε, ἐπεὶ δοκεῖ τῇ λέξει συναγορεύειν ἡ ἱστορία, οὐδενὸς τῶν ἁγίων 30 ἐκδεδωκότος συντάξεις πλείονας καὶ ἐν πολλαῖς βίβλοις τὸν νοῦν αὐτοῦ ἐκτιθεμένου, περὶ τούτου λεκτέον. ὁ δὲ ἐγκαλῶν μοι εἰς σύνταξιν πλειόνων ἐρχομένῳ τὸν τηλι-

15 πρότερον] πρῶτον AD   18 κατασκευάσαι B

κοῦτον Μωσέα φήσει μόνας πέντε βίβλους καταλελοι- ABD
πέναι.

Εἶτα ἀπαριθμηϲάμενοϲ προφήταϲ καὶ ἀποστόλουϲ,
ὀλίγα ἑκάϲτου ἢ οὐδὲ ὀλίγα γράψαντοϲ, ἐπάγει·

3. Πάλιν δὴ μετὰ ταῦτα ἰλιγγιᾷν μοι ἐπέρχεται 96
σκοτοδινιῶντι, μὴ ἄρα πειθαρχῶν σοι οὐκ ἐπειθάρχησα
θεῷ οὐδὲ τοὺς ἁγίους ἐμιμησάμην. εἰ μὴ σφάλλομαι
τοίνυν ἐμαυτῷ συναγορεύων, διὰ τὸ πάνυ σε φιλεῖν καὶ ἐν
μηδενὶ ἐθέλειν λυπεῖν, τοιαύτας εὑρίσκω εἰς ταῦτα ἀπο-
λογίας. πρὸ πάντων παρεθέμεθα τὸ ἐκ τοῦ Ἐκκλησιασ- 10
Eccl xii 12 τοῦ λέγοντος· Υἱέ μου, φύλαξαι τοῦ ποιῆσαι βιβλία
πολλά. τούτῳ ἀντιπαραβάλλω ἐκ τῶν Παροιμιῶν τοῦ
Prov x 19 αὐτοῦ Σολομῶντος ῥητόν, ὅς φησιν· Ἐκ πολυλογίας οὐκ
ἐκφεύξῃ ἁμαρτίαν, φειδόμενος δὲ χειλέων νοήμων ἔσῃ.
καὶ ζητῶ εἰ τὸ ὁποῖά ποτ᾽ οὖν λέγειν πολλὰ πολυλογεῖν 15
ἐστὶν, κἂν ἅγιά τις καὶ σωτήρια λέγῃ πολλά. εἰ γὰρ
τοῦθ᾽ οὕτως ἔχει καὶ πολυλογεῖ ὁ πολλὰ διεξιὼν ὠφέλιμα,
1 Reg iv 32 f. αὐτὸς ὁ Σολομῶν οὐκ ἐκπέφευγε τὴν ἁμαρτίαν, λαλήσας
τρεῖς χιλιάδας παραβολῶν, καὶ ᾠδὰς πεντακισχιλίας, καὶ
ὑπὲρ τῶν ξύλων ἀπὸ τῆς κέδρου τῆς ἐν τῷ Λιβάνῳ καὶ ἕως 20
τῆς ὑσσώπου τῆς ἐκπορευομένης διὰ τοῦ τοίχου· ἔτι δὲ καὶ
περὶ τῶν κτηνῶν καὶ περὶ τῶν πετεινῶν καὶ περὶ τῶν
ἑρπετῶν καὶ περὶ τῶν ἰχθύων. πῶς γὰρ δύναται διδασκα-
λία ἀνύειν τι χωρὶς τῆς ἁπλούστερον νοουμένης πολυλο-
γίας, καὶ αὐτῆς τῆς σοφίας φασκούσης τοῖς ἀπολλυμένοις· 25
Prov i 24 Ἐξέτεινον λόγους, καὶ οὐ προσείχετε; ὁ δὲ Παῦλος φαί-
Act xx 7 f. νεται διατελῶν ἕωθεν μέχρι μεσονυκτίου ἐν τῷ διδάσκειν,
ὅτε καὶ Εὔτυχος καταφερόμενος ὕπνῳ βαθεῖ καταπεσὼν
ἐτάραξε τοὺς ἀκούοντας ὡς τεθνηκώς.

4. Εἰ τοίνυν ἀληθὲς τό· Ἐκ πολυλογίας οὐκ ἐκφεύξῃ 30

---

3 Eus. H. E. vi. 25 praebet nonnulla hic omissa   5 δὴ]
δὲ A ; δὲ ἢ D   ἱλιγγιᾷν] εἱλιγγιᾷν B   13 ἐκ πολυλ. οὐκ] οὐκ ἐκ
πολυλ. B   15 πολυλογεῖν] πολὺ λέγειν B   20 ὑπὲρ] περὶ
AD   28 καταπεσὼν] πεσὼν AD

ABD ἁμαρτίαν· ἀληθὲς δὲ καὶ τὸ μὴ ἡμαρτηκέναι πολλὰ περὶ
τῶν προειρημένων τὸν Σολομῶντα ἀπαγγείλαντα, μηδὲ τὸν
Παῦλον παρατείναντα μέχρι μεσονυκτίου, ζητητέον τίς ἡ
πολυλογία, κἀκεῖθεν μεταβατέον ἐπὶ τὸ ἰδεῖν τίνα τὰ
5 πολλὰ βιβλία. ὁ πᾶς δὴ λόγος τοῦ θεοῦ, λόγος ὁ ἐν Jn i i
ἀρχῇ πρὸς τὸν θεὸν, οὐ πολυλογία ἐστίν, οὐ γὰρ λόγοι·
97 λόγος γὰρ εἷς συνεστὼς ἐκ πλειόνων θεωρημάτων, ὧν
ἕκαστον θεώρημα μέρος ἐστὶ τοῦ ὅλου λόγου. οἱ δὲ ἔξω
τούτου ἐπαγγελλόμενοι περιέχειν διέξοδον καὶ ἀπαγγελίαν
10 ὁποίαν δήποτε, εἰ καὶ ὡς περὶ ἀληθείας εἰσὶ λόγοι, καὶ
παραδοξότερόν γε ἐρῶ, οὐδεὶς αὐτῶν λόγος, ἀλλ' ἕκαστοι
λόγοι. οὐδαμοῦ γὰρ ἡ μονάς, καὶ οὐδαμοῦ τὸ σύμφωνον
καὶ ἕν, ἀλλὰ παρὰ τὸ διεσπᾶσθαι καὶ μάχεσθαι τὸ ἓν ἀπ'
ἐκείνων ἀπώλετο, καὶ γεγόνασιν ἀριθμοί, καὶ τάχα ἀρι-
15 θμοὶ ἄπειροι· ὥστε κατὰ τοῦτ' ἂν ἡμᾶς εἰπεῖν, ὅτι ὁ
φθεγγόμενος ὃ δήποτε τῆς θεοσεβείας ἀλλότριον πολυ-
λογεῖ, ὁ δὲ λέγων τὰ τῆς ἀληθείας, κἂν εἴπῃ τὰ πάντα ὡς
μηδὲν παραλιπεῖν, ἕνα ἀεὶ λέγει λόγον, καὶ οὐ πολυλο-
γοῦσιν οἱ ἅγιοι τοῦ σκοποῦ τοῦ κατὰ τὸν ἕνα ἐχόμενοι
20 λόγον. εἰ τοίνυν ἡ πολυλογία ἐκ τῶν δογμάτων κρίνεται
καὶ οὐκ ἐκ τῆς τῶν πολλῶν λέξεων ἀπαγγελίας, ὅρα εἰ
οὕτω δυνάμεθα ἐν βιβλίον τὰ πάντα ἅγια εἰπεῖν, πολλὰ δὲ
τὰ ἔξω τούτων.

5. Ἀλλ' ἐπεὶ μαρτυρίου μοι δεῖ τοῦ ἀπὸ τῆς θείας
25 γραφῆς, ἐπίσκεψαι εἰ πληκτικώτατα δύναμαι τοῦτο παρα-
στῆσαι, κατασκευάσας ὅτι περὶ Χριστοῦ καθ' ἡμᾶς οὐκ ἐν
ἑνὶ γέγραπται βιβλίῳ, κοινότερον ἡμῶν τὰ βιβλία νο-
ούντων. γέγραπται γὰρ καὶ ἐν τῇ πεντατεύχῳ· εἴρηται
δὲ καὶ ἐν ἑκάστῳ τῶν προφητῶν καὶ τοῖς ψαλμοῖς, καὶ
30 ἁπαξαπλῶς, ὥς φησιν αὐτὸς ὁ σωτήρ, ἐν πάσαις ταῖς
γραφαῖς, ἐφ' ἃς ἀναπέμπων ἡμᾶς φησίν· Ἐρευνᾶτε τὰς Jn v 39
γραφάς, ὅτι ὑμεῖς δοκεῖτε ἐν αὐταῖς ζωὴν αἰώνιον ἔχειν·

5 om. λόγος post δὴ AD   10 εἰ] E; ἢ BD; ἡ A   11 ἕκα-
στος D

καὶ ἐκεῖναί εἰσιν αἱ μαρτυροῦσαι περὶ ἐμοῦ. εἰ τοίνυν AB(C)(D)
ἀναπέμπει ἡμᾶς ἐπὶ τὰς γραφὰς ὡς μαρτυρούσας περὶ
αὐτοῦ, οὐκ ἐπὶ τήνδε μὲν πέμπει ἐπὶ τήνδε δὲ οὔ, ἀλλ' ἐπὶ
πάσας τὰς ἀπαγγελλούσας περὶ αὐτοῦ, ἅστινας ἐν τοῖς
Ps xl(xxxix)7 ψαλμοῖς κεφαλίδα ὀνομάζει βιβλίου, λέγων· Ἐν κεφαλίδι 5
βιβλίου γέγραπται περὶ ἐμοῦ. ὁ γὰρ ἁπλῶς θέλων ἐκ-
λαβεῖν τὸ ἐν κεφαλίδι βιβλίου ἐπὶ οἵου δήποτε ἑνὸς τῶν
περιεχόντων τὰ περὶ αὐτοῦ, ἀπαγγελλέτω τίνι λόγῳ τήνδε
τὴν βίβλον ἑτέρας προκρίνει. ἵνα γὰρ καὶ ὑπολαμβάνῃ
τις ἐπ' αὐτὴν τὴν τῶν ψαλμῶν βίβλον ἀναφέρειν ἡμᾶς τὸν 10
λόγον, λεκτέον πρὸς αὐτὸν ὅτι ἐχρῆν εἰρῆσθαι· ἐν ταύτῃ
τῇ βίβλῳ γέγραπται περὶ ἐμοῦ. νῦν δέ φησι πάντα μίαν
κεφαλίδα, τῷ ἀνακεφαλαιοῦσθαι τὸν περὶ ἑαυτοῦ εἰς ἡμᾶς
Ap v 1 ff. ἐληλυθότα λόγον εἰς ἕν. τί δὲ καὶ τὸ βιβλίον ἑωρᾶσθαι
ὑπὸ τοῦ Ἰωάννου γεγραμμένον ἔμπροσθεν καὶ ὄπισθεν, καὶ 15
κατεσφραγισμένον, ὅπερ οὐδεὶς ἠδύνατο ἀναγνῶναι καὶ
λῦσαι τὰς σφραγῖδας αὐτοῦ, εἰ μὴ ὁ λέων ὁ ἐκ τῆς φυλῆς
Ap iii 7 Ἰούδα, ἡ ῥίζα Δαυείδ, ὁ ἔχων τὴν κλεῖν τοῦ Δαυείδ, καὶ
ἀνοίγων καὶ οὐδεὶς κλείσει, καὶ κλείων καὶ οὐδεὶς ἀνοίξει;
ἡ γὰρ πᾶσα γραφή ἐστιν ἡ δηλουμένη διὰ τῆς βίβλου, 98
ἔμπροσθεν μὲν γεγραμμένη διὰ τὴν πρόχειρον αὐτῆς ἐκ-
δοχήν, ὄπισθεν δὲ διὰ τὴν ἀνακεχωρηκυῖαν καὶ πνευ-
ματικήν.

6. Παρατηρητέον πρὸς τούτοις εἰ δύναται ἀποδεικτικὸν
τοῦ τὰ ἅγια μίαν τυγχάνειν βίβλον, τὰ δὲ ἐναντίως ἔχοντα 25
πολλὰς, τὸ ἐπὶ μὲν τῶν ζώντων μίαν εἶναι τὴν βίβλον,
ἀφ' ἧς ἀπαλείφονται οἱ ἀνάξιοι αὐτῆς γεγενημένοι, ὡς
Ps lxix γέγραπται· Ἐξαλειφθήτωσαν ἐκ βίβλου ζώντων· ἐπὶ δὲ
(lxviii) 29 τῶν κρίσει ὑποκειμένων βίβλους φέρεσθαι· φησὶ γὰρ ὁ
Dan vii 10 Δανιήλ· Κριτήριον ἐκάθισε, καὶ βίβλοι ἠνεῴχθησαν. τῷ 30
δὲ ἑνικῷ τῆς θείας βίβλου καὶ Μωσῆς μαρτυρεῖ, λέγων·

---

13 ἑαυτοῦ] αὐτοῦ AD   17 φυλῆς]+τοῦ A   18 καὶ]+ὁ AD
21 om. μὲν B   22 ὄπισθεν] rursus incipit C   26 τὸ] τῷ AB;
ἐμφαίνειν τὸ C

ΑΒ(C)(D) Εἰ μὲν ἀφῆς τῷ λαῷ τὴν ἁμαρτίαν, ἄφες· εἰ δὲ μή, Ex xxxii 32
ἐξάλειψόν με ἐκ τῆς βίβλου σου ἧς ἔγραψας. ἐγὼ καὶ τὸ
παρὰ τῷ Ἡσαΐᾳ οὕτως ἐκλαμβάνω· οὐ γὰρ ἴδιον τῆς
τούτου προφητείας τὸ εἶναι τοὺς λόγους τοῦ βιβλίου Is xxix 11 f.

5 ἐσφραγισμένους, μήτε ὑπὸ τοῦ μὴ ἐπισταμένου γράμματα
ἀναγινωσκομένους διὰ τὸ μὴ εἰδέναι αὐτὸν γράμματα, μήτε
ὑπὸ τοῦ ἐπισταμένου διὰ τὸ ἐσφραγίσθαι τὴν βίβλον.
ἀλλὰ καὶ τοῦτο ἐπὶ πάσης γραφῆς ἀληθεύεται, δεομένης
τοῦ κλείσαντος λόγου καὶ ἀνοίξοντος· Οὗτος γὰρ κλείσει Is xxii 22;
10 καὶ οὐδεὶς ἀνοίξει· καὶ ἐπὰν ἀνοίξῃ οὐκέτι οὐδεὶς ἀπορίαν cf. Ap iii 7
δύναται τῇ ἀπ᾽ αὐτοῦ σαφηνείᾳ προσενεγκεῖν· διὰ τοῦτο
λέγεται ὅτι ἀνοίξει καὶ οὐδεὶς κλείσει. τὸ παραπλήσιον δὲ
καὶ ἐπὶ τῆς εἰρημένης βίβλου παρὰ τῷ Ἰεζεκιὴλ ἐκλαμ-
βάνω, ἐν ᾗ ἐγέγραπτο θρῆνος καὶ μέλος καὶ οὐαί. πᾶσα Ezek ii 10
15 γὰρ βίβλος περιέχει τὸ τῶν ἀπολλυμένων οὐαί, καὶ τὸ
περὶ τῶν σωζομένων μέλος, καὶ τὸν περὶ τῶν μεταξὺ
θρῆνον. ἀλλὰ καὶ ὁ ἐσθίων Ἰωάννης μίαν κεφαλίδα, ἐν cf. Ap x 10
ᾗ γέγραπται τὰ ὄπισθεν καὶ τὰ ἔμπροσθεν, τὴν πᾶσαν
νενόηκε γραφὴν ὡς βίβλον μίαν, ἡδίστην κατὰ τὰς ἀρχὰς
20 νοουμένην ὅτε τις αὐτὴν μασᾶται, πικρὰν δὲ τῇ ἑκάστου
τῶν ἐγνωκότων συναισθήσει τῇ περὶ ἑαυτοῦ ἀναφαινομένῃ.
ἔτι προσθήσω εἰς τὴν τούτου ἀπόδειξιν ῥητὸν ἀποστολικὸν
μὴ νενοημένον ὑπὸ τῶν Μαρκίωνος, καὶ διὰ τοῦτο ἀθετούν-
των τὰ εὐαγγέλια· τὸ γὰρ τὸν ἀπόστολον λέγειν· Κατὰ τὸ Ro ii 16
25 εὐαγγέλιόν μου ἐν Χριστῷ Ἰησοῦ, καὶ μὴ φάσκειν εὐαγ-
γέλια, ἐκεῖνοι ἐφιστάντες φασὶν οὐκ ἂν πλειόνων ὄντων
εὐαγγελίων τὸν ἀπόστολον ἑνικῶς τὸ εὐαγγέλιον εἰρηκέναι,
οὐ συνιέντες ὅτι, ὡς εἷς ἐστιν ὃν εὐαγγελίζονται πλείονες,
οὕτως ἕν ἐστι τῇ δυνάμει τὸ ὑπὸ τῶν πολλῶν εὐαγγέλιον
30 ἀναγεγραμμένον, καὶ τὸ ἀληθῶς διὰ τεσσάρων ἕν ἐστιν
εὐαγγέλιον.

1 ἀφῇς] ἀφεὶς Β   2 ἐξάλειψόν με] κἀμὲ ἐξάλειψον C   om.
σου ΑC   3 τῷ ἡσαΐᾳ] ἡσαΐου Β   8 om. καὶ post ἀλλὰ ΑC
9 om. καὶ post λόγου ΑC   24 post εὐαγγέλια desunt multa
folia in C

7. Εἰ τοίνυν ταῦτα ἡμᾶς πεῖσαι δύναται τί ποτέ ἐστι ABD
τὸ ἓν βιβλίον καὶ τί τὰ πολλὰ, νῦν μᾶλλον φροντίζω οὐ
διὰ τὸ πλῆθος τῶν γραφομένων ἀλλὰ διὰ τὴν δύναμιν τῶν 99
νοουμένων, μήποτε περιπέσω τῷ παραβαίνειν τὴν ἐντολὴν,
ἐάν τι παρὰ τὴν ἀλήθειαν ὡς ἀλήθειαν ἐκθῶμαι, κἂν ἐν ἑνὶ 5
τῶν γραφομένων· ἐκεῖ γὰρ ἔσομαι γράψας βιβλία πολλά.
καὶ νῦν δὲ προφάσει γνώσεως ἐπανισταμένων τῶν ἑτερο-
δόξων τῇ ἁγίᾳ τοῦ χριστοῦ ἐκκλησίᾳ, καὶ πολυβίβλους
συντάξεις φερόντων ἐπαγγελλομένας διήγησιν τῶν τε
εὐαγγελικῶν καὶ ἀποστολικῶν λέξεων, ἐὰν σιωπήσωμεν μὴ 10
ἀντιπαρατιθέντες αὐτοῖς τὰ ἀληθῆ καὶ ὑγιῆ δόγματα, ἐπι-
κρατήσουσι τῶν λίχνων ψυχῶν, ἀπορίᾳ τροφῆς σωτηρίου
ἐπὶ τὰ ἀπηγορευμένα σπευδουσῶν καὶ ἀληθῶς ἀκάθαρτα
καὶ βδελυκτὰ βρώματα. διόπερ ἀναγκαῖόν μοι δοκεῖ εἶναι,
τὸν δυνάμενον πρεσβεύειν ὑπὲρ τοῦ ἐκκλησιαστικοῦ λόγου 15
ἀπαραχαράκτως καὶ ἐλέγχειν τοὺς τὴν ψευδώνυμον γνῶσιν
μεταχειριζομένους, ἵστασθαι κατὰ τῶν αἱρετικῶν ἀναπλα-
σμάτων, ἀντιπαραβάλλοντα τὸ ὕψος τοῦ εὐαγγελικοῦ
κηρύγματος, πεπληρωμένον συμφωνίας δογμάτων κοινῶν τῇ
καλουμένῃ παλαιᾷ πρὸς τὴν ὀνομαζομένην καινὴν διαθήκην. 20
αὐτὸς γοῦν ἀπορίᾳ τῶν πρεσβευόντων τὰ κρείττονα, μὴ
φέρων τὴν ἄλογον καὶ ἰδιωτικὴν πίστιν, διὰ τὴν πρὸς
Ἰησοῦν ἀγάπην ἐπιδεδώκεις ποτὲ σαυτὸν λόγοις, ὧν ὕστε-
ρον τῇ δεδομένῃ σοι συνέσει καταχρησάμενος εἰς δέον
καταγνοὺς ἀπέστης. ταῦτα δέ φημι κατὰ τὸ φαινόμενόν 25
μοι ἀπολογούμενος περὶ τῶν δυναμένων λέγειν καὶ γράφειν,
περὶ δὲ ἐμαυτοῦ ἀπολογούμενος, μὴ ἄρα οὐ τοιαύτης ὢν
2 Co iii 6   ἕξεως ὁποίαν ἐχρῆν τὸν παρὰ θεοῦ ἱκανούμενον διάκονον
τῆς καινῆς διαθήκης, οὐ γράμματος ἀλλὰ πνεύματος, τολ-
μηρότερον ἐμαυτὸν τῷ ὑπαγορεύειν ἐπιδίδωμι.   30

5 om. ὡς ἀλήθειαν B   16 ἀπαραχαράκτως]+ καὶ πρεσβεύειν B

VI.

ABD   Ὅτι ἓν ὄργανον θεοῦ τέλειον καὶ ἡρμοσμένον
πᾶσα ἡ θεία γραφή. ἐκ τοῦ β' τόμου τῶν εἰς τὸ
κατὰ Ματθαῖον, εἰς τό· Μακάριοι οἱ εἰρηνοποιοί.   Mt v 9

1. Τούτῳ δὲ τῷ ἑκατέρως εἰρηνοποιῷ οὐδὲν ἐν τοῖς θείοις
5 λογίοις ἔτι ἐστὶ σκολιὸν οὐδὲ στραγγαλῶδες, πάντα γὰρ Prov viii 8
441 ἐνώπια τοῖς νοοῦσι· καὶ ἐπεὶ μηδέν ἐστι τοιούτῳ σκολιὸν
μηδὲ στραγγαλῶδες, διὰ τοῦτο πλῆθος εἰρήνης βλέπει ἐν Ps lxxii
ὅλαις ταῖς γραφαῖς, καὶ ταῖς δοκούσαις περιέχειν μάχην   (lxxi) 7
καὶ ἐναντιώματα πρὸς ἀλλήλας. γίνεται δὲ καὶ τρίτος
10 εἰρηνοποιός, ὁ τὴν ἄλλοις φαινομένην μάχην τῶν γραφῶν
ἀποδεικνὺς εἶναι οὐ μάχην, καὶ παριστὰς τὴν συμφωνίαν καὶ
τὴν εἰρήνην τούτων, ἤτοι παλαιῶν πρὸς καινάς, ἢ νομικῶν
πρὸς προφητικάς, ἢ εὐαγγελικῶν πρὸς εὐαγγελικάς, ἢ
εὐαγγελικῶν πρὸς ἀποστολικάς, ἢ ἀποστολικῶν πρὸς ἀπο-
15 στολικάς. καὶ γὰρ πᾶσαί εἰσι κατὰ τὸν Ἐκκλησιαστὴν αἱ
γραφαὶ λόγοι σοφῶν ὡς τὰ βούκεντρα, καὶ ὡς ἧλοι πεφυ- Eccl xii 11
τευμένοι, οἳ παρὰ τῶν συνθεμάτων ἐδόθησαν ἐκ ποιμένος
ἑνός, καὶ οὐδὲν περισσὸν ἐξ αὐτῶν. εἰς δὲ ποιμὴν τῶν
λογικῶν ὁ λόγος, δόξαν μὲν ἐχόντων διαφωνίας τοῖς μὴ
20 ἔχουσιν ὦτα εἰς τὸ ἀκούειν, τὸ δὲ ἀληθὲς συμφωνότητα. cf. Le viii 8
2. Ὡς γὰρ αἱ διάφοροι τοῦ ψαλτηρίου ἢ τῆς κιθάρας
χορδαί, ὧν ἑκάστη ἴδιόν τινα φθόγγον καὶ δοκοῦντα μὴ
ὅμοιον εἶναι τῷ τῆς ἑτέρας ἀποτελεῖ, νομίζονται τῷ ἀμούσῳ
καὶ μὴ ἐπισταμένῳ λόγον μουσικῆς συμφωνίας διὰ τὴν
25 ἀνομοιότητα τῶν φθόγγων ἀσύμφωνοι τυγχάνειν· οὕτως οἱ
μὴ ἐπιστάμενοι ἀκούειν τῆς τοῦ θεοῦ ἐν ταῖς ἱεραῖς
γραφαῖς ἁρμονίας οἴονται ἀνάρμοστον εἶναι τῇ καινῇ
τὴν παλαιάν, ἢ τῷ νόμῳ τοὺς προφήτας, ἢ τὰ εὐαγγέλια

1 Ru. III. 440   16 om. τὰ AD   19 ἐχόντων] ἔχοντα B;
ἔχων D

R.   4

ἀλλήλοις, ἢ τὸν ἀπόστολον τῷ εὐαγγελίῳ ἢ ἑαυτῷ ἢ τοῖς ABD
ἀποστόλοις. ἀλλ' ἐλθὼν ὁ πεπαιδευμένος τὴν τοῦ θεοῦ
μουσικήν, σοφός τις ἐν ἔργοις καὶ λόγοις τυγχάνων, καὶ
διὰ τοῦτο χρηματίζων ἂν Δαυείδ, ὃς ἑρμηνεύεται ἱκανὸς
χειρί, ἀποτελέσει φθόγγον μουσικῆς θεοῦ, ἀπὸ ταύτης 5
μαθὼν ἐν καιρῷ κρούειν χορδὰς νῦν μὲν νομικὰς νῦν δὲ
συμφώνως αὐταῖς εὐαγγελικάς, καὶ νυνὶ μὲν προφητικάς,
ὅτε δὲ τὸ εὔλογον ἀπαιτεῖ, τὰς ὁμοτονούσας ἀποστολικὰς
αὐταῖς, οὕτω δὲ καὶ ἀποστολικὰς εὐαγγελικαῖς. ἐν γὰρ
οἶδεν τὸ τέλειον καὶ ἡρμοσμένον ὄργανον τοῦ θεοῦ εἶναι 10
πᾶσαν τὴν γραφήν, μίαν ἀποτελοῦν ἐκ διαφόρων φθόγ-
γων σωτήριον τοῖς μανθάνειν ἐθέλουσι φωνήν, καταπαύου-
σαν καὶ κωλύουσαν ἐνέργειαν πᾶσαν πονηροῦ πνεύματος,
ὡς κατέπαυσεν ἡ Δαυεὶδ μουσικὴ τὸ ἐν τῷ Σαοὺλ πονηρὸν
1 Sam xvi 14 πνεῦμα καὶ πνῖγον αὐτόν. ὁρᾷς οὖν καὶ τρίτως εἰρηνοποιὸν 15
τὸν ἑπομένως τῇ γραφῇ καὶ βλέποντα τὴν εἰρήνην πάσης
αὐτῆς καὶ ἐμποιοῦντα ταύτην τοῖς ὀρθῶς ζητοῦσι καὶ
γνησίως φιλομαθοῦσιν.

VII.

Περὶ τοῦ ἰδιώματος τῶν προσώπων τῆς θείας
γραφῆς. ἐκ τοῦ εἰς τὸ ᾆσμα μικροῦ τόμου, ὃν ἐν 20
τῇ νεότητι ἔγραψεν.

1. Τῷ μὴ ἐξειληφότι τὸ ἰδίωμα τῶν προσώπων τῆς
γραφῆς, τῶν τε λεγόντων καὶ τῶν πρὸς ἃ ὁ λόγος, πολλὴν
παρέχει σύγχυσιν τὰ λεγόμενα, ζητοῦντι τὸ λέγον πρόσ-
ωπον ὅ τί ποτέ ἐστι, καὶ τὸ πρὸς ὃ ὁ λόγος ὁποῖον, καὶ 25
πότε τὸ λέγον ἐπαύσατο πρόσωπον· τοῦ πρὸς ὅ ἐστι
πολλάκις τηρουμένου, καὶ ἑτέρου πρὸς αὐτὸ λέγοντος· ἢ
τοῦ πρὸς ὃ ὁ λόγος οὐκέτι ἀκούοντος, ἑτέρου δὲ διαδεξα-

ABD μένου τὰ λεγόμενα, μένοντος τοῦ λέγοντος· ἔστι δ᾽ ὅτε
μεταβάλλει ἀμφότερα, καὶ τὸ λέγον καὶ τὸ πρὸς ὃ ὁ λόγος·
ἢ ἐπὶ πλεῖον μένοντα ἀμφότερα οὐ σαφῶς δηλοῦται
μένοντα. τί δὲ δεῖ παράδειγμα ζητεῖν ἑνὸς ἑκάστου τούτων,
5 πάνυ τῶν προφητικῶν πεπληρωμένων τῆς διαφορᾶς αὐτῶν;
ἥτις καὶ αἰτία ἐστὶν οὐχ ἡ τυχοῦσα μὴ διακρινομένη τῆς
ἀσαφείας τῶν λεγομένων. ἔστι δὲ καὶ αὕτη συνήθεια τῆς
γραφῆς, τὸ ταχέως μεταπηδᾶν ἀπὸ τοῦ περί τινων λόγου
εἰς τὸν περὶ ἑτέρων· καὶ τοῦτο ἀσαφῶς ποιεῖν καὶ ὑπο-
10 συγκεχυμένως μάλιστα τοὺς προφήτας.

Καὶ πάλιν ὁμιλίας δ´ εἰς τὰς Πράξεις. Ἔδει πληρω-
θῆναι τὴν γραφὴν ἣν προεῖπε τὸ ἅγιον πνεῦμα
διὰ στόματος Δαυεὶδ περὶ Ἰούδα.

2. Ἐν ᾧ ψαλμῷ τὰ περὶ τοῦ Ἰούδα γέγραπται εἴποι
15 τις ἂν ὅτι οὐ τὸ πνεῦμα τὸ ἅγιον λαλεῖ· σαφῶς γὰρ τοῦ
σωτῆρός εἰσιν οἱ λόγοι, λέγοντος· Ὁ θεὸς τὴν αἴνεσίν Ps cix (cviii)
μου μὴ παρασιωπήσῃς· ὅτι στόμα ἁμαρτωλοῦ καὶ στόμα $^{1,\,8}$
δολίου ἐπ᾽ ἐμὲ ἠνοίχθη· καὶ τὰ ἑξῆς, ἕως· Καὶ τὴν ἐπι-
σκοπὴν αὐτοῦ λάβοι ἕτερος. πῶς οὖν, εἰ ὁ σωτήρ ἐστιν
20 ὁ λέγων ταῦτα, φησὶν ὁ Πέτρος· Ἔδει πληρωθῆναι τὴν Act i 16
γραφὴν ἣν προεῖπε τὸ πνεῦμα τὸ ἅγιον διὰ στόματος
Δαυεὶδ; μήποτε οὖν ὃ διδασκόμεθα ἐνταῦθα τοιοῦτόν
ἐστι· προσωποποιεῖ τὸ πνεῦμα τὸ ἅγιον ἐν τοῖς προφήταις,
καὶ ἐὰν προσωποποιήσῃ τὸν θεόν, οὐκ ἔστιν ὁ θεὸς ὁ
25 λαλῶν, ἀλλὰ τὸ ἅγιον πνεῦμα ἐκ προσώπου τοῦ θεοῦ λαλεῖ·
καὶ ἐὰν προσωποποιήσῃ τὸν χριστόν, οὐκ ἔστιν ὁ χριστὸς
ὁ λαλῶν, ἀλλὰ τὸ ἅγιον πνεῦμα ἐκ προσώπου τοῦ χριστοῦ
λαλεῖ. οὕτως οὖν κἂν προσωποποιήσῃ τὸν προφήτην ἢ
τὸν λαὸν ἐκεῖνον ἢ τὸν λαὸν τοῦτον, ἢ ὅ τι δήποτε προσω-
30 ποποιεῖ, τὸ ἅγιον πνεῦμά ἐστι τὸ πάντα προσωποποιοῦν.

4 παράδειγμα] τὰ παραδείγματα AD   6 om. οὐχ A
11 Ru. IV. 457

4—2

VIII.

Περὶ τοῦ μὴ δεῖν τὰ coλοικοειδῆ καὶ μὴ cώζοντα ABD
τὴν κατὰ τὸ ῥητὸν ἀκολογθίαν ῥητὰ τῆc γραφῆc
ἐπιχειρεῖν διορθοῦcθαι, πολὺ τοῖc cυνιέναι δυναμένοιc
τὸ τῆc διανοίαc ἀκόλογθον cώζοντα. ἐκ τῶν εἰc
τὸν Ὡcηὲ ἐξηγητικῶν.　　　5

1. Ἐπειδὴ πολλάκις τὰ σολοικοειδῶς εἰρημένα κατὰ
τὴν γραφήν, ὅσα κατὰ τὴν λέξιν, συγχύνει τὸν ἐντυγχά-
νοντα, ὡς ὑπονοεῖν οὐκ ὀρθῶς οὐδὲ ἀκολούθως οὐδὲ ὡς ἔχει
γεγράφθαι τὰ ῥητά· ὡς καὶ τολμᾶν τινὰς προφάσει διορθώ-
σεως μετατιθέντας ἀλλοιοῦν τὸν ἐγκείμενον περὶ τὰ 10
δοκοῦντα ἀνακολούθως γεγράφθαι ῥητὰ νοῦν· ἀναγκαίως
καὶ ἐνθάδε, τοῦ ὁμοίου ἐμπεσόντος ὅσον κατὰ τὴν λέξιν
περὶ τὰ προκείμενα ῥητά, ἴδωμεν τὸν ἐν αὐτοῖς ἐγκείμενον
Hos xii 4　νοῦν. πληθυντικῶς γὰρ εἰπών· Ἔκλαυσαν καὶ ἐδεήθησάν
μου· καὶ πάλιν πληθυντικῶς τὸ ἐξῆς δηλώσας· Ἐν τῷ 15
οἴκῳ Ὢν εὕρωσάν με· τὸ ἐξῆς ἐπὶ ἑνικοῦ ἐπιφέρει λέγων·
Καὶ ἐκεῖ ἐλαλήθη πρὸς αὐτόν. τῇ γὰρ λέξει ψιλῇ τις ἐνι-
δών, κατὰ πλάνην δοκῶν γεγράφθαι, ἢ καὶ τὸ τελευταῖον
πληθυντικῶς γράψαι, ἢ τὰ προάγοντα εἰς ἑνικὸν μεταθείη.
ἀναγνοὺς γάρ· Ἔκλαυσαν καὶ ἐδεήθησάν μου· καί· Ἐν 20
τῷ οἴκῳ Ὢν εὕρωσάν με· εἴποι ἂν ὅτι καὶ τὸ ἐξῆς οὖν
ἐστίν· Ἐκεῖ ἐλαλήθη πρὸς αὐτούς· τουτέστι, τοὺς κλαύ-
σαντας καὶ δεηθέντας καὶ ἐν τῷ οἴκῳ Ὢν εὑρόντας τὸν
θεόν. ἐκ παρατηρήσεως δὲ ὁμοίων ῥητῶν καὶ τοῦτο
ἀκολούθως εἰρῆσθαι δείξομεν.　　　25

2. Ἐν τῇ Γενέσει τῷ Ἀδὰμ ὁ θεὸς ἐντολὴν διδοὺς
Gen ii 16 f.　οὕτω φησίν· Ἀπὸ παντὸς ξύλου τοῦ ἐν τῷ παραδείσῳ

1 Ru. III. 438　　7 συγχύνει] τυγχάνει B　　13 εἴδωμεν AB
16 ὢν] ὧι B; ὦ D　　εὕροσαν D　　21 ὢν] ὧι B; ὦ D　　εὕροσαν D
23 ὢν] om. B; ὦ D

ABD βρώσει φαγῇ, ἀπὸ δὲ τοῦ ξύλου τοῦ γινώσκειν καλὸν καὶ
πονηρὸν, οὐ φάγεσθε ἀπ᾽ αὐτοῦ· ᾗ δ᾽ ἂν ἡμέρᾳ φάγητε ἀπ᾽
αὐτοῦ, θανάτῳ ἀποθανεῖσθε. ἀρξάμενος γὰρ κἀκεῖ ἀπὸ
ἑνικοῦ ἐν τῷ εἰρηκέναι· Ἀπὸ παντὸς ξύλου τοῦ ἐν τῷ παρα-
5 δείσῳ βρώσει φαγῇ· ἐπιφέρει πληθυντικῶς εἰπών· Ἀπὸ δὲ
439 τοῦ ξύλου τοῦ γινώσκειν καλὸν καὶ πονηρὸν, οὐ φάγεσθε
ἀπ᾽ αὐτοῦ· ᾗ δ᾽ ἂν ἡμέρᾳ φάγητε ἀπ᾽ αὐτοῦ, θανάτῳ
ἀποθανεῖσθε. ὅτε γὰρ περὶ τῆς ἐντολῆς [λέγει], δι᾽ ἧς
αὐτὸν ἐν ζωῇ ταύτην τηροῦντα ἠθέλησεν εἶναι, ἑνικῶς
10 ἐντέλλεται, καί φησιν· Ἀπὸ παντὸς ξύλου τοῦ ἐν τῷ
παραδείσῳ βρώσει φαγῇ· οἱ γὰρ κατὰ θεὸν περιπατοῦντες
καὶ τῶν ἐντολῶν αὐτοῦ ἀντεχόμενοι, κἂν πολλοὶ ὦσι, τῷ
ὁμόφρονες εἶναι οἱ πολλοὶ ἕν εἰσι. διὰ τοῦτο ὅτε περὶ
ἀγαθοῦ ἐντολὴ δίδοται, ἑνικῶς αὐτῷ λέγεται τό· Βρώσει
15 φαγῇ· ὅτε δὲ ἤδη περὶ παραβάσεως διαστέλλεται, οὐχ
ἑνικῶς ἀλλ᾽ ἤδη πληθυντικῶς φησίν· Οὐ φάγεσθε· ᾗ δ᾽
ἂν ἡμέρᾳ φάγητε, θανάτῳ ἀποθανεῖσθε.

3. Οὕτως οὖν καὶ ἐνθάδε, ὅτε ἔτι κλαίουσι καὶ
δέονται πρὸς θεὸν, πληθυντικῶς λέγεται τό· Ἔκλαυσαν
20 καὶ ἐδεήθησάν μου· ὅτε δὲ εὑρίσκουσι τὸν θεὸν, οὐκέτι
πληθυντικῶς φησὶ τό· Ἐκεῖ ἐλαλήθη πρὸς αὐτούς· ἀλλά·
πρὸς αὐτόν. ἤδη γὰρ ἓν γεγόνασιν οἱ πολλοὶ ἐν τῷ
εὑρηκέναι τὸν θεὸν καὶ ἐν τῷ ἀκούειν λόγον αὐτοῦ. ὁ γὰρ
εἷς ὅτε ἁμαρτάνει πολλοστός ἐστιν, ἀποσχιζόμενος ἀπὸ
25 θεοῦ καὶ μεριζόμενος καὶ τῆς ἑνότητος ἐκπεσών· οἱ δὲ
πολλοὶ ταῖς ἐντολαῖς ἑπόμενοι ταῖς τοῦ θεοῦ εἷς εἰσί·
καθὼς καὶ ὁ ἀπόστολος μαρτυρεῖ, εἰπών· Ὅτι εἷς ἄρτος καὶ   1 Co x 17
ἐν σῶμα οἱ πολλοί ἐσμεν· καὶ πάλιν· Εἷς θεὸς καὶ εἷς   cf. Eph iv
χριστὸς καὶ μία πίστις καὶ ἐν βάπτισμα· καὶ ἀλλαχοῦ·   5 f.
30 Ὅτι οἱ πάντες ἕν ἐσμεν ἐν Χριστῷ Ἰησοῦ· καὶ αὖθις·   cf. Ro xii 5:
Ἡρμοσάμην γὰρ ὑμᾶς τοὺς πάντας ἑνὶ ἀνδρὶ παρθένον   Ga iii 28
ἁγνὴν παραστῆσαι, τῷ κυρίῳ. καὶ ὅτι οἱ εὐαρεστοῦντες   2 Co xi 2

6 om. τοῦ ξύλου B   7 φάγητε] φάγησθε AB   8 λέγει]
supplevi ex conjectura   20 om. μου AD   31 om. ἑνὶ ἀνδρὶ B

τῷ κυρίῳ ἕν εἰσιν, ἀπὸ τῆς προσευχῆς, ἧς ὁ σωτὴρ εὔχεται AB(C)(D)
πρὸς τὸν πατέρα περὶ τῶν μαθητῶν αὐτοῦ, ἔστιν ἰδεῖν·

cf. Jn xvii
11, 21 Πάτερ γάρ, φησιν, ἅγιε, δὸς ἵνα καθὼς ἐγὼ καὶ σὺ ἕν ἐσμεν
οὕτω καὶ οὗτοι ἐν ἡμῖν ἓν ὦσιν. ὅταν δὲ καὶ ἀλλήλων

Ro xii 5
Eph iv 25
Herm Vis xi μέλη εἶναι λέγωνται οἱ ἅγιοι, τί ἄλλο εἰ μὴ ἓν σῶμά εἰσι; 5
καὶ ἐν τῷ Ποιμένι δὲ τὴν οἰκοδομὴν τοῦ πύργου, διὰ
πολλῶν μὲν λίθων οἰκοδομουμένην, ἐξ ἑνὸς δὲ λίθου
φαινομένην εἶναι τὴν οἰκοδομὴν, τί ἄλλο ἢ τὴν ἐκ πολλῶν
συμφωνίαν καὶ ἑνότητα σημαίνει ἡ γραφή;

IX.

Τίς ὁ λόγος τοῦ τὴν θείαν γραφὴν κατὰ διάφορα 10
cημαινόμενα τῷ αὐτῷ ὀνόματι κεχρῆϲθαι πολλάκιϲ
καὶ ἐν τῷ αὐτῷ τόπῳ. ἐκ τῆϲ πρὸϲ Ῥωμαίουϲ·

Ro vii 7 τόμοϲ ἔννατοϲ· εἰϲ τό· Τί οὖν; ὁ νόμοϲ ἁμαρτία;

1. Οὐχ ὥσπερ ὄνομα ἕν ἐστι νόμος, οὕτω καὶ εἷς ὁ περὶ
νόμου πανταχοῦ τῆς γραφῆς λόγος. διὸ καθ' ἕκαστον χρὴ 15
τόπον αὐτῆς ἐπιμελῶς ἐπιστήσαντα θεωρῆσαι, νῦν μὲν τί
σημαίνεται ἐκ τῆς νόμος φωνῆς, νῦν δὲ τί χρὴ τὸ τοιοῦτον
ἐννοεῖν. ἀλλὰ καὶ περὶ ἄλλων πλειόνων· ὁμώνυμοι γὰρ
καὶ ἐπὶ ἄλλων εἰσὶ κατὰ τὴν γραφὴν φωναὶ, αἵτινες
συγχέουσι τοὺς νομίζοντας ὅτι ὡς ὄνομα ἕν ἐστιν οὕτω καὶ 20
τὸ σημαινόμενον ἕν, ὅπου ἂν τοῦτο ὀνομασθῇ. ὅτι δὲ ἡ
νόμος φωνὴ οὐκ ἐπὶ τοῦ αὐτοῦ ἀλλ' ἐπὶ πλειόνων τέτακται,
τὰ πολλὰ παραλιπόντες καὶ δεόμενα κατασκευῆς, ἔχοντα
ἀνθυποφορὰν λύσεως δεομένην, ἐκθησόμεθα τὰ πάνθ'
ὁντινοῦν δυσωπῆσαι δυνάμενα, ὡς τῆς νόμος φωνῆς κει- 25
μένης ἐπὶ πλειόνων· οἷον ἐπὰν ἐν τῇ πρὸς Γαλάτας

Ga iii 10;
cf. Deut
xxvii 26 λέγηται· Ὅσοι γὰρ ἐξ ἔργων νόμου εἰσὶν ὑπὸ κατάραν
εἰσί, γέγραπται γάρ· ἐπικατάρατος πᾶς ὃς οὐκ ἐμμένει

10 Ru. IV. 580   25, 26 κειμένηϲ] hic rursus incipit C

ABC πᾶσι τοῖς γεγραμμένοις ἐν τῷ βιβλίῳ τοῦ νόμου τοῦ
ποιῆσαι αὐτά. σαφὲς ὅτι νόμος ὁ κατὰ τὸ γράμμα δη-
λοῦται Μωσέως, τὸ προστακτικὸν μὲν ὧν ποιητέον, ἀπα-
γορευτικὸν δὲ ὧν οὐ ποιητέον τοῖς αὐτῷ ὑποκειμένοις. τὸ
5 δ᾽ αὐτὸ δηλοῦται ἐν τῇ αὐτῇ ἐπιστολῇ καὶ ἐν τῷ· Ὁ νόμος Ga iii 19
γὰρ τῶν παραβάσεων χάριν ἐτέθη, ἄχρι οὗ ἔλθῃ τὸ
σπέρμα ᾧ ἐπήγγελται, διαταγεὶς δι᾽ ἀγγέλων ἐν χειρὶ
μεσίτου· καὶ ἐν τῷ· Ὥστε ὁ νόμος παιδαγωγὸς ἡμῶν Ga iii 24 ff.
γέγονεν εἰς Χριστὸν, ἵνα ἐκ πίστεως δικαιωθῶμεν· ἐλθού-
10 σης δὲ τῆς πίστεως οὐκέτι ὑπὸ παιδαγωγόν ἐσμεν. πάντες
γὰρ υἱοὶ θεοῦ ἐστὲ διὰ τῆς πίστεως ἐν Χριστῷ Ἰησοῦ.
σημαίνεται καὶ ἡ παρὰ Μωσεῖ ἀναγεγραμμένη ἱστορία
ἀπὸ τῆς νόμος φωνῆς, ὡς ἀπὸ τῆς αὐτῆς ἐπιστολῆς ἔστι
λαβεῖν ἐκ τοῦ· Λέγετέ μοι, οἱ ὑπὸ νόμον θέλοντες εἶναι, Ga iv 21 ff.
15 τὸν νόμον οὐκ ἀκούετε; γέγραπται γὰρ ὅτι Ἀβραὰμ δύο
υἱοὺς ἔσχεν, ἕνα ἐκ τῆς παιδίσκης καὶ ἕνα ἐκ τῆς ἐλευθέρας.
ἀλλ᾽ ὁ μὲν ἐκ τῆς παιδίσκης κατὰ σάρκα γεγέννηται, ὁ δὲ
ἐκ τῆς ἐλευθέρας διὰ τῆς ἐπαγγελίας.

2. Οἶδα καὶ τοὺς ψαλμοὺς ὀνομαζομένους νόμον, ὡς
20 δῆλον ἐκ τοῦ· Ἵνα πληρωθῇ ὁ λόγος ὁ ἐν τῷ νόμῳ αὐτῶν Jn xv 25;
γεγραμμένος ὅτι ἐμίσησάν με δωρεάν. ἀλλὰ καὶ ἡ τοῦ cf. Ps xxxv (xxxiv) 19
Ἡσαΐου προφητεία νόμος παρὰ τῷ ἀποστόλῳ λέγεται,
φάσκοντι· Ἐν τῷ νόμῳ γέγραπται· ἐν ἑτερογλώσσοις 1 Co xiv 21;
καὶ ἐν χείλεσιν ἑτέροις λαλήσω τῷ λαῷ τούτῳ, καὶ οὐδ᾽ cf. Is xxviii 11 f.
25 οὕτως εἰσακούσονταί μου, λέγει κύριος. εὗρον γὰρ τὰ
ἰσοδυναμοῦντα τῇ λέξει ταύτῃ ἐν τῇ τοῦ Ἀκύλου ἑρμηνείᾳ
κείμενα. λέγεται νόμος καὶ ἡ μυστικωτέρα καὶ θεοτέρα
τοῦ νόμου ἐκδοχὴ, ὡς ἐν τῷ· Οἴδαμεν γὰρ ὅτι ὁ νόμος Ro viii 14
πνευματικός ἐστι. παρὰ δὲ πάντα ταῦτα λέγεται νόμος ὁ
30 κατὰ τὰς κοινὰς ἐννοίας ἐνεσπαρμένος τῇ ψυχῇ καὶ, ὡς
ὀνομάζει ἡ γραφὴ, ἐγγεγραμμένος τῇ καρδίᾳ λόγος, προσ-
τακτικὸς μὲν ὧν ποιητέον, ἀπαγορευτικὸς δὲ ὧν οὐ ποι-

6 ἄχρι] ἄχρις C   7 ᾧ] ὁ B; οὗ C   10 om. τῆς C
26 ἀκύλου] ἀκύλα AC   29 ταῦτα πάντα AC

Ro ii 14 f.   ητέον. καὶ τοῦτο δὲ δηλοῦται ἐν τῷ· Ὅταν γὰρ ἔθνη τὰ ABC
μὴ νόμον ἔχοντα φύσει τὰ τοῦ νόμου ποιῶσιν, οὗτοι νόμον
μὴ ἔχοντες ἑαυτοῖς εἰσὶ νόμος· οἵτινες ἐνδείκνυνται τὸ
ἔργον τοῦ νόμου γραπτὸν ἐν ταῖς καρδίαις αὐτῶν, συμ-
μαρτυρούσης αὐτῶν τῆς συνειδήσεως. ὁ γὰρ γραπτὸς ἐν 5
ταῖς καρδίαις νόμος καὶ ἐν ἐθνικοῖς φύσει τὰ τοῦ νόμου
ποιοῦσιν οὐκ ἄλλος ἐστὶ τοῦ κατὰ τὰς κοινὰς ἐννοίας φύσει
ἐγγεγραμμένου τῷ ἡγεμονικῷ ἡμῶν, καὶ τρανωτέρου μετὰ
τῆς συμπληρώσεως τοῦ λόγου ὁσημέραι γινομένου. τοῦτο
Ro v 13   τὸ σημαινόμενον ἦν τοῦ νόμου καὶ ἐν τῷ· Ἁμαρτία οὐκ 10
Ro vii 7   ἐλλογεῖται μὴ ὄντος νόμου· καὶ ἐν τῷ· Τὴν ἁμαρτίαν οὐκ
ἔγνων εἰ μὴ διὰ νόμου. πρὸ γὰρ τοῦ κατὰ Μωσέα νόμου
ἐλλελόγηται ἁμαρτία καὶ τῷ Κάιν καὶ τοῖς κατὰ τὸν
κατακλυσμὸν παθοῦσιν, ἔτι δὲ καὶ Σοδομίταις καὶ ἄλλοις
μυρίοις· πολλοί τε ἔγνωσαν τὴν ἁμαρτίαν καὶ πρὸ τοῦ 15
Μωσέως νόμου. καὶ μὴ θαυμάσῃς εἰ δύο σημαινόμενα τοῦ ἑνὸς
ὀνόματος τοῦ νόμου ἐν τῷ αὐτῷ παρείληπται τόπῳ· εὑρή-
σομεν γὰρ ταύτην τὴν συνήθειαν καὶ ἐν ἄλλαις γραφαῖς,
Jn iv 35   οἷον· Οὐχ ὑμεῖς λέγετε ὅτι τετράμηνός ἐστι καὶ ὁ θερισμὸς
ἔρχεται; ἐπάρατε τοὺς ὀφθαλμοὺς ὑμῶν καὶ θεάσασθε τὰς 20
χώρας ὅτι λευκαί εἰσι πρὸς θερισμὸν ἤδη. δὶς γὰρ ὁ
θερισμὸς ὀνομασθεὶς κατὰ μὲν τὸ πρότερον ἐπὶ τὸν σω-
ματικὸν ἀναφέρεται, κατὰ δὲ τὸ δεύτερον ἐπὶ τὸν πνευματι-
κόν. τὸ δὲ ὅμοιον εὑρήσεις καὶ ἐπὶ τοῦ ἀπὸ γενετῆς
τυφλοῦ θεραπευθέντος· ᾧ ἐπιφέρει σωματικῶς γενομένῳ 25
Jn ix 39   τό· Εἰς κρίμα ἐγὼ εἰς τὸν κόσμον τοῦτον ἦλθον, ἵνα οἱ μὴ
βλέποντες βλέπωσι καὶ οἱ βλέποντες τυφλοὶ γένωνται.
cf. Ro iii 21   3.   Οὕτω τοίνυν καὶ νῦν χωρὶς μὲν νόμου τοῦ τῆς φύσε-
ως δικαιοσύνη θεοῦ πεφανέρωται, μαρτυρουμένη δὲ ὑπὸ νόμου
Μωσέως καὶ τῶν προφητῶν. εἴποιμεν δ᾽ ἂν πρὸς τοὺς ἔτι 30
ὀκνοῦντας παραδέξασθαι τὸ διττὸν σημαινόμενον τοῦ νόμου,

9 ὡσημέραι AB   13 ἐλλελόγηται] ἐλλογεῖται B   om. κατὰ
AB   19 ὅτι] +ὁ καιρὸς C   25 γεννωμένῳ C   29 νόμου]
+τοῦ A; +καὶ C

ABC ὅτι εἴπερ ὁ αὐτὸς νόμος παρείληπται ἔν τε τῷ· Νυνὶ δὲ
χωρὶς νόμου δικαιοσύνη θεοῦ πεφανέρωται· καὶ ἐν τῷ·
581 Μαρτυρουμένη ὑπὸ τοῦ νόμου καὶ τῶν προφητῶν· εἰ μὲν
χωρὶς νόμου πεφανέρωται, οὐχ ὑπὸ νόμου μαρτυρεῖται· εἰ
5 δὲ ὑπὸ τοῦ νόμου μαρτυρεῖται, οὐ χωρὶς νόμου πεφανέρωται.
τῇ τοίνυν δικαιοσύνῃ τοῦ θεοῦ φανερουμένῃ ὑπὸ Ἰησοῦ
Χριστοῦ μαρτυρεῖ οὐδαμῶς μὲν ὁ τῆς φύσεως νόμος·
μικρότερος γάρ ἐστιν αὐτῆς· ὁ δὲ Μωσέως νόμος, οὐ τὸ
γράμμα ἀλλὰ τὸ πνεῦμα, καὶ οἱ ἀνάλογον τῷ πνεύματι
10 τοῦ νόμου προφῆται, καὶ ὁ ἐν αὐτοῖς πνευματικὸς λόγος.
διὸ χρὴ ἐπιμελῶς τὸν ἀναγινώσκοντα τὴν θείαν γραφὴν
τηρεῖν ὅτι οὐ πάντως ταῖς αὐταῖς λέξεσιν ἐπὶ τῶν αὐτῶν
πραγμάτων χρῶνται αἱ γραφαί· τοῦτο δὲ ποιοῦσιν, ὁτὲ
μὲν παρὰ τὴν ὁμωνυμίαν, ὁτὲ δὲ παρὰ τὴν τροπολογίαν,
15 καὶ ἔσθ᾽ ὅτε παρὰ τὴν σύμφρασιν ἀπαιτοῦσαν ἄλλως τῇ
λέξει χρήσασθαι ἐν τοῖσδέ τισιν ἢ ὡς κεῖται ἐν ἑτέροις.
καὶ τοῦτο ἐὰν ἐπιμελῶς παραφυλαττώμεθα, πολλῶν σφαλ-
μάτων ἀπαλλαττόμεθα καὶ παρεκδοχῶν. χρὴ οὖν εἰδέναι
ὅτι τὸ Ἑώρακεν οὐκ ἐπὶ τοῦ αὐτοῦ ἀεὶ κεῖται, ἀλλ᾽ ὁτὲ μὲν   Jn i 18
20 ἐπὶ τοῦ σωματικοῦ ὁρᾶν, ὁτὲ δὲ ἀντὶ τοῦ νοεῖν. καθόλου
γὰρ τοῦτο ἰστέον, ὅτι προκειμένου κρύψαι καὶ μὴ φανερῶς
ἐκθέσθαι τὰ νοήματα τῆς ἀληθείας τῷ ἐν τοῖς προφήταις
πνεύματι καὶ ἐν τοῖς ἀποστόλοις Χριστοῦ λόγῳ, πολλαχοῦ
καὶ ὑπὸ τῆς φράσεως συγχεῖται καὶ οὐχ ὡς ὑπὸ μίαν
25 λέγεται ἀκολουθίαν· ἵνα μὴ καὶ ἀνάξιοι εἰς κρίμα τῆς
ἑαυτῶν ψυχῆς εὕρωσι τὰ συμφερόντως αὐτοῖς ἀποκε-
κρυμμένα. καὶ τοῦτο πολλαχοῦ αἴτιόν ἐστι τοῦ δοκεῖν μὴ
ἔχειν σύνταξιν μηδὲ ἀκολουθίαν τὴν ὅλην γραφήν· καὶ
μάλιστα, ὡς προείπομεν, τὴν προφητικὴν καὶ τὴν ἀπο-
30 στολικήν· καὶ μάλιστα τῆς ἀποστολικῆς τὴν πρὸς Ῥωμαίους
ἐπιστολήν, ἐν ᾗ τὰ περὶ νόμου διαφόρως ὀνομάζεται, καὶ
ἐπὶ διαφόρων πραγμάτων κείμενα· ὥστε δοκεῖν ὅτι οὐκ

16 κεῖται] B^corr C; κεῖνται AB*   20 σωματικῶς C

ἔχεται ὁ Παῦλος ἐν τῇ γραφῇ τῆς ἐπιστολῆς τοῦ προ- ABC
κειμένου αὐτῷ σκοποῦ.

X.

Περὶ τῶν ἐν τῇ θείᾳ γραφῇ δοκούντων ἔχειν
τι λίθου προσκόμματος, ἢ πέτρας σκανδάλου. ἐν
Jer xliv(li)22 τῇ λθ´ ὁμιλίᾳ τῶν εἰς τὸν Ἰερεμίαν, εἰς τό· Οὐκ 5
ἠδύνατο κύριος φέρειν ἀπὸ προσώπου πονηρίας
ὑμῶν.

1. Ἐάν ποτε ἀναγινώσκων τὴν γραφὴν προσκόψῃς
Ro ix 33;   νοήματι ὄντι καλῷ λίθῳ προσκόμματος καὶ πέτρᾳ σκανδά-
1 Pe ii 7;
cf. Is viii 14 λου, αἰτιῶ σαυτόν· μὴ ἀπελπίσῃς γὰρ τὸν λίθον τοῦτον τοῦ 10
προσκόμματος καὶ τὴν πέτραν τοῦ σκανδάλου ἔχειν νοή-
Ro ix 33:   ματα, ὥστ᾽ ἂν γενέσθαι τὸ εἰρημένον· Καὶ ὁ πιστεύων οὐ 286
cf.Is xxviii 16
καταισχυνθήσεται. πίστευσον πρῶτον, καὶ εὑρήσεις ὑπὸ
τὸ νομιζόμενον σκάνδαλον πολλὴν ὠφέλειαν ἁγίαν. εἰ
Mt xii 36   γὰρ ἡμεῖς ἐντολὴν ἐλάβομεν μὴ λέγειν ῥῆμα ἀργόν, ὡς 15
δώσοντες περὶ αὐτοῦ λόγον ἐν ἡμέρᾳ κρίσεως, καὶ ὅση
δύναμις φιλοτιμούμεθα πᾶν ῥῆμα τὸ ἐξιὸν ἐκ τοῦ στόματος
ἡμῶν ποιεῖν ἐργάζεσθαι καὶ ἐν ἡμῖν τοῖς λέγουσι καὶ
ἐν τοῖς ἀκούουσι· τί χρὴ νοεῖν περὶ τῶν προφητῶν, ἢ
ὅτι πᾶν ῥῆμα λαληθὲν διὰ τοῦ στόματος αὐτῶν ἐργατικὸν 20
ἦν; καὶ οὐ θαυμαστὸν εἰ πᾶν τὸ ῥῆμα τὸ λαλούμενον ὑπὸ
τῶν προφητῶν εἰργάζετο ἔργον τὸ πρέπον ῥήματι. ἀλλὰ
γὰρ οἶμαι ὅτι καὶ πᾶν θαυμάσιον γράμμα τὸ γεγραμμένον
cf. Mt v 18 ἐν τοῖς λογίοις τοῦ θεοῦ ἐργάζεται. καὶ οὐκ ἔστιν ἰῶτα
ἐν ᾗ μία κεραία γεγραμμένη ἐν τῇ γραφῇ ἥτις τοῖς ἐπιστα- 25
μένοις χρῆσθαι τῇ δυνάμει τῶν γραμμάτων οὐκ ἐργάζεται
τὸ ἑαυτῆς ἔργον.

2. Ὥσπερ δὲ ἐπὶ τῶν βοτανῶν ἑκάστη μὲν ἔχει

3 Ru. III. 285; cf. supra p. 34 l. 10   20 διὰ τοῦ] ἐκ AC

ABC δύναμιν εἴτε εἰς τὴν ὑγίειαν τῶν σωμάτων εἴτε εἰς ὅτι
δήποτε, οὐ πάντων δέ ἐστιν ἐπίστασθαι εἰς ὃ ἑκάστη τῶν
βοτανῶν ἐστὶ χρήσιμος, ἀλλ᾽ εἴ τινες ἐπιστήμην εἰλή-
φασιν, οὗτοι οἱ περὶ τὰς βοτάνας διατρίβοντες ἵνα εἴδωσι
5 καὶ πότε παραλαμβανομένη καὶ ποῦ τῶν σωμάτων ἐπιτι-
θεμένη καὶ τίνα τρόπον σκευαζομένη ὀνίνησι τὸν χρώμενον·
οὕτως οἱονεὶ βοτανικός τις πνευματικός ἐστιν ὁ ἅγιος,
ἀναλεγόμενος ἀπὸ τῶν ἱερῶν γραμμάτων ἕκαστον ἰῶτα καὶ
ἕκαστον τὸ τυχὸν στοιχεῖον, καὶ εὑρίσκων τὴν δύναμιν
10 τοῦ γράμματος, καὶ εἰς ὅτι ἐστὶ χρήσιμον, καὶ ὅτι οὐδὲν
παρέλκει τῶν γεγραμμένων. εἰ δὲ βούλει καὶ δευτέρου
ἀκοῦσαι εἰς τοῦτο παραδείγματος, ἕκαστον μέλος τοῦ
σώματος ἡμῶν ἐπί τινι ἔργῳ ὑπὸ τοῦ τεχνίτου θεοῦ γε-
γένηται· ἀλλ᾽ οὐ πάντων ἐστὶν εἰδέναι τίς ἡ ἑκάστου τῶν
15 μελῶν μέχρι τῶν τυχόντων δύναμις καὶ χρεία. οἱ γὰρ
περὶ τὰς ἀνατομὰς πραγματευσάμενοι τῶν ἰατρῶν δύνανται
λέγειν ἕκαστον καὶ τὸ ἐλάχιστον μόριον εἰς τί χρήσιμον
ὑπὸ τῆς προνοίας γεγένηται. νόει μοι τοίνυν καὶ τὰς
γραφὰς τοῦτον τὸν τρόπον πάσας βοτάνας, ἢ ἓν τέλειον
20 λόγου σῶμα· εἰ δὲ σὺ μήτε βοτανικὸς εἶ τῶν γραφῶν μήτε
ἀνατομεὺς εἶ τῶν προφητικῶν λόγων, μὴ νόμιζε παρέλκειν
τι τῶν γεγραμμένων, ἀλλὰ σαυτὸν μᾶλλον ἢ τὰ ἱερὰ
γράμματα αἰτιῶ, ὅτε μὴ εὑρίσκεις τὸν λόγον τῶν γεγραμ-
μένων. τοῦτό μοι τὸ προοίμιον εἴρηται καθολικῶς χρή-
25 σιμον εἶναι δυνάμενον εἰς ὅλην τὴν γραφήν, ἵνα προτραπῶ-
σιν οἱ θέλοντες προσέχειν τῇ ἀναγνώσει μηδὲν παραπέμ-
πεσθαι ἀνεξέταστον καὶ ἀνεξερεύνητον γράμμα.

1 ὑγίειαν AC   7 οἱονεὶ…ἅγιος] οἱονεί τις βοτανικός ἐστιν ὁ ἅγιος
καὶ πνευματικός AC   16 ἰατρῶν] +οὐ C   22 μᾶλλον]
μόνον B

XI.

Ὅτι χρὴ πάϲηϲ τῆϲ θεοπνεύϲτογ γραφῆϲ τὸ τρό- ABC
φιμον διώκειν, καὶ τὰ ὑπὸ τῶν αἱρετικῶν ταραϲϲόμενα
ῥητὰ δγϲφήμοιϲ ἐπαπορήϲεϲι μὴ ἀποτρέπεϲθαι μηδὲ
ὑπερηφανεῖν, ἀλλὰ καὶ αγτῶν μεταλαμβάνειν τῆϲ ἐν
ἀπιϲτίᾳ ταραχῆϲ ἐκτόϲ. ἐκ τογ κ΄ τόμογ τῶν εἰϲ τὸν 5
Ἰεζεχιήλ.

Ez xxxiv 17ff. "Τάδε λέγει κύριοϲ κύριοϲ· ἰδογ ἐγὼ ἀνακρινῶ ἀνὰ
μέϲον προβάτογ καὶ προβάτογ, κριῶν καὶ τράγων. καὶ
ογχ ἱκανὸν ὑμῖν ὅτι τὴν καλὴν νομὴν ἐνέμεϲθε, καὶ
τὰ κατάλοιπα τῆϲ νομῆϲ ὑμῶν κατεπατεῖτε τοῖϲ ποϲὶν 10
ὑμῶν; καὶ τὸ καθεϲτηκὸϲ ὕδωρ ἐπίνετε, καὶ τὸ λοιπὸν
τοῖϲ ποϲὶν ὑμῶν ἐταράϲϲετε; καὶ τὰ πρόβατά μογ τὰ
πατήματα τῶν ποδῶν ὑμῶν ἐνέμοντο, καὶ τὸ τεταραγ-
μένον ὕδωρ ὑπὸ τῶν ποδῶν ὑμῶν ἔπινον."

Μετὰ τὸ παραϲτῆϲαι περὶ προβάτων κριῶν, καὶ 15
περὶ προβάτων αἰγῶν, καὶ ὅτι ϲγνηθεϲ τῇ γραφῇ τὸ
πρόβατον καὶ ἐπὶ τογ γένογϲ τῶν αἰγῶν ἔϲθ' ὅτε τάϲ-
ϲειν, ἐπιφέρει·

1. Τί οὖν ἐστιν ὃ καὶ ἐν τούτοις αἰνίσσεται, φέρε κατὰ
δύναμιν ἐξετάσωμεν. πᾶσα μὲν, οἶμαι, καλὴ νομὴ καὶ πᾶν 20
τὸ καθεστηκὸς ὕδωρ τὰ ὅλα λόγιά ἐστι τῶν ἱερῶν γραμ-
μάτων. εἶτ' ἐπεί τινές τινα μὲν τῶν γεγραμμένων ἐγκρίνουσιν
ὡς ὠφέλιμα, τινὰ δὲ ἀποδοκιμάζουσιν ὡς οὐ σωτήρια, οὗτοι
ἂν εἶεν οἱ μετὰ τὸ νενεμῆσθαι τὴν καλὴν ὧν ἐξελέξαντο νο-
μὴν, καὶ πεπωκέναι τὸ καθεστηκὸς οὗ ἔκριναν εἶναι βελτίονος 25
ὕδατος, τὸ λοιπὸν τῆς νομῆς καταπατοῦντες, καὶ τὸ λοιπὸν
ὕδωρ τοῖς ποσὶν ἑαυτῶν ταράσσοντες. τοιοῦτοι δή εἰσιν οἳ 353

1 Ru. III. 352   3 ῥητὰ] ῥήματα B   7 om. κύριος sec. B
15 περὶ]+τῶν AC   προβάτων]+καὶ BC   16 προβάτων]+καὶ BC

ABC τε τὴν μὲν καινὴν ἐγκρίνοντες, τὴν δὲ παλαιὰν ἀποδοκιμά-
ζοντες διαθήκην· καὶ οἱ τῶν παλαιῶν γραμμάτων τὰ μὲν ἀπὸ
θειοτέρας λέγοντες εἶναι δυνάμεως καὶ τῆς ἀνωτάτω, τὰ δὲ
ἀπὸ ὑποδεεστέρας. πρόβατα δὲ ἴδια ἀναγορεύει ὁ ποιμὴν
5 τοὺς μὴ ὑπερηφανοῦντας τὰ πατήματα τῶν ποδῶν ἐκείνων, καὶ
μὴ ἐξουθενοῦντας τὸ τεταραγμένον ὕδωρ ὑπὸ τῶν ποδῶν
τῶν ψεκτῶν προβάτων, καὶ τάχα προβάτων τράγων καὶ
ἐρίφων· οὐ γὰρ ἠθέλησαν εἶναι πρόβατα κριῶν ἄξια τῶν
δεξιῶν.

10 2. Ἡμεῖς οὖν, οἱ εὐχόμενοι εἶναι πρόβατα τοῦ ποι-
μένος, μηδέποτε φεύγωμεν νεμηθῆναι καὶ τὰ αὐτόθεν ὅσον
ἐπὶ τῷ ῥητῷ ἀπεμφαίνοντα τῶν γραφῶν, καὶ διὰ τὴν ἀπέμ-
φασιν τῆς λέξεως πατούμενα ὑπὸ τῶν μὴ δυναμένων μηδὲ
θελόντων χρῆσθαι πάσῃ τῇ νομῇ. ἀλλὰ κἂν ᾖ τι ὕδωρ ὑπὸ
15 τῶν ποδῶν ἐκείνων τεταραγμένον, ἀναμιξάντων τῷ καθαρῷ
λόγῳ τῆς γραφῆς δυσφήμους ἐπαπορήσεις, μὴ ἀποτρεπώ-
μεθα, δι᾽ ἣν πεποιήκασι τῷ λόγῳ ταραχὴν, πίνειν καὶ τὸ
ὑπὸ τῶν ποδῶν αὐτῶν τεταραγμένον. καὶ τήρει γε ἐπιμελῶς,
ὅτι πρὸς τοὺς ταράξαντας τὸ ὕδωρ καὶ πατήσαντας τὴν
20 νομὴν λέγεται ὡς περὶ κρειττόνων· Καὶ τὰ πρόβατά μου   Ez xxxiv 19
τὰ πατήματα τῶν ποδῶν ὑμῶν ἐνέμοντο, καὶ τὸ τεταρα-
γμένον ὕδωρ ὑπὸ τῶν ποδῶν ὑμῶν ἔπινον. ἀλλὰ καὶ
μηδεπώποτε νομὴν προφητικὴν ἡμεῖς πατήσωμεν, μηδὲ
ὕδωρ νομικὸν ταράξωμεν· ἁμαρτανόντων δέ τινων καὶ περὶ
25 τὴν εὐαγγελικὴν νομὴν καὶ τὸ ἀποστολικὸν ὕδωρ, ὥστε τῶν
εὐαγγελικῶν τινα μὲν πατεῖν τινὰ δὲ ὡς καλὴν νέμεσθαι
νομὴν, καὶ τῶν ἀποστολικῶν ἢ πάντα ἀποκρίνειν, ἤ τινα
μὲν ἐγκρίνειν τινὰ δὲ ἀποκρίνειν· ἡμεῖς καὶ τὰ ὅλα εὐαγ-
γέλια νεμηθῶμεν καὶ μηδὲν αὐτῶν πατήσωμεν, καὶ πάντα
30 τὰ ἀποστολικὰ πίνοντες, τὸ ὅσον ἐφ᾽ ἡμῖν καθεστηκὸς
ὕδωρ, αὐτὰ τηρήσωμεν, καὶ μηδὲν τῶν ἐν αὐτοῖς ἀπιστίᾳ
ταρασσούσῃ τοὺς οὐκ εἰδότας συνιέναι τῶν λεγομένων
ταράξωμεν.

XII.

Πρὸс τὸ μὴ ἐκκακεῖν ἐν τῇ ἀναγνώсει τῆс θείαс ABC
γραφῆс τὸν μὴ сυνιέντα τὸ сκοτεινὸν τῶν ἐν αὐτῇ
αἰνιγμάτων καὶ παραβολῶν.   ἀπὸ τῆс κ΄ ὁμιλίαс τῆс
εἰс τὸν Ἰηсοῦν τὸν Ναγῆ.

1. Ἡ μὲν ἄκρα ὠφέλεια ἀπὸ τῶν τοιούτων ἀναγνωσμά- 5
των τῷ δυναμένῳ νοῆσαι τὴν ἀληθῆ κληροδοσίαν ἀπὸ Ἰησοῦ
μεριζομένην τοῖς υἱοῖς Ἰσραὴλ γίνεται, καὶ τῷ οἵῳ τε γενο-
μένῳ ἀναβῆναι ἐπὶ τὴν γῆν τὴν ἁγίαν, τὴν ἀληθινὴν, τὴν
ὄντως ἀγαθὴν, καὶ ἐφαρμόσαι ἐκ τῆς ὀνομασίας τῶν εἰρη-
μένων τῇ διαφορᾷ τῶν κληρονομούντων τὰ κατὰ τοὺς τόπους 10
λεγόμενα. ἐπεὶ δὲ δύσκολόν ἐστιν εὑρεῖν τὸν οὕτως ὠφελού-
μενον, βουλόμεθα παραμυθήσασθαι τοὺς ἀκούοντας μὴ ἐκ-
κακεῖν ἐπὶ ταῖς ἀναγνώσεσι. τίς οὖν ἡ παραμυθία ὑπὲρ
τοῦ μὴ ἐκκακεῖν τὸν ἀκούοντα τῶν τοιούτων ἀναγνωσμά-
των, λεκτέον. ὥσπερ τοίνυν αἱ ἐπῳδαὶ δύναμίν τινα ἔχουσι 15
φυσικὴν, καὶ μὴ νοῶν ὁ κατεπᾳδόμενος λαμβάνει τι ἐκ τῆς
ἐπῳδῆς, κατὰ τὴν φύσιν τῶν φθόγγων τῆς ἐπῳδῆς, εἴτε εἰς
βλάβην εἴτε εἰς ἴασιν σώματος ἢ ψυχῆς ἑαυτοῦ· οὕτω μοι
νόει πάσης ἐπῳδῆς δυνατωτέραν εἶναι τὴν ὀνομασίαν τῶν ἐν
ταῖς θείαις γραφαῖς ὀνομάτων. εἰσὶ γάρ τινες δυνάμεις ἐν 20
ἡμῖν, ὧν αἱ μὲν κρείττονες διὰ τούτων τῶν οἱονεὶ ἐπῳδῶν
τρέφονται συγγενεῖς οὖσαι αὐταῖς, καὶ ἡμῶν μὴ νοούντων
ἐκείνας τὰς δυνάμεις νοούσας τὰ λεγόμενα δυνατωτέρας ἐν
ἡμῖν γίνεσθαι πρὸς τὸ συνεργεῖν τῷ ἡμετέρῳ βίῳ. ὅτι γὰρ
ἔστι τινὰ ἐν ἡμῖν ἀόρατα, καὶ πολλά γε ταῦτα, δηλώσει ὁ 25
Ps ciii (cii) 1 εἰπὼν ψαλμός· Εὐλόγει ἡ ψυχή μου τὸν κύριον, καὶ πάντα
τὰ ἐντός μου τὸ ὄνομα τὸ ἅγιον αὐτοῦ. ἔστιν οὖν πλῆθός
τι ἐν ἡμῖν δυνάμεων κεκληρωμένων ἡμῶν τὰς ψυχὰς καὶ τὰ
σώματα· αἵτινες, ἐὰν ὦσιν ἅγιαι, τῆς γραφῆς ἀναγινωσκο-

ABC μένης ὠφελοῦνται καὶ γίνονται ἰσχυρότεραι, κἂν ὁ νοῦς
ἡμῶν ἄκαρπος ᾖ· ὡς γέγραπται περὶ τοῦ γλώσσῃ λαλοῦντος,
ὅτι Τὸ πνεῦμά μου προσεύχεται, ὁ δὲ νοῦς μου ἄκαρπός ᾱ Co xiv 14
ἐστι. νόει οὖν μοι ὅτι ποτὲ τοῦ ἐν ἡμῖν νοῦ ἀκάρπου ὄντος
5 αἱ δυνάμεις αἱ συνεργοῦσαι τῇ ψυχῇ καὶ τῷ νῷ καὶ πᾶσιν
ἡμῖν τρέφονται λογικῇ τῇ ἀπὸ τῶν ἱερῶν γραμμάτων καὶ
τῶν ὀνομάτων τούτων τροφῇ, καὶ τρεφόμεναι δυνατώτεραι
γίνονται πρὸς τὸ ἡμῖν συνεργεῖν· ὥσπερ δὲ αἱ κρείττους
δυνάμεις οἱονεὶ κατεπάδονται καὶ ὠφελοῦνται, καὶ γίνονται
443 δυνατώτεραι ἀπὸ τῶν τοιούτων γραμμάτων καὶ ὀνομάτων,
οὕτως αἱ ἀντικείμεναι δυνάμεις τῶν ἐν ἡμῖν οἱονεὶ καθέλ-
κονται καὶ νικῶνται ἀπὸ τῶν τοῦ θεοῦ ἐπῳδῶν, καὶ νικώ-
μεναι κοιμίζονται.

2. Καὶ εἴ ποτέ τις ὑμῶν ἑώρακεν ἀπὸ ἐπῳδῶν ἀσπίδα
15 κοιμιζομένην, ἢ ἄλλο τι τούτων τῶν ἰοβόλων, ἐκεῖνο τὸ
παράδειγμα λαβέτω εἰς τὴν γραφήν· ἧς ἀναγινωσκομένης
καὶ μὴ νοουμένης, ἐνίοτε ἀκηδιᾷ καὶ ἐκκακεῖ ὁ ἀκροατής· καὶ
πιστευέτω ὅτι αἱ ἐν αὐτῷ ἀσπίδες καὶ αἱ ἐν αὐτῷ ἔχιδναι
ἀτονώτεραι γίνονται ἀπὸ τῶν φαρμάκων τῶν φαρμακευόντων,
20 οἷον παρὰ σοφοῦ Μωσῇ, παρὰ σοφοῦ Ἰησοῦ, παρὰ σοφῶν
τῶν ἁγίων προφητῶν. μὴ ἐκκακῶμεν οὖν ἀκούοντες γρα-
φῶν, ἃς οὐ νοοῦμεν· ἀλλὰ γενηθήτω ἡμῖν κατὰ τὴν πίστιν cf. Mt ix 29
ἡμῶν, ἣν καὶ πιστεύομεν, ὅτι πᾶσα γραφὴ θεόπνευστος οὖσα cf. 2 Ti iii 16
ὠφέλιμός ἐστι. τὸ γὰρ ἓν τῶν δύο δεῖ σε παραδέξασθαι ἐπὶ
25 τούτων τῶν γραφῶν, ἢ ὅτι οὔκ εἰσι θεόπνευστοι ἐπεὶ οὔκ
εἰσιν ὠφέλιμοι, ὡς ὑπολαμβάνοι ἂν ὁ ἄπιστος· ἢ, ὡς πιστός,
παραδέξασθαι ὅτι ἐπεί εἰσιν θεόπνευστοι ὠφέλιμοί εἰσιν.
ἰστέον μέντοι γε ὅτι καὶ ἀνεπαισθήτως ἡμῶν πολλάκις
γίνεται ἡ ὠφέλεια, οἷον πολλάκις τροφήν τινα διατασ-
30 σόμεθα ἐσθίειν ὀξυδερκικήν, καὶ οὐ δήπου ἐν τῷ ἐσθίειν
αἰσθανόμεθα ὅτι ὠφελούμεθα τὸν ὀφθαλμόν, ἀλλ' ἡμέρας
διαγενομένης δευτέρας καὶ τρίτης, ἡ ἀνάδοσις τῆς τροφῆς

11 δυνάμεις τῶν ἐν ἡμῖν] τῶν ἐν ἡμῖν δυνάμεων AC   15 om. τὸ
AC   27 θεόπνευστοι ὠφέλιμοι] ὠφέλιμοι θεόπνευστοί AC

τῆς ὠφελούσης τὸν ὀφθαλμὸν ποιεῖ ἡμᾶς τῇ πείρᾳ πι- ABC
στεῦσαι, ὅτι τὸν ὀφθαλμὸν ὠφελήμεθα. ἀλλὰ καὶ ἐπ᾽ ἄλλων
τροφῶν ὠφελουσῶν τινὰ μέλη τοῦ σώματος τοῦτο ἔστιν
ἰδεῖν. οὕτω τοίνυν πίστευε καὶ περὶ τῆς θείας γραφῆς, ὅτι
ὠφελεῖταί σου ἡ ψυχὴ, κἂν μὴ ὁ νοῦς τὸν καρπὸν λαμβάνῃ 5
τῆς ὠφελείας τῆς ἀπὸ τῶν γραμμάτων, ἐκ μόνης ψιλῆς τῆς
ἀναγνώσεως. τὰ γὰρ ἐν ἡμῖν ἐπᾴδεται, καὶ τὰ μὲν κρειτ-
τονα τρέφεται τὰ δὲ χείρονα καταργεῖται.

XIII.

Πότε καὶ τίσι τὰ ἀπὸ φιλοσοφίας μαθήματα χρή-
cιμα εἰς τὴν τῶν ἱερῶν γραφῶν διήγησιν, μετὰ 10
γραφικῆς μαρτυρίας.

1. Χαῖρε ἐν θεῷ, κύριέ μου σπουδαιότατε καὶ αἰδε-
σιμώτατε υἱὲ Γρηγόριε, παρὰ Ὠριγένους. ἡ εἰς σύνεσιν,
ὡς οἶσθα, εὐφυΐα ἔργον φέρειν δύναται ἄσκησιν προσλα-
βοῦσα, ἄγον ἐπὶ τὸ κατὰ τὸ ἐνδεχόμενον, ἵν᾽ οὕτως ὀνομά- 15
σω, τέλος ἐκείνου, ὅπερ ἀσκεῖν τις βούλεται. δύναται οὖν
ἡ εὐφυΐα σου Ῥωμαίων σε νομικὸν ποιῆσαι τέλειον, καὶ
Ἑλληνικόν τινα φιλόσοφον τῶν νομιζομένων ἐλλογίμων
αἱρέσεων. ἀλλ᾽ ἐγὼ τῇ πάσῃ τῆς εὐφυΐας δυνάμει σου
ἐβουλόμην καταχρήσασθαί σε, τελικῶς μὲν εἰς χριστιανι- 20
σμὸν, ποιητικῶς δέ. διὰ τοῦτ᾽ ἂν ηὐξάμην παραλαβεῖν σε
καὶ φιλοσοφίας Ἑλλήνων τὰ οἱονεὶ εἰς χριστιανισμὸν δυνά-
μενα γενέσθαι ἐγκύκλια μαθήματα ἢ προπαιδεύματα, καὶ
τὰ ἀπὸ γεωμετρίας καὶ ἀστρονομίας χρήσιμα ἐσόμενα εἰς
τὴν τῶν ἱερῶν γραφῶν διήγησιν· ἵν᾽, ὅπερ φασὶ φιλοσό- 25
φων παῖδες περὶ γεωμετρίας καὶ μουσικῆς, γραμματικῆς τε
καὶ ῥητορικῆς καὶ ἀστρονομίας, ὡς συνερίθων φιλοσοφίᾳ,

9 Ru. I. 30   16 ἀσκεῖν] ἀρκεῖν B   17 ῥωμαίων] AB*C :
ῥωμαῖον Bcorr. pri. man. E   ποιῆσαι] ποιεῖν AC

ABC τοῦθ᾽ ἡμεῖς εἴπωμεν καὶ περὶ αὐτῆς φιλοσοφίας πρὸς χριστιανισμόν.

2. Καὶ τάχα τοιοῦτό τι αἰνίσσεται τὸ ἐν Ἐξόδῳ γεγραμμένον ἐκ προσώπου τοῦ θεοῦ, ἵνα λεχθῇ τοῖς υἱοῖς
5 Ἰσραὴλ αἰτεῖν παρὰ γειτόνων καὶ συσκήνων σκεύη ἀργυρᾶ **Ex. xi 2 : xii 35 f.** καὶ χρυσᾶ καὶ ἱματισμόν· ἵνα σκυλεύσαντες τοὺς Αἰγυπτίους εὕρωσιν ὕλην πρὸς τὴν κατασκευὴν τῶν παραλαμβανομένων εἰς τὴν πρὸς θεὸν λατρείαν. ἐκ γὰρ ὧν ἐσκύλευ-
31 σαν τοὺς Αἰγυπτίους οἱ υἱοὶ Ἰσραὴλ, τὰ ἐν τοῖς ἁγίοις τῶν
10 ἁγίων κατεσκεύασται, ἡ κιβωτὸς μετὰ τοῦ ἐπιθέματος καὶ τὰ χερουβὶμ καὶ τὸ ἱλαστήριον καὶ ἡ χρυσῆ στάμνος ἐν ᾗ ἀπέκειτο τὸ μάννα τῶν ἀγγέλων ὁ ἄρτος. ταῦτα μὲν οὖν ἀπὸ τοῦ καλλίστου τῶν Αἰγυπτίων εἰκὸς γεγονέναι χρυσοῦ· ἀπὸ δὲ δευτέρου τινὸς παρ᾽ ἐκεῖνον ἡ στερεὰ δι᾽ ὅλου χρυσῆ
15 λυχνία, πλησίον τοῦ ἐσωτέρου καταπετάσματος, καὶ οἱ ἐπ᾽ αὐτῆς λύχνοι, καὶ ἡ χρυσῆ τράπεζα ἐφ᾽ ἧς ἦσαν οἱ ἄρτοι τῆς προθέσεως, καὶ μεταξὺ ἀμφοτέρων τὸ χρυσοῦν θυμιατήριον. εἰ δέ τις ἦν τρίτος καὶ τέταρτος χρυσὸς, ἐξ ἐκείνου κατεσκευάζετο τὰ σκεύη τὰ ἅγια. καὶ ἀπὸ ἀργύρου δὲ
20 Αἰγυπτίου ἄλλα ἐγίνετο· ἐν Αἰγύπτῳ γὰρ παροικοῦντες οἱ υἱοὶ Ἰσραὴλ τοῦτο ἀπὸ τῆς ἐκεῖ παροικίας κεκερδήκασι, τὸ εὐπορῆσαι τοσαύτης ὕλης τιμίας εἰς τὰ χρήσιμα τῇ λατρείᾳ τοῦ θεοῦ. ἀπὸ δὲ Αἰγυπτίων ἱματισμοῦ εἰκὸς γεγονέναι ὅσα ἐδεήθη ἔργων, ὡς ὠνόμασεν ἡ γραφή, ῥαφιδευτῶν, **Ex xxvii 16**
25 συρραπτῶν, τῶν ῥαφιδευτῶν μετὰ σοφίας θεοῦ, τὰ τοιάδε ἱμάτια τοῖς τοιοισδὶ, ἵνα γένηται τὰ καταπετάσματα, καὶ αἱ αὐλαῖαι αἱ ἐξωτέρω καὶ ἐσωτέρω.

3. Καὶ τί με δεῖ ἀκαίρως παρεκβαίνοντα κατασκευάζειν εἰς ὅσα χρήσιμά ἐστι τοῖς υἱοῖς Ἰσραὴλ τὰ ἀπὸ
30 Αἰγύπτου παραλαμβανόμενα, οἷς Αἰγύπτιοι μὲν οὐκ εἰς δέον ἐχρῶντο, Ἑβραῖοι δὲ διὰ τὴν τοῦ θεοῦ σοφίαν εἰς θεο-

---

23 αἰγυπτίων] αἰγυπτίου AC   **26** τοιοισδὶ] τοιούτοις δεῖ B
27 αὐλαῖαι] conjecit Tarinus; αὐλαὶ ABC; cf. Ex. xxvi. 4   **29** εἰς
ὅσα] ἴσως ἃ B

σέβειαν ἐχρήσαντο; οἶδεν μέντοι ἡ θεία γραφή τισι πρὸς ABC
κακοῦ γεγονέναι τὸ ἀπὸ τῆς γῆς τῶν υἱῶν Ἰσραὴλ εἰς Αἴ-
γυπτον καταβεβηκέναι· αἰνισσομένη ὅτι τισὶ πρὸς κακοῦ
γίνεται τὸ παροικῆσαι τοῖς Αἰγυπτίοις, τουτέστι τοῖς τοῦ
κόσμου μαθήμασι, μετὰ τὸ ἐντραφῆναι τῷ νόμῳ τοῦ θεοῦ 5
1 Reg xi 14 ff. καὶ τῇ Ἰσραηλιτικῇ εἰς αὐτὸν θεραπείᾳ. Ἄδερ γοῦν ὁ
Ἰδουμαῖος, ὅσον μὲν ἐν τῇ γῇ τοῦ Ἰσραὴλ ἦν, μὴ γενόμενος
τῶν Αἰγυπτίων ἄρτων, εἴδωλα οὐ κατεσκεύαζεν· ὅτε δὲ
ἀποδρὰς τὸν σοφὸν Σολομῶντα κατέβη εἰς Αἴγυπτον, ὡς
ἀποδρὰς ἀπὸ τῆς τοῦ θεοῦ σοφίας, συγγενὴς γέγονε τῷ 10
Φαραώ, γήμας τὴν ἀδελφὴν τῆς γυναικὸς αὐτοῦ, καὶ τεκνο-
ποιῶν τὸν τρεφόμενον μεταξὺ τῶν παίδων τοῦ Φαραώ.
διόπερ, εἰ καὶ ἐπανελήλυθεν εἰς τὴν γῆν Ἰσραήλ, ἐπὶ τῷ
διασχίσαι τὸν λαὸν τοῦ θεοῦ ἐπανελήλυθε, καὶ ποιῆσαι
1 Reg xii 28 f. αὐτοὺς εἰπεῖν ἐπὶ τῇ χρυσῇ δαμάλει· Οὗτοί εἰσιν οἱ θεοί 15
σου, Ἰσραήλ, οἱ ἀναγαγόντες σε ἐκ γῆς Αἰγύπτου. κἀγὼ
δὲ τῇ πείρᾳ μαθὼν εἴποιμ' ἄν σοι, ὅτι σπάνιος μὲν ὁ τὰ
χρήσιμα τῆς Αἰγύπτου λαβὼν καὶ ἐξελθὼν ταύτης καὶ
κατασκευάσας τὰ πρὸς τὴν λατρείαν τοῦ θεοῦ· πολὺς δὲ
ὁ τοῦ Ἰδουμαίου Ἄδερ ἀδελφός. οὗτοι δέ εἰσιν οἱ ἀπό 20
τινος Ἑλληνικῆς ἐντρεχείας αἱρετικὰ γεννήσαντες νοήματα,
καὶ οἱονεὶ δαμάλεις χρυσᾶς κατασκευάσαντες ἐν Βαιθήλ, ὃ
ἑρμηνεύεται οἶκος θεοῦ. δοκεῖ δέ μοι καὶ διὰ τούτων ὁ 32
λόγος αἰνίσσεσθαι, ὅτι τὰ ἴδια ἀναπλάσματα ἀνέθηκαν
ταῖς γραφαῖς, ἐν αἷς οἰκεῖ λόγος θεοῦ, τροπικῶς Βαιθὴλ 25
καλουμέναις. τὸ δ' ἄλλο ἀνάπλασμα ἐν Δὰν φησιν ὁ
λόγος ἀνατεθεῖσθαι. τοῦ δὲ Δὰν τὰ ὅρια τελευταῖά ἐστι,
καὶ ἐγγὺς τῶν ἐθνικῶν ὁρίων· ὡς δῆλον ἐκ τῶν ἀναγεγραμ-
μένων ἐν τῷ τοῦ Ναυῆ Ἰησοῦ. ἐγγὺς οὖν εἰσιν ἐθνικῶν
ὁρίων τινὰ τῶν ἀναπλασμάτων, ἅπερ ἀνέπλασαν οἱ τοῦ 30
Ἄδερ, ὡς ἀποδεδώκαμεν, ἀδελφοί.

4. Σὺ οὖν, κύριε υἱέ, προηγουμένως πρόσεχε τῇ τῶν

5 ἐντραφῆναι] ἐγγραφῆναι AC

ABC θείων γραφῶν ἀναγνώσει· ἀλλὰ πρόσεχε. πολλῆς γὰρ
προσοχῆς ἀναγινώσκοντες τὰ θεῖα δεόμεθα· ἵνα μὴ προ-
πετέστερον εἴπωμέν τινα ἢ νοήσωμεν περὶ αὐτῶν. καὶ
προσέχων τῇ τῶν θείων ἀναγνώσει μετὰ πιστῆς καὶ θεῷ
5 ἀρεσκούσης προλήψεως, κροῦε τὰ κεκλεισμένα αὐτῆς καὶ
ἀνοιγήσεταί σοι ὑπὸ τοῦ θυρωροῦ, περὶ οὗ εἶπεν ὁ Ἰησοῦς·
Τούτῳ ὁ θυρωρὸς ἀνοίγει. καὶ προσέχων τῇ θείᾳ ἀναγνώ- Jn x 3
σει ὀρθῶς ζήτει καὶ μετὰ πίστεως τῆς εἰς θεὸν ἀκλινοῦς
τὸν κεκρυμμένον τοῖς πολλοῖς νοῦν τῶν θείων γραμμάτων.
10 μὴ ἀρκοῦ δὲ τῷ κρούειν καὶ ζητεῖν· ἀναγκαιοτάτη γὰρ καὶ
ἡ περὶ τοῦ νοεῖν τὰ θεῖα εὐχή· ἐφ' ἣν προτρέπων ὁ σωτὴρ
οὐ μόνον εἶπε τό· Κρούετε καὶ ἀνοιγήσεται ὑμῖν· καὶ τό· Mt vii 7;
Ζητεῖτε καὶ εὑρήσετε· ἀλλὰ καὶ τό· Αἰτεῖτε καὶ δοθήσεται   Lc xi 9
ὑμῖν. ταῦτα ἀπὸ τῆς πρός σε ἐμοῦ πατρικῆς ἀγάπης
15 τετόλμηται· εἰ δ' εὖ ἔχει τὰ τετολμημένα ἢ μὴ, θεὸς ἂν
εἰδείη καὶ ὁ χριστὸς αὐτοῦ καὶ ὁ μετέχων πνεύματος θεοῦ
καὶ πνεύματος χριστοῦ. μετέχοις δὲ σὺ, καὶ ἀεὶ αὔξοις τὴν
μετοχήν, ἵνα λέγῃς οὐ μόνον τό· Μέτοχοι τοῦ χριστοῦ γεγό- He iii 14
ναμεν, ἀλλὰ καί· Μέτοχοι τοῦ θεοῦ γεγόναμεν.

XIV.

20 Ὅτι τοῖϲ θέλουϲι μὴ ϲφάλλεϲθαι περὶ τὴν ἀλήθειαν
ἐν τῷ νοεῖν τὰϲ θείαϲ γραφὰϲ ἀναγκαιότατά ἐϲτι τὰ
ἁρμόζοντα εἰϲ τὴν χρῆϲιν εἰδέναι λογικά, ὧν ἄνευ
ἀκριβείαϲ ϲημαινομένων οὐ δύναται ὃν δεῖ τρόπον
παρίϲταϲθαι. γ′ τόμοϲ τῶν εἰϲ τὴν Γένεϲιν.

25 I. Καὶ ἐποίησεν ὁ θεὸς τοὺς δύο φωστῆρας τοὺς Gen i 16 ff.
μεγάλους, τὸν φωστῆρα τὸν μέγαν εἰς ἀρχὰς τῆς ἡμέρας,
καὶ τὸν φωστῆρα τὸν ἐλάσσω εἰς ἀρχὰς τῆς νυκτός, καὶ

14 ἐμοῦ] μου AC   18 λέγῃς] λέγοις AC   20 Ru. II. 22
23 ἀκριβείας] ἀκρίβεια AC

5—2

τοὺς ἀστέρας· καὶ ἔθετο αὐτοὺς ὁ θεὸς ἐν τῷ στερεώματι ABC
τοῦ οὐρανοῦ, ὥστε φαίνειν ἐπὶ τῆς γῆς, καὶ ἄρχειν τῆς
ἡμέρας καὶ τῆς νυκτός. ζητητέον δὲ εἰ ταὐτόν ἐστι τό·
εἰς ἀρχὰς τῆς ἡμέρας τῷ· καὶ ἄρχειν τῆς ἡμέρας· καὶ τό·
εἰς ἀρχὰς τῆς νυκτός τῷ ἀπὸ κοινοῦ ἂν νοηθέντι· καὶ ἄρχειν 5
τῆς νυκτός. καὶ ὁ Ἀκύλας γὰρ τὸ ἀνάλογον ἐτήρησε,
ποιήσας ἀντὶ μὲν τοῦ εἰς ἀρχάς, εἰς ἐξουσίαν· ἀντὶ δὲ τοῦ
καὶ ἄρχειν, ἐξουσιάζειν. φασὶ δέ, οἷς ἐμέλησε τῆς τῶν
σημαινομένων ἐξετάσεως, ἐν τοῖς τόποις τοῖς ἔχουσι συζυ-
γίαν προσηγοριῶν καὶ κατηγορημάτων, προϋφίστασθαι τὰ 10
τυγχάνοντα τῶν προσηγοριῶν, καὶ ἐπιγίνεσθαι κατηγορή-
ματα παρὰ τὰς προσηγορίας. καὶ προσηγορίαν μὲν ἔχου-
σαν κατηγόρημά φασιν, οἷον τὴν φρόνησιν, κατηγόρημα δὲ
εἶναι τὸ φρονεῖν· ὁμοίως προσηγορίαν τὴν σωφροσύνην,
κατηγόρημα δὲ τὸ σωφρονεῖν. καὶ προϋφίστασθαί φασι τὴν 15
φρόνησιν, εἶτ᾽ ἐπιγίνεσθαι κατηγόρημα ἀπὸ φρονήσεως τὸ
φρονεῖν. ταῦτα δέ, εἰ καὶ δόξομέν τισι παρὰ τὸ βούλημα
ποιεῖν τῆς γραφῆς, τετηρήκαμεν, ἐπεὶ ὁ μὲν ποιῶν τοὺς
φωστῆρας θεὸς ποιεῖ τὸν μὲν μέγαν εἰς ἀρχὰς τῆς ἡμέρας,
τὸν δὲ ἐλάσσω εἰς ἀρχὰς τῆς νυκτός· τίθεται δὲ αὐτοὺς ἐν 20
τῷ στερεώματι τοῦ οὐρανοῦ οὐκέτι εἰς ἀρχὰς τῆς ἡμέρας
καὶ τῆς νυκτός, ἀλλ᾽ εἰς τὸ ἄρχειν τῆς ἡμέρας καὶ τῆς
νυκτός. τὸ γὰρ τεταγμένως καὶ ἀκολούθως τῷ τεχνολο-
γουμένῳ κατὰ τὸν τόπον προτετάχθαι τὰς προσηγορίας,
εἶτ᾽ ἐπιφέρεσθαι τὰ κατηγορήματα, κεκίνηκεν ἡμᾶς μήποτε 25
τὸ πρᾶγμα καὶ παρὰ τῷ θεράποντι νενόηται οὕτως ἔχον, 23
καὶ μάλιστα ἐπεὶ καὶ ὁ κυριώτατα ἑρμηνεύειν φιλοτιμού-
μενος Ἀκύλας οὐκ ἄλλο πεποίηκε παρὰ τὴν προσηγορίαν
καὶ τὸ κατηγόρημα.

2. Ἐπιστησάτω δ᾽ ὁ δυσπαραδέκτως ἔχων τούτων, εἰ 30
δύναται ἠθικὸν πρόβλημα ἢ φυσιολογούμενον ἢ θεολογού-
μενον, χωρὶς ἀκριβείας σημαινομένων καὶ τῶν κατὰ τὸν

3 δὲ] δὴ A; οὖν C   7 ἐξουσίαν] ἐξουσίας B   17 δόξομεν]
δόξωμεν AB   23 τεταγμένως καὶ] τεταγμένον B; om. καὶ BC

ABC λογικὸν τόπον τρανουμένων, ὃν δεῖ τρόπον παρίστασθαι.
τί γὰρ ἄτοπον ἀκούειν τῶν κυριολεκτουμένων ἐν ταῖς δια-
λέκτοις, καὶ ἐφιστάνειν ἐπιμελῶς τοῖς σημαινομένοις; ἔστι
δὲ ὅπου παρὰ τὴν ἄγνοιαν τῶν λογικῶν μεγάλως περιπίπτο-
5 μεν, μὴ καθαίροντες τὰς ὁμωνυμίας καὶ ἀμφιβολίας καὶ
καταχρήσεις καὶ κυριολεξίας καὶ διαστολάς· οἷον παρὰ τὸ
ἀγνοεῖσθαι τὴν ὁμώνυμον τῆς κόσμου προσηγορίας φωνὴν,
ἐκπεπτώκασιν ἐπὶ τὸ ἀσεβέστατα φρονεῖν περὶ τοῦ δημιουρ-
γοῦ οἱ μὴ καθάραντες ἐπὶ τίνων κεῖται τό· Ὁ κόσμος ἐν τῷ   ɪ Jn v 19
10 πονηρῷ κεῖται· ὅτι ἀντὶ τῶν περιγείων καὶ τῶν ἀνθρωπίνων
τοῦτο οὕτως ἐκεῖ τῷ Ἰωάννῃ εἴρηται. οἰηθέντες γὰρ
κόσμον κατ᾽ αὐτὴν τὴν λέξιν σημαίνεσθαι τὸ σύστημα τὸ
ἐξ οὐρανοῦ καὶ γῆς καὶ τῶν ἐν αὐτοῖς, θρασύτατα καὶ ἀνο-
σιώτατα ἀποφαίνονται περὶ θεοῦ· μηδαμῶς ἔργῳ δεικνύναι
15 δυνάμενοι, πῶς ἥλιος καὶ σελήνη καὶ ἀστέρες, τὰ οὕτω
τεταγμένως κινούμενα, κεῖται ἐν τῷ πονηρῷ. εἶτα ἐὰν
προσαγάγωμεν αὐτοὺς ἐκ τοῦ· Οὗτός ἐστιν ὁ ἀμνὸς Jn i 29
τοῦ θεοῦ ὁ αἴρων τὴν ἁμαρτίαν τοῦ κόσμου· ὅτι κόσμος
ἔνθα ἡ ἁμαρτία πλεονάζει κατὰ ταύτας τὰς λέξεις
20 λέγεται, τουτέστιν ἐν τοῖς περιγείοις τόποις· εὐγνωμονοῦν-
τες μὲν προσήσονται τὰ λεγόμενα, φιλονεικοῦντες δὲ,
ἠλιθίως ἀναστρεφόμενοι, ἐπιμενοῦσι τοῖς ἅπαξ κριθεῖσι
μοχθηροῖς, διὰ τὴν ἄγνοιαν τῆς ὁμωνυμίας. πάλιν τε αὖ
ἐὰν λέγηται· Θεὸς ἦν ἐν Χριστῷ κόσμον καταλλάσσων   2 Co v 19
25 ἑαυτῷ· οὐκέτι δυνήσονται ὃ ἐξειλήφασι περὶ παντὸς τοῦ
κόσμου, τουτέστι περὶ τῶν ἐν ὅλῳ τῷ κόσμῳ, μάλιστα
κατὰ τὰς ὑποθέσεις αὐτῶν δεῖξαι· καὶ κατ᾽ αὐτοὺς γὰρ
ἀνάγκη τὴν λέξιν ὡς ὁμώνυμον ἐξετάζεσθαι. καὶ παρὰ
τὴν ἀμφιβολίαν δὲ μοχθηρῶν ἐκδοχῶν, καὶ παρὰ τὴν δια-
30 στολὴν τῶν στιγμῶν καὶ ἄλλων δὲ μυρίων, παραδείγματα
ἔστι φιλοτιμησάμενον οὐκ ὀλίγα λαβεῖν. ταῦτα δὲ παρεξέ-
βημεν, ἵνα δείξωμεν ὅτι καὶ καθ᾽ ἡμᾶς τοὺς θέλοντας μὴ

10 om. τῶν post καὶ AC   17 προσαγάγωμεν] προσάγωμεν AC
27 αὐτοὺς] αὐτοῦ AC

σφάλλεσθαι περὶ τὴν ἀλήθειαν ἐν τῷ νοεῖν τὰς θείας ABC
γραφὰς ἀναγκαιότατά ἐστι τὰ πίπτοντα εἰς τὴν χρῆσιν
εἰδέναι λογικά· ὧν καὶ νῦν ἐδεήθημεν εἰς τὸ εὑρεῖν τὴν
διαφορὰν τῶν λεγομένων γεγονέναι εἰς ἀρχὰς τῆς νυκτός,
καὶ εἰς τὸ ἄρχειν τῆς ἡμέρας καὶ τῆς νυκτός.   5

XV.

Πρὸς τοὺϲ Ἑλλήνων φιλοϲόφουϲ τὸ εὐτελὲϲ τᾶϲ
τῶν θείων γραφῶν φράϲεωϲ διαϲύροντας, καὶ τὰ ἐν
χριϲτιανιϲμῷ καλὰ βέλτιον παρ᾽ Ἕλληϲιν εἰρᾶϲθαι φά-
ϲκοντας, καὶ προϲέτι αὐϲειδὲϲ τὸ τοῦ κυρίου ϲῶμα λέ-
γοντας· καὶ τίϲ ὁ λόγος τῶν διαφόρων τοῦ λόγου   10
μορφῶν. ἐκ τῶν κατὰ Κέλϲου, τοῦ κατὰ χριϲτιανῶν
γράψαντοϲ, τύμου ϛ΄ καὶ ζ΄.

1.   Ἕκτον τοῦτον ἐνιστάμενοι λόγον πρὸς τὰς Κέλσου ℵABC
κατὰ χριστιανῶν κατηγορίας χρῄζομεν ἐν αὐτῷ, ἱερὲ Ἀμβρό-
σιε, ἀγωνίσασθαι οὐ πρὸς τὰ ἀπὸ φιλοσοφίας ὑπ᾽ αὐτοῦ   15
ἐκτιθέμενα, ὡς οἰηθείη ἄν τις.   παρέθετο γὰρ πλείονα
μάλιστα Πλάτωνος ὁ Κέλσος, κοινοποιῶν τὰ δυνάμενα ἑλεῖν
τινὰ καὶ συνετὸν ἐκ τῶν ἱερῶν γραμμάτων· φάσκων 'βέλ-
τιον αὐτὰ παρ᾽ Ἕλλησιν εἰρῆσθαι, καὶ χωρὶς ἀνατάσεως
καὶ ἀπαγγελίας τῆς ὡς ἀπὸ θεοῦ ἢ υἱοῦ θεοῦ.'   φαμὲν οὖν   20
ὅτι, εἴπερ τὸ προκείμενόν ἐστι τοῖς πρεσβεύουσι τὰ τῆς
ἀληθείας πλείους ὅση δύναμις ὠφελεῖν, καὶ προσάγειν ὡς
οἷόν τέ ἐστιν αὐτῇ διὰ φιλανθρωπίαν πάνθ᾽ ὁντινοῦν, οὐ
μόνον ἐντρεχῆ ἀλλὰ καὶ ἀνόητον, πάλιν δ᾽ αὖ οὐχὶ Ἕλλη-
νας μὲν οὐχὶ δὲ καὶ βαρβάρους· πολὺ δὲ τὸ ἥμερον ἐὰν   25
καὶ τοὺς ἀγροικοτάτους καὶ ἰδιώτας οἷός τέ τις γένηται

6 C. Cels. vi. 1 (Ru. 1. 629)   14 om. κατὰ ABC   20 ἐπαγ-
γελίας ℵ   21 om. τὰ ℵ   24 δ᾽ αὖ] τ᾽ αὖ ABC   25 ἥμερον]
ἡμέτερον ABC

אABC ἐπιστρέφειν· δῆλόν ἐστιν ὅτι καὶ χαρακτῆρος ἐν τῷ λέγειν
φροντιστέον αὐτῷ κοινωφελοῦς καὶ δυναμένου πᾶσαν ἐπα-
γαγέσθαι ἀκοήν. ὅσοι δὲ, πολλὰ χαίρειν φράσαντες ὡς
ἀνδραπόδοις τοῖς ἰδιώταις καὶ μὴ οἷοις τε κατακούειν τῆς
5 ἐν φράσει λόγων καὶ τάξει ἀπαγγελλομένων ἀκολουθίας,
μόνον ἐφρόντισαν τῶν ἀνατραφέντων ἐν λόγοις καὶ μαθή-
μασιν· οὗτοι τὸ κοινωνικὸν εἰς κομιδῇ στενὸν καὶ βραχὺ
συνήγαγον.

2. Ταῦτα δέ μοι λέλεκται ἀπολογουμένῳ περὶ τῆς
10 κατηγορουμένης ὑπὸ Κέλσου καὶ ἑτέρων ἐν λέξεσιν εὐ-
τελείας τῶν γραφῶν, ἀμαυροῦσθαι δοκούσης ὑπὸ τῆς ἐν
συνθέσει λέξεως λαμπρότητος· ἐπεὶ οἱ καθ᾽ ἡμᾶς προ-
630 φῆται, Ἰησοῦς τε καὶ οἱ ἀπόστολοι αὐτοῦ, ἐνεῖδον τρόπῳ
ἀπαγγελίας οὐ τὰ ἀληθῆ μόνον περιεχούσης, ἀλλὰ καὶ
15 δυναμένης ἐπαγαγέσθαι τοὺς πολλούς, ἕως προτραπέντες
καὶ εἰσαχθέντες ἕκαστος κατὰ δύναμιν ἀναβῶσιν ἐπὶ τὰ ἐν
ταῖς δοκούσαις εἶναι εὐτελέσι λέξεσιν ἀπορρήτως εἰρημένα.
καὶ, εἰ χρή γε τολμήσαντα εἰπεῖν, ὀλίγους μὲν ὤνησεν, εἴγε
ὤνησεν, ἡ περικαλλὴς καὶ ἐπιτετηδευμένη Πλάτωνος καὶ
20 τῶν παραπλησίως φρασάντων λέξις· πλείονας δὲ ἡ τῶν
εὐτελέστερον ἅμα καὶ πραγματικῶς καὶ ἐστοχασμένως τῶν
πολλῶν διδαξάντων καὶ γραψάντων. ἔστι γοῦν ἰδεῖν τὸν μὲν
Πλάτωνα ἐν χερσὶ τῶν δοκούντων εἶναι φιλολόγων μόνον·
τὸν δὲ Ἐπίκτητον καὶ ὑπὸ τῶν τυχόντων καὶ ῥοπὴν πρὸς
25 τὸ ὠφελεῖσθαι ἐχόντων θαυμαζόμενον, αἰσθομένων τῆς ἀπὸ
τῶν λόγων αὐτοῦ βελτιώσεως. καὶ ταῦτά γε οὐκ ἐγκα-
λοῦντες Πλάτωνί φαμεν· ὁ γὰρ πολὺς τῶν ἀνθρώπων κόσμος
χρησίμως καὶ τοῦτον ἤνεγκεν· ἀλλὰ δεικνύντες τὸ βούλημα
τῶν εἰπόντων τό· Καὶ ὁ λόγος μου καὶ τὸ κήρυγμά μου 1 Co ii 4 f.
30 οὐκ ἐν πειθοῖς σοφίας λόγοις, ἀλλ᾽ ἐν ἀποδείξει πνεύματος
καὶ δυνάμεως· ἵν᾽ ἡ πίστις ἡμῶν μὴ ᾖ ἐν σοφίᾳ ἀνθρώπων
ἀλλ᾽ ἐν δυνάμει θεοῦ.

1 om. καὶ א   6 ἀνατρεφόντων א   16 ἀναβῶσιν] ἀναλάβωσιν א
17 εὐτελέσιν εἶναι ABC   28 ἀλλὰ]+καὶ א   29 om. τὸ post εἰπόν-
των ABC   30 πειθοῖς] πειθοῖ אC cf. p. 41 l. 14, p. 103 l. 26

3. Ἔστι γάρ τις οἰκεία ἀπόδειξις τοῦ λόγου, θειοτέρα 320
παρὰ τὴν ἀπὸ διαλεκτικῆς Ἑλληνικήν· ἣν ὁ ἀπόστολος ℵABC
cf. 1 Co ii 4 ὀνομάζει ἀπόδειξιν πνεύματος καὶ δυνάμεως· πνεύματος
μὲν διὰ τὰς προφητείας, ἱκανὰς πιστοποιῆσαι τὸν ἐντυγ-
χάνοντα μάλιστα εἰς τὰ περὶ τοῦ χριστοῦ· δυνάμεως δὲ διὰ 321
τὰς τεραστίους δυνάμεις, ἃς κατασκευαστέον γεγονέναι καὶ
ἐκ πολλῶν μὲν ἄλλων, καὶ ἐκ τοῦ ἴχνη δὲ αὐτῶν ἔτι
σώζεσθαι παρὰ τοῖς κατὰ τὸ βούλημα τοῦ λόγου βιοῦσιν.

4. Ἔτι δὲ καὶ τοῦτό φησιν ὁ θεῖος λόγος· οὐκ αὔ- 630
ταρκες εἶναι τὸ λεγόμενον, κἂν καθ᾽ αὑτὸ ἀληθὲς καὶ 10
πιστικώτατον ᾖ, πρὸς τὸ καθικέσθαι ἀνθρωπίνης ψυχῆς,
ἐὰν μὴ καὶ δύναμίς τις θεόθεν δοθῇ τῷ λέγοντι καὶ χάρις
ἐπανθήσῃ τοῖς λεγομένοις, καὶ αὕτη οὐκ ἀθεεὶ ἐγγινομένη
τοῖς ἀνυσίμως λέγουσι. φησὶ γοῦν ὁ προφήτης ἐν ἑξη-
Ps lxxviii κοστῷ καὶ ἑβδόμῳ ψαλμῷ, ὅτι Κίριος δώσει ῥῆμα τοῖς 15
(lxvii) 12 εὐαγγελιζομένοις δυνάμει πολλῇ. ἵν᾽ οὖν ἐπί τινων δοθῇ
τὰ αὐτὰ δόγματα εἶναι Ἕλλησι καὶ τοῖς ἀπὸ τοῦ λόγου
ἡμῶν, ἀλλ᾽ οὔτι γε καὶ τὰ αὐτὰ δύναται πρὸς τὸ ὑπαγα-
γέσθαι καὶ διαθεῖναι ψυχὰς κατὰ ταῦτα. διόπερ οἱ ἰδιῶται,
ὡς πρὸς φιλοσοφίαν Ἑλληνικήν, μαθηταὶ τοῦ Ἰησοῦ 20
ἐκπεριῆλθον πολλὰ ἔθνη τῆς οἰκουμένης, διατιθέντες ὡς ὁ
λόγος ἐβούλετο κατ᾽ ἀξίαν ἕκαστον τῶν ἀκουόντων· οἳ καὶ
ἀνάλογον τῇ ῥοπῇ τοῦ αὐτεξουσίου αὐτῶν πρὸς ἀποδοχὴν
τοῦ καλοῦ πολλῷ βελτίους ἐγένοντο.

5. Παλαιοὶ τοίννν ἄνδρες καὶ σοφοὶ δηλούσθωσαν 25
τοῖς ἐπίστασθαι δυναμένοις. καὶ δὴ καὶ Πλάτων ὁ τοῦ
Ἀρίστωνος τὰ περὶ τοῦ πρώτου ἀγαθοῦ διασημαινέτω ἔν
τινι τῶν ἐπιστολῶν, καὶ φασκέτω μηδαμῶς εἶναι ῥητὸν τὸ 631
πρῶτον ἀγαθόν, ἀλλ᾽ ἐκ πολλῆς συνουσίας ἐγγιγνόμενον,

1 C. Cels. i. 2 (Ru. I. 320)   ἔστι γὰρ] λεκτέον δ᾽ ἔτι πρὸς τοῦτο,
ὅτι ἐστί ℵ   2 ἦν] ταύτην δὲ τὴν θειοτέραν ℵ   7 ἐκ τοῦ
ἴχνη δὲ] ℵᵃ; ἐκ τοῦ δὲ ἴχνη ℵ*; ἐκ τοῦδε· ἴχνη AC; ἐκ τοῦ ἴχνη BE
9 C. Cels. vi. 2 (Ru. I. 630)   ἔτι δὲ καὶ τοῦτό φησιν] φησὶ δ᾽ ℵ
14 om. ὁ προφήτης ABC*   22 om. οἳ ABC   25 δηλούτωσαν
ABC

ℵABC καὶ ἐξαίφνης οἷον ἀπὸ πυρὸς πηδήσαντος ἐξαφθὲν φῶς ἐν   Plat Ep vii
727 τῇ ψυχῇ.   ὧν καὶ ἡμεῖς ἀκούσαντες (οἱ μελετήσαντες   341 C, D
μηδενὶ ἀπεχθάνεσθαι τῶν καλῶς λεγομένων, κἂν οἱ ἔξω
τῆς πίστεως λέγωσι καλῶς, μὴ προσφιλονεικεῖν αὐτοῖς,
631 μηδὲ ζητεῖν ἀνατρέπειν τὰ ὑγιῶς ἔχοντα) συγκατατιθέμεθα
ὡς καλῶς λεγομένοις· ὁ θεὸς γὰρ αὐτοῖς ταῦτα, καὶ ὅσα   cf. Ro i 19
καλῶς λέλεκται, ἐφανέρωσε.   διὰ τοῦτο δὲ καὶ τοὺς τὰ
ἀληθῆ περὶ θεοῦ ὑπολαβόντας, καὶ μὴ τὴν ἀξίαν τῆς περὶ
αὐτοῦ ἀληθείας θεοσέβειαν ἀσκήσαντας, φαμὲν ὑποκεῖσθαι
10 ταῖς τῶν ἁμαρτανόντων κολάσεσιν.   αὐταῖς γὰρ λέξεσί
φησι περὶ τῶν τοιούτων ὁ Παῦλος, ὅτι Ἀποκαλύπτεται   Ro i 18 ff.
ὀργὴ θεοῦ ἀπ᾽ οὐρανοῦ ἐπὶ πᾶσαν ἀσέβειαν καὶ ἀδικίαν
ἀνθρώπων τῶν τὴν ἀλήθειαν ἐν ἀδικίᾳ κατεχόντων, διότι τὸ
γνωστὸν τοῦ θεοῦ φανερόν ἐστιν ἐν αὐτοῖς, ὁ θεὸς γὰρ
15 αὐτοῖς ἐφανέρωσε· τὰ γὰρ ἀόρατα αὐτοῦ ἀπὸ κτίσεως
κόσμου τοῖς ποιήμασι νοούμενα καθορᾶται, ἥ τε ἀΐδιος
αὐτοῦ δύναμις καὶ θειότης, εἰς τὸ εἶναι αὐτοὺς ἀναπολογή-
τους, διότι γνόντες τὸν θεὸν οὐχ ὡς θεὸν ἐδόξασαν ἢ
ηὐχαρίστησαν, ἀλλ᾽ ἐματαιώθησαν ἐν τοῖς διαλογισμοῖς
20 αὐτῶν καὶ ἐσκοτίσθη ἡ ἀσύνετος αὐτῶν καρδία· φάσκοντες
εἶναι σοφοὶ ἐμωράνθησαν, καὶ ἤλλαξαν τὴν δόξαν τοῦ
ἀφθάρτου θεοῦ ἐν ὁμοιώματι εἰκόνος φθαρτοῦ ἀνθρώπου
καὶ πετεινῶν καὶ τετραπόδων καὶ ἑρπετῶν.   καὶ ἀλήθειαν
γοῦν κατέχουσιν, ὡς καὶ ὁ ἡμέτερος μαρτυρεῖ λόγος, οἱ
25 φρονοῦντες ὅτι Ῥητὸν οὐδαμῶς ἐστὶ τὸ πρῶτον ἀγαθόν,   Plat Ep ibid.
καὶ λέγοντες ὡς Ἐκ πολλῆς συνουσίας γινομένης περὶ τὸ
πρᾶγμα αὐτὸ καὶ τοῦ συζῆν, ἐξαίφνης οἷον ἀπὸ πυρὸς
πηδήσαντος ἐξαφθὲν φῶς ἐν τῇ ψυχῇ γενόμενον αὐτὸ
ἑαυτὸ ἤδη τρέφει.
30   6. Ἀλλ᾽ οἱ τοιαῦτα περὶ τοῦ πρώτου ἀγαθοῦ γράψαν-   cf. Plat Rep
τες καταβαίνουσιν εἰς Πειραιέα, προσευξόμενοι ὡς θεῷ τῇ   I 327 A

1 om. καὶ BC   2—5 οἱ μελετήσαντες—ἔχοντα] om ℵ; sed
habet C. Cels. vii. 46 (Ru. I. 727)   23, 24 καὶ ἀλήθειαν γοῦν] ἀλή-
θειαν οὖν ABC   27 τοῦ συζῆν] Plat.; τὸ συζῆν ℵABC

Ἀρτέμιδι, καὶ ὀψόμενοι τὴν ὑπὸ ἰδιωτῶν ἐπιτελουμένην ℵABC
πανήγυριν· καὶ τηλικαῦτά γε φιλοσοφήσαντες περὶ τῆς
ψυχῆς καὶ τὴν διαγωγὴν τῆς καλῶς βεβιωκυίας διεξελ-
θόντες, καταλιπόντες τὸ μέγεθος ὧν αὐτοῖς ὁ θεὸς ἐφανέρω-
σεν εὐτελῆ φρονοῦσι καὶ μικρά, ἀλεκτρυόνα τῷ Ἀσκληπιῷ 632

cf. Plat
Phaedo 118A

ἀποδιδόντες· καὶ τὰ ἀόρατα τοῦ θεοῦ καὶ τὰς ἰδέας φαντα-
σθέντες ἀπὸ τῆς κτίσεως τοῦ κόσμου καὶ τῶν αἰσθητῶν,
ἀφ' ὧν ἀναβαίνουσιν ἐπὶ τὰ νοούμενα, τήν τε ἀΐδιον αὐτοῦ
δύναμιν καὶ θειότητα οὐκ ἀγεννῶς ἰδόντες, οὐδὲν ἧττον
ἐματαιώθησαν ἐν τοῖς διαλογισμοῖς αὐτῶν, καὶ ὡς ἀσύνετος 10
αὐτῶν ἡ καρδία ἐν σκότῳ καὶ ἀγνοίᾳ καλινδεῖται τῇ περὶ
τοῦ θεραπεύειν τὸ θεῖον. καὶ ἔστιν ἰδεῖν τοὺς ἐπὶ σοφίᾳ
μέγα φρονοῦντας καὶ θεολογίᾳ, ὁμοιώματι εἰκόνος φθαρτοῦ
ἀνθρώπου προσκυνοῦντας εἰς τιμήν φησιν ἐκείνου· ἔσθ'
ὅτε δὲ καὶ καταβαίνοντας μετ' Αἰγυπτίων ἐπὶ τὰ πετεινὰ 15
ἢ τετράποδα ἢ ἑρπετά. ἵνα δὲ καὶ δοκῶσί τινες ταῦτα

Ro i 25

ὑπεραναβεβηκέναι, ἀλλ' εὑρεθήσονται ἀλλάξαντες τὴν ἀλή-
θειαν τοῦ θεοῦ ἐν τῷ ψεύδει, καὶ σέβοντες καὶ λατρεύοντες
τῇ κτίσει παρὰ τὸν κτίσαντα. διόπερ τῶν ἐν Ἕλλησι
σοφῶν καὶ πολυμαθῶν τοῖς ἔργοις· περὶ τὸ θεῖον πλανω- 20

1 Co i 27 ff.

μένων, ἐξελέξατο ὁ θεὸς τὰ μωρὰ τοῦ κόσμου, ἵνα
καταισχύνῃ τοὺς σοφούς, καὶ τὰ ἀγενῆ καὶ τὰ ἀσθενῆ καὶ
τὰ ἐξουθενημένα καὶ τὰ μὴ ὄντα, ἵνα τὰ ὄντα καταργήσῃ·
καὶ ἀληθῶς ἵνα μὴ καυχήσηται πᾶσα σὰρξ ἐνώπιον τοῦ
θεοῦ. πρῶτον δὲ ἡμῶν σοφοὶ, Μωσῆς ὁ ἀρχαιότατος καὶ 25
οἱ ἑξῆς αὐτῷ προφῆται, οὐδαμῶς ῥητὸν ἐπιστάμενοι τὸ
πρῶτον ἀγαθόν, ἔγραψαν μὲν, ὡς θεοῦ ἑαυτὸν ἐμφανίζοντος
τοῖς ἀξίοις καὶ ἐπιτηδείοις, ὅτι ὤφθη ὁ θεὸς φέρ' εἰπεῖν τῷ
Ἀβραάμ, ἢ τῷ Ἰσαὰκ, ἢ τῷ Ἰακώβ. τίς δὲ ὢν ὤφθη καὶ
ποταπὸς καὶ τίνα τρόπον καὶ τίνι τῶν ἐν ἡμῖν, καταλελοί- 30
πασιν ἐξετάζειν τοῖς δυναμένοις ἑαυτοὺς ἐμπαρέχειν παρα-

1 ἰδιωτῶν] ἰουδαίων ℵ   11 om. ἡ ℵ   20 πολυμαθῶν] φιλο-
μαθῶν ABC   25 πρῶτον δὲ] πρῶτοι δὲ οἱ AB; πρῶτοι δὲ C
27 om. ἑαυτὸν ℵ   28 om. φερ' εἰπεῖν ℵ   31 παραπλησίως ℵ

‍ℵABC πλησίους ἐκείνοις οἷς ὤφθη ὁ θεός, ὀφθεὶς αὐτῶν οὐ τοῖς τοῦ σώματος ὀφθαλμοῖς ἀλλὰ τῇ καθαρᾷ καρδίᾳ. καὶ γὰρ κατὰ τὸν Ἰησοῦν ἡμῶν· Μακάριοι οἱ καθαροὶ τῇ καρδίᾳ, Mt v 8 ὅτι αὐτοὶ τὸν θεὸν ὄψονται.

5 7. Τὸ δ᾽ ἐξαίφνης οἷον ἀπὸ πυρὸς πηδήσαντος ἐξάπτε- cf. Plat Ep
σθαι φῶς ἐν τῇ ψυχῇ, πρότερος οἶδεν ὁ λόγος, εἰπὼν ἐν τῷ vii 341 C, D
προφήτῃ· Φωτίσατε ἑαυτοῖς φῶς γνώσεως. καὶ Ἰωάννης Hos x 12
δὲ ὕστερον ἐκείνου γενόμενος λέγει ὅτι Ὃ γέγονεν ἐν τῷ Jn i 4, 9
λόγῳ ζωὴ ἦν, καὶ ἡ ζωὴ ἦν τὸ φῶς τῶν ἀνθρώπων· ὅπερ
10 φῶς ἀληθινὸν·φωτίζει πάντα ἄνθρωπον ἐρχόμενον εἰς τὸν
ἀληθινὸν καὶ νοητὸν κόσμον, καὶ ποιεῖ αὐτὸν φῶς τοῦ cf. Mt v 14
κόσμου. ἔλαμψε γὰρ τοῦτο τὸ φῶς ἐν ταῖς καρδίαις ἡμῶν, 2 Co iv
πρὸς φωτισμὸν τοῦ εὐαγγελίου τῆς δόξης τοῦ θεοῦ ἐν
633 προσώπῳ Χριστοῦ. διὸ φησιν ἀρχαιότατος προφήτης πρὸ
15 πολλῶν γενεῶν τῆς Κύρου βασιλείας προφητεύσας, ὑπὲρ
τὰς τεσσαρεσκαίδεκα γὰρ γενεὰς πρεσβύτερος αὐτοῦ ἦν, τό·
Κύριος φωτισμός μου καὶ σωτήρ μου, τίνα φοβηθήσομαι; Ps xxv
καί· Λύχνος τοῖς ποσί μου ὁ νόμος σου, καὶ φῶς ταῖς (xxvi) 1
Ps cxix
τρίβοις μου. καί· Ἐσημειώθη ἐφ᾽ ἡμᾶς τὸ φῶς τοῦ (cxviii) 105
Ps iv 7
20 προσώπου σου, κύριε· καί· Ἐν τῷ φωτί σου ὀψόμεθα Ps xxxvi
φῶς. καὶ ἐπὶ τὸ φῶς τοῦτο προτρέπων ἡμᾶς ὁ ἐν τῷ (xxxv) 10
Ἡσαΐᾳ λόγος φησί· Φωτίζου, φωτίζου, Ἱερουσαλήμ· ἥκει Isa lx 1
γάρ σου τὸ φῶς, καὶ ἡ δόξα κυρίου ἐπὶ σὲ ἀνέτειλεν. ὁ δ᾽
αὐτὸς οὗτος προφητεύων περὶ τῆς τοῦ Ἰησοῦ ἐπιδημίας,
25 ἀφίσταντος τῆς ἀπὸ τῶν εἰδώλων καὶ ἀγαλμάτων καὶ δαι-
μόνων θεραπείας, φησὶν ὅτι Καθημένοις ἐν χώρᾳ καὶ σκιᾷ Mt iv 16
θανάτου φῶς ἀνέτειλεν αὐτοῖς· καὶ πάλιν· Λαὸς ὁ καθήμε- cf. Isa ix 2
νος ἐν σκότει φῶς εἶδεν μέγα. ὅρα οὖν τὴν διαφορὰν τοῦ
καλῶς λελεγμένου ὑπὸ τοῦ Πλάτωνος περὶ τοῦ πρώτου
30 ἀγαθοῦ, καὶ τῶν εἰρημένων ἐν τοῖς προφήταις περὶ τοῦ
φωτὸς τῶν μακαρίων· καὶ ὅρα ὅτι ἡ μὲν ἐν Πλάτωνι περὶ

7 ἑαυτοῖς] ἑαυτοὺς ℵ   14 προσώπῳ]+τοῦ AB   18 νόμος]
λόγος AB   23 ἀνατέταλκεν BC; ἀνέταλκεν A   28 ἐν σκότει]
ἐν σκοτίᾳ AC; om. B   29 λεγομένου ABC

τούτου ἀλήθεια οὐδὲν ὡς πρὸς εἰλικρινῆ εὐσέβειαν ὤνησε ℵABC
τοὺς ἐντυγχάνοντας, ἀλλ᾿ οὐδ᾿ αὐτὸν τὸν τοιαῦτα περὶ τοῦ
πρώτου ἀγαθοῦ φιλοσοφήσαντα· ἡ δὲ τῶν θείων γραμμά-
των εὐτελὴς λέξις ἐνθουσιᾶν πεποίηκε τοὺς γνησίως ἐν-
τυγχάνοντας αὐτῇ· παρ᾿ οἷς τρέφεται τοῦτο τὸ φῶς τῷ 5
cf. Mt xxv 4 ἔν τινι παραβολῇ εἰρημένῳ ἐλαίῳ, τηροῦντι τῶν δᾴδων τὸ
φῶς ἐν ταῖς φρονίμοις πέντε παρθένοις.

8.   Μετὰ ταῦτα ἴδωμεν καὶ τὴν ἑξῆς αὐτοῦ λέξιν, τοῦ 735
Κέλσου δηλονότι, οὕτως ἔχουσαν· ῾Εστιν αὐτοῖς καὶ τοιόνδε
παράγγελμα, τὸν ὑβρίζοντα μὴ ἀμύνεσθαι· κἂν τύπτῃ, 10
φησὶ, τὴν ἑτέραν γνάθον, σὺ δὲ καὶ τὴν ἄλλην πάρεχε.
ἀρχαῖον καὶ τοῦτο εὖ μάλα πρόσθεν εἰρημένον, ἀγροικότε-
ρονδ᾿ αὐτὸ ἀπεμνημόνευσαν. ἐπεὶ καὶ Πλάτωνι πεποίη-
Plat Crito   ται Σωκράτης Κρίτωνι διαλεγόμενος τάδε· Οὐδαμῶς ἄρα
49 B   δεῖ ἀδικεῖν. Οὐ δῆτα. Οὐδ᾿ ἀδικούμενον ἄρα ἀνταδικεῖν, 15
ὡς οἱ πολλοὶ οἴονται· ἐπειδή γε οὐδαμῶς δεῖ ἀδικεῖν. Οὐ
φαίνεται.᾿ καὶ τὰ ἑξῆς. πρὸς τοῦτο δὴ, καὶ πρὸς πάντα 736
ὅσα ἐκοινοποίησεν ὁ Κέλσος, μὴ δυνηθεὶς αὐτῶν ἀντιβλέψαι
τῇ ἀληθότητι, φάσκων αὐτὰ καὶ παρ᾿ ῞Ελλησιν εἰρῆσθαι,
τοιαῦτα λεκτέον· Εἰ ὠφέλιμόν ἐστι τὸ δόγμα καὶ τὸ βού- 20
λημα αὐτοῦ ὑγιὲς, εἴρηται δὲ ῞Ελλησι μὲν παρὰ Πλάτωνι
ἤ τινι τῶν ἑλληνικῶν σοφῶν, Ἰουδαίοις δὲ παρὰ Μωσῇ ἤ
τινι τῶν προφητῶν, χριστιανοῖς δὲ ἐν τοῖς ἀναγραφεῖσιν
Ἰησοῦ λόγοις ἢ λελεγμένοις παρά τινι τῶν ἀποστόλων
αὐτοῦ· οὐ νομιστέον κατηγορεῖσθαι τὸ λεγόμενον παρὰ 25
Ἰουδαίοις ἢ παρὰ χριστιανοῖς, ἐκ τοῦ καὶ παρ᾿ ῞Ελλησιν
αὐτὰ εἰρῆσθαι· καὶ μάλιστα ἐὰν ἀποδεικνύηται τὰ Ἰουδαίων
πρεσβύτερα τῶν ἑλληνικῶν. οὐδὲ πάλιν ὑπὸ τοῦ κάλλους
τῆς ἑλληνικῆς φράσεως λεγόμενον τὸ αὐτὸ πάντως κρεῖττον
εἶναι νομιστέον τοῦ εὐτελέστερον ἀπαγγελλομένου καὶ 30

8 C. Cels. vii. 58   ταῦτα]+δὲ ℵ   8, 9 om. τοῦ κέλσου
δηλονότι ℵ   16 ἐπειδή] ἐπεὶ δέ ℵ   17 καὶ τὰ ἑξῆς] om. ℵ
qui plura Platonis verba laudat   22 ἑλληνικῶν] ἑλλήνων ℵ
23 om. ἐν ℵ

ℵABC ἁπλουστέραις λέξεσι παρὰ Ἰουδαίοις ἢ χριστιανοῖς· καίτοι
γε ἡ πρώτη Ἰουδαίων λέξις, ᾗ οἱ προφῆται χρησάμενοι
καταλελοίπασιν ἡμῖν βιβλία, Ἑβραίων διαλέκτῳ καὶ σοφῇ
συνθέσει τῶν ἐν τῇ διαλέκτῳ κατ᾽ ἐκείνους ἀναγέγραπται.

5   9. Εἰ δὲ χρὴ καὶ τὴν τῶν δογμάτων ταυτότητα, κἂν
παράδοξος ὁ λόγος εἶναι δοκῇ, δεῖξαι βέλτιον εἰρημένην
παρὰ τοῖς Ἰουδαίων προφήταις ἢ τοῖς λογίοις χριστιανῶν·
οὕτω τὸν λόγον κατασκευαστέον, ἀπό τινος τοῦ περὶ τὰς
τροφὰς καὶ τὴν σκευασίαν αὐτῶν παραδείγματος. ἔστω
10 τι ὑγιεινὸν βρῶμα καὶ ἰσχύος τοῖς ἐσθίουσιν ἐμποιητικόν,
τοῦτο δὲ οὕτω μὲν σκευασθὲν καὶ τοιοῖσδε ἡδύσμασιν ἀρτυ-
θὲν λαμβανέτωσαν οὐχ οἱ μὴ μαθόντες ἄγροικοι καὶ ἐν
ἐπαύλεσιν ἀνατεθραμμένοι καὶ πένητες τὰ τοιάδε ἐσθίειν,
ἀλλ᾽ οἱ πλούσιοι καὶ ἁβροδίαιτοι μόνοι· οὐκ ἐκείνως δὲ καὶ
15 ὡς δοκεῖ τοῖς νομιζομένοις καθαριωτέροις σκευασθὲν, ἀλλ᾽
ὡς μεμαθήκασιν ἐσθίειν οἱ πένητες καὶ οἱ ἀγροικότεροι καὶ
οἱ πολλοὶ τῶν ἀνθρώπων, ἐσθιέτωσαν μυριάδες ὅλαι. εἰ
οὖν καὶ διδοῖτο ἀπὸ μὲν τῆς τοιᾶσδε σκευασίας τοὺς νομιζο-
μένους καθαριωτέρους μόνους ὑγιάζεσθαι, οὐδενὸς τῶν πολ-
20 λῶν προσβάλλοντος τοῖς τοιοῖσδε βρώμασιν, ἀπὸ δὲ τῆς
τοιᾶσδε τὰ πλήθη τῶν ἀνθρώπων ὑγιεινότερον διάγειν·
τίνας μᾶλλον τοῦ κοινωνικοῦ ἕνεκεν ἀποδεξόμεθα τῶν
ὑγιεινῶν βρωμάτων χάριν; ἆρά γε τοὺς τοῖς λογίοις
χρησίμως αὐτὰ σκευάζοντας, ἢ τοὺς τοῖς πλήθεσι; τῆς
25 ἴσης (δεδόσθω γὰρ) ὑγιείας καὶ εὐεξίας ἐγγινομένης ἀπὸ τῶν
οὑτωσὶ σκευασθέντων ἢ οὑτωσὶ, ἀλλὰ φανερὸν ὅτι αὐτὸ
737 τὸ φιλάνθρωπον καὶ τὸ κοινωνικὸν ὑποβάλλει, κοινωφελέ-
στερον εἶναι ἰατρὸν τὸν τῆς τῶν πολλῶν ὑγιείας προνοησά-
μενον, ἤπερ τὸν τῆς τῶν ὀλίγων μόνον.

30   10. Εἰ νενόηται δὴ τὸ παράδειγμα, μεταβιβαστέον
αὐτὸ ἐπὶ τὴν ποιότητα τῆς τῶν λογικῶν ζώων λογικῆς τρο-

7 λογίοις] λόγοις ℵ   10 ὑγιαῖνον ℵ   12 μανθάνοντες ℵ
18 διδοῖτο] conjecit Boherellus; διδῶτο ℵ; διδότω ABC   om. τοὺς ℵ
25 δεδόσθω γὰρ] γὰρ δεδόσθω ABC   29 om. τῶν ℵ

φῆς. καὶ ὅρα εἰ μὴ Πλάτων μὲν καὶ οἱ Ἑλλήνων σοφοί, ℵABC
ἐν οἷς λέγουσι καλῶς, παραπλήσιοί εἰσι τοῖς προνοησαμέ-
νοις ἰατροῖς τῶν καθαριωτέρων εἶναι νομιζομένων μόνων,
τοῦ πλήθους δὲ τῶν ἀνθρώπων καταφρονησάντων· οἱ δὲ ἐν
Ἰουδαίοις προφῆται καὶ οἱ τοῦ Ἰησοῦ μαθηταί, οἱ μακρὰν 5
χαίρειν εἰπόντες τῇ ποικίλῃ τῶν λέξεων συνθέσει καὶ τῇ,
ὡς ὠνόμασεν ἡ γραφή, σοφίᾳ ἀνθρώπων καὶ σοφίᾳ κατὰ
σάρκα, τὴν γλῶσσαν αἰνισσομένη, ὁμοιωθεῖεν ἂν τοῖς τὴν
αὐτὴν τῶν βρωμάτων ποιότητα ὑγιεινοτάτην προνοησαμέ-
νοις συνθέσει λέξεων σκευάσαι καὶ εὐτρεπίσαι φθανούσῃ 10
ἐπὶ τὰ πλήθη τῶν ἀνθρώπων καὶ μὴ ξενιζούσῃ τὴν διά-
λεκτον αὐτῶν, μηδὲ διὰ τοῦ ξενισμοῦ ἀποστρεφούσῃ
ἀκούειν ὡς ἀσυνήθων τῶν τοιῶνδε διαλέξεων. καὶ γὰρ
εἴπερ πρόκειται τῷ, ἵν᾽ οὕτως ὀνομάσω, λογικῷ βρώματι
ἀνεξίκακον καὶ πρᾶον ποιῆσαι τὸν ἐμφαγόντα· πῶς οὐ 15
βέλτιον συνεσκευασμένος εἴη ἂν λόγος ὁ πλήθη ἀνεξικάκων
καὶ πράων κατασκευάζων ἢ προκοπτόντων γε ἐπὶ ταύτας τὰς
ἀρετάς, παρὰ τὸν πάνυ ὀλίγους καὶ εὐαριθμήτους, ἵνα καὶ
τοῦτο δοθῇ, ἀνεξικάκους καὶ πράους ποιοῦντα; ὥσπερ δὲ
εἰ ὁ [Πλάτων] τοὺς αἰγυπτιάζοντας ἢ τοὺς συριάζοντας 20
ὠφελεῖν ὑγιέσι δόγμασιν ἐβούλετο Ἕλλην τυγχάνων,
προενοήσατο ἂν μαθεῖν τὰς τῶν ἀκουσομένων διαλέκτους
καί, ὡς Ἕλληνες ὀνομάζουσι, βαρβαρίζειν μᾶλλον ὑπὲρ
τῆς Αἰγυπτίων καὶ Σύρων βελτιώσεως ἢ Ἕλλην μένων
μηδὲν δύνασθαι χρήσιμον λέγειν Αἰγυπτίοις καὶ Σύροις· 25
οὕτως ἡ προνοουμένη θεία φύσις οὐ τῶν πεπαιδεῦσθαι
νομιζομένων μόνον τὰ Ἑλλήνων, ἀλλὰ καὶ τῶν λοιπῶν
Ἑλλήνων, συγκατέβη τῇ ἰδιωτείᾳ τοῦ πλήθους τῶν ἀκροω-
μένων, ἵνα ταῖς συνήθεσιν αὐτοῖς χρησαμένη λέξεσι προκα-

1 Co ii 5;
cf. i 26; 2
Co i 12

3 μόνον AB   4 om. δὲ (pr.) ℵ   καταφρονήσασιν C   5 μα-
κρὰ ABC   8 αἰνισσομένη] Bᵃ E ; αἰνισσόμενοι ℵAB*C   ὁμοι-
ωθεῖεν ἂν] ὁμοιωθεῖσαν ℵ   13 τοιῶνδε] τοιούτων ABC   16 συ-
σκευασάμενος ℵ   18, 19 om. καὶ τοῦτο ℵ   20 πλάτων] supplevi
ex conjectura   21 ἐβούλετο] βουλόμενος C   24 μένων] μὲν
ὡς ℵ   25 χρήσιμον δύνασθαι ABC   26 προνοησαμένη ABC
27, 28 om. ἀλλὰ καὶ τῶν λοιπῶν ἑλλήνων ABC

ℵABC λέσηται ἐπὶ ἀκρόασιν τὸ τῶν ἰδιωτῶν πλῆθος, δυνάμενον
ἐξ εὐχεροῦς μετὰ τὴν ἅπαξ γενομένην εἰσαγωγὴν φιλοτιμή-
σασθαι πρὸς τὸ καὶ βαθύτερα τῶν κεκρυμμένων νοημάτων
ἐν ταῖς γραφαῖς καταλαβεῖν. καὶ τῷ τυχόντι γὰρ δῆλον
5 ταύτας ἀναγινώσκοντι, ὅτι πολλὰ βαθύτερον τοῦ αὐτόθεν
ἐμφαινομένου ἔχειν δύναται νοῦν, τοῖς ἀνατιθεῖσιν ἑαυτοὺς
τῇ ἐξετάσει τοῦ λόγου φανερούμενον, καὶ φανερούμενον
738 κατὰ τὴν ἀναλογίαν τῆς εἰς τὸν λόγον σχολῆς καὶ εἰς τὴν
ἄσκησιν αὐτοῦ προθυμίας.

10   11. Οὐκοῦν κατεσκεύασται ὅτι, ὥς φησι Κέλσος,
ἀγροικότερον εἰπὼν ὁ Ἰησοῦς· Τῷ τύπτοντί σε εἰς τὴν Lc vi 29
σιαγόνα πάρεχε καὶ τὴν ἄλλην· καὶ τῷ θέλοντί σοι κριθῆ- Mt v 40
ναι καὶ τὸν χιτῶνά σου λαβεῖν, ἄφες καὶ τὸ ἱμάτιον· βιω-
φελέστερον κεκίνηκε τὸν λόγον καὶ παρέστησεν οὕτως
15 εἰπὼν, ἢ ὡς ἐν τῷ Κρίτωνι Πλάτων, οὗ μηδ᾽ ἀκούειν ἰδιῶται
δύνανται, ἀλλὰ μόγις οἱ τὰ ἐγκύκλια πρὸ τῆς σεμνῆς Ἑλ-
λήνων φιλοσοφίας μεμαθηκότες. κατανοητέον δὲ καὶ ὅτι
οὐ παραφθείρεται ὁ περὶ ἀνεξικακίας νοῦς ὑπὸ τῆς τῶν
λέξεων εὐτελείας, ἀλλὰ καὶ ἐν τούτῳ συκοφαντεῖ τὸν λόγον
20 λέγων ὁ Κέλσος· 'Ἀλλὰ τῶνδε μὲν πέρι καὶ ἄλλων, ὅσα
παραφθείρουσιν, ἀρκείτω τὰ εἰρημένα.'

Καὶ ἐν τῷ ϛ´ πάλιν τόμῳ, πρὸϲ τὸν ΔΥϹΕΙΔΕϹ το
Ϲῶμα τοῦ κΥρίΟΥ λέΓΟΝΤΑ ΚέλϲΟΝ οὕτωϲ.

688   12. Ἑξῆς δὲ τούτοις λέγει, ὁ Κέλσος δηλονότι·
25 'Ἐπειδὴ θεῖον πνεῦμα ἦν ἐν σώματι, πάντως τι παραλλάτ-
τειν αὐτὸ τῶν λοιπῶν ἐχρῆν, ἢ κατὰ μέγεθος ἢ κάλλος ἢ
689 ἀλκὴν ἢ φωνὴν ἢ κατάπληξιν ἢ πειθώ. ἀμήχανον γὰρ ὅτῳ

5, 6 πολὺν τοῦ αὐτόθεν ἐμφ. βαθύτερον ℵ   6 ἑαυτοὺς] αὐτοὺς ℵ
7 φανερούμενον καὶ] BC; καὶ A; om. ℵ   8 ἀναλογίαν] ἀνάλογον
ℵ   10 ὥς φησι κέλσος] ὥς φησιν ὁ κέλσος AC; ὁ ὥς φησιν ὁ κέλσος
B   11 om. ὁ ἰησοῦς ABC   20 ὁ κέλσος λέγων ABC
24 C. Cels. vi. 75   om. δὲ ℵ   ὁ κέλσος δηλονότι] ὅτι ℵ
26 αὐτὸ] αὐτὸν ℵ   om. ἢ ante κατὰ ℵ   27 ὅτῳ] ῷ τὸ ABC

θεῖόν τι πλέον τῶν ἄλλων προσῆν μηδὲν ἄλλου διαφέρειν· ΝΑΒC
τοῦτο δὲ οὐδὲν ἄλλου διέφερεν, ἀλλ᾽, ὥς φασι, μικρὸν καὶ
δυσειδὲς καὶ ἀγεννὲς ἦν.᾽ φαίνεται δὴ καὶ ἐν τούτοις ὅτι,
ἐὰν μὲν κατηγορεῖν θέλῃ τοῦ Ἰησοῦ, ὡς πιστεύων ταῖς παρέ-
χειν δοκούσαις αὐτῷ γραφαῖς ἀφορμὰς κατηγορίας λέγει τὰ 5
ἀπ᾽ αὐτῶν· ὅπου δὲ κατὰ τὰς αὐτὰς γραφὰς δόξαι ἄν τις τὰ
ἐναντία λέγεσθαι τοῖς εἰς κατηγορίαν παραλαμβανομένοις,
ταῦτα οὐδὲ προσποιεῖται εἰδέναι. ὁμολογουμένως τοίνυν
γέγραπται τὰ περὶ τοῦ δυσειδὲς γεγονέναι τὸ τοῦ Ἰησοῦ
σῶμα· οὐ μὴν ὡς ἐκτέθειται καὶ ἀγεννές· οὐδὲ σαφῶς 10
δηλοῦται ὅτι μικρὸν ἦν. ἔχει δὲ ἡ λέξις οὕτω παρὰ τῷ
Ἠσαΐᾳ ἀναγεγραμμένη, προφητεύοντι αὐτὸν ἐπιδημήσοντα
τοῖς πολλοῖς οὐκ ἐν ὡραίῳ εἴδει οὐδέ τινι ὑπερέχοντι κάλ-

Is liii 1 ff. λει· Κύριε, τίς ἐπίστευσε τῇ ἀκοῇ ἡμῶν; καὶ ὁ βραχίων
κυρίου τίνι ἀπεκαλύφθη; ἀνηγγείλαμεν ἐναντίον αὐτοῦ, ὡς 15
παιδίον, ὡς ῥίζα ἐν γῇ διψώσῃ. οὐκ ἔστιν εἶδος αὐτῷ
[οὐδὲ δόξα· καὶ εἴδομεν αὐτόν, καὶ οὐκ εἶχεν εἶδος] οὐδὲ
κάλλος· ἀλλὰ τὸ εἶδος αὐτοῦ ἄτιμον, ἐκλεῖπον παρὰ τοὺς
υἱοὺς τῶν ἀνθρώπων. ἆρ᾽ οὖν τούτων μὲν ὁ Κέλσος ἤκουεν,
ἐπεὶ ᾤετο αὐτῷ χρήσιμα εἶναι εἰς τὸ κατηγορεῖσθαι τὸν 20
Ἰησοῦν· οὐκέτι δὲ προσέσχε τοῖς λεγομένοις ἐν τεσσαρακο-
στῷ τετάρτῳ ψαλμῷ, τῷ ὑπὲρ τοῦ ἀγαπητοῦ, τίνα τρόπον
Ps xlv (xliv) λέγεται· Περίζωσαι τὴν ῥομφαίαν σου ἐπὶ τὸν μηρόν σου,
4 f. δυνατέ, τῇ ὡραιότητί σου καὶ τῷ κάλλει σου, καὶ ἔντεινον 690
καὶ κατευοδοῦ καὶ βασίλευε. 25

13. Ἔστω δὲ μὴ ἀνεγνωκέναι αὐτὸν τὴν προφητείαν,
ἢ ἀνεγνωκότα περιεσπᾶσθαι ὑπὸ τῶν παρερμηνευόντων
αὐτήν, ὡς οὐ περὶ Ἰησοῦ Χριστοῦ προφητευομένην· τί
cf. Mt xvii φήσει καὶ περὶ τοῦ εὐαγγελίου, ἐν ᾧ ἀναβὰς εἰς τὸ
1 f. ὑψηλὸν ὄρος μετεμορφώθη ἔμπροσθεν τῶν μαθητῶν καὶ 30

---

2 τοῦτο δὲ] τὸ δέ γε ΑΒC   5 δοκούσαις αὐτῷ] αὐτὸ δοκούσαις
Α; αὐτῷ δοκούσαις ΒC   6 om. τις ΑΒC   11 om. τῷ ΑΒC
16 πεδίον Ν   17 οὐδὲ δόξα—εἶχεν εἶδος] om. ΝΑΒC ; sed cf. infra
p. 81 l. 3   18 ἄτιμον]+καὶ ΑΒC   19 ἤκουσεν ΑΒC   22 om.
τῷ ὑπὲρ τοῦ ἀγαπητοῦ Ν   24 ἔντειναι Ν   29 om. τὸ Ν

ℵABC ὤφθη ἐν δόξῃ· ὅτε καὶ Μωσῆς καὶ Ἡλίας ὀφθέντες ἐν δόξῃ Lc ix 30 f.
ἔλεγον τὴν ἔξοδον αὐτοῦ, ἣν ἔμελλε πληροῦν ἐν Ἱερου-
σαλήμ; ἢ ἐὰν μὲν προφήτης λέγῃ· Εἴδομεν αὐτὸν, καὶ οὐκ Is liii 2
εἶχεν εἶδος οὐδὲ κάλλος, καὶ τὸ ἑξῆς· καὶ ὁ Κέλσος παρα-
5 δέχεται τὴν προφητείαν ταύτην ἐπὶ τὸν Ἰησοῦν ἀναφέρε-
σθαι, τυφλώττων περὶ τὴν παραδοχὴν τοῦ λεγομένου, καὶ
οὐχ ὁρῶν ὅτι μεγάλη κατασκευή ἐστι τοῦ τὸν ἄμορφον
εἶναι δοκοῦντα Ἰησοῦν υἱὸν εἶναι θεοῦ, τὸ πρὸ πολλῶν ἐτῶν
τῆς γενέσεως αὐτοῦ πεπροφητεῦσθαι καὶ περὶ τοῦ εἴδους
10 αὐτοῦ· ἐὰν δὲ ἄλλος προφήτης ὡραιότητα καὶ κάλλος εἶναι
λέγῃ περὶ αὐτόν, οὐκέτι βούλεται τὴν προφητείαν εἰς Ἰη-
σοῦν Χριστὸν ἀναφέρεσθαι; καὶ εἰ μὲν σαφῶς ἦν ἀπὸ τῶν
εὐαγγελίων λαβεῖν, ὅτι οὐκ εἶχεν εἶδος οὐδὲ κάλλος, ἀλλὰ
τὸ εἶδος αὐτοῦ ἄτιμον ἦν, ἐκλεῖπον παρὰ τοὺς υἱοὺς τῶν
15 ἀνθρώπων· εἴποι ἄν τις οὐ κατὰ τὸ προφητικὸν εἰρηκέναι
ταῦτα τὸν Κέλσον, ἀλλὰ κατὰ τὸ εὐαγγελικόν. νυνὶ δὲ
οὔτε τῶν εὐαγγελίων, ἀλλ᾽ οὐδὲ τῶν ἀποστόλων ἐμφαινόν-
των ὅτι οὐκ εἶχεν εἶδος οὐδὲ κάλλος· σαφὲς ὅτι τὸ ἀπὸ τῆς
προφητείας ἀναγκάζεται παραδέχεσθαι ὡς ἀληθευόμενον
20 περὶ Χριστοῦ· ὅπερ οὐκέτι ἐπιτρέπει τὰς περὶ Ἰησοῦ κατη-
γορίας προβαίνειν.

14. Πάλιν τε αὖ ὁ λέγων· Ἐπειδὴ θεῖον πνεῦμα ἦν
ἐν σώματι, πάντως τι παραλλάττειν αὐτὸ τῶν λοιπῶν ἐχρῆν,
ἢ κατὰ μέγεθος ἢ φωνὴν ἢ ἀλκὴν ἢ κατάπληξιν ἢ πειθώ·᾽
25 πῶς οὐχ ἑώρα τὸ παραλλάττον τοῦ σώματος αὐτοῦ πρὸς τὸ
τοῖς ὁρῶσι δυνατὸν, καὶ διὰ τοῦτο χρήσιμον, τοιοῦτο φαινό-
μενον ὁποῖον ἔδει ἑκάστῳ βλέπεσθαι; καὶ οὐ θαυμαστὸν
τὴν φύσει τρεπτὴν καὶ ἀλλοιωτὴν καὶ εἰς πάντα ἃ βού-
λεται ὁ δημιουργὸς ὕλην μεταβλητὴν, καὶ πάσης ποιότητος
30 ἦν ὁ τεχνίτης βούλεται δεκτικὴν, ὁτὲ μὲν ἔχειν ποιότητα
καθ᾽ ἣν λέγεται τό· Οὐκ εἶχεν εἶδος οὐδὲ κάλλος· ὁτὲ δὲ

4 τὸ] τὰ ABC   4, 5 παραδέχηται ℵ   7 μέγα τῇ κατασκευῇ
ἐστὶ τὸ ABC   8 om. τὸ ABC   9 προπεφητεῦσθαι ABC*   11 om.
ἰησοῦν ℵ   14 om. ἦν ABC   15 εἶπεν ABC   om. τὸ ℵ   17 εὐαγγέ-
λιον ABC   19 παραδέχεσθαι] παραδέξασθαι B; rasura sub -χε- in ℵ

R.   6

οὕτως ἔνδοξον καὶ καταπληκτικὴν καὶ θαυμαστὴν, ὡς ἐπὶ ℵABC

cf. Mt xvii 6 πρόσωπον πεσεῖν τοὺς θεατὰς τοῦ τηλικούτου κάλλους
συνανελθόντας τῷ Ἰησοῦ τρεῖς ἀποστόλους. ἀλλ' ἐρεῖ
ταῦτ' εἶναι πλάσματα καὶ μύθων οὐδὲν διαφέροντα, ὡς καὶ
τὰ λοιπὰ τῶν περὶ Ἰησοῦ παραδόξων.   5

15. Πρὸς τοῦτο δὲ λεκτέον ὅτι σχεδὸν πᾶσαν ἱστορίαν, 358
κἂν ἀληθὴς ᾖ, βούλεσθαι κατασκευάζειν ὡς γεγενημένην, καὶ
καταληπτικὴν ἐμποιῆσαι περὶ αὐτῆς φαντασίαν, τῶν σφό-
δρα ἐστὶ χαλεπωτάτων, καὶ ἐν ἐνίοις ἀδύνατον. φέρε
γάρ τινα λέγειν μὴ γεγονέναι τὸν Ἰλιακὸν πόλεμον, μά- 10
λιστα διὰ τὸ ἀδύνατον προσπεπλέχθαι λόγον περὶ τοῦ
γεγενῆσθαί τινα Ἀχιλλέα θαλασσίας θεᾶς Θέτιδος υἱὸν καὶ
ἀνθρώπου Πηλέως, ἢ Σαρπηδόνα Διὸς, ἢ Ἀσκάλαφον καὶ
Ἰάλμενον Ἄρεος, ἢ Αἰνείαν Ἀφροδίτης· πῶς ἂν κατασκευά-
σαιμεν τὸ τοιοῦτον, μάλιστα θλιβόμενοι ὑπὸ τοῦ οὐκ οἶδ' 15
ὅπως παρυφανθέντος πλάσματος τῇ κεκρατηκυίᾳ παρὰ πᾶσι
δόξῃ περὶ τοῦ ἀληθῶς γεγονέναι τὸν ἐν Ἰλίῳ πόλεμον Ἑλ-
λήνων καὶ Τρώων; φέρε δὲ καί τινα ἀπιστεῖν περὶ Οἰδί-
ποδος καὶ Ἰοκάστης καὶ τῶν γεννηθέντων ἀπὸ ἀμφοτέρων
Ἐτεοκλέους καὶ Πολυνείκους, διὰ τὸ προσπεπλέχθαι τῷ 20
λόγῳ τὴν Σφίγγα μιξοπάρθενόν τινα· πῶς ἂν τὸ τοιοῦτον
ἀποδείξαιμεν; ἀλλ' ὁ εὐγνωμόνως ἐντυγχάνων ταῖς ἱστο-
ρίαις καὶ βουλόμενος ἑαυτὸν τηρεῖν καὶ ἐν ἐκείναις ἀνεξαπά-
τητον κρινεῖ, τίσι μὲν συγκαταθήσεται, τίνα δὲ τροπολογή-
σει, τὸ βούλημα ἐρευνῶν τῶν ἀναπλασαμένων τὰ τοιάδε· 25
καὶ τίσιν ἀπιστήσει, ὡς διὰ τὴν πρός τινας χάριν ἀναγε-
γραμμένοις. καὶ τοῦτο προλαβόντες δι' ὅλην τὴν φερομέ-
νην ἐν τοῖς εὐαγγελίοις περὶ τοῦ Ἰησοῦ ἱστορίαν εἰρήκαμεν,
οὐκ ἐπὶ ψιλὴν πίστιν καὶ ἄλογον τοὺς ἐντρεχεστέρους ἐκ-
καλούμενοι, ἀλλὰ βουλόμενοι παραστῆσαι ὅτι εὐγνωμο- 30

5 παραδόξων]+πρὸς τόδε διὰ πλειόνων ἐν τοῖς πρὸ τούτων ἀπε-
λογησάμεθα. ἔχει δέ τι καὶ, κ.τ.λ. ℵ, ut infra p. 83 l. 21   6 λεκτέον
ὅτι κ.τ.λ.] cf. C. Cels. i. 42   σχεδὸν]+τὸ ABC   8 ποιῆσαι ℵ
9 om. ἐν ℵ   12 om. θέτιδος ℵ   18 πόλεμον post τρώων ABC
om. καὶ (sec.) ℵ   25 τοιαδί ABC

℧ABC σύνης χρεία τοῖς ἐντευξομένοις καὶ πολλῆς ἐξετάσεως καὶ,
ἵν᾽ οὕτως ὀνομάσω, εἰσόδου εἰς τὸ βούλημα τῶν γραψάντων,
ἵν᾽ εὑρεθῇ ποίᾳ διανοίᾳ ἕκαστον γέγραπται.

378   16. Ἔοικεν δὲ ὁ Κέλσος, ἵνα μὲν ἐγκαλέσῃ τῷ λόγῳ,
5 πιστεύειν ὅπου θέλει τοῖς γεγραμμένοις· ἵνα δὲ τὴν ἐμ-
φαινομένην θειότητα ἐν τοῖς αὐτοῖς βιβλίοις ἀπαγγελλο-
μένην μὴ παραδέξηται, ἀπιστεῖν τοῖς εὐαγγελίοις· δέον τὸ
φιλάληθες ἰδόντα τῶν γραψάντων ἐκ τῆς περὶ τῶν χειρό-
νων ἀναγραφῆς πιστεῦσαι καὶ περὶ τῶν θειοτέρων.

401   17. Εἰ γὰρ μὴ ἦσαν φιλαλήθεις ἀλλ᾽, ὡς οἴεται Κέλ-
σος, πλάσματα ἀναγράφοντες, οὐκ ἂν Πέτρον ἀνέγραψαν
ἀρνησάμενον ἢ τοὺς μαθητὰς Ἰησοῦ σκανδαλιζομένους.
τίς γὰρ, εἰ καὶ γέγονε τοιαῦτα, ἤλεγξε τὸν λόγον, ὅτι οὕτως
ἀπήντησε; καί τοί γε κατὰ τὸ εἰκὸς ἐχρῆν σεσιωπῆσθαι
15 ταῦτα ἀνθρώποις βουλομένοις διδάσκειν τοὺς ἐντυγχάνοντας
τοῖς εὐαγγελίοις θανάτου καταφρονεῖν ὑπὲρ τῆς ὁμολογίας
τοῦ χριστιανισμοῦ. νυνὶ δ᾽ ὁρῶντες ὅτι ὁ λόγος δυνάμει
κρατήσει τῶν ἀνθρώπων ἔθηκαν καὶ τὰ τοιαῦτα, οὐκ οἶδ᾽
ὅπως οὐ βλάψοντα τοὺς ἐντυγχάνοντας οὐδὲ πρόφασιν
20 δώσοντα ἀρνήσεως.

690   18. Ἔχει δέ τι καὶ μυστικώτερον ὁ λόγος, ἀπαγγέλ-
691 λων τὰς τοῦ Ἰησοῦ διαφόρους μορφὰς ἀναφέρεσθαι ἐπὶ τὴν
τοῦ θείου λόγου φύσιν, οὐχ ὁμοίως φαινομένου τοῖς τε
πολλοῖς καὶ τοῖς ἀκολουθεῖν αὐτῷ εἰς ὑψηλόν, ὃ ἀποδεδώ- cf. Mt xvii 1
25 καμεν, ὅρος δυναμένοις. τοῖς μὲν γὰρ ἔτι κάτω τυγχάνουσι
καὶ μηδέπω ἐπὶ τὸ ἀναβαίνειν παρεσκευασμένοις ὁ λόγος
οὐκ ἔχει εἶδος οὐδὲ κάλλος· τὸ γὰρ εἶδος αὐτοῦ τοῖς τοιού- Is liii 2 f.
τοις ἐστὶν ἄτιμον, καὶ ἐκλεῖπον παρὰ τοὺς ὑπὸ ἀνθρώπων
γεγενημένους λόγους, τροπικῶς ἐν τούτοις καλουμένους
30 υἱοὺς ἀνθρώπων. εἴποιμεν γὰρ ἂν πολλῷ ὡραιοτέρους
φαίνεσθαι τοὺς τῶν φιλοσοφούντων λόγους, ὄντας υἱοὺς

3 ὁποία ABC   4 C. Cels. i. 63; cf. infra c. xviii. p. 105 l. 10
10 C. Cels. ii. 15   13 τοιαῦτα] ταῦτα ℧   17, 18 δυνάμει ὁ
λόγος κρατήσει AC; δυνάμει κρατήσει ὁ λόγος B   21 C. Cels. vi.
77; cf. supra p. 82 l. 5 n.   μυστικὸν ABC

6—2

ἀνθρώπων, παρὰ τὸν τοῖς πολλοῖς κηρυσσόμενον τοῦ θεοῦ (אׁ)ABC
1 Co i 21   λόγον, ὃς ἐμφαίνει καὶ μωρίαν κηρύγματος· καὶ διὰ τὴν
ἐμφαινομένην μωρίαν τοῦ κηρύγματος λέγουσιν οἱ τοῦτο
μόνον θεωροῦντες· Εἴδομεν αὐτόν, καὶ οὐκ εἶχεν εἶδος οὐδὲ
κάλλος. τοῖς μέντοι ἐκ τοῦ ἀκολουθεῖν αὐτῷ δύναμιν 5
ἀνειληφόσι πρὸς τὸ ἕπεσθαι καὶ ἀναβαίνοντι αὐτῷ εἰς τὸ
ὑψηλὸν ὄρος, θειοτέραν μορφὴν ἔχει· ἣν βλέπουσιν, εἴ τίς
Mt xvi 18   ἐστι Πέτρος χωρήσας τὴν τῆς ἐκκλησίας ἐν ἑαυτῷ οἰκοδο-
μὴν ἀπὸ τοῦ λόγου, καὶ τοσαύτην ἕξιν ἀναλαβὼν ὡς
Ps ix 14 f.   μηδεμίαν πύλην ᾅδου κατισχύσειν αὐτοῦ, ὑψωθέντος διὰ 10
τὸν λόγον ἐκ τῶν πυλῶν τοῦ θανάτου, ὅπως ἂν ἐξαγγείλῃ
πάσας τὰς αἰνέσεις τοῦ θεοῦ ἐν ταῖς πύλαις τῆς θυγατρὸς
cf. Mc iii 17   Σιών· καὶ εἴ τινές εἰσιν ἐκ λόγων τὴν γένεσιν λαβόντες
μεγαλοφώνων, οἵτινες οὐδὲν ἀποδέουσι νοητῆς βροντῆς.
    19. Καὶ τὰ ἱμάτια δὲ αὐτοῦ κάτω ἄλλα ἐστίν, οὐκ ἔστι 15
λευκά, οὐκ ἔστιν ὡς τὸ φῶς· ἐὰν ἀναβῇς εἰς τὸ ὄρος τὸ
ὑψηλόν, ὄψει αὐτοῦ φῶς καὶ τὰ ἱμάτια. τὰ ἱμάτια τοῦ
λόγου αἱ λέξεις εἰσὶ τῆς γραφῆς· ἔνδυμα τῶν θείων νοημά-
των τὰ ῥήματά ἐστι ταῦτα. ὡς οὖν αὐτὸς κάτω ἀλλοῖος
φαίνεται, καὶ ἀναβὰς μεταμορφοῦται, καὶ γίνεται τὸ πρόσ- 20
ωπον αὐτοῦ ὡς ὁ ἥλιος, οὕτω καὶ τὰ ἐνδύματα αὐτοῦ,
οὕτω καὶ τὰ ἱμάτια· ὅταν δὲ ᾖς κάτω, οὐκ ἔστι λαμπρά, οὐκ
ἔστι λευκά· ἐὰν δὲ ἀναβῇς, ὄψει τὸ κάλλος καὶ τὸ φῶς τῶν
ἱματίων, καὶ τὸ πρόσωπον θαυμάσεις τοῦ Ἰησοῦ μεταμορ-
φωθέν. ὅρα δὲ εἰ μὴ ὅμοιόν ἐστι καὶ ἐν τοῖς εὐαγγελίοις 25
περὶ τοῦ σωτῆρος μαθεῖν. τὰ μὲν γὰρ περὶ τῆς γενέσεως
αὐτοῦ, γενεαλογουμένου ἐξ Ἀβραὰμ καὶ γεννωμένου ἐκ
Mt i 1   σπέρματος Δαυεὶδ κατὰ σάρκα, Βίβλος ἐστὶ γενέσεως Ἰη-
σοῦ Χριστοῦ· τὰ δὲ θειότερα καὶ μείζονα τῶν περὶ αὐτοῦ
λεχθησομένων ἂν καὶ ὑπ᾽ αὐτοῦ ἀπαγγελλομένων φησὶν ὁ 30

1 om. τοῦ א   5 om. ἐκ τοῦ א   8 αὐτῷ א   10 κατι-
σχύειν ABC   14 μεγαλοφωνοί τινες. οὐδὲν ἀποδέουσιν οἱ τῆς
βροντῆς· ἀλλὰ πόθεν κέλσῳ, κ.τ.λ., א; cf. infra p. 86 l. 4   15 quae
sequuntur καὶ τὰ ἱμάτια usque ad τῶν δικαίων αὐτοῦ p. 86 l. 3 non
habet א   22, 23 ἔστι...ἔστι] ἔτι...ἔτι A

ABC Ἰωάννης ὡς ἄρα Οὐδὲ τὸν κόσμον οἶμαι χωρεῖν τὰ γρα- Jn xxi 25
φόμενα βιβλία. τὸ γὰρ μὴ χωρεῖν τὸν κόσμον τὰ γραφό-
μενα βιβλία οὐ διὰ τὸ πλῆθος τῶν γραμμάτων, ὥς τινες,
ἐκδεκτέον, ἀλλὰ διὰ τὸ μέγεθος τῶν πραγμάτων· τοῦ μεγέ-
5 θους τῶν πραγμάτων οὐ μόνον οὐ δυναμένου γράφεσθαι,
ἀλλ᾽ οὐδὲ διὰ γλώσσης σαρκίνης ἀπαγγέλλεσθαι, οὐδὲ ἐν
διαλέκτοις καὶ φωναῖς ἀνθρωπίναις σημαίνεσθαι. ὅθεν καὶ
Παῦλος, ἐπὰν μανθάνειν μέλλῃ τὰ θειότερα, ἔξω τοῦ καθ᾽
ἡμᾶς περιγείου κόσμου γίνεται καὶ εἰς τρίτον οὐρανὸν cf. 2 Co xii
10 ἁρπάζεται, ἵνα τὰ ἐκεῖθεν ἄρρητα ῥήματα ἀκοῦσαι δυνηθῇ. 2 ff.
τὰ γὰρ ἐνθάδε λαλούμενα καὶ λόγος εἶναι θεοῦ νομιζόμενα,
τοῦ λόγου σαρκωθέντος, καὶ καθ᾽ ὃ θεός ἐστι πρὸς τὸν θεὸν Jn i 1
ἑαυτὸν κενοῦντος, ἀπαγγέλλεται. διόπερ τὸν τοῦ θεοῦ Phil ii 7
λόγον ἐπὶ γῆς, ἐπεὶ ἄνθρωπος γέγονε, ἀνθρώπινον βλέπο-
15 μεν· ἀεὶ γὰρ ἐν ταῖς γραφαῖς ὁ λόγος σὰρξ ἐγένετο, ἵνα Jn i 14
κατασκηνώσῃ ἐν ἡμῖν· ἀλλ᾽, ἐὰν εἰς τὸ στῆθος τοῦ σαρκω- cf. Jn xiii 25;
θέντος λόγου ἀνακλιθῶμεν καὶ ἀνιόντι αὐτῷ εἰς τὸ ὑψηλὸν Mt xvii 1
ὄρος ἀκολουθῆσαι δυνηθῶμεν, ἐροῦμεν τό· Εἴδομεν τὴν cf. Jn i 14
δόξαν αὐτοῦ· τάχα μέν τινων καὶ ἑτέρων παρὰ τοὺς ἀνακλι-
20 θέντας ἐπὶ τοῦ στήθους αὐτοῦ καὶ ἀκολουθήσαντας αὐτῷ εἰς
τὸ ὄρος τὸ ὑψηλὸν λεξόντων τό· Εἴδομεν τὴν δόξαν αὐτοῦ·
οὐκέτι δὲ προσθησόντων τό· Δόξαν ὡς μονογενοῦς παρὰ
πατρὸς, πλήρης χάριτος καὶ ἀληθείας· Ἰωάννῃ γὰρ καὶ τοῖς
ὁμοίοις πρέπουσα αὕτη ἡ φωνή. καὶ καθ᾽ ἑτέραν δὲ ὑψηλο-
25 τέραν διήγησιν οἱ δυνηθέντες τοῖς ἴχνεσιν Ἰησοῦ κατακο-
λουθεῖν ἀναβαίνοντος καὶ μεταμορφουμένου ἀπὸ τῆς ἐπὶ
γῆς ὄψεως, ὄψονται αὐτοῦ τὴν μεταμόρφωσιν καθ᾽ ἑκάστην
γραφήν· οἱονεὶ τοῦ μὲν τοῖς πολλοῖς φαινομένου Ἰησοῦ
τῆς προχείρου λέξεως ὄντος· τοῦ δὲ εἰς ὄρος ὑψηλὸν
30 ἀνιόντος καὶ μεταμορφουμένου, σφόδρα ὀλίγοις τῶν μαθη-
τῶν καὶ τοῖς ἀκολουθῆσαι εἰς τὰ ὑψηλὰ δεδυνημένοις, τοῦ

4 μέγεθος τῶν πραγμάτων] πλῆθος B   4, 5 om. τοῦ μεγέθους
τῶν πραγμάτων C   5 οὐ μόνον μὴ B   6 ἀλλ᾽] καὶ AC   10 ἐκεῖθεν]
ἐνθάδε AC   12 καθ᾽ ὅ] + ὁ AC   24 om. καὶ AC   25 οἱ] οὐ A

ἀνωτάτου καὶ ὑψηλοτάτου νοῦ περιέχοντος λόγια τῆς ἐν (‍א)ABC
μυστηρίῳ ἀποκεκρυμμένης σοφίας, ἣν προώρισεν ὁ θεὸς
πρὸ τῶν αἰώνων εἰς δόξαν τῶν δικαίων αὐτοῦ.

20. Ἀλλὰ πόθεν Κέλσῳ καὶ τοῖς ἐχθροῖς τοῦ θείου 691
λόγου καὶ μὴ φιλαλήθως τὰ χριστιανισμοῦ ἐξετάσασιν 5
εἰδέναι τὸ βούλημα τῶν διαφόρων τοῦ Ἰησοῦ μορφῶν; ἐγὼ
δὲ λέγω καὶ ἡλικιῶν, καὶ εἴ τι τῶν πρὸ τοῦ παθεῖν αὐτῷ
πεπραγμένων, καὶ τῶν μετὰ τὸ ἀναστῆναι ἀπὸ τῶν νεκρῶν.

XVI.

Περὶ τῶν ⲇⲓⲁⲃⲁⲗⲗⲟⲛⲧⲱⲛ ⲧⲟⲛ ⲭⲣⲓⲥⲧⲓⲁⲛⲓⲥⲙⲟⲛ ⲇⲓⲁ ⲧⲁⲥ
ⲉⲛ ⲧⲏ ⲉⲕⲕⲗⲏⲥⲓⲁ ⲁⲓⲣⲉⲥⲉⲓⲥ.   ⲧⲟⲙⲟⲩ ⲅ′ ⲕⲁⲧⲁ Κέλⲥⲟⲩ.   10

1. Εἶτ' ἐπεὶ ὡς κατηγορῶν τοῦ λόγου τὰ περὶ τῶν ἐν 454
χριστιανισμῷ αἱρέσεων ὀνειδίζει ἡμῖν, λέγων· 'Εἰς πλῆθος
δὲ σπαρέντες αὖθις αὖ σχίζονται καὶ τέμνονται, καὶ στάσεις
ἰδίας ἔχειν ἕκαστοι θέλουσι.' φησὶ δ' ὅτι 'Καὶ ὑπὸ πλή-
θους πάλιν διϊστάμενοι σφᾶς αὐτοὺς ἐλέγχουσιν· ἑνός, ὡς 15
εἰπεῖν, ἔτι κοινωνοῦντες, εἴγε κοινωνοῦσι, τοῦ ὀνόματος.
καὶ τοῦτο μόνον ἐγκαταλιπεῖν ὅμως αἰσχύνονται· τὰ λοιπὰ
δ' ἄλλοι ἀλλαχῇ τετάχαται.' καὶ πρὸς τοῦτο φήσομεν ὅτι
οὐδενὸς πράγματος, οὗ μὴ σπουδαία ἐστὶν ἡ ἀρχὴ καὶ τῷ
βίῳ χρήσιμος, γεγόνασιν αἱρέσεις διάφοροι. ἐπεὶ γὰρ 20
ἰατρικὴ χρήσιμος καὶ ἀναγκαία τῷ γένει τῶν ἀνθρώπων,
πολλά τε τὰ ἐν αὐτῇ ζητούμενα περὶ τοῦ τρόπου τῆς τῶν
σωμάτων θεραπείας· διὰ τοῦτο αἱρέσεις ἐν ἰατρικῇ παρὰ
μὲν Ἕλλησιν εὑρίσκονται ὁμολογουμένως πλείονες· ἐγὼ δ'
οἶμαι ὅτι καὶ παρὰ βαρβάροις, ὅσοι γε ἐπαγγέλλονται 25
χρῆσθαι ἰατρικῇ. πάλιν τε αὖ, ἐπεὶ φιλοσοφία ἀλήθειαν
ἐπαγγελλομένη καὶ γνῶσιν τῶν ὄντων πῶς δεῖ βιοῦν ὑποτί-

4 C. Cels. vi. 77; cf. supra p. 84 l. 14 n.   11 C. Cels. iii. 12
13 om. αὖ ABC   17 αἰσχυνόμενοι ABC   25 om. γε א

ℵABC θεται, καὶ πειρᾶται διδάσκειν τὰ ὠφέλιμα ἡμῶν τῷ γένει·
πολλὴν δ᾽ ἔχει τὰ ζητούμενα πράγματα διολκήν· διὰ τοῦτο
αἱρέσεις ἐν φιλοσοφίᾳ συνέστησαν πλεῖσται ὅσαι, ὧν αἱ
μέν εἰσι διασημότεραι, αἱ δὲ οὐ τοιαῦται. ἀλλὰ καὶ ἰουδαϊ-
5 σμὸς πρόφασιν ἔσχε γενέσεως αἱρέσεων τὴν διάφορον
ἐκδοχὴν τῶν Μωσέως γραμμάτων καὶ τῶν προφητικῶν
λόγων. οὕτω τοίνυν, ἐπεὶ σεμνόν τι ἐφάνη τοῖς ἀνθρώποις
χριστιανισμὸς, οὐ μόνοις, ὡς ὁ Κέλσος οἴεται, τοῖς ἀνδρα-
ποδωδεστέροις, ἀλλὰ καὶ πολλοῖς τῶν παρ᾽ Ἕλλησι φιλολό-
10 γων, ἀναγκαίως ὑπέστησαν οὐ πάντως διὰ τὰς στάσεις καὶ
τὸ φιλόνεικον αἱρέσεις, ἀλλὰ διὰ τὸ σπουδάζειν συνιέναι
455 τὰ χριστιανισμοῦ καὶ τῶν φιλολόγων πλείονας. τούτῳ δ᾽
ἠκολούθησε, διαφόρως ἐκδεξαμένων τοὺς ἅμα πᾶσι πιστευ-
θέντας εἶναι θείους λόγους, τὸ γενέσθαι αἱρέσεις ἐπωνύμους
15 τῶν θαυμασάντων μὲν τὴν τοῦ λόγου ἀρχὴν, κινηθέντων δ᾽
ὅπως ποτ᾽ οὖν ὑπό τινων πιθανοτήτων πρὸς τὰς εἰς ἀλ-
λήλους διαφωνίας. ἀλλ᾽ οὔτ᾽ ἰατρικὴν εὐλόγως ἄν τις
φεύγοι διὰ τὰς ἐν αὐτῇ αἱρέσεις· οὔτε φιλοσοφίαν τοῦ πρέ-
ποντος ἄν τις στοχαζόμενος μισοῖ, πρόφασιν τοῦ μισεῖν
20 αὐτὴν ποριζόμενος τὰς πολλὰς αἱρέσεις. οὕτως οὐδὲ διὰ
τὰς ἐν Ἰουδαίοις αἱρέσεις καταγνωστέον τῶν Μωσέως καὶ
τῶν προφητῶν ἱερῶν βιβλίων.

2. Εἰ δὲ ταῦτ᾽ ἔχει ἀκολουθίαν, πῶς οὐχὶ ὁμοίως
ἀπολογησόμεθα καὶ περὶ τῶν ἐν χριστιανοῖς αἱρέσεων;
25 περὶ ὧν πάνυ θαυμασίως ὁ Παῦλος εἰρηκέναι μοι δοκεῖ τό· 1 Co xi 19
Δεῖ γὰρ καὶ αἱρέσεις ἐν ὑμῖν εἶναι, ἵνα οἱ δόκιμοι φανεροὶ
γένωνται ἐν ὑμῖν. ὡς γὰρ δόκιμος ἐν ἰατρικῇ ὁ διὰ τὸ
γυμνάσασθαι ἐν ποικίλαις αἱρέσεσι καὶ εὐγνωμόνως ἐξητα-
κέναι τὰς πλείονας ἑλόμενος τὴν διαφέρουσαν· καὶ ὡς ὁ
30 πάνυ προκόπτων ἐν φιλοσοφίᾳ ἀπὸ τοῦ τὰ πλείονα ἐγνω-
κέναι ἐγγυμνασάμενος αὐτοῖς καὶ τῷ κρατήσαντι προσθέμε-
νος λόγῳ· οὕτως εἴποιμ᾽ ἂν καὶ τὸν ἐπιμελῶς ἐνδόντα ταῖς

12 τοῦτο ℵ*Β* 16 εἰς τὰς πρὸς ἀλ. ABC 19 στοχ. τις
ἂν ℵ 22 βίβλων AB 27 om. ἐν ὑμῖν ℵ 30 om. τὰ ℵ

ἰουδαϊσμοῦ καὶ χριστιανισμοῦ αἱρέσεσι σοφώτατον χρι- ℵABC
στιανὸν γενέσθαι. ὁ δ᾽ ἐγκαλῶν τῷ λόγῳ διὰ τὰς αἱρέσεις
ἐγκαλέσαι ἂν καὶ τῇ Σωκράτους διδασκαλίᾳ, ἀφ᾽ οὗ τῆς
διατριβῆς πολλαὶ γεγόνασιν οὐ τὰ αὐτὰ φρονούντων σχο-
λαί· ἀλλὰ καὶ τοῖς Πλάτωνος ἐγκαλέσαι ἄν τις δόγμασι 5
δι᾽ Ἀριστοτέλην, ἀποφοιτήσαντα τῆς διατριβῆς αὐτοῦ ἐν
καινοτομίαις· περὶ οὗ καὶ ἐν τοῖς ἀνωτέρω εἰρήκαμεν.
δοκεῖ δέ μοι ὁ Κέλσος ἐγνωκέναι τινὰς αἱρέσεις μηδὲ τοῦ
ὀνόματος τοῦ Ἰησοῦ κοινωνούσας ἡμῖν. τάχα γὰρ περιή-
χητο περὶ τῶν καλουμένων Ὀφιανῶν, καὶ τῶν Καϊανῶν, 10
καὶ εἴ τις ἄλλη τοιαύτη ἐξ ὅλων ἀποφοιτήσασα τοῦ Ἰησοῦ
συνέστη γνώμη. πλὴν οὐδὲν τοῦτο πρὸς τὸ ἐγκλητέον
εἶναι τὸν χριστιανῶν λόγον.

3. Ἔστωσαν γὰρ ἐν ἡμῖν οἱ μὴ τὸν αὐτὸν λέγοντες τῷ 624
Ἰουδαίων θεῷ θεόν· ἀλλ᾽ οὔ τί γε παρὰ τοῦτο κατηγορητέοι 15
οἱ ἀπὸ τῶν αὐτῶν γραμμάτων ἀποδεικνύντες ὅτι εἷς καὶ ὁ
cf. Ro iii 29   αὐτὸς θεὸς Ἰουδαίων ἐστὶ καὶ ἐθνῶν· ὡς καὶ τὸν Παῦλον
λέγειν σαφῶς, ἀπὸ Ἰουδαίων προσελθόντα χριστιανισμῷ·
2 Tim i 3   Χάριν ἔχω τῷ θεῷ μου, ᾧ λατρεύω ἀπὸ προγόνων ἐν καθαρᾷ
συνειδήσει. ἔστω δέ τι καὶ τρίτον γένος τῶν ὀνομαζόντων 20
ψυχικούς τινας καὶ πνευματικοὺς ἑτέρους· οἶμαι δ᾽ αὐτὸν
λέγειν τοὺς ἀπὸ Οὐαλεντίνου· καὶ τί τοῦτο πρὸς ἡμᾶς
τοὺς ἀπὸ τῆς ἐκκλησίας, κατηγοροῦντας τῶν εἰσαγόντων
φύσεις ἐκ κατασκευῆς σωζομένας ἢ ἐκ κατασκευῆς ἀπολλυ-
μένας; ἔστωσαν δέ τινες καὶ ἐπαγγελλόμενοι εἶναι Γνω- 25
στικοί, ἀνάλογον τοῖς ἑαυτοὺς ἀναγορεύουσι φιλοσόφους
Ἐπικουρείοις· ἀλλ᾽ οὔτε οἱ τὴν πρόνοιαν ἀναιροῦντες φιλό-
σοφοι εἶεν ἂν ἀληθῶς, οὔτε οἱ τὰ ἀλλόκοτα ἀναπλάσματα
καὶ μὴ ἀρέσκοντα τοῖς τῆς ἀπὸ τοῦ Ἰησοῦ διαδοχῆς ἐπεισ-
αγαγόντες εἶεν ἂν χριστιανοί.   30

4. ‘Καὶ βλασφημοῦσι δὲ,’ φησίν, ‘εἰς ἀλλήλους οὖ- 627

5 om. τοῖς ℵ   τις] + τοῖς ℵ   12 ἔγκλητον ℵ   14 C. Cels. v. 61
γὰρ] οὖν ℵ   22 καὶ τί τοῦτο] καὶ τίτου, τί AB; καὶ τίτου· τί τοῦτο
καὶ C   22, 23 ἡμᾶς post ἐκκλησίας ABC   31 C. Cels. v. 63

ℵABC τοι πάνδεινα ῥητὰ καὶ ἄρρητα· καὶ οὐκ ἂν εἴξαιεν οὐδὲ καθ᾽ ὁτιοῦν εἰς ὁμόνοιαν, πάντῃ ἀλλήλους ἀποστυγοῦντες.' καὶ πρὸς ταῦτα δ᾽ ἡμῖν εἴρηται, ὅτι καὶ ἐν φιλοσοφίᾳ ἐστὶν εὑρεῖν αἱρέσεις αἱρέσεσι πολεμούσας, καὶ ἐν ἰατρικῇ. οἱ
5 μέντοι τῷ λόγῳ τοῦ Ἰησοῦ ἀκολουθοῦντες, καὶ μεμελετηκό-
τες αὐτοῦ τοὺς λόγους φρονεῖν καὶ λέγειν καὶ ποιεῖν, λοιδο- 1 Co iv 12 f.
ρούμενοι εὐλογοῦμεν, διωκόμενοι ἀνεχόμεθα, δυσφημούμενοι παρακαλοῦμεν· καὶ οὐκ ἂν ῥητὰ καὶ ἄρρητα λέγοιμεν τοὺς ἄλλα δοξάζοντας παρ᾽ ἃ ὑπειλήφαμεν· ἀλλ᾽, εἰ μὲν δυνά-
10 μεθα, πάντα ἂν πράττοιμεν ὑπὲρ τοῦ αὐτοὺς μεταστῆσαι ἐπὶ τὸ βέλτιον, διὰ τοῦ προσανέχειν μόνῳ τῷ δημιουργῷ καὶ πάντα πράττειν ὡς κριθησομένους. εἰ δὲ μὴ πείθοιντο οἱ ἑτερόδοξοι, τηροῦμεν τὸν προστάξαντα αὐτοῖς λόγον τοιαῦτα· Αἱρετικὸν ἄνθρωπον μετὰ μίαν καὶ δευτέραν νου- Tit iii 10 f.
15 θεσίαν παραιτοῦ, εἰδὼς ὅτι ἐξέστραπται ὁ τοιοῦτος καὶ ἁμαρτάνει, ὢν αὐτοκατάκριτος. ἔτι δὲ οἱ τό· Μακάριοι οἱ Mt v 9 εἰρηνοποιοί· νοήσαντες, καὶ τό· Μακάριοι οἱ πραεῖς· οὐκ Mt v 5 ἂν ἀποστυγήσαιεν τοὺς παραχαράττοντας τὰ χριστιανισμοῦ.

XVII.

Πρὸς τοὺς λέγοντας τῶν φιλοσόφων μηδὲν δια-
20 φέρειν τῷ παρ᾽ Ἕλλησι φερομένῳ ὀνόματι τὸν ἐπὶ πᾶσι θεὸν καλεῖν Δία, ἢ τῷ δεῖνα φέρ᾽ εἰπεῖν παρ᾽ Ἰνδοῖς, ἢ τῷ δεῖνα παρ᾽ Αἰγυπτίοις. ἐκ τοῦ α᾽ καὶ ε᾽ τόμου τῶν κατὰ Κέλσου.

341 1. Μετὰ ταῦτά φησιν ὁ Κέλσος, ὅτι 'Οἱ αἰπόλοι καὶ
25 ποιμένες ἕνα ἐνόμισαν θεὸν, εἴτε ὕψιστον εἴτ᾽ Ἀδωναῖον

1 ἤξαιεν C   7 δυσφημούμενοι] βλασφημούμενοι ABC   8 om. ℵal ante οὐκ ABC   10 πράττομεν B*; πράττωμεν AC   ὑπὲρ ∙οῦ] ἐπὶ τὸ AB*; ἐπὶ τῷ Bᵃ C   13 τηροῦμεν] ἀντερούμεν ABC ⸌5 ἐξέστρεπται AB*   21, 22 τῷ δεῖνα] τὸ δεῖνα (bis) ABC   22 α᾽] ἐστιτυι; γ᾽ AB; τρίτου C   24 C. Cels. i. 24   om. ὁ κέλσος ℵ ⸌5 ἀδωναῖ ℵ (sed super rasuram)

εἴτ᾽ οὐράνιον εἴτε Σαβαώθ, εἴτε καὶ ὅπη καὶ ὅπως χαίρουσιν ℵABC
ὀνομάζοντες τόνδε τὸν κόσμον· καὶ πλεῖον οὐδὲν ἔγνωσαν.᾽
καὶ ἐν τοῖς ἑξῆς δέ φησι 'μηδὲν διαφέρειν τῷ παρ᾽ Ἕλλησι
φερομένῳ ὀνόματι τὸν ἐπὶ πᾶσι θεὸν καλεῖν Δία, ἢ τῷ
δεῖνα φέρ᾽ εἰπεῖν παρ᾽ Ἰνδοῖς, ἢ τῷ δεῖνα παρ᾽ Αἰγυπτίοις.᾽ 5
λεκτέον δὲ καὶ πρὸς τοῦτο ὅτι ἐμπίπτει εἰς τὸ προκείμενον
λόγος βαθὺς καὶ ἀπόρρητος, ὁ περὶ φύσεως ὀνομάτων·
πότερον, ὡς οἴεται Ἀριστοτέλης, θέσει εἰσὶ τὰ ὀνόματα· ἢ,
ὡς νομίζουσιν οἱ ἀπὸ τῆς Στοᾶς, φύσει, μιμουμένων τῶν
πρώτων φωνῶν τὰ πράγματα καθ᾽ ὧν τὰ ὀνόματα, καθὸ καὶ 10
στοιχεῖά τινα τῆς ἐτυμολογίας εἰσάγουσιν· ἢ, ὡς διδάσκει
Ἐπίκουρος, ἑτέρως ἢ ὡς οἴονται οἱ ἀπὸ τῆς Στοᾶς φύσει
ἐστὶ τὰ ὀνόματα, ἀπορρηξάντων τῶν πρώτων ἀνθρώπων 342
τινὰς φωνὰς κατὰ τῶν πραγμάτων. ἐὰν τοίνυν δυνηθῶμεν
ἐν προηγουμένῳ λόγῳ παραστῆσαι φύσιν ὀνομάτων ἐνερ- 15
γῶν, ὧν τισὶ χρῶνται Αἰγυπτίων οἱ σοφοί, ἢ τῶν παρὰ
Πέρσαις μάγων οἱ λόγιοι, ἢ τῶν παρ᾽ Ἰνδοῖς φιλοσοφούν-
των Βράχμαναι, ἢ Σαμαναῖοι· καὶ οὕτω καθ᾽ ἕκαστον τῶν
ἐθνῶν· καὶ κατασκευάσαι οἷοί τε γενώμεθα ὅτι καὶ ἡ καλου-
μένη μαγεία οὐχ, ὡς οἴονται οἱ ἀπὸ Ἐπικούρου καὶ Ἀριστο- 20
τέλους, πρᾶγμά ἐστιν ἀσύστατον πάντη, ἀλλ᾽, ὡς οἱ περὶ
ταῦτα δεινοὶ ἀποδεικνύουσι, συνεστὼς μὲν, λόγους δ᾽ ἔχον
σφόδρα ὀλίγοις γιγνωσκομένους· τότ᾽ ἐροῦμεν ὅτι τὸ μὲν
Σαβαὼθ ὄνομα καὶ τὸ Ἀδωναΐ, καὶ ὅσα ἄλλα παρ᾽ Ἐβραίοις
μετὰ πολλῆς σεμνολογίας παραδεδομένα, οὐκ ἐπὶ τῶν 25
τυχόντων καὶ γενητῶν κεῖται πραγμάτων, ἀλλ᾽ ἐπί τινος
θεολογίας ἀπορρήτου, ἀναφερομένης εἰς τὸν τῶν ὅλων
δημιουργόν. διὸ καὶ δύναται ταῦτα τὰ ὀνόματα λεγόμενα
μετά τινος τοῦ συννφοῦς αὐτοῖς εἱρμοῦ, ἄλλα δὲ κατὰ
Αἰγυπτίαν ἐκφερόμενα φωνὴν ἐπί τινων δαιμόνων τῶν 30

---

1 οὐρανὸν ℵ*   2 πλέον ABC   4 δία] ἰδία ℵ*   4, 5 τὸ
δεῖνα (bis) ABC   8 ἐστὶ ABC   11 om. τῆς ℵ   16 τῶν παρὰ]
παρὰ τῶν ℵ*   19 om. καὶ post ἐθνῶν ABC   22 συνεστὸς AB
23 γνωσκομένους ABC   24 om. ὅσα ℵ   25 παραδιδόμενα ℵ
29 συμφυοῦς ABC   30 φερόμενα ℵ

ℵABC τάδε μόνα δυναμένων, καὶ ἄλλα κατὰ τὴν Περσῶν διάλεκτον
ἐπὶ ἄλλων δυνάμεων, καὶ οὕτω καθ᾽ ἕκαστον τῶν ἐθνῶν, εἰς
χρείας τινὰς παραλαμβάνεσθαι. καὶ οὕτως εὑρεθήσεται
τῶν ἐπὶ γῆς δαιμόνων, λαχόντων διαφόρους τόπους, φέρεσ-
5 θαι τὰ ὀνόματα οἰκείως ταῖς κατὰ τόπον καὶ ἔθνος δια-
λέκτοις. ὁ τοίνυν μεγαλοφυέστερον κἂν ὀλίγην τούτων
περίνοιαν εἰληφὼς εὐλαβήσεται ἄλλα ἄλλοις ἐφαρμόζειν
ὀνόματα πράγμασι, μήποτε ὅμοιον πάθῃ τοῖς τὸ θεὸς
ὄνομα ἐσφαλμένως φέρουσιν ἐπὶ ὕλην ἄψυχον, ἢ τὴν τοῦ
10 ἀγαθοῦ προσηγορίαν κατασπῶσιν ἀπὸ τοῦ πρώτου αἰτίου ἢ
ἀπὸ τῆς ἀρετῆς καὶ τοῦ καλοῦ ἐπὶ τὸν τυφλὸν πλοῦτον
καὶ ἐπὶ τὴν σαρκῶν καὶ αἱμάτων καὶ ὀστέων συμμετρίαν ἐν
ὑγείᾳ καὶ εὐεξίᾳ, ἢ τὴν νομιζομένην εὐγένειαν.

2. Καὶ τάχα οὐκ ἐλάττων ὁ κίνδυνος τῷ τὸ ὄνομα τοῦ
15 θεοῦ ἢ τὸ ὄνομα τοῦ ἀγαθοῦ ἐφ᾽ ἃ μὴ χρὴ κατάγοντι, ἤπερ
τῷ τὰ κατά τινα ἀπόρρητον λόγον ὀνόματα ἐναλλάσσοντι,
343 καὶ τὰ μὲν κατὰ τῶν ἐλαττόνων φέροντι ἐπὶ τὰ κρείττονα,
τὰ δὲ κατὰ τῶν κρειττόνων ἐπὶ τὰ ἥττονα. καὶ οὐ λέγω
ὅτι τῷ Διὶ εὐθέως συνεξακούεται ὁ Κρόνου καὶ Ῥέας υἱὸς,
20 καὶ Ἥρας ἀνὴρ, καὶ Ποσειδῶνος ἀδελφὸς, καὶ Ἀθηνᾶς καὶ
Ἀρτέμιδος πατὴρ, καὶ ὁ τῇ θυγατρὶ Περσεφόνῃ μιγείς· ἢ
τῷ Ἀπόλλωνι συνεξακούεται ὁ Λητοῦς καὶ Διὸς υἱὸς, καὶ
Ἀρτέμιδος ἀδελφὸς, καὶ Ἑρμοῦ ὁμοπάτριος ἀδελφός· καὶ
ὅσα ἄλλα φέρουσιν οἱ σοφοὶ Κέλσου τῶν δογμάτων πατέρες
25 καὶ ἀρχαῖοι θεολόγοι Ἑλλήνων. τίς γὰρ ἡ ἀποκλήρωσις,
κυριολεκτεῖσθαι μὲν τὸν Δία, οὐχὶ δὲ καὶ τὸν πατέρα μὲν
αὐτοῦ εἶναι Κρόνον, μητέρα δὲ Ῥέαν; τὸ δ᾽ ὅμοιον ποιη-
τέον καὶ ἐπὶ τῶν ἄλλων ὀνομαζομένων θεῶν. τοῦτο δὲ τὸ
ἔγκλημα οὐδαμῶς ἅπτεται τῶν κατά τινα ἀπόρρητον λόγον
30 τὸ Σαβαὼθ τασσόντων ἐπὶ τοῦ θεοῦ, ἢ τὸ Ἀδωναὶ, ἤ τι τῶν

1 τάδε μόνα] τὰ δαιμόνια ABC   7 εὐλαβηθήσεται ℵᶜᵒʳʳ
ABC   15 om. ἢ τὸ ὄνομα τοῦ ἀγαθοῦ ABC   15, 16 ἤπερ τῷ] ℵ
(τῷ addito supra lin.); ἢ ABC   19 εὐθέως τῷ διΐ ABC   ὁ] τὸ
ℵ* (ὁ supra lin.)   21 om. ὁ ABC   23 om. καὶ ἑρμ. ὁμ. ἀδελ-
φός ABC   27 τὸ ὅμοιον δὲ ABC

λοιπῶν ὀνομάτων. ὅταν δὲ τὰ περὶ ὀνομάτων τις δύνηται ℵABC τὰ ἐν ἀπορρήτοις φιλοσοφεῖν, πολλὰ ἂν εὕροι καὶ περὶ τῆς ἐπικλήσεως τῶν ἀγγέλων τοῦ θεοῦ· ὧν ὁ μέν τις Μιχαήλ, ἕτερος δὲ Γαβριήλ, καὶ ἄλλος Ῥαφαὴλ καλεῖται, φερωνύμως τοῖς πράγμασιν ἃ διακονοῦνται κατὰ βούλημα τοῦ θεοῦ 5 τῶν ὅλων ἐν τῷ παντί. τῆς δ' ὁμοίας ἔχεται περὶ ὀνομά-των φιλοσοφίας καὶ ὁ ἡμέτερος Ἰησοῦς, οὗ τὸ ὄνομα μυρί-ους ἤδη ἐναργῶς ἑώραται δαίμονας ἐξελάσαν ψυχῶν καὶ σωμάτων, ἐνεργῆσαν εἰς ἐκείνους ἀφ' ὧν ἀπηλάσθησαν. ἔτι δ' εἰς τὸν περὶ ὀνομάτων τόπον λεκτέον, ὅτι οἱ περὶ τὴν 10 χρῆσιν τῶν ἐπῳδῶν δεινοὶ ἱστοροῦσιν, ὅτι τὴν αὐτὴν ἐπῳδὴν εἰπόντα μὲν τῇ οἰκείᾳ διαλέκτῳ ἔστιν ἐνεργῆσαι ὅπερ ἐπαγγέλλεται ἣ ἐπῳδή· μεταλαβόντα δὲ εἰς ἄλλην ὁποιανδηποτοῦν φωνὴν ἔστιν ἰδεῖν ἄτονον καὶ οὐδὲν δυνα-μένην. οὕτως οὐ τὰ σημαινόμενα κατὰ τῶν πραγμάτων, 15 ἀλλ' αἱ τῶν φωνῶν ποιότητες καὶ ἰδιότητες ἔχουσί τι δυνα-τὸν ἐν αὐταῖς πρὸς τάδε τινὰ ἢ τάδε. οὕτω δ' ἀπολογη-σόμεθα διὰ τῶν τοιούτων καὶ περὶ τοῦ μέχρι θανάτου ἀγωνίζεσθαι χριστιανούς, ἵνα μὴ τὸν Δία θεὸν ἀναγορεύ-σωσι, μηδ' ἄλλῃ διαλέκτῳ αὐτὸν ὀνομάσωσιν. ἢ γὰρ ἀορί- 20 στως ὁμολογοῦσι τὸ κοινὸν ὄνομα τὸ ὁ θεός, ἢ καὶ μετὰ προσθήκης τῆς ὁ δημιουργὸς τῶν ὅλων, ὁ ποιητὴς οὐρανοῦ καὶ γῆς, ὁ καταπέμψας τῷ τῶν ἀνθρώπων γένει τούσδε τινὰς τοὺς σοφούς· ὧν τῷ ὀνόματι ἐφαρμοζόμενον τὸ ὁ θεὸς ὄνομα δύναμίν τινα παρὰ ἀνθρώποις ἐπιτελεῖ. πολλὰ 25 δ' ἂν καὶ ἄλλα λέγοιτο εἰς τὸν περὶ ὀνομάτων τόπον, πρὸς τοὺς οἰομένους δεῖν ἀδιαφορεῖν περὶ τῆς χρήσεως αὐτῶν.

Plat Phileb 12 B, C καὶ εἴπερ θαυμάζεται Πλάτων, εἰπὼν ἐν Φιλήβῳ· Τὸ δ' ἐμὸν δέος, ὦ Πρώταρχε, περὶ τὰ ὀνόματα τῶν θεῶν οὐκ ὀλίγον· ἐπεὶ Φίληβος θεὸν τὴν ἡδονὴν εἶπεν ὁ προσδια- 344

2 εὕρη ℵ   7, 8 μυρίοις AC   8 ἐνέργως AB   9 ἀπηλάθησαν BC
13 μεταλαβόντα] ℵ?*A; μεταβαλόντα ℵᵃBC; cf. infra p. 93 ll. 19, 23
14 οἱανδηποτοῦν ℵ   18 om. διὰ τῶν τοιούτων ABC   19 τὸν θεὸν Δία conj. Boherellus; sed cf. p. 95 l. 5   21 om. ὁ ℵ   23 τῷ γένει τῶν ἀνθρ. ℵ   24 om. ὁ ℵ   30 ἐπεὶ φίληβος] ἐπὶ φιλήβου ℵ*

ℵABC λεγόμενος τῷ Σωκράτει· πῶς οὐ μᾶλλον τῆς εὐλαβείας ἀποδεξόμεθα χριστιανοὺς, μηδὲν τῶν ἐν ταῖς μυθοποιίαις παραλαμβανομένων ὀνομάτων προσάπτοντας τῷ τοῦ παντὸς δημιουργῷ;

5   Καὶ ἐν τῷ ε΄ τόμῳ τάδε περὶ τοῦ ᾶυτοῦ φηϲίν.

611   3. Ἀλλ᾽, ἐπεὶ Κέλσος οἴεται μηδὲν διαφέρειν Δία ὕψιστον καλεῖν ἢ Ζῆνα ἢ Ἀδωναῖον ἢ Σαβαώθ, ἢ ὡς Αἰγύπτιοι Ἀμοῦν, ἢ ὡς Σκύθαι Παππαῖον· φέρε καὶ περὶ τούτων ὀλίγα διαλεχθῶμεν, ὑπομιμνήσκοντες ἅμα τὸν ἐν-
10 τυγχάνοντα καὶ τῶν ἀνωτέρω εἰς τὸ τοιοῦτον πρόβλημα εἰρημένων, ὅτε ἐκάλεσεν ἡμᾶς ἡ Κέλσου λέξις ἐπὶ τὰ τοιαῦτα. καὶ νῦν οὖν φαμὲν ὅτι ἡ τῶν ὀνομάτων φύσις οὐ θεμένων εἰσὶ νόμοι, ὡς Ἀριστοτέλης οἴεται. οὐδὲ γὰρ
612 ἀπὸ ἀνθρώπων τὴν ἀρχὴν ἔχουσιν αἱ ἐν ἀνθρώποις διάλεκ-
15 τοι, ὡς δῆλον τοῖς ἐφιστάνειν δυναμένοις φύσει ἐπῳδῶν οἰκειουμένων κατὰ τὰς διαφόρους διαλέκτους καὶ τοὺς διαφό-ρους φθόγγους τῶν ὀνομάτων τοῖς πατράσι τῶν διαλέκτων· περὶ ὧν ἐν τοῖς ἀνωτέρω ἐπ᾽ ὀλίγον διειλήφαμεν, λέγοντες ὅτι καὶ μεταλαμβανόμενα εἰς ἄλλην διάλεκτον τὰ πεφυκότα
20 δύνασθαι ἐν τῇ δεῖνα διαλέκτῳ οὐκέτι ἀνύει τι, ὡς ἤνυεν ἐν ταῖς οἰκείαις φωναῖς. ἤδη δὲ καὶ ἐπ᾽ ἀνθρώπων τὸ τοιοῦτον εὑρίσκεται· τὸν γὰρ ἀπὸ γενέσεως Ἑλλάδι διαλέκτῳ κα-λούμενον τὸν δεῖνα οὐκ ἂν μεταλαβόντες εἰς διάλεκτον Αἰγυπτίων ἢ Ῥωμαίων ἤ τινος ἄλλου ποιήσαιμεν παθεῖν ἢ
25 δράσαι, ἅπερ πάθοι ἢ δράσαι ἂν καλούμενος τῇ πρώτῃ θέσει τοῦ ὀνόματος αὐτοῦ. ἀλλ᾽ οὐδὲ τὸν ἐξ ἀρχῆς Ῥωμαίων κληθέντα φωνῇ εἰ μεταλάβοιμεν ἐπὶ τὴν Ἑλ-λάδα διάλεκτον, ποιήσαιμεν ἂν ὅπερ ποιεῖν ἐπαγγέλλεται ἡ ἐπῳδὴ τηροῦσα τὸ κατονομασθὲν αὐτῷ πρῶτον ὄνομα.

30   4. Εἰ δὲ ταῦτα περὶ ἀνθρωπίνων ὀνομάτων λεγόμενά

6 C. Cels. v. 45   8 παπαῖον Β; παπαῖαν Α; παπίαν C
16 οἰκειωμένων ΑΒ   20 ἤνυσεν ℵ*   23 μεταβαλόντες ℵ^aBC
27 μεταβάλοιμεν C   30 ταῦτα] τὰ ΑΒC

ἐστιν ἀληθῆ, τί χρὴ νομίζειν ἐπὶ τῶν δι᾽ ἡνδήποτε αἰτίαν ℵABC
ἀναφερομένων ἐπὶ τὸ θεῖον ὀνομάτων; μεταλαμβάνεται γάρ
τι, φέρ᾽ εἰπεῖν, εἰς Ἑλλάδα φωνὴν ἀπὸ τοῦ Ἀβραὰμ ὀνό-
ματος, καὶ σημαίνεταί τι ἀπὸ τῆς Ἰσαὰκ προσηγορίας, καὶ
δηλοῦταί τι ἀπὸ τῆς Ἰακὼβ φωνῆς· καὶ ἐὰν μὲν ὁ καλῶν ἢ 5
ὁ ὁρκῶν ὀνομάζῃ θεὸν Ἀβραὰμ καὶ θεὸν Ἰσαὰκ καὶ θεὸν
Ἰακὼβ, τόδε τι ποιήσαι ἄν, ἤτοι διὰ τὴν τῶν ὀνομάτων
φύσιν ἢ καὶ δύναμιν αὐτῶν, καὶ δαιμόνων νικωμένων καὶ
ὑποταττομένων τῷ λέγοντι ταῦτα. ἐὰν δὲ λέγῃ· ὁ θεὸς
πατρὸς ἐκλεκτοῦ τῆς ἠχοῦς, καὶ ὁ θεὸς τοῦ γέλωτος, καὶ ὁ 10
θεὸς τοῦ πτερνιστοῦ· οὕτως οὐδὲν ποιεῖ τὸ ὀνομαζόμενον,
ὡς οὐδ᾽ ἄλλο τι τῶν μηδεμίαν δύναμιν ἐχόντων. οὕτω δὲ
κἂν μὲν μεταλάβωμεν τὸ Ἰσραὴλ ὄνομα εἰς Ἑλλάδα ἢ
ἄλλην διάλεκτον, οὐδὲν ποιήσομεν· ἐὰν δὲ τηρήσωμεν αὐτό,
προσάπτοντες οἷς οἱ περὶ ταῦτα δεινοὶ συμπλέκειν αὐτὸ 15
ᾠήθησαν, τότε γένοιτ᾽ ἄν τι κατὰ τὴν ἐπαγγελίαν τῶν τοι-
ωνδὶ ἐπικλήσεων ἐκ τῆς τοιασδὶ φωνῆς. τὸ δ᾽ ὅμοιον ἐροῦ- 613
μεν καὶ περὶ τῆς Σαβαὼθ φωνῆς, πολλαχοῦ τῶν ἐπῳδῶν
παραλαμβανομένης, ὅτι, εἰ μεταλαμβάνομεν τὸ ὄνομα εἰς
τὸ κύριος τῶν δυνάμεων, ἢ κύριος στρατιῶν, ἢ παντο- 20
κράτωρ (διαφόρως γὰρ αὐτὸ ἐξεδέξαντο οἱ ἑρμηνεύσαντες
αὐτό), οὐδὲν ποιήσομεν· τηροῦντες δ᾽ αὐτὸ ἐν τοῖς ἰδίοις
φθόγγοις, ποιήσομέν τι, ὥς φασιν οἱ περὶ ταῦτα δεινοί.
τὸ δὲ ὅμοιον ἐροῦμεν καὶ περὶ τοῦ Ἀδωναΐ. εἴπερ οὖν οὔτε
τὸ Σαβαὼθ οὔτε τὸ Ἀδωναΐ μεταλαμβανόμενα εἰς ἃ δοκεῖ 25
σημαίνειν ἐν Ἑλλάδι φωνῇ ἀνύει τι, πόσῳ πλέον οὐδὲν ἂν
ποιήσαι οὐδὲ δυνηθείη παρὰ τοῖς μηδὲν διαφέρειν οἰομένοις
Δία ὕψιστον καλεῖν ἢ Ζῆνα ἢ Ἀδωναῖον ἢ Σαβαώθ;

5.   Ταῦτα δὴ καὶ τὰ τούτοις ἀνάλογον ἀπόρρητα ἐπι-
στάμενοι Μωσῆς καὶ οἱ προφῆται ἀπαγορεύουσιν ὄνομα 30

3 om. τι ℵ   7 τῶν ὀνομάτων] τούτων ℵ ; τῶν Α   9 αὐτά ΑΒ
10 ἠχοῦς] ἠχούσης ℵ   13 om. μὲν ℵᵃ ΑΒC   μεταβάλωμεν
ℵ?*ΒC   15 om. αὐτὸ ΑΒ   19 εἰ μεταλαμβάνομεν] Hoesch.;
μεταλαμβάνομεν ℵ; μεταλαμβανόμενον μεν ΑΒC   21 om. αὐτὸ
ΑΒC   ἑρμηνεύοντες ℵ   25 μεταβαλλόμενα Β

ℵAB(C)(D) θεῶν ἑτέρων ὀνομάζειν ἐν στόματι μελετήσαντι τῷ ἐπὶ
πᾶσι μόνῳ εὔχεσθαι θεῷ, καὶ ἀναμνημονεύειν ἐν καρδίᾳ
διδασκομένῃ καθαρεύειν ἀπὸ πάσης ματαιότητος νοημάτων
καὶ λέξεων. καὶ διὰ ταῦτα πᾶσαν αἰκίαν ὑπομένειν μᾶλ-
5 λον αἱρούμεθα ἢ τὸν Δία ὁμολογῆσαι θεόν. οὐ γὰρ τὸν
αὐτὸν εἶναι ὑπολαμβάνομεν Δία καὶ Σαβαώθ· ἀλλ' οὐδ'
ὅλως θεῖόν τι τὸν Δία· δαίμονα δέ τινα χαίρειν οὕτως ὀνο-
μαζόμενον, οὐ φίλον ἀνθρώποις, οὐδὲ τῷ ἀληθινῷ θεῷ.
κἂν Αἰγύπτιοι δὲ τὸν Ἀμοῦν ἡμῖν προτείνωσι θάνατον
10 ἀπειλοῦντες, τεθνηξόμεθα μᾶλλον ἢ τὸν Ἀμοῦν ἀναγορεύ-
σομεν θεὸν, παραλαμβανόμενον, κατὰ τὸ εἰκὸς, ἔν τισιν
Αἰγυπτίαις καλούσαις τὸν δαίμονα τοῦτον ἐπῳδαῖς. λεγέ-
τωσαν δὲ καὶ Σκύθαι τὸν Παππαῖον θεὸν εἶναι τὸν ἐπὶ
πᾶσιν· ἀλλ' ἡμεῖς οὐ πεισόμεθα, τιθέντες μὲν τὸν ἐπὶ
15 πᾶσι θεὸν, ὡς δὲ φίλον τῷ λαχόντι τὴν Σκυθῶν ἐρημίαν
καὶ τὸ ἔθνος αὐτῶν καὶ τὴν διάλεκτον, οὐκ ὀνομάζοντες τὸν
θεὸν ὡς κυρίῳ ὀνόματι τῷ Παππαῖον. σκυθιστὶ γὰρ τὸ
προσηγορικὸν τὸν θεὸν, καὶ αἰγυπτιστὶ, καὶ πάσῃ διαλέκτῳ
ᾗ ἕκαστος ἐντέθραπται, ὀνομάζων οὐχ ἁμαρτήσεται.

540   6.   Οὐδὲ Ἀπόλλωνα δὲ τὸν ἥλιον καλεῖν θέλομεν οὐδὲ
Ἄρτεμιν τὴν σελήνην· ἀλλὰ καθαρὰν εὐσέβειαν εἰς τὸν
δημιουργὸν ἀσκοῦντες, καὶ τὰ καλὰ αὐτοῦ δημιουργήματα
εὐφημοῦντες, οὐδὲ μέχρι ὀνόματος χραίνομεν τὰ θεῖα·
ἀποδεχόμενοι τοῦ Πλάτωνος τὸν ἐν Φιλήβῳ λόγον, μὴ
25 βουληθέντος τὴν ἡδονὴν παραδέξασθαι θεόν· Τὸ γὰρ   cf. Plat
541 ἐμὸν, φησὶ, δέος, ὦ Πρώταρχε, περὶ τὰ τῶν θεῶν ὀνόματα   Phileb 12
τοιόνδε τί ἐστιν. ἡμεῖς οὖν ἀληθῶς ἔχομεν δέος περὶ τὸ   B, C
ὄνομα τοῦ θεοῦ καὶ τῶν καλῶν αὐτοῦ δημιουργημάτων, ὡς
μηδὲ προφάσει τροπολογίας μῦθόν τινα παραδέξασθαι ἐπὶ
30 βλάβῃ τῶν νέων.

1 ἐν] ἐνὶ ℵ*   2 om. μόνῳ ABC   4 ταῦτα] ℵᵃB; τὰ
τοιαῦτα ℵ*; τοιαῦτα AB   9 ἀμοῶν C (cui post hoc deest folium)
θάνατον] κόλασιν ℵ*   10, 11 ἀναγορεύσαιμεν ℵᵃBD   11 κατὰ
τὸ] ὡς ℵ*   13 παπαῖον ABD   17 παπαῖον ABD   20 C.
Cels. iv. 48   om. δὲ ℵ   om. καλεῖν θέλομεν ℵ   27 τοιόνδε]
τοιόνδη A; τοιονδί B; τοιόνδε δή D   om. τί ℵ   οὖν] δὲ ABD

XVIII.

Πρὸс τοὺс Ἑλλήνων φιλοсόφουс πάντα ἐπαγγελ- ℵAB(C)(D)
λομένουс εἰδέναι, καὶ αἰτιωμένουс τὸ ἀνεξέταстον
τῆс τῶν πολλῶν ἐν χριстιανιсμῷ πίстεωс· καὶ ὡс
προτιμώντων τῆс ἐν βίῳ соφίαс τὴν μωρίαν· καὶ ὅτι
οὐδεὶс соφὸс ἢ πεπαιδευμένοс μεμαθήτευται τῷ 5
Ἰηсοῦ, ἀλλ᾽ ἢ ναῦται καὶ τελῶναι πονηρότατοι, ἠλιθίουс
καὶ ἀναιсθήτουс, ἀνδράποδά τε καὶ γύναια καὶ παιδάρια
ὑπάγοντεс τῷ κηρύγματι.   ἐκ τῶν κατὰ Κέλсου τόμου
αʹ καὶ γʹ.

1. Μετὰ ταῦτα προτρέπει ἐπὶ τὸ λόγῳ ἀκολουθοῦνταѕ 327
καὶ λογικῷ ὁδηγῷ παραδέχεσθαι δόγματα· ὡς πάντωѕ ἀπάτηѕ
γινομένηѕ τῷ μὴ οὕτω συγκατατιθεμένῳ τισί· καὶ ἐξομοιοῖ
τοὺѕ ἀλόγωѕ πιστεύονταѕ μητραγύρταιѕ καὶ τερατοσκόποιѕ,
Μίθραιѕ τε καὶ Σαβαδίοιѕ, καὶ ὅτῳ τιѕ προσέτυχεν, Ἑκά-
τηѕ ἢ ἄλληѕ δαίμονοѕ ἢ δαιμόνων φάσμασιν.   ὡѕ γὰρ ἐν 15
ἐκείνοιѕ πολλάκιѕ μοχθηροὶ ἄνθρωποι ἐπιβαίνοντεѕ τῇ
ἰδιωτείᾳ τῶν εὐεξαπατήτων ἄγουσιν αὐτοὺѕ ᾗ βούλονται,
οὕτω φησὶ καὶ ἐν τοῖѕ χριστιανοῖѕ γίγνεσθαι.   φησὶ δέ
τιναѕ μηδὲ βουλομένουѕ διδόναι ἢ λαμβάνειν λόγον περὶ
ὧν πιστεύουσι, χρῆσθαι τῷ· Μὴ ἐξέταζε, ἀλλὰ πίστευσον· 20
καί· Ἡ πίστιѕ σου σώσει σε.   καί φησιν αὐτοὺѕ λέγειν·
Κακὸν ἡ ἐν τῷ κόσμῳ σοφία, ἀγαθὸν δ᾽ ἡ μωρία.   λε-
κτέον δὲ πρὸѕ τοῦτο, ὅτι εἰ μὲν οἷόν τε πάνταѕ καταλι-
πόνταѕ τὰ τοῦ βίου πράγματα σχολάζειν τῷ φιλοσοφεῖν,
ἄλλην ὁδὸν οὐ μεταδιωκτέον οὐδενὶ ἢ ταύτην μόνην. 25
εὑρεθήσεται γὰρ ἐν τῷ χριστιανισμῷ οὐκ ἐλάττων, ἵνα μὴ

10 C. Cels. i. 9 (Ru. I. 327)   ταῦτα] τοῦτο ABD   τὸ]
F; τῷ ℵABD   13 ἀλόγωѕ] hic rursus incipit C   μιτρα-
γύρταιѕ C ; μηναγύρταιѕ ℵmarg   14 σαβιζίοιѕ ABC   18 γί-
νεσθαι B; γενέσθαι AC   19 μηδὲ] μὴ ABC   20 τῷ] τὸ AB
22 τῷ κόσμῳ] βίῳ ABC   23 τε]+ἦν ABC   26 om. τῷ ABC
ἐλάττων] ἔλαττον ABC*

אABC φορτικόν τι εἴπω, ἐξέτασις τῶν πεπιστευμένων, καὶ διή-
γησις τῶν ἐν τοῖς προφήταις αἰνιγμάτων, καὶ τῶν ἐν τοῖς
εὐαγγελίοις παραβολῶν, καὶ ἄλλων μυρίων συμβολικῶς
328 γεγενημένων ἢ νενομοθετημένων. εἰ δὲ τοῦτ᾽ ἀμήχανον,
5 πῇ μὲν διὰ τὰς τοῦ βίου ἀνάγκας, πῇ δὲ καὶ διὰ τὴν τῶν
ἀνθρώπων ἀσθένειαν, σφόδρα ὀλίγων ἐπὶ τὸν λόγον ἀτ-
τόντων· ποία ἂν ἄλλη βελτίων μέθοδος πρὸς τὸ τοῖς πολ-
λοῖς βοηθῆσαι εὑρεθείη, τῆς ἀπὸ τοῦ Ἰησοῦ τοῖς ἔθνεσι
παραδοθείσης; καὶ πυνθανόμεθά γε περὶ τοῦ πλήθους τῶν
10 πιστευόντων, τὴν πολλὴν χύσιν τῆς κακίας ἀποθεμένων, ἐν
ᾗ πρότερον ἐκαλινδοῦντο· πότερον βέλτιόν ἐστιν αὐτοῖς
ἀλόγως πιστεύουσι κατεστάλθαι πως τὰ ἤθη καὶ ὠφε-
λῆσθαι, διὰ τὴν περὶ τῶν κολαζομένων ἐπὶ ἁμαρτίαις καὶ
τιμωμένων ἐπὶ ἔργοις χρηστοῖς πίστιν, ἢ μὴ προσιέσθαι
15 αὐτῶν τὴν ἐπιστροφὴν μετὰ ψιλῆς πίστεως, ἕως ἂν ἐπι-
δῶσιν ἑαυτοὺς ἐξετάσει λόγων; φανερῶς γὰρ οἱ πάντες
παρ᾽ ἐλαχίστους οὐδὲ τοῦτο λήψονται, ὅπερ εἰλήφασιν ἐκ
τοῦ ἁπλῶς πεπιστευκέναι· ἀλλὰ μενοῦσιν ἐν κακίστῳ βίῳ.
εἴπερ οὖν ἄλλο τι κατασκευαστικόν ἐστι τοῦ τὸ φιλάν-
20 θρωπον τοῦ λόγου οὐκ ἀθεεὶ τῷ βίῳ τῶν ἀνθρώπων ἐπι-
δεδημηκέναι, καὶ τοῦτ᾽ αὐτοῖς συγκαταριθμητέον. ὁ γὰρ
εὐλαβὴς οὐδὲ σωμάτων ἰατρόν, πολλοὺς ἐπὶ τὸ βέλτιον
νοσοῦντας ἀγαγόντα, οἰήσεται ἀθεεὶ πόλεσι καὶ ἔθνεσιν ἐπι-
δημεῖν· οὐδὲν γὰρ χρηστὸν ἐν ἀνθρώποις ἀθεεὶ γίνεται.
25 εἰ δ᾽ ὁ πολλῶν σώματα θεραπεύσας ἢ ἐπὶ τὸ βέλτιον προ-
αγαγὼν οὐκ ἀθεεὶ θεραπεύει· πόσῳ πλέον ὁ πολλῶν ψυχὰς
θεραπεύσας καὶ ἐπιστρέψας καὶ βελτιώσας καὶ ἀναρτήσας
αὐτὰς θεοῦ τοῦ ἐπὶ πᾶσι, καὶ διδάξας πᾶσαν πρᾶξιν ἀνα-
φέρειν ἐπὶ τὴν ἐκείνου ἀρέσκειαν καὶ πάντα ἐκκλίνειν ὅσα
30 ἀπάρεστά εἰσι θεῷ, μέχρι τοῦ ἐλαχίστου τῶν λεγομένων ἢ
πραττομένων ἢ καὶ εἰς ἐνθύμησιν ἐρχομένων;

11 αὐτοῖς ἐστὶν ABC   17 ὁ παρειλήφασιν ABC   18 ἁπλῶς]
αὐτοὺς ABC   βίω] + τῷ τῶν ἀνθρώπων ABC   27 om. θερα-
πεύσας καὶ ABC   30 εἰσι] ἐστι AB   μέχρι τοῦ] καὶ μέχρι ABC

2. Εἶτ᾿, ἐπεὶ τὰ περὶ τῆς πίστεως θρυλοῦσι, λεκτέον ℵABC
ὅτι ἡμεῖς μὲν, παραλαμβάνοντες αὐτὴν ὡς χρήσιμον τοῖς
πολλοῖς, ὁμολογοῦμεν διδάσκειν πιστεύειν καὶ ἀλόγως τοὺς
μὴ δυναμένους πάντα καταλιπεῖν καὶ ἀκολουθεῖν ἐξετάσει
λόγου· ἐκεῖνοι δὲ τοῦτο μὴ ὁμολογοῦντες τοῖς ἔργοις αὐτὸ 5
ποιοῦσι. τίς γὰρ προτραπεὶς ἐπὶ φιλοσοφίαν, καὶ ἀπο-
κληρωτικῶς ἐπί τινα αἵρεσιν ἑαυτὸν φιλοσόφων ῥίψας ἢ
τῷ εὐπορηκέναι τοιοῦδε διδασκάλου, ἄλλως ἐπὶ τοῦτο
ἔρχεται ἢ τῷ πιστεύειν τὴν αἵρεσιν ἐκείνην κρείττονα εἶναι;
οὐ γὰρ περιμείνας ἀκοῦσαι τοὺς πάντων φιλοσόφων λόγους 10
καὶ τῶν διαφόρων αἱρέσεων, καὶ τὴν ἀνατροπὴν μὲν τῶνδε
κατασκευὴν δὲ ἑτέρων, οὕτως αἱρεῖται ἤτοι Στωϊκὸς ἢ
Πλατωνικὸς ἢ Περιπατητικὸς ἢ Ἐπικούρειος εἶναι, ἢ
ὁποιασδήποτε φιλοσόφων αἱρέσεως· ἀλλ᾿ ἀλόγῳ τινὶ, κἂν 329
μὴ βούλωνται τοῦτο ὁμολογεῖν, φορᾷ ἔρχονται ἐπὶ τὸ 15
ἀσκῆσαι, φέρ᾿ εἰπεῖν, τὸν Στωϊκὸν λόγον, καταλιπόντες
τοὺς λοιπούς· τὸν Πλατωνικὸν ὑπερφρονήσαντες ὡς ταπει-
νότερον τῶν ἄλλων, ἢ τὸν Περιπατητικὸν ὡς ἀνθρωπικώ-
τατον καὶ μᾶλλον τῶν λοιπῶν αἱρέσεων εὐγνωμόνως ὁμο-
λογοῦντα τὰ ἀνθρώπινα ἀγαθά. καὶ ἀπὸ πρώτης δὲ 20
προσβολῆς ταραχθέντες τινὲς εἰς τὸν περὶ προνοίας λόγον,
ἐκ τῶν ἐπὶ γῆς γινομένων φαύλοις καὶ σπουδαίοις, προ-
πετέστερον συγκατέθεντο τῷ μηδαμῶς εἶναι πρόνοιαν, καὶ
τὸν Ἐπικούρου καὶ Κέλσου εἵλοντο λόγον.

3. Εἴπερ οὖν δεῖ πιστεύειν, ὡς ὁ λόγος ἐδίδαξεν, ἑνί 25
τινι τῶν αἱρέσεις εἰσηγησαμένων ἐν Ἕλλησιν ἢ βαρβά-
ροις· πῶς οὐχὶ μᾶλλον τῷ ἐπὶ πᾶσι θεῷ, καὶ τῷ διδά-
σκοντι τοῦτον μόνον δεῖν σέβειν, τὰ δὲ λοιπὰ, ἤτοι ὡς μὴ
ὄντα, ἢ ὡς ὄντα μὲν καὶ τιμῆς ἄξια οὐ μὴν καὶ προσ-
κυνήσεως καὶ σεβασμοῦ, παρορᾶν; περὶ ὧν ὁ μὴ πιστεύων 30

8 ἄλλως] ἢ οὐκ ἄλλως ABC   10, 11 λόγους post αἱρέσεων ABC
15 ἔρχονται] ἔρχεται ABC*   16 καταλείποντες A; καταλιπὼν
C*   17 λοιπούς·]+ ἢ ABC   19 εὐγνωμόνως] ἀνθρωπίνως
ABC   25 ἑνί] ἐν B; ἐπί AC   28 μόνον δεῖν] ℵcorr A; μόνον
δεῖ ℵ*B; δὴ μόνον C

ℵABC μόνον, ἀλλὰ καὶ λόγῳ θεωρῶν τὰ πράγματα, ἐρεῖ τὰς
ὑποπιπτούσας αὐτῷ καὶ εὑρισκομένας ἐκ τοῦ πάνυ ζητεῖν
ἀποδείξεις. πῶς δ' οὐκ εὐλογώτερον, πάντων τῶν ἀνθρω-
πίνων πίστεως ἠρτημένων, ἐκείνων μᾶλλον πιστεύειν τῷ
5 θεῷ; τίς γὰρ πλεῖ ἢ γαμεῖ ἢ παιδοποιεῖται ἢ ῥίπτει τὰ
σπέρματα ἐπὶ τὴν γῆν, μὴ τὰ κρείττονα πιστεύων ἀπαντή-
σεσθαι, δυνατοῦ ὄντος καὶ τοῦ ἐναντία γενέσθαι, καὶ ἔστιν
ὅτε γινομένου; ἀλλ' ὅμως ἡ περὶ τοῦ κρείττονα καὶ τὰ
κατ' εὐχὴν ἀπαντήσεσθαι πίστις τολμᾶν πάντας ποιεῖ,
10 καὶ ἐπὶ τὰ ἄδηλα καὶ δυνατὰ ἄλλως συμβῆναι. εἰ δὲ
συνέχει τὸν βίον ἐν πάσῃ πράξει ἀδήλῳ, ὅπως ἐκβήσεται,
ἡ ἐλπὶς καὶ ἡ περὶ τῶν μελλόντων χρηστοτέρα πίστις·
πῶς οὐ μᾶλλον αὕτη παραληφθήσεται εὐλόγως τῷ πιστεύ-
οντι ὑπὲρ τὴν πλεομένην θάλασσαν καὶ γῆν σπειρομένην
15 καὶ γυναῖκα γαμουμένην, καὶ τὰ λοιπὰ ἐν ἀνθρώποις πρά-
γματα, τῷ ταῦτα πάντα δημιουργήσαντι θεῷ, καὶ τῷ μετὰ
ὑπερβαλλούσης μεγαλονοίας καὶ θείας μεγαλοφροσύνης
τολμήσαντι τοῦτον τὸν λόγον παραστῆσαι τοῖς πανταχοῦ
τῆς οἰκουμένης, μετὰ μεγάλων κινδύνων καὶ θανάτου νομι-
20 ζομένου ἀτίμου, ἃ ὑπέμεινεν ὑπὲρ ἀνθρώπων, διδάξας καὶ
τοὺς ὑπηρετεῖσθαι τῇ διδασκαλίᾳ αὐτοῦ ἐν τῇ ἀρχῇ πει-
330 σθέντας, μετὰ πάντων κινδύνων καὶ τῶν ἀεὶ προσδοκω-
μένων θανάτων τολμῆσαι ἀποδημῆσαι πανταχοῦ τῆς οἰ-
κουμένης ὑπὲρ τῆς τῶν ἀνθρώπων σωτηρίας;

337   4. Λεγέτω δὴ ἡμῖν ὁ τῇ πίστει χριστιανῶν ἐγκαλῶν,
ποίοις ἀποδεικτικοῖς λόγοις ἠναγκάσθη παραδέξασθαι πολ-
λὰς γεγονέναι ἐκπυρώσεις καὶ πολλοὺς κατακλυσμούς·
πάντων δὲ νεώτερον εἶναι κατακλυσμὸν μὲν τὸν ἐπὶ Δευ-
καλίωνος, ἐκπύρωσιν δὲ τὴν ἐπὶ Φαέθοντος. ἀλλ' ἐὰν
30 προβάλληται τοὺς Πλάτωνος περὶ τούτων διαλόγους, φή-
σομεν αὐτῷ καὶ ἡμῖν ἐξεῖναι πιστεύειν ἐν καθαρᾷ καὶ

7 τοῦ]+τὰ ABC   8 τοῦ]+τὰ ins. supra lin. ℵ   13 οὐ]
οὐχὶ ABC   22 om. πάντων ABC   25 C. Cels. i. 19
δὴ] δ' ABC

εὐσεβεῖ ψυχῇ Μωσέως, πᾶν γενητὸν ὑπεραναβάντος καὶ ℵABC
τοῦ δημιουργοῦ τῶν ὅλων ἑαυτὸν ἐξαρτήσαντος, ἐμπεπολι-
τεῦσθαι πνεῦμα θεῖον, πολλῷ ἐναργέστερον Πλάτωνος καὶ
τῶν παρ᾽ Ἕλλησι καὶ παρὰ βαρβάροις σοφῶν τὰ τοῦ θεοῦ 338
παραστήσαντος. εἰ δ᾽ ἀπαιτεῖ ἡμᾶς λόγους τῆς τοιαύτης 5
πίστεως, διδότω πρότερος περὶ ὧν αὐτὸς ἀναποδείκτως
ἀπεφήνατο, καὶ ἑξῆς κατασκευάσομεν τὰ ἡμέτερα ταῦθ᾽
οὕτως ἔχειν.

5. Ἔστωσαν δὲ τῷ Κέλσῳ τοῦ περὶ τῶν ἐκπυρώσεων
καὶ ἐξυδατώσεων μύθου διδάσκαλοι οἱ κατ᾽ αὐτὸν σοφώ- 10
τατοι Αἰγύπτιοι, ὧν τῆς σοφίας ἴχνη ἄλογα ζῷα προσ-
κυνούμενα καὶ λόγοι παριστάντες εὔλογον εἶναι καὶ ἀνα-
κεχωρηκυῖάν τινα καὶ μυστικὴν τὴν τοιαύτην τοῦ θείου
θεραπείαν. κἂν μὲν Αἰγύπτιοι περὶ τῶν ζώων σεμνύνοντες
ἑαυτῶν τὸν λόγον θεολογίας φέρωσι, σοφοί εἰσιν· ἐὰν δὲ 15
ὁ τῷ Ἰουδαίων συγκαταθέμενος νόμῳ καὶ νομοθέτῃ πάντα
ἀναφέρῃ ἐπὶ τὸν τῶν ὅλων δημιουργὸν μόνον θεόν, ἥττων
εἶναι παρὰ Κέλσῳ καὶ τοῖς ὁμοίοις αὐτῷ λογίζεται τοῦ μὴ
εἰς λογικὰ μόνον καὶ θνητὰ ζῷα, ἀλλὰ καὶ εἰς ἄλογα κατά-
γοντος τὴν θεότητα, ὑπὲρ τὴν μυθικὴν μετενσωμάτωσιν, 20
τὴν περὶ τῆς πιπτούσης ἀπὸ τῶν ἁψίδων τοῦ οὐρανοῦ
ψυχῆς καὶ ἕως τῶν ἀλόγων ζώων, οὐ μόνον ἡμέρων ἀλλὰ
καὶ ἀγριωτάτων, καταβαινούσης. καὶ ἐὰν μὲν Αἰγύπτιοι
μυθολογῶσι, πιστεύονται πεφιλοσοφηκέναι δι᾽ αἰνιγμῶν
καὶ ἀπορρήτων· ἐὰν δὲ Μωσῆς ὅλῳ ἔθνει συγγράφων ἱστο- 25
ρίας καὶ νόμους αὐτοῖς καταλίπῃ, μῦθοι κενοὶ νομίζονται
μηδ᾽ ἀλληγορίαν ἐπιδεχόμενοι οἱ λόγοι αὐτοῦ. τοῦτο γὰρ
Κέλσῳ καὶ τοῖς Ἐπικουρείοις δοκεῖ.

6. Εἶτ᾽ ἐπεί φησιν ὁ Κέλσος αὐταῖς λέξεσιν· ‘Εἰ μὲν 330
δὴ θελήσουσιν ἀποκρίνεσθαί μοι, ὡς οὐ διαπειρωμένῳ, 30
πάντα γὰρ οἶδα,’ καὶ τὰ ἑξῆς· λεκτέον δὲ πρὸς τὸ ‘πάντα

---

4 om. παρὰ ABC   τὰ τοῦ] τὰ ℵ; τοῦ (?) ℵcorr   7 κατα-
σκευάζομεν ℵ   13 θείου] θεοῦ ℵ   16 ὁ τῷ] τις τῷ τῶν
C; τις τῶν AB*   20 ὑπὲρ] ἐπὶ ℵ   24 αἰνιγμάτων ABC
29 C. Cels. i. 12   30 δὴ] οὖν ABC·   ἀποκρίνασθαί ABC

ℵABC γὰρ οἶδα,' ἀλαζονικώτατα ὑπ' αὐτοῦ ἀποτετολμημένον, ὅτι,
εἴπερ ἀνεγνώκει μάλιστα τοὺς προφήτας, ὁμολογουμένων
αἰνιγμάτων πεπληρωμένους καὶ λόγων τοῖς πολλοῖς ἀσα-
φῶν, καὶ εἰ ἐντετεύχει ταῖς εὐαγγελικαῖς παραβολαῖς καὶ
5 τῇ λοιπῇ νόμου καὶ τῆς Ἰουδαϊκῆς ἱστορίας γραφῇ καὶ
ταῖς τῶν ἀποστόλων φωναῖς, καὶ ἀναγνοὺς εὐγνωμόνως
ἐβούλετο εἰσελθεῖν εἰς τὸν τῶν λέξεων νοῦν, οὐκ ἂν οὕτως
ἐθρασύνετο, οὐδ' εἶπε· 'πάντα γὰρ οἶδα.' ὡς οὐδ' ἡμεῖς οἱ
τούτοις ἐνδιατρίψαντες εἴποιμεν ἄν· 'πάντα γὰρ οἶδα'·
10 φίλη γὰρ ἡ ἀλήθεια. οὐδεὶς ἡμῶν ἐρεῖ· πάντα γὰρ οἶδα
τὰ Ἐπικούρου· ἢ θαρρήσει ὅτι πάντα οἶδε τὰ Πλάτωνος·
τοσούτων οὐσῶν διαφωνιῶν καὶ παρὰ τοῖς διηγουμένοις
αὐτά. τίς γὰρ οὕτω θρασὺς εἰπεῖν· πάντα γὰρ οἶδα τὰ
Στωϊκά, ἢ πάντα τὰ Περιπατητικά; εἰ μὴ ἄρα τό 'πάντα
15 γὰρ οἶδα' ἀπό τινων ἰδιωτῶν ἀναισθήτων ἀκούσας, οὐκ
αἰσθανομένων τῆς ἑαυτῶν ἀμαθίας, ᾠήθη ὡς τοιούτοις
διδασκάλοις χρησάμενος πάντα ἐγνωκέναι. δοκεῖ δέ μοι
τοιοῦτόν τι πεποιηκέναι, ὡς εἴ τις τῇ Αἰγύπτῳ ἐπιδημήσας,
ἔνθα οἱ μὲν Αἰγυπτίων σοφοὶ κατὰ τὰ πάτρια γράμματα
20 πολλὰ φιλοσοφοῦσι περὶ τῶν παρ' αὐτοῖς νενομισμένων
θείων, οἱ δὲ ἰδιῶται μύθους τινὰς ἀκούοντες ὧν τοὺς λόγους
οὐκ ἐπίστανται μέγα ἐπ' αὐτοῖς φρονοῦσιν, ᾤετο πάντα τὰ
Αἰγυπτίων ἐγνωκέναι, τοῖς ἰδιώταις αὐτῶν μαθητεύσας καὶ
μηδενὶ τῶν ἱερέων συμμίξας μηδ' ἀπό τινος αὐτῶν τὰ
25 Αἰγυπτίων ἀπόρρητα μαθών. ἃ δ' εἶπον περὶ Αἰγυπτίων
σοφῶν τε καὶ ἰδιωτῶν, δυνατὸν ἰδεῖν καὶ περὶ Περσῶν·
παρ' οἷς εἰσὶ τελεταί, πρεσβευόμεναι μὲν λογικῶς ὑπὸ
τῶν παρ' αὐτοῖς λογίων, συμβολικῶς δὲ γινόμεναι ὑπὸ τῶν
παρ' αὐτοῖς πολλῶν καὶ ἐπιπολαιοτέρων. τὸ δ' αὐτὸ καὶ
30 περὶ Σύρων καὶ Ἰνδῶν καὶ τῶν ὅσοι καὶ μύθους καὶ γράμ-
ματα ἔχουσι λεκτέον.

4 ἐντετυχήκει ABC   13 γὰρ (pr)] δ' ABC   14 στωικῶν ABC
περιπατητικῶν C   19 αἰγυπτίων] αἰγύπτιοι ABC   30 γράμ-
ματα] πράγματα AB*C

7. Ἐπεὶ δ' ὁ Κέλσος ἔθηκεν ὡς λεγόμενον ὑπὸ 331
πολλῶν χριστιανῶν· 'Κακὸν μέν γε ἡ ἐν τῷ βίῳ σοφία, ℵABC
ἀγαθὸν δ' ἡ μωρία·' λεκτέον ὅτι συκοφαντεῖ τὸν λόγον, μὴ
ἐκθέμενος αὐτὴν τὴν παρὰ τῷ Παύλῳ κειμένην λέξιν οὕτως

1 Co iii 18 f. ἔχουσαν· Εἴ τις δοκεῖ σοφὸς εἶναι ἐν ὑμῖν, ἐν τῷ αἰῶνι 5
τούτῳ μωρὸς γενέσθω, ἵνα γένηται σοφός· ἡ γὰρ σοφία
τοῦ κόσμου τούτου μωρία παρὰ θεῷ ἐστίν. οὐκοῦν ὁ μὲν
ἀπόστολός φησιν οὐχ ἁπλῶς Ἡ σοφία μωρία παρὰ θεῷ
ἐστίν· ἀλλ' Ἡ σοφία τοῦ κόσμου τούτου. καὶ πάλιν,
οὐκ Εἴ τις δοκεῖ σοφὸς εἶναι ἐν ὑμῖν, ἀπαξαπλῶς μωρὸς 10
γενέσθω· ἀλλ' Ἐν τῷ αἰῶνι τούτῳ μωρὸς γενέσθω, ἵνα
γένηται σοφός. σοφίαν οὖν τούτου τοῦ αἰῶνος λέγομεν
τὴν κατὰ τὰς γραφὰς καταργουμένην πᾶσαν ψευδοδοξοῦσαν
φιλοσοφίαν· καὶ μωρίαν λέγομεν ἀγαθόν, οὐκ ἀπολελυ-
μένως, ἀλλ' ὅτε τις τῷ αἰῶνι τούτῳ γίνεται μωρός· ὡς εἰ 15
λέγοιμεν καὶ τὸν Πλατωνικόν, πιστεύοντα τῇ ἀθανασίᾳ
τῆς ψυχῆς καὶ τοῖς περὶ αὐτῆς λεγομένοις περὶ μετενσω-
ματώσεως, μωρίαν ἀνειληφέναι, ὡς πρὸς τοὺς Στωϊκοὺς
διασύροντας τὴν τούτων συγκατάθεσιν· καὶ ὡς πρὸς Περι-
πατητικοὺς θρυλοῦντας τὰ Πλάτωνος τερετίσματα· καὶ ὡς 20
πρὸς Ἐπικουρείους δεισιδαιμονίαν ἐγκαλοῦντας τοῖς εἰσά-
γουσι πρόνοιαν καὶ θεὸν ἐφιστᾶσι τοῖς ὅλοις. ἔτι δὲ ὅτι
καὶ κατὰ τὸ τῷ λόγῳ ἀρέσκον πολλῷ διαφέρει μετὰ λόγου
καὶ σοφίας συγκατατίθεσθαι τοῖς δόγμασιν ἤπερ μετὰ
ψιλῆς τῆς πίστεως· καὶ ὅτι κατὰ περίστασιν καὶ τοῦτ' 25
ἐβουλήθη ὁ λόγος, ἵνα μὴ πάντη ἀνωφελεῖς ἐάσῃ τοὺς
ἀνθρώπους· δηλοῖ ὁ τοῦ Ἰησοῦ γνήσιος μαθητὴς Παῦλος,

1 Co i 21 εἰπών· Ἐπειδὴ γὰρ ἐν τῇ σοφίᾳ τοῦ θεοῦ οὐκ ἔγνω ὁ
κόσμος διὰ τῆς σοφίας τὸν θεόν, εὐδόκησεν ὁ θεὸς διὰ τῆς
μωρίας τοῦ κηρύγματος σῶσαι τοὺς πιστεύοντας. σαφῶς 30
οὖν διὰ τούτων δηλοῦται ὅτι ἐν τῇ σοφίᾳ τοῦ θεοῦ ἐχρῆν

2 κακὸν μέν γε] ὅτι κακὸν ABC   7 παρὰ]+τῷ ABC
8 παρὰ]+τῷ ABC   12 τοῦ αἰῶνος τούτου ABC   14 ἀγαθὴν
ℵ   ἀπολελυμένον ABC

ℵABC γιγνώσκεσθαι τὸν θεόν. καὶ ἐπεὶ μὴ τοῦτο γεγένηται
οὕτως, δεύτερον εὐδόκησεν ὁ θεὸς σῶσαι τοὺς πιστεύοντας
οὐχ ἁπαξαπλῶς διὰ μωρίας, ἀλλὰ διὰ μωρίας ὅσον ἐπὶ
κηρύγματι. αὐτόθεν γὰρ κηρυσσόμενος Ἰησοῦς Χριστὸς
5 ἐσταυρωμένος μωρία ἐστὶ κηρύγματος· ὡς καὶ ὁ συναισθό-
μενος αὐτοῦ λέγει Παῦλος ἐν τῷ· Ἡμεῖς δὲ κηρύσσομεν   1 Co i 23 f.
Ἰησοῦν Χριστὸν ἐσταυρωμένον, Ἰουδαίοις μὲν σκάνδαλον
ἔθνεσι δὲ μωρίαν· αὐτοῖς δὲ τοῖς κλητοῖς, Ἰουδαίοις τε καὶ
Ἕλλησι, Χριστὸν θεοῦ δύναμιν καὶ θεοῦ σοφίαν.

10   καὶ πρὸϲ τῷ τέλει τοῦ αὐτοῦ πρώτου τόμου, περὶ
τοῦ μηδένα ϲοφὸν ἢ πεπαιδεγμένον μεμαθητεῦϲθαι
τῷ Ἰηϲοῦ, ταῦτα·

376 8. Ὅτι τοῖς δυναμένοις φρονίμως καὶ εὐγνωμόνως
ἐξετάζειν τὰ περὶ τοὺς ἀποστόλους τοῦ Ἰησοῦ φαίνεται,
15 ὅτι δυνάμει θείᾳ ἐδίδασκον οὗτοι τὸν χριστιανισμὸν καὶ
ἐπετύγχανον ὑπάγοντες ἀνθρώπους τῷ λόγῳ τοῦ θεοῦ. οὐ
γὰρ ἡ εἰς τὸ λέγειν δύναμις καὶ τάξις ἐπαγγελίας, κατὰ
τὰς Ἑλλήνων διαλεκτικὰς ἢ ῥητορικὰς τέχνας, ἣν ἐν αὐτοῖς
377 ὑπαγομένη τοὺς ἀκούοντας. δοκεῖ δέ μοι, ὅτι σοφοὺς μέν
20 τινας ὡς πρὸς τὴν τῶν πολλῶν ὑπόληψιν καὶ ἱκανοὺς πρὸς
τὸ νοεῖν ἀρεσκόντως πλήθεσι καὶ λέγειν ἐπιλεξάμενος, καὶ
χρησάμενος αὐτοῖς διακόνοις τῆς διδασκαλίας, ὁ Ἰησοῦς
εὐλογώτατ᾽ ἂν ὑπενοήθη ὁμοίᾳ φιλοσόφοις κεκηρύχθαι
ἀγωγῇ αἱρέσεώς τινος προϊσταμένοις· καὶ οὐκέτι ἂν ἡ περὶ
25 τοῦ θεῖον εἶναι τὸν λόγον ἐπαγγελία ἀνεφαίνετο· ἄτε τοῦ
λόγου ὄντος καὶ τοῦ κηρύγματος ἐν πειθοῖς τῆς ἐν φράσει   cf. 1 Co ii 4 f.
καὶ συνθέσει τῶν λέξεων σοφίας· καὶ ἦν ἂν ἡ πίστις,
ὁμοίως τῇ τῶν τοῦ κόσμου φιλοσόφων περὶ τῶν δογμάτων

8 ἔθνεσι] Ἕλλησι BC   13 C. Cels. i. 62   17 ἀπαγ-
γελίας B; ἀπαγγελείας A   19 ὅτι]+εἰ ℵ (sed punctis notatur)
21 καὶ λέγειν post νοεῖν ABC   23 κεκηρύχθαι] κεχρῆσθαι ABC
25 ἀπαγγελεία A   26 πειθοῖς] cf. p. 41 l. 14, p. 71 l. 30

πίστει, ἐν σοφίᾳ ἀνθρώπων καὶ οὐκ ἐν δυνάμει θεοῦ. νυνὶ ℵABC
δὲ τίς βλέπων ἁλιεῖς καὶ τελώνας, μηδὲ τὰ πρῶτα γράμ-
ματα μεμαθηκότας (ὡς τὸ εὐαγγέλιον ἀναγράφει περὶ
αὐτῶν, καὶ ὁ Κέλσος κατὰ ταῦτα πεπίστευκεν αὐτοῖς, ἀλη-
θεύουσι περὶ τῆς ἰδιωτείας αὐτῶν), τεθαρρηκότως οὐ μόνον 5
Ἰουδαίοις ὁμιλοῦντας περὶ τῆς εἰς τὸν Ἰησοῦν πίστεως,
ἀλλὰ καὶ ἐν τοῖς λοιποῖς ἔθνεσι κηρύσσοντας αὐτὸν καὶ
ἀνύοντας, οὐκ ἂν ζητήσαι πόθεν ἦν αὐτοῖς δύναμις πιστική;
οὐ γὰρ ἡ νενομισμένη τοῖς πολλοῖς. καὶ τίς οὐκ ἂν λέγοι
Mt iv 19 ὅτι τό· Δεῦτε ὀπίσω μου, καὶ ποιήσω ὑμᾶς ἁλιεῖς ἀνθρώ- 10
πων· δυνάμει τινὶ θείᾳ ἐν τοῖς ἀποστόλοις αὐτοῦ ἐπλήρω-
σεν ὁ Ἰησοῦς; ἥντινα καὶ ὁ Παῦλος παριστάς, ὡς καὶ ἐν
1 Co ii 4 f. τοῖς ἀνωτέρω εἰρήκαμεν, φησί· Καὶ ὁ λόγος μου καὶ τὸ
κήρυγμά μου οὐκ ἐν πειθοῖς ἀνθρωπίνης σοφίας λόγοις,
ἀλλ᾽ ἐν ἀποδείξει πνεύματος καὶ δυνάμεως· ἵνα ἡ πίστις 15
ἡμῶν μὴ ᾖ ἐν σοφίᾳ ἀνθρώπων, ἀλλ᾽ ἐν δυνάμει θεοῦ·
κατὰ γὰρ τὰ εἰρημένα ἐν τοῖς προφήταις, προγνωστικῶς
Ps lxviii ἀπαγγέλλουσι περὶ τῆς κηρύξεως τοῦ εὐαγγελίου· Κύριος
(lxvii) 12 f. ἔδωκε ῥῆμα τοῖς εὐαγγελιζομένοις δυνάμει πολλῇ, ὁ βασι-
λεὺς τῶν δυνάμεων τοῦ ἀγαπητοῦ· ἵνα καὶ ἡ λέγουσα προ- 20
Ps cxlvii 15 φητεία· Ἕως τάχους δραμεῖται ὁ λόγος αὐτοῦ· πληρωθῇ.
(4)
cf. Ps xix καὶ βλέπομέν γε, ὅτι Εἰς πᾶσαν τὴν γῆν ἐξῆλθεν ὁ τῶν
(xviii) 5 ἀποστόλων Ἰησοῦ φθόγγος, καὶ εἰς τὰ πέρατα τῆς οἰκου-
μένης τὰ ῥήματα αὐτῶν. διὰ τοῦτο δυνάμεως μὲν πλη-
ροῦνται οἱ λόγου τοῦ μετὰ δυνάμεως ἀπαγγελλομένου 25
ἀκούοντες, ἣν ἐπιδείκνυνται τῇ τε διαθέσει καὶ τῷ βίῳ καὶ
τῷ ἕως θανάτου ἀγωνίζεσθαι περὶ τῆς ἀληθείας· διάκενοι
δέ τινές εἰσι, κἂν ἐπαγγέλλωνται πιστεύειν τῷ θεῷ διὰ τοῦ
Ἰησοῦ, οἱ μὴ δύναμιν θείαν ἔχοντες προσάγεσθαι δοκοῦν-
τες τῷ λόγῳ τοῦ θεοῦ. εἰ καὶ ἀνωτέρω δ᾽ ἐμνήσθην εὐαγ- 30
γελικοῦ ῥητοῦ ὑπὸ τοῦ σωτῆρος εἰρημένου, οὐδὲν ἧττον καὶ

11, 12 ἐπλήρωσεν ἐν τ. ἀπ. αὐτοῦ ABC   14 om. ἀνθρωπίνης
ABC   23 φθόγγος post ὁ ABC   25 λόγου] λόγοι ℵ*BC   27 τῷ]
τὸ ABC   29 μὴ]+ὑπὸ ℵ (sed punctis notatur)

ℵABC νῦν αὐτῷ κατὰ καιρὸν χρήσομαι, παριστὰς καὶ τὴν τοῦ
σωτῆρος ἡμῶν περὶ τῆς τοῦ εὐαγγελίου κηρύξεως πρόγνω-
σιν θειότατα δηλουμένην, καὶ τὴν τοῦ λόγου ἰσχὺν χωρὶς
378 διδασκάλων κρατοῦσαν τῶν πιστευόντων τῇ μετὰ δυνάμεως
5 θείας πειθοῖ. φησὶ δὴ ὁ Ἰησοῦς· Ὁ μὲν θερισμὸς πολύς, Mt ix 37 f.
οἱ δὲ ἐργάται ὀλίγοι· δεήθητε οὖν τοῦ κυρίου τοῦ θερισμοῦ,
ὅπως ἐκβάλῃ ἐργάτας εἰς τὸν θερισμὸν αὐτοῦ.

9. Ἐπεὶ δὲ καὶ ἐπιρρήτους εἶπεν ἀνθρώπους, τελώνας
καὶ ναύτας πονηροτάτους λέγων ὁ Κέλσος τοὺς ἀποστό-
10 λους Ἰησοῦ· καὶ περὶ τούτου φήσομεν ὅτι ἔοικεν, ἵνα μὲν
ἐγκαλέσῃ τῷ λόγῳ, πιστεύειν ὅπου θέλει τοῖς γεγραμμέ-
νοις· ἵνα δὲ τὴν ἐμφαινομένην θειότητα ἐν τοῖς αὐτοῖς
βιβλίοις ἀπαγγελλομένην μὴ παραδέξηται, ἀπιστεῖν τοῖς
εὐαγγελίοις· δέον τὸ φιλάληθες ἰδόντα τῶν γραψάντων ἐκ
15 τῆς περὶ τῶν χειρόνων ἀναγραφῆς πιστεῦσαι καὶ περὶ τῶν
θειοτέρων. γέγραπται δὴ ἐν τῇ Βαρνάβα καθολικῇ ἐπι-
στολῇ, ὅθεν ὁ Κέλσος λαβὼν τάχα εἶπεν εἶναι ἐπιρρήτους
καὶ πονηροτάτους τοὺς ἀποστόλους, ὅτι Ἐξελέξατο τοὺς Ep Barn v 9
ἰδίους ἀποστόλους Ἰησοῦς, ὄντας ὑπὲρ πᾶσαν ἀνομίαν ἀνο-
20 μωτέρους. καὶ ἐν τῷ εὐαγγελίῳ δὲ τῷ κατὰ Λουκᾶν φησὶ
πρὸς τὸν Ἰησοῦν ὁ Πέτρος· Ἔξελθε ἀπ᾽ ἐμοῦ, ὅτι ἀνὴρ Lc v 8
ἁμαρτωλός εἰμι, κύριε. ἀλλὰ καὶ ὁ Παῦλος ἐν τῇ πρὸς
Τιμόθεόν φησι, καὶ αὐτὸς ὕστερον ἀπόστολος Ἰησοῦ γενό-
μενος, ὅτι Πιστὸς ὁ λόγος, ὅτι Ἰησοῦς Χριστὸς ἦλθεν εἰς 1 Tim i 15
25 τὸν κόσμον ἁμαρτωλοὺς σῶσαι, ὧν πρῶτός εἰμι ἐγώ. τί
οὖν ἄτοπον, βουλόμενον παραστῆσαι τῷ γένει τῶν ἀνθρώ-
πων τὸν Ἰησοῦν ὁπηλίκην ἔχει ψυχῶν ἰατρικήν, τοὺς
ἐπιρρήτους καὶ πονηροτάτους ἐπιλέξασθαι, καὶ τούτους
προαγαγεῖν ἐπὶ τοσοῦτον, ὥστ᾽ αὐτοὺς παράδειγμα εἶναι
30 ἤθους καθαρωτάτου τοῖς δι᾽ αὐτῶν προσαγομένοις τῷ Χρι-
στοῦ εὐαγγελίῳ;

10 ἔοικεν κ.τ.λ.] cf. supra c. xv. p. 83 l. 4   20 ἐν τῷ κατὰ
λουκᾶν δὲ (om. δὲ C) εὐαγγελίῳ ABC   23 γενόμενος ιησοῦ ABC
30 αὐτῶν] αὐτὸν ℵ*

10. Εἰ δ' ἐπὶ τῷ προτέρῳ βίῳ ὀνειδίζειν μέλλοιμεν אABC
τοῖς μεταβαλοῦσιν, ὥρα καὶ Φαίδωνος ἡμᾶς κατηγορεῖν
καὶ φιλοσοφήσαντος, ἐπεὶ, ὡς ἡ ἱστορία φησὶν, ἀπὸ οἰκή- 379
ματος στέγους αὐτὸν μετήγαγεν εἰς φιλόσοφον διατριβὴν
ὁ Σωκράτης. ἀλλὰ καὶ τὴν Πολέμωνος ἀσωτίαν, τοῦ 5
διαδεξαμένου Ξενοκράτην, ὀνειδίσομεν φιλοσοφίᾳ· δέον
κἀκεῖ τοῦτ' αὐτῆς ἀποδέξασθαι, ὅτι δεδύνηται ὁ ἐν τοῖς
πείσασι λόγος ἀπὸ τηλικούτων μεταστῆσαι κακῶν τοὺς
προκατειλημμένους ἐν αὐτοῖς. καὶ παρὰ μὲν τοῖς Ἕλλη-
σιν εἷς τις Φαίδων, καὶ οὐκ οἶδα εἰ δεύτερος, καὶ εἷς 10
Πολέμων, μεταβαλόντες ἀπὸ ἀσώτου καὶ μοχθηροτάτου
βίου ἐφιλοσόφησαν· παρὰ δὲ τῷ Ἰησοῦ οὐ μόνοι τότε οἱ
δώδεκα, ἀλλ' ἀεὶ καὶ πολλαπλασίους, οἵτινες γενόμενοι

Tit iii 3 ff. σωφρόνων χορὸς λέγουσι περὶ τῶν προτέρων· Ἦμεν γάρ
ποτε καὶ ἡμεῖς ἀνόητοι, ἀπειθεῖς, πλανώμενοι, δουλεύοντες 15
ἐπιθυμίαις καὶ ἡδοναῖς ποικίλαις, ἐν κακίᾳ καὶ φθόνῳ διά-
γοντες, στυγητοί, μισοῦντες ἀλλήλους. ὅτε δ' ἡ χρηστό-
της καὶ ἡ φιλανθρωπία ἐπεφάνη τοῦ σωτῆρος ἡμῶν θεοῦ,
διὰ λουτροῦ παλιγγενεσίας καὶ ἀνακαινώσεως πνεύματος,

Ps cvii (cvi) οὗ ἐξέχεεν ἐφ' ἡμᾶς, τοιοίδε γεγόναμεν. Ἐξαπέστειλε γὰρ 20
20
ὁ θεὸς τὸν λόγον αὐτοῦ, καὶ ἰάσατο αὐτοὺς, καὶ ἐρρύσατο
αὐτοὺς ἐκ τῶν διαφθορῶν αὐτῶν· ὡς ὁ ἐν ψαλμοῖς προφη-
τεύσας ἐδίδαξε. καὶ ταῦτα δ' ἂν προσθείην τοῖς λεγο-
μένοις, ὅτι Χρύσιππος, ἐν τῷ περὶ παθῶν θεραπευτικῷ,
πειρᾶται ὑπὲρ τοῦ καταστεῖλαι τὰ ἐν ἀνθρώποις πάθη τῶν 25
ψυχῶν, μὴ προσποιησάμενος ποῖόν τι τῆς ἀληθείας ἐστὶ
δόγμα, θεραπεύειν κατὰ τὰς διαφόρους αἱρέσεις τοὺς ἐν
τοῖς πάθεσι προκατειλημμένους, καί φησιν ὅτι, κἂν ἡδονὴ

4 στέγους αὐτὸν] τέγους αὐτὸν AC ; ἐτείου ϝαὐτὸν א (sic)   εἰς] ἐπὶ
τὴν ABC   6 φιλοσοφίᾳ] καὶ μετὰ φιλοσοφίαν ABC   8 λόγος]
λόγοις (?) א*   12 μόνοι] μόνον AB*C   13 ἀλλ' ἀεὶ] ἀλλὰ
AB*C   19 ἀνακαινώσεως]+τοῦ א (supra lin.)   20 οὗ] supra
lin. in א ; δ B   ἡμᾶς]+πλουσίως א (supra lin.)   23 λελεγ-
μένοις ABC   26 ποῖόν τι] ποῖον τὸ ABC   27 ἐν] καὶ א (sed
punctis notatur)

ℵABC τέλος ᾖ, οὑτωσὶ θεραπευτέον τὰ πάθη· κἂν τρία γένη τῶν
ἀγαθῶν, οὐδὲν ἧττον κατὰ τὸν λόγον τοῦτον τῶν παθῶν
οὕτως ἀπαλλακτέον τοὺς ἐνεχομένους αὐτοῖς. οἱ δὲ κατή-
γοροι τοῦ χριστιανισμοῦ οὐχ ὁρῶσιν ὅσων πάθη καὶ ὅσων
5 χύσις κακίας καταστέλλεται, καὶ ὅσων ἄγρια ἤθη ἡμε-
ροῦται προφάσει τοῦ λόγου· ᾧ ἔδει αὐτοὺς ἐντυχόντας
τῷ κοινωνικῷ χάριτας ὁμολογεῖν, καινῇ μεθόδῳ πολλῶν
κακῶν μεταστήσαντι τοὺς ἀνθρώπους· καὶ μαρτυρεῖν γε
αὐτῷ, εἰ καὶ μὴ ἀλήθειαν, ἀλλὰ τὸ λυσιτελὲς τῷ τῶν ἀν-
10 θρώπων γένει.

380   11.   Ἐπεὶ δὲ μὴ προπετεῖς διδάσκων τοὺς μαθητὰς ὁ
Ἰησοῦς ἔλεγεν αὐτοῖς τό· Ἐὰν διώκωσιν ὑμᾶς ἐν τῇ πόλει Mt x 23
ταύτῃ, φεύγετε εἰς τὴν ἑτέραν· κἂν ἐν τῇ ἑτέρᾳ διώκωσι,
πάλιν φεύγετε εἰς τὴν ἄλλην· καὶ διδάσκων παράδειγμα
15 αὐτοῖς ἐγίνετο εὐσταθοῦς βίου, οἰκονομοῦντος μὴ εἰκῇ
μηδὲ ἀκαίρως καὶ ἀλόγως ὁμόσε χωρεῖν τοῖς κινδύνοις·
τοῦτο πάλιν κακουργῶν ὁ Κέλσος διαβάλλει, καί φησι
πρὸς τὸν Ἰησοῦν ὁ παρ' αὐτῷ Ἰουδαῖος ὅτι 'Μετὰ τῶν
μαθητῶν τῇδε κἀκεῖσε ἀποδιδράσκεις.'

20   12.   'Τί δὲ καί σε νήπιον ἔτι ἐχρῆν εἰς Αἴγυπτον
ἐκκομίζεσθαι, μὴ ἀποσφαγῇς; θεὸν γὰρ οὐκ εἰκὸς ἦν περὶ
θανάτου δεδιέναι;' καὶ τὰ ἑξῆς.   ἡμεῖς δ' αὐτῷ πιστεύοντες
381 Ἰησοῦ περὶ μὲν τῆς ἐν αὐτῷ θειότητος λέγοντι· Ἐγώ εἰμι Jn xiv 6
ἡ ὁδὸς καὶ ἡ ἀλήθεια καὶ ἡ ζωή· καὶ εἴ τι τούτοις παρα-
25 πλήσιον· περὶ δὲ τοῦ, ὅτι ἐν ἀνθρωπίνῳ σώματι ἦν, ταῦτα
φάσκοντι· Νῦν δὲ ζητεῖτέ με ἀποκτεῖναι, ἄνθρωπον ὃς Jn viii 40
τὴν ἀλήθειαν ὑμῖν λελάληκα· σύνθετόν τι χρῆμά φαμεν
αὐτὸν γεγονέναι.   καὶ ἐχρῆν τὸν προνοούμενον τῆς ὡς
ἀνθρώπου ἑαυτοῦ εἰς τὸν βίον ἐπιδημίας μὴ ἀκαίρως ὁμόσε
30 χωρεῖν τῷ ἕως θανάτου κινδύνῳ.   οὕτως δὲ ἔδει αὐτὸν καὶ

1 τὰ πάθη θεραπευτέον ABC   4 om. τοῦ ABC   6, 7 αὐ-
τοὺς ἐντυγχάνοντας τῷ κοινωνικῷ B; αὐχοῦντας αὐτοὺς τὸ κοινωνικὸν ℵ
13, 14 φεύγετε—ἄλλην] ℵ^corr AB; om. ℵ*C   20 C. Cels. i.
66   καί σε] σε καὶ ABC   21 μὴ] ἵνα μὴ BC   26 om.
δὲ AC   ὃς] ὅστις ℵ (sed τις supra lin.)

ὑπὸ τῶν ἀνατρεφόντων ἄγεσθαι, ὑπὸ θείου ἀγγέλου οἰκονο- ℵABC
μουμένων.

13. Τί οὖν ἄτοπον τὸν ἄπαξ ἐνανθρωπήσαντα καὶ
κατ᾿ ἀνθρωπίνην ἀγωγὴν οἰκονομεῖσθαι πρὸς τὸ ἐκκλίνειν
κινδύνους, οὐ τῷ ἄλλως ἀδύνατον εἶναι τοιοῦτον γενέσθαι, 5
ἀλλὰ τῷ δεῖν τὸ ἐγχωροῦν ὁδῷ καὶ τάξει περὶ τῆς σωτηρίας
τοῦ Ἰησοῦ ᾠκονομῆσθαι; καὶ βέλτιόν γε ἦν ὑπεκστῆναι
τὸ παιδίον Ἰησοῦν τῆς Ἡρώδου ἐπιβουλῆς, καὶ ἀποδη-
μῆσαι μετὰ τῶν τρεφόντων αὐτὸ εἰς Αἴγυπτον ἕως τῆς
τελευτῆς τοῦ ἐπιβουλεύοντος· ἢ τὴν περὶ τοῦ Ἰησοῦ πρό- 10
νοιαν κωλύειν τὸ ἐφ᾿ ἡμῖν Ἡρώδου ἀναιρεῖν τὸ παιδίον
θέλοντος, ἢ τὴν λεγομένην παρὰ τοῖς ποιηταῖς Ἅιδος
κυνέην ἤ τι παραπλήσιον ποιεῖν εἶναι περὶ τὸν Ἰησοῦν, ἢ
cf. Ge xix 11 πατάξαι ὁμοίως τοῖς ἐν Σοδόμοις τοὺς ἥκοντας ἐπὶ τὴν
ἀναίρεσιν αὐτοῦ. τὸ γὰρ πάνυ παράδοξον τῆς ἐπ᾿ αὐτὸν 15
βοηθείας, καὶ ἐπὶ πλέον ἐμφανές, οὐκ ἦν χρήσιμον τῷ
βούλεσθαι αὐτὸν διδάξαι ὡς ἄνθρωπον μαρτυρούμενον ὑπὸ
τοῦ θεοῦ ἔχειν τι θειότερον ἐν τῷ βλεπομένῳ ἀνθρώπῳ·
1 Co i 24 ὅπερ ἦν ὁ κυρίως υἱὸς θεοῦ, θεὸς λόγος, θεοῦ δύναμις καὶ
θεοῦ σοφία, ὁ καλούμενος Χριστός. οὐ καιρὸς δὲ νῦν τὰ 20
περὶ τοῦ συνθέτου, καὶ ἐξ ὧν συνέκειτο ἐνανθρωπήσας
Ἰησοῦς, διηγήσασθαι· οὔσης τινὸς καί, ἵν᾿ οὕτως ὀνομάσω,
οἰκείας ζητήσεως τοῖς πιστεύουσιν εἰς τὸν τόπον.

14. Ὅμοιον δὲ ᾗ πεποίηται κατὰ Ἰησοῦ καὶ τῶν μα- 380
θητῶν διαβολῇ φήσομεν εἶναι καὶ τὸ περὶ Ἀριστοτέλους 25
ἱστορούμενον· οὗτος γὰρ ἰδὼν συγκροτεῖσθαι μέλλον κατ᾿
αὐτοῦ δικαστήριον ὡς κατὰ ἀσεβοῦς, διά τινα δόγματα τῆς
φιλοσοφίας αὐτοῦ ἃ ἐνόμισαν εἶναι ἀσεβῆ Ἀθηναῖοι,
ἀναχωρήσας ἀπὸ τῶν Ἀθηνῶν ἐν Χαλκίδι τὰς διατριβὰς

3 ἄτοπον]+ἦν ABC   5 οὐ τῷ] οὕτως ℵ*   ἀδύνατον] δυ-
νατὸν AB*C   εἶναι]+τὸ ABC   7 οἰκονομεῖσθαι ABC   8 τὴν
ἠρ. ἐπιβουλὴν ℵᶜᵒʳʳABC   16 πλεῖον ABC   19 θεοῦ λόγος
ℵ*   θεοῦ δύναμις] καὶ δύναμις ℵ   20 om. ὁ ABC   21 συνέ-
κειτο]+ὁ ABC   24 C. Cels. i. 65   κατὰ]+τοῦ ABC

ℵABC ἐποιήσατο, ἀπολογησάμενος τοῖς γνωρίμοις καὶ εἰπών·
᾽Απίωμεν ἀπὸ τῶν ᾽Αθηνῶν, ἵνα μὴ πρόφασιν δῶμεν ᾽Αθη-
ναίοις τοῦ δεύτερον ἄγος ἀναλαβεῖν παραπλήσιον τῷ κατὰ
Σωκράτους, καὶ ἵνα μὴ δεύτερον εἰς φιλοσοφίαν ἀσεβήσω-
5 σιν.

καὶ ἐν τῷ τρίτῳ τόμῳ τῆϲ αϒτῆϲ κατὰ Κέλϲοϒ πραγ-
ματείαϲ τάδε φηϲίν·

475   15. Εἶθ᾽ ἑξῆς τούτοις ὁ Κέλσος τὰ ὑπὸ ὀλίγων πάνυ
παρὰ τὴν διδασκαλίαν ᾽Ιησοῦ λεγόμενα νομιζομένων χρι-
10 στιανῶν, οὐ φρονιμωτέρων (ὡς οἴεται) ἀλλ᾽ ἀμαθεστάτων,
φέρων, φησὶ ᾽ τοιαῦτα ὑπ᾽ αὐτῶν προστάσσεσθαι· Μηδεὶς
476 προσίτω πεπαιδευμένος, μηδεὶς σοφός, μηδεὶς φρόνιμος·
κακὰ γὰρ ταῦτα νομίζεται παρ᾽ ἡμῖν· ἀλλ᾽ εἴ τις ἀμαθὴς,
εἴ τις ἀνόητος, εἴ τις ἀπαίδευτος, εἴ τις νήπιος, θαρρῶν
15 ἡκέτω. τούτους γὰρ ἀξίους εἶναι τοῦ σφετέρου θεοῦ αὐτό-
θεν ὁμολογοῦντες, δῆλοί εἰσιν ὅτι μόνους τοὺς ἠλιθίους
καὶ ἀγεννεῖς καὶ ἀναισθήτους καὶ ἀνδράποδα καὶ γύναια
καὶ παιδάρια πείθειν ἐθέλουσί τε καὶ δύνανται.᾽ καὶ πρὸς
ταῦτα δέ φαμεν ὅτι, ὥσπερ εἴ τις, τοῦ ᾽Ιησοῦ διδάσκοντος
20 τὰ περὶ σωφροσύνης καὶ λέγοντος· Ὃς ἐὰν ἐμβλέψῃ γυναικὶ Mt v 28
πρὸς τὸ ἐπιθυμῆσαι ἤδη ἐμοίχευσεν αὐτὴν ἐν τῇ καρδίᾳ
αὐτοῦ· ἑώρα τινὰς ὀλίγους ἀπὸ τῶν τοσούτων χριστιανοὺς
εἶναι νομιζομένους ἀκολάστως ζῶντας, εὐλογώτατα μὲν ἂν
αὐτοῖς ἐνεκάλει παρὰ τὴν ᾽Ιησοῦ βιοῦσι διδασκαλίαν·
25 ἀλογώτατα δ᾽ ἂν ἐποίησεν, εἰ τὸ κατ᾽ ἐκείνων ἔγκλημα τῷ
λόγῳ προσῆπτεν· οὕτως, ἐὰν εὑρίσκηται οὐδενὸς ἧττον ὁ
χριστιανῶν λόγος ἐπὶ σοφίαν προκαλούμενος, ἐγκλητέον
μὲν ἔσται τοῖς συναγορεύουσι τῇ σφῶν ἀμαθίᾳ, καὶ λέ-
γουσιν οὐ ταῦτα μὲν ἅπερ ὁ Κέλσος ἀνέγραψεν· οὐδὲ γὰρ
30 οὕτως ἀναισχύντως, κἂν ἰδιῶταί τινες ὦσι καὶ ἀμαθεῖς,

1 εἰπών] λέγων ABC   8 C. Cels. iii. 44   13 κακὰ] καὶ ℵ
14 om. εἴ τις ἀπαίδευτος ℵ   15 ἱκέτω ℵ   om. εἶναι ℵ
22 om. τινὰς ℵ   23 om. ἂν ℵ   29 οὐδὲ] οὐ ABC

λέγουσιν· ἔτερα δὲ πολλῷ ἐλάττονα καὶ ἀποτρεπτικὰ τοῦ אABC
ἀσκεῖν σοφίαν.

16. Ὅτι δὲ βούλεται ἡμᾶς εἶναι σοφοὺς ὁ λόγος, δει-
κτέον καὶ ἀπὸ τῶν παλαιῶν καὶ Ἰουδαϊκῶν γραμμάτων,
οἷς καὶ ἡμεῖς χρώμεθα· οὐχ ἧττον δὲ καὶ ἀπὸ τῶν μετὰ 5
τὸν Ἰησοῦν γραφέντων καὶ ἐν ταῖς ἐκκλησίαις θείων εἶναι
πεπιστευμένων. ἀναγέγραπται δὴ ἐν πεντηκοστῷ ψαλμῷ
Ps li (l) 8 Δαυὶδ ἐν τῇ πρὸς θεὸν εὐχῇ λέγων· Τὰ ἄδηλα καὶ τὰ
κρύφια τῆς σοφίας σου ἐδήλωσάς μοι. καὶ εἴ τίς γε ἐν-
τύχοι τοῖς ψαλμοῖς, εὕροι ἂν πολλῶν καὶ σοφῶν δογμάτων 10
cf. 2 Chr i 10 πλήρη τὴν βίβλον. καὶ Σολομὼν δέ, ἐπεὶ σοφίαν ᾔτησεν,
ἀπεδέχθη· καὶ τῆς σοφίας αὐτοῦ τὰ ἴχνη ἔστιν ἐν τοῖς
συγγράμμασι θεωρῆσαι, μεγάλην ἔχοντα ἐν βραχυλογίᾳ
περίνοιαν· ἐν οἷς ἂν εὕροις πολλὰ ἐγκώμια τῆς σοφίας καὶ
προτρεπτικὰ περὶ τοῦ σοφίαν δεῖν ἀναλαβεῖν. καὶ οὕτω 15
1 Reg x 1 ff. γε σοφὸς ἦν Σολομών, ὥστε τὴν βασιλίδα Σαβὰ ἀκούσασαν
αὐτοῦ τὸ ὄνομα καὶ τὸ ὄνομα κυρίου ἐλθεῖν πειράσαι αὐτὸν
ἐν αἰνίγμασιν. ἥτις καὶ ἐλάλησεν αὐτῷ πάντα ὅσα ἦν ἐν
τῇ καρδίᾳ αὐτῆς. καὶ ἀπήγγειλεν αὐτῇ Σολομὼν πάντας
τοὺς λόγους αὐτῆς· οὐκ ἦν λόγος παρεωραμένος ὑπὸ τοῦ 20
βασιλέως, ὃν οὐκ ἀπήγγειλεν αὐτῇ. καὶ εἶδε βασίλισσα
Σαβὰ πᾶσαν φρόνησιν Σολομών, καὶ τὰ κατ᾽ αὐτόν· καὶ
ἐξ ἑαυτῆς ἐγένετο. καὶ εἶπε πρὸς τὸν βασιλέα· ἀληθὴς ὁ
λόγος ὃν ἤκουσα ἐν τῇ γῇ μου περὶ σοῦ καὶ περὶ τῆς
φρονήσεώς σου· καὶ οὐκ ἐπίστευσα τοῖς λαλοῦσί μοι, 25
ἕως ὅτε παρεγενόμην καὶ ἑωράκασιν οἱ ὀφθαλμοί μου. καὶ
ἰδοὺ οὐκ ἔστι καθὼς ἀπήγγειλάν μοι τὸ ἥμισυ. προστέ-
θεικας σοφίαν καὶ ἀγαθὰ πρὸς αὐτὰ ἐπὶ πᾶσαν τὴν ἀκοὴν 477
1 Regiv 29 ff. ἣν ἤκουσα. γέγραπται δὴ περὶ τοῦ αὐτοῦ ὅτι Καὶ ἔδωκε
κύριος φρόνησιν τῷ Σολομὼν καὶ σοφίαν πολλὴν σφόδρα 30

אABC καὶ χύμα καρδίας ὡς ἡ ἄμμος ἡ παρὰ τὴν θάλασσαν. καὶ
ἐπληθύνθη σοφία ἐν Σολομῶν σφόδρα ὑπὲρ τὴν φρόνησιν
πάντων ἀρχαίων καὶ ὑπὲρ πάντας φρονίμους Αἰγύπτου.
καὶ ἐσοφίσατο ὑπὲρ πάντας ἀνθρώπους· καὶ τὰ ἑξῆς. οὕτω
5 δὲ βούλεται σοφοὺς εἶναι ἐν τοῖς πιστεύουσιν ὁ λόγος,
ὥστε ὑπὲρ τοῦ γυμνάσαι τὴν σύνεσιν τῶν ἀκουόντων τὰ
μὲν ἐν αἰνίγμασι, τὰ δὲ ἐν τοῖς καλουμένοις σκοτεινοῖς
λόγοις λελαληκέναι, τὰ δὲ διὰ παραβολῶν, καὶ ἄλλα διὰ
προβλημάτων. καί φησί γέ τις τῶν προφητῶν, ὁ Ὡσηὲ,
10 ἐπὶ τέλει τῶν λόγων αὐτοῦ· Τίς σοφὸς καὶ συνήσει ταῦτα;   Hos xiv 10
ἢ συνετὸς καὶ ἐπιγνώσεται αὐτά; Δανιὴλ δὲ καὶ οἱ μετ'   cf. Dan i 20
αὐτοῦ αἰχμαλωτισθέντες τοσοῦτον προέκοψαν καὶ ἐν τοῖς
μαθήμασιν, ἅτινα ἤσκουν ἐν Βαβυλῶνι οἱ περὶ τὸν βασιλέα
σοφοὶ, ὡς πάντων αὐτῶν διαφέροντας ἀποδειχθῆναι τούτους
15 δεκαπλασίως. λέγεται δὲ ἐν τῷ Ἰεζεκιὴλ πρὸς τὸν Τύρου
ἄρχοντα, μέγα φρονοῦντα ἐπὶ σοφίᾳ· Μὴ σὺ σοφώτερος εἶ   Ez xxviii 3
τοῦ Δανιήλ; πᾶν κρύφιον οὐκ ἐπεδείχθη σοι.

17. Ἐὰν δὲ καὶ ἐπὶ τὰ μετὰ τὸν Ἰησοῦν γεγραμμένα
ἔλθῃς βιβλία, εὕροις ἂν τοὺς μὲν ὄχλους τῶν πιστεύόντων
20 τῶν παραβολῶν ἀκούοντας, ὡς ἔξω τυγχάνοντας καὶ ἀξίους   Mc iv 11, 34
μόνον τῶν ἐξωτερικῶν λόγων, τοὺς δὲ μαθητὰς κατ' ἰδίαν
τῶν παραβολῶν μανθάνοντας τὰς διηγήσεις· κατ' ἰδίαν
γὰρ τοῖς ἰδίοις μαθηταῖς ἐπέλυεν ἅπαντα ὁ Ἰησοῦς, προτι-
μῶν παρὰ τοὺς ὄχλους τοὺς τῆς σοφίας αὐτοῦ ἐπιδικαζο-
25 μένους. ἐπαγγέλλεται δὲ τοῖς εἰς αὐτὸν πιστεύουσι πέμψαι
σοφοὺς καὶ γραμματεῖς, λέγων· Ἰδοὺ ἐγὼ ἀποστέλλω εἰς   Mt xxiii 34
ὑμᾶς σοφοὺς καὶ γραμματεῖς· καὶ ἐξ αὐτῶν ἀποκτενοῦσι
καὶ σταυρώσουσι. καὶ ὁ Παῦλος δ' ἐν τῷ καταλόγῳ τῶν
ὑπὸ τοῦ θεοῦ διδομένων χαρισμάτων πρῶτον ἔταξε τὸν   1 Co xii 8 ff.

2 om. ἐν ABC   4 καὶ τὰ ἑξῆς] plura laudat א   7 om.
ἐν (pr) א   17 οὐκυπεδείχθη (sic)ᵡ א   19 πιστευσάντων ABC
21 μόνων AB ; μόνους C   22 καθ' ἰδίαν א*   25 πέμψειν
ABC   26 ἀποστελῶ אC   27, 28 σταυρώσουσι καὶ ἀποκτε-
νοῦσι ABC

λόγον τῆς σοφίας, καὶ δεύτερον, ὡς ὑποβεβηκότα παρ᾽ ℵABC
ἐκεῖνον, τὸν λόγον τῆς γνώσεως, τρίτον δέ που καὶ κα- 478
τωτέρω τὴν πίστιν. καὶ ἐπεὶ τὸν λόγον προετίμα τῶν
τεραστίων ἐνεργειῶν, διὰ τοῦτ᾽ ἐνεργήματα δυνάμεων καὶ
χαρίσματα ἰαμάτων ἐν τῇ κατωτέρω τίθησι χώρᾳ παρὰ τὰ 5
λογικὰ χαρίσματα. μαρτυρεῖ δὲ τῇ Μωσέως πολυμαθείᾳ
ὁ ἐν ταῖς Πράξεσι τῶν ἀποστόλων Στέφανος, πάντως ἀπὸ
τῶν παλαιῶν καὶ μὴ εἰς πολλοὺς ἐφθακότων γραμμάτων
Act vii 22   λαβών. φησὶ γάρ· Καὶ ἐπαιδεύθη Μωσῆς ἐν πάσῃ σοφίᾳ
Αἰγυπτίων. διὰ τοῦτο δὲ καὶ ἐν τοῖς τεραστίοις ὑπενοεῖτο, 10
μήποτε οὐ κατὰ τὴν ἐπαγγελίαν τοῦ θεόθεν ἥκειν ἐποίει
αὐτά, ἀλλὰ κατὰ τὰ Αἰγυπτίων μαθήματα, σοφὸς ὢν ἐν
αὐτοῖς. τοιαῦτα γὰρ ὑπονοῶν περὶ αὐτοῦ ὁ βασιλεὺς
Ex vii 11   ἐκάλεσε τοὺς ἐπαοιδοὺς τῶν Αἰγυπτίων καὶ τοὺς σοφιστὰς
καὶ τοὺς φαρμακεῖς· οἵτινες ἠλέγχθησαν τὸ οὐδὲν ὄντες 15
ὡς πρὸς τὴν ἐν Μωσῇ σοφίαν ὑπὲρ πᾶσαν Αἰγυπτίων
σοφίαν.
    18. Ἀλλ᾽ εἰκὸς τὰ γεγραμμένα ἐν τῇ πρὸς Κορινθίους
προτέρᾳ τῷ Παύλῳ, ὡς πρὸς Ἕλληνας καὶ μέγα φυσῶντας
ἐπὶ τῇ Ἑλληνικῇ σοφίᾳ, κεκινηκέναι τινάς, ὡς τοῦ λόγου 20
μὴ βουλομένου σοφούς. ἀλλ᾽ ἀκουέτω ὁ τὰ τοιαῦτα
νομίζων ὅτι, ὥσπερ διαβάλλων ἀνθρώπους φαύλους ὁ
λόγος φησὶν αὐτοὺς εἶναι οὐ περὶ τῶν νοητῶν καὶ ἀοράτων
καὶ αἰωνίων σοφούς, ἀλλὰ περὶ μόνων τῶν αἰσθητῶν πραγ-
ματευσαμένους καὶ ἐν τούτοις τὰ πάντα τιθεμένους εἶναι 25
σοφοὺς τοῦ κόσμου· οὕτω καὶ πολλῶν ὄντων δογμάτων,
τὰ μὲν συναγορεύοντα ὕλῃ καὶ σώμασι καὶ πάντα φάσ-
κοντα εἶναι σώματα τὰ προηγουμένως ὑφεστηκότα καὶ
μηδὲν παρὰ ταῦτα εἶναι ἄλλο, εἴτε λεγόμενον ἀόρατον εἴτ᾽
cf. 1 Co ii 6   ὀνομαζόμενον ἀσώματον, φησὶν εἶναι σοφίαν τοῦ κόσμου 30
καταργουμένην καὶ μωραινομένην καὶ σοφίαν τοῦ αἰῶνος
τούτου· τὰ δὲ μετατιθέντα τὴν ψυχὴν ἀπὸ τῶν τῇδε πραγ-

9 om. ἐν ABC   15 φαρμακούς ABC   24 τῶν αἰσθητῶν
μόνων ABC   27, 28 φασκόντων ℵ   28 om. τὰ ABC

ℵABC μάτων ἐπὶ τὴν παρὰ θεῷ μακαριότητα καὶ τὴν καλουμένην
αὐτοῦ βασιλείαν, καὶ διδάσκοντα καταφρονεῖν μὲν ὡς
προσκαίρων πάντων τῶν αἰσθητῶν καὶ βλεπομένων, σπεύ-
δειν δὲ ἐπὶ τὰ ἀόρατα καὶ σκοπεῖν τὰ μὴ βλεπόμενα,
5 ταῦτά φησι σοφίαν εἶναι θεοῦ. φιλαλήθης δ᾽ ὢν ὁ Παῦλός
φησι περί τινων ἐν Ἕλλησι σοφῶν, ἐν οἷς ἀληθεύουσιν, ὅτι
Γνόντες τὸν θεὸν οὐχ ὡς θεὸν ἐδόξασαν ἢ ηὐχαρίστησαν. Ro i 21
καὶ μαρτυρεῖ αὐτοῖς ἐγνωκέναι θεόν· λέγει δὲ καὶ τοῦτ᾽ οὐκ
ἀθεεὶ αὐτοῖς γεγονέναι, ἐν οἷς γράφει τό· Ὁ θεὸς γὰρ Ro i 19 ff.
10 αὐτοῖς ἐφανέρωσεν· αἰνισσόμενος οἶμαι τοὺς ἀναβαίνοντας
ἀπὸ τῶν ὁρατῶν ἐπὶ τὰ νοητά, ὅτε γράφει ὅτι Τὰ ἀόρατα
τοῦ θεοῦ ἀπὸ κτίσεως κόσμου τοῖς ποιήμασι νοούμενα
καθορᾶται, ἥ τε ἀίδιος αὐτοῦ δύναμις καὶ θειότης, εἰς τὸ
εἶναι αὐτοὺς ἀναπολογήτους, διότι γνόντες τὸν θεὸν οὐχ ὡς
15 θεὸν ἐδόξασαν ἢ ηὐχαρίστησαν.

19.   Τάχα δὲ καὶ ἐκ τοῦ· Βλέπετε δὲ τὴν κλῆσιν ὑμῶν, ι Co i 26 ff.
479 ἀδελφοί, ὅτι οὐ πολλοὶ σοφοὶ κατὰ σάρκα, οὐ πολλοὶ
δυνατοί, οὐ πολλοὶ εὐγενεῖς· ἀλλὰ τὰ μωρὰ τοῦ κόσμου
ἐξελέξατο ὁ θεός, ἵνα καταισχύνῃ τοὺς σοφούς· καὶ τὰ
20 ἀγενῆ καὶ τὰ ἐξουθενημένα ἐξελέξατο ὁ θεός, καὶ τὰ μὴ
ὄντα, ἵνα τὰ ὄντα καταργήσῃ, ἵνα μὴ καυχήσηται πᾶσα
σὰρξ ἐνώπιον αὐτοῦ· ἐκινήθησάν τινες πρὸς τὸ οἴεσθαι
ὅτι οὐδεὶς πεπαιδευμένος ἢ σοφὸς ἢ φρόνιμος προσέρχεται
τῷ λόγῳ. καὶ πρὸς τὸν τοιοῦτον δὲ φήσομεν, ὅτι οὐκ
25 εἴρηται· Οὐδεὶς σοφὸς κατὰ σάρκα· ἀλλ᾽· Οὐ πολλοὶ
σοφοὶ κατὰ σάρκα. καὶ δῆλον ὅτι ἐν τῷ χαρακτηριστικῷ
τῶν καλουμένων ἐπισκόπων, διαγράφων ὁ Παῦλος ὁποῖον
εἶναι χρὴ τὸν ἐπίσκοπον, ἔταξε καὶ τὸν διδάσκαλον· λέγων
δεῖν αὐτὸν εἶναι δυνατὸν καὶ τοὺς ἀντιλέγοντας ἐλέγχειν, cf. Ti i 9
30 ἵνα τοὺς ματαιολόγους καὶ φρεναπάτας ἐπιστομίζῃ διὰ τῆς
ἐν αὐτῷ σοφίας. καὶ ὥσπερ μονόγαμον μᾶλλον διγάμου cf. ι Tim iii
2

5 φησιν εἶναι σοφίαν ABC   8 αὐτοῖς] αὐτοὺς ABC   10, 11 ἀπὸ
τῶν ὁρατῶν ἀναβαίνοντας ABC   16 om. δὲ (sec.) ABC
19, 20 om. ἵνα καταισχύνῃ...θεὸς ℵ* B   25 εἴρηται]+ὅτι ℵ

R.   8

αἱρεῖται εἰς ἐπισκοπὴν, καὶ ἀνεπίληπτον ἐπιλήπτου, καὶ ℵABC
νηφάλιον τοῦ μὴ τοιούτου, καὶ σώφρονα τοῦ μὴ σώφρονος,
καὶ κόσμιον παρὰ τὸν κἂν ἐπ' ὀλίγον ἄκοσμον· οὕτως
θέλει τὸν προηγουμένως εἰς ἐπισκοπὴν κατασταθησόμενον
εἶναι διδακτικὸν καὶ δυνατὸν πρὸς τὸ τοὺς ἀντιλέγοντας 5
ἐπιστομίζειν. πῶς οὖν εὐλόγως ἐγκαλεῖ ὁ Κέλσος ἡμῖν
ὡς φάσκουσι· 'Μηδεὶς προσίτω πεπαιδευμένος, μηδεὶς
σοφός, μηδεὶς φρόνιμος'; ἀλλὰ προσίτω μὲν πεπαιδευμένος
καὶ σοφὸς καὶ φρόνιμος ὁ βουλόμενος· οὐδὲν δ' ἧττον
προσίτω καὶ εἴ τις ἀμαθὴς καὶ ἀνόητος καὶ ἀπαίδευτος καὶ 10
νήπιος. καὶ γὰρ τοὺς τοιούτους προσελθόντας ἐπαγγέλ-
λεται θεραπεύειν ὁ λόγος, πάντας ἀξίους κατασκευάζων
τοῦ θεοῦ.

20. Ψεῦδος δὲ καὶ τὸ 'μόνους ἠλιθίους καὶ ἀγεννεῖς
καὶ ἀναισθήτους καὶ ἀνδράποδα καὶ γύναια καὶ παιδάρια 15
πείθειν ἐθέλειν τοὺς διδάσκοντας τὸν θεῖον λόγον.' καὶ
τούτους μὲν γὰρ καλεῖ ὁ λόγος, ἵνα αὐτοὺς βελτιώσῃ·

1 Tim iv 10
καλεῖ δὲ καὶ τοὺς πολλῷ τούτων διαφέροντας· ἐπεὶ σωτήρ
ἐστι πάντων ἀνθρώπων ὁ χριστός, καὶ μάλιστα πιστῶν, 480
1 Jn ii 2
εἴτε συνετῶν εἴτε καὶ ἁπλουστέρων· καὶ ἱλασμός ἐστι πρὸς 20
τὸν πατέρα περὶ τῶν ἁμαρτιῶν ἡμῶν, οὐ μόνον δὲ περὶ τῶν
ἡμετέρων ἀλλὰ καὶ περὶ ὅλου τοῦ κόσμου. περισσὸν οὖν
τὸ θέλειν μετὰ ταῦτα ἀπολογήσασθαι ἡμᾶς πρὸς τὰς
Κέλσου λέξεις οὕτως ἐχούσας· 'Τί γάρ ἐστιν ἄλλως κακὸν
τὸ πεπαιδεῦσθαι, καὶ λόγων τῶν ἀρίστων ἐπιμεληθῆσθαι, 25
καὶ φρόνιμον εἶναί τε καὶ δοκεῖν; τί δὲ κωλύει τοῦτο πρὸς
τὸ γνῶναι θεόν; τί δ' οὐχὶ προὔργου μᾶλλον, καὶ δι' οὗ
μᾶλλόν τις ἂν ἐφικέσθαι δύναιτο ἀληθείας;' τὸ μὲν οὖν
ἀληθῶς πεπαιδεῦσθαι οὐ κακόν· ὁδὸς γὰρ ἐπ' ἀρετήν ἐστιν
ἡ παίδευσις. τὸ μέντοι γε ἐν πεπαιδευμένοις ἀριθμεῖν τοὺς 30
ἐσφαλμένα δόγματα ἔχοντας, οὐδ' οἱ Ἑλλήνων σοφοὶ

3 om. κἂν ABC   5 εἶναι]+καὶ BC   6 ἐπιστομίζειν]
ἐλέγχειν ABCℵmarg   ἡμῖν ὁ κέλσος ABC   20 om. καὶ (pr.) ℵ
28 μᾶλλον]+εἶ ℵ

אABC φήσουσι. καὶ κατὰ τὸν ἡμέτερον δὲ λόγον οὐκ ἔστι σοφία
πονηρίας ἐπιστήμη· πονηρίας δὲ, ἵν᾽ οὕτως ὀνομάσω,
ἐπιστήμη ἐστὶν ἐν τοῖς ψευδοδοξοῦσι καὶ ὑπὸ σοφι-
σμάτων ἠπατημένοις. διὰ τοῦτο ἀμαθίαν εἴποιμι μᾶλλον ἢ
5 σοφίαν ἐν τοῖς τοιούτοις. πάλιν τ᾽ αὖ τίς οὐκ ἂν ὁμολο-
γήσαι ὅτι λόγων τῶν ἀρίστων ἐπιμεμελῆσθαι ἀγαθόν
ἐστιν; ἀλλὰ τίνας ἐροῦμεν τοὺς ἀρίστους λόγους ἢ τοὺς
ἀληθεῖς καὶ ἐπ᾽ ἀρετὴν παρακαλοῦντας; ἀλλὰ καὶ τὸ
φρόνιμον εἶναι καλόν ἐστιν· οὐκέτι δὲ τὸ δοκεῖν, ὅπερ
10 εἶπεν ὁ Κέλσος. καὶ οὐ κωλύει γε πρὸς τὸ γνῶναι θεόν,
ἀλλὰ καὶ συνεργεῖ τὸ πεπαιδεῦσθαι καὶ λόγων ἀρίστων
ἐπιμεμελῆσθαι καὶ φρόνιμον εἶναι. καὶ ἡμῖν μᾶλλον
πρέπει τοῦτο λέγειν ἢ Κέλσῳ· καὶ μάλιστα ἐὰν Ἐπι-
κούρειος ὢν ἐλέγχηται.
15   21. Ἴδωμεν δ᾽ αὐτοῦ καὶ τὰ ἑξῆς οὕτως ἔχοντα·
'Ἀλλ᾽ ὁρῶμεν δήπου καὶ τοὺς ἐν ταῖς ἀγοραῖς τὰ ἐπιρρη-
τότατα ἐπιδεικνυμένους καὶ ἀγείροντας, εἰς μὲν φρονίμων
ἀνδρῶν σύλλογον οὐκ ἄν ποτε παρελθόντας, οὐδ᾽ ἐν τού-
τοις τὰ ἑαυτῶν κατατολμήσαντας ἐπιδεικνύειν· ἔνθα δ᾽
20 ἂν ὁρῶσι μειράκια καὶ οἰκοτρίβων ὄχλον καὶ ἀνοήτων
ἀνθρώπων ὅμιλον, ἐνταῦθα ὠθουμένους τε καὶ καλλωπιζο-
μένους.' ὅρα δὴ καὶ ἐν τούτοις τίνα τρόπον ἡμᾶς συκο-
φαντεῖ, ἐξομοιῶν τοῖς ἐν ταῖς ἀγοραῖς τὰ ἐπιρρητότατα
ἐπιδεικνυμένοις καὶ ἀγείρουσι. ποῖα δὴ ἐπιρρητότατα
25 ἐπιδεικνύμεθα; ἢ τί τούτοις παραπλήσιον πράττομεν, οἱ
καὶ δι᾽ ἀναγνωσμάτων καὶ διὰ τῶν εἰς τὰ ἀναγνώσματα
διηγήσεων προτρέποντες μὲν ἐπὶ τὴν εἰς τὸν θεὸν τῶν
ὅλων εὐσέβειαν καὶ τὰς συνθρόνους ταύτης ἀρετάς, ἀπο-
τρέποντες δ᾽ ἀπὸ τοῦ καταφρονεῖν τοῦ θείου καὶ πάντων
30 τῶν παρὰ τὸν ὀρθὸν λόγον πραττομένων; καὶ οἱ φιλόσοφοί
γ᾽ ἂν εὔξαιντο ἀγείρειν τοσούτους ἀκροατὰς λόγων ἐπὶ τὸ

1—5 om. καὶ κατὰ—τοιούτοις א   16 om. τὰ א   28 ταύτης]
ταύτῃ ABC

καλὸν παρακαλούντων. ὅπερ πεποιήκασι μάλιστα τῶν אABC
Κυνικῶν τινὲς, δημοσίᾳ πρὸς τοὺς παρατυγχάνοντας δια-
λεγόμενοι. ἆρ᾽ οὖν καὶ τούτους, μὴ συναθροίζοντας μὲν
τοὺς νομιζομένους πεπαιδεῦσθαι, καλοῦντας δ᾽ ἀπὸ τῆς 481
τριόδου καὶ συνάγοντας ἀκροατὰς, φήσουσι παραπλησίους 5
εἶναι τοῖς ἐν ταῖς ἀγοραῖς τὰ ἐπιρρητότατα ἐπιδεικνυμένοις
καὶ ἀγείρουσιν; ἀλλ᾽ οὔτε Κέλσος οὔτε τις τῶν τὰ αὐτὰ
φρονούντων ἐγκαλοῦσι τοῖς κατὰ τὸ φαινόμενον αὐτοῖς
φιλάνθρωπον κινοῦσι λόγους καὶ πρὸς τοὺς ἰδιωτικοὺς
δήμους.   10

22. Εἰ δ᾽ ἐκεῖνοι οὐκ ἔγκλητοι τοῦτο πράττοντες, ἴδω-
μεν εἰ μὴ χριστιανοὶ μᾶλλον καὶ τούτων βέλτιον πλήθη
ἐπὶ καλοκἀγαθίαν προκαλοῦνται. οἱ μὲν γὰρ δημοσίᾳ
διαλεγόμενοι φιλόσοφοι οὐ φυλοκρινοῦσι τοὺς ἀκούοντας·
ἀλλ᾽ ὁ βουλόμενος ἔστηκε καὶ ἀκούει. χριστιανοὶ δὲ 15
κατὰ τὸ δυνατὸν αὐτοῖς προβασανίσαντες τῶν ἀκούειν
σφῶν βουλομένων τὰς ψυχὰς, καὶ κατ᾽ ἰδίαν αὐτοῖς προ-
επᾴσαντες, ἐπὰν δοκῶσιν αὐτάρκως οἱ ἀκροαταὶ πρὶν εἰς τὸ
κοινὸν εἰσελθεῖν ἐπιδεδωκέναι πρὸς τὸ θέλειν καλῶς βιοῦν,
τὸ τηνικάδε αὐτοὺς εἰσάγουσιν, ἰδίᾳ μὲν ποιήσαντες τάγμα 20
τῶν ἄρτι ἀρχομένων καὶ εἰσαγομένων καὶ οὐδέπω τὸ σύμ-
βολον τοῦ ἀποκεκαθάρθαι ἀνειληφότων· ἕτερον δὲ τὸ τῶν
κατὰ τὸ δυνατὸν παραστησάντων ἑαυτῶν τὴν προαίρεσιν
οὐκ ἄλλο τι βούλεσθαι ἢ τὰ χριστιανοῖς δοκοῦντα· παρ᾽
οἷς εἰσί τινες τεταγμένοι πρὸς τὸ φιλοπευστεῖν τοὺς βίους 25
καὶ τὰς ἀγωγὰς τῶν προσιόντων, ἵνα τοὺς μὲν τὰ ἐπίρρητα
πράττοντας ἀποκωλύσωσιν ἥκειν ἐπὶ τὸν κοινὸν αὐτῶν
σύλλογον, τοὺς δὲ μὴ τοιούτους ὅλῃ ψυχῇ ἀποδεχόμενοι
βελτίους ὁσημέραι κατασκευάζωσιν. ὁμοία δ᾽ ἔστιν αὐτοῖς
ἀγωγὴ καὶ περὶ ἁμαρτανόντων, καὶ μάλιστα τῶν ἀκολα- 30

4 τοὺς]+μὴ ABC   7 τὰ αὐτὰ] ταῦτα א   8 ἐγκαλέσουσι
ABC   17 om. καὶ ABC   17, 18 forsit. legendum προετάσαντες
vel προεξετάσαντες.   20, 21 τάγμα τῶν] ταγμάτων א.   21 οὐ-
δέπω] οὐδὲ ABC   29 κατασκευάζουσιν א   ὁμοία] conjeci;
οἷα A; οἷα אBC

ℵABC σταινόντων, οὓς ἀπελαύνουσι τοῦ κοινοῦ οἱ κατὰ τὸν Κέλσον
παραπλήσιοι τοῖς ἐν ταῖς ἀγοραῖς τὰ ἐπιρρητότατα ἐπι-
δεικνυμένοις. καὶ τὸ μὲν τῶν Πυθαγορείων σεμνὸν διδα-
σκαλεῖον κενοτάφια τῶν ἀποστάντων τῆς σφῶν φιλοσοφίας
5 κατεσκεύαζε, λογιζόμενον νεκροὺς αὐτοὺς γεγονέναι. οὗτοι
δὲ ὡς ἀπολωλότας καὶ τεθνηκότας τῷ θεῷ τοὺς ὑπ' ἀσελ-
γείας ἤ τινος ἀτόπου νενικημένους, ὡς νεκροὺς πενθοῦσι·
καὶ ὡς ἐκ νεκρῶν ἀναστάντας, ἐὰν ἀξιόλογον ἐνδείξωνται
μεταβολὴν, χρόνῳ πλείονι τῶν κατ' ἀρχὰς εἰσαγομένων
482 ὕστερόν ποτε προσίενται· εἰς οὐδεμίαν ἀρχὴν καὶ προστα-
σίαν τῆς λεγομένης ἐκκλησίας τοῦ θεοῦ καταλέγοντες τοὺς
φθάσαντας μετὰ τὸ προσεληλυθέναι τῷ λόγῳ ἐπταικέναι.

23. Τούτους δὴ, οἷς ἡμᾶς ὁ Κέλσος ὁμοιοῖ, τοῖς ἐν
ταῖς ἀγοραῖς τὰ ἐπιρρητότατα ἐπιδεικνυμένοις καὶ ἀγεί-
15 ρουσι, φησὶν εἰς μὲν φρονίμων ἀνδρῶν σύλλογον οὐκ ἄν
ποτε παρελθεῖν, οὐδ' ἐν τούτοις τὰ ἑαυτῶν κατατολμᾶν
ἐπιδεικνύειν· ' ἔνθα δ' ἂν ὁρῶσι μειράκια καὶ οἰκοτρίβων
ὄχλον καὶ ἀνθρώπων ἀνοήτων ὅμιλον, ἐνταῦθα ὠθουμένους
τε καὶ καλλωπιζομένους·' καὶ ἐν τούτῳ οὐδὲν ἄλλο ποιῶν
20 ἢ λοιδορούμενος ἡμῖν παραπλησίως ταῖς ἐν ταῖς τριόδοις
γυναιξὶ, σκοπὸν ἐχούσαις τὸ κακῶς ἀλλήλας λέγειν. ἡμεῖς
γὰρ, ὅση δύναμις, πάντα πράττομεν ὑπὲρ τοῦ φρονίμων
ἀνδρῶν γενέσθαι τὸν σύλλογον ἡμῶν· καὶ τὰ ἐν ἡμῖν
μάλιστα καλὰ καὶ θεῖα τότε τολμῶμεν ἐν τοῖς πρὸς τὸ
25 κοινὸν διαλόγοις φέρειν εἰς μέσον, ὅτ' εὐποροῦμεν συνετῶν
ἀκροατῶν· ἀποκρύπτομεν δὲ καὶ παρασιωπῶμεν τὰ βαθύ-
τερα, ἐπὰν ἁπλουστέρους θεωρῶμεν τοὺς συνερχομένους
καὶ δεομένους λόγων τροπικῶς ὀνομαζομένων γάλα. γέ-
γραπται γὰρ παρὰ τῷ Παύλῳ ἡμῶν Κορινθίοις ἐπιστέλλοντι,
30 Ἕλλησι μὲν οὐ κεκαθαρμένοις δέ πω τὰ ἤθη· Γάλα ὑμᾶς   1 Co iii 2 f.
ἐπότισα, οὐ βρῶμα, οὔπω γὰρ ἐδύνασθε. ἀλλ' οὐδὲ ἔτι νῦν

3, 4 διδασκάλιον ℵ   16 κατατολμᾶν] καλὰ τολμᾶν ABC
27 om. ἐπὰν ἁπλουστ. θεωρῶμεν ℵ

δύνασθε, ἔτι γὰρ σαρκικοί ἐστε.   ὅπου γὰρ ἐν ὑμῖν ζῆλος ℵABC
καὶ ἔρις, οὐχὶ σαρκικοί ἐστε καὶ κατὰ ἄνθρωπον περιπατεῖτε;
ὁ δ᾽ αὐτὸς οὗτος ἐπιστάμενος τὰ μέν τινα τροφὴν εἶναι
τελειοτέρας ψυχῆς, τὰ δὲ τῶν εἰσαγομένων παραβάλλεσθαι

He v 12 ff.   γάλακτι νηπίων, φησί· Καὶ γεγόνατε χρείαν ἔχοντες γάλα- 5
κτος, οὐ στερεᾶς τροφῆς.   πᾶς γὰρ ὁ μετέχων γάλακτος
ἄπειρος λόγου δικαιοσύνης, νήπιος γάρ ἐστι· τελείων δέ
ἐστιν ἡ στερεὰ τροφή, τῶν διὰ τὴν ἕξιν τὰ αἰσθητήρια
γεγυμνασμένα ἐχόντων πρὸς διάκρισιν καλοῦ τε καὶ κακοῦ.
ἆρ᾽ οὖν οἱ τούτοις ὡς καλῶς εἰρημένοις πιστεύοντες ὑπολά- 10
βοιεν ἂν τὰ καλὰ τοῦ λόγου εἰς μὲν φρονίμων ἀνδρῶν
σύλλογον οὐκ ἄν ποτε λεχθήσεσθαι, ἔνθα δ᾽ ἂν ὁρῶσι 483
μειράκια καὶ οἰκοτρίβων ὄχλον καὶ ἀνθρώπων ἀνοήτων
ὅμιλον, ἐνταῦθα τὰ θεῖα καὶ σεμνὰ φέρειν εἰς μέσον καὶ
παρὰ τοῖς τοιούτοις περὶ αὐτῶν ἐγκαλλωπίζεσθαι; ἀλλὰ 15
σαφὲς τῷ ἐξετάζοντι ὅλον τὸ βούλημα τῶν ἡμετέρων γραμ-
μάτων, ὅτι ἀπεχθόμενος ὁμοίως τοῖς ἰδιωτικοῖς δήμοις ὁ
Κέλσος πρὸς τὸ χριστιανῶν γένος τὰ τοιαῦτα ἀνεξετάστως
καὶ ψευδόμενος λέγει.
        24.   Ὁμολογοῦμεν δὲ πάντας ἐθέλειν παιδεῦσαι τῷ 20
τοῦ θεοῦ, κἂν μὴ βούληται Κέλσος, λόγῳ, ὥστε καὶ μειρα-
κίοις μεταδιδόναι τῆς ἁρμοζούσης αὐτοῖς προτροπῆς, καὶ
οἰκότριψιν ὑποδεικνύναι πῶς ἐλεύθερον ἀναλαβόντες φρό-
νημα ἐξευγενισθεῖεν ὑπὸ τοῦ λόγου.   οἱ δὲ παρ᾽ ἡμῖν πρεσ-

cf. Ro i 14   βεύοντες τὸν χριστιανισμὸν ἱκανῶς φασὶν ὀφειλέται εἶναι 25
Ἕλλησι καὶ βαρβάροις, σοφοῖς καὶ ἀνοήτοις· οὐ γὰρ
ἀρνοῦνται τὸ καὶ ἀνοήτων δεῖν τὰς ψυχὰς θεραπεύειν, ἵν᾽,
ὅση δύναμις, ἀποτιθέμενοι τὴν ἄγνοιαν ἐπὶ τὸ συνετώτερον

Prov viii 5   σπεύδωσιν, ἀκούοντες καὶ Σολομῶνος λέγοντος· Οἱ δὲ
Prov ix 4 ff., ἄφρονες ἔνθεσθε καρδίαν· καί· Ὅς ἐστιν ὑμῶν ἀφρονέστα- 30
15   τος, ἐκκλινάτω πρὸς μέ· ἐνδεέσι δὲ φρενῶν παρακελεύομαι

───────────────

3 om. τὰ ℵ   4 τελειοτέραν ℵ   19 καὶ ψευδόμενος] κατα-
ψευδόμενος ABC   20 πάντες θέλειν ℵ   παιδεύεσθαι ℵcorr

CONTRA CELSVM LIB. III. 119

אABC λέγουσα ἡ σοφία· Ἔλθετε, φάγετε τὸν ἐμὸν ἄρτον, καὶ
πίετε οἶνον, ὃν ἐκέρασα ὑμῖν. ἀπολείπετε ἀφροσύνην,
ἵνα ζήσητε, καὶ κατορθώσατε ἐν γνώσει σύνεσιν. εἴποιμι
δ᾽ ἂν καὶ ταῦτα διὰ τὰ ἐγκείμενα πρὸς τὸν Κέλσου λόγον·
5 ἆρα οἱ φιλοσοφοῦντες οὐ προκαλοῦνται μειράκια ἐπὶ τὴν
ἀκρόασιν; καὶ τοὺς ἀπὸ κακίστου βίου νέους οὐ παρα-
καλοῦσιν ἐπὶ τὰ βελτίονα; τί δὲ τοὺς οἰκότριβας οὐ βούλ-
ονται φιλοσοφεῖν; ἢ καὶ ἡμεῖς μέλλομεν ἐγκαλεῖν φιλοσό-
φοις οἰκότριβας ἐπ᾽ ἀρετὴν προτρεψαμένοις, Πυθαγόρᾳ μὲν
10 τὸν Ζάμολξιν, Ζήνωνι δὲ τὸν Περσαῖον, καὶ χθὲς καὶ πρώην
τοῖς προτρεψαμένοις Ἐπίκτητον ἐπὶ τὸ φιλοσοφεῖν; ἢ ὑμῖν
μὲν, ὦ Ἕλληνες, ἔξεστι μειράκια καὶ οἰκότριβας καὶ ἀνοή-
τους ἀνθρώπους ἐπὶ φιλοσοφίαν καλεῖν· ἡμεῖς δὲ τοῦτο
ποιοῦντες οὐ φιλανθρώπως αὐτὸ πράττομεν, τῇ ἀπὸ τοῦ
15 λόγου ἰατρικῇ πᾶσαν λογικὴν φύσιν θεραπεῦσαι βουλόμενοι
καὶ οἰκειῶσαι τῷ δημιουργήσαντι πάντα θεῷ;

495 25. Ὅμοιον δὲ ποιεῖ ἐν τῷ φάσκειν μηδένα φρόνι-
μον πείθεσθαι τῷ λόγῳ, περισπώμενος ὑπὸ τοῦ πλήθους
τῶν προσερχομένων αὐτῷ, τῷ φάσκοντι διὰ τὸ πλῆθος τῶν
20 κατὰ τοὺς νόμους ἀγομένων ἰδιωτῶν ὅτι φρόνιμος οὐδεὶς,
φέρ᾽ εἰπεῖν, Σόλωνι ἢ Λυκούργῳ πείθεται, ἢ Ζαλεύκῳ ἤ
τινι τῶν λοιπῶν· καὶ μάλιστα ἐὰν φρόνιμον λαμβάνῃ τὸν
κατ᾽ ἀρετὴν ποιόν. ὡς γὰρ ἐπὶ τούτων, κατὰ τὸ φανὲν
αὐτοῖς χρήσιμον, οἱ νομοθέται πεποιήκασι τὸ τοιαύτῃ
25 ἀγωγῇ αὐτοὺς περιβαλεῖν καὶ νόμοις· οὕτω νομοθετῶν ἐν
τῷ Ἰησοῦ ὁ θεὸς τοῖς πανταχοῦ ἀνθρώποις, καὶ τοὺς μὴ
φρονίμους ἄγει, ὡς οἷόν τέ ἐστιν ἄγεσθαι τοὺς τοιούτους
ἐπὶ τὸ βέλτιον. ὅπερ καὶ ὁ Παῦλος εἰδὼς εἶπε· Τὰ μωρὰ ι Co i 27
τοῦ κόσμου ἐξελέξατο ὁ θεὸς, ἵνα καταισχύνῃ τοὺς σοφούς·

1 Ἔλθατε (sic) א   τῶν ἐμῶν ἄρτων ΑΒ   2 κεκέρακα ΑΒC
ἀπολίπετε C   17 C. Cels. iii. 73   17—19 ὅμοιον δὲ—φά-
σκοντι] οὐδένα φρόν. φησι πείθεσθαι τῷ λόγῳ, περισπώμενος ὑπὸ τοῦ
πλήθους τῶν προσερχ. αὐτῷ. ὅμοιον δὲ ποιεῖ καὶ ἐν τούτῳ φάσκοντι א
25 περιβαλεῖν αὐτοὺς ABC   29 om. ὁ θεὸς א

σοφοὺς κοινότερον λέγων πάντας τοὺς δοκοῦντας προβεβη- ℵABC
κέναι μὲν ἐν μαθήμασιν ἀποπεπτωκότας δὲ εἰς τὴν ἄθεον

Ro i 22 f.

πολυθεότητα· ἐπεὶ Φάσκοντες εἶναι σοφοὶ ἐμωράνθησαν,
καὶ ἤλλαξαν τὴν δόξαν τοῦ ἀφθάρτου θεοῦ ἐν ὁμοιώματι
εἰκόνος φθαρτοῦ ἀνθρώπου καὶ πετεινῶν καὶ τετραπόδων 5
καὶ ἑρπετῶν.

26. Ἐγκαλεῖ δὲ τῷ διδάσκοντι καὶ ὡς ἀνοήτους ζη-
τοῦντι. πρὸς ὃν εἴποιμεν ἄν· τίνας λέγεις τοὺς ἀνοήτους;
κατὰ γὰρ τὸ ἀκριβὲς πᾶς φαῦλος ἀνόητός ἐστιν. εἰ τοίνυν
λέγεις ἀνοήτους τοὺς φαύλους· ἆρα σὺ προσάγων ἀνθρώ- 10
πους φιλοσοφίᾳ φαύλους ζητεῖς προσάγειν ἢ ἀστείους;
ἀλλ᾽ οὐχ οἷόν τε ἀστείους· ἤδη γὰρ πεφιλοσοφήκασι.
φαύλους ἄρα· εἰ δὲ φαύλους, ἀνοήτους. καὶ ζητεῖς πολλοὺς
προσάγειν τοιούτους φιλοσοφίᾳ· καὶ σὺ ἄρα τοὺς ἀνοή-
τους ζητεῖς. ἐγὼ δὲ, κἂν τοὺς οὕτω λεγομένους ἀνοήτους 496
ζητῶ, ὅμοιόν τι ποιῶ ὡς εἰ καὶ φιλάνθρωπος ἰατρὸς ἐζήτει
τοὺς κάμνοντας, ἵν᾽ αὐτοῖς προσαγάγῃ τὰ βοηθήματα καὶ
ῥώσῃ αὐτούς. εἰ δ᾽ ἀνοήτους λέγεις τοὺς μὴ ἐντρεχεῖς
ἀλλὰ τερατωδεστέρους τῶν ἀνθρώπων· ἀποκρινοῦμαί σοι
ὅτι καὶ τούτους μὲν κατὰ τὸ δυνατὸν βελτιοῦν πειρῶμαι, 20
οὐ μὴν ἐκ τῶν τοιούτων συστῆσαι βούλομαι τὸ χριστιανῶν
ἄθροισμα. ζητῶ γὰρ μᾶλλον τοὺς ἐντρεχεστέρους καὶ
ὀξυτέρους, ὡς δυναμένους παρακολουθῆσαι τῇ σαφηνείᾳ τῶν
αἰνιγμάτων καὶ τῶν μετ᾽ ἐπικρύψεως εἰρημένων ἐν νόμῳ καὶ
προφήταις καὶ εὐαγγελίοις, ὧν ὡς οὐδὲν ἀξιόλογον περιε- 25
χόντων καταπεφρόνηκας, οὐ βασανίσας τὸν ἐν αὐτοῖς νοῦν
μηδ᾽ εἰσελθεῖν πειραθεὶς εἰς τὸ βούλημα τῶν γραψάντων.

15 οὕτως ἀνοήτους λεγομένους ABC   16 ἐζήτει] ἐπιζητεῖ AC
17 προσαγάγοι ℵ   21 οὐ μὴν ἐκ τούτων βούλομαι συστῆσαι ℵ
(om. in textu, suppl. in marg.)   23 σαφηνείᾳ] ℵ; ἀσαφεία BC

XIX.

ℵABC Καὶ πάλιν ἐν τοῖς πρὸ τούτων τοῦ αὐτοῦ τόμου·
Ὅτι ἡ εἰς τὸν κύριον ἡμῶν πίστις, μηδὲν κοινὸν
ἔχουσα πρὸς τὴν ἄλογον τῶν ἐθνῶν δεισιδαίμονα
πίστιν, ἐπαινετή τέ ἐστι καὶ ταῖς ἀρχῆθεν κοιναῖς
5 ἐννοίαις συναγορεύει. καὶ πρὸς τοὺς λέγοντας, πῶς
ἐκ θνητοῦ σώματος ὄντα τὸν Ἰησοῦν θεὸν νομίζομεν.

472 1. Περὶ μὲν οὖν τοῦ Ἀντινόου ἤ τινος ἄλλου τοιού-
του, εἴτε παρ' Αἰγυπτίοις εἴτε παρ' Ἕλλησι, πίστις ἐστὶν,
ἵν' οὕτως ὀνομάσω, ἀτυχής· περὶ δὲ τοῦ Ἰησοῦ ἤτοι δόξασα
10 ἂν εἶναι εὐτυχὴς ἢ καὶ βεβασανισμένως ἐξητασμένη,
δοκοῦσα μὲν εὐτυχὴς παρὰ τοῖς πολλοῖς βεβασανισμένως
δὲ ἐξητασμένη παρὰ πάνυ ὀλιγωτάτοις. κἂν λέγω δέ τινα
πίστιν εἶναι, ὡς ἂν οἱ πολλοὶ ὀνομάσαιεν, εὐτυχῆ· καὶ
περὶ ταύτης ἀναφέρω τὸν λόγον ἐπὶ τὸν εἰδότα θεὸν τὰς
15 αἰτίας τῶν ἑκάστῳ μεμερισμένων ἐπιδημοῦντι τῷ βίῳ τῶν
ἀνθρώπων. καὶ Ἕλληνες δὲ φήσουσι καὶ ἐν τοῖς νομι-
ζομένοις εἶναι σοφωτάτοις κατὰ πολλὰ τὴν εὐτυχίαν εἶναι
αἰτίαν, οἷον περὶ διδασκάλων τοιῶνδε καὶ τοῦ περιπεσεῖν
τοῖς κρείττοσιν, ὄντων καὶ τῶν τὰς ἐναντίας αἱρέσεις διδασ-
20 κόντων, καὶ περὶ ἀνατροφῆς τῆς ἐν βελτίοσι. πολλοῖς
γὰρ καὶ τὰ τῆς ἀνατροφῆς ἐν τοιούτοις γεγένηται ὡς μηδὲ
φαντασίαν ἐπιτραπῆναι τῶν κρειττόνων λαβεῖν, ἀλλ' ἀεὶ
καὶ ἐκ πρώτης ἡλικίας ἤτοι ἐν παιδικοῖς εἶναι ἀκολάστων
ἀνδρῶν ἢ δεσποτῶν, ἢ ἐν ἄλλῃ τινὶ κωλυούσῃ ἀναβλέπειν
25 τὴν ψυχὴν κακοδαιμονίᾳ. τὰς δὲ περὶ τούτων αἰτίας πάντως
μὲν εἰκὸς εἶναι ἐν τοῖς τῆς προνοίας λόγοις· πίπτειν δὲ
αὐτὰς εἰς ἀνθρώπους, οὐκ εὐχερές. ἔδοξε δέ μοι ταῦτα διὰ
μέσου ἐν παρεκβάσει εἰρηκέναι διὰ τό· ‘Τοσοῦτόν τι ποιεῖ

7 C. Cels. iii. 38 ἀντίνου ABC 12, 13 πίστιν τινὰ ABC
27 εἰς ἀνθρώπους αὐτὰς ABC 28 om. τι ℵ

πίστις ὁποία δὴ προκατασχοῦσα.' ἐχρῆν γὰρ διὰ ·τὰς δια- ℵABC
φόρους ἀνατροφὰς εἰπεῖν διαφορὰς τῶν ἐν ἀνθρώποις πί-
στεων, εὐτυχέστερον ἢ ἀτυχέστερον πιστεύουσι· καὶ ἐκ τού-
του ἀναβῆναι ὅτι δόξαι ἂν καὶ τοῖς ἐντρεχεστέροις, εἰς
αὐτὸ τὸ δοκεῖν εἶναι λογικωτέροις καὶ λογικώτερον προσ- 5
τίθεσθαι τὰ πολλὰ δόγμασιν, ἡ ὀνομαζομένη εὐτυχία καὶ ἡ
λεγομένη ἀτυχία συνεργεῖν. ἀλλὰ γὰρ περὶ τούτων ἅλις.

2. Τὰ δ' ἑξῆς τοῦ Κέλσου κατανοητέον, ἐν οἷς καὶ
ἡμῖν φησὶ 'πίστιν ποιεῖν προκαταλαβοῦσαν ἡμῶν τὴν
περὶ τοῦ Ἰησοῦ τοιάνδε συγκατάθεσιν.' ἀληθῶς γὰρ 10
πίστις ἡμῖν ποιεῖ τὴν τοιαύτην συγκατάθεσιν. ὅρα δὲ εἰ
μὴ αὐτόθεν ἡ πίστις αὐτὴ τὸ ἐπαινετὸν παρίστησιν, ὅτε
πιστεύομεν ἑαυτοὺς τῷ ἐπὶ πᾶσι θεῷ, χάριν ὁμολογοῦντες
τῷ εἰς τοιαύτην πίστιν ὁδηγῷ καὶ λέγοντες αὐτὸν οὐκ ἀθεεὶ 473
τὸ τηλικοῦτον τετολμηκέναι καὶ ἠνυκέναι· πιστεύομεν δὲ 15
καὶ ταῖς προαιρέσεσι τῶν γραψάντων τὰ εὐαγγέλια, κατα-
στοχαζόμενοι τῆς εὐλαβείας αὐτῶν καὶ τοῦ συνειδότος ἐμ-
φαινομένων τοῖς γράμμασιν οὐδὲν νόθον καὶ κυβευτικὸν
καὶ πεπλασμένον καὶ πανοῦργον ἐχόντων. καὶ γὰρ παρ-
ίσταται ἡμῖν ὅτι οὐκ ἂν ψυχαί, μὴ μαθοῦσαι τὰ τοιαῦτα 20
ὁποῖα διδάσκει ἡ παρ' Ἕλλησι πανοῦργος σοφιστεία, πολ-
λὴν ἔχουσα τὴν πιθανότητα καὶ τὴν ὀξύτητα, καὶ ἡ ἐν τοῖς
δικαστηρίοις καλινδουμένη ῥητορική, οὕτω πλάσαι οἷοί τ'
ἦσαν πράγματα δυνάμενα ἀφ' ἑαυτῶν ἔχειν τὸ πρὸς πίστιν
καὶ τὸν ἀνάλογον τῇ πίστει βίον ἀγωγόν. οἶμαι δὲ καὶ τὸν 25
Ἰησοῦν διὰ τοῦτο βεβουλῆσθαι διδασκάλοις τοῦ δόγματος
χρήσασθαι τοιούτοις, ἵνα μηδεμίαν μὲν ἔχῃ χώραν ὑπόνοια
πιθανῶν σοφισμάτων, λαμπρῶς δὲ τοῖς συνιέναι δυναμένοις
ἐμφαίνηται ὅτι τὸ ἄδολον τῆς προαιρέσεως τῶν γραψάντων,
ἐχούσης πολὺ τό, ἵν' οὕτως ὀνομάσω, ἀφελές, ἠξιώθη θειο- 30

6 δόγμασι τὰ πολλὰ ABC   10 τοιανδὴ A; τοιανδὶ BC
ἀληθῶς]+μὲν AB   12 περιίστησιν ℵ   ὅτε] ὅτι ABC
13 om. ἑαυτοὺς ABC   20 om. τὰ ABC   21 πανούργως ℵ
23, 24 πλάσαι τ' οἷοι ἦσαν ℵ   24 ἀφ' αὐτῶν ℵ   27 χρῆσθαι ℵ
30 om. πολὺ ABC

ℵABC τέρας δυνάμεως, πολλῷ μᾶλλον ἀννούσης ἤπερ ἀνύειν
δύνασθαι δοκεῖ περιβολὴ λόγων καὶ λέξεων σύνθεσις καὶ
μετὰ διαιρέσεων καὶ τεχνολογίας ἑλληνικῆς ἀκολουθία.

3. Ὅρα δὲ εἰ μὴ τὰ τῆς πίστεως ἡμῶν ταῖς κοιναῖς
5 ἐννοίαις ἀρχῆθεν συναγορεύοντα μετατίθησι τοὺς εὐγνω-
μόνως ἀκούοντας τῶν λεγομένων. εἰ γὰρ καὶ ἡ διαστροφὴ
δεδύνηται, πολλῆς αὐτῇ κατηχήσεως συναγορευούσης, τοῖς
πολλοῖς ἐμφυτεῦσαι τὸν περὶ ἀγαλμάτων λόγον ὡς περὶ
θεῶν καὶ τὸν περὶ τῶν γενομένων ἐκ χρυσοῦ καὶ ἀργύρου
10 καὶ ἐλέφαντος καὶ λίθου ὡς προσκυνήσεως ἀξίων· ἀλλ' ἡ
κοινὴ ἔννοια ἀπαιτεῖ ἐννοεῖν ὅτι θεὸς οὐδαμῶς ἐστιν ὕλη
φθαρτή, οὐδὲ τιμᾶται ἐν ἀψύχοις ὕλαις ὑπὸ ἀνθρώπων
μορφούμενος, ὡς κατ' εἰκόνα ἤ τινα σύμβολα ἐκείνου γιγ-
νομέναις. διόπερ εὐθέως λέγεται τὰ περὶ ἀγαλμάτων, ὅτι
15 οὐκ εἰσὶ θεοί· καὶ τὰ περὶ τῶν τοιούτων δημιουργημάτων,
ὅτι οὐκ ἔστι συγκριτὰ πρὸς τὸν δημιουργόν· ὀλίγα τε περὶ
τοῦ ἐπὶ πᾶσι θεοῦ δημιουργήσαντος καὶ συνέχοντος καὶ
κυβερνῶντος τὰ ὅλα. καὶ εὐθέως ὡσπερεὶ τὸ συγγενὲς
ἐπιγνοῦσα ἡ λογικὴ ψυχὴ ἀπορρίπτει μὲν ἃ τέως ἐδόξαζεν
20 εἶναι θεούς, φίλτρον δ' ἀναλαμβάνει φυσικὸν τὸ πρὸς τὸν
κτίσαντα· καὶ διὰ τὸ πρὸς ἐκεῖνον φίλτρον ὑπεραποδέχεται
καὶ τὸν ταῦτα πρῶτον πᾶσι τοῖς ἔθνεσι παραστήσαντα δι'
ὧν κατεσκεύασε μαθητῶν, οὓς ἐξέπεμψε μετὰ θείας δυνάμεως
καὶ ἐξουσίας κηρύξαι τὸν περὶ τοῦ θεοῦ καὶ τῆς βασιλείας
25 αὐτοῦ λόγον.

4. Ἐπεὶ δ' ἐγκαλεῖ ἡμῖν, οὐκ οἶδ' ἤδη ὁποσάκις, περὶ
474 τοῦ Ἰησοῦ ὅτι 'ἐκ θνητοῦ σώματος ὄντα θεὸν νομίζομεν,
καὶ ἐν τούτῳ ὅσια δρᾶν δοκοῦμεν·' περισσὸν μὲν τὸ ἔτι
πρὸς τοῦτο λέγειν· πλείονα γὰρ ἐν τοῖς ἀνωτέρω λέλεκται.
30 ὅμως δὲ ἴστωσαν οἱ ἐγκαλοῦντες ὅτι, ὃν μὲν νομίζομεν καὶ
πεπείσμεθα ἀρχῆθεν εἶναι θεὸν καὶ υἱὸν θεοῦ, οὗτος ὁ

3 ἑλληνικῆς post καὶ ABC   8 om. περὶ ℵ   9 τὸν] τῶν
A; τὸ ℵ; om. τὸν περὶ C   14, 15 om. ὅτι οὐκ εἰσὶ θεοί ABC
18 ὡσπερεὶ] περὶ ℵ   24 om. τοῦ ABC   26 ποσάκις ABC

αὐτολόγος ἐστὶ καὶ ἡ αὐτοσοφία καὶ ἡ αὐτοαλήθεια· τὸ δὲ ℵABC
θνητὸν αὐτοῦ σῶμα καὶ τὴν ἀνθρωπίνην ἐν αὐτῷ ψυχὴν τῇ
πρὸς ἐκεῖνον οὐ μόνον κοινωνίᾳ ἀλλὰ καὶ ἑνώσει καὶ ἀνα-
κράσει τὰ μέγιστά φαμεν προσειληφέναι, καὶ τῆς ἐκείνου
θειότητος κεκοινωνηκότα εἰς θεὸν μεταβεβηκέναι. ἐὰν δέ 5
τις προσκόπτῃ καὶ περὶ τοῦ σώματος αὐτοῦ ταῦθ' ἡμῶν
λεγόντων· ἐπιστησάτω τοῖς ὑπὸ Ἑλλήνων λεγομένοις περὶ
τῆς τῷ ἰδίῳ λόγῳ ἀποίου ὕλης ποιότητας ἀμπισκομένης
ὁποίας ὁ δημιουργὸς βούλεται αὐτῇ περιτιθέναι, καὶ πολ-
λάκις τὰς μὲν προτέρας ἀποτιθεμένης κρείττονας δὲ καὶ 10
διαφόρους ἀναλαμβανούσης. εἰ γὰρ ὑγιῆ τὰ τοιαῦτα, τί
θαυμαστὸν τὴν ποιότητα τοῦ θνητοῦ κατὰ τὸ τοῦ Ἰησοῦ
σῶμα προνοίᾳ θεοῦ βουληθέντος μεταβαλεῖν εἰς αἰθέριον
καὶ θείαν ποιότητα;

5. Οὐχ ὡς διαλεκτικὸς μὲν οὖν εἶπεν ὁ Κέλσος, πα- 15
ραβάλλων τὰς ἀνθρωπίνας τοῦ Ἰησοῦ σάρκας χρυσῷ καὶ
ἀργύρῳ καὶ λίθῳ, ὅτι αὗται ἐκείνων φθαρτότεραι. πρὸς
γὰρ τὸν ἀκριβῆ λόγον οὔτ' ἄφθαρτον ἀφθάρτου ἀφθαρτό-
τερον, οὔτε φθαρτὸν φθαρτοῦ φθαρτότερον. ἀλλ' εἰ ἄρα
φθαρτότερον, ὅμως δὲ καὶ πρὸς τοῦτο φήσομεν ὅτι εἴπερ 20
δυνατὸν ἀμείβειν ποιότητας τὴν ὑποκειμένην πάσαις ποιό-
τησιν ὕλην, πῶς οὐ δυνατὸν καὶ τὴν σάρκα τοῦ Ἰησοῦ
ἀμείψασαν ποιότητας γεγονέναι τοιαύτην, ὁποίαν ἐχρῆν
εἶναι τὴν ἐν αἰθέρι καὶ τοῖς ἀνωτέρω αὐτοῦ τόποις πολιτευο-
μένην, οὐκ ἔτι ἔχουσαν τὰ τῆς σαρκικῆς ἀσθενείας ἴδια 25
καὶ ἅτινα μιαρώτερα ὠνόμασεν ὁ Κέλσος; οὐδὲ τοῦτο
φιλοσόφως ποιῶν· τὸ γὰρ κυρίως μιαρὸν ἀπὸ κακίας τοι-
οῦτόν ἐστι· φύσις δὲ σώματος οὐ μιαρά· οὐ γὰρ ᾗ φύσις
σώματός ἐστι, τὸ γεννητικὸν τῆς μιαρότητος ἔχει τὴν
κακίαν.   30

3 ἐκεῖνο ℵAB   5 θεότητος ABC   μεταβεληκέναι A; μετα-
βεβηκέναι ℵ   8 ἀμφισκ. ℵ   12 om. τοῦ (sec.) ABC   17 πρὸς]
κατὰ ABC   18, 19 ἀφθαρτότερον] φθαρτότερον ℵ   20 εὐ-
φθαρτότερον ABC   24 ἀνωτάτω ℵ

XX.

ΝABC Πρὸς τοὺς λέγοντας μὴ διὰ τὸν ἄνθρωπον ἀλλὰ διὰ τὰ ἄλογα ζῶα γεγονέναι τὸν ἅπαντα κόσμον καὶ τοὺς ἀνθρώπους· ἐπεὶ ἀπονώτερον ἡμῶν τῶν ἀνθρώπων τὰ ἄλογα ζῇ, καὶ ὅτι σοφώτερα ἡμῶν ὄντα 5 θεοφιλῆ τέ ἐστι καὶ ἔννοιαν ἔχει θεοῦ καὶ προγινώσκει τὰ μέλλοντα. ἐν οἷς καὶ κατὰ μετεμψυχώσεως, καὶ περὶ οἰωνιστικῆς καὶ τῆς κατ᾽ αὐτὴν ἀπάτης. τόμου τετάρτου κατὰ Κέλσου.

558   1. Μετὰ ταῦτά φησιν, δηλονότι ὁ Κέλσος· ''Ἀλλ'
10 ὅπως μὴ περὶ μόνων Ἰουδαίων, οὐ γὰρ τοῦτο λέγω, ἀλλὰ
περὶ τῆς ὅλης φύσεως, ὅπερ ἐπηγγειλάμην, ὁ λόγος ᾖ·
σαφέστερον ἐμφανιῶ τὰ προειρημένα.' τίς δ᾽ οὐκ ἂν τού-
τοις ἐντυγχάνων μέτριος καὶ αἰσθανόμενος τῆς ἀνθρωπίνης
ἀσθενείας οὐκ ἂν περισταίη τὸ ἐπαχθὲς τοῦ περὶ ὅλης τῆς
15 φύσεως ἐπαγγειλαμένου ἀποδοῦναι λόγον, καὶ ἀλαζονευ-
σαμένου ὁμοίως ᾗ ἐτόλμησεν ἐπιγράψαι ἐπιγραφῇ τοῦ
βιβλίου; ἴδωμεν δὴ τίνα ἐστὶν ἃ περὶ ὅλης τῆς φύσεως
ἐπαγγέλλεται λέξειν, καὶ τίνα ἐμφανίσειν.

       2. Διὰ πολλῶν δὴ ἑξῆς ἐγκαλεῖ ἡμῖν, ὡς τῷ ἀνθρώπῳ
559 φάσκουσι πάντα πεποιηκέναι τὸν θεόν. καὶ βούλεται ἐκ
τῆς περὶ τῶν ζῴων ἱστορίας καὶ τῆς ἐμφαινομένης αὐτοῖς
ἀγχινοίας δεικνύναι, ὅτι οὐδὲν μᾶλλον ἀνθρώπων ἢ τῶν
ἀλόγων ζῴων ἕνεκεν γέγονε τὰ πάντα. καὶ δοκεῖ μοι
ὅμοιόν τι εἰπεῖν τοῖς διὰ τὸ πρὸς τοὺς μισουμένους ἔχθος
25 κατηγοροῦσιν αὐτῶν, ἐφ᾽ οἷς οἱ φίλτατοι αὐτῶν ἐπαινοῦνται.
ὥσπερ γὰρ ἐπὶ τούτων τυφλοῖ τὸ ἔχθος πρὸς τὸ μὴ
συνορᾶν ὅτι καὶ φιλτάτων κατηγοροῦσι, δι᾽ ὧν κακῶς

9 C. Cels. iv. 73   om. δηλονότι ὁ κέλσος Ν   17 ἐστὶν ἅ] ἐστὶ
ἃ
τὰ (sic) Ν   19 δὴ] δ᾽ Ν   20 om. καὶ Ν   21 om. τῶν ABC
αὐτοῖς] αὐτῶ Ν   22 om. ὅτι Ν*   24 εἰπεῖν] ποιεῖν ABC

λέγειν νομίζουσι τοὺς ἐχθρούς· τὸν αὐτὸν τρόπον καὶ ὁ אABC
Κέλσος συγχυθεὶς τὸν λογισμὸν οὐχ ἑώρακεν ὅτι καὶ τῶν
ἀπὸ τῆς Στοᾶς φιλοσόφων κατηγορεῖ, ὡς οὐ κακῶς προατ-
τόντων τὸν ἄνθρωπον καὶ ἁπαξαπλῶς τὴν λογικὴν φύσιν
πάντων τῶν ἀλόγων, καὶ διὰ ταύτην λεγόντων προηγουμένως 5
τὴν πρόνοιαν πάντα πεποιηκέναι. καὶ λόγον μὲν ἔχει τὰ
λογικὰ, ἅπερ ἐστὶ προηγούμενα, παιδίων γεννωμένων· τὰ
δ᾿ ἄλογα καὶ τὰ ἄψυχα χορίου συγκτιζομένου τῷ παιδίῳ.
καὶ ἡγοῦμαί γε ὅτι, ὥσπερ ἐν ταῖς πόλεσιν οἱ προνοούμενοι
τῶν ὠνίων καὶ τῆς ἀγορᾶς δι᾿ οὐδὲν ἄλλο προνοοῦνται ἢ διὰ 10
τοὺς ἀνθρώπους, παραπολαύουσι δὲ τῆς δαψιλείας καὶ κύνες
καὶ ἄλλα τῶν ἀλόγων· οὕτως ἡ πρόνοια τῶν μὲν λογικῶν
προηγουμένως προνοεῖ, ἐπηκολούθησε δὲ τὸ καὶ τὰ ἄλογα
ἀπολαύειν τῶν δι᾿ ἀνθρώπους γινομένων. καὶ ὥσπερ ἁμαρ-
τάνει ὁ λέγων τοὺς ἀγορανόμους προνοεῖν οὐ μᾶλλον τῶν 15
ἀνθρώπων ἢ τῶν κυνῶν, ἐπεὶ καὶ οἱ κύνες παραπολαύουσι
τῆς δαψιλείας τῶν ὠνίων· οὕτω πολλῷ μᾶλλον Κέλσος
καὶ οἱ τὰ αὐτὰ φρονοῦντες αὐτῷ ἀσεβοῦσιν εἰς τὸν προνο-
οῦντα τῶν λογικῶν θεὸν, φάσκοντες ᾿τί μᾶλλον ἀνθρώποις
γίνεσθαι ταῦτα πρὸς τροφὴν, ἢ τοῖς φυτοῖς δένδροις τε καὶ 20
πόαις καὶ ἀκάνθαις;᾿
     3.   Οἴεται γὰρ πρῶτον μὲν ᾿μὴ ἔργα θεοῦ εἶναι βροντ-
τὰς καὶ ἀστραπὰς καὶ ὑετούς,᾿ ἤδη σαφέστερον Ἐπικουρί-
ζων· δεύτερον δέ φησιν ὅτι ᾿εἰ καὶ διδάῃ τις ταῦτα ἔργα
εἶναι θεοῦ, οὐ μᾶλλον ἡμῖν τοῖς ἀνθρώποις ταῦτα γίνεται 25
πρὸς τροφὴν, ἢ τοῖς φυτοῖς δένδροις τε καὶ πόαις καὶ ἀκάν-
θαις·᾿ συντυχικῶς διδοὺς καὶ οὐ κατὰ πρόνοιαν, ὡς ἀληθῶς
Ἐπικούρειος, ταῦτα συμβαίνειν. εἰ γὰρ οὐ μᾶλλον ἡμῖν,
ἢ φυτοῖς καὶ δένδροις καὶ πόαις καὶ ἀκάνθαις, ταῦτ᾿ ἐστὶ
χρήσιμα· δῆλον ὅτι οὐδ᾿ ἀπὸ προνοίας ταῦτ᾿ ἔρχεται· ἢ ἀπὸ 30
προνοίας οὐ μᾶλλον ἡμῶν προνοουμένης, ἢ δένδρων καὶ

7 παιδων א   8 χωρίῳ συγκτιζομένῳ AB ; χωρίων συγκτιζομέ-
νων C   πεδίῳ ABC   13 τὰ]+ἄλλὰ א   20 ταῦτα γίνεσθαι
ABC   23 σαφῶς ABC

ℵABC πόας καὶ ἀκάνθης. ἑκάτερον δ' αὐτόθεν ἀσεβές· καὶ τὸ
τοῖς τοιούτοις ἀντιλέγειν, ἱστάμενον πρὸς τὸν ἀσέβειαν
ἡμῶν κατηγοροῦντα, εὔηθες. παντὶ γὰρ δῆλον ἐκ τῶν
εἰρημένων, τίς ὁ ἀσεβής. εἶτά φησιν ὅτι ' κἂν ταῦτα λέγῃς
5 ἀνθρώποις φύεσθαι (δῆλον δ' ὅτι τὰ φυτὰ καὶ δένδρα καὶ
560 πόας καὶ ἀκάνθας), τί μᾶλλον αὐτὰ ἀνθρώποις φήσεις
φύεσθαι, ἢ τοῖς ἀλόγοις ζώοις τοῖς ἀγριωτάτοις; ' σαφῶς
οὖν λεγέτω ὁ Κέλσος ὅτι ἡ τοσαύτη τῶν ἐπὶ γῆς φυο-
μένων διαφορὰ οὐ προνοίας ἐστὶν ἔργον· ἀλλὰ συντυχία
10 τις ἀτόμων τὰς τοσαύτας ποιότητας πεποίηκε· καὶ κατὰ
συντυχίαν τὰ τοσαῦτα εἴδη φυτῶν καὶ δένδρων καὶ πόας
παραπλήσιά ἐστιν ἀλλήλοις· καὶ ὅτι οὐδεὶς λόγος τεχνι-
κὸς ὑπέστησεν αὐτά, οὐδ' ἀπὸ νοῦ ἔχει τὴν ἀρχὴν πάντα
θαυμασμὸν ὑπερβεβηκότος. ἀλλ' ἡμεῖς, οἱ τῷ ταῦτα
15 κτίσαντι μόνῳ ἀνακείμενοι θεῷ χριστιανοί, καὶ ἐπὶ τούτοις
χάριν οἴδαμεν τῷ καὶ τούτων δημιουργῷ, ὅτι ἡμῖν τηλικαύ-
την ἑστίαν ηὐτρέπισε, καὶ δι' ἡμᾶς τοῖς δουλεύουσιν ἡμῖν
ζώοις· Ὁ ἐξανατέλλων χόρτον τοῖς κτήνεσι καὶ χλόην τῇ   Ps civ (ciii)
                                                              14 f.
δουλείᾳ τῶν ἀνθρώπων, τοῦ ἐξαγαγεῖν ἄρτον ἐκ τῆς γῆς,
20 καὶ ἵν' οἶνος εὐφραίνῃ καρδίαν ἀνθρώπου, καὶ ἱλαρύνηται
πρόσωπον ἐν ἐλαίῳ, καὶ ἄρτος στηρίζῃ καρδίαν ἀνθρώπου.
εἰ δὲ καὶ τοῖς ἀγριωτάτοις τῶν ζώων τροφὰς κατεσκεύασεν,
οὐδὲν θαυμαστόν· καὶ ταῦτα γὰρ τὰ ζῶα καὶ ἄλλοι τῶν
φιλοσοφησάντων εἰρήκασι γυμνασίου ἕνεκα γεγονέναι τῷ
25 λογικῷ ζώῳ. φησὶ δέ που τῶν καθ' ἡμᾶς τις σοφῶν·
Μὴ εἴπῃς, τί τοῦτο; εἰς τί τοῦτο; πάντα γὰρ εἰς χρείαν   Sir xxxix
αὐτῶν ἔκτισται· καὶ Μὴ εἴπῃς· τί τοῦτο; εἰς τί τοῦτο;   21, 17
πάντα γὰρ ἐν καιρῷ αὐτῶν ζητηθήσεται.

4. Ἑξῆς δὲ τούτοις ὁ Κέλσος, θέλων μὴ μᾶλλον
30 ἡμῖν τὴν πρόνοιαν πεποιηκέναι τὰ φυόμενα ἐπὶ γῆς, ἢ τοῖς

3 ἡμῶν κατηγοροῦντα] ἡμῖν ἐγκαλοῦντα ABC   5 om. τὰ
ABC   8 om. ὁ ABC   10 ποιότητας] συντυχίας ℵ   15 θεῷ]
supra lin. post μόνῳ ℵ   19 om. τοῦ ℵ   21 στηρίζει Α; στη-
ρίξῃ Β   24 ἕνεκεν ABC   26, 27 om. μὴ εἴπῃς—ἔκτισται· καὶ
BC   26 εἰς (pr.)] ἢ εἰς Α   27 εἰς] ἢ εἰς AB   29 om. δὲ ℵ

τῶν ζῴων ἀγριωτάτοις, φησίν· ''Ημεῖς μέν γε κάμνον- ℵABC
τες καὶ προσταλαιπωροῦντες μόλις καὶ ἐπιπόνως τρεφόμεθα·

cf. Hom Od
ix 109 τοῖς δ' ἄσπαρτα καὶ ἀνήροτα πάντα φύονται·' οὐχ ὁρῶν ὅτι
πανταχοῦ τὴν ἀνθρωπίνην σύνεσιν γυμνάζεσθαι βουλόμενος
ὁ θεός, ἵνα μὴ μένῃ ἀργὴ καὶ ἀνεπινόητος τῶν τεχνῶν, 5
πεποίηκε τὸν ἄνθρωπον ἐπιδεῆ· ἵνα δι' αὐτὸ τὸ ἐπιδεὲς
αὐτοῦ ἀναγκασθῇ εὑρεῖν τέχνας, τινὰς μὲν διὰ τὴν τροφὴν
ἄλλας δὲ διὰ τὴν σκέπην. καὶ γὰρ κρεῖττον ἦν τοῖς μὴ
μέλλουσι τὰ θεῖα ζητεῖν καὶ φιλοσοφεῖν τὸ ἀπορεῖν ὑπὲρ
τοῦ τῇ συνέσει χρήσασθαι πρὸς εὕρεσιν τεχνῶν, ἤπερ ἐκ 10
τοῦ εὐπορεῖν πάντη τῆς συνέσεως ἀμελεῖν. ἡ τῶν κατὰ
τὸν βίον γοῦν χρειῶν ἀπορία συνέστησε τοῦτο μὲν γεωρ-
γικήν, τοῦτο δὲ ἀμπελουργικήν, τοῦτο δὲ τὰς περὶ τοὺς
κήπους τέχνας, τοῦτο δὲ τεκτονικὴν καὶ χαλκευτικήν, ποιη-
τικὰς ἐργαλείων ταῖς ὑπηρετουμέναις τέχναις τὰ πρὸς 15
τροφήν· ἡ δὲ τῆς σκέπης ἀπορία τοῦτο μὲν ὑφαντικὴν τὴν
μετὰ τὴν ξαντικὴν καὶ τὴν νηστικὴν εἰσήγαγε, τοῦτο δὲ
οἰκοδομικήν· καὶ οὕτως ἀναβέβηκεν ἡ σύνεσις καὶ ἐπὶ
ἀρχιτεκτονικήν. ἡ δὲ τῶν χρειῶν ἔνδεια πεποίηκε καὶ τὰ
ἐν ἑτέροις τόποις γεννώμενα φέρεσθαι διὰ ναυτικῆς καὶ 20
κυβερνητικῆς πρὸς τοὺς μὴ ἔχοντας ἐκεῖνα· ὥστε καὶ
τούτων ἕνεκεν θαυμάσαι τις ἂν τὴν πρόνοιαν, συμφερόντως 561
παρὰ τὰ ἄλογα ζῷα ἐνδεὲς ποιήσασαν τὸ λογικόν. τὰ μὲν
γὰρ ἄλογα ἑτοίμην ἔχει τὴν τροφήν, ἅτε οὐδ' ἀφορμὴν
πρὸς τέχνας ἔχοντα· καὶ φυσικὴν δ' ἔχει τὴν σκέπην, 25
τετρίχωται γὰρ ἢ ἐπτέρωται ἢ πεφολίδωται ἢ ὀστράκωται.

5. Ἑξῆς δὲ τούτοις ἑαυτῷ ἀνθυποφέρει τὰ ὡς ὑπὲρ
ἀνθρώπων λεγόμενα, ὅτι δι' αὐτοὺς τὰ ἄλογα ζῷα δεδημιούρ-
γηται, καί φησιν ὅτι 'Εἴ τις ἡμᾶς λέγοι ἄρχοντας τῶν ζῴων,
ἐπεὶ ἡμεῖς τὰ ἄλλα ζῷα θηρῶμέν τε καὶ δαινύμεθα, φήσομεν 30

1 om. τῶν ABC   3 φύεται ABC   6 ἐπιδεὲς] ἐνδεὲς
ABC   13 om. τοῦτο δὲ ἀμπελουργικήν ABC   27 C. Cels.
iv. 78   27—29 om. ἑξῆς—δεδημιούργηται ℵ   29 λέγει ABC
ζῴων] ἀλόγων ABC   30 ἄλλα ζῷα] ἄλογα ABC   δαινύμεθα ℵC

ℵABC ὅτι τί δ' οὐχὶ μᾶλλον ἡμεῖς δι' ἐκεῖνα γεγόναμεν, ἐπεὶ ἐκεῖνα
θηρᾶται ἡμᾶς καὶ ἐσθίει; ἀλλὰ καὶ ἡμῖν μὲν ἀρκύων καὶ
ὅπλων δεῖ, καὶ ἀνθρώπων πλειόνων βοηθῶν καὶ κυνῶν κατὰ
τῶν θηρευομένων· ἐκείνοις δ' αὐτίκα καὶ καθ' αὑτὰ ἡ φύσις
562 ὅπλα δέδωκεν, εὐχερῶς ἡμᾶς ὑπάγουσα ἐκείνοις.' καὶ
ἐνταῦθα δὲ ὁρᾷς τίνα τρόπον ἡ σύνεσις μέγα βοήθημα ἡμῖν
δέδοται καὶ παντὸς ὅπλου κρεῖττον, οὗ δοκεῖ ἔχειν τὰ θηρία.
ἡμεῖς γοῦν οἱ πολλῷ τῷ σώματι τῶν ζῴων ἀσθενέστεροι,
τινῶν δὲ καὶ εἰς ὑπερβολὴν βραχύτεροι, κρατοῦμεν διὰ τὴν
10 σύνεσιν τῶν θηρίων, καὶ τοὺς τηλικούτους ἐλέφαντας
θηρεύομεν· τὰ μὲν πεφυκότα τιθασσεύεσθαι ὑποτάσσοντες
τῇ ἡμετέρᾳ ἡμερότητι· κατὰ δὲ τῶν μὴ πεφυκότων, ἢ μὴ
δοκούντων ἡμῖν χρείαν παρέχειν ἐκ τῆς τιθασσείας, οὕτω
μετὰ τῆς ἡμετέρας ἱστάμεθα ἀσφαλείας, ὥστε, ὅτε μὲν
15 βουλόμεθα, ἔχομεν τὰ τηλικαῦτα θηρία κατακεκλεισμένα·
ὅτε δὲ χρήζομεν τροφῆς τῆς ἀπὸ τῶν σωμάτων αὐτῶν,
οὕτως αὐτὰ ἀναιροῦμεν ὡς καὶ τὰ μὴ ἄγρια τῶν ζῴων.
δοῦλα οὖν πάντα τοῦ λογικοῦ ζῴου καὶ τῆς φυσικῆς αὐτοῦ
συνέσεως κατεσκεύασεν ὁ δημιουργός. καὶ εἰς ἄλλα μὲν
20 κυνῶν χρήζομεν, φέρ' εἰπεῖν, εἰς φυλακὴν ποιμνίων ἢ βου-
κολίων ἢ αἰπολίων ἢ οἰκιῶν· εἰς ἄλλα δὲ βοῶν, οἷον εἰς
γεωργίαν· εἰς ἄλλα δ' ὑποζυγίοις χρώμεθα ἢ ἀχθοφόροις.
οὕτως εἰς γυμνάσιον τῶν τῆς ἀνδρείας ἐν ἡμῖν σπερμάτων
δεδόσθαι ἡμῖν λέγεται τὸ λεόντων καὶ ἄρκτων, παρδάλεών
25 τε καὶ συῶν, καὶ τὸ τῶν τοιούτων γένος.

6. Εἶτα λέγει πρὸς τὸ τῶν αἰσθανομένων τῆς ἑαυτῶν
ὑπεροχῆς ἀνθρώπων γένος, ἣν ὑπερέχει τῶν ἀλόγων ζῴων,
ὅτι 'Πρὸς ὃ ὑμεῖς φατὲ, ὡς ὁ θεὸς ἡμῖν δέδωκεν αἱρεῖν τὰ
θηρία δύνασθαι καὶ καταχρήσασθαι, ἐροῦμεν ὅτι, ὡς εἰκὸς,
30 πρὶν πόλεις εἶναι καὶ τέχνας καὶ τοιαύτας ἐπιμιξίας καὶ

1 om. τί δ' ℵ   7 δίδοται ℵ   8 ζώων] θηρίων ABC
20 φυλακὴν]+τῶν ABC   22 γεωργίας ℵ   23 γυμνάσια ℵ
24 λέγεται ἡμῖν ABC   ἄρκων AB   25 om. τὸ ABC   28 ὑμῖν
ABC   29 καταχρῆσθαι ABC

R.   9

ὅπλα καὶ δίκτυα, ἄνθρωποι μὲν ὑπὸ θηρίων ἡρπάζοντο אABC
καὶ ἠσθίοντο, θηρία δ' ὑπ' ἀνθρώπων ἥκιστα ἡλίσκετο.'
ὅρα δὲ πρὸς ταῦτα ὅτι εἰ καὶ αἱροῦσιν ἄνθρωποι θηρία καὶ
θηρία ἀνθρώπους ἁρπάζει, πολλή ἐστι διαφορὰ τῶν
συνέσει κρατούντων παρὰ τὰ ἀγριότητι καὶ ὠμότητι 5
περιγινόμενα τῶν οὐ χρωμένων τῇ συνέσει πρὸς τὸ
μηδὲν ὑπὸ θηρίων παθεῖν. τὸ δέ· 'πρὶν πόλεις εἶναι καὶ
τέχνας καὶ τοιαύτας ἐπιμιξίας·' ἐπιλελησμένου οἶμαι εἶναί
ὧν ἀνωτέρω προεῖπεν, ὡς 'ἀγενήτου ὄντος τοῦ κόσμου καὶ
ἀφθάρτου, καὶ μόνων τῶν ἐπὶ γῆς κατακλυσμοὺς καὶ ἐκ- 10
πυρώσεις πασχόντων, καὶ οὐ πάντων ἅμα τούτοις περιπιπ-
τόντων.' ὡς οὐκ ἔστιν οὖν τοῖς ἀγένητον ὑφισταμένοις τὸν
κόσμον ἀρχὴν αὐτοῦ εἰπεῖν, οὕτως οὐδὲ χρόνον ὅτ' οὐδαμῶς
ἦσαν πόλεις οὐδὲ τέχναι πω εὕρηντο. ἀλλ' ἔστω καὶ ταῦτα
ἡμῖν μὲν συναδόντως αὐτῷ συγχωρεῖν, αὐτῷ δὲ καὶ τοῖς 15
ἀνωτέρω ὑπ' αἰτοῦ λελεγμένοις οὐκέτι· τί οὖν τοῦτο πρὸς
τὸ πάντως κατ' ἀρχὰς τοὺς μὲν ἀνθρώπους ὑπὸ θηρίων
ἁρπάζεσθαι καὶ ἐσθίεσθαι, μηκέτι δὲ τὰ θηρία ὑπ' ἀνθρώ-
πων ἁλίσκεσθαι; εἴπερ γὰρ κατὰ πρόνοιαν ὁ κόσμος
γεγένηται, καὶ θεὸς ἐφέστηκε τοῖς ὅλοις· ἀναγκαῖον ἦν τὰ 20
ζώπυρα τοῦ γένους τῶν ἀνθρώπων ἀρξάμενα ὑπό τινα 563
γεγονέναι φρουρὰν τὴν ἀπὸ κρειττόνων, ὥστε κατ' ἀρχὰς
ἐπιμιξίαν γεγονέναι τῆς θείας φύσεως πρὸς τοὺς ἀνθρώπους.
ἅπερ καὶ ὁ Ἀσκραῖος ποιητὴς ἐννοῶν εἶπε·

> Ξυναὶ γὰρ τότε δαῖτες ἔσαν, ξυνοὶ δὲ θόωκοι   25
> Ἀθανάτοισι θεοῖσι καταθνητοῖς τ' ἀνθρώποις.

7. Καὶ ὁ θεῖος δὲ κατὰ Μωσέα λόγος εἰσήγαγε τοὺς
πρώτους ἀκούοντας θειοτέρας φωνῆς καὶ χρησμῶν, καὶ
ὁρῶντας ἔσθ' ὅτε ἀγγέλων θεοῦ ἐπιδημίας γεγενημένας πρὸς
αὐτούς. καὶ γὰρ εἰκὸς ἐν ἀρχῇ τοῦ κόσμου ἐπὶ πλεῖον 30

---

12 ὑφιστάνουσι ABC   16 om. ἀνωτέρω ABC   19 εἴπερ]
εἰ ABC   24 ἐννοῶν ante ποιητὴς ABC   25 θῶκοι אC
28 χρησμῶν καὶ] χρησμόσινα א

ℵABC βεβοηθῆσθαι τὴν ἀνθρώπων φύσιν· ἕως, προκοπῆς γενο-
μένης εἰς σύνεσιν καὶ τὰς λοιπὰς ἀρετὰς καὶ τὴν εὕρεσιν
τῶν τεχνῶν, δυνηθῶσι καὶ καθ᾽ ἑαυτοὺς ζῆν, οὐ χρήζοντες
ἀεὶ ἐπιτροπευόντων καὶ οἰκονομούντων αὐτοὺς μετὰ παρα-
5 δόξου ἐπιφανείας τῶν ὑπηρετουμένων τῷ τοῦ θεοῦ βουλή-
ματι. ἀκόλουθον δὲ τούτοις τὸ ψεῦδος εἶναι ὅτι κατ᾽ ἀρχὰς
᾽ἄνθρωποι μὲν ὑπὸ θηρίων ἡρπάζοντο καὶ ἠσθίοντο, θηρία
δ᾽ ὑπ᾽ ἀνθρώπων ἥκιστα ἡλίσκετο.᾽ ἐκ δὴ τούτων φανερὸν
ὅτι ψεῦδος καὶ τὸ ὑπὸ τοῦ Κέλσου οὕτως λεγόμενον·
10 ᾽῞Ωστε ταύτῃ γε ὁ θεὸς τοὺς ἀνθρώπους μᾶλλον τοῖς
θηρίοις ὑπέβαλεν.᾽ οὐ γὰρ ὑπέβαλε τοὺς ἀνθρώπους τοῖς
θηρίοις ὁ θεός, ἀλλὰ τῇ συνέσει τῶν ἀνθρώπων ἁλωτὰ
δέδωκεν εἶναι τὰ θηρία, καὶ ταῖς ἀπὸ συνέσεως ὑφιστα-
μέναις κατ᾽ ἐκείνων τέχναις. οὐ γὰρ ἀθεεὶ ἐμηχανήσαντο
15 σφίσιν αὐτοῖς οἱ ἄνθρωποι σωτηρίαν ἀπὸ τῶν θηρίων καὶ
τὴν κατ᾽ ἐκείνων ἐπικράτειαν.

8. Οὐχ ὁρῶν δ᾽ ὁ γεννάδας, ὅσων φιλοσόφων τὴν
πρόνοιαν εἰσαγόντων καὶ διὰ τὰ λογικὰ πάντα ποιεῖν αὐτὴν
λεγόντων συναναιρεῖ, τὸ ὅσον ἐφ᾽ ἑαυτῷ, χρήσιμα δόγματα
20 τῇ χριστιανῶν κατὰ ταῦτα πρὸς φιλοσοφίαν συμφωνίᾳ,
οὐδ᾽ ὅση βλάβη κωλυτικὴ γίνεται εὐσεβείας ἐκ τοῦ
παραδέξασθαι ὅτι οὐδὲν μυρμήκων ἢ μελισσῶν διαφέρει ὁ
ἄνθρωπος παρὰ τῷ θεῷ, φησὶν ὅτι ᾽Εἰ διὰ τοῦθ᾽ οἱ ἄν-
θρωποι διαφέρειν δοκοῦσι τῶν ἀλόγων, ἐπεὶ πόλεις ᾤκησαν
25 καὶ χρῶνται πολιτείᾳ καὶ ἀρχαῖς καὶ ἡγεμονίαις· τοῦτ᾽
οὐδὲν πρὸς ἔπος ἐστί· καὶ γὰρ οἱ μύρμηκες καὶ αἱ μέλισσαι.
μελίσσαις γοῦν ἔστιν ἡγεμών, ἔστι δ᾽ ἀκολουθία τε καὶ
θεραπεία, καὶ πόλεμοι καὶ νῖκαι καὶ τῶν ἡττημένων αἱρέσεις,
καὶ πόλεις καὶ προπόλεις γε, καὶ ἔργων διαδοχὴ, καὶ δίκαι
30 κατὰ τῶν ἀργῶν τε καὶ πονηρῶν· τοὺς γοῦν κηφῆνας
ἀπελαύνουσί τε καὶ κολάζουσιν.᾽ οὐδ᾽ ἐν τούτοις δὲ

11, 12 τοῖς θηρίοις τοὺς ἀνθρώπους ABC   19 ἐφ᾽ αὑτῷ ℵ   20 om.
τῇ ABC   σύμφωνα ABC   28, 29 om. καὶ τῶν—προπόλεις
γε C   28 ἡττωμένων al AB   31 δὲ] τε ABC

ἑώρακε τίνι διαφέρει τὰ ἀπὸ λόγου καὶ λογικῆς ἐπιτελού- ΝΑΒC
μενα τῶν ἀπ᾽ ἀλόγου φύσεως καὶ κατασκευῆς ψιλῆς 564
γινομένων· ὧν τὴν αἰτίαν οὐδεὶς μὲν ἐνυπάρχων τοῖς
ποιοῦσι λόγος ἀναδέχεται· οὐδὲ γὰρ ἔχουσιν αὐτόν· ὁ
πρεσβύτατος δὲ καὶ υἱὸς μὲν τοῦ θεοῦ πάντων δὲ τῶν 5
ὑποκειμένων βασιλεὺς φύσιν ἄλογον πεποίηκε βοηθοῦ-
σαν ὡς ἄλογον τοῖς οὐκ ἀξιωθεῖσι λόγου. πόλεις οὖν
παρ᾽ ἀνθρώποις μετὰ πολλῶν ὑπέστησαν τεχνῶν καὶ
διατάξεως νόμων· πολιτεῖαι δὲ καὶ ἀρχαὶ καὶ ἡγεμονίαι ἐν
ἀνθρώποις, ἤτοι αἲ κυρίως εἰσὶν οὕτω καλούμεναι, σπουδαῖαί 10
τινες ἕξεις καὶ ἐνέργειαι, ἢ καὶ αἱ καταχρηστικώτερον οὕτως
ὀνομαζόμεναι πρὸς τὴν κατὰ τὸ δυνατὸν ἐκείνων μίμησιν·
ἐκείναις γὰρ ἐνορῶντες οἱ ἐπιτετευγμένως νομοθετήσαντες
συνεστήσαντο τὰς ἀρίστας πολιτείας καὶ τὰς ἀρχὰς καὶ τὰς
ἡγεμονίας. ὧν οὐδὲν ἐν τοῖς ἀλόγοις ἐστὶν εὑρεῖν· κἂν ὁ 15
Κέλσος τὰ λογικὰ ὀνόματα καὶ ἐπὶ λογικῶν τεταγμένα,
πόλιν καὶ πολιτείας καὶ ἀρχὰς καὶ ἡγεμονίας, ἀναφέρῃ καὶ
ἐπὶ μύρμηκας καὶ μελίσσας· ἐφ᾽ οἷς οὐδαμῶς μὲν τοὺς
μύρμηκας ἢ τὰς μελίσσας ἀποδεκτέον· οὐ γὰρ σὺν λογισμῷ
ποιοῦσι· τὴν θείαν δὲ φύσιν θαυμαστέον, μέχρι τῶν ἀλόγων 20
ἐκτείνασαν τὸ οἱονεὶ πρὸς τὰ λογικὰ μίμημα· τάχα πρὸς
δυσωπίαν τῶν λογικῶν· ἵν᾽ ἐνορῶντες μύρμηξιν ἐργατι-
κώτεροι γίνωνται καὶ ταμιευτικώτεροι τῶν ἑαυτοῖς χρησίμων,
κατανοοῦντές τε μελίσσας πείθωνται μὲν ἡγεμονίαις διαι-
ρῶνται δὲ τὰ χρήσιμα τῆς πολιτείας ἔργα πρὸς σωτηρίαν 25
τῶν πόλεων.

9. Τάχα δὲ καὶ οἱ οἱονεὶ πόλεμοι τῶν μελισσῶν δι-
δασκαλία ἔγκειται πρὸς τὸ δικαίους καὶ τεταγμένους πολέ-
μους, εἴ ποτε δέοι, γίγνεσθαι ἐν ἀνθρώποις. καὶ οὐ πόλεις
μὲν καὶ προπόλεις ἐν μελίσσαις· ἀλλ᾽ οἱ σίμβλοι καὶ τὰ 30

1 λογικῆς] λογισμοῦ ΑΒC   2 ἀπ᾽ ἀλόγου] ἀπολογου (sic) ΑΒ ;
ἀπὸ λόγου C   11 om. al ΑΒC   14 ἀρίστους ΑΒC   23 γένων-
ται Ν*   24 πείθονται ΝΑ   ἡγεμόνι ΑΒC   29 πόλις Ν
30 πρόπολις Ν

ℵABC ἐξάγωνα καὶ τὰ μελισσῶν ἔργα καὶ ἡ παρ᾽ ἐκείναις διαδοχὴ
αὐτῶν, διὰ τοὺς ἀνθρώπους εἰς πολλὰ τοῦ μέλιτος χρήζοντας,
θεραπείας τε σωμάτων πεπονθότων καὶ τροφὴν καθαρτήριον.
οὐ παραβλητέον δὲ τὰ κατὰ τῶν κηφήνων ὑπὸ τῶν μελισ-
5 σῶν ἐπιτελούμενα, ταῖς κατὰ τῶν ἀργῶν ἐν ταῖς πόλεσι
καὶ πονηρῶν δίκαις, καὶ ταῖς κατ᾽ αὐτῶν κολάσεσιν. ἀλλ᾽,
ὡς προεῖπον, τὴν μὲν φύσιν ἐν τούτοις θαυμαστέον· τὸν
δ᾽ ἄνθρωπον, ἐπιλογίσασθαι τὰ περὶ πάντων δυνάμενον
καὶ κοσμῆσαι τὰ πάντων, ἅτε συνεργοῦντα τῇ προνοίᾳ,
10 ἀποδεκτέον· καὶ οὐ μόνης προνοίας θεοῦ ἔργα ἐπιτελοῦντα,
ἀλλὰ καὶ τῆς ἑαυτοῦ.

10. Εἰπὼν δ᾽ ὁ Κέλσος περὶ τῶν μελισσῶν, ἵνα τὸ
ὅσον ἐφ᾽ ἑαυτῷ ἐξευτελίσῃ ἡμῶν οὐ χριστιανῶν μόνον ἀλλὰ
565 καὶ πάντων ἀνθρώπων τὰς πόλεις καὶ τὰς πολιτείας καὶ
15 τὰς ἀρχὰς καὶ τὰς ἡγεμονίας καὶ τοὺς ὑπὲρ τῶν πατρίδων
πολέμους, ἑξῆς ἐπιφέρει διεξιὼν μυρμήκων ἐγκώμιον·
ὅπως τῷ περὶ ἐκείνων ἐγκωμίῳ τὸ τῶν ἀνθρώπων περὶ τὴν
τροφὴν οἰκονομικὸν καταβάλῃ τῷ λόγῳ τῷ πρὸς τοὺς
μύρμηκας, καὶ τὸ τῶν χειμαδίων προνοητικὸν καταρρίψῃ,
20 ὡς οὐδὲν πλέον ἔχον τῆς ἀλόγου τῶν μυρμήκων ἐν οἷς
ἐκεῖνος νομίζει προνοίας. τίνα δ᾽ οὐκ ἂν τῶν ἁπλουστέρων
ἀνθρώπων καὶ οὐκ ἐπισταμένων ἐνορᾶν τῇ φύσει πάντων
πραγμάτων ἀποτρέψαι, τὸ ὅσον ἐφ᾽ ἑαυτῷ, ὁ Κέλσος ἀπὸ
τοῦ τοῖς βαρουμένοις ὑπὸ φορτίων βοηθεῖν καὶ κοινωνεῖν ἐ-
25 κείνοις τῶν καμάτων, λέγων περὶ μυρμήκων ὡς ʽἂν ἀλλήλοις
τῶν φορτίων, ἐπειδάν τινα κάμνοντα ἴδωσιν, ἐπιλαμβάνων-
ται᾽· ἐρεῖ γὰρ ὁ δεόμενος τῆς διὰ λόγου παιδεύσεως καὶ
μηδαμῶς ἐπαΐων αὐτῆς· Ἐπεὶ τοίνυν μηδὲν διαφέρομεν
μυρμήκων καὶ ὅτε τοῖς κάμνουσι διὰ τὸ φέρειν βαρύτατα
30 φορτία βοηθοῦμεν, τί μάτην τὸ τοιοῦτον ποιοῦμεν; καὶ οἱ

1 ἐξαγωγὰ ℵ*   καὶ τὰ] τῶν ℵ   3 σωμάτων πεπονθότων]
χάριν πεπονθ. σωμ. ABC   καθαρτήριον] B; καθαρ.ΤΡ (sic) C; καθά-
ριον ℵA   5 om. κατὰ ℵ   8 τὰ π. πάντ. ἐπιλογ. ABC
17, 18 οἰκονομ. π. τὴν τροφὴν ℵ   20 ἔχων ℵ   22 οὐκ] μὴ ABC
24 om. τοῖς ℵ   29, 30 om. διὰ τὸ φ. β. φορτία ABC

μὲν μύρμηκες, ἅτε ἄλογα ζῷα τυγχάνοντες, οὐκ ἂν ἐπαρ- ℵABC
θεῖεν πρὸς τὸ μέγα φρονῆσαι διὰ τὸ παραβαλέσθαι ἀνθρώ-
ποις τὰ ἔργα αὐτῶν· οἱ δ᾽ ἄνθρωποι διὰ τὸν λόγον ἀκοῦσαι
δυνηθέντες τίνα τρόπον εὐτελίζεται αὐτῶν τὸ κοινωνικόν,
βλαβεῖεν ἂν τὸ ὅσον ἐπὶ τῷ Κέλσῳ καὶ τοῖς λόγοις αὐτοῦ, 5
οὐκ ἰδόντι ὅτι χριστιανισμοῦ ἀποτρέψαι θέλων τοὺς ἐντυγ-
χάνοντας αὐτοῦ τῇ γραφῇ ἀποτρέπει καὶ τῶν οὐ χριστιανῶν
τὸ πρὸς τοὺς φέροντας τὰ βαρύτατα τῶν φορτίων συμπαθές.
ἐχρῆν δ᾽ αὐτόν, εἴπερ ἦν καὶ φιλόσοφος αἰσθανόμενος τοῦ
κοινωνικοῦ, πρὸς τῷ μὴ συναναιρεῖν τῷ χριστιανισμῷ τὰ 10
χρήσιμα τῶν ἐν ἀνθρώποις, καὶ συνεργεῖν, εἰ οἷόν τ᾽ ἦν, τοῖς
κοινοῖς ἐν χριστιανισμῷ πρὸς τοὺς ἄλλους ἀνθρώπους
καλοῖς. εἰ δὲ καὶ τῶν ἀποτιθεμένων καρπῶν τὰς ἐκφύσεις
ἀπεκτιθέασιν οἱ μύρμηκες, ἵνα μὴ σπαργῷεν μένοιεν δὲ
δι᾽ ἔτους αὐτοῖς εἰς τροφήν· οὐ λογισμὸν εἶναι ἐν μύρμηξι 15
τούτων αἴτιον ὑπονοητέον, ἀλλὰ τὴν παμμήτορα φύσιν καὶ
τὰ ἄλογα κοσμήσασαν, ὡς μηδὲ τοὐλάχιστον καταλιπεῖν
μηδαμῶς φέρον ἴχνος τοῦ ἀπὸ τῆς φύσεως λόγου. εἰ μὴ
ἄρα διὰ τούτων λεληθότως βούλεται ὁ Κέλσος, καὶ γὰρ ἐν
πολλοῖς Πλατωνίζειν θέλει, ὁμοειδῆ εἶναι πᾶσαν ψυχήν, καὶ 20
μηδὲν διαφέρειν τὴν τοῦ ἀνθρώπου τῆς τῶν μυρμήκων καὶ
τῶν μελισσῶν· ὅπερ κατάγοντός ἐστι τὴν ψυχὴν ἀπὸ τῶν
ἁψίδων τοῦ οὐρανοῦ οὐκ ἐπὶ τὸ ἀνθρώπινον σῶμα μόνον 566
ἀλλὰ καὶ ἐπὶ τὰ λοιπά. τούτοις δ᾽ οὐ πείσονται χριστιανοί,
προκατειληφότες τὸ κατ᾽ εἰκόνα γεγονέναι θεοῦ τὴν ἀνθρω- 25
πίνην ψυχήν, καὶ ὁρῶντες ὅτι ἀμήχανόν ἐστι τὴν κατ᾽ εἰκόνα
θεοῦ δεδημιουργημένην φύσιν πάντη ἀπαλεῖψαι τοὺς
χαρακτῆρας αὐτῆς, καὶ ἄλλους ἀναλαβεῖν οὐκ οἶδα κατ᾽
εἰκόνας τίνων γεγενημένους ἐν τοῖς ἀλόγοις.

2 διὰ τὸ παραβαλέσθαι] ἐπὰν παραβάλλωνται (-ονται Α) ABC
6 ἰδόντι] εἰδότι ABC   9 καί] κἂν ℵ   10 om. μὴ ℵ
τοῖς χριστιανισμοῦ ℵ   12 om. ἐν ABC   19 om. βούλεται
ABC   om. καὶ γὰρ ABC   20 θέλει]+καὶ βούλεται ABC
23 μόνον σῶμα ABC   25 θεοῦ γεγονέναι ABC   28 ἄλλους]
ἀλόγους ABC

ℵABC 11. Ἐπεὶ δὲ καὶ 'τοῖς ἀποθνήσκουσι μύρμηξί' φησι
'τοὺς ζῶντας ἴδιόν τι ἀποκρίνειν χωρίον, κἀκεῖνο αὐτοῖς
εἶναι πάτρια μνήματα·' λεκτέον ὅτι, ὅσῳ πλείονα λέγει
τῶν ἀλόγων ζώων ἐγκώμια, τοσούτῳ πλεῖον, κἂν μὴ θέλῃ,
5 αὔξει τὸ τοῦ πάντα κοσμήσαντος λόγου ἔργον, καὶ δείκνυσι
τὴν ἐν ἀνθρώποις ἐντρέχειαν δυναμένην κοσμεῖν τῷ λόγῳ
καὶ τὰ πλεονεκτήματα τῆς φύσεως τῶν ἀλόγων. τί δὲ
λέγω τῶν ἀλόγων, ἐπεὶ Κέλσῳ δοκεῖ μηδ' ἄλογα εἶναι
τὰ κατὰ τὰς κοινὰς πάντων ἐννοίας ἄλογα καλούμενα;
10 οὐδὲ τοὺς μύρμηκας γοῦν οἴεται εἶναι ἀλόγους ὁ περὶ τῆς
ὅλης φύσεως ἐπαγγειλάμενος λέγειν καὶ τὴν ἀλήθειαν ἐν
τῇ ἐπιγραφῇ τοῦ βιβλίου αὐξήσας. φησὶ γὰρ περὶ τῶν
μυρμήκων ὡς διαλεγομένων ἀλλήλοις τοιαῦτα· 'Καὶ μὲν
δὴ καὶ ἀπαντῶντες ἀλλήλοις διαλέγονται, ὅθεν οὐδὲ τῶν
15 ὁδῶν ἁμαρτάνουσιν· οὐκοῦν καὶ λόγου συμπλήρωσίς ἐστι
παρ' αὐτοῖς καὶ κοιναὶ ἔννοιαι καθολικῶν τινῶν καὶ φωνὴ
καὶ τυγχάνοντα καὶ σημαινόμενα.' τὸ γὰρ διαλέγεσθαί
τινα πρὸς ἕτερον ἐν φωνῇ γίνεται δηλούσῃ τι σημαινόμενον,
πολλάκις δὲ καὶ περὶ τῶν καλουμένων τυγχανόντων ἀπαγ-
20 γελλούσῃ· ἅπερ καὶ ἐν μύρμηξι λέγειν εἶναι, πῶς οὐ
πάντων ἂν εἴη καταγελαστότατον;

12. Καὶ οὐκ αἰδεῖταί γε ἐπιφέρων τούτοις, ἵνα καὶ
τοῖς μετ' αὐτὸν ἐσομένοις ἐπιδεικνύηται τὴν τῶν δογμάτων
ἑαυτοῦ ἀσχημοσύνην, λέγων· 'Φέρ' οὖν, εἴ τις ἀπ' οὐρανοῦ
25 ἐπὶ τὴν γῆν ἐπιβλέποι, τί ἂν δόξαι διαφέρειν τὰ ὑφ'
ἡμῶν ἢ τὰ ὑπὸ μυρμήκων καὶ μελισσῶν δρώμενα;' ὁ ἀπ'
οὐρανοῦ δὴ ἐπὶ γῆν κατὰ τὴν ὑπόθεσιν αὐτοῦ βλέπων τὰ
δρώμενα ὑπὸ τῶν ἀνθρώπων καὶ τὰ ὑπὸ τῶν μυρμήκων
γινόμενα, πότερον ἐνορᾷ μὲν ἀνθρώπων καὶ μυρμήκων
30 σώμασιν, οὐ κατανοεῖ δὲ τὸ λογικὸν ἡγεμονικὸν καὶ

1 ἐπεὶ δὲ] ἐπειδὴ ℵ   7, 8 om. τί δὲ λέγω τῶν ἀλόγων ℵC
19, 20 ἀπαγγέλλουσιν BC; ἀπαγγελουσαν (sic) ℵ   21 ἂν πάντων εἴη
AB; ἂν εἴη πάντων C   24 ἀσχημοσύνη ℵ   25 ἐπὶ τὴν γῆν]
τὰ ἐπὶ γῆς ABC   30 σώμασιν ante ἀνθρώπων ABC

λογισμῷ κινούμενον, πάλιν τε αὖ τὸ ἄλογον ἡγεμονικὸν ℵABC
καὶ ὑπὸ ὁρμῆς καὶ φαντασίας ἀλόγως κινούμενον μετά
τινος φυσικῆς ὑποκατασκευῆς; ἀλλ᾽ ἄτοπον τὸν ἀπ᾽
οὐρανοῦ βλέποντα τὰ ἐπὶ γῆς ἐνορᾷν μὲν θέλειν σώμασιν
ἀνθρώπων καὶ μυρμήκων ἀπὸ τοσούτου διαστήματος, μὴ 5
πολὺ δὲ μᾶλλον βλέπειν ἡγεμονικῶν φύσεις καὶ πηγὴν
ὁρμῶν λογικὴν ἢ ἄλογον. εἰ δ᾽ ἅπαξ βλέπει τὴν πασῶν
ὁρμῶν πηγήν, δηλονότι καὶ τὴν διαφορὰν ἴδοι ἂν καὶ τὴν
ὑπεροχὴν τοῦ ἀνθρώπου οὐ μόνον παρὰ τοὺς μύρμηκας 567
ἀλλὰ καὶ παρὰ τοὺς ἐλέφαντας. ὁ γὰρ βλέπων ἀπ᾽ 10
οὐρανοῦ ἐν μὲν τοῖς ἀλόγοις, κἂν μεγάλα ᾖ αὐτῶν τὰ
σώματα, οὐκ ἄλλην ὄψεται ἀρχὴν ἢ τὴν, ἵν᾽ οὕτως ὀνομάσω,
ἀλογίαν· ἐν δὲ τοῖς λογικοῖς, λόγον τὸν κοινὸν ἀνθρώπων
πρὸς τὰ θεῖα καὶ ἐπουράνια τάχα δὲ καὶ αὐτὸν τὸν ἐπὶ
cf. Ge i 26   πᾶσι θεόν, δι᾽ ὃν κατ᾽ εἰκόνα γεγονέναι ὠνόμασται τοῦ 15
θεοῦ· εἰκὼν γὰρ τοῦ ἐπὶ πᾶσι θεοῦ ὁ λόγος ἐστὶν αὐτοῦ.

13. Ἑξῆς δὲ τούτοις, ὥσπερεὶ ἐπὶ πλειόνων καταβι-
βάσαι ἀγωνιζόμενος τὸ τῶν ἀνθρώπων γένος καὶ ἐξομοιῶσαι
τοῖς ἀλόγοις, καὶ μηδὲν ὅ τι καταλιπεῖν θέλων τῶν ἐν τοῖς
ἀλόγοις ἱστορουμένων ἐμφαινόντων τὸ μεῖζον, καὶ τὰ τῆς 20
γοητείας φησὶν εἶναι καὶ ἔν τισι τῶν ἀλόγων· ὡς μηδ᾽ ἐπὶ
τούτῳ τοὺς ἀνθρώπους ἐξαιρέτως σεμνύνεσθαι, μηδὲ θέλειν
ἔχειν τὴν πρὸς τὰ ἄλογα ὑπεροχήν. καί φησι ταῦτα· 'Εἰ
δέ τι καὶ ἐπὶ γοητείᾳ φρονοῦσιν ἄνθρωποι, ἤδη καὶ κατὰ
τοῦτο σοφώτεροι ὄφεις καὶ ἀετοί· πολλὰ γοῦν ἴσασιν 25
ἀλεξιφάρμακα καὶ ἀλεξίκακα, καὶ δὴ καὶ λίθων τινῶν
δυνάμεις ἐπὶ σωτηρίᾳ τῶν νεοσσῶν· οἷς ἂν ἐπιτύχωσιν
ἄνθρωποι, θαυμαστόν τι κτῆμα ἔχειν νομίζουσι.' καὶ πρῶ-
τόν γε οὐκ οἶδ᾽ ὅπως τὴν τῶν ζώων περὶ τὰ φυσικὰ ἀλεξι-
φάρμακα εἴτε ἐμπειρίαν εἴτε φυσικήν τινα κατάληψιν 30

4 om. τὰ ℵ   11 ᾖ] ἦν ℵ   13 λογικοῖς] + ζώοις ABC   λόγον
τὸν] τὸ ABC   15 δι᾽ ὅν] διὸ καὶ ABC   17 πλεῖον ABC
19 ἐθέλων ABC   24 om. ἐπὶ ℵ   27 ἐὰν AB   29 γε] μὲν
ABC

ℵABC γοητείαν ὠνόμασεν· ἐπ᾿ ἄλλου γὰρ τέτριπται τὸ τῆς γοη-
τείας τάσσεσθαι ὄνομα· εἰ μὴ ἄρα λεληθότως διαβάλλειν
βούλεται ὡς Ἐπικούρειος πᾶσαν τὴν τῶν τοιούτων χρῆσιν,
ὡς ἐν ἐπαγγελίᾳ γοήτων κειμένην. πλὴν ἀλλὰ δεδόσθω
5 αὐτῷ τὸ τοὺς ἀνθρώπους φρονεῖν ἐπὶ τῇ τούτων γνώσει
μέγα, εἴτε γόητας ὄντας εἴτε καὶ μή· πῶς ὅτι σοφώτεροι
κατὰ τοῦτο ἀνθρώπων εἰσὶν ὄφεις τῷ μαράθῳ εἰς ὀξυωπίαν
καὶ ταχύτητα κινήσεως χρώμενοι, μόνον τοῦτο φυσικὸν οὐκ
ἐξ ἐπιλογισμοῦ καταλαμβάνοντες ἀλλ᾿ ἐκ κατασκευῆς;
10 ἄνθρωποι δὲ οὐκ ἀπὸ ψιλῆς φύσεως ἐπὶ τὸ τοιοῦτον ὁμοίως
ὄφεσιν ἔρχονται· ἀλλὰ πῆ μὲν ἐκ πείρας πῆ δὲ καὶ ἐκ
λόγου, ἔσθ᾿ ὅτε δ᾿ ἐξ ἐπιλογισμοῦ καὶ κατ᾿ ἐπιστήμην. ὡς
εἰ καὶ ἀετοὶ πρὸς σωτηρίαν τῶν ἐν τῇ καλιᾷ νεοσσῶν τὸν
λεγόμενον ἀετίτην λίθον εὑρόντες φέρουσιν ἐπ᾿ αὐτήν,
15 πόθεν ὅτι σοφοὶ ἀετοὶ καὶ τῶν ἀνθρώπων σοφώτεροι, τῶν
ἐκ πείρας τὸ τοῖς ἀετοῖς δοθὲν φυσικὸν βοήθημα εὑρόντων
διὰ τὸν λογισμὸν καὶ μετὰ νοῦ χρησαμένων; ἔστω δὲ καὶ
ἄλλα ὑπὸ τῶν ζῴων γιγνώσκεσθαι ἀλεξιφάρμακα, τί οὖν
τοῦτο πρὸς τὸ μὴ φύσιν ἀλλὰ λόγον εἶναι τὸν εὑρίσκοντα
20 ταῦτα ἐν τοῖς ζῴοις; εἰ μὲν γὰρ λόγος ἦν ὁ εὑρίσκων, οὐκ
ἂν ἀποτεταγμένως τόδε τι μόνον εὑρίσκετο ἐν ὄφεσιν,
568 ἔστω καὶ δεύτερον καὶ τρίτον, καὶ ἄλλο τι ἐν ἀετῷ καὶ
οὕτως ἐν τοῖς λοιποῖς ζῴοις· ἀλλὰ τοσαῦτα ἄν, ὅσα καὶ ἐν
ἀνθρώποις. νυνὶ δὲ φανερὸν ἐκ τοῦ ἀποτεταγμένως πρός
25 τινα ἑκάστου φύσιν ζῴου νενευκέναι βοηθήματα, ὅτι οὐ
σοφία οὐδὲ λόγος ἔστιν ἐν αὐτοῖς, ἀλλά τις φυσικὴ πρὸς
τὰ τοιάδε σωτηρίας ἕνεκεν τῶν ζῴων κατασκευὴ, ὑπὸ τοῦ
λόγου γεγενημένη.

14. Καί τοί γε εἰ ἐβουλόμην ὁμόσε χωρεῖν τῷ Κέλσῳ
30 κατὰ ταῦτα, ἐχρησάμην ἂν Σολομῶντος λέξει ἀπὸ τῶν
Παροιμιῶν οὕτως ἐχούσῃ· Τέσσαρα δ᾿ ἐστὶν ἐλάχιστα ἐπὶ Prov xxx
τῆς γῆς, ταῦτα δέ ἐστι σοφώτερα τῶν σοφῶν· οἱ μύρμηκες ²⁴ ff.
                                                          (xxiv 59 ff.)

2 τάσσεσθαι] ἔσεσθαι ℵ   6 ὅτι] ἔτι ℵ   7 μαράθρω ABC
11 om. καὶ ℵ   21 om. μόνον ABC   25 ζῴου φύσιν ABC

οἷς μὴ ἔστιν ἰσχύς, οἳ ἑτοιμάζονται ἐν θέρει τὴν τροφήν· ℵABC
καὶ οἱ χοιρογρύλιοι, ἔθνος οὐκ ἰσχυρὸν, οἳ ἐποιήσαντο ἐν
πέτραις τοὺς ἑαυτῶν οἴκους· ἀβασίλευτός ἐστιν ἡ ἀκρὶς, καὶ
στρατεύει ἀπὸ ἑνὸς κελεύσματος εὐτάκτως· καὶ ἀσκαλα-
βώτης χερσὶν ἐρειδόμενος καὶ εὐάλωτος ὢν, οἰκεῖ ἐν 5
ὀχυρώμασι βασιλέως. ἀλλ᾽ οὐ συγχρῶμαι ὡς σαφέσι τοῖς
ῥητοῖς, ἀκολούθως δὲ τῇ ἐπιγραφῇ (ἐπιγέγραπται γὰρ τὸ
βιβλίον Παροιμίαι) ζητῶ ταῦτα, ὡς αἰνίγματα. ἔθος γὰρ
τοῖς ἀνδράσι τούτοις τὰ ἕτερον μέν τι αὐτόθεν δηλοῦντα,
ἕτερον δὲ ἐν ὑπονοίᾳ ἀπαγγέλλοντα, διαιρεῖν εἰς εἴδη πολλὰ, 10
ὧν ἐν εἶναι τὰς παροιμίας. διὸ καὶ ἐν τοῖς εὐαγγελίοις
<param name="marginnote">Jn xvi 25</param>ἡμῶν γέγραπται ὁ σωτὴρ ἡμῶν εἰρηκέναι· Ταῦτ᾽ ἐν παροι-
μίαις λελάληκα ὑμῖν· ἔρχεται ὥρα ὅτε οὐκέτι ἐν παροιμίαις
λαλήσω ὑμῖν. οὐχ οἱ αἰσθητοὶ τοίνυν μύρμηκες σοφώτεροι
καὶ τῶν σοφῶν εἰσιν, ἀλλ᾽ οἱ δηλούμενοι ὡς ἐν εἴδει παροι- 15
μιῶν. οὕτω δὲ λεκτέον καὶ περὶ τῶν λοιπῶν ζώων· ἀλλὰ
πάνυ ἁπλούστατα νομίζει εἶναι καὶ ἰδιωτικὰ ὁ Κέλσος τὰ
Ἰουδαίων καὶ χριστιανῶν βιβλία, καὶ οἴεται τοὺς ἀλληγο-
ροῦντας αὐτὰ βιαζομένους τὸ βούλημα τῶν γραψάντων
τοῦτο ποιεῖν. ἐληλέγχθω οὖν καὶ διὰ τούτων ὁ Κέλσος 20
μάτην ἡμᾶς διαβάλλων· ἐληλέγχθω δὲ αὐτοῦ καὶ ὁ περὶ
ὄφεων καὶ ἀετῶν λόγος, ἀποφηνάμενος εἶναι τούτους ἀν-
θρώπων σοφωτέρους.

15. Θέλων δ᾽ ἔτι διὰ πλειόνων μηδὲ τὰς περὶ τοῦ θείου
ἐννοίας ἐξαιρέτους εἶναι παρὰ τὰ θνητὰ πάντα ἐν τῷ γένει 25
τῶν ἀνθρώπων, ἀλλὰ καὶ τῶν ἀλόγων ζώων τινὰ ἀποφῆναι
ἐννοοῦντα περὶ τοῦ θεοῦ, περὶ οὗ τοιαῦται διαφωνίαι γεγόνασι
καὶ τοῖς ὀξυτέροις τῶν πανταχοῦ ἀνθρώπων, Ἑλλήνων καὶ
βαρβάρων, φησὶν ὅτι ‘ Εἰ δ᾽, ὅτι θείας ἐννοίας ἄνθρωπος

1 om. οἱ ἑτοιμ....τροφήν ℵ   ἑτοιμάζοντες B   2 ἐποιήσαντο]
ἑτοιμάζονται ℵ   3 ἀβασίλευτόν ABC   4 στρατοπεδεύει ABC
4, 5 καλαβώτης AB   15 om. καὶ ABC   εἰσι τῶν σοφῶν ABC
17 καὶ ἰδιωτικὰ ante νομίζει ABC   20, 21 ἐλελέγχθω (sic) ℵ (bis)
24 δ᾽ ἔτι] δέ τι ℵ   26 ζώων post ἀποφῆναι ABC

ℵABC ἐπείληπται, νομίζεται ὑπερέχειν τῶν λοιπῶν ζώων· ἴστωσαν
οἱ τοῦτο φάσκοντες ὅτι καὶ τούτου πολλὰ τῶν ἄλλων ζώων
ἀντιποιηθήσεται· καὶ μάλα εἰκότως, τί γὰρ ἂν φαίη τις
θειότερον τοῦ τὰ μέλλοντα προγιγνώσκειν τε καὶ προδηλοῦν;
5 τοῦτο τοίνυν ἄνθρωποι παρὰ τῶν ἄλλων ζώων, καὶ μάλιστα
569 παρ᾽ ὀρνίθων, μανθάνουσι· καὶ ὅσοι τῆς ἐκείνων ἐνδείξεως
ἐπαΐουσιν, οὗτοι μαντικοί. εἰ δ᾽ ὄρνιθες ἄρα καὶ ὅσα ἄλλα
ζῶα μαντικὰ ἐκ θεοῦ προγινώσκοντα διὰ συμβόλων ἡμᾶς
διδάσκει, τοσοῦτον ἔοικεν ἐγγυτέρω τῆς θείας ὁμιλίας
10 ἐκεῖνα πεφυκέναι, καὶ εἶναι σοφώτερα καὶ θεοφιλέστερα.
φασὶ δὲ τῶν ἀνθρώπων οἱ συνετοὶ καὶ ὁμιλίας ἐκείνοις
εἶναι, δηλονότι τῶν ἡμετέρων ἱερωτέρας· καὶ αὐτοί που
γνωρίζειν τὰ λεγόμενα, καὶ ἔργῳ δεικνύειν ὅτι γνωρίζου-
σιν, ὅταν προειπόντες ὅτι ἔφασαν οἱ ὄρνιθες ὡς ἀπίασί ποι
15 καὶ ποιήσουσι τόδε ἢ τόδε δεικνύωσιν ἀπελθόντας ἐκεῖ καὶ
ποιοῦντας ἃ δὴ προεῖπον. ἐλεφάντων δὲ οὐδὲν εὐορκότερον
οὐδὲ πρὸς τὰ θεῖα πιστότερον εἶναι δοκεῖ, πάντως δήπου
διότι γνῶσιν αὐτοῦ ἔχουσιν.᾽ ὅρα δὲ ἐν τούτοις, ὅσα
ζητούμενα παρὰ τοῖς φιλοσοφοῦσιν, οὐ μόνον Ἑλλήνων
20 ἀλλὰ καὶ τῶν ἐν βαρβάροις εἴθ᾽ εὑρόντων εἴτε παρά τινων
δαιμόνων μαθόντων τὰ περὶ οἰωνῶν καὶ τῶν ἄλλων ζώων,
ἀφ᾽ ὧν μαντεῖαί τινες ἀνθρώποις γίνεσθαι λέγονται, συναρ-
πάζει καὶ ὡς ὁμολογούμενα ἐκτίθεται. πρῶτον μὲν γὰρ
ἐζήτηται πότερον ἔστι τις τέχνη οἰωνιστικὴ καὶ ἁπαξαπλῶς
25 ἢ διὰ ζώων μαντική, ἢ οὐκ ἔστι· δεύτερον δὲ παρὰ τοῖς
παραδεξαμένοις εἶναι τὴν δι᾽ ὀρνίθων μαντικὴν οὐ συμπε-
φώνηται ἡ αἰτία τοῦ τρόπου τῆς μαντείας· ἐπειδήπερ οἱ
μὲν ἀπό τινων δαιμόνων ἢ θεῶν μαντικῶν φασὶ γίνεσθαι
τὰς κινήσεις τοῖς ζώοις, ὄρνισι μὲν εἰς διαφόρους πτήσεις
30 καὶ εἰς διαφόρους φωνάς, τοῖς δὲ λοιποῖς εἰς τὰς τοιασδὶ

3 ἀντιποιήσεται BC   7 om. ἄλλα ℵ   10 θεοφιλέστατα ℵ
13 λεγόμενα] γινόμενα ℵ (sed λεγόμενα in marg.)   14 ὡς] ὅτι ABC
ποι] που ABC   15 ποιήσωσι ℵ   ἀπελθόντας] ἀπιόντας BC;
ἀπιόντες A   30 τοιάσδε ℵ*

κινήσεις ἢ τοιασδί· ἄλλοι δὲ θειοτέρας αὐτῶν καὶ πρὸς ℵABC
τοῦτ᾽ ἐπιτηδείους εἶναι τὰς ψυχάς· ὅπερ ἐστὶν ἀπιθανώτατον.
16. Ἐχρῆν οὖν τὸν Κέλσον, διὰ τῶν προκειμένων
βουλόμενον θειότερα καὶ σοφώτερα ἀποδεῖξαι τὰ ἄλογα
ζῶα τῶν ἀνθρώπων, κατασκευάσαι διὰ πλειόνων ὡς ὑπάρ- 5
χουσαν τὴν τοιανδὶ μαντικήν· καὶ τὴν ἀπολογίαν μετὰ
τοῦτ᾽ ἐναργεστέρως ἀποδεῖξαι· καὶ ἀποδεικτικῶς ἀποδοκι-
μάσαι μὲν τοὺς λόγους τῶν ἀναιρούντων τὰς τοιασδὶ
μαντείας· ἀποδεικτικῶς δ᾽ ἀνατρέψαι καὶ τοὺς λόγους τῶν
εἰπόντων ἀπὸ δαιμόνων ἢ θεῶν γίνεσθαι τὰς κινήσεις τοῖς 10
ζώοις πρὸς τὸ μαντεύσασθαι· καὶ μετὰ ταῦτα κατασκευάσαι
περὶ τῆς τῶν ἀλόγων ζώων ψυχῆς ὡς θειοτέρας. οὕτω γὰρ
ἂν πρὸς τὰ πιθανὰ αὐτοῦ ἐπιδειξαμένου φιλόσοφον περὶ τῶν
τηλικούτων ἕξιν κατὰ τὸ δυνατὸν ἡμῖν ἐνέστημεν· ἀνατρέ-
ποντες μὲν τὸ ὅτι σοφώτερα τὰ ἄλογα ζῶα τῶν ἀνθρώπων· 15
ψευδοποιοῦντες δὲ καὶ·ὅτι ἐννοίας ἔχει τοῦ θείου ἱερωτέρας
ἡμῶν, καὶ ὅτι ὁμιλίας ἔχει πρὸς ἄλληλα ἱεράς τινας. νυνὶ
δ᾽ ὁ ἐγκαλῶν ἡμῖν, ὅτι πιστεύομεν τῷ ἐπὶ πᾶσι θεῷ, ἀξιοῖ
ἡμᾶς πιστεύειν ὅτι αἱ ψυχαὶ τῶν ὀρνίθων θειοτέρας ἔχουσιν
ἐννοίας καὶ τρανοτέρας ἀνθρώπων. ὅπερ εἰ ἀληθές ἐστιν, 570
ὄρνιθες μᾶλλον τρανοτέρας Κέλσου ἔχουσι περὶ θεοῦ
ἐννοίας. καὶ οὐ θαυμαστὸν εἰ Κέλσου, τοῦ ἐπὶ τοσοῦτον
τὸν ἄνθρωπον ἐξευτελίζοντος. ἀλλὰ γὰρ ὅσον ἐπὶ Κέλσῳ
οἱ ὄρνιθες μείζονας καὶ θειοτέρας ἔχουσιν ἐννοίας, οὐ λέγω
ἡμῶν χριστιανῶν ἢ τῶν ταῖς αὐταῖς ἡμῖν γραφαῖς χρω- 25
μένων Ἰουδαίων, ἀλλὰ γὰρ καὶ τῶν παρ᾽ Ἕλλησι θεολόγων·
ἄνθρωποι γὰρ ἦσαν. μᾶλλον οὖν κατὰ Κέλσον κατεί-
ληφε τὴν τοῦ θείου φύσιν τὸ τῶν δῆθεν μαντικῶν ὀρνίθων

2 ἐπιτηδείους]+αὐτῶν ℵC   6 τοιάνδε ℵ   om. τὴν ἀπολο-
γίαν ABC   7 ἐναργεστέρως] conj. Boherellus; ἐνεργ. ℵABC
om. ἀποδεῖξαι ABC   8 τοιασδὶ] τοιαύτας δεῖ ℵ   15 om.
ζῶα ABC   17 ἡμῶν]+ἢ οὐδὲ ὅλως ἔχει AC   20 τρανωτέρας ℵ;
τρανωτ. AB   21 τρανῶτ. ℵ; τρανωτ. A   κέλσου ante τραν.
ABC   25 γραφαῖς ἡμῖν ABC   27 οὖν] γὰρ A; δὲ BC

אABC γένος, ἢ Φερεκύδης καὶ Πυθαγόρας καὶ Σωκράτης καὶ
Πλάτων. καὶ ἐχρῆν γε ἡμᾶς πρὸς τοὺς ὄρνιθας φοιτᾶν
διδασκάλους· ἵν', ὥσπερ κατὰ τὴν Κέλσου ὑπόληψιν δι-
δάσκουσιν ἡμᾶς μαντικῶς τὰ ἐσόμενα, οὕτω καὶ τοῦ ἀμφι-
5 βάλλειν περὶ τοῦ θείου ἀπαλλάξωσι τοὺς ἀνθρώπους, ἣν
κατειλήφασι τρανὴν περὶ αὐτοῦ ἔννοιαν παραδιδόντες.
Κέλσῳ μὲν οὖν ἀκολουθεῖ, τῷ διαφέρειν ἡγουμένῳ τῶν
ἀνθρώπων τοὺς ὄρνιθας, διδασκάλοις αὐτὸν χρᾶσθαι ὄρνισι
καὶ μηδενὶ οὕτως τῶν φιλοσοφησάντων παρ' Ἕλλησιν.
10 17. Ἡμῖν δ' ὀλίγα πρὸς τὰ προκείμενα ἀπὸ πολλῶν
λεκτέον, διελέγχουσι τὴν ἀχάριστον ψευδοδοξίαν πρὸς
τὸν πεποιηκότα αὐτόν· ἄνθρωπος γὰρ καὶ Κέλσος ὤν, ἐν cf. Ps xlix
τιμῇ ὤν, οὐ συνῆκε· διὸ οὐδὲ παρασυνεβλήθη τοῖς ὄρνισι (xlviii) 12, 20
καὶ τοῖς ἄλλοις ἀλόγοις ζώοις, οἷς νομίζει εἶναι μαντικοῖς·
15 ἀλλ' ἐκείνοις παραχωρήσας τὰ πρωτεῖα, ὑπὲρ Αἰγυπτίους
τοὺς τὰ ἄλογα ζῶα ὡς θεοὺς προσκυνοῦντας ἑαυτὸν
ὑπέταξε, τὸ δ' ὅσον ἐπ' αὐτῷ καὶ πᾶν τὸ τῶν ἀνθρώπων
γένος ὡς χεῖρον καὶ ἔλαττον νοοῦν περὶ τοῦ θείου, τοῖς
ἀλόγοις ζώοις. προηγουμένως μὲν οὖν ζητείσθω, πότερον
20 ὑπάρχει ἡ δι' ὀρνίθων καὶ τῶν λοιπῶν ζώων πεπιστευ-
μένων εἶναι μαντικῶν μαντική, ἢ μὴ ὑπάρχει. καὶ γὰρ
οὐκ εὐκαταφρόνητός ἐστιν εἰς ἑκάτερα ἐπιχειρούμενος ὁ
λόγος· ὅπου μὲν δυσωπῶν μὴ παραδέξασθαι τὸ τοιοῦτον,
ἵνα μὴ τὸ λογικὸν ἀντὶ τῶν δαιμονίων χρηστηρίων ὄρνισι
25 χρήσηται, καταλιπὸν ἐκεῖνα· ὅπου δὲ διὰ μαρτυρουμένης
ὑπὸ πολλῶν ἐναργείας παριστὰς, ὅτι πολλοὶ ἀπὸ μεγίστων
διεσώθησαν κινδύνων, πεισθέντες τῇ δι' ὀρνίθων μαντικῇ.
ἐπὶ δὲ τοῦ παρόντος δεδόσθω ὑπαρκτὸν εἶναι τὴν οἰωνιστι-
κήν· ἵνα καὶ οὕτω δείξω τοῖς προκαταληφθεῖσιν, ὅτι καὶ

3, 4 διδάσκωσιν ABC　　4 καὶ]+περὶ א　　7 τῷ] τὸ אAB
9 οὕτως] ἄλλω ABC　　13 παρεσυνεβλήθη B　　ὄρνισι] κτή-
νεσι ABC　　14 om. ἀλόγοις א　　24 δαιμόνων א　　25 κατα-
λιπὼν אBC; καταλειπὼν (sic) A　　διαμαρτυρουμένης א　　26 ὑπὸ]
ἀπὸ ABC　　ἐνεργείας AC

τούτου διδομένου πολλή ἐστιν ἡ τοῦ ἀνθρώπου παρὰ τὰ ℵABC
ἄλογα ζῷα καὶ παρ' αὐτὰ τὰ μαντικὰ ὑπεροχὴ, καὶ οὐδαμῶς
πρὸς ἐκεῖνα συγκριτή. λεκτέον οὖν ὅτι, εἴπερ τις θεία
φύσις ἦν ἐν αὐτοῖς τῶν μελλόντων προγνωστικὴ, καὶ ἐπὶ
τοσοῦτον πλουσία ὡς ἐκ περιουσίας καὶ τῷ βουλομένῳ τῶν   5
ἀνθρώπων δηλοῦν τὰ ἐσόμενα· δηλονότι πολὺ πρότερον τὰ 571
περὶ ἑαυτῶν ἐγίνωσκον· γινώσκοντα δὲ τὰ περὶ ἑαυτῶν
ἐφυλάξατο ἂν ἀναπτῆναι κατὰ τοῦδε τοῦ τόπου, ἐφ' οὗ
παγίδας καὶ δίκτυα ἄνθρωποι ἔστησαν κατ' αὐτῶν, ἢ
τοξόται σκοπῷ χρώμενοι τοῖς ἱπταμένοις βέλη ἐπ' αὐτὰ 10
ἀπέλυον. πάντως δ' ἂν καὶ προγιγνώσκοντες ἀετοὶ τὴν
κατὰ τῶν νεοσσῶν ἐπιβουλὴν, εἴτε τῶν ἀναβαινόντων πρὸς
αὐτοὺς ὄφεων καὶ διαφθειρόντων αὐτοὺς, εἴτε καί τινων
ἀνθρώπων εἴτ' εἰς παιδιὰν εἴτε καὶ εἰς ἄλλην τινὰ χρείαν
καὶ θεραπείαν λαμβανόντων αὐτοὺς, οὐκ ἂν ἐνόσσευσαν 15
ἔνθα ἔμελλον ἐπιβουλεύεσθαι· καὶ ἁπαξαπλῶς οὐκ ἂν ποτε
τῶν ζώων τι τούτων ἁλωτὸν ἀνθρώποις ἦν, ὡς ἀνθρώπων
θειότερον καὶ σοφώτερον.

18. Ἀλλὰ καὶ, εἴπερ οἰωνοὶ οἰωνοῖς μάχονται, < εἰ >
ὥς φησιν ὁ Κέλσος, θείαν φύσιν ἔχοντες οἱ μαντικοὶ ὄρνεις 20
καὶ τὰ ἄλλα ἄλογα ζῷα καὶ ἐννοίας τοῦ θείου καὶ πρό-
γνωσιν περὶ μελλόντων, τὰ τοιαῦτα ἑτέροις προεδήλουν·
οὔτ' ἂν ἡ καθ' Ὅμηρον στρουθὸς ἐνόσσευσεν ὅπου δράκων
ἔμελλεν αὐτὴν καὶ τὰ τέκνα ἀφανίσειν· οὔτ' ἂν ὁ κατὰ τὸν
αὐτὸν ποιητὴν δράκων οὐκ ἐφυλάξατο ὑπὸ τοῦ ἀετοῦ ληφ- 25
θῆναι. φησὶ γὰρ ὁ ἐν ποιήσει θαυμαστὸς Ὅμηρος περὶ
μὲν τοῦ προτέρου τοιαῦτα·

Hom Il ii   Ἔνθ' ἐφάνη μέγα σῆμα· δράκων ἐπὶ νῶτα δαφοινὸς
308 ff.

3 παρ' ἐκεῖνα ℵ   6 om. πολὺ ABC   7 om. γινώσκοντα
δὲ ℵ*   8 ἐφυλάξαντο AC   om. ἂν ℵ   10, 11 ἀπέλυον ἐπ' αὐτά
ABC   13 ὄφεων] σοφῶν ℵ*   19 μάχονται] διαλέγονται
conj. Boherellus   εἰ] addidi ex conjectura   21 om. ἄλλα ℵC
22 περὶ] τὴν περὶ AB; περὶ τῶν C   τὰ] καὶ AB   24 ἀφανί-
ξειν ABC   25 ἐφυλάξατο]+τὸ ABC

ℵABC   Σμερδαλέος, τὸν δ' αὐτὸς Ὀλύμπιος ἧκε φόωσδε,
    Βωμοῦ ὑπαίξας, πρός ῥα πλατάνιστον ὄρουσεν.
    Ἔνθα δ' ἔσαν στρουθοῖο νεοσσοί, νήπια τέκνα,
    Ὄζῳ ἐπ' ἀκροτάτῳ πετάλοις ὑποπεπτηῶτες,
5   Ὀκτώ· ἀτὰρ μήτηρ ἐνάτη ἦν, ἣ τέκε τέκνα.
    Ἔνθ' ὅγε τοὺς ἐλεεινὰ κατήσθιε τετριγῶτας·
    Μήτηρ δ' ἀμφεποτᾶτο ὀδυρομένη φίλα τέκνα·
    Τὴν δ' ἐλελιξάμενος πτέρυγος λάβεν ἀμφιαχυῖαν.
    Αὐτὰρ ἐπεὶ κατὰ τέκν' ἔφαγε στρουθοῖο καὶ αὐτήν·
10   Τὸν μὲν ἀρίζηλον θῆκεν θεός, ὅσπερ ἔφηνεν·
    Λᾶαν γάρ μιν ἔθηκε Κρόνου παῖς ἀγκυλομήτεω.
    Ἡμεῖς δ' ἑσταότες θαυμάζομεν οἷον ἐτύχθη.
    Ὡς οὖν δεινὰ πέλωρα θεῶν εἰσῆλθ' ἑκατόμβας.

    περὶ δὲ τοῦ δευτέρου, ὅτι

15   Ὄρνις γάρ σφιν ἐπῆλθε περησέμεναι μεμαῶσιν,   Hom Il xii
    Αἰετὸς ὑψιπέτης, ἐπ' ἀριστερὰ λαὸν ἐέργων,   200 ff.
    Φοινήεντα δράκοντα φέρων ὀνύχεσσι πέλωρον,
    Ζωόν, ἔτ' ἀσπαίροντα· ὁ δ' οὔπω λήθετο χάρμης.
    Κόψε γὰρ αὐτὸν ἔχοντα κατὰ στῆθος παρὰ δειρήν,
20   Ἰδνωθεὶς ὀπίσω· ὁ δ' ἀπὸ ἔθεν ἧκε χαμᾶζε,
572   Ἀλγήσας ὀδύνῃσι, μέσῳ δ' ἐνὶ κάββαλ' ὁμίλῳ·
    Αὐτὸς δὲ κλάγξας πέτετο πνοιῆς ἀνέμοιο.
    Τρῶες δ' ἐρρίγησαν, ὅπως ἴδον αἰόλον ὄφιν
    Κείμενον ἐν μέσσοισι, Διὸς τέρας αἰγιόχοιο.

25   Ἆρ' οὖν ὁ μὲν ἀετὸς ἦν μαντικός, ὁ δὲ δράκων, ἐπεὶ καὶ
τούτῳ χρῶνται τῷ ζώῳ οἱ οἰωνοσκόποι, οὐκ ἦν μαντικός;
τί δέ, ἐπεὶ τὸ ἀποκληρωτικὸν εὐέλεγκτόν ἐστιν, οὐχὶ καὶ τὸ
ἀμφοτέρους εἶναι μαντικοὺς ἐλεγχθείη ἄν; οὐκ ἂν γὰρ ὁ
δράκων ὢν μαντικὸς οὐκ ἐφυλάξατο τάδε τινὰ ἀπὸ τοῦ
30 ἀετοῦ παθεῖν; καὶ ἄλλα δ' ἂν μυρία τοιαῦτα εὕροι τις παρα-

---

1 τὸν δ'] τὸν δὴ ℵ; ὃν Β; ὃ Α; ὅν ῥ' C   φόοσδε ABC
10 ὥσπερ AC   11 θῆκε ℵ   21 ἐγκάββαλ' ℵ   25 ἀετὸς ℵ
30 ἀετοῦ ℵ   εὕρῃ ℵ

δείγματα, παριστάντα ὅτι οὐ τὰ ζῶα μέν ἐστιν ἐν ἑαυτοῖς ℵABC
ἔχοντα μαντικὴν ψυχήν· ἀλλὰ κατὰ μὲν τὸν ποιητὴν καὶ

τοὺς πολλοὺς τῶν ἀνθρώπων, 'αὐτὸς Ὀλύμπιος ἦκε φόωσδε·'
κατὰ δέ τι σημεῖον καὶ Ἀπόλλων ἀγγέλῳ χρῆται ἱέρακι·

κίρκος γὰρ Ἀπόλλωνος εἶναι λέγεται ταχὺς ἄγγελος.   5

19. Κατὰ δὲ ἡμᾶς δαίμονές τινες φαῦλοι καὶ (ἵν' οὕτως
ὀνομάσω) τιτανικοὶ ἢ γιγάντιοι, ἀσεβεῖς πρὸς τὸ ἀληθῶς
θεῖον καὶ τοὺς ἐν οὐρανῷ ἀγγέλους γεγενημένοι, καὶ πε-
σόντες ἐξ οὐρανοῦ καὶ περὶ τὰ παχύτερα τῶν σωμάτων καὶ
ἀκάθαρτα ἐπὶ γῆς καλινδούμενοι· ἔχοντές τι περὶ τῶν μελ- 10
λόντων διορατικὸν, ἅτε γυμνοὶ τῶν γηΐνων σωμάτων τυγ-
χάνοντες, καὶ περὶ τὸ τοιοῦτον ἔργον καταγινόμενοι, βου-
λόμενοι ἀπάγειν τοῦ ἀληθινοῦ θεοῦ τὸ τῶν ἀνθρώπων γένος,
ὑποδύονται τῶν ζώων τὰ ἁρπακτικώτερα καὶ ἀγριώτερα καὶ
ἄλλα πανουργότερα, καὶ κινοῦσιν αὐτὰ πρὸς ὃ βούλονται, 15
ὅτε βούλονται· ἢ τὰς φαντασίας τῶν τοιωνδὶ ζώων τρέπου-
σιν ἐπὶ πτήσεις καὶ κινήσεις τοιάσδε· ἵν' ἄνθρωποι, διὰ τῆς
ἐν τοῖς ἀλόγοις ζώοις ἁλισκόμενοι μαντικῆς, θεὸν μὲν τὸν
περιέχοντα τὰ ὅλα μὴ ζητῶσι μηδὲ τὴν καθαρὰν θεοσέβειαν
ἐξετάζωσι, πέσωσι δὲ τῷ λογισμῷ ἐπὶ τὴν γῆν καὶ τοὺς 20
ὄρνεις καὶ τοὺς δράκοντας, ἔτι δ' ἀλώπεκας καὶ λύκους.
καὶ γὰρ παρατετήρηται τοῖς περὶ ταῦτα δεινοῖς, ὅτι αἱ ἐναρ-
γέστεραι προγνώσεις διὰ τῶν τοιούτων ζώων γίγνονται· ἅτε
μὴ δυναμένων τῶν δαιμόνων ἐν τοῖς ἡμερωτέροις τῶν ζώων
τοσοῦτον, ὅσον δύνανται διὰ τὸ παραπλήσιον τῆς κακίας, 25
καὶ οὐ κακίαν μὲν οἱονεὶ δὲ κακίαν οὖσαν ἐν τοῖς τοιοισδὶ
τῶν ζώων, ἐνεργῆσαι τάδε τὰ ζῶα.

20. Ὅθεν εἴπερ ἄλλο τι Μωσέως τεθαύμακα, καὶ τὸ
τοιοῦτον θαύματος εἶναι ἀποφανοῦμαι ἄξιον, ὅτι φύσεις

---

1 παριστάνοντα ABC   om. μέν ABC   1, 2 ἔχοντα ἐν ἑαυ-
τοῖς ABC   3 φόοσδε AC; φῶοσδε B   5 om. γὰρ ℵ
12 om. τὸ ℵ   16 ὅτε βούλονται] ℵ (supr. lin.) B; ὅτε καὶ βούλονται
AC   20 ἐξετάσωσι AB   om. καὶ ℵ   22, 23 ἐναρ-
γέστεραι ℵA   26 om. μὲν ABC   29 εἶναι post ἄξιον ℵcorr;
om. ℵ*   ἀποφαινοῦμαι ℵ

ℵABC κατανοήσας ζώων διαφόρους, καὶ εἶτ᾽ ἀπὸ τοῦ θείου μαθὼν
τὰ περὶ αὐτῶν καὶ τῶν ἑκάστῳ ζώῳ συγγενῶν δαιμόνων,
εἴτε καὶ αὐτὸς ἀναβαίνων τῇ σοφίᾳ εὑρὼν, ἐν τῇ περὶ ζώων
διατάξει πάντα μὲν ἀκάθαρτα ἔφησεν εἶναι τὰ νομιζόμενα
5 παρ᾽ Αἰγυπτίοις καὶ τοῖς λοιποῖς τῶν ἀνθρώπων εἶναι
μαντικὰ, ὡς ἐπίπαν δὲ εἶναι καθαρὰ τὰ μὴ τοιαῦτα. καὶ
ἐν ἀκαθάρτοις παρὰ Μωσῇ ἐστὶ λύκος καὶ ἀλώπηξ καὶ cf. Lev.
δράκων, ἀετός τε καὶ ἱέραξ, καὶ τὰ ὅμοια τούτοις. καὶ ὡς
573 ἐπίπαν οὐ μόνον ἐν τῷ νόμῳ ἀλλὰ καὶ ἐν τοῖς προφήταις
10 εὕροις ἂν ταῦτα τὰ ζῶα εἰς παράδειγμα τῶν κακίστων
παραλαμβανόμενα, οὐδέ ποτε δὲ εἰς χρηστὸν πρᾶγμα ὀνο-
μαζόμενον λύκον ἢ ἀλώπεκα. ἔοικεν οὖν τις εἶναι ἑκάστῳ
δαιμόνων εἴδει κοινωνία πρὸς ἕκαστον εἶδος ζώων. καὶ
ὥσπερ ἐν ἀνθρώποις ἄνθρωποι ἀνθρώπων ἰσχυρότεροί τινές
15 εἰσιν, οὐ πάντως διὰ τὸ ἦθος· τὸν αὐτὸν τρόπον δαίμονες
δαιμόνων εἶεν ἂν ἐν μέσοις δυνατώτεροι· καὶ οἶδε μὲν τοῖσδε
τοῖς ζώοις χρώμενοι εἰς ἀπάτην τῶν ἀνθρώπων, κατὰ τὸ
βούλημα τοῦ καλουμένου ἐν τοῖς λόγοις ἡμῶν ἄρχοντος τοῦ cf. Jn xii 31 ;
αἰῶνος τούτου, ἕτεροι δὲ δι᾽ ἄλλου εἴδους προδηλοῦντες. 2 Co iv 4
20 καὶ ὅρα ἐφ᾽ ὅσον εἰσὶν οἱ δαίμονες μιαροὶ, ὡς καὶ γαλᾶς
ὑπό τινων παραλαμβάνεσθαι πρὸς τὸ δηλοῦν τὰ μέλλοντα.
καὶ σὺ δὲ παρὰ σαυτῷ κρῖνον ὁπότερόν ἐστι βέλτιον
παραδέξασθαι, ὅτι ὁ ἐπὶ πᾶσι θεὸς καὶ ὁ τούτου υἱὸς κινοῦσι
τοὺς ὄρνιθας καὶ τὰ λοιπὰ ζῶα εἰς μαντικήν, ἢ οἱ κινοῦντες
25 τὰ τοιαδὶ τῶν ζώων, καὶ οὐκ ἀνθρώπους παρόντων ἀνθρώπων,
δαίμονές εἰσι φαῦλοι καὶ, ὡς ὠνόμασε τὰ ἱερὰ ἡμῶν γράμ-
ματα, ἀκάθαρτοι.
    21. Εἴπερ δὲ θεία ἐστὶν ἡ τῶν ὀρνίθων ψυχὴ διὰ τὸ δι᾽
αὐτῶν προλέγεσθαι τὰ μέλλοντα· πῶς οὐχὶ μᾶλλον, ὅπου
30 κληδόνες ὑπ᾽ ἀνθρώπων λαμβάνονται, θείαν εἶναι φήσομεν
τὴν ψυχὴν ἐκείνων, δι᾽ ὧν αἱ κληδόνες ἀκούονται; θεία οὖν

8 om. τε ℵ   11 λαμβανόμενα ABC   14 ἀνθρώπων
ἄνθρωποι ℵ   17 ἀπάντην ℵ   23 ὁ post τούτου ℵ (supr. lin.)
30 ὑπ᾽] ἀπὸ ℵ   31 ἐκείνων] conj. Guietus; ἐκείνην ℵABC

R.   10

τις ἦν κατὰ τοὺς τοιούσδε ἡ παρὰ τῷ Ὁμήρῳ ἀλετρὶς, περὶ   אABC
τῶν μνηστήρων εἰποῦσα·

cf. Hom Od
iv 685; xx
116, 119

Ὕστατα καὶ πύματα νῦν ἐνθάδε δειπνήσειαν.

κἀκείνη μὲν θεία ἦν· ὁ δὲ τηλικοῦτος Ὀδυσσεὺς, ὁ τῆς
Ὁμηρικῆς Ἀθηνᾶς φίλος, οὐκ ἦν θεῖος, ἀλλὰ συνεὶς τῶν 5
ἀπὸ τῆς θείας ἀλετρίδος εἰρημένων κληδόνων ἔχαιρεν, ὡς ὁ

Hom Od
xx 120

ποιητής φησι· Χαῖρε δὲ κληδόνι δῖος Ὀδυσσεύς. ἤδη
δὲ ὅρα, εἴπερ οἱ ὄρνιθες θείαν ἔχουσι ψυχὴν καὶ αἰσθάνονται
τοῦ θεοῦ ἢ, ὡς ὁ Κέλσος ὀνομάζει, τῶν θεῶν· δηλονότι καὶ
ἡμεῖς πταρνύμενοι οἱ ἄνθρωποι, ἀπό τινος ἐν ἡμῖν οὔσης 10
θειότητος καὶ μαντικῆς περὶ τὴν ψυχὴν ἡμῶν πταρνύμεθα.
καὶ γὰρ τοῦτο μαρτυρεῖται ὑπὸ πολλῶν· διὸ καὶ ὁ ποιητὴς

cf. Hom Od
xvii 541 ff.

λέγει τό· Ὁ δ᾽ ἐπέπταρεν εὐχομένοιο.   διὸ καὶ ἡ Πηνελόπη
φησίν·

Οὐχ ὁράᾳς, ὅ μοι υἱὸς ἐπέπταρε σοῖσιν ἔπεσσιν;   15
22.   Τὸ δ᾽ ἀληθῶς θεῖον εἰς τὴν τῶν περὶ μελλόντων
γνῶσιν οὔτε τοῖς ἀλόγοις χρῆται ζώοις, οὔτε τοῖς τυχοῦσι
τῶν ἀνθρώπων· ἀλλὰ ψυχαῖς ἀνθρώπων ἱερωτάταις καὶ
καθαρωτάταις, ἅστινας θεοφορεῖ καὶ προφήτας ποιεῖ.
διόπερ εἴ τι ἄλλο θαυμασίως εἴρηται ἐν τῷ Μωσέως νόμῳ, 20

Lev xix 26

καὶ τὰ τοιαῦτα ἐν τούτοις κατατακτέον·   Οὐκ οἰωνιεῖσθε 574

Deut xviii
14; cf. 12

οὐδ᾽ ὀρνιθοσκοπήσετε.   καὶ ἀλλαχοῦ· Τὰ γὰρ ἔθνη, οὓς
κύριος ὁ θεός σου ἐξολοθρεύσει ἀπὸ προσώπου σου, οὗτοι
κληδόνων καὶ μαντειῶν ἀκούσονται· σοὶ δὲ οὐχ οὕτως

Deut xviii 15

ἔδωκε κύριος ὁ θεός σου.   εἶθ᾽ ἑξῆς φησί· Προφήτην ἀνα- 25
στήσει σοι κύριος ὁ θεός σου ἐκ τῶν ἀδελφῶν σου.   βουλη-
θεὶς δέ ποτε ὁ θεὸς δι᾽ οἰωνοσκόπου ἀποτρέψαι ἀπὸ τῆς
οἰωνιστικῆς, πεποίηκε πνεῦμα ἐν τῷ οἰωνοσκόπῳ εἰπεῖν·

Num xxiii 23

Οὐ γάρ ἐστιν οἰωνισμὸς ἐν Ἰακώβ, οὐδὲ μαντεία ἐν Ἰσραήλ·
κατὰ καιρὸν ῥηθήσεται τῷ Ἰακὼβ καὶ τῷ Ἰσραήλ, τί ἐπι- 30

---

11 θειότητος] ποιότητος א   **13** om. τό ABC   **15** ὁρᾶς אAC
σοῖς ἐπέσσι (sic) C; οἶσιν ἔπεσι א; πᾶσιν ἔπεσσιν Hom.   **16** ἀληθὲς
א   **17** τυγχάνουσι א   **21** ἐν τοῖς τοιούτοις א   **22** ὀρνι-
θοσκοπήσεσθε ABC   **23** ἀπὸ] ἐκ ABC   **28** οἰωνοσκοπικῆς
ABC

ℵABC τελέσει ὁ θεός.   ταῦτα δὴ γιγνώσκοντες ἡμεῖς καὶ τὰ τού-
τοις παραπλήσια, τηρεῖν βουλόμεθα μυστικῶς εἰρημένην
ἐντολὴν τήν· Πάσῃ φυλακῇ τήρει σὴν καρδίαν· ἵνα μὴ Prov iv 23
ἐπιβῇ τι τῶν δαιμονίων τῷ ἡγεμονικῷ ἡμῶν, ἢ πνεῦμά
5 τι τῶν ἐναντίων πρὸς ἃ βούλεται τρέψῃ τὸ φανταστικὸν
ἡμῶν. εὐχόμεθα δὲ λάμψαι ἐν ταῖς καρδίαις ἡμῶν τὸν cf. 2 Co iv 6
φωτισμὸν τῆς γνώσεως τῆς δόξης τοῦ θεοῦ, ἐπιδημοῦντος
ἡμῶν τῷ φανταστικῷ πνεύματος θεοῦ καὶ φαντάζοντος
ἡμᾶς τὰ τοῦ θεοῦ· ἐπεὶ ὅσοι πνεύματι θεοῦ ἄγονται, οὗτοι cf. Ro viii 14
10 υἱοί εἰσι θεοῦ.

23.   Χρὴ δ᾽ εἰδέναι ὅτι τὸ τὰ μέλλοντα προγιγνώσκειν
οὐ πάντως θεῖόν ἐστι· καθ᾽ αὑτὸ γὰρ μέσον ἐστὶ, καὶ πίπτον
εἰς φαύλους καὶ ἀστείους. καὶ ἰατροὶ γοῦν ἀπὸ ἰατρικῆς
προγιγνώσκουσί τινα, κἂν φαῦλοι τὸ ἦθος τυγχάνωσιν·
15 οὕτω δὲ καὶ κυβερνῆται, κἂν μοχθηροὶ τυγχάνωσιν ὄντες,
προγιγνώσκουσιν ἐπισημασίας καὶ ἀνέμων σφοδρότητας καὶ
τροπὰς περὶ τὸ περιέχον ἔκ τινος πείρας καὶ παρατηρήσεως·
καὶ οὐ δή που παρὰ τοῦτο θείους τις αὐτοὺς εἶναι φήσει,
ἐὰν τύχωσι μοχθηροὶ εἶναι τὸ ἦθος. ψεῦδος οὖν τὸ παρὰ
20 τῷ Κέλσῳ λεγόμενον, τό· 'Τί ἂν φαίη τις θειότερον τοῦ
τὰ μέλλοντα προγιγνώσκειν τε καὶ προδηλοῦν;' ψεῦδος δὲ
καὶ τὸ 'πολλὰ τῶν ζῴων ἀντιποιεῖσθαι θείας ἐννοίας·'
οὐδὲν γὰρ τῶν ἀλόγων ἔννοιαν ἔχει τοῦ θεοῦ. ψεῦδος δὲ
καὶ τὸ 'ἐγγυτέρω τῆς θείας ὁμιλίας εἶναι τὰ ἄλογα ζῷα·'
25 ὅπου γε καὶ τῶν ἀνθρώπων οἱ ἔτι φαῦλοι, κἂν ἐπ᾽ ἄκρον
προκόπτωσι, πόρρω εἰσὶ τῆς θείας ὁμιλίας. μόνοι δὴ ἄρα
οἱ κατὰ ἀλήθειαν σοφοὶ καὶ ἀψευδῶς εὐσεβεῖς ἐγγυτέρω
τῆς θείας ὁμιλίας εἰσίν· ὁποῖοί εἰσιν οἱ καθ᾽ ἡμᾶς προφῆται
καὶ Μωσῆς, ᾧ μεμαρτύρηκε διὰ τὴν πολλὴν καθαρότητα ὁ
30 λόγος εἰπών· Ἐγγιεῖ Μωσῆς μόνος πρὸς τὸν θεόν, οἱ δὲ Ex xxiv
λοιποὶ οὐκ ἐγγιοῦσι. πῶς δὲ ἀσεβῶς ὑπὸ τοῦ ἀσέβειαν

10 υἱοὶ θεοῦ εἰσίν AB; εἰσιν υἱοὶ θεοῦ C   11 προγιγνώσκειν τὰ
μέλλοντα ABC   17 τηρήσεως ℵ   18 φησι ℵ   19 ἐὰν] ἂν ℵ
26 δὴ] δεῖ AB; δὲ C   31 ἀσεβὲς ℵ

ἡμῖν ἐγκαλοῦντος εἴρηται τὸ 'οὐ μόνον σοφώτερα εἶναι τὰ ℵABC
ἄλογα τῶν ζῴων τῆς τῶν ἀνθρώπων φύσεως, ἀλλὰ καὶ θεο-
φιλέστερα'; καὶ τίς οὐκ ἂν ἀποτραπείη προσέχων ἀνθρώπῳ
λέγοντι δράκοντα καὶ ἀλώπεκα καὶ λύκον καὶ ἀετὸν καὶ
ἱέρακα τῆς τῶν ἀνθρώπων φύσεως εἶναι θεοφιλέστερα; 575
ἀκολουθεῖ δ' αὐτῷ τὸ λέγειν ὅτι, εἴπερ θεοφιλέστερα τάδε
τὰ ζῷα τῶν ἀνθρώπων, δῆλον ὅτι καὶ Σωκράτους καὶ Πλά-
τωνος καὶ Πυθαγόρου καὶ Φερεκύδου καὶ ὧν πρὸ βραχέος
ὕμνησε θεολόγων θεοφιλέστερά ἐστι ταῦτα τὰ ζῷα. καὶ
ἐπεύξαιτό γε ἄν τις αὐτῷ λέγων· Εἴπερ θεοφιλέστερά ἐστι 10
τάδε τὰ ζῷα τῶν ἀνθρώπων, γένοιο μετ' ἐκείνων θεοφιλὴς
καὶ ἐξομοιωθείης τοῖς κατὰ σὲ ἀνθρώπων θεοφιλεστέροις.
καὶ μὴ ὑπολαμβανέτω γε ἀρὰν εἶναι τὸ τοιοῦτον· τίς γὰρ
οὐκ ἂν εὔξαιτο οἷς πείθεται εἶναι θεοφιλεστέροις γενέσθαι
πάντη παραπλήσιος, ἵνα καὶ αὐτὸς ὡς ἐκεῖνοι γένηται 15
θεοφιλής;

24. Θέλων δὲ τὰς ὁμιλίας τῶν ἀλόγων ζῴων εἶναι τῶν
ἡμετέρων ἱερωτέρας ὁ Κέλσος, οὐ τοῖς τυχοῦσιν ἀνατίθησι
τὴν ἱστορίαν ταύτην, ἀλλὰ τοῖς συνετοῖς. συνετοὶ δὲ κατὰ
ἀλήθειάν εἰσιν οἱ σπουδαῖοι, οὐδεὶς γὰρ φαῦλος συνετός. 20
λέγει τοίνυν τὸν τρόπον τοῦτον ὅτι 'φασὶ δὲ τῶν ἀνθρώπων
οἱ συνετοὶ καὶ ὁμιλίας ἐκείνοις εἶναι, δηλονότι τῶν ἡμετέρων
ἱερωτέρας· καὶ αὐτοί που γνωρίζειν τὰ λεγόμενα καὶ ἔργῳ
δεικνύειν ὅτι οὐκ ἀγνοοῦσιν, ὅταν προειπόντες ὅτι ἔφασαν
οἱ ὄρνιθες ὅτι ἀπίασί ποι καὶ ποιήσουσι τόδε ἢ τόδε, 25
δεικνύωσιν ἀπελθόντας ἐκεῖ καὶ ποιοῦντας ἃ ἤδη προεῖπον.'
κατὰ μὲν οὖν τὸ ἀληθὲς οὐδεὶς συνετὸς τοιαῦτα ἱστόρησε,
καὶ οὐδεὶς σοφὸς ἱερωτέρας εἶπεν εἶναι τὰς τῶν ἀλόγων
ζῴων ὁμιλίας τῆς τῶν ἀνθρώπων. εἰ δ' ὑπὲρ τοῦ ἐξετάσαι
τὰ Κέλσου τἀκόλουθον σκοπῶμεν, δῆλον ὅτι κατ' αὐτὸν 30
ἱερώτεραι τῶν σεμνῶν Φερεκύδου καὶ Πυθαγόρου καὶ Σω-

3 ἀποστραφείη προσέχειν BC   5 om. τῶν ℵ   15 ἐκεῖνο
vel ἐκεῖνα ℵ (scriptura incerta)   25 ὅτι] ὡς ℵ   30 σκοποῦ-
μεν C

ℵABC κράτους καὶ Πλάτωνος καὶ τῶν φιλοσόφων ὁμιλιῶν εἰσὶν
αἱ τῶν ἀλόγων ζώων· ὅπερ ἐστὶ καὶ αὐτόθεν οὐ μόνον
ἀπεμφαῖνον ἀλλὰ καὶ ἀτοπώτατον. ἵνα δὲ καὶ πιστεύσωμέν
τινας ἐκ τῆς ἀσήμου φωνῆς τῶν ὀρνίθων μαθόντας, ὅτι
5 ἀπίασί ποι οἱ ὄρνιθες καὶ ποιήσουσι τόδε ἢ τόδε, προδηλοῦν·
καὶ τοῦτ᾽ ἐροῦμεν ἀπὸ τῶν δαιμόνων συμβολικῶς ἀνθρώποις
δεδηλῶσθαι, κατὰ σκοπὸν τὸν περὶ τοῦ ἀπατηθῆναι ὑπὸ
τῶν δαιμόνων τὸν ἄνθρωπον, καὶ κατασπασθῆναι αὐτοῦ τὸν
νοῦν ἀπ᾽ οὐρανοῦ καὶ θεοῦ ἐπὶ γῆν καὶ τὰ ἔτι κατωτέρω.

10 25. Οὐκ οἶδα δ᾽ ὅπως ὁ Κέλσος καὶ ὅρκου ἐλεφάντων
ἤκουσε, καὶ ὅτι εἰσὶν οὗτοι πιστότεροι πρὸς τὸ θεῖον ἡμῶν
καὶ γνῶσιν ἔχουσι τοῦ θεοῦ. ἐγὼ γὰρ πολλὰ μὲν καὶ
θαυμαστὰ οἶδα περὶ τῆς φύσεως τοῦ ζώου καὶ τῆς ἡμερότη-
τος ἱστορούμενα, οὐ μὴν καὶ περὶ ὅρκων ἐλέφαντος σύνοιδα
15 εἰρῆσθαι παρά τινι· εἰ μὴ ἄρα τὸ ἥμερον καὶ τὴν ὡσπερεὶ
πρὸς ἀνθρώπους αὐτῶν συνθήκην, ἅπαξ γενομένων ὑπ᾽
αὐτοῖς, εὐορκίαν τηρουμένην ὠνόμασεν, ὅπερ καὶ αὐτὸ
ψεῦδός ἐστιν. εἰ γὰρ καὶ σπανίως, ἀλλ᾽ οὖν γε ἱστόρηται,
576 ὅτι μετὰ τὴν δοκοῦσαν ἡμερότητα ἐξηγριώθησαν ἐλέφαντες
20 κατὰ τῶν ἀνθρώπων καὶ φόνους ἐποίησαν, καὶ διὰ τοῦτο
κατεδικάσθησαν ἀναιρεθῆναι, ὡς οὐκέτι χρήσιμοι. ἐπεὶ δὲ
παραλαμβάνει μετὰ ταῦτα, εἰς τὸ κατασκευάσαι, ὡς οἴεται,
εὐσεβεστέρους εἶναι τοὺς πελαργοὺς τῶν ἀνθρώπων, τὰ
περὶ τοῦ ζώου ἱστορούμενα ἀντιπελαργοῦντος καὶ τροφὰς
25 φέροντος τοῖς γεγεννηκόσι· λεκτέον ὅτι καὶ τοῦτ᾽ οὐκ ἀπὸ
θεωρήματος τοῦ περὶ τοῦ καθήκοντος ποιοῦσιν οἱ πελαργοὶ
οὐδ᾽ ἀπὸ λογισμοῦ, ἀλλ᾽ ἀπὸ φύσεως, βουληθείσης τῆς
κατασκευαζούσης αὐτοὺς φύσεως παράδειγμα ἐν ἀλόγοις
ζώοις δυσωπῆσαι δυνάμενον ἀνθρώπους ἐκθέσθαι περὶ τοῦ
30 χάριτας ἀποτιννύειν τοῖς γεγεννηκόσιν. εἰ δὲ ᾔδει Κέλσος
ὅσῳ διαφέρει λόγῳ ταῦτα ποιεῖν τοῦ ἀλόγως καὶ φυσικῶς

4 ὅτι] + καὶ ABC   5 τάδε ἢ τόδε ℵ   9 καὶ (pr.)] + τοῦ ABC
15 ἥμερον] ἡμέτερον ℵ   18 om. γε ABC   20 om. καὶ
φόνους ἐποίησαν ℵ

αὐτὰ ἐνεργεῖν, οὐκ ἂν εὐσεβεστέρους εἶπε τοὺς πελαργοὺς ℵABC τῶν ἀνθρώπων. ἔτι δὲ, ὡς ὑπὲρ εὐσεβείας τῶν ἀλόγων ζῴων ἱστάμενος ὁ Κέλσος, παραλαμβάνει τὸ Ἀράβιον ζῷον, τὸν φοίνικα, διὰ πολλῶν ἐτῶν ἐπιδημοῦν Αἰγύπτῳ, καὶ φέρον ἀποθανόντα τὸν πατέρα καὶ ταφέντα ἐν σφαίρᾳ 5 σμύρνης, καὶ ἐπιτιθὲν ὅπου τὸ τοῦ ἡλίου τέμενος. καὶ τοῦτο δὲ ἱστόρηται μὲν, δύναται δὲ, ἐάνπερ ᾖ ἀληθὲς, καὶ αὐτὸ φυσικὸν τυγχάνειν· ἐπιδαψιλευσαμένης τῆς θείας προνοίας καὶ ἐν ταῖς διαφοραῖς τῶν ζῴων παραστῆσαι τοῖς ἀνθρώποις τὸ ποικίλον τῆς τῶν ἐν τῷ κόσμῳ κατασκευῆς 10 φθάνον καὶ ἐπὶ τὰ ὄρνεα· καὶ ζῷόν τι μονογενὲς ὑπέστησεν, ἵνα καὶ τοῦτο ποιήσῃ θαυμασθῆναι οὐ τὸ ζῷον, ἀλλὰ τὸν πεποιηκότα αὐτό.

26. Ἐπεὶ οὖν τούτοις πᾶσιν ἐπιφέρει ὁ Κέλσος τό· ‘ Οὔκουν ἀνθρώπῳ πεποίηται τὰ πάντα, ὥσπερ οὐδὲ λέοντι 15 οὐδὲ ἀετῷ οὐδὲ δελφῖνι· ἀλλ' ὅπως ὅδε ὁ κόσμος ὡς ἂν θεοῦ ἔργον ὁλόκληρον καὶ τέλειον ἐξ ἁπάντων γένηται· τούτου χάριν μεμέτρηται τὰ πάντα οὐκ ἀλλήλων, ἀλλ' εἰ μὴ πάρεργον, ἀλλὰ τοῦ ὅλου· καὶ μέλει τῷ θεῷ τοῦ ὅλου, καὶ τοῦτ' οὔποτε ἀπολείπει πρόνοια, οὐδὲ κάκιον γίνεται, 20 οὐδὲ διὰ χρόνου πρὸς ἑαυτὸν ὁ θεὸς ἐπιστρέφει, οὐδ' ἀνθρώπων ἕνεκα ὀργίζεται, ὥσπερ οὐδὲ πιθήκων οὐδὲ μυῶν· οὐδὲ τούτοις ἀπειλεῖ, ὧν ἕκαστον ἐν τῷ μέρει τὴν αὐτοῦ μοῖραν εἴληφε· ’ φέρε κἂν διὰ βραχέων πρὸς ταῦτ' ἀπαντήσωμεν. οἶμαι δὴ ἀποδεδειχέναι ἐκ τῶν προειρημένων, 25 πῶς ἀνθρώπῳ καὶ παντὶ λογικῷ τὰ πάντα πεποίηται· προη- 577 γουμένως γὰρ διὰ τὸ λογικὸν ζῷον τὰ πάντα δεδημιούργηται. Κέλσος μὲν οὖν λεγέτω ὅτι οὕτως οὐκ ἀνθρώπῳ, ὡς οὐδὲ

3 ἱστάμενος] μαχόμενος ℵ   4 ἐπιδημοῦντα B   5 φέρων ℵ*;
φέροντα BC*   σφαίραις BC; σφέραις A   6 ἐπιτιθέντα ℵB
7 δὲ (pr.)] δὴ AC; δι B   15 τὰ πάντα] πάντα ℵ*; ταῦτα ℵcorr
19 πάρεργον] πᾶν ἔργον ℵcorr AC   21 ἑαυτὸν] conj. Boherellus
(cf. p. 151 l. 11); αὐτὸ ℵABC   ἐπιστρέψει AB' corr C   24 εἴλη-
χεν AB   28 οὕτως οὐκ ἀνθρώπῳ] οὐκ ἀνθρώπῳ οὖν AB; οὐκ ἀν-
θρώπῳ C   om. ὡς ℵ

ℵABC λέοντι οὐδ' οἷς ὀνομάζει· ἡμεῖς δ' ἐροῦμεν, οὐ λέοντι ὁ
δημιουργὸς οὐδὲ ἀετῷ οὐδὲ δελφῖνι ταῦτα πεποίηκεν· ἀλλὰ
πάντα διὰ τὸ λογικὸν ζῶον, καὶ 'ὅπως ὅδε ὁ κόσμος ὡς ἂν
θεοῦ ἔργον ὁλόκληρον καὶ τέλειον ἐξ ἁπάντων γένηται.'
5 τούτῳ γὰρ συγκαταθετέον ὡς καλῶς εἰρημένῳ. μέλει δὲ
τῷ θεῷ οὐχ ὡς Κέλσος οἴεται μόνου τοῦ ὅλου, ἀλλὰ παρὰ
τὸ ὅλον ἐξαιρέτως παντὸς λογικοῦ. καὶ οὐδέποτε ἀπολεί-
ψει πρόνοια τὸ ὅλον· οἰκονομεῖ γὰρ, κἂν κάκιον γένηται
διὰ τὸ λογικὸν ἁμαρτάνον μέρος τι τοῦ ὅλου, καθάρσιον
10 αὐτοῦ ποιεῖν, καὶ διὰ χρόνου ἐπιστρέφειν τὸ ὅλον πρὸς
ἑαυτόν. ἀλλ' οὐδὲ πιθήκων μὲν ἕνεκα ὀργίζεται οὐδὲ μυῶν·
ἀνθρώποις δὲ ἐπάγει, ἅτε παραβᾶσι τὰς φυσικὰς ἀφορμὰς,
δίκην καὶ κόλασιν, καὶ τούτοις διὰ προφητῶν ἀπειλεῖ καὶ
διὰ τοῦ ἐπιδημήσαντος ὅλῳ τῷ γένει τῶν ἀνθρώπων σω-
15 τῆρος· ἵνα διὰ τῆς ἀπειλῆς ἐπιστραφῶσι μὲν οἱ ἀκούσαντες,
οἱ δὲ ἀμελήσαντες τῶν ἐπιστρεπτικῶν λόγων δίκας κατ'
ἀξίαν τίσωσιν, ἃς πρέπον θεὸν ἐπιτιθέναι κατὰ τὸ ἑαυτοῦ
συμφερόντως τῷ παντὶ βούλημα τοῖς τοιαύτης καὶ οὕτως
ἐπιπόνου δεομένοις θεραπείας καὶ διορθώσεως. ἀλλὰ γὰρ
20 καὶ τοῦ τετάρτου τόμου αὐτάρκη περιγραφὴν εἰληφότος,
αὐτοῦ που καταπαύσωμεν τὸν λόγον. θεὸς δὲ δῴη διὰ τοῦ
υἱοῦ αὐτοῦ, ὅς ἐστι θεὸς λόγος καὶ σοφία καὶ ἀλήθεια καὶ
δικαιοσύνη καὶ πᾶν ὅ τί ποτε θεολογοῦσαι φασὶν περὶ
αὐτοῦ αἱ ἱεραὶ γραφαὶ, ἄρξασθαι ἡμᾶς καὶ τοῦ πέμπτου
25 τόμου ἐπ' ὠφελείᾳ τῶν ἐντευξομένων, καὶ διανύσαι κἀκεῖνον
μετὰ τῆς τοῦ λόγου αὐτοῦ εἰς τὴν ἡμετέραν ψυχὴν ἐπι-
δημίας καλῶς.

1, 2 ὁ δημιουργός post πεποίηκεν ABC   3 ὅπως] +ἂν ℵ
5 om. ὡς ℵ   6 ὡς] +ὁ ABC   8 τοῦ ὅλου ABC   γίνηται ℵ
15 ἀποστραφῶσι   17 τὸ] τῶν ℵ   23, 24 om. περὶ αὐτοῦ ℵ*; ins.
post θεολογοῦσαι ℵcorr

XXI.

Περὶ αὐτεξογcίoγ καὶ τῶν ΔοκοΥΝΤωΝ τoΥτo ἀΝΑΙ- ABD
ρεῖΝ ῥΗΤῶΝ ΓραφΙΚῶΝ λΥcΙc καὶ ἑρΜΗΝεία. ἐκ τοῦ
περὶ ἀρχῶΝ τρίτοΥ τόΜοΥ.

1. Ἐπεὶ δὲ ἐν τῷ κηρύγματι τῷ ἐκκλησιαστικῷ πε-
ριέχεται ὁ περὶ κρίσεως δικαίας θεοῦ λόγος, ὅστις καὶ τοὺς 5
ἀκούοντας, πιστευθεὶς εἶναι ἀληθὴς, προκαλεῖται ἐπὶ τὸ
καλῶς βιοῦν καὶ παντὶ τρόπῳ φεύγειν τὴν ἁμαρτίαν, δηλον-
ότι συγκατατιθεμένους τὸ ἐφ᾽ ἡμῖν εἶναι τὰ ἐπαίνου καὶ
ψόγου ἄξια· φέρε καὶ τὰ περὶ τοῦ αὐτεξουσίου ἰδίᾳ ὀλίγα
διαλάβωμεν, ἀναγκαιοτάτου ὡς ἔνι μάλιστα προβλήματος. 10
ἵνα δὲ νοήσωμεν τί τὸ αὐτεξούσιον, τὴν ἔννοιαν αὐτοῦ ἀνα-
πτύξαι δεῖ, ἵνα ταύτης σαφηνισθείσης ἀκριβῶς παρασταθῇ
τὸ ζητούμενον. τῶν κινουμένων τὰ μέν τινα ἐν ἑαυτοῖς
ἔχει τὴν τῆς κινήσεως αἰτίαν, ἕτερα δὲ ἔξωθεν μόνον κινεῖται.
ἔξωθεν μὲν οὖν μόνον κινεῖται τὰ φορητά, οἷον ξύλα καὶ 15
λίθοι καὶ πᾶσα ἡ ὑπὸ ἕξεως μόνης συνεχομένη ὕλη. ὑπεξη-
ρήσθω δὲ νῦν τοῦ λόγου τὸ κίνησιν λέγειν τὴν ῥύσιν τῶν
σωμάτων, ἐπεὶ μὴ χρεία τούτου πρὸς τὸ προκείμενον. ἐν
ἑαυτοῖς δὲ ἔχει τὴν αἰτίαν τοῦ κινεῖσθαι ζῶα καὶ φυτὰ καὶ
ἁπαξαπλῶς ὅσα ὑπὸ φύσεως καὶ ψυχῆς συνέχεται, ἐξ ὧν 20
φασιν εἶναι καὶ τὰ μέταλλα. πρὸς δὲ τούτοις καὶ τὸ πῦρ
αὐτοκίνητόν ἐστι, τάχα δὲ καὶ αἱ πηγαί. τῶν δὲ ἐν ἑαυτοῖς
τὴν αἰτίαν τοῦ κινεῖσθαι ἐχόντων, τὰ μέν φασιν ἐξ ἑαυτῶν
κινεῖσθαι, τὰ δὲ ἀφ᾽ ἑαυτῶν· ἐξ ἑαυτῶν μὲν τὰ ἄψυχα, ἀφ᾽ 109
ἑαυτῶν δὲ τὰ ἔμψυχα. καὶ ἀφ᾽ ἑαυτῶν κινεῖται τὰ ἔμ- 25
ψυχα, φαντασίας ἐγγινομένης ὁρμὴν προκαλουμένης. καὶ
πάλιν ἔν τισι τῶν ζώων φαντασίαι γίνονται ὁρμὴν προ-

AB(C)(D) καλούμεναι, φύσεως φανταστικῆς τεταγμένως κινούσης τὴν ὁρμήν, ὡς ἐν τῷ ἀράχνῃ φαντασία τοῦ ὑφαίνειν γίνεται, καὶ ὁρμὴ ἀκολουθεῖ ἐπὶ τὸ ὑφαίνειν, τῆς φανταστικῆς αὐτοῦ φύσεως τεταγμένως ἐπὶ τοῦτο αὐτὸν προκαλουμένης, 5 καὶ οὐδενὸς ἄλλου μετὰ τὴν φανταστικὴν αὐτοῦ φύσιν πεπιστευμένου τοῦ ζῴου· καὶ ἐν τῇ μελίσσῃ ἐπὶ τὸ κηροπλαστεῖν.

2. Τὸ μέντοι λογικὸν ζῷον καὶ λόγον ἔχει πρὸς τῇ φανταστικῇ φύσει, τὸν κρίνοντα τὰς φαντασίας καὶ τινὰς 10 μὲν ἀποδοκιμάζοντα τινὰς δὲ παραδεχόμενον ἵνα ἄγηται τὸ ζῷον κατ᾽ αὐτάς. ὅθεν ἐπεὶ ἐν τῇ φύσει τοῦ λόγου εἰσὶν ἀφορμαὶ τοῦ θεωρῆσαι τὸ καλὸν καὶ τὸ αἰσχρόν, αἷς ἑπόμενοι θεωρήσαντες τὸ καλὸν καὶ τὸ αἰσχρὸν αἱρούμεθα μὲν τὸ καλόν, ἐκκλίνομεν δὲ τὸ αἰσχρόν· ἐπαινετοὶ μέν 15 ἐσμεν ἐπιδόντες ἑαυτοὺς τῇ πράξει τοῦ καλοῦ, ψεκτοὶ δὲ κατὰ τὸ ἐναντίον. οὐκ ἀγνοητέον μέντοι γε ὅτι τὸ πλέον τῆς εἰς πάντα τεταγμένης φύσεως ποσῶς ἐστὶν ἐν τοῖς ζῴοις, ἐπὶ τὸ πλέον δὲ ἢ ἐπὶ τὸ ἔλαττον· ὥστε ἐγγύς που εἶναι, ἵν᾽ οὕτως εἴπω, τοῦ λογικοῦ τὸ ἐν τοῖς ἰχνευταῖς 20 κυσὶν ἔργον καὶ ἐν τοῖς πολεμικοῖς ἵπποις. τὸ μὲν οὖν ὑποπεσεῖν τόδε τι τῶν ἔξωθεν φαντασίαν ἡμῖν κινοῦν τοιάνδε ἢ τοιάνδε, ὁμολογουμένως οὐκ ἔστι τῶν ἐφ᾽ ἡμῖν· τὸ δὲ κρῖναι οὑτωσὶ χρήσασθαι τῷ γενομένῳ ἢ ἑτέρως, οὐκ ἄλλου τινὸς ἔργον ἢ τοῦ ἐν ἡμῖν λόγου ἐστὶν, ἤτοι παρὰ 110 τὰς ἀφορμὰς ἐνεργοῦντος ἡμᾶς πρὸς τὰς ἐπὶ τὸ καλὸν προκαλουμένας καὶ τὸ καθῆκον ὁρμᾶς, ἢ ἐπὶ τὸ ἐναντίον ἐκτρέποντος.

3. Εἰ δέ τις αὐτὸ τὸ ἔξωθεν λέγοι εἶναι τοιόνδε, ὥστε ἀδυνάτως ἔχειν ἀντιβλέψαι αὐτῷ τοιῷδε γενομένῳ, οὗτος 30 ἐπιστησάτω τοῖς ἰδίοις πάθεσι καὶ κινήμασιν, εἰ μὴ εὐδόκησις γίνεται καὶ συγκατάθεσις καὶ ῥοπὴ τοῦ ἡγεμονικοῦ ἐπὶ τόδε τι διὰ τάσδε τὰς πιθανότητας. οὐ γὰρ, φέρ᾽

4 προκαλουμένης] rursus incipit C   26 προκαλουμένας] restitui; προσκαλουμένας ABC

εἰπεῖν, ἡ γυνὴ τῷ κρίναντι ἐγκρατεύεσθαι καὶ ἀνέχειν ABC
ἑαυτὸν ἀπὸ μίξεων, ἐπιφανεῖσα καὶ προκαλεσαμένη ἐπὶ τὸ
ποιῆσαί τι παρὰ πρόθεσιν, αὐτοτελὴς αἰτία γίνεται τοῦ τὴν
πρόθεσιν ἀθετῆσαι. πάντως γὰρ εὐδοκήσας τῷ γαργαλισμῷ
καὶ τῷ λείῳ τῆς ἡδονῆς, ἀντιβλέψαι αὐτῷ μὴ βεβουλημένος 5
μηδὲ τὸ κεκριμένον κυρῶσαι, πράττει τὸ ἀκόλαστον. ὁ δέ
τις ἔμπαλιν, τῶν αὐτῶν συμβεβηκότων τῷ πλείονα μα-
θήματα ἀνειληφότι καὶ ἠσκηκότι,—οἱ μὲν γαργαλισμοὶ
καὶ οἱ ἐρεθισμοὶ συμβαίνουσιν, ὁ λόγος δὲ, ἅτε ἐπὶ πλεῖον
ἰσχυροποιηθεὶς καὶ τραφεὶς τῇ μελέτῃ, καὶ βεβαιωθεὶς τοῖς 10
δόγμασι πρὸς τὸ καλὸν ἢ ἐγγύς γε τοῦ βεβαιωθῆναι
γεγενημένος, ἀνακρούει τοὺς ἐρεθισμοὺς καὶ ὑπεκλύει τὴν
ἐπιθυμίαν.

4. Τὸ δὲ τούτων οὕτως ἡμῖν γινομένων τὰ ἔξωθεν αἰ-
τιᾶσθαι καὶ ἑαυτοὺς ἀπολῦσαι ἐγκλήματος, ὁμοίους ἑαυτοὺς 15
ἀποφηναμένους ξύλοις καὶ λίθοις ἑλκυσθεῖσιν ὑπὸ τῶν
ἔξωθεν αὐτὰ κινησάντων, οὐκ ἀληθὲς οὐδὲ εὔγνωμον, 111
βουλομένου τε λόγος ἐστὶν ὁ τοιοῦτος τὴν ἔννοιαν τοῦ
αὐτεξουσίου παραχαράττειν. εἰ γὰρ πυθοίμεθα αὐτοῦ, τί
ἦν τὸ αὐτεξούσιον, λέγοι ἂν ὅτι εἰ μηδὲν τῶν ἔξωθεν 20
ἀπήντα ἐμοῦ τόδε τι προθεμένου τὸ ἐπὶ τὸ ἐναντίον προ-
καλούμενον. πάλιν τε αὖ ψιλὴν τὴν κατασκευὴν αἰτιᾶσθαι
παρὰ τὸ ἐναργές ἐστι· λόγου παιδευτικοῦ τοὺς ἀκρατεστά-
τους καὶ τοὺς ἀγριωτάτους παραλαμβάνοντος, εἰ τῇ προ-
τροπῇ παρακολουθήσαιεν, καὶ μεταβάλλοντος· ὥστε παρὰ 25
πολὺ γεγονέναι τὴν προτροπὴν καὶ τὴν ἐπὶ τὸ κρεῖττον
μεταβολήν· πολλάκις τῶν ἀκολαστοτάτων βελτιόνων
γινομένων παρὰ τοὺς τῇ φύσει πρότερον οὐ δοκοῦντας εἶναι
τοιούτους, καὶ τῶν ἀγριωτάτων ἐπὶ τοσοῦτον ἡμερότητος
μεταβαλλόντων, ὥστε τοὺς μηδὲ πώποτε οὕτως ἀγριωθέντας 30
ἀγρίους εἶναι δοκεῖν συγκρίσει τοῦδέ τινος μεταβεβληκότος

11 om. ἢ AB   15 ἀπολύειν A   16 ἀποφαινομένους A
21 τί] ἐστὶ C   23, 24 ἀκρατεστέρους AC   24 ἀγριωτέρους C
26 προτροπὴν] τροπὴν A

ABC ἐπὶ τὸ ἥμερον. ὁρῶμέν τε ἑτέρους εὐσταθεστάτους καὶ
σεμνοτάτους ἐκ διαστροφῆς ἐπὶ τὰς χείρους διατριβὰς
ἐκκρουομένους τοῦ σεμνοῦ καὶ εὐσταθοῦς· ὥστε εἰς ἀκο-
λασίαν αὐτοὺς μεταβαλεῖν, πολλάκις ἀρχομένους τῆς ἀκο-
5 λασίας μεσούσης τῆς ἡλικίας, καὶ ἐμπίπτοντας εἰς ἀταξίαν
μετὰ τὸ παρεληλυθέναι τὸ τῆς νεότητος, ὅσον ἐπὶ τῇ φύσει,
ἄστατον. οὐκοῦν ὁ λόγος δείκνυσιν ὅτι τὰ μὲν ἔξωθεν
οὐκ ἐφ᾽ ἡμῖν ἐστι, τὸ δὲ οὕτως ἢ ἐναντίως χρήσασθαι
αὐτοῖς τὸν λόγον κριτὴν παραλαβόντα καὶ ἐξεταστὴν τοῦ
10 πῶς δεῖ πρὸς τάδε τινὰ τῶν ἔξωθεν ἀπαντῆσαι, ἔργον ἐστὶν
ἡμέτερον.

5. Ὅτι δὲ ἡμέτερον ἔργον τὸ βιῶσαι καλῶς ἐστὶ, καὶ
αἰτεῖ ἡμᾶς τοῦτο ὁ θεὸς, ὡς οὐκ αὐτοῦ ὂν οὐδὲ ἐξ ἑτέρου
τινὸς παραγινόμενον ἢ, ὡς οἴονταί τινες, ἀπὸ εἱμαρμένης,
112 ἀλλ᾽ ὡς ἡμέτερον ἔργον, μαρτυρήσει ὁ προφήτης Μιχαίας
λέγων· Εἰ ἀνηγγέλη σοι, ἄνθρωπε, τί καλόν; ἢ τί κύριος Mic vi 8
ἐκζητεῖ παρὰ σοῦ, ἀλλ᾽ ἢ τὸ ποιεῖν κρίμα καὶ ἀγαπᾶν ἔλεος
καὶ ἕτοιμον εἶναι τοῦ πορεύεσθαι μετὰ κυρίου θεοῦ σου;
καὶ Μωσῆς· Τέθεικα πρὸ προσώπου σου τὴν ὁδὸν τῆς ζωῆς Deut xxx 19
20 καὶ τὴν ὁδὸν τοῦ θανάτου· ἔκλεξαι τὸ ἀγαθὸν καὶ πο-
ρεύου ἐν αὐτῷ. καὶ Ἡσαίας· Ἐὰν θέλητε καὶ εἰσακούσητέ
μου, τὰ ἀγαθὰ τῆς γῆς φάγεσθε· ἐὰν δὲ μὴ θέλητε μηδὲ
εἰσακούσητέ μου, μάχαιρα ὑμᾶς κατέδεται· τὸ γὰρ στόμα
κυρίου ἐλάλησε ταῦτα. καὶ ἐν τοῖς ψαλμοῖς· Εἰ ὁ λαός μου Ps lxxxi
25 ἤκουσέ μου, καὶ Ἰσραὴλ ταῖς ὁδοῖς μου εἰ ἐπορεύθη, ἐν τῷ (lxxx) 13 f.
μηδενὶ ἂν τοὺς ἐχθροὺς αὐτῶν ἐταπείνωσα, καὶ ἐπὶ τοὺς
θλίβοντας αὐτοὺς ἐπέβαλον ἂν τὴν χεῖρά μου· ὡς ἐπὶ τῷ
λαῷ ὄντος τοῦ ἀκούειν καὶ πορεύεσθαι ταῖς ὁδοῖς τοῦ θεοῦ.
καὶ ὁ σωτὴρ δὲ λέγων τό· Ἐγὼ δὲ λέγω ὑμῖν μὴ ἀντιστῆναι Mt v 39
30 τῷ πονηρῷ· καί· Ὅτι ὃς ἂν ὀργισθῇ τῷ ἀδελφῷ, ἔνοχος Mt v 22

---

15 ἀλλ᾽]+ἢ AC   μιχαίας ante προφήτης B   17 τὸ] τοῦ
AB   18 κυρίου]+τοῦ C   20 ἐκλέξασθαι AC   20, 21 πορεύεσθαι
AC   21 αὐτό B   25 om. καὶ C   26 om. ἂν B   26, 27 om.
καὶ ἐπὶ—χεῖρά μου B   30 om. ὅτι C

Mt v 28 ἔσται τῇ κρίσει· καί· Ὃς ἐὰν ἐμβλέψῃ γυναῖκα πρὸς τὸ ABC
ἐπιθυμῆσαι, ἤδη ἐμοίχευσεν ἐν τῇ καρδίᾳ αὐτοῦ. καὶ εἴ
τινα ἄλλην δίδωσιν ἐντολήν, φησὶν ὡς ἐφ᾽ ἡμῖν ὄντος
τοῦ φυλάξαι τὰ προστεταγμένα· καὶ εὐλόγως, ἐνόχων ἡμῶν
τῇ κρίσει ἐσομένων εἰ παραβαίνοιμεν αὐτά. ὅθεν καὶ, 5
Mt vii 24, 26 Πᾶς, φησὶν, ὁ ἀκούων μου τοὺς λόγους τούτους καὶ ποιῶν
αὐτοὺς ὁμοιωθήσεται ἀνδρὶ φρονίμῳ, ὅστις ᾠκοδόμησεν
αὐτοῦ τὴν οἰκίαν ἐπὶ τὴν πέτραν· καὶ τὰ ἑξῆς· Ὁ δὲ ἀκούων
καὶ μὴ ποιῶν ὅμοιός ἐστιν ἀνδρὶ μωρῷ, ὅστις ᾠκοδόμησεν
αὐτοῦ τὴν οἰκίαν ἐπὶ τὴν ἄμμον· καὶ τὰ ἑξῆς. καὶ λέγων 10
Mt xxv 34 f. δὲ τοῖς ἐκ δεξιῶν· Δεῦτε πρός με, οἱ εὐλογημένοι τοῦ
πατρός μου· καὶ τὰ ἑξῆς· ἐπείνασα γὰρ καὶ ἐδώκατέ μοι
φαγεῖν, ἐδίψησα καὶ ἐποτίσατέ με· σφόδρα σαφῶς ὡς
αἰτίοις οὖσι τοῦ ἐπαινεῖσθαι δίδωσι τὰς ἐπαγγελίας. καὶ
ἐκ τοῦ ἐναντίου τοῖς ἑτέροις, ὡς ψεκτοῖς παρ᾽ αὐτοῖς, λέγει 113
Mt xxv 41 τό· Πορεύεσθε οἱ κατηραμένοι εἰς τὸ πῦρ τὸ αἰώνιον.
ἴδωμεν δὲ πῶς καὶ ὁ Παῦλος ὡς αὐτεξουσίοις ἡμῖν δια-
λέγεται καὶ ἑαυτοῖς αἰτίοις τυγχάνουσιν ἀπωλείας ἢ σωτη-
Ro ii 4 ff. ρίας. Ἢ τοῦ πλούτου γὰρ, φησὶ, τῆς χρηστότητος αὐτοῦ
καὶ τῆς ἀνοχῆς καὶ τῆς μακροθυμίας καταφρονεῖς, ἀγνοῶν 20
ὅτι τὸ χρηστὸν τοῦ θεοῦ εἰς μετάνοιάν σε ἄγει; κατὰ δὲ
τὴν σκληρότητά σου καὶ ἀμετανόητον καρδίαν θησαυρίζεις
σεαυτῷ ὀργὴν ἐν ἡμέρᾳ ὀργῆς καὶ ἀποκαλύψεως καὶ δικαιο-
κρισίας τοῦ θεοῦ, ὃς ἀποδώσει ἑκάστῳ κατὰ τὰ ἔργα αὐτοῦ·
τοῖς μὲν καθ᾽ ὑπομονὴν ἔργου ἀγαθοῦ δόξαν καὶ τιμὴν καὶ 25
ἀφθαρσίαν ζητοῦσι ζωὴν αἰώνιον· τοῖς δὲ ἐξ ἐριθείας καὶ
ἀπειθοῦσι τῇ ἀληθείᾳ πειθομένοις δὲ τῇ ἀδικίᾳ ὀργὴ καὶ
θυμός, θλῖψις καὶ στενοχωρία, ἐπὶ πᾶσαν ψυχὴν ἀνθρώπου
τοῦ κατεργαζομένου τὸ κακὸν, Ἰουδαίου τε πρῶτον καὶ

1 ἂν A   γυναικὶ C   2 ἐπιθυμῆσαι]+αὐτὴν C   ἐμοί-
χευσεν]+αὐτὴν C   3 φησὶν ἐντολὴν A; φυσικὴν ἐντολὴν C
5 παραβαίνομεν C   om. εἰ παραβ. αὐτά A   6 om. ὁ B
15 αὐτοῖς A; αὐτοῦ B^corr. pri. man.   23 om. καὶ (sec.) A   27 ἀπει-
θοῦσι]+μὲν A^marg C   om. τῇ (pr.) C   28 θυμὸς]+καὶ C   ἀν-
θρώπου]+ἐπὶ A

ABC Ἕλληνος· δόξα δὲ καὶ τιμὴ καὶ εἰρήνη παντὶ τῷ ἐργαζομένῳ
τὸ ἀγαθόν, Ἰουδαίῳ τε πρῶτον καὶ Ἕλληνι. μυρία μὲν
οὖν ἔστιν ἐν ταῖς γραφαῖς σφόδρα σαφῶς παριστῶντα τὸ
αὐτεξούσιον.

5   6. Ἐπεὶ δὲ εἰς τὸ ἐναντίον, τουτέστι τὸ μὴ ἐφ' ἡμῖν
τυγχάνειν τηρεῖν τὰς ἐντολὰς καὶ σώζεσθαι, καὶ τὸ παρα-
βαίνειν αὐτὰς καὶ ἀπόλλυσθαι, περισπᾷ ῥητά τινα ἀπὸ τῆς
παλαιᾶς καὶ τῆς καινῆς· φέρε ἀπὸ μέρους καὶ ἐκ τούτων
παραθέμενοι θεασώμεθα αὐτῶν τὰς λύσεις, ἵνα ἀφ' ὧν
10 παρατιθέμεθα κατὰ τὸ ὅμοιον ἐκλεξάμενός τις ἑαυτῷ πάντα
τὰ δοκοῦντα ἀναιρεῖν τὸ αὐτεξούσιον ἐπισκέψηται τὰ περὶ
τῆς λύσεως αὐτῶν. καὶ δὴ πολλοὺς κεκίνηκε τὰ περὶ τοῦ
Φαραώ, περὶ οὗ χρηματίζων ὁ θεός φησιν· Ἐγὼ δὲ σκλη- Ex iv 21,
114 ρυνῶ τὴν καρδίαν Φαραώ· πλεονάκις. εἰ γὰρ ὑπὸ θεοῦ   vii 3
15 σκληρύνεται, καὶ διὰ τὸ σκληρύνεσθαι ἁμαρτάνει, οὐκ
αὐτὸς ἑαυτῷ τῆς ἁμαρτίας αἴτιος· εἰ δὲ τοῦτο, οὐδὲ αὐτεξ-
ούσιος ὁ Φαραώ· καὶ φήσει τις ὅτι ἐκ τοῦ ὁμοίου οἱ
ἀπολλύμενοι οὐκ αὐτεξούσιοι οὐδὲ παρ' ἑαυτοὺς ἀπολοῦν-
ται. καὶ ἐν τῷ Ἰεζεκιὴλ δὲ λεγόμενον τό· Ἐξελῶ αὐτῶν Ezek xi 19 f.
20 τὰς λιθίνας καρδίας καὶ ἐμβαλῶ σαρκίνας, ὅπως ἐν τοῖς
προστάγμασί μου πορεύωνται καὶ τὰ δικαιώματά μου
φυλάσσωσι· κινῆσαι ἄν τινα ὡς τοῦ θεοῦ διδόντος τὸ
πορεύεσθαι ἐν ταῖς ἐντολαῖς καὶ φυλάσσειν τὰ δικαιώματα,
ἐν τῷ τὸ ἐμποδίζον ὑπεξῃρηκέναι, τὴν λιθίνην καρδίαν, καὶ
25 τὸ κρεῖττον ἐντεθεικέναι, τὴν σαρκίνην. ἴδωμεν δὲ καὶ τὸ
ἐκ τοῦ εὐαγγελίου, τί ὁ σωτὴρ ἀποκρίνεται πρὸς τοὺς
πυθομένους, διὰ τί ἐν παραβολαῖς τοῖς πολλοῖς λαλεῖ·
Ἵνα, φησίν, βλέποντες μὴ βλέπωσι, καὶ ἀκούοντες ἀκού- Mc iv 12; cf.
ωσι καὶ μὴ συνιῶσι· μήποτε ἐπιστρέψωσι, καὶ ἀφεθῇ   Lc viii 10
30 αὐτοῖς. ἔτι δὲ καὶ παρὰ τῷ Παύλῳ τό· Οὐ τοῦ θέλοντος Ro ix 16

---

1 om. καὶ τιμὴ C   5 om. μὴ A   7 περισσὰ C   18 ἑαυ-
τῶν A   24 ὑφεξῃρηκέναι AB; ἐξῃρηκέναι C   28 καί φησιν
ἵνα C; καί φησιν A* (+ ἵνα A^marg)   ἀκούοντες] + μὴ A^corr C
29 om. μὴ C   ἀφεθήσεται AC

οὐδὲ τοῦ τρέχοντος, ἀλλὰ τοῦ ἐλεοῦντος θεοῦ. καὶ ἐν ABC (cat

cf. Phil ii 13 ἄλλοις· Καὶ τὸ θέλειν δὲ καὶ τὸ ἐνεργεῖν ἐκ τοῦ θεοῦ ἐστίν.

Ro ix 18 f. καὶ ἐν ἄλλοις· Ἆρ’ οὖν ὃν θέλει ἐλεεῖ, ὃν δὲ θέλει σκλη-
ρύνει. ἐρεῖς μοι οὖν, τί ἔτι μέμφεται; τῷ γὰρ βουλήματι

cf. Ga v 8 αὐτοῦ τίς ἀνθέστηκεν; καί· Ἡ πεισμονὴ ἐκ τοῦ καλοῦντος, 5

Ro ix 20 f. καὶ οὐκ ἐξ ἡμῶν. Μενοῦνγε, ὦ ἄνθρωπε, σὺ τίς εἶ ὁ
ἀνταποκρινόμενος τῷ θεῷ; καὶ πάλιν· Μὴ ἐρεῖ τὸ πλάσμα
τῷ πλάσαντι, τί με ἐποίησας οὕτως; ἢ οὐκ ἔχει ἐξουσίαν
ὁ κεραμεὺς τοῦ πηλοῦ ἐκ τοῦ αὐτοῦ φυράματος ποιῆσαι ὃ
μὲν εἰς τιμὴν σκεῦος, ὃ δὲ εἰς ἀτιμίαν; ταῦτα γὰρ καθ’ 10
ἑαυτὰ ἱκανά ἐστι τοὺς πολλοὺς ἐκταράξαι, ὡς οὐκ ὄντος τοῦ
ἀνθρώπου αὐτεξουσίου, ἀλλὰ τοῦ θεοῦ σώζοντος καὶ ἀπολ-
λύντος οὓς ἐὰν αὐτὸς βούληται.

7. Ἀρξώμεθα τοίνυν ἀπὸ τῶν περὶ τοῦ Φαραὼ εἰρη- 115
μένων ὡς σκληρυνομένου ὑπὸ θεοῦ, ἵνα μὴ ἐξαποστείλῃ τὸν 15

Ro ix 18 λαόν· ᾧ συνεξετασθήσεται ἅμα καὶ τὸ ἀποστολικόν· Ἆρ’
οὖν ὃν θέλει ἐλεεῖ, ὃν δὲ θέλει σκληρύνει. καὶ ἐπεὶ
χρῶνται τούτοις τῶν ἑτεροδόξων τινές, σχεδὸν καὶ αὐτοὶ τὸ
αὐτεξούσιον ἀναιροῦντες, διὰ τὸ φύσεις εἰσάγειν ἀπολ-
λυμένας, ἀνεπιδέκτους τοῦ σώζεσθαι, καὶ ἑτέρας σωζομένας, 20
ἀδυνάτως ἐχούσας πρὸς τὸ ἀπολέσθαι· τόν τε Φαραὼ φασι
φύσεως ὄντα ἀπολλυμένης διὰ τοῦτο σκληρύνεσθαι ὑπὸ
τοῦ θεοῦ, ἐλεοῦντος μὲν τοὺς πνευματικοὺς σκληρύνοντος
δὲ τοὺς χοϊκούς· φέρε ἴδωμεν ὅ τί ποτε καὶ λέγουσι.
πευσόμεθα γὰρ αὐτῶν εἰ χοϊκῆς φύσεως ὁ Φαραὼ ἦν· 25
ἀποκρινομένοις δὲ ἐροῦμεν ὅτι ὁ τῆς χοϊκῆς φύσεως
πάντως ἀπειθεῖ θεῷ· εἰ δὲ ἀπειθεῖ, τίς χρεία σκληρύνεσθαι
αὐτοῦ τὴν καρδίαν, καὶ τοῦτο οὐχ ἅπαξ ἀλλὰ πλεονάκις;
εἰ μὴ ἄρα, ἐπεὶ δυνατὸν ἦν πείθεσθαι αὐτὸν καὶ πάντως
ἐπείσθη ἄν, ἅτε οὐκ ὢν χοϊκὸς, ὑπὸ τῶν τεράτων καὶ 30

1 ἐλεῶντος A   2 om. δὲ C   3 om. καὶ ἐν ἄλλοις B   ὃν δὲ]
καὶ ὃν C   4 οὖν μοι C   θελήματι C   6 ἐξ] ἐκ τοῦ
στόματος C   om. ὦ A   om. εἶ C   11 αὐτὰ AC   16, 17 ἄρ’
οὖν] hic post periphrasin incipit cat   17, 18 καὶ ἐπεὶ χρῶνται]
ἐπεὶ γὰρ χρῶνται cat; καὶ ἐπιχρῶνται AC   27 ἀπειθεῖ]+τῷ C cat

ABC cat σημείων δυσωπούμενος, χρῄζει δὲ αὐτοῦ ὁ θεός, ὑπὲρ τοῦ
ἐνδείξασθαι ἐπὶ σωτηρίᾳ τῶν πολλῶν τὰ μεγαλεῖα, ἐπὶ
πλεῖον ἀπειθοῦντος· διὰ τοῦτο αὐτοῦ σκληρύνει τὴν καρ-
δίαν. ταῦτα δὲ λελέξεται πρῶτον πρὸς αὐτούς, εἰς τὸ
5 ἀνατραπῆναι ὃ ὑπολαμβάνουσιν, ὅτι φύσεως ἦν ἀπολλυ-
μένης ὁ Φαραώ. τὸ δ᾽ αὐτὸ καὶ περὶ τοῦ παρὰ τῷ ἀπο-
στόλῳ λεγομένου λεκτέον πρὸς αὐτούς. τίνας γὰρ σκλη-
ρύνει ὁ θεός; τοὺς ἀπολλυμένους, ὥς τι πεισομένους εἰ μὴ
116 σκληρυνθεῖεν; ἢ δηλονότι σωθησομένους, τῷ μὴ εἶναι αὐτοὺς
10 φύσεως ἀπολλυμένης; τίνας δὲ καὶ ἐλεεῖ; ἆρα τοὺς σωθη-
σομένους; καὶ πῶς χρεία ἐλέου δευτέρου αὐτοῖς, ἅπαξ
κατασκευασθεῖσι σωθησομένοις καὶ πάντως διὰ τὴν φύσιν
μακαρίοις ἐσομένοις; εἰ μὴ ἄρα, ἐπεὶ ἐπιδέχονται ἀπώλειαν
εἰ μὴ ἐλεηθεῖεν, ἐλεοῦνται, ἵν᾽ ὅπερ ἐπιδέχονται μὴ λάβωσι
15 τὸ ἀπολέσθαι, ἀλλὰ γένωνται ἐν χώρᾳ σωζομένων. καὶ
ταῦτα μὲν πρὸς ἐκείνους.

8. Ἐπαπορητέον δὲ πρὸς τοὺς νομίζοντας νενοηκέναι
τὸ Ἐσκλήρυνε, τί δήποτε λέγουσι τὸν θεὸν ἐνεργοῦντα
σκληρύνειν καρδίαν, καὶ τί προτιθέμενον τοῦτο ποιεῖν;
20 τηρείτωσαν γὰρ καὶ ἔννοιαν θεοῦ κατὰ μὲν τὸ ὑγιὲς δικαίου
καὶ ἀγαθοῦ· εἰ δὲ μὴ βούλονται, ἐπὶ τοῦ παρόντος αὐτοῖς
συγκεχωρήσθω, δικαίου· καὶ παραστησάτωσαν πῶς ὁ
ἀγαθὸς καὶ δίκαιος ἢ ὁ δίκαιος μόνον φαίνεται δικαίως
σκληρύνων καρδίαν τοῦ διὰ τὸ σκληρύνεσθαι ἀπολλυμένου·
25 καὶ πῶς ὁ δίκαιος αἴτιος ἀπωλείας γίνεται καὶ ἀπειθείας,
τῶν ὑπ᾽ αὐτοῦ διὰ τὸ σκληρύνεσθαι καὶ ἀπειθῆσαι αὐτῷ
κολαζομένων. τί δὲ αὐτῷ καὶ μέμφεται, λέγων· Σὺ δὲ [cf. Ex iv 23,]
οὐ βούλει ἐξαποστεῖλαι τὸν λαόν μου. Ἰδού, πατάσσω [ix 17] [cf. Ex xii 12]
πάντα τὰ πρωτότοκα ἐν Αἰγύπτῳ, καὶ τὸν πρωτότοκόν σου·
30 καὶ ὅσα ἄλλα ἀναγέγραπται ὡς τοῦ θεοῦ λέγοντος διὰ
Μωσέως τῷ Φαραώ; ἀναγκαῖον γὰρ τὸν πιστεύοντα ὅτι

5 εἴη AC   8 ὥς τι] ὡς τί BC cat·   om. ὡς—πεισομ. A
om. μὴ cat   10 om. καὶ C cat   21 βούλωνται AB*
23 δικαίως] B cat; δίκαιος A; om. C   24 τὸ] τοῦ BC

ἀληθεῖς αἱ γραφαὶ καὶ ὅτι ὁ θεὸς δίκαιος, ἐὰν εὐγνώμων ᾖ, ABC cat
ἀγωνίζεσθαι πῶς ἐν ταῖς τοιαύταις λέξεσι δίκαιος τρανῶς
νοηθῇ. εἰ μὲν γὰρ ἀπογραψάμενός τις γυμνῇ τῇ κεφαλῇ
ἵστατο πρὸς τὸ πονηρὸν εἶναι τὸν δημιουργὸν, ἄλλων ἔδει
λόγων πρὸς αὐτόν. ἐπεὶ δέ φασι διακεῖσθαι περὶ αὐτοῦ ὡς 5
περὶ δικαίου, καὶ ἡμεῖς ὡς περὶ ἀγαθοῦ ἅμα καὶ δικαίου,
σκοπήσωμεν πῶς ἂν ὁ ἀγαθὸς καὶ δίκαιος σκληρύνοι τὴν
καρδίαν Φαραώ.   117

9. Ὅρα τοίνυν εἰ διά τινος παραδείγματος, ᾧ ὁ ἀπό-
στολος ἐν τῇ πρὸς Ἑβραίους ἐχρήσατο, δυνάμεθα παραστῆ- 10

cf. Ro ix 18 σαι πῶς μιᾷ ἐνεργείᾳ ὁ θεὸς ὃν μὲν ἐλεεῖ ὃν δὲ σκληρύνει·
οὐ προτιθέμενος σκληρύνειν, ἀλλὰ διὰ προθέσεως χρηστῆς,
ᾗ ἐπακολουθεῖ διὰ τὸ τῆς κακίας ὑποκείμενον τοῦ παρ'
ἑαυτοῖς κακοῦ τὸ σκληρύνεσθαι, σκληρύνειν λεγόμενος τὸν

He vi 7 f. σκληρυνόμενον. Γῆ, φησὶν, ἡ πιοῦσα τὸν ἐπ' αὐτῆς 15
ἐρχόμενον ὑετόν, καὶ τίκτουσα βοτάνην εὔθετον ἐκείνοις δι'
οὓς καὶ γεωργεῖται, μεταλαμβάνει εὐλογίας ὑπὸ τοῦ θεοῦ·
ἐκφέρουσα δὲ ἀκάνθας καὶ τριβόλους ἀδόκιμος καὶ κατάρας
ἐγγὺς, ἧς τὸ τέλος εἰς καῦσιν. οὐκοῦν μία ἐνέργεια ἡ
κατὰ τὸν ὑετόν· μιᾶς δὲ ἐνεργείας οὔσης τῆς κατὰ τὸν 20
ὑετόν, ἡ μὲν γεωργηθεῖσα γῆ καρποφορεῖ, ἡ δὲ ἀμεληθεῖσα
καὶ χέρσος ἀκανθοφορεῖ. καὶ δύσφημον μὲν ἂν δόξαι
εἶναι τὸ λέγειν τὸν ὕοντα· Ἐγὼ τοὺς καρποὺς ἐποίησα καὶ
τὰς ἀκάνθας τὰς ἐν τῇ γῇ· ἀλλ' εἰ καὶ δύσφημον, ἀλλ'
ἀληθές. ὑετοῦ γὰρ μὴ γενομένου, οὔτ' ἂν καρποὶ οὔτ' ἂν 25
ἄκανθαι γεγόνεισαν· τούτου δὲ εὐκαίρως καὶ μεμετρημένως
ἐπιρρεύσαντος, ἀμφότερα γεγένηται. ἐκφέρουσα γοῦν
ἀκάνθας καὶ τριβόλους ἡ πιοῦσα γῆ τὸν ἐπ' αὐτῆς ἐρχό-
μενον πολλάκις ὑετὸν ἀδόκιμος καὶ κατάρας ἐγγύς. οὐκοῦν
τὸ μὲν ἀγαθὸν τοῦ ὑετοῦ καὶ ἐπὶ τὴν χείρονα γῆν ἐλήλυθε· 30

1 εὐγνωμονῇ AC; ἀγνώμων ᾖ cat   2 δικαίως cat; om. C
4 ἵσταται cat   9 om. ᾧ A   om. ὁ C cat   14 ἑαυτοῦ
cat   22 om. μὲν B   25 om. ἂν (sec.) C cat   26 ἐγεγόνεισαν
C cat   27—29 om. ἐκφέρουσα—ἐγγύς cat   29 ὑετὸν πολλάκις A

ABC cat τὸ δὲ ὑποκείμενον, ἠμελημένον καὶ ἀγεώργητον τυγχάνον, ἀκάνθας καὶ τριβόλους ἐβλάστησεν. οὕτω τοίνυν καὶ τὰ

118 γινόμενα ὑπὸ τοῦ θεοῦ τεράστια οἱονεὶ ὑετός ἐστιν· αἱ δὲ προαιρέσεις αἱ διάφοροι οἱονεὶ ἡ γεγεωργημένη γῆ ἐστὶ 5 καὶ ἡ ἠμελημένη, μιᾷ τῇ φύσει ὡς γῆ τυγχάνουσα.

10. Ὥσπερ δὲ εἰ καὶ ὁ ἥλιος ἔλεγε φωνὴν προϊέμενος ὅτι Ἐγὼ τήκω καὶ ξηραίνω, ἐναντίων ὄντων τοῦ τήκεσθαι καὶ τοῦ ξηραίνεσθαι, οὐκ ἂν ψεῦδος ἔλεγε, παρὰ τὸ ὑποκεί-μενον· ἀπὸ τῆς μιᾶς θερμότητος τηκομένου μὲν τοῦ κηροῦ 10 ξηραινομένου δὲ τοῦ πηλοῦ· οὕτως ἡ μία ἐνέργεια ἡ διὰ Μωσέως γινομένη σκληρυμμὸν μὲν ἤλεγχε τὸν τοῦ Φαραὼ διὰ τὴν κακίαν αὐτοῦ, πειθὼ δὲ τὴν τῶν ἐπιμίκτων Αἰγυπ-τίων συνεξορμησάντων τοῖς Ἑβραίοις. καὶ τὸ κατὰ βραχὺ δὲ ἀναγεγράφθαι οἱονεὶ μαλάσσεσθαι τὴν καρδίαν Φαραὼ, 15 λέγοντος· Ἀλλ᾽ οὐ μακρὰν ἀποτενεῖτε· τριῶν γὰρ ἡμερῶν cf. Ex viii 28 πορεύσεσθε, καὶ τὰς γυναῖκας ὑμῶν καταλείπετε· καὶ ὅσα ἄλλα κατὰ βραχὺ ἐνδιδοὺς πρὸς τὰ τεράστια ἔλεγε, δηλοῖ ὅτι ἐνήργει μέν τι καὶ εἰς αὐτὸν τὰ σημεῖα, οὐ μὴν τὸ πᾶν κατειργάζετο. οὐκ ἂν δὲ οὐδὲ ταῦτα ἐγίνετο, εἰ τὸ νοού-20 μενον ὑπὸ τῶν πολλῶν· Σκληρυνῶ τὴν καρδίαν Φαραὼ· ὑπ᾽ αὐτοῦ ἐνηργεῖτο, τοῦ θεοῦ δηλονότι. οὐκ ἄτοπον δὲ καὶ ἀπὸ τῆς συνηθείας τὰ τοιαῦτα παραμυθήσασθαι· πολλάκις τῶν χρηστῶν δεσποτῶν φασκόντων τοῖς διὰ τὴν χρηστότητα καὶ μακροθυμίαν ἐπιτριβομένοις οἰκέταις τό· 25 Ἐγώ σε πονηρὸν ἐποίησα, καὶ Ἐγώ σοι αἴτιος γέγονα τῶν τηλικούτων ἁμαρτημάτων. δεῖ γὰρ τοῦ ἤθους ἀκοῦσαι

119 καὶ τῆς δυνάμεως τοῦ λεγομένου, καὶ μὴ συκοφαντεῖν μὴ κατακούοντας τοῦ βουλήματος τοῦ λόγου. ὁ γοῦν Παῦλος σαφῶς ταῦτα ἐξετάσας φησὶ πρὸς τὸν ἁμαρτάνοντα· Ἢ Ro ii 4 f. 30 τοῦ πλούτου τῆς χρηστότητος αὐτοῦ καὶ τῆς ἀνοχῆς καὶ τῆς μακροθυμίας καταφρονεῖς, ἀγνοῶν ὅτι τὸ χρηστὸν τοῦ

5 om. ἡ ABC   15 ἀποτενεῖται A cat   16 πορεύεσθε cat
καταλείψετε cat   21 om. τοῦ θεοῦ δηλονότι cat   22 om. τῆς B
24 καὶ]+τὴν AC   30 om. καὶ τῆς ἀνοχῆς cat

R.   II

θεοῦ εἰς μετάνοιάν σε ἄγει; κατὰ δὲ τὴν σκληρότητά σου ABC (cat)
καὶ ἀμετανόητον καρδίαν θησαυρίζεις σεαυτῷ ὀργὴν ἐν
ἡμέρᾳ ὀργῆς καὶ ἀποκαλύψεως καὶ δικαιοκρισίας τοῦ θεοῦ.
ἃ γὰρ λέγει πρὸς τὸν ἁμαρτάνοντα ὁ ἀπόστολος, λεγέσθω
πρὸς τὸν Φαραώ, καὶ πάνυ ἁρμοδίως νοηθείη ταῦτα ἀπαγ- 5
γελλόμενα αὐτῷ, κατὰ τὴν σκληρότητα καὶ ἀμετανόητον
αὐτοῦ καρδίαν θησαυρίζοντος ἑαυτῷ ὀργήν· τῆς σκληρότη-
τος οὐκ ἂν οὕτως ἐλεγχθείσης οὐδὲ φανερᾶς γεγενημένης,
εἰ μὴ τὰ σημεῖα ἐγεγόνει, ἢ ἐγεγόνει μὲν, μὴ τὰ τοσαῦτα
δὲ καὶ τηλικαῦτα.   10

11. Ἀλλ᾽ ἐπεὶ δυσπειθεῖς αἱ τοιαῦται διηγήσεις καὶ
βίαιοι εἶναι νομίζονται, ἴδωμεν καὶ ἀπὸ προφητικοῦ λόγου,
τί φασιν οἱ πολλῆς χρηστότητος θεοῦ πεπειραμένοι, καὶ μὴ
Is lxiii 17 f. βιώσαντες καλῶς ἀλλὰ μετὰ ταῦτα ἁμαρτήσαντες. Τί
ἐπλάνησας ἡμᾶς, κύριε, ἀπὸ τῆς ὁδοῦ σου; ἵνα τί ἐσκλή- 15
ρυνας ἡμῶν τὴν καρδίαν, τοῦ μὴ φοβεῖσθαι τὸ ὄνομά σου;
ἐπίστρεψον διὰ τοὺς δούλους σου, διὰ τὰς φυλὰς τῆς κλη-
ρονομίας σου, ἵνα μικρόν τι κληρονομήσωμεν τοῦ ὄρους τοῦ
Jer xx 7 ἁγίου σου. καὶ ἐν τῷ Ἱερεμίᾳ· Ἠπάτησάς με, κύριε, καὶ
Is lxiii 17 ἠπατήθην, ἐκράτησας καὶ ἐδυνάσθης. τὸ γάρ· Ἵνα τί 20
ἐσκλήρυνας ἡμῶν τὴν καρδίαν, τοῦ μὴ φοβεῖσθαι τὸ ὄνομά
σου; λεγόμενον ὑπὸ τῶν ἐλεηθῆναι παρακαλούντων, ἐν 120
ἤθει λεγόμενον τοιοῦτόν ἐστιν· Ἵνα τί ἐπὶ τοσοῦτον ἐφείσω
ἡμῶν, οὐκ ἐπισκεπτόμενος ἡμᾶς ἐπὶ ταῖς ἁμαρτίαις, ἀλλὰ
καταλιπὼν ἕως εἰς μέγεθος ἔλθῃ πταισμάτων τὰ ἡμέτερα; 25
ἐγκαταλείπει δὲ μὴ κολαζομένους τοὺς πλείονας, ἵνα τε τὰ
ἑκάστου ἤθη ἐκ τοῦ ἐφ᾽ ἡμῖν ἐξετασθῇ, καὶ φανεροὶ μὲν ἐκ
τῆς γενομένης βασάνου οἱ κρείττους γένωνται, οἱ δὲ λοιποὶ
Sus 42 μὴ λαθόντες, οὐχὶ θεὸν—πάντα γὰρ οἶδε πρὸ γενέσεως
αὐτῶν—ἀλλὰ τὰ λογικὰ καὶ ἑαυτούς, ὕστερον τύχωσιν ὁδοῦ 30
θεραπείας· οὐκ ἂν ἐγνωκότες τὴν εὐεργεσίαν, εἰ μὴ ἑαυτῶν

3 om. καὶ (sec.) A   om. τοῦ A   5 om. νοηθείη ταῦτα ἀπαγγ.
6 αὐτῶ cat   7 θησαυρίζοντα cat   9 σημεῖα ἐγεγόνει] hic ex-
plicit cat   om. τὰ (sec.) C   30 ὁδῶ AB

ABC κατεγνώκεισαν· ὅπερ συμφέρει ἑκάστῳ, ἵνα αἴσθηται τῆς
ἰδιότητος τῆς ἑαυτοῦ καὶ τῆς χάριτος τῆς τοῦ θεοῦ. ὁ δὲ μὴ
αἰσθανόμενος τῆς ἰδίας ἀσθενείας καὶ τῆς θείας χάριτος,
κἂν εὐεργετῆται μὴ ἑαυτοῦ πεπειραμένος μηδὲ ἑαυτοῦ
5 κατεγνωκὼς, οἰήσεται ἴδιον εἶναι ἀνδραγάθημα τὸ ἀπὸ τῆς
οὐρανίου χάριτος αὐτῷ ἐπιχορηγηθέν. τοῦτο δὲ οἴημα,
ἐμποιῆσαν καὶ φυσίωσιν, αἴτιον ἔσται καταπτώσεως· ὅπερ
νομίζομεν καὶ περὶ τὸν διάβολον γεγονέναι, ἑαυτῷ χαρισά-
μενον ἃ εἶχε προτερήματα ὅτε ἄμωμος ἦν. Πᾶς γὰρ ὁ cf. Lc xiv 11
10 ὑψῶν ἑαυτὸν ταπεινωθήσεται, ὡς πᾶς ὁ ταπεινῶν ἑαυτὸν
ὑψωθήσεται. κατανόει δὲ ὅτι διὰ τοῦτο ἀποκέκρυπται ἀπὸ cf. Mt xi 25;
σοφῶν καὶ συνετῶν τὰ θεῖα, ἵνα, ὡς φησιν ὁ ἀπόστολος, μὴ 1 Co i 29
καυχήσηται πᾶσα σὰρξ ἐνώπιον τοῦ θεοῦ· καὶ ἀποκεκάλυ-
121 πται νηπίοις, τοῖς μετὰ τὴν νηπιότητα ἐπὶ τὰ κρείττονα
15 ἐληλυθόσι καὶ μεμνημένοις ὅτι οὐ παρὰ τὴν ἑαυτῶν αἰτίαν
τοσοῦτον ὅσον παρὰ τὴν ἄρρητον εὐεργεσίαν ἐπὶ πλεῖστον
ὅσον μακαριότητος ἐληλύθασιν.

12. Οὐκοῦν ἐγκαταλείπεται θείᾳ κρίσει ὁ ἐγκαταλειπό-
μενος, καὶ μακροθυμεῖ ἐπί τινας τῶν ἁμαρτανόντων ὁ θεὸς
20 οὐκ ἀλόγως, ἀλλ᾽ ὡς αὐτοῖς συνοίσοντος ὡς πρὸς τὴν
ἀθανασίαν τῆς ψυχῆς καὶ τὸν ἄπειρον αἰῶνα τοῦ μὴ ταχὺ
συνεργηθῆναι εἰς σωτηρίαν, ἀλλὰ βράδιον ἐπὶ ταύτην ἀχ-
θῆναι μετὰ τὸ πειραθῆναι πολλῶν κακῶν. ὥσπερ γάρ
τινα καὶ ἰατροὶ δυνάμενοι τάχιον ἰάσασθαι, ὅταν ἐγκεκρυμ-
25 μένον ἰὸν ὑπονοῶσιν ὑπάρχειν περὶ τὰ σώματα, τὸ ἐναντίον
τῷ ἰάσασθαι ἐργάζονται, διὰ τὸ ἰᾶσθαι βούλεσθαι ἀσφαλέ-
στερον τοῦτο ποιοῦντες· ἡγούμενοι κρεῖττον εἶναι πολλῷ
χρόνῳ παρακατασχεῖν τινὰ ἐν τῷ φλεγμαίνειν καὶ κάμνειν
ὑπὲρ τοῦ βεβαιότερον αὐτὸν τὴν ὑγείαν ἀπολαβεῖν, ἤπερ
30 τάχιον μὲν ῥῶσαι δοκεῖν ὕστερον δὲ ἀναδῦναι καὶ πρόσκαι-
ρον γενέσθαι τὴν ταχυτέραν ἴασιν· τὸν αὐτὸν τρόπον καὶ ὁ
θεὸς, γινώσκων τὰ κρύφια τῆς καρδίας καὶ προγινώσκων τὰ

1 συμβαίνει C.   24 καὶ]+οἱ A

μέλλοντα, διὰ τῆς μακροθυμίας ἐπιτρέπει τάχα καὶ διὰ τῶν ABC
ἔξωθεν συμβαινόντων ἐφελκόμενος τὸ ἐν κρυπτῷ κακὸν,
ὑπὲρ τοῦ καθᾶραι τὸν δι' ἀμέλειαν τὰ σπέρματα τῆς ἁμαρ-
τίας κεχωρηκότα, ἵνα εἰς ἐπιπολὴν ἐλθόντα αὐτά τις ἐμέσας, 122·
εἰ καὶ ἐπὶ πλεῖον ἐν κακοῖς γεγένηται, ὕστερον δυνηθῇ 5
καθαρσίου τυχὼν τοῦ μετὰ τὴν κακίαν ἀναστοιχειωθῆναι.
θεὸς γὰρ οἰκονομεῖ τὰς ψυχὰς οὐχ ὡς πρὸς τὴν φέρ' εἰπεῖν
πεντηκονταετίαν τῆς ἐνθάδε ζωῆς, ἀλλ' ὡς πρὸς τὸν ἀπέ-
ραντον αἰῶνα· ἄφθαρτον γὰρ φύσιν πεποίηκε τὴν νοερὰν
καὶ αὐτῷ συγγενῆ, καὶ οὐκ ἀποκλείεται ὥσπερ ἐπὶ τῆς 10
ἐνταῦθα ζωῆς ἡ λογικὴ ψυχὴ τῆς θεραπείας.

13. Φέρε δὲ καὶ τοιαύτῃ εἰκόνι ἀπὸ τοῦ εὐαγγελίου

Mt xiii 5 f. χρησώμεθα. ἔστι τις πέτρα ὀλίγην ἔχουσα καὶ ἐπιπόλαιον
γῆν, εἰς ἣν ἂν πέσῃ τὰ σπέρματα ταχὺ ἀνθεῖ, ἀλλ' ἀνθή-
σαντα, ἐπεὶ ῥίζαν οὐκ ἔχει, ἡλίου ἀνατείλαντος καυματί- 15
ζεται καὶ ξηραίνεται. καὶ αὕτη ἡ πέτρα ἀνθρωπίνη ἐστὶ
ψυχὴ, διὰ τὴν ἀμέλειαν σκληρυνθεῖσα καὶ διὰ τὴν κακίαν
ἀπολιθωθεῖσα· λιθίνη γὰρ οὐδενὶ ἔκτισται ὑπὸ θεοῦ καρδία,
ἀλλ' ἀπὸ τῆς πονηρίας τοιαύτη γίνεται. ὥσπερ οὖν, εἰ
ἐγκαλοῖ τις τῷ γεωργῷ μὴ τάχιον τὰ σπέρματα ἐπὶ τὴν 20
πέτρώδη γῆν βαλόντι, ὁρῶν ἄλλην τινὰ πετρώδη γῆν
λαβοῦσαν τὰ σπέρματα καὶ ἀνθοῦσαν, ἀποκρίναιτο ἂν ὁ
γεωργὸς ὅτι Βράδιον σπερῶ τὴν γῆν ταύτην ἐπιβαλὼν τὰ
δυνάμενα παρακατασχεῖν τὰ σπαρησόμενα, κρείττονος
ἐσομένου τῇδε τῇ γῇ τοῦ βραδυτέρου καὶ ἀσφαλεστέρου 25
παρὰ τὴν τάχιον εἰληφυῖαν καὶ ἐπιπολαιοτέρως· πεισθείη-
μεν ἂν ὡς εὐλόγως λέγοντι τῷ γεωργῷ καὶ ὡς ἐπιστημόνως
πεποιηκότι· οὕτω καὶ ὁ μέγας πάσης φύσεως γεωργὸς
ὑπερτίθεται τὴν νομισθεῖσαν ἂν τάχιον εὐποιΐαν, ἵνα 123
μὴ ἐπιπόλαιος γένηται. ἀλλ' εἰκός τινα ἡμῖν πρὸς ταῦτα 30
ἀνθυπενεγκεῖν· Διὰ τί δέ τι τῶν σπερμάτων πίπτει ἐπὶ τὴν
ἐξ ἐπιπολῆς ἔχουσαν τὴν γῆν οἱονεὶ πέτραν οὖσαν ψυχήν;

ABC λεκτέον δὲ καὶ πρὸς τοῦτο ὅτι βέλτιον τῇδέ τινι προπετέσ-
τερον βεβουλημένῃ τὰ κρείττονα, καὶ οὐχὶ ὁδῷ ἐπ᾽ αὐτὰ
ὁδευσάσῃ, τυχεῖν οὗ βεβούληται· ἵνα ἑαυτῆς ἐπὶ τούτῳ
καταγνοῦσα τὴν κατὰ φύσιν γεωργίαν μακροθυμήσῃ ὕστε-
5 ρον πολλῷ χρόνῳ λαβεῖν. ἄπειροι γὰρ ἡμῖν, ὡς ἂν εἴποι
τις, αἱ ψυχαὶ καὶ ἄπειρα τὰ τούτων ἤθη καὶ πλεῖστα ὅσα
τὰ κινήματα καὶ αἱ προθέσεις καὶ αἱ ἐπιβολαὶ καὶ αἱ ὁρμαί·
ὧν εἷς μόνος οἰκονόμος ἄριστος καὶ τοὺς καιροὺς ἐπιστά-
μενος καὶ τὰ ἁρμόζοντα βοηθήματα καὶ τὰς ἀγωγὰς καὶ τὰς
10 ὁδοὺς, ὁ τῶν ὅλων θεὸς καὶ πατήρ, ὁ εἰδὼς πῶς καὶ τὸν
Φαραὼ ἄγει διὰ τοσῶνδε καὶ καταποντισμοῦ, εἰς ὃν οὐ
καταλήγει ἡ οἰκονομία τοῦ Φαραώ. οὐ γὰρ ἐπεὶ κατε-
ποντώθη ἀνελύθη· Ἐν γὰρ χειρὶ θεοῦ καὶ ἡμεῖς καὶ οἱ Wisd vii 16
λόγοι ἡμῶν, πᾶσά τε φρόνησις καὶ ἐργατιῶν ἐπιστήμη.
15 καὶ ταῦτα μὲν μετρίως εἰς ἀπολογίαν περὶ τοῦ ἐσκληρύνθαι cf. Ex vii 14
τὴν καρδίαν Φαραώ, καὶ περὶ τοῦ· Ὃν θέλει ἐλεεῖ, ὃν δὲ Ro ix 18
θέλει σκληρύνει.

14. Ἴδωμεν δὲ καὶ τὸ ἐκ τοῦ Ἰεζεκιὴλ λέγοντος·
Ἐξελῶ τὰς λιθίνας καρδίας ἀπ᾽ αὐτῶν καὶ ἐμβαλῶ σαρ-
20 κίνας, ὅπως ἐν τοῖς δικαιώμασί μου πορεύωνται καὶ τὰ
προστάγματά μου φυλάσσωσιν. εἰ γὰρ ὅτε βούλεται ὁ
θεὸς ἐξαίρει τὰς λιθίνας καρδίας καὶ ἐντίθησι σαρκίνας,
ὥστε τὰ προστάγματα αὐτοῦ φυλάττεσθαι καὶ τηρεῖσθαι
124 τὰς ἐντολὰς, οὐκ ἔστι τὴν κακίαν ἀποθέσθαι ἐφ᾽ ἡμῖν.
25 τὸ γὰρ ἐξαιρεθῆναι τὰς λιθίνας καρδίας οὐδὲν ἄλλο ἐστὶν
ἢ τὴν κακίαν, καθ᾽ ἣν σκληρύνεταί τις, περιαιρεθῆναι ἀφ᾽
οὗ ὁ θεὸς βούλεται· καὶ τὸ ἐγγενέσθαι καρδίαν σαρκίνην,
ἵνα ἐν τοῖς προστάγμασί τις πορεύηται τοῦ θεοῦ καὶ
φυλάσσῃ αὐτοῦ τὰς ἐντολὰς, τί ἄλλο ἐστὶν ἢ εἰκτικὸν
30 γενέσθαι καὶ μὴ ἀντίτυπον πρὸς τὴν ἀλήθειαν καὶ πρακτικὸν
τῶν ἀρετῶν; εἰ δὲ ταῦτα ἐπαγγέλλεται ὁ θεὸς ποιεῖν, καὶ

1 τινι] τῇ γῇ C   11 τοσῶνδε] τούτων δὲ A; τόσων B
14 ἐργατειῶν C; ἐργασιῶν A   20 πορεύσωνται C

πρὶν ἀφελεῖν αὐτὸν τὰς λιθίνας καρδίας οὐκ ἀποτιθέμεθα ABC
αὐτὰς, δῆλον ὅτι οὐκ ἐφ᾽ ἡμῖν ἐστιν ἀποθέσθαι τὴν κακίαν·
καὶ εἰ οὐχ ἡμεῖς τι πράττομεν ἵνα ἐγγένηται ἡμῖν ἡ σαρκίνη
καρδία, ἀλλὰ θεοῦ ἐστιν ἔργον, οὐχ ἡμέτερον ἔργον ἔσται
τὸ κατ᾽ ἀρετὴν βιοῦν, ἀλλὰ πάντη θεία χάρις. ταῦτα μὲν 5
ἐρεῖ ὁ ἀπὸ τῶν ψιλῶν ῥητῶν τὸ ἐφ᾽ ἡμῖν ἀναιρῶν. ἡμεῖς
δὲ ἀποκρινούμεθα τούτων οὕτως ἀκούειν δεῖν λέγοντες ὅτι,
ὥσπερ ὁ ἐν ἀμαθίᾳ καὶ ἀπαιδευσίᾳ τυγχάνων, αἰσθανόμενος
τῶν ἰδίων κακῶν ἤτοι ἐκ προτροπῆς τοῦ διδάσκοντος ἢ
ἄλλως ἐξ ἑαυτοῦ, ἐπιδίδωσιν ἑαυτὸν ᾧ νομίζει δύνασθαι 10
αὐτὸν χειραγωγήσειν ἐπὶ παίδευσιν καὶ ἀρετήν, ἐπιδι-
δόντος δὲ τούτου ὁ παιδεύων ἐπαγγέλλεται ἐξελεῖν τὴν
ἀπαιδευσίαν καὶ ἐνθήσειν παιδείαν, οὐχ ὡς οὐδενὸς ὄντος
εἰς τὸ παιδευθῆναι καὶ φυγεῖν τὴν ἀπαιδευσίαν ἐπὶ τῷ
ἑαυτὸν προσαγηοχότι θεραπευθησόμενον, ἀλλ᾽ ὡς ἐπαγ- 15
γελλόμενος βελτιώσειν τὸν βουλόμενον· οὕτως ὁ θεῖος
λόγος ἐπαγγέλλεται τῶν προσιόντων τὴν κακίαν ἐξαιρεῖν,
ἣν ὠνόμασε λιθίνην καρδίαν, οὐχὶ ἐκείνων οὐ βουλομένων
ἀλλ᾽ ἑαυτοὺς τῷ ἰατρῷ τῶν καμνόντων παρεσχηκότων·
ὥσπερ ἐν τοῖς εὐαγγελίοις εὑρίσκονται οἱ κάμνοντες προσ- 125
ερχόμενοι τῷ σωτῆρι καὶ ἀξιοῦντες ἰάσεως τυχεῖν καὶ
θεραπευόμενοι. καὶ ἔστι φέρ᾽ εἰπεῖν τὸ τοὺς τυφλοὺς
ἀναβλέψαι ἔργον, κατὰ μὲν τὸ ἠξιωκέναι πιστεύσαντας
δύνασθαι θεραπεύεσθαι, τῶν πεπονθότων, κατὰ δὲ τὴν
ἀποκατάστασιν τῆς ὁράσεως, τοῦ σωτῆρος ἡμῶν. οὕτως 25
οὖν ἐπαγγέλλεται ὁ λόγος τοῦ θεοῦ ἐμποιήσειν ἐπιστήμην
τοῖς προσιοῦσιν, ἐξελὼν τὴν λιθίνην καὶ σκληρὰν καρδίαν,
ὅπερ ἐστὶ τὴν κακίαν, ὑπὲρ τοῦ τινα πορεύεσθαι ταῖς θείαις
ἐντολαῖς καὶ φυλάσσειν τὰ θεῖα προστάγματα.

15. Ἦν μετὰ ταῦτα τὸ ἀπὸ τοῦ εὐαγγελίου, ὅτε ὁ 30
Mc iv 11 f. σωτὴρ ἔφασκε διὰ τοῦτο τοῖς ἔξω ἐν παραβολαῖς λαλεῖν,
Ἵνα βλέποντες μὴ βλέπωσι καὶ ἀκούοντες μὴ συνιῶσι,

1 αὐτὸν] αὐτῶν B   6 om. ὁ B   8 om. ὁ A   9 ἤ]
+ καὶ A   14 φεύγειν AC   24 om. τῶν πεπονθότων AC

ABC μήποτε ἐπιστρέψωσι καὶ ἀφεθῇ αὐτοῖς. καὶ ἐρεῖ ὁ ἐξ
ἐναντίας· Εἰ πάντως τῶν σαφεστέρων ἀκούσαντες οἶδέ τινες
ἐπιστρέφουσιν, καὶ οὕτως ἐπιστρέφουσιν ὥστε ἀξίους αὐτοὺς
γενέσθαι ἀφέσεως ἁμαρτημάτων, οὐκ ἔστι δὲ ἐπ' αὐτοῖς τὸ
5 ἀκοῦσαι τῶν σαφεστέρων λόγων ἀλλ' ἐπὶ τῷ διδάσκοντι,
καὶ διὰ τοῦτο οὐκ ἀπαγγέλλει αὐτοῖς σαφέστερον, μήποτε
ἴδωσι καὶ συνιῶσιν· οὐκ ἔστιν ἐπ' αὐτοῖς τὸ σωθῆναι· εἰ δὲ
τοῦτο, οὐκ ἐσμὲν αὐτεξούσιοι περὶ σωτηρίας καὶ ἀπωλείας.
πιθανὴ μὲν οὖν πρὸς ταῦτα ἀπολογία ἦν, εἰ μὴ προσέκειτο
10 τό· Μήποτε ἐπιστρέψωσι καὶ ἀφεθῇ αὐτοῖς· τὸ ὅτι οὐκ
ἐβούλετο τοὺς μὴ ἐσομένους καλοὺς καὶ ἀγαθοὺς συνιέναι
τῶν μυστικωτέρων ὁ σωτήρ, καὶ διὰ τοῦτο ἐλάλει αὐτοῖς ἐν
παραβολαῖς· νῦν δέ, κειμένου τοῦ· Μήποτε ἐπιστρέψωσι
καὶ ἀφεθῇ αὐτοῖς· ἡ ἀπολογία ἐστὶ χαλεπωτέρα. πρῶτον
15 τοίνυν σημειωτέον ἐστὶ τὸν τόπον πρὸς τοὺς ἑτεροδόξους,
λεξιθηροῦντας μὲν τὰ ἀπὸ τῆς παλαιᾶς διαθήκης τοιαῦτα,
ἔνθα ἐμφαίνεται, ὡς αὐτοὶ τολμῶντες λέγουσιν, ὠμότης τοῦ
126 δημιουργοῦ, ἡ ἀμυντικὴ καὶ ἀνταποδοτικὴ τῶν χειρόνων
προαίρεσις, ἢ ὅ τί ποτε θέλουσι τὸ τοιοῦτον ὀνομάζειν,
20 μόνον ἵνα λέγωσιν οὐκ ἀγαθότητα εἶναι ἐν τῷ κτίσαντι·
οὐχ ὁμοίως δὲ οὐδὲ εὐγνωμόνως ἐντυγχάνοντας τῇ καινῇ,
ἀλλὰ παραπεμπομένους τὰ παραπλήσια οἷς νομίζουσιν
εἶναι ἐπιλήπτοις ἀπὸ τῆς παλαιᾶς. φανερῶς γὰρ καὶ κατὰ
τὸ εὐαγγέλιον ὁ σωτὴρ δείκνυται, ὡς αὐτοὶ φάσκουσιν ἐπὶ
25 τῶν προτέρων, διὰ τοῦτο σαφῶς μὴ φθεγγόμενος ἵνα μὴ
ἐπιστρέψωσιν οἱ ἄνθρωποι καὶ ἐπιστρέψαντες ἀφέσεως
ἁμαρτημάτων ἄξιοι γένωνται· ὅπερ καθ' αὐτὸ οὐδενὸς
ἔλαττόν ἐστι τῶν ἀπὸ τῆς παλαιᾶς κατηγορουμένων τοι-
ούτων. ἐὰν δὲ περὶ τοῦ εὐαγγελίου ἀπολογίαν ζητῶσι,
30 λεκτέον πρὸς αὐτούς· εἰ μὴ ἐπιλήπτως ποιοῦσιν ἐπὶ τῶν
ὁμοίων προβλημάτων ἀνομοίως ἱστάμενοι, καὶ κατὰ μὲν
τὴν καινὴν οὐ προσκόπτοντες ἀλλ' ἀπολογίαν ζητοῦντες,

2 πάντες B   3, 4 αὐτοὺς ἀξίους γεν. A; ἀξίους γεν. αὐτούς C
7 συνιῶσιν ABC   16 om. τῆς B   32 προσσκώπτοντες A

κατὰ δὲ τὴν παλαιὰν περὶ τῶν παραπλησίων, δέον ἀπολο- ABC
γεῖσθαι ὁμοίως τοῖς ἀπὸ τῆς καινῆς, κατηγοροῦντες· ἐξ ὧν
συμβιβάσωμεν αὐτοὺς διὰ τὰς ὁμοιότητας ἐπὶ τὸ πάντα
ἡγεῖσθαι ἑνὸς εἶναι γράμματα θεοῦ. φέρε δὴ καὶ πρὸς τὸ
προκείμενον ἀπολογίαν κατὰ τὸ δυνατὸν πορισώμεθα.   5

16. Ἐφάσκομεν καὶ περὶ τοῦ Φαραὼ ἐξετάζοντες
ὅτι ἐνίοτε τὸ τάχιον θεραπευθῆναι οὐ πρὸς καλοῦ γίνεται
τοῖς θεραπευομένοις, εἰ παρ᾽ ἑαυτοὺς χαλεποῖς περιπεσόντες
εὐχερῶς ἀπαλλαγεῖεν τούτων οἷς περιπεπτώκασι· κατα-
φρονοῦντες γὰρ ὡς εὐιάτου τοῦ κακοῦ, δεύτερον οὐ φυλατ- 10
τόμενοι τὸ περιπεσεῖν αὐτῷ ἐν αὐτῷ ἔσονται. διόπερ
ἐπὶ τῶν τοιούτων ὁ θεὸς ὁ αἰώνιος, ὁ τῶν κρυπτῶν γνώστης,

Sus. 42   ὁ εἰδὼς τὰ πάντα πρὶν γενέσεως αὐτῶν, κατὰ τὴν χρηστό- 127
τητα αὐτοῦ ὑπερτίθεται τὴν ταχυτέραν πρὸς αὐτοὺς βοήθειαν
καί, ἵν᾽ οὕτως εἴπω, βοηθῶν αὐτοῖς οὐ βοηθεῖ, τούτου αὐτοῖς 15

cf. Mc iv 11   λυσιτελοῦντος. εἰκὸς οὖν καὶ τοὺς ἔξω, περὶ ὧν ὁ λόγος,
τῷ σωτῆρι κατὰ τὸ προκείμενον ἑωραμένους οὐ βεβαίους
ἔσεσθαι ἐν τῇ ἐπιστροφῇ εἰ τρανότερον ἀκούσαιεν τῶν
λεγομένων, ὑπὸ τοῦ κυρίου ᾠκονομῆσθαι μὴ σαφέστερον
ἀκοῦσαι τῶν βαθυτέρων· μήποτε τάχιον ἐπιστρέψαντες 20
καὶ ἰαθέντες ἐν τῷ ἀφέσεως τυχεῖν, ὡς εὐχερῶν τῶν τῆς
κακίας τραυμάτων καὶ εὐιάτων καταφρονήσαντες, πάλιν
καὶ τάχιον αὐτοῖς περιπέσωσι. τάχα δὲ καὶ τίνοντες δίκας
τῶν προτέρων ἁμαρτημάτων, ὧν εἰς τὴν ἀρετὴν ἐπλημμέλη-
σαν καταλιπόντες αὐτήν, οὐδέπω τὸν πρέποντα χρόνον 25
ἐκπεπληρώκεσαν· τῷ καταλειπομένους αὐτοὺς ἀπὸ τῆς
θείας ἐπισκοπῆς, ἐπὶ πλεῖον ἐμφορηθέντας τῶν ἰδίων ἃ
ἔσπειραν κακῶν, ὕστερον εἰς βεβαιοτέραν μετάνοιαν
καλεῖσθαι, οὐ ταχέως περιπεσουμένους οἷς πρότερον περι-
πεπτώκεσαν τὸ ἀξίωμα ἐνυβρίσαντες τῶν καλῶν καὶ τοῖς 30
χείροσιν ἑαυτοὺς ἐπιδεδωκότες. οἱ μὲν οὖν ἔξω λεγόμενοι,
δηλονότι συγκρίσει τῶν ἔσω, οὐ πάντη πόρρω τῶν ἔσω

3 συμβιβάσομεν C   14 παχυτέραν B   15 τοῦτο B
31 ἑαυτοῖς AB   32 ἔσω] ἔξω BC

ABC τυγχάνοντες τῶν ἔσω σαφῶς ἀκουόντων, ἀκούουσιν ἀσαφῶς
διὰ τὸ ἐν παραβολαῖς αὐτοῖς λέγεσθαι· πλὴν ἀκούουσιν.
ἕτεροι δὲ τῶν ἔξω οἱ λεγόμενοι Τύριοι, καίτοιγε προ- cf. Mt xi 21
εγνωσμένοι ὅτι πάλαι ἂν ἐν σάκκῳ καὶ σποδῷ καθήμενοι
5 μετενόησαν, ἐγγὺς γενομένου τοῦ σωτῆρος τῶν ὁρίων αὐτῶν,
οὐδὲ τὰ τῶν ἔξω ἀκούουσιν· ὡς εἰκὸς μᾶλλον πόρρω ὄντες
128 τῆς ἀξίας τῶν ἔξω, ἵν᾽ ἐν ἄλλῳ καιρῷ μετὰ τὸ ἀνεκτότερον
αὐτοῖς γενέσθαι παρὰ τοὺς μὴ παραδεξαμένους τὸν λόγον,
ἐφ᾽ ὧν ἐμνημόνευσε καὶ τῶν Τυρίων, εὐκαιρότερον ἀκούσαντες
10 βεβαιότερον μετανοήσωσιν. ὅρα δὲ εἰ μὴ μᾶλλον ἡμεῖς
πρὸς τῷ ἐξεταστικῷ καὶ τὸ εὐσεβὲς πάντῃ ἀγωνιζόμεθα
τηρεῖν περὶ θεοῦ καὶ τοῦ χριστοῦ αὐτοῦ, ἐκ παντὸς ἀπο-
λογεῖσθαι πειρώμενοι ὡς ἐν τηλικούτοις καὶ τοιούτοις περὶ
τῆς ποικίλης προνοίας τοῦ θεοῦ ἀθανάτου ψυχῆς προνοου-
15 μένου. εἰ γοῦν τις περὶ τῶν ὀνειδιζομένων ζητοίη, ὅτι
ὁρῶντες τεράστια καὶ ἀκούοντες θείων λόγων οὐκ ὠφελοῦνται,
Τυρίων ἂν μετανοησάντων εἰ τοιαῦτα παρ᾽ αὐτοῖς ἐγεγόνει
καὶ εἴρητο· ζητοίη δὲ φάσκων, τί δήποτε τοῖς τοιούτοις
ἐκήρυξεν ὁ σωτὴρ ἐπὶ κακῷ αὐτῶν, ἵνα βαρύτερον αὐτοῖς
20 τὸ ἁμάρτημα λογισθῇ· λεκτέον πρὸς αὐτὸν ὅτι ὁ πάντων
τὰς διαθέσεις κατανοῶν τῶν αἰτιωμένων αὐτοῦ τὴν πρόνοιαν,
ὡς παρ᾽ ἐκείνην οὐ πεπιστευκότων μὴ δωρησαμένην ἰδεῖν
ἃ ἑτέροις θεάσασθαι ἐχαρίσατο, καὶ μὴ οἰκονομήσασαν
ἀκοῦσαι τούτων ἃ ἄλλοι ἀκούσαντες ὠφέληνται, τὴν ἀπο-
25 λογίαν οὐκ εὔλογον οὖσαν ἐλέγξαι βουλόμενος δίδωσι
ταῦτα, ἃ οἱ μεμφόμενοι τὴν διοίκησιν αὐτοῦ ᾔτησαν· ἵνα
μετὰ τὸ λαβεῖν, οὐδὲν ἧττον ἐλεγχθέντες ὡς ἀσεβέστατοι
τῷ μηδ᾽ οὕτως τῷ ὠφελεῖσθαι ἑαυτοὺς ἐπιδεδωκέναι, παύ-
σωνται τοῦ τοιούτου θράσους, καὶ κατ᾽ αὐτὸ τοῦτο ἐλευ-
30 θερωθέντες μάθωσιν ὅτι ποτὲ εὐεργετῶν τινὰς ὁ θεὸς
μέλλει καὶ βραδύνει, μὴ χαριζόμενος ὁρᾶν καὶ ἀκούειν
129 τοιαῦτα, ἐφ᾽ οἷς ὁραθεῖσι καὶ ἀκουσθεῖσι βαρυτέρα καὶ

14 ἀθανάτου] ἀπὸ θανάτου B   24 om. ἃ B

χαλεπωτέρα ἡ ἁμαρτία ἐλέγχεται τῶν μετὰ τηλικαῦτα καὶ ABC(cat)
τοιαῦτα μὴ πεπιστευκότων.

Ro ix 16   17. Ἴδωμεν δὲ καὶ περὶ τοῦ· Ἄρ᾽ οὖν οὐ τοῦ θέλοντος
οὐδὲ τοῦ τρέχοντος, ἀλλὰ τοῦ ἐλεοῦντος θεοῦ. οἱ γὰρ
ἐπιλαμβανόμενοί φασιν· Εἰ μὴ τοῦ θέλοντος μηδὲ τοῦ 5
τρέχοντος, ἀλλὰ τοῦ ἐλεοῦντος θεοῦ, οὐκ ἐκ τοῦ ἐφ᾽ ἡμῖν
τὸ σώζεσθαι, ἀλλ᾽ ἐκ κατασκευῆς τῆς ἀπὸ τοῦ τοιούσδε
κατασκευάσαντος γεγενημένης ἢ ἐκ προαιρέσεως τοῦ ὅτε
βούλεται ἐλεοῦντος. παρ᾽ ὧν τοῦτο πευστέον· Τὸ θέλειν
τὰ καλὰ καλόν ἐστιν ἢ φαῦλον; καὶ τὸ τρέχειν βουλόμενον 10
τυχεῖν τοῦ τέλους ἐν τῷ σπεύδειν ἐπὶ τὰ καλὰ ἐπαινετόν
ἐστιν ἢ ψεκτόν; εἴτε γὰρ ἐροῦσι ψεκτόν, παρὰ τὴν ἐνάργειαν
ἀποκρινοῦνται, καὶ τῶν ἁγίων θελόντων καὶ τρεχόντων, καὶ
δηλονότι ἐν τούτῳ ψεκτὸν οὐ ποιούντων. εἴτε ἐροῦσιν ὅτι
καλὸν τὸ θέλειν τὰ καλὰ καὶ τὸ τρέχειν ἐπὶ τὰ καλά, 15
πευσόμεθα πῶς ἡ ἀπολλυμένη φύσις θέλει τὰ κρείττονα·
οἱονεὶ γὰρ δένδρον πονηρὸν καρποὺς ἀγαθοὺς φέρει, εἴγε
καλὸν τὸ θέλειν τὰ κρείττονα. τρίτον δὲ ἐροῦσιν ὅτι τῶν
μέσων ἐστὶ τὸ θέλειν τὰ καλὰ καὶ τὸ τρέχειν ἐπὶ τὰ καλά,
καὶ οὔτε ἀστεῖον οὔτε φαῦλον. λεκτέον δὲ πρὸς τοῦτο ὅτι, 20
εἰ τὸ θέλειν τὰ καλὰ καὶ τὸ τρέχειν ἐπὶ τὰ καλὰ μέσον
ἐστί, καὶ τὸ ἐναντίον αὐτῷ μέσον ἐστί, τουτέστι τὸ θέλειν
τὰ κακὰ καὶ τρέχειν ἐπὶ τὰ κακά. οὐχὶ δέ γε μέσον ἐστὶ
τὸ θέλειν τὰ κακὰ καὶ τρέχειν ἐπὶ τὰ κακά. οὐκ ἄρα
μέσον τὸ θέλειν τὰ καλὰ καὶ τρέχειν ἐπὶ τὰ καλά.   25

Ro ix 16   18. Τοιαύτην τοίνυν ἀπολογίαν ἡγοῦμαι δύνασθαι
ἡμᾶς πορίζειν πρὸς τό· Ἄρ᾽ οὖν οὐ τοῦ θέλοντος οὐδὲ τοῦ 130
τρέχοντος, ἀλλὰ τοῦ ἐλεοῦντος θεοῦ. φησὶν ἐν τῇ βίβλῳ
τῶν ψαλμῶν ὁ Σολομῶν· αὐτοῦ γάρ ἐστιν ἡ ᾠδὴ τῶν
Ps cxxvii   ἀναβαθμῶν, ἐξ ἧς παραθησόμεθα τὰ ῥητά· Ἐὰν μὴ κύριος 30
(cxxvi) 1 f.   οἰκοδομήσῃ οἶκον, εἰς μάτην ἐκοπίασαν οἱ οἰκοδομοῦντες

7 τοιοῦδε AC   14 οὐ] suppletur ex Ruf.; om. ABC   22, 23 τὸ
τρέχ. ἐπὶ τὰ κ. καὶ τὸ (om. τό A) θέλ. τὰ κ. AC   28 φησὶν ἐν]
rursus incipit post periphrasin cat   30 ῥήματα B

ABC cat αὐτόν· ἐὰν μὴ κύριος φυλάξῃ πόλιν, εἰς μάτην ἠγρύπνησεν
ὁ φυλάσσων· οὐκ ἀποτρέπων ἡμᾶς ἀπὸ τοῦ οἰκοδομεῖν
οὐδὲ διδάσκων μὴ ἀγρυπνεῖν εἰς τὸ φρουρεῖν ἡμῶν τὴν ἐν
τῇ ψυχῇ πόλιν, ἀλλὰ παριστὰς ὅτι τὰ χωρὶς θεοῦ οἰκοδο-
5 μούμενα καὶ τὰ μὴ τυγχάνοντα τῆς ἀπὸ τούτου φυλακῆς
μάτην οἰκοδομεῖται καὶ ἀνηνύτως τηρεῖται· εὐλόγως ἂν
ἐπιγραφησομένου κυρίου τῆς οἰκοδομῆς τοῦ θεοῦ, καὶ
ἄρχοντος τῆς φρουρᾶς τῆς πόλεως τοῦ τῶν ὅλων δεσπότου.
ὥσπερ οὖν εἰ λέγοιμεν, οὐ τοῦ οἰκοδομοῦντος ἀλλὰ τοῦ
10 θεοῦ ἔργον ἐστὶν τόδε τὸ οἰκοδόμημα, καὶ οὐ τοῦ φυλάξαντος
κατόρθωμα ἀλλὰ τοῦ ἐπὶ πάντων θεοῦ τὸ μηδὲν πεπον-
θέναι ἀπὸ πολεμίων τήνδε τὴν πόλιν, οὐκ ἂν πταίοιμεν,
ὑπακουομένου μὲν τοῦ καὶ κατὰ τὸν ἄνθρωπόν τι γεγονέναι
τοῦ δὲ ἀνδραγαθήματος εὐχαρίστως ἐπὶ τὸν τελειωτὴν θεὸν
15 ἀναφερομένου· οὕτως ἐπεὶ οὐκ ἀρκεῖ τὸ ἀνθρώπινον θέλειν
πρὸς τὸ τυχεῖν τοῦ τέλους, οὐδὲ τὸ τῶν οἱονεὶ ἀθλητῶν
τρέχειν πρὸς τὸ καταλαβεῖν τὸ βραβεῖον τῆς ἄνω κλήσεως cf. Phil iii 14
τοῦ θεοῦ ἐν Χριστῷ Ἰησοῦ· θεοῦ γὰρ συμπαρισταμένου
ταῦτα ἀνύεται· καλῶς λέγεται τό· Οὐ τοῦ θέλοντος οὐδὲ Ro ix 16
20 τοῦ τρέχοντος, ἀλλὰ τοῦ ἐλεοῦντος θεοῦ. ὡς εἰ καὶ ἐπὶ
γεωργίας, ὅπερ καὶ γέγραπται, ἐλέγετο· Ἐγὼ ἐφύτευσα, 1 Co iii 6 f.
Ἀπολλὼς ἐπότισεν, ὁ δὲ θεὸς ηὔξησεν· ὥστε οὔτε ὁ
φυτεύων ἐστί τι οὔτε ὁ ποτίζων, ἀλλ' ὁ αὐξάνων θεός·
καὶ τὸ τοὺς καρποὺς πλήρεις γεγονέναι οὐκ ἂν εὐσεβῶς
131 λέγοιμεν ἔργον εἶναι τοῦ γεωργοῦ ἢ ἔργον τοῦ ποτίσαντος,
ἀλλ' ἔργον τοῦ θεοῦ· οὕτω καὶ ἡ ἡμετέρα τελείωσις οὐχὶ
μηδὲν ἡμῶν πραξάντων γίνεται, οὐ μὴν ἀφ' ἡμῶν ἀπαρτί-
ζεται, ἀλλὰ θεὸς τὸ πολὺ ταύτης ἐνεργεῖ. καὶ ἵνα ἐναρ-
γέστερον πιστευθῇ τοῦτο εἶναι τὸ λεγόμενον, ἀπὸ τῆς
30 κυβερνητικῆς τὸ παράδειγμα ληψόμεθα. πρὸς γὰρ τὴν
τῶν ἀνέμων πνοὴν καὶ τὴν τῶν ἀέρων εὐκρασίαν καὶ τὴν

---

1 om. αὐτόν C cat   3 ἀγρυπνεῖν] + ἡμᾶς cat   om. ἡμῶν cat
8 δεσπότου] δεσπόζοντος C; θεοῦ cat   12 ἀπὸ] ὑπὸ cat   13 om. τι cat
17 λαβεῖν AC   18 τοῦ θεοῦ ante τῆς AC   22 ὁ δὲ] ἀλλ' ὁ cat
ηὔξανεν AC   28 ἀλλὰ] + ὁ cat

τῶν ἀστέρων λαμπρότητα συνεργούντων τῇ τῶν ἐμπλεόν- ABC (cat)
των σωτηρίᾳ, πόστον ἂν ἀριθμὸν ἔχειν λέγοιτο τῆς ἐπὶ
τὸν λιμένα ἀποκαταστάσεως ἡ κυβερνητικὴ τέχνη; οὐδ᾽
αὐτῶν τῶν κυβερνητῶν δι᾽ εὐλάβειαν πολλάκις τολμώντων
ὁμολογεῖν τὸ σεσωκέναι τὴν ναῦν, ἀλλὰ τῷ θεῷ τὸ πᾶν 5
ἀναφερόντων· οὐ τῷ μηδὲν αὐτοὺς ἐνηργηκέναι, ἀλλὰ τῷ
εἰς ὑπερβολὴν πολλαπλάσιον εἶναι τὸ ἀπὸ τῆς προνοίας
τοῦ ἀπὸ τῆς τέχνης. καὶ ἐπὶ τῆς ἡμετέρας γοῦν σωτηρίας
πολλαπλάσιόν ἐστιν εἰς ὑπερβολὴν τὸ ἀπὸ τοῦ θεοῦ τοῦ
ἀπὸ τοῦ ἐφ᾽ ἡμῖν. διόπερ ἡγοῦμαι λέγεσθαι τό· Οὐ τοῦ 10
θέλοντος οὐδὲ τοῦ τρέχοντος, ἀλλὰ τοῦ ἐλεοῦντος θεοῦ.
εἰ γὰρ ὡς ἐκεῖνοι ὑπολαμβάνουσι δεῖ ἐκλαμβάνειν τό·
Οὐ τοῦ θέλοντος οὐδὲ τοῦ τρέχοντος, ἀλλὰ τοῦ ἐλεοῦντος
θεοῦ· περισσαὶ αἱ ἐντολαί, καὶ μάτην αὐτὸς ὁ Παῦλος
αἰτιᾶταί τινας ὡς παραπεπτωκότας καὶ ἀποδέχεταί τινας ὡς 15
κατωρθωκότας καὶ νομοθετεῖ ταῖς ἐκκλησίαις· εἰκῇ δὲ ἡμεῖς
ἐπιδίδομεν ἑαυτοὺς ἐπὶ τὸ θέλειν τὰ κρείττονα, εἰκῇ δὲ καὶ
ἐπὶ τὸ τρέχειν. ἀλλ᾽ οὐ μάτην ὁ Παῦλος τάδε συμβουλεύει
καὶ τούσδε μέμφεται καὶ τούσδε ἀποδέχεται· οὐδὲ μάτην
ἡμεῖς ἐπιδίδομεν ἑαυτοὺς τῷ θέλειν τὰ κρείττονα καὶ τῷ 20
σπεύδειν ἐπὶ τὰ διαφέροντα. οὐκ ἄρα ἐκεῖνοι καλῶς
ἐξειλήφασι τὰ κατὰ τὸν τόπον.

cf. Phil ii 13   19.   Πρὸς τούτοις ἦν· Τὸ θέλειν καὶ τὸ ἐνεργεῖν ἐκ 132
τοῦ θεοῦ ἐστί. καί φασί τινες· Εἰ ἀπὸ τοῦ θεοῦ τὸ θέλειν
καὶ ἀπὸ τοῦ θεοῦ τὸ ἐνεργεῖν, κἂν κακῶς θέλωμεν κἂν 25
κακῶς ἐνεργῶμεν ἀπὸ τοῦ θεοῦ ταῦθ᾽ ἡμῖν ὑπῆρξεν· εἰ δὲ
τοῦτο, οὐκ ἐσμὲν αὐτεξούσιοι. πάλιν τε αὖ κρείττονα
θέλοντες καὶ τὰ διαφέροντα ἐνεργοῦντες, ἐπεὶ ἀπὸ θεοῦ τὸ
θέλειν καὶ τὸ ἐνεργεῖν ἐστιν, οὐχ ἡμεῖς τὰ διαφέροντα
πεποιήκαμεν, ἀλλ᾽ ἡμεῖς μὲν ἐδόξαμεν, ὁ δὲ θεὸς ταῦτα 30
ἐδωρήσατο· ὥστε καὶ κατὰ τοῦτο οὐκ ἐσμὲν αὐτεξούσιοι.

6 τῷ (pr.)] τὸ AB   τῷ (sec.)] τὸ ABC   17 κρείττονα] ex-
plicit cat   17, 18 οὐχὶ δὲ καὶ τρέχειν ABC ; txt Ru.; frustra...vel
volumus vel currimus ad bona Ruf.

ABC (cat) καὶ πρὸς τοῦτο δὲ λεκτέον ὅτι ἡ τοῦ ἀποστόλου λέξις οὐ
φησι τὸ θέλειν τὰ κακὰ ἐκ θεοῦ εἶναι ἢ τὸ θέλειν τὰ ἀγαθὰ
ἐκ θεοῦ εἶναι, ὁμοίως τε τὸ ἐνεργεῖν τὰ κρείττονα καὶ τὰ
χείρονα· ἀλλὰ τὸ καθόλου θέλειν καὶ τὸ καθόλου τρέχειν.
5 ὡς γὰρ ἀπὸ θεοῦ ἔχομεν τὸ εἶναι ζῷα καὶ τὸ εἶναι ἄνθρωποι,
οὕτω καὶ τὸ καθόλου θέλειν, ὡς εἰ ἔλεγον, καὶ τὸ καθόλου
κινεῖσθαι. ὥσπερ δὲ ἔχοντες τῷ ζῷα εἶναι τὸ κινεῖσθαι
καὶ φέρ᾽ εἰπεῖν τάδε τὰ μέλη κινεῖν, χεῖρας ἢ πόδας, οὐκ ἂν
εὐλόγως λέγοιμεν ἔχειν ἀπὸ θεοῦ τὸ εἰδικὸν τόδε, τὸ κινεῖσ-
10 θαι πρὸς τὸ τύπτειν ἢ ἀναιρεῖν ἢ ἀφαιρεῖσθαι τὰ ἀλλότρια·
ἀλλὰ τὸ μὲν γενικὸν, τὸ κινεῖσθαι, ἐλάβομεν ἀπὸ τοῦ θεοῦ,
ἡμεῖς δὲ χρώμεθα τῷ κινεῖσθαι ἐπὶ τὰ χείρονα ἢ ἐπὶ τὰ
βελτίονα· οὕτω τὸ μὲν ἐνεργεῖν, ᾗ ζῷά ἐσμεν, εἰλήφαμεν
ἀπὸ τοῦ θεοῦ, καὶ τὸ θέλειν ἐλάβομεν ἀπὸ τοῦ δημιουργοῦ·
15 ἡμεῖς δὲ τῷ θέλειν ἢ ἐπὶ τοῖς καλλίστοις ἢ ἐπὶ τοῖς
ἐναντίοις χρώμεθα, ὁμοίως καὶ τῷ ἐνεργεῖν.

20. Ἔτι πρὸς τὸ μὴ ἡμᾶς εἶναι αὐτεξουσίους δόξει τὸ
ἀποστολικὸν ῥητὸν περισπᾶν, ἔνθα ἑαυτῷ ἀνθυποφέρων
φησίν· Ἆρ᾽ οὖν ὃν θέλει ἐλεεῖ, ὃν δὲ θέλει σκληρύνει. Ro ix 18 ff.
20 ἐρεῖς μοι οὖν· τί ἔτι μέμφεται; τῷ γὰρ βουλήματι αὐτοῦ
τίς ἀνθέστηκεν; μενοῦνγε, ὦ ἄνθρωπε, σὺ τίς εἶ ὁ ἀντ-
αποκρινόμενος τῷ θεῷ; μὴ ἐρεῖ τὸ πλάσμα τῷ πλάσαντι·
133 τί με ἐποίησας οὕτως; ἢ οὐκ ἔχει ἐξουσίαν ὁ κεραμεὺς τοῦ
πηλοῦ, ἐκ τοῦ αὐτοῦ φυράματος ποιῆσαι ὃ μὲν εἰς τιμὴν
25 σκεῦος, ὃ δὲ εἰς ἀτιμίαν; ἐρεῖ γάρ τις· εἰ, ὡς ὁ κεραμεὺς ἐκ
τοῦ αὐτοῦ φυράματος ποιεῖ ἃ μὲν εἰς τιμὴν ἃ δὲ εἰς ἀτιμίαν
σκεύη, οὕτως ὁ θεὸς ἃ μὲν εἰς σωτηρίαν ἃ δὲ εἰς ἀπώλειαν·
οὐ παρ᾽ ἡμᾶς τὸ σώζεσθαι ἢ ἀπόλλυσθαι γίνεται, οὐδέ
ἐσμεν αὐτεξούσιοι. λεκτέον δὲ πρὸς τὸν τούτοις οὕτω
30 χρώμενον· εἰ δύναται περὶ τοῦ ἀποστόλου νοεῖν ὡς μαχό-
μενα ἑαυτῷ λέγοντος; οὐχ ἡγοῦμαι δὲ ὅτι τολμήσει τις

7 τῷ] conjeci ; τὸ ABC   9 om. τὸ (sec.) AB   11 om.
τοῦ AC   15 τῷ] τὸ AB   16 τῷ] τὸ AB   17 ἔτι πρὸς] rursus
inc. cat   18 ἔνθα] ἐν οἷς AC   25 om. ὡς BC   28 οὐδέ] οὐ γάρ cat

τοῦτο εἰπεῖν. εἰ τοίνυν μὴ ἐναντία ἑαυτῷ φθέγγεται ὁ ABC cat ἀπόστολος, πῶς κατὰ τὸν οὕτως ἐκδεξάμενον εὐλόγως αἰτιᾶται μεμφόμενος τὸν ἐν Κορίνθῳ πεπορνευκότα, ἢ τοὺς παραπεπτωκότας καὶ μὴ μετανοήσαντας ἐπὶ τῇ ἀσελγείᾳ καὶ ἀκρασίᾳ ᾗ ἔπραξαν; πῶς δὲ εὐλογεῖ ὡς εὖ πεποιηκότας 5

2 Tim i 16 ff. οὓς ἐπαινεῖ, ὥσπερ τὸν Ὀνησιφόρου οἶκον, λέγων· Δῴη ὁ κύριος ἔλεος τῷ Ὀνησιφόρου οἴκῳ, ὅτι πολλάκις με ἀνέψυξεν, καὶ τὴν ἅλυσίν μου οὐκ ἐπαισχύνθη· ἀλλὰ γενόμενος ἐν Ῥώμῃ σπουδαίως ἐζήτησέν με καὶ εὗρεν· δῴη αὐτῷ ὁ κύριος εὑρεῖν ἔλεος παρὰ κυρίου ἐν ἐκείνῃ τῇ ἡμέρᾳ; οὐ 10 κατὰ τὸν αὐτὸν δὴ ἀπόστολόν ἐστι ψέγειν ὡς ἄξιον μέμψεως τὸν ἡμαρτηκότα καὶ ἀποδέχεσθαι ὡς ἐπαινετὸν τὸν εὖ πεποιηκότα, πάλιν δ' αὖ ὡς μηδενὸς ὄντος ἐφ' ἡμῖν φάσκειν παρὰ τὴν αἰτίαν τοῦ δημιουργοῦ εἶναι τὸ μὲν εἰς

2 Co v 10 τιμὴν σκεῦος, τὸ δὲ εἰς ἀτιμίαν; πῶς δὲ καὶ τό· Τοὺς 15 πάντας ἡμᾶς παραστῆναι δεῖ ἔμπροσθεν τοῦ βήματος τοῦ χριστοῦ, ἵνα κομίσηται ἕκαστος τὰ διὰ τοῦ σώματος πρὸς ἃ ἔπραξεν, εἴτε ἀγαθὸν εἴτε φαῦλον· ὑγιές ἐστι, τῶν τὰ φαῦλα πεποιηκότων διὰ τὸ ἐκτίσθαι αὐτοὺς σκεύη ἀτιμίας ἐπὶ τοῦτο πράξεως ἐληλυθότων, καὶ τῶν κατ' 134 ἀρετὴν βιωσάντων τῷ ἀρχῆθεν αὐτοὺς ἐπὶ τούτῳ κατεσκευάσθαι καὶ σκεύη τιμῆς γεγονέναι τὸ καλὸν πεποιηκότων; ἔτι δὲ πῶς οὐ μάχεται τῷ, ὡς ὑπολαμβάνουσιν ἐξ ὧν παρεθέμεθα ῥητῶν, παρὰ τὴν αἰτίαν τοῦ δημιουργοῦ ἔντιμον

2 Tim ii 20 f. ἢ ἄτιμον εἶναι σκεῦος τὸ ἀλλαχοῦ λεγόμενον· Ἐν μεγάλῃ 25 οἰκίᾳ οὐκ ἔστι μόνον σκεύη χρυσᾶ καὶ ἀργυρᾶ ἀλλὰ καὶ ξύλινα καὶ ὀστράκινα, καὶ ἃ μὲν εἰς τιμὴν ἃ δὲ εἰς ἀτιμίαν· ἐὰν οὖν τις ἐκκαθάρῃ ἑαυτόν, ἔσται σκεῦος εἰς τιμήν, ἡγιασμένον καὶ εὔχρηστον τῷ δεσπότῃ, εἰς πᾶν ἔργον ἀγαθὸν ἡτοιμασμένον· εἰ γὰρ ὁ ἐκκαθάρας ἑαυτὸν γίνεται 30 σκεῦος εἰς τιμήν, ὁ δὲ ἀπερικάθαρτον ἑαυτὸν περιϊδὼν σκεῦος εἰς ἀτιμίαν, ὅσον ἐπὶ ταύταις ταῖς λέξεσιν οὐδαμῶς αἴτιος

6—10 om. ὥσπερ—ἡμέρα cat   8 ἐπῃσχύνθη C   9 om. ὁ B
10 οὐ]+γὰρ cat   15 om. τοὺς cat

ABC (cat) ὁ δημιουργός. ποιεῖ μὲν γὰρ ὁ δημιουργὸς σκεύη τιμῆς καὶ σκεύη ἀτιμίας οὐκ ἀρχῆθεν κατὰ τὴν πρόγνωσιν, ἐπεὶ μὴ κατ' αὐτὴν προκατακρίνει ἢ προδικαιοῖ, ἀλλὰ σκεύη τιμῆς τοὺς ἐκκαθάραντας ἑαυτοὺς καὶ σκεύη ἀτιμίας τοὺς 5 ἀπερικαθάρτους ἑαυτοὺς περιϊδόντας· ὥστε ἐκ πρεσβυτέρων αἰτίων τῆς κατασκευῆς τῶν εἰς τιμὴν καὶ εἰς ἀτιμίαν σκευῶν γίνεσθαι ὃν μὲν εἰς τιμὴν ὃν δὲ εἰς ἀτιμίαν.

21. Εἰ δὲ ἅπαξ προσιέμεθα εἶναί τινας πρεσβυτέρας αἰτίας τοῦ σκεύους τῆς τιμῆς καὶ τοῦ σκεύους τῆς ἀτιμίας, 10 τί ἄτοπον ἀνελθόντας εἰς τὸν περὶ ψυχῆς τόπον <νοεῖν> πρεσβύτερα αἴτια τοῦ τὸν Ἰακὼβ ἠγαπῆσθαι καὶ τὸν Ἠσαῦ μεμισῆσθαι γεγονέναι εἰς τὸν Ἰακὼβ πρὸ τῆς ἐνσωματώσεως καὶ εἰς τὸν Ἠσαῦ πρὸ τοῦ εἰς τὴν κοιλίαν τῆς Ῥεβέκκας 135 γενέσθαι; ἅμα δὲ σαφῶς δηλοῦται ὅτι, ὅσον ἐπὶ τῇ ὑποκει- 15 μένῃ φύσει, ὥσπερ εἷς ὑπόκειται τῷ κεραμεῖ πηλὸς ἀφ' οὗ φυράματος γίνεται εἰς τιμὴν καὶ εἰς ἀτιμίαν σκεύη, οὕτω μιᾶς φύσεως πάσης ψυχῆς ὑποκειμένης τῷ θεῷ καὶ ἵν' οὕτως εἴπω ἑνὸς φυράματος ὄντος τῶν λογικῶν ὑποστάσεων, πρεσβύτερά τινα αἴτια πεποίηκε τούσδε μὲν εἶναι εἰς τιμὴν 20 τούσδε δὲ εἰς ἀτιμίαν. εἰ δὲ ἐπιπλήσσει ἡ λέξις τοῦ ἀποστόλου ἡ λέγουσα· Μενοῦνγε, ὦ ἄνθρωπε, σὺ τίς εἶ ὁ Ro ix 20 ἀνταποκρινόμενος τῷ θεῷ; τάχα διδάσκει ὅτι ὁ μὲν παρ- ρησίαν ἔχων πρὸς τὸν θεὸν ὡς πιστὸς καὶ εὖ βιοὺς οὐκ ἂν ἀκούσαι· Σὺ τίς εἶ ὁ ἀνταποκρινόμενος τῷ θεῷ; ὁποῖος ἦν 25 Μωσῆς· Μωσῆς γὰρ ἐλάλει, ὁ δὲ θεὸς αὐτῷ ἀπεκρίνατο Ex xix 19 φωνῇ· καὶ ὡς ἀποκρίνεται ὁ θεὸς πρὸς Μωσέα, οὕτως ἀποκρίνεται καὶ ὁ ἅγιος πρὸς τὸν θεόν. ὁ δὲ ταύτην μὴ κτησάμενος τὴν παρρησίαν, δηλονότι ἢ ἀπολωλεκὼς ἢ περὶ τούτων οὐ κατὰ φιλομάθειαν ἀλλὰ κατὰ φιλονεικίαν ζητῶν 30 καὶ διὰ τοῦτο λέγων· Τί ἔτι μέμφεται; τῷ γὰρ βουλήματι Ro ix 19 αὐτοῦ τίς ἀνθέστηκεν; οὗτος ἂν ἄξιος εἴη τῆς ἐπιπλήξεως

4 om. τοὺς (sec.) ABC   5 περιϊδόντας] hic desinit cat   10 νοεῖν] conj. Ruaeus; sentire Ruf.; intelligamus Hier. (ep. 49 ad Avitum) 21 σὺ τίς εἶ] rursus cat   23 ὡς] καὶ ABC   25 ἀπεκρ. αὐτῷ AC; om. αὐτῷ cat   30 θελήματι cat

Ro ix 20 τῆς λεγούσης· Μενοῦνγε, ὦ ἄνθρωπε, σὺ τίς εἶ ὁ ἀνταπο- ABC (cat)
κρινόμενος τῷ θεῷ;

22. Τοῖς δὲ τὰς φύσεις εἰσάγουσι καὶ χρωμένοις τῷ
ῥητῷ ταῦτα λεκτέον· εἰ σώζουσι τὸ ἀπὸ ἑνὸς φυράματος
γίνεσθαι τοὺς ἀπολλυμένους καὶ τοὺς σωζομένους καὶ τὸν 5
δημιουργὸν τῶν σωζομένων εἶναι δημιουργὸν καὶ τῶν
ἀπολλυμένων, καὶ εἰ ἀγαθὸς ὁ ποιῶν οὐ μόνον πνευματικοὺς
ἀλλὰ καὶ χοϊκούς (τοῦτο γὰρ αὐτοῖς ἕπεται), δυνατὸν μέντοι 136
γε ἐκ προτέρων τινῶν κατορθωμάτων γενόμενον νῦν σκεῦος
τιμῆς, καὶ μὴ ὅμοια δράσαντα μηδὲ ἀκόλουθα τῷ σκεύει τῆς 10
τιμῆς, γενέσθαι εἰς ἕτερον αἰῶνα σκεῦος ἀτιμίας· ὡς πάλιν
οἷόν τέ ἐστι διὰ πρεσβύτερα τούτου τοῦ βίου γενόμενον
σκεῦος ἀτιμίας ἐνθάδε, διορθωθέντα ἐν τῇ καινῇ κτίσει
2 Tim ii 21 γενέσθαι σκεῦος τιμῆς, ἡγιασμένον καὶ εὔχρηστον τῷ
δεσπότῃ, εἰς πᾶν ἔργον ἀγαθὸν ἡτοιμασμένον. καὶ τάχα 15
οἱ νῦν Ἰσραηλῖται μὴ ἀξίως τῆς εὐγενείας βιώσαντες
ἐκπεσοῦνται τοῦ γένους, οἱονεὶ ἀπὸ σκευῶν τιμῆς εἰς σκεῦος
ἀτιμίας μεταβαλοῦντες· καὶ πολλοὶ τῶν νῦν Αἰγυπτίων καὶ
Ἰδουμαίων τῷ Ἰσραὴλ προσελθόντες, ἐπὰν καρποφορήσωσιν
ἐπὶ πλεῖον, εἰσελεύσονται εἰς ἐκκλησίαν κυρίου, οὐκ ἔτι 20
Αἰγύπτιοι καὶ Ἰδουμαῖοι εἶναι λελογισμένοι ἀλλ᾽ ἐσόμενοι
Ἰσραηλῖται· ὥστε κατὰ τοῦτο διὰ τὰς προαιρέσεις τινὰς
μὲν ἐκ χειρόνων εἰς κρείττονα προκόπτειν, ἑτέρους δὲ ἀπὸ
κρειττόνων εἰς χείρονα καταπίπτειν, καὶ ἄλλους ἐν τοῖς
καλοῖς τηρεῖσθαι ἢ ἀπὸ καλῶν εἰς κρείττονα ἐπαναβαίνειν, 25
ἄλλους τε αὖ τοῖς κακοῖς παραμένειν ἢ ἀπὸ κακῶν χεομένης
τῆς κακίας χείρονας γίνεσθαι.

23. Ἐπεὶ δὲ ὅπου μὲν ὁ ἀπόστολος οὐ προσποιεῖται 137
τὸ ἐπὶ τῷ θεῷ εἰς τὸ γενέσθαι σκεῦος εἰς τιμὴν ἢ εἰς
2 Tim ii 21 ἀτιμίαν ἀλλὰ τὸ πᾶν ἐφ᾽ ἡμᾶς ἀναφέρει λέγων· Ἐὰν οὖν 30
τις ἐκκαθάρῃ ἑαυτόν, ἔσται σκεῦος εἰς τιμήν, ἡγιασμένον

2 θεῷ] hic desinit cat   10 δράσαντα μηδὲ] δράσαι· τὰ δὲ μὴ B
23, 24 om. ἑτέρους—καταπίπτειν B   27 γίνεσθαι] plura habent Ruf.
et Hier.   28 ἐπεὶ δὲ] rursus cat

ABC cat καὶ εὔχρηστον τῷ δεσπότῃ, εἰς πᾶν ἔργον ἀγαθὸν ἡτοιμασ-
μένον· ὅπου δὲ οὐ προσποιεῖται τὸ ἐφ' ἡμῖν ἀλλὰ τὸ πᾶν
ἐπὶ τὸν θεὸν ἀναφέρειν δοκεῖ φάσκων· 'Εξουσίαν ἔχει ὁ Ro ix 2τ
κεραμεὺς τοῦ πηλοῦ ἐκ τοῦ αὐτοῦ φυράματος ποιῆσαι ὃ μὲν
5 εἰς τιμὴν σκεῦος ὃ δὲ εἰς ἀτιμίαν· καὶ οὐκ ἔστιν ἐναντιώ-
ματα τὰ εἰρημένα ὑπ' αὐτοῦ· συνακτέον ἀμφότερα καὶ ἕνα
λόγον ἐξ ἀμφοτέρων τέλειον ἀποδοτέον. οὔτε τὸ ἐφ' ἡμῖν
χωρὶς τῆς ἐπιστήμης τοῦ θεοῦ, οὔτε ἡ ἐπιστήμη τοῦ θεοῦ
προκόπτειν ἡμᾶς ἀναγκάζει ἐὰν μὴ καὶ ἡμεῖς ἐπὶ τὸ ἀγαθόν
10 τι συνεισαγάγωμεν· οὔτε τοῦ ἐφ' ἡμῖν χωρὶς τῆς ἐπιστήμης
τοῦ θεοῦ καὶ τῆς καταχρήσεως τοῦ κατ' ἀξίαν τοῦ ἐφ'
ἡμῖν ποιοῦντος εἰς τιμὴν ἢ εἰς ἀτιμίαν γενέσθαι τινά· οὔτε
τοῦ ἐπὶ τῷ θεῷ μόνου κατασκευάζοντος εἰς τιμὴν ἢ εἰς
ἀτιμίαν τινά, ἐὰν μὴ ὕλην τινὰ διαφορᾶς σχῇ τὴν ἡμετέραν
15 προαίρεσιν κλίνουσαν ἐπὶ τὰ κρείττονα ἢ ἐπὶ τὰ χείρονα.
καὶ ταῦτα μὲν αὐτάρκως ἡμῖν κατεσκευάσθω περὶ τοῦ
αὐτεξουσίου.

XXII.

Τίς ἡ τῶν ἐπὶ γῆς λογικῶν ἤτοι ἀνθρωπίνων
ψυχῶν διασπορὰ ἐπικεκρυμμένως δηλουμένη ἐκ τῆς
20 οἰκοδομῆς τοῦ πύργου καὶ τῆς κατ' αὐτὴν συγχύσεως
τῶν γλωσσῶν. ἐν ᾧ καὶ περὶ πολλῶν κυρίων ἐπιτε-
ταγμένων τοῖς διασπαρεῖσι κατὰ ἀναλογίαν τῆς κατα-
στάσεως. τόμου ε' κατὰ Κέλσου.

ℵABC 1. Ἴδωμεν δὲ καὶ τὴν ἑξῆς τοῦ Κέλσου λέξιν, οὕτως
25 ἔχουσαν· 'Ἰουδαῖοι μὲν οὖν ἔθνος ἴδιον γενόμενοι, καὶ κατὰ
τὸ ἐπιχώριον νόμους θέμενοι, καὶ τούτους ἐν σφίσιν ἔτι νῦν
περιστέλλοντες, καὶ θρησκείαν ὁποίαν δὴ πάτριον δ' οὖν
φυλάσσοντες, ὅμοια τοῖς ἄλλοις ἀνθρώποις δρῶσιν· ὅτι

7—10 om. οὔτε τὸ—συνεισαγάγωμεν cat   8 οὔτε] οὐδὲ B
9 τῷ ἀγαθῷ B   10 συνεισάγωμεν AC   12 om. γενέσθαι B
24 C. Cels. v. 25 (Ru. I. 596)

R.   12

ἕκαστοι τὰ πάτρια ὁποῖά ποτ᾽ ἂν τύχῃ καθεστηκότα περιέ- ℵABC
πουσι.   δοκεῖ δ᾽ οὕτω καὶ συμφέρειν, οὐ μόνον καθότι ἐπὶ
νοῦν ἦλθεν ἄλλοις ἄλλως νομίσαι καὶ δεῖ φυλάττειν τὰ εἰς
κοινὸν κεκυρωμένα, ἀλλὰ καὶ ὅτι ὡς εἰκὸς τὰ μέρη τῆς γῆς
ἐξ ἀρχῆς ἄλλα ἄλλοις ἐπόπταις νενεμημένα καὶ κατά τινας 5
ἐπικρατείας διειλημμένα ταύτῃ καὶ διοικεῖται.   καὶ δὴ τὰ
παρ᾽ ἑκάστοις ὀρθῶς ἂν πράττοιτο ταύτῃ δρώμενα ὅπῃ
ἐκείνοις φίλον· παραλύειν δὲ οὐχ ὅσιον εἶναι τὰ ἐξ ἀρχῆς
κατὰ τόπους νενομισμένα.᾽   ἐν τούτοις δὴ ὁ Κέλσος ἐμ-
φαίνει ὅτι οἱ πάλαι Αἰγύπτιοι Ἰουδαῖοι ὕστερον ἔθνος 10
ἐγίγνοντο ἴδιον, καὶ νόμους θέμενοι τούτους περιστέλλουσι.
καὶ ἵνα μὴ ἐπαναλάβωμεν τὰς ἐκκειμένας τοῦ Κέλσου
λέξεις, φησὶ καὶ συμφέρειν τούτοις τὰ πάτρια θρησκεύειν
ὁμοίως τοῖς ἄλλοις ἔθνεσι τὰ ἴδια περιέπουσι.   καὶ βαθυ-
τέραν τινὰ ἐκτίθεται περὶ τοῦ συμφέρειν Ἰουδαίοις περιέ- 15
πειν τὰ πάτρια αἰτίαν, αἰνισσόμενος ὅτι τοὺς ἑκάστων
νόμους οἱ λαχόντες ἐπόπται εἶναι τῆς γῆς τῶν νομοθετου-
μένων συνεργοῦντες τοῖς νομοθέταις ἔθεντο.   ἔοικεν οὖν
δηλοῦν ὅτι καὶ τὴν Ἰουδαίων χώραν καὶ τὸ ἐπ᾽ αὐτῆς ἔθνος
ἐποπτεύει τις ἤ τινες, ὑφ᾽ οὗ ἢ ὑφ᾽ ὧν οἱ Ἰουδαίων νόμοι 20
συνεργοῦντος ἢ συνεργούντων Μωσεῖ ἐτέθησαν.

2.   ‘Καὶ χρὴ,᾽ φησὶ, ‘τοὺς νόμους τηρεῖν, οὐ μόνον
καθότι ἐπὶ νοῦν ἦλθεν ἄλλοις ἄλλως νομίσαι καὶ ὅτι δεῖ
φυλάσσειν τὰ εἰς κοινὸν κεκυρωμένα, ἀλλὰ καὶ ὅτι ὡς
εἰκὸς τὰ μέρη τῆς γῆς ἐξ ἀρχῆς ἄλλα ἄλλοις ἐπόπταις 25
νενεμημένα καὶ κατά τινας ἐπικρατείας διειλημμένα ταύτῃ
καὶ διοικεῖται.᾽   Εἶθ᾽ ὡσπερεὶ ἐπιλαθόμενος ὁ Κέλσος ὧν
εἶπε κατὰ Ἰουδαίων, νῦν ἐν τῷ καθολικῷ περὶ πάντων τῶν
τὰ πάτρια τηρούντων ἐπαίνῳ καὶ τούτους περιλαμβάνει
λέγων· ‘Καὶ δὴ τὰ παρ᾽ ἑκάστοις ὀρθῶς ἂν πράττοιτο 30

1 ὁποῖά] ὅπῃ ℵ   om. καθεστηκότα ℵ   3 δεῖν ℵ   9 νενοη-
μένα ℵ*   11 ἐγένοντο ABC   12 ἐπαναλαμβάνωμεν BC;
ἐπαναλαμβάνωμεν A   ἐγκειμένας ABC   24 φυλάττειν AC
30 δὴ τὰ] δῆτα ℵ;   δὴ B

ℵABC ταύτῃ δρώμενα, ὅπῃ ἐκείνοις φίλον.' καὶ ὅρα εἰ μὴ ἀντι-
κρυς τὸ ὅσον ἐφ' ἑαυτῷ τὸν Ἰουδαῖον ἐν τοῖς ἰδίοις νόμοις
βούλεται βιοῦντα μὴ ἀφίστασθαι αὐτῶν, ὡς οὐχ ὅσιον
πράττοντα ἐὰν ἀποστῇ· λέγει γὰρ ὅτι 'παραλύειν οὐχ
597 ὅσιον εἶναι τὰ ἐξ ἀρχῆς κατὰ τόπους νενομισμένα.' ἐβου-
λόμην δὲ πρὸς ταῦτα αὐτοῦ ἢ τῶν συμφρονούντων αὐτῷ
πυθέσθαι, τίς ἄρα εἴη ὁ τὰ μέρη τῆς γῆς ἐξ ἀρχῆς ἄλλα
ἄλλοις ἐπόπταις διανείμας, καὶ δηλονότι τὴν Ἰουδαίων
χώραν καὶ τοὺς Ἰουδαίους τῷ λαχόντι ἢ τοῖς λαχοῦσιν
10 αὐτήν; ἆρα γὰρ, ὡς ὀνομάσαι ἂν ὁ Κέλσος, ὁ Ζεύς τινι ἢ
τισι διένειμε τὸ Ἰουδαίων ἔθνος καὶ τὴν χώραν αὐτῶν; καὶ
ἐβούλετο τὸν λαχόντα τὴν Ἰουδαίαν τοιούτους θέσθαι ἐν
Ἰουδαίοις νόμους, ἢ παρὰ τὸ βούλημα αὐτοῦ τὸ τοιοῦτο
γεγένηται; ὡς δ' ἂν ἀποκρίνηται, ὁρᾷς ὅτι ὁ λόγος στενο-
15 χωρηθήσεται. εἰ δὲ μὴ ἀπό τινος ἑνὸς διανενέμηται τὰ
μέρη τῆς γῆς τοῖς ἐπόπταις αὐτῶν, ἄρα ἀποκληρωτικῶς καὶ
χωρὶς ἐπιστάτου ἕκαστος ὡς ἔτυχε διενείματο τὴν γῆν·
ἀλλὰ καὶ τοῦτ' ἄτοπον καὶ μετρίως τῆς τοῦ ἐπὶ πᾶσι θεοῦ
προνοίας ἀναιρετικόν ἐστι.
20 3. Πῶς δὲ καὶ κατὰ τίνας ἐπικρατείας διειλημμένα
τὰ μέρη τῆς γῆς διοικεῖται ὑπὸ τῶν ἐποπτευόντων αὐτά,
ὁ βουλόμενος διηγησάσθω· ἀπαγγειλάτω δὲ ἡμῖν καὶ πῶς
ὀρθῶς πράττεται τὰ παρ' ἑκάστοις δρώμενα, ὅπῃ τοῖς
ἐπόπταις ἐστὶ φίλον· καὶ εἰ ὀρθῶς ἔχουσι φέρ' εἰπεῖν οἱ
25 Σκυθῶν περὶ ἀναιρέσεως πατέρων νόμοι· ἢ οἱ Περσῶν μὴ
κωλύοντες γαμεῖσθαι τοῖς οἰκείοις παισὶ τὰς μητέρας μηδὲ
ὑπὸ τῶν πατέρων τὰς ἑαυτῶν θυγατέρας. καὶ τί με δεῖ
ἐπιλεγόμενον ἀπὸ τῶν πραγματευσαμένων περὶ τῶν ἐν τοῖς
διαφόροις ἔθνεσι νόμων προσαπορεῖν, πῶς παρ' ἑκάστοις
30 ὀρθῶς πράττονται καθὼς τοῖς ἐπόπταις φίλον οἱ νόμοι;
λεγέτω δ' ἡμῖν ὁ Κέλσος πῶς οὐχ ὅσιον παραλύειν νόμους
πατρίους περὶ τοῦ γαμεῖν μητέρας καὶ θυγατέρας, ἢ περὶ

3 αὐτὸν ℵ   16 αὐτῶν] ἑαυτῶν ℵnon marg   26 om. οἰκείοις ℵ
30 φίλον] δῆλον ℵ

12—2

τοῦ μακάριον εἶναι ἀγχόνῃ τὸν βίον ἐξελθεῖν, ἢ πάντως ℵABC
καθαίρεσθαι τοὺς ἑαυτοὺς παραδιδόντας τῷ πυρὶ καὶ τῇ
διὰ πυρὸς ἀπαλλαγῇ τῇ ἀπὸ τοῦ βίου· καὶ πῶς οὐχ ὅσιον
παραλύειν νόμους τοὺς φέρ' εἰπεῖν παρὰ Ταύροις περὶ τοῦ
ἱερεῖα τοὺς ξένους προσάγεσθαι τῇ Ἀρτέμιδι, ἢ παρὰ 5
Λιβύων τισὶ περὶ τοῦ καταθύειν τὰ τέκνα τῷ Κρόνῳ. πλὴν
ἀκολουθεῖ τῷ Κέλσῳ τὸ μὴ ὅσιον εἶναι Ἰουδαίοις παραλύειν
νόμους πατρίους, τοὺς περὶ τοῦ μὴ δεῖν ἄλλον τινὰ σέβειν
θεὸν παρὰ τὸν τῶν ὅλων δημιουργόν. καὶ ἔσται κατ'
αὐτὸν οὐ φύσει τὸ ὅσιον, ἀλλά τινι θέσει καὶ νομίσει θεῖον· 10
ὅσιον γὰρ παρὰ τοῖσδε μὲν σέβειν κροκόδειλον καὶ ἐσθίειν
τῶν παρ' ἄλλοις τι προσκυνουμένων· καὶ ὅσιον ἑτέροις τὸ
σέβειν τὸν μόσχον, καὶ παρ' ἄλλοις τὸν τράγον νομίζειν 598
θεόν. οὕτω δ' ἔσται ὁ αὐτὸς ὅσια μὲν ποιῶν ὡς πρὸς
τούσδε τοὺς νόμους, ἀνόσια δὲ ὡς πρὸς ἑτέρους· ὅπερ ἐστὶ 15
πάντων ἀτοπώτατον.

4. Ἀλλ' εἰκὸς ὅτι φήσουσι πρὸς ταῦτα, ὅσιον εἶναι
τὸν τὰ πάτρια φυλάττοντα, καὶ μηδαμῶς ἀνόσιον ἐπεὶ
μὴ καὶ τὰ ἑτέρων [οὐ] τηρεῖ· πάλιν τε αὖ τὸν νομισθέντα
ἀνόσιον εἶναι παρὰ τοῖσδέ τισι μὴ εἶναι ἀνόσιον, ὅταν κατὰ 20
τὰ πάτρια τὰ μὲν ἴδια σέβῃ τὰ δὲ παρὰ τοῖς ἐναντίους
ἔχουσι νόμοις προσπολεμῇ καὶ καταθοινᾶται. ταῦτα δὲ
ὅρα εἰ μὴ πολλὴν ἐμφαίνει τὴν περὶ τοῦ δικαίου καὶ ὁσίου
καὶ εὐσεβείας ταραχήν, οὐ διαρθρουμένης οὐδὲ φύσιν τινὰ
ἰδίαν ἐχούσης καὶ εὐσεβεῖς εἶναι χαρακτηριζούσης τοὺς τὰ 25
κατ' αὐτὴν πράττοντας. εἴπερ οὖν ἡ εὐσέβεια καὶ ἡ
ὁσιότης καὶ ἡ δικαιοσύνη τῶν πρός τί ἐστιν, ὡς τὸ αὐτὸ
εἶναι ὅσιον καὶ ἀνόσιον παρὰ τὰς διαφόρους σχέσεις καὶ
τοὺς νόμους· ὅρα εἰ μὴ καὶ ἡ σωφροσύνη τῶν πρός τι
ἀκολούθως ἔσται, καὶ ἡ ἀνδρεία καὶ ἡ φρόνησις καὶ ἡ 30
ἐπιστήμη καὶ αἱ λοιπαὶ ἀρεταί· ὧν οὐδὲν ἂν εἴη ἀτοπώτερον.

7 om. ἰουδαίοις BC   10 θεῖον] στεῖ Aᵛⁱᵈ; om. B   14 om. ὁ ℵ
18, 19 ἐπεὶ μὴ καὶ—οὐ τηρεῖ] ℵ (om. καὶ) ABC; forte legendum ἐπειδή,
vel συντηρεῖ   23 ὁσίου καὶ δικαίου ABC   31 ἀτοπώτατον ℵ

604   5. Διὰ τούτων δὲ ὁδεύειν δοκεῖ τῷ Κέλσῳ ὁ λόγος
NABC ἐπὶ τὸ ' δεῖν πάντας ἀνθρώπους κατὰ τὰ πάτρια ζῆν, οὐκ ἂν
μεμφθέντας ἐπὶ τούτῳ· χριστιανοὺς δὲ τὰ πάτρια καταλι-
πόντας, καὶ οὐχ ἕν τι τυγχάνοντας ἔθνος ὡς Ἰουδαῖοι,
5 ἐγκλήτως προστίθεσθαι τῇ τοῦ Ἰησοῦ διδασκαλίᾳ.᾽ λεγέτω
οὖν ἡμῖν, πότερον καθηκόντως οἱ φιλοσοφοῦντες καὶ δι-
δασκόμενοι μὴ δεισιδαιμονεῖν καταλείψουσι τὰ πάτρια, ὡς
καὶ φαγεῖν τῶν ἀπηγορευμένων ἐν ταῖς πατρίσιν αὐτῶν· ἢ
παρὰ τὸ καθῆκον τοῦτο πράξουσιν; εἰ μὲν γὰρ διὰ φιλο-
10 σοφίαν καὶ τὰ κατὰ δεισιδαιμονίας μαθήματα οὐ φυλάτ-
τοντες τὰ πάτρια καὶ φάγοιεν ἂν τῶν ἀπηγορευμένων
αὐτοῖς ἐκ πατέρων, διὰ τί οὐχὶ καὶ χριστιανοί, λόγου
αἱροῦντος μὴ τευτάζειν περὶ τὰ ἀγάλματα καὶ τὰ
ἱδρύματα ἢ καὶ περὶ τὰ δημιουργήματα τοῦ θεοῦ, ἀλλ᾽
15 ὑπεραναβαίνειν καὶ τὴν ψυχὴν παριστάνειν τῷ δημι-
ουργῷ, τὸ ἀνάλογον ποιοῦντες τοῖς φιλοσοφοῦσιν ἀνεγ-
κλήτως τοῦτο πράττοιεν; εἰ δ᾽ ὑπὲρ τοῦ φυλάξαι τὴν
προκειμένην αὐτῷ ὑπόθεσιν ὁ Κέλσος ἐρεῖ ἢ οἱ συνευδο-
κοῦντες τοῖς αὐτοῦ, ὅτι καὶ φιλοσοφήσας τις τηρήσει τὰ
20 πάτρια· ὥρα φιλοσόφους γελοιοτάτους φέρ᾽ εἰπεῖν ἐν
Αἰγυπτίοις γενέσθαι φυλαττομένους ἐμφαγεῖν κρομύων, ἵνα
τὰ πάτρια τηρῶσιν, ἢ μορίων τινῶν τοῦ σώματος οἷον
κεφαλῆς καὶ ὤμου, ἵνα μὴ παραβαίνωσι τὰ ὑπὸ πατέρων
αὐτοῖς παραδοθέντα. οὕτως οὖν καὶ ὁ ὑπὸ τοῦ λόγου
25 προσαχθεὶς ἐπὶ τὸ σέβειν τὸν τῶν ὅλων θεόν, καὶ διὰ τὰ
πάτρια κάτω που μένων παρὰ τοῖς ἀγάλμασι καὶ τοῖς
ἀνθρωπίνοις ἱδρύμασι καὶ μὴ βουλόμενος ἀναβῆναι τῇ
προαιρέσει πρὸς τὸν δημιουργόν, παραπλήσιος ἂν γένοιτο
605 τοῖς μαθοῦσι μὲν τὰ φιλοσοφίας, φοβουμένοις δὲ τὰ μὴ
30 φοβερὰ καὶ νομίζουσιν ἀσέβειαν εἶναι τὸ τοιῶνδε ἐμφαγεῖν.

1 C. Cels. v. 35   12 αὐτοῖς ἑκατέρων Ν; ἐκ πατέρων αὐτοῖς
ABC   18 ἑαυτῷ θέσιν Ν   18, 19 εὐδοκοῦντες Ν   19 τηρῆσαι ABC
20 ὅρα AB   γελοιότατα Ν   21 κρομύου Β; κρομμύου AC
26 om. που ABC

6. Ἁπλούστερον μὲν οὖν καὶ κοινότερον ἱσταμένοις 598
πρὸς τὰς Κέλσου ἐκκειμένας λέξεις αὐτάρκη τὰ εἰρημένα· ℵABC
ἐπεὶ δὲ νομίζομεν καὶ τῶν ἐξεταστικωτέρων τινὰς ἐντεύξε-
σθαι τῇδε τῇ γραφῇ, φέρε ὀλίγα τῶν βαθυτέρων παρακιν-
δυνεύοντες ἐκθώμεθα, ἔχοντά τινα μυστικὴν καὶ ἀπόρρητον 5
θεωρίαν, περὶ τοῦ ἐξ ἀρχῆς ἄλλα ἄλλοις ἐπόπταις νενεμῆ-
σθαι χωρία τῶν ἐπὶ γῆς· καὶ τῶν κατειλεγμένων ἀτόπων
φέρε, ὅσῃ δύναμις, καθαρὸν παραστήσωμεν τὸν λόγον.
δοκεῖ δή μοι παρακηκοέναι τινῶν ὁ Κέλσος περὶ τῆς
διανεμήσεως τῶν ἐπὶ γῆς μυστικωτέρων λόγων, ὧν ἐφάπ- 10
τεται μέν πως καὶ ἡ Ἑλληνικὴ ἱστορία, εἰσαγαγοῦσά
τινας τῶν νομιζομένων θεῶν περὶ τῆς Ἀττικῆς πρὸς ἀλλή-
λους ἡμιλλῆσθαι, ποιοῦσα δὲ παρὰ τοῖς ποιηταῖς τινὰς τῶν
λεγομένων θεῶν ὁμολογεῖν τινὰς τόπους οἰκειοτέρους αὐτοῖς.
καὶ ἡ βαρβαρικὴ δὲ ἱστορία, καὶ μάλιστα ἡ Αἰγυπτίων, 15
τοιαῦτά τινα ἐμφαίνει περὶ τοῦ μερισμοῦ τῶν τῆς Αἰγύπτου
καλουμένων νομῶν, λέγουσα ὅτι ἡ λαχοῦσα τὴν Σάϊν
Ἀθηνᾶ ἡ αὐτὴ ἔχει καὶ τὴν Ἀττικήν. Αἰγυπτίων δὲ οἱ
λόγιοι μυρία ὅσα τοιαῦτα φήσουσιν· οὐκ οἶδα δ' εἰ καὶ
Ἰουδαίους συμπαραλαμβάνοντες καὶ τὴν χώραν αὐτῶν 20
τῇ πρός τινα διανεμήσει. ἀλλὰ περὶ μὲν τῶν ἔξω τοῦ
θείου λόγου λεγομένων εἰς ταῦτα ἅλις ἐπὶ τοῦ παρόντος.

7. Φαμὲν δ' ὅτι ὁ καθ' ἡμᾶς προφήτης τοῦ θεοῦ καὶ
γνήσιος θεράπων αὐτοῦ Μωσῆς ἐν τῇ τοῦ Δευτερονομίου 599
ᾠδῇ ἐκτίθεται περὶ τοῦ μερισμοῦ τῶν ἐπὶ γῆς τοιαῦτα, 25
λέγων· Ὅτε διεμέριζεν ὁ ὕψιστος ἔθνη, ὡς διέσπειρεν υἱοὺς
Ἀδάμ, ἔστησεν ὅρια ἐθνῶν κατὰ ἀριθμὸν ἀγγέλων θεοῦ·
καὶ ἐγενήθη μερὶς κυρίου λαὸς αὐτοῦ Ἰακώβ, σχοίνισμα
κληρονομίας αὐτοῦ Ἰσραήλ. τὰ δὲ περὶ τῆς διανεμήσεως
τῶν ἐθνῶν ὁ αὐτὸς Μωσῆς ἐν τῷ ἐπιγεγραμμένῳ βιβλίῳ 30
Γένεσις ἐν ἱστορίας τρόπῳ φησὶν οὕτως· Καὶ ἦν πᾶσα ἡ

Deut xxxii
8 f.

Ge xi 1 ff.

1 C. Cels. v. 28 ad fin.   2 ἐκκειμένας] Hoesch.; ἐγκειμένας
ℵABC (sed v. supr. p. 178 ll. 12, 15)   8 παραστήσομεν ℵ   17 νόμων
ℵAC; om. B   21 διανεμήσει πρός τινα ℵ   31 οὕτω φησί ABC

ℵABC γῆ χεῖλος ἕν, καὶ φωνὴ μία πᾶσι. καὶ ἐγένετο ἐν τῷ
κινῆσαι αὐτοὺς ἀπὸ ἀνατολῶν εὗρον πεδίον ἐν γῇ Σενναὰρ,
καὶ κατῴκησαν ἐκεῖ. καὶ μετ᾽ ὀλίγα· Κατέβη, φησὶ, κύριος
ἰδεῖν τὴν πόλιν καὶ τὸν πύργον ὃν ᾠκοδόμησαν οἱ υἱοὶ τῶν
5 ἀνθρώπων. καὶ εἶπε κύριος Ἰδοὺ γένος ἓν καὶ χεῖλος ἓν
πάντων· καὶ τοῦτο ἤρξαντο ποιῆσαι, καὶ νῦν οὐκ ἐκλείψει
ἀπ᾽ αὐτῶν πάντα ὅσα ἂν ἐπιθῶνται ποιεῖν· δεῦτε καὶ
καταβάντες συγχέωμεν ἐκεῖ τὴν γλῶσσαν αὐτῶν, ἵνα μὴ
ἀκούσωσιν ἕκαστος τὴν φωνὴν τοῦ πλησίον αὐτοῦ. καὶ
10 διέσπειρεν αὐτοὺς κύριος ἐκεῖθεν ἐπὶ πρόσωπον πάσης τῆς
γῆς, καὶ ἐπαύσαντο οἰκοδομοῦντες τὴν πόλιν καὶ τὸν πύργον.
διὰ τοῦτο ἐκλήθη τὸ ὄνομα αὐτοῦ Σύγχυσις, ὅτι ἐκεῖ
συνέχεε κύριος ὁ θεὸς τὰ χείλη πάσης τῆς γῆς, κἀκεῖθεν
διέσπειρεν αὐτοὺς κύριος ὁ θεὸς ἐπὶ πρόσωπον πάσης τῆς
15 γῆς. καὶ ἐν τῇ ἐπιγεγραμμένῃ δὲ Σολομῶντος σοφίᾳ περὶ
τῆς σοφίας καὶ τῶν κατὰ τὴν σύγχυσιν τῶν διαλέκτων, ἐν
ᾗ γεγένηται ὁ μερισμὸς τῶν ἐπὶ γῆς, τοιαῦτα περὶ τῆς
σοφίας εἴρηται· Αὕτη καὶ ἐν ὁμονοίᾳ πονηρίας ἐθνῶν Wisd x 5
συγχυθέντων ἔγνω τὸν δίκαιον, καὶ ἐφύλαξεν αὐτὸν ἄμεμ-
20 πτον τῷ θεῷ, καὶ ἐπὶ τέκνου σπλάγχνοις ἰσχυρὸν ἐφύλαξε.

8. Πολὺς δ᾽ ὁ λόγος καὶ μυστικὸς ὁ περὶ τούτων, ᾧ
ἁρμόζει τό· Μυστήριον βασιλέως κρύπτειν καλόν· ἵνα Tob xii 7
μὴ εἰς τὰς τυχούσας ἀκοὰς ὁ περὶ ψυχῶν οὐκ ἐκ μετενσω-
ματώσεως εἰς σῶμα ἐνδουμένων λόγος ῥιπτῆται, μηδὲ τὰ
25 ἅγια διδῶται τοῖς κυσὶ, μηδ᾽ οἱ μαργαρῖται παραβάλλωνται cf. Mt vii 6
χοίροις. ἀσεβὲς γὰρ τὸ τοιοῦτον, προδοσίαν περιέχον τῶν
ἀπορρήτων τῆς τοῦ θεοῦ σοφίας λογίων, περὶ ἧς καλῶς
γέγραπται· Εἰς κακότεχνον ψυχὴν οὐκ εἰσελεύσεται σοφία, Wisd i 4
οὐδὲ κατοικήσει ἐν σώματι κατάχρεῳ ἁμαρτίας. ἀρκεῖ δὲ
30 τὰ κεκρυμμένως ὡς ἐν ἱστορίας τρόπῳ εἰρημένα κατὰ τὸν

---

2 σενααρ AC   8 om. ἐκεῖ C   9 om. τὴν φωνὴν C
αὐτοῦ] αὐτῶν ℵ (οὗ superscripto)   10 κύριος αὐτοὺς ABC   11—
15 om. καὶ ἐπαύσαντο—τῆς γῆς C   12 αὐτῆς AB   17 ἐπὶ]+
τῆς ℵ   19, 20 ἀμέμπτως A^vid   20 om. τῷ AB   24 ῥιπτεῖται ℵ*A
25 δίδοται ℵ* om. τοῖς ABC παραβ.]+τοῖς AC   27 λόγων BC

τῆς ἱστορίας παραστῆσαι τρόπον, ἵν᾽ οἱ δυνάμενοι ἑαυτοῖς ℵABC ἐπεξεργάσωνται τὰ κατὰ τὸν τόπον.

9. Νοείσθωσαν τοίνυν πάντες οἱ ἐπὶ γῆς μιᾷ τινὶ διαλέκτῳ θείᾳ χρώμενοι, καὶ ὅσον γε συμφωνοῦσι πρὸς ἀλλήλους τηρείσθωσαν ἐν τῇ θείᾳ διαλέκτῳ· καὶ ἔστωσαν ἀκίνητοι 5 τῶν ἀνατολῶν, εἰς ὅσον εἰσὶ τὰ τοῦ φωτὸς καὶ τοῦ ἀπὸ τοῦ φωτὸς ἀϊδίου ἀπαυγάσματος φρονοῦντες. καὶ οὗτοι, ἐπὰν κινήσωσιν ἀπὸ τῶν ἀνατολῶν ἑαυτοὺς ἀλλότρια ἀνατολῶν 600 φρονοῦντες, εὑρισκέτωσαν πεδίον ἐν γῇ Σενναὰρ, ὅπερ ἑρμηνεύεται Ὀδόντων ἐκτιναγμὸς κατὰ σύμβολον τοῦ 10 ἀπολλύναι αὐτοὺς τὰ δι᾽ ὧν τρέφονται, καὶ κατοικείτωσαν ἐκεῖ. εἶτα τὰ τῆς ὕλης συναγαγεῖν θέλοντες καὶ κολλᾶν τὰ μὴ πεφυκότα κολλᾶσθαι οὐρανῷ, ἵνα διὰ τῶν ὑλικῶν

Ge xi 3 ἐπιβουλεύσωσι τοῖς ἀΰλοις, λεγέτωσαν· Δεῦτε, πλινθεύσωμεν πλίνθους καὶ ὀπτήσωμεν αὐτὰς πυρί. ὡς οὖν 15 κρατύνοντες καὶ πηγνύντες τὰ πήλινα καὶ ὑλικὰ, καὶ τὴν πλίνθον λίθον ποιεῖν θέλοντες καὶ τὸν πηλὸν ἄσφαλτον, καὶ διὰ τούτων οἰκοδομεῖν πόλιν καὶ πύργον οὗ ὅσον ἐπὶ

cf. Ge xi 4 τῇ ὑπολήψει αὐτῶν ἔσται ἡ κεφαλὴ ἕως τοῦ οὐρανοῦ, παραδιδόσθωσαν ἕκαστος κατὰ τὴν ἀναλογίαν τῆς ἀπὸ ἀνατολῶν 20 κινήσεως ἐπὶ πλεῖον ἢ ἐπ᾽ ἔλαττον αὐτοῖς γεγενημένης, καὶ κατὰ τὴν ἀναλογίαν τῆς κατασκευῆς τῶν πλίνθων εἰς λίθους καὶ τοῦ πηλοῦ εἰς ἄσφαλτον καὶ τῆς ἐκ τούτων οἰκοδομῆς, ἀγγέλοις ἐπὶ πλεῖον ἢ ἐπ᾽ ἔλαττον χαλεπωτέροις, καὶ τοιοῖσδε ἢ τοιοῖσδε, ἕως τίσωσι δίκας ἐφ᾽ οἷς τετολμήκασι· 25 καὶ ὑπὸ τῶν ἀγγέλων ἀγέσθωσαν ἕκαστος τῶν ἐμποιησάντων τὴν οἰκείαν ἑαυτοῖς διάλεκτον ἐπὶ τὰ μέρη τῆς γῆς κατὰ τὴν ἑαυτῶν ἀξίαν, οἵδε μὲν ἐπὶ τὴν φέρ᾽ εἰπεῖν καυσώδη χώραν ἄλλοι δ᾽ ἐπὶ τὴν διὰ τὸ κατεψύχθαι κολάζουσαν τοὺς ἐνοικοῦντας, καὶ οἱ μὲν ἐπὶ τὴν δυσγεωργητοτέραν ἄλλοι δὲ 30

6, 7 om. καὶ—φωτὸς AC 6 om. τοῦ (sec.) ℵ 9 σενααρ ℵ*AC ð ABC 11 κατοικήτωσαν ℵA 15 αὐτοὺς ℵ 19 οὐρανοῦ]+κατὰ τὰ ὑπεραιρόμενα ὑψώματα κατὰ τῆς γνώσεως τοῦ θεοῦ AC 21 πλέον ABC 22 om. τὴν ABC 27, 28 om. κατὰ τ. ἑ. ἀξίαν ABC

ℵABC ἐπὶ τὴν ἔλαττον τοιαύτην, καὶ οἱ μὲν ἐπὶ τὴν πεπληρωμένην θηρίων οἱ δὲ ἐπὶ τὴν ἐπ᾽ ἔλαττον ἔχουσαν αὐτά.

10. Εἶτα εἴ τις δύναται ὡς ἐν ἱστορίας σχήματι, ἐχούσης μέν τι καὶ καθ᾽ αὑτὴν ἀληθὲς, ἐμφαινούσης δέ τι καὶ 5 ἀπόρρητον, ἰδέτω καὶ τοὺς τὴν ἐξ ἀρχῆς διάλεκτον τετηρηκότας τῷ μὴ κεκινηκέναι ἀπ᾽ ἀνατολῶν μένοντας ἐν τῇ ἀνατολῇ καὶ τῇ ἀνατολικῇ διαλέκτῳ· καὶ νοείτω τούτους μόνους γεγονέναι μερίδα κυρίου καὶ λαὸν αὐτοῦ τὸν καλού- cf.Deutxxxii μενον Ἰακὼβ, γεγονέναι δὲ καὶ σχοίνισμα κληρονομίας ⁹ 10 αὐτοῦ Ἰσραήλ· καὶ οὗτοι μόνοι ἐπιστατείσθωσαν ὑπὸ ἄρχοντος οὐκ ἐπὶ κολάσει παρειληφότος τοὺς ὑπ᾽ αὐτῷ, ὥσπερ οἱ ἄλλοι. βλεπέτω δ᾽ ὁ δυνάμενος ὡς ἐν ἀνθρώποις ἐν τῇ τούτων πολιτείᾳ τῶν τεταγμένων κατὰ τὴν διαφέρουσαν μερίδα τῷ κυρίῳ γενομένας ἁμαρτίας, πρότερον μὲν 15 ἀνεκτὰς καὶ τοιαύτας ὡς μὴ πάντη ἀξίους εἶναι αὐτοὺς τοῦ ἐγκαταλείπεσθαι, ὕστερον δὲ πλείονας μὲν ἀλλ᾽ ἔτι ἀνεκτάς· καὶ τοῦτ᾽ ἐπὶ πλείονα χρόνον νοῶν γινόμενον, καὶ ἀεὶ θεραπείαν προσαγομένην, καὶ ἐκ διαλειμμάτων τούτους ἐπιστρέφοντας, ὁράτω αὐτοὺς καταλειπομένους κατὰ τὴν 20 ἀναλογίαν τῶν ἁμαρτανομένων τοῖς λαχοῦσι τὰς ἄλλας 601 χώρας, πρότερον μὲν ἐπὶ τὸ ἔλαττον αὐτοὺς κολασθέντας καὶ τίσαντας δίκην, ὡσπερεὶ παιδευθέντας, ἐπανελθεῖν εἰς τὰ οἰκεῖα· ὕστερον δὲ βλεπέτω αὐτοὺς παραδιδομένους χαλεπωτέροις ἄρχουσιν, ὡς ἂν ὀνομάσαιεν αἱ γραφαὶ, 25 Ἀσσυρίοις, εἶτα Βαβυλωνίοις. εἶτα προσαγομένων θεραπειῶν ὁράτω τούτους οὐδὲν ἧττον αὐξοντας τὰ ἁμαρτανόμενα, καὶ διὰ τοῦτ᾽ ἐπισπειρομένους ὑπὸ τῶν διαρπαζόντων αὐτοὺς ἀρχόντων τῶν λοιπῶν ἐθνῶν ταῖς ἄλλαις μερίσιν. ὁ δ᾽ ἄρχων αὐτῶν ἐπίτηδες παροράτω διαρπαζομένους 30 αὐτοὺς ὑπὸ τῶν ἐν τοῖς λοιποῖς ἔθνεσιν ἀρχόντων· ἵνα καὶ αὐτὸς εὐλόγως, ὡσπερεὶ ἑαυτὸν ἐκδικῶν, λαβὼν ἐξουσίαν ἀποσπάσαι τῶν λοιπῶν ἐθνῶν οὓς ἂν δύνηται, τὸ τοιοῦτο

2 om. ἐπ᾽ ABC   4 κατ᾽ αὐτὴν ℵ   9 om. δὲ ABC

ποιήσῃ καὶ νόμους τε αὐτοῖς θῆται καὶ βίον ὑποδείξῃ καθ᾽ ℵAB(CχD)
ὃν βιωτέον· ἵνα αὐτοὺς ἀναγάγῃ ἐπὶ τέλος, ἐφ᾽ ὅπερ ἀνῆγε
τοὺς μὴ ἁμαρτάνοντας ἀπὸ τοῦ προτέρου ἔθνους. καὶ διὰ
τούτου μανθανέτωσαν οἱ δυνάμενοι τὰ τηλικαῦτα βλέπειν,
ὅτι πολλῷ δυνατώτερος ὁ λαχὼν τοὺς πρότερον μὴ ἡμαρτη- 5
κότας τῶν λοιπῶν ἐστίν· ἐπεὶ δεδύνηται ἀπὸ τῆς πάντων
μερίδος ἐπιλέκτους λαβὼν ἀποστῆσαι μὲν αὐτοὺς τῶν ἐπὶ
κολάσει παρειληφότων, προσαγαγεῖν δὲ νόμοις καὶ βίῳ
συμβαλλομένῳ εἰς ἀμνηστίαν τῶν προημαρτημένων αὐτοῖς.
ἀλλ᾽, ὡς προείπομεν, ταῦτα ἡμῖν ἐπικεκρυμμένως λελέχθω, 10
παριστᾶσιν ὧν παρήκουσαν οἱ φήσαντες 'τὰ μέρη τῆς γῆς
ἐξ ἀρχῆς ἄλλα ἄλλοις ἐπόπταις νενεμημένα, κατά τινας
ἐπικρατείας διειλημμένα, ταύτῃ διοικεῖσθαι·' ἀφ᾽ ὧν καὶ ὁ
Κέλσος λαβὼν τὰς ἐκκειμένας εἶπε λέξεις.

11. Ἐπεὶ δ᾽ οἱ κινήσαντες ἀπὸ ἀνατολῶν δι᾽ ἃ ἥμαρτον 15
cf. Ro i 28, παρεδόθησαν εἰς ἀδόκιμον νοῦν καὶ εἰς πάθη ἀτιμίας καὶ
26, 24   ἐν ταῖς ἐπιθυμίαις τῶν καρδιῶν αὐτῶν εἰς ἀκαθαρσίαν, ἵνα
κορεσθέντες τῆς ἁμαρτίας μισήσωσιν αὐτήν· οὐχ ὑποκεισό-
μεθα τῷ Κέλσου ἀρέσκοντι φάσκοντος 'διὰ τοὺς νενεμη-
μένους ἐπόπτας τοῖς μέρεσι τῆς γῆς τὰ παρ᾽ ἑκάστοις ὀρθῶς 20
πράττεσθαι·' ἀλλὰ καὶ βουλόμεθα οὐχ 'ὅπῃ ᾖ ἐκείνοις
φίλον' ποιεῖν τὰ παρ᾽ ἐκείνων. ὁρῶμεν γὰρ ὅτι ὅσιον μὲν
τὰ ἐξ ἀρχῆς κατὰ τόπους νενομισμένα λύειν ἐστὶ νόμοις
κρείττοσι καὶ θειοτέροις, οἷς ὡς δυνατώτατος ἔθετο Ἰησοῦς,
cf. Ga i 4   ἐξελόμενος ἡμᾶς ἀπὸ τοῦ αἰῶνος τοῦ ἐνεστῶτος πονηροῦ, 25
cf. 1 Co ii 6 καὶ τῶν ἀρχόντων τοῦ αἰῶνος τούτου τῶν καταργουμένων·
ἀνόσιον δὲ τὸ μὴ ἐπιρρίψαι ἑαυτὸν τῷ πάντων ἀρχόντων
φανέντι καὶ ἀποδειχθέντι δυνατωτέρῳ, πρὸς ὃν εἶπεν ὁ θεὸς,
Ps ii 8   ὡς οἱ προφῆται πρὸ πολλῶν προεῖπον γενεῶν· Αἴτησαι
παρ᾽ ἐμοῦ, καὶ δώσω σοι ἔθνη τὴν κληρονομίαν σου, καὶ 30

1 τε] γε ABC   14 om. λαβὼν ℵ   ἐγκειμένας AC; ἐκκ.
(γ superscr.) ℵ   20, 21 ὀρθῶς πρατ.] post hoc deest fol. in C
21 om. ᾖ AD   22 om. παρ᾽ ℵ   25 αἰῶνος τοῦ ἐνεστ.] ἐνεστ.
αἰῶνος ABD   28 ἀποδειχθέντι]+καθαρωτέρῳ καὶ AD

ℵABD τὴν κατάσχεσίν σου τὰ πέρατα τῆς γῆς. καὶ γὰρ αὐτὸς

602 γέγονε προσδοκία ἡμῶν τῶν ἀπὸ ἐθνῶν πιστευσάντων εἰς cf. Ge xlix 10
αὐτὸν καὶ τὸν ἐπὶ πᾶσι θεὸν πατέρα αὐτοῦ.

XXIII.

Περὶ εἱμαρμένης, καὶ πῶς προγνώστου ὄντος τοῦ
5 θεοῦ τῶν ὑφ᾽ ἑκάστου πραττομένων τὸ ἐφ᾽ ἡμῖν σώ-
ζεται. καὶ τίνα τρόπον οἱ ἀστέρες οὐκ εἰσὶ ποιητικοὶ
τῶν ἐν ἀνθρώποις, σημαντικοὶ δὲ μόνον· καὶ ὅτι
ἄνθρωποι τὴν περὶ τούτων γνῶσιν ἀκριβῶς ἔχειν οὐ
δύνανται, ἀλλὰ δυνάμει θείαις τὰ σημεῖα ἔκκειται· καὶ
10 τίς ἡ τούτων αἰτία. τόμου τρίτου τῶν εἰς τὴν Γένεσιν.
"Καὶ ἔστωσαν εἰς σημεῖα καὶ εἰς καιροὺς καὶ εἰς ἡμέρας Ge i 14
καὶ εἰς ἐνιαυτούς."

AB(C)(D) Eu 1. Περὶ τοῦ εἰς σημεῖα γεγονέναι τοὺς φωστῆρας, οὐκ
ἄλλους ἡλίου καὶ σελήνης καὶ τῶν ἀστέρων τυγχάνοντας,
15 τῶν σφόδρα ἀναγκαιοτάτων ἐστὶ διαλαβεῖν· οὐ μόνον
πολλῶν ἐθνῶν τῶν τῆς Χριστοῦ πίστεως ἀλλοτρίων σφαλ-
λομένων εἰς τὸν περὶ τῆς εἱμαρμένης τόπον, τῇ τῶν πλανω-
4 μένων ἀστέρων ἐπιπλοκῇ πρὸς τοὺς ἐν τῷ ζωδιακῷ πάντων
αὐτοῖς νομιζομένων συμβαίνειν τῶν ἐπὶ τῆς γῆς, καὶ τῶν
20 περὶ ἕκαστον ἄνθρωπον, τάχα δὲ καὶ ἀλόγων ζώων· ἀλλὰ
γὰρ καὶ πολλῶν τῶν πεπιστευκέναι ὑπολαμβανομένων
περισπωμένων μὴ ἄρα ἠνάγκασται τὰ ἀνθρώπων πράγματα,
καὶ ἀμήχανον ἄλλως γενέσθαι ἢ ὡς οἱ ἀστέρες κατὰ τοὺς
διαφόρους σχηματισμοὺς ἐπιτελοῦσιν. ἕπεται δὲ τοῖς
25 ταῦτα δογματίζουσιν ἐξ ὅλων τὸ ἐφ᾽ ἡμῖν ἀναιρεῖν· διόπερ
καὶ ἔπαινον καὶ ψόγον καὶ πράξεις ἀποδεκτὰς πάλιν τε αὖ

9 ἔγκειται AB   10 Ru. II. 3.   Eus. Praep. Ev. vi. 11.
14 ἄστρων Eu   16 om. πολλῶν Eu   18 om. ἀστέρων ABD
19 τῶν ἐπὶ τῆς] ἐπὶ ABD   20 περὶ] rursus inc. C   ἀνθρώπων]
C Euᵍ   22 τὰ] +τῶν C Euᶠ   24 ἐπιτέλλουσιν Euⁱ

ψεκτάς. ἅπερ εἰ οὕτως ἔχει, τὰ τῆς κεκηρυγμένης τοῦ θεοῦ ABC Eu
κρίσεως οἴχεται, καὶ ἀπειλαὶ πρὸς τοὺς ἡμαρτηκότας ὡς
κολασθησομένους, τιμαί τε αὖ πρὸς τοὺς τοῖς κρείττοσιν
ἑαυτοὺς ἐπιδεδωκότας καὶ μακαριότητες· οὐδὲν γὰρ ἔτι τού-
των εὐλόγως ἔσται γινόμενον. καὶ εἰ τὰ ἀκόλουθά τις ἑαυτῷ 5
ἐφ᾽ οἷς δογματίζει βλέποι, καὶ ἡ πίστις ἔσται μάταιος, ἥ τε
Χριστοῦ ἐπιδημία οὐδὲν ἀνύουσα, καὶ πᾶσα ἡ διὰ νόμου
καὶ προφητῶν οἰκονομία, κάματοί τε ἀποστόλων ὑπὲρ τοῦ
συστῆσαι τὰς τοῦ θεοῦ διὰ Χριστοῦ ἐκκλησίας· εἰ μὴ ἄρα
κατὰ τοὺς οὕτω τολμῶντας καὶ Χριστὸς, ὑπὸ τὴν ἀνάγκην 10
τῆς τῶν ἄστρων κινήσεως τῷ γένεσιν ἀνειληφέναι γενόμενος,
πάντα πεποιήκοι τε καὶ πάθοι, οὐ τοῦ θεοῦ καὶ πατρὸς τῶν
ὅλων αὐτῷ τὰς παραδόξους δυνάμεις δωρησαμένου, ἀλλὰ
τῶν ἀστέρων. οἷς ἀθέοις καὶ ἀσεβέσι τυγχάνουσι λόγοις
ἀκολουθεῖ καὶ τὸ τοὺς πιστεύοντας ὑπὸ τῶν ἀστέρων 5
ἀγομένους πιστεύειν εἰς θεὸν λέγεσθαι. πυθοίμεθα δ᾽ ἂν
αὐτῶν, τί ὁ θεὸς βουλόμενος τοιοῦτον ἐποίει κόσμον, ἵν᾽ οἱ
μὲν ἐν αὐτῷ ἄνδρες ὄντες τὰ γυναικῶν πάσχωσιν, οὐδαμῶς
ἑαυτοῖς αἴτιοι τῆς ἀσελγείας γεγενημένοι, ἕτεροι δὲ ἀγρίων
ζώων κατάστασιν ἀνειληφότες, τῷ τὴν φορὰν τοῦ παντὸς 20
τοιούτους αὐτοὺς πεποιηκέναι, διὰ τὸ τὸν θεὸν οὕτω κε-
κοσμηκέναι τὸ πᾶν, ἐπιδιδόασιν ἑαυτοὺς ὠμοτάτοις καὶ σφό-
δρα ἀπανθρώποις πράγμασιν καὶ ἀνδροφονίαις καὶ πει-
ρατείαις; καὶ τί δεῖ λέγειν ἡμᾶς περὶ τῶν συμβαινόντων
ἐν ἀνθρώποις καὶ ἁμαρτανομένων ὑπ᾽ αὐτῶν, μυρίων ὅσων 25
τυγχανόντων, οὕστινας οἱ τῶν γενναίων προϊστάμενοι τού-
των λόγων ἀπολύοντες παντὸς ἐγκλήματος, τῷ θεῷ προσ-
γράφουσι πάντων τῶν κακῶς καὶ ψεκτῶς πραττομένων
τὰς αἰτίας;

2. Ἐὰν δέ τινες αὐτῶν, ὡς ἀπολογούμενοι περὶ θεοῦ, 30
ἕτερον μὲν εἶναι λέγωσι τὸν ἀγαθὸν, οὐδενὸς τούτων ἔχοντα
τὴν ἀρχὴν, τῷ δὲ δημιουργῷ πάντα τὰ τοιαῦτα προσάπτωσι·

ABC Eu πρῶτον μὲν οὐδ᾽ ὡς ὁ βούλονται δυνήσονται ἀποδεικνύναι,
ὅτι ἐστὶ δίκαιος· πῶς γὰρ ὁ τοσούτων κακῶν κατ᾽ αὐτοὺς
πατὴρ εὐλόγως δογματίζοιτο δίκαιος; δεύτερον δὲ, περὶ
ἑαυτῶν τί φήσουσιν, ἐξεταστέον· πότερον ὑπόκεινται τῇ
5 φορᾷ τῶν ἀστέρων, ἢ ἠλευθέρωνται καὶ ἐν τῷ βίῳ τυγ-
χάνοντες οὐδὲν ἐνεργούμενον εἰς ἑαυτοὺς ἔχουσιν ἐκεῖθεν;
εἰ μὲν γὰρ φήσουσιν ὑποκεῖσθαι τοῖς ἄστροις, δῆλον ὅτι τὰ
ἄστρα τὸ νοηθῆναι αὐτοῖς τοῦτο ἐχαρίσατο, καὶ ὁ δημι-
ουργὸς ὑποβεβληκὼς ἔσται διὰ τῆς τοῦ παντὸς κινήσεως
10 τὸν λόγον τὸν περὶ τοῦ ἀνωτέρω ἀναπεπλασμένου θεοῦ,
ὅπερ οὐ βούλονται. εἰ δὲ ἀποκρινοῦνται ὅτι ἔξω τυγ-
χάνουσι τῶν νόμων τοῦ δημιουργοῦ τῶν κατὰ τοὺς ἀστέρας,
ἵνα μὴ ἀπόφασις ᾖ τὸ λεγόμενον ὑπ᾽ αὐτῶν ἀναπόδεικτος,
πειραθήτωσαν ἡμᾶς προσάγειν ἀναγκαστικώτερον, διαφορὰν
15 παριστάντες νοῦ τινος ὑποκειμένου γενέσει καὶ εἱμαρμένῃ,
καὶ ἑτέρου ἀπὸ τούτων ἐλευθέρου· δῆλον γάρ ἐστι τοῖς
εἰδόσι τοὺς τοιούτους, ὅτι λόγον ἀπαιτηθέντες διδόναι αὐτὸν
οὐδαμῶς δυνήσονται. πρὸς δὲ τοῖς εἰρημένοις καὶ εὐχαὶ
παρέλκουσι μάτην παραλαμβανόμεναι· εἰ γὰρ κατηνάγ-
20 κασται τάδε τινὰ γενέσθαι, καὶ οἱ ἀστέρες ποιοῦσιν, οὐδὲν
δὲ παρὰ τὴν τούτων πρὸς ἀλλήλους ἐπιπλοκὴν δύναται
6 γενέσθαι, θεὸν ἀλογίστως ἀξιοῦμεν τάδε τινὰ ἡμῖν δωρεῖσθαι.
καὶ τί ἐπὶ πλεῖον μηκύνειν τὸν λόγον δεῖ, παριστάντα τὸ
ἀσεβὲς τοῦ κατημαξευμένου ἀβασανίστως παρὰ τοῖς πολλοῖς
25 περὶ εἱμαρμένης τόπου; αὐτάρκη γὰρ εἰς ὑπογραφὴν καὶ τὰ
εἰρημένα.

3.   Πόθεν δὲ ἐξετάζοντες τό· Ἔστωσαν εἰς σημεῖα οἱ Ge i 14
φωστῆρες· ἐπὶ ταῦτα ἐληλύθαμεν, ἑαυτοὺς ὑπομνήσωμεν.
οἱ μανθάνοντες περί τινων ἀληθῆ, ἤτοι αὐτόπται τῶν
30 πραγμάτων γενόμενοι ἀποφαίνονται τάδε τινὰ ὑγιῶς, τὸ

1 ὡς δ] ὡς Eu   3 δογματίζοιτο] χρηματίζοι Eu   8 νοῆσαι
Eu   11 ἀποκρινῶνται AB   16 ἐστι] ὅτι ABC   16, 17 om. τοῖς
εἰδόσι Eu   17 αὐτοῖς Eu   20 om. ποιοῦσιν B; πταίουσιν A
22 δωρήσασθαι Eu

πάθος καὶ τὴν ἐνέργειαν τῶν πεπονθότων ἢ ἐνεργηκότων ABC Eu
θεασάμενοι, ἢ ἀπαγγελλόντων τῶν οὐδαμῶς αἰτίων τοῖς
γεγενημένοις ἀκούσαντες τάδε τινὰ γινώσκουσιν. ὑπεξη-
ρήσθω δὲ νῦν τοῦ λόγου τὸ δύνασθαι τοὺς δεδρακότας ἢ πε-
πονθότας, διηγουμένους ἃ δεδράκασιν ἢ πεπόνθασιν, ἐνάγειν 5
εἰς γνῶσιν τῶν πεπραγμένων τὸν μὴ παρατετευχότα. ἐὰν
οὖν ὁ διδασκόμενος ὑπὸ τοῦ μηδαμῶς αἰτίου τῶν γινο-
μένων τὸ τάδε τινὰ τοῖσδε γεγονέναι ἢ συμβήσεσθαι μὴ
διακρίνῃ, ὅτι οὐ πάντως ὁ διδάσκων περί τινος ὡς γενομένου
ἢ ἐσομένου αἴτιός ἐστι τοῦ τὸ πρᾶγμα τοιόνδε τι τυγχάνειν, 10
οἰήσεται τὸν παραστήσαντα περὶ τοῦ τάδε τινὰ γεγονέναι
ἢ τάδε τινὰ ἔσεσθαι πεποιηκέναι ἢ ποιήσειν τὰ περὶ ὧν
διδάσκει· οἰήσεται δὲ δηλονότι ἐσφαλμένως· ὡς εἴ τις
ἐντυχὼν προφητικῇ βίβλῳ προδηλούσῃ τὰ περὶ Ἰούδαν τὸν
προδότην νομίσαι μαθὼν τὸ ἐσόμενον, ὁρῶν αὐτὸ ἀποτελού- 15
μενον, τὴν βίβλον αἰτίαν εἶναι τοῦ τόδε τι γεγονέναι
ὕστερον, ἐπεὶ ἀπὸ τῆς βίβλου μεμάθηκε τὸ ὑπὸ τοῦ Ἰούδα
πραχθησόμενον· ἢ πάλιν μὴ τὴν βίβλον ὑπολάβοι εἶναι
αἰτίαν, ἀλλὰ τὸν πρῶτον γράψαντα αὐτήν, ἢ τὸν ἐνεργή-
σαντα φέρε εἰπεῖν τὸν θεόν. ὥσπερ δὲ ἐπὶ τῶν περὶ τοῦ 20
Ἰούδα προφητευομένων αὐταὶ αἱ λέξεις ἐξεταζόμεναι ἐμ-
φαίνουσι τὸν θεὸν ποιητὴν μὴ γεγονέναι τῆς τοῦ Ἰούδα
προδοσίας, ἀλλὰ μόνον δεδηλωκέναι προεγνωκότα τὰ ἀπὸ
τῆς τούτου κακίας πραχθησόμενα παρὰ τὴν αὐτοῦ αἰτίαν·
οὕτως εἴ τις ἐμβαθύναι τῷ λόγῳ τοῦ προειδέναι τὰ πάντα 25
τὸν θεὸν καὶ τοῖς ἐν οἷς οἷον ἐνετύπωσε τῆς ἑαυτοῦ προ-
γνώσεως τοὺς λόγους, κατανοήσαι ἂν ὅτι οὔτε ὁ προγνοὺς
πάντως αἴτιος τῶν προεγνωσμένων, οὔτε τὰ τοὺς τύπους
τῶν λόγων τῆς προγνώσεως τοῦ προεγνωκότος δεξάμενα.

4. Ὅτι μὲν οὖν ἕκαστον τῶν ἐσομένων πρὸ πολλοῦ 30

1 ἐνεργησάντων vel ἐνεργηθέντων Eu   3, 4 ὑφεξηρήσθω AB
5 διηγησαμένους B; δεδιηγημένους AC   6 παρατετυχηκότα Eu
13 om. οἰήσεται δὲ ABC   ἐσφαλμένως] ἐσφαλμένος A; + τοῦτο
οἰήσεται B; + ταῦτα οἰήσεται C   26 τοῖς] τοὺς ABC   om.
οἷον ABC

7 οἶδεν ὁ θεὸς γενησόμενον, καὶ χωρὶς μὲν γραφῆς αὐτόθεν ἐκ
ABC Eu τῆς ἐννοίας τῆς περὶ θεοῦ δῆλον τῷ συνιέντι ἀξίωμα δυνά-
μεως νοῦ θεοῦ. εἰ δὲ δεῖ καὶ ἀπὸ τῶν γραφῶν τοῦτο παρα-
στῆσαι, πλήρεις μέν εἰσιν αἱ προφητεῖαι τοιούτων παρα-
5 δειγμάτων· καὶ κατὰ τὴν Σωσάνναν δὲ τοῦ θεοῦ γινώσκοντος
τὰ πάντα πρὶν γενέσεως αὐτῶν, οὕτω λέγουσαν· Ὁ θεὸς ὁ Sus 42 f.
αἰώνιος ὁ τῶν κρυπτῶν γνώστης, ὁ εἰδὼς τὰ πάντα πρὶν
γενέσεως αὐτῶν, σὺ ἐπίστασαι ὅτι ψευδῆ μου κατεμαρτύ-
ρησαν οὗτοι. σαφέστατα δὲ ἐν τῇ τρίτῃ τῶν βασιλειῶν
10 καὶ ὄνομα βασιλεύσοντος καὶ πράξεις ἀνεγράφησαν πρὸ
πλειόνων ἐτῶν τοῦ γενέσθαι προφητευόμενα οὕτως· Καὶ 1 Reg xii 32
ἐποίησεν Ἱεροβοὰμ ἑορτὴν ἐν τῷ μηνὶ τῷ ὀγδόῳ ἐν τῇ
πεντεκαιδεκάτῃ ἡμέρᾳ τοῦ μηνὸς κατὰ τὴν ἑορτὴν τὴν ἐν
γῇ Ἰούδα, καὶ ἀνέβη ἐπὶ τὸ θυσιαστήριον τὸ ἐν Βαιθὴλ ὃ
15 ἐποίησεν ταῖς δαμάλεσιν αἷς ἐποίησεν. εἶτα μετ' ὀλίγα·
Καὶ ἰδοὺ ἄνθρωπος τοῦ θεοῦ ἐξ Ἰούδα παρεγένετο ἐν λόγῳ 1 Reg xiii
κυρίου εἰς Βαιθὴλ, καὶ Ἱεροβοὰμ εἱστήκει ἐπὶ τὸ θυσιαστή- 1 ff.
ριον αὐτοῦ ἐπιθῦσαι. καὶ ἐπεκάλεσεν ἐπὶ τὸ θυσιαστήριον
ἐν λόγῳ κυρίου, καὶ εἶπεν Θυσιαστήριον, θυσιαστήριον,
20 τάδε λέγει κύριος Ἰδοὺ υἱὸς τίκτεται τῷ οἴκῳ Δαυίδ, Ἰωσίας
ὄνομα αὐτῷ, καὶ θύσει ἐπὶ σὲ τοὺς ἱερεῖς τῶν ὑψηλῶν τῶν
ἐπιθυόντων ἐπὶ σὲ, καὶ ὀστᾶ ἀνθρώπων καύσει ἐπὶ σέ. καὶ
ἔδωκεν ἐν τῇ ἡμέρᾳ ἐκείνῃ τέρας, λέγων Τοῦτο τὸ τέρας ὃ
ἐλάλησε κύριος λέγων Ἰδοὺ τὸ θυσιαστήριον ῥήγνυται, καὶ
25 ἐκχυθήσεται ἡ πιότης ἡ ἐπ' αὐτῷ. καὶ μετ' ὀλίγα δηλοῦται,
ὅτι καὶ τὸ θυσιαστήριον ἐρράγη, καὶ ἐξεχύθη ἡ πιότης ἀπὸ 1 Reg xiii 5
τοῦ θυσιαστηρίου κατὰ τὸ τέρας, ὃ ἔδωκεν ὁ ἄνθρωπος
τοῦ θεοῦ ἐν λόγῳ κυρίου.

5. Καὶ ἐν τῷ Ἡσαΐᾳ γενομένῳ πρὸ πολλοῦ τῆς αἰχ-
30 μαλωσίας τῆς εἰς Βαβυλῶνα, μεθ' ἣν αἰχμαλωσίαν ὕστερόν
ποτε γίνεται Κῦρος ὁ Περσῶν βασιλεὺς συνεργήσας τῇ

10 βασιλεύοντος Eu; βασιλέων ὄντως B 12 om. ἑορτὴν ABC
15 ἐποίησεν] + ἐν Eu 18 ἐκάλεσεν ABC 28 om. τοῦ
θεοῦ A Eu

οἰκοδομῇ τοῦ ναοῦ γενομένῃ κατὰ τοὺς χρόνους Ἔσδρα, ABC Eu

Is xlv 1 ff. ταῦτα περὶ Κύρου ὀνομαστὶ προφητεύεται· Οὕτω λέγει
κύριος ὁ θεὸς τῷ χριστῷ μου Κύρῳ, οὗ ἐκράτησα τῆς δεξιᾶς
αὐτοῦ ἐπακοῦσαι ἔμπροσθεν αὐτοῦ ἔθνη, καὶ ἰσχὺν βασιλέων
διαρρήξω, ἀνοίξω ἔμπροσθεν αὐτοῦ θύρας, καὶ πόλεις οὐ 5
συγκλεισθήσονται· Ἐγὼ ἔμπροσθέν σου πορεύσομαι καὶ
ὄρη ὁμαλιῶ, θύρας χαλκᾶς συντρίψω καὶ μοχλοὺς σιδηροὺς
συνθλάσω· καὶ δώσω σοι θησαυροὺς σκοτεινούς, ἀποκρύ-
φους, ἀοράτους ἀνοίξω σοι, ἵνα γνῷς ὅτι ἐγὼ κύριος ὁ θεὸς
ὁ καλῶν τὸ ὄνομά σου θεὸς Ἰσραήλ. ἕνεκεν τοῦ παιδός 10
μου Ἰακὼβ καὶ Ἰσραὴλ τοῦ ἐκλεκτοῦ μου, ἐγὼ καλέσω σε
τῷ ὀνόματί μου καὶ προσδέξομαί σε. σαφῶς γὰρ καὶ ἐκ
τούτων δεδήλωται, ὅτι διὰ τὸν λαόν, ὃν εὐεργέτησεν ὁ 8
Κῦρος, ὁ θεὸς μὴ γινώσκοντι αὐτῷ τὴν καθ᾽ Ἑβραίους
θεοσέβειαν ἐδωρήσατο ἐθνῶν πλειόνων ἄρξαι· καὶ ἔστι 15
ταῦτα μαθεῖν καὶ ἀπὸ Ἑλλήνων τῶν ἀναγραψάντων τὰ
cf. Dan ii περὶ τὸν προφητευθέντα Κῦρον. ἔτι δὲ καὶ ἐν τῷ Δανιὴλ,
37 ff. Βαβυλωνίων βασιλευόντων τότε, τῷ Ναβουχοδονόσορ δεί-
κνυνται αἱ ἐσόμεναι βασιλεῖαι μετ᾽ αὐτόν. δείκνυνται δὲ
διὰ τῆς εἰκόνος· χρυσίου μὲν τῆς Βαβυλωνίων ἀρχῆς ὀνο- 20
μαζομένης, ἀργυρίου δὲ τῆς Περσῶν, χαλκοῦ δὲ τῆς Μακε-
δόνων, σιδήρου δὲ τῆς Ῥωμαίων. καὶ πάλιν ἐν τῷ αὐτῷ
προφήτῃ τὰ περὶ Δαρεῖον καὶ Ἀλέξανδρον, καὶ τοὺς τέσ-
σαρας διαδόχους Ἀλεξάνδρου τοῦ Μακεδόνων βασιλέως,
καὶ Πτολεμαῖον τὸν τῆς Αἰγύπτου ἄρξαντα τὸν ἐπικαλού- 25
Dan viii 5 ff. μενον Λαγών, οὕτω προφητεύεται· Καὶ ἰδοὺ τράγος αἰγῶν
ἤρχετο ἀπὸ λιβὸς ἐπὶ πρόσωπον πάσης τῆς γῆς· καὶ τῷ
τράγῳ κέρας ἀνὰ μέσον τῶν ὀφθαλμῶν. καὶ ἦλθεν ἕως
τοῦ κριοῦ τοῦ τὰ κέρατα ἔχοντος, οὗ εἶδον ἑστῶτος ἐνώπιον
τοῦ Οὐβάλ, καὶ ἔδραμε πρὸς αὐτὸν ἐνώπιον τῆς ἰσχύος αὐ- 30
τοῦ. καὶ εἶδον αὐτὸν φθάνοντα ἕως τοῦ κριοῦ, καὶ ἐξη-

3 om. οὗ B   6 προπορεύσομαι ABC   7 ὁμαλιῶ]+καὶ C Euᵍ
8 συγκλάσω A   10 σου]+ὁ B   26 λαγον A; λάγου C
29 ἴδον B   29, 30 ἐνώπιον] ἀνάμεσον (bis) B   31 ἴδον AB

ABC Eu γριώθη πρὸς αὐτὸν, καὶ ἔπαισε τὸν κριὸν καὶ συνέτριψεν
ἀμφότερα τὰ κέρατα αὐτοῦ· καὶ οὐκ ἦν ἰσχὺς τῷ κριῷ
στῆναι ἐνώπιον αὐτοῦ· καὶ ἔρριψεν αὐτὸν ἐπὶ τὴν γῆν καὶ
συνεπάτησεν αὐτὸν, καὶ οὐκ ἦν ὁ ἐξαιρούμενος τὸν κριὸν
5 ἐκ χειρὸς αὐτοῦ. καὶ ὁ τράγος τῶν αἰγῶν ἐμεγαλύνθη ἕως
σφόδρα· καὶ ἐν τῷ ἰσχῦσαι αὐτὸν συνετρίβη τὸ κέρας
αὐτοῦ τὸ μέγα, καὶ ἀνέβη ἕτερα κέρατα τέσσαρα ὑποκάτω
αὐτοῦ εἰς τοὺς τέσσαρας ἀνέμους τοῦ οὐρανοῦ. καὶ ἐκ τοῦ
ἑνὸς ἐξῆλθε κέρας ἓν ἰσχυρὸν, καὶ ἐμεγαλύνθη περισσῶς
10 πρὸς τὸν νότον καὶ τὴν δύσιν. τί δὲ δεῖ λέγειν τὰς περὶ
Χριστοῦ προφητείας, οἷον τόπον γενέσεως αὐτοῦ Βηθλεὲμ,
καὶ τόπον ἀνατροφῆς αὐτοῦ Ναζαρὰ, καὶ τὴν εἰς Αἴγυπτον
ἀναχώρησιν, καὶ τεράστια ἃ ἐποίησε, καὶ τίνα τρόπον ὑπὸ
Ἰούδα τοῦ εἰς ἀποστολὴν κεκλημένου προεδόθη; πάντα
15 γὰρ ταῦτα σημεῖά ἐστι τῆς τοῦ θεοῦ προγνώσεως. ἀλλὰ
καὶ αὐτὸς ὁ σωτήρ, Ὅταν, φησὶν, ἴδητε κυκλουμένην ὑπὸ Lc xxi 20
στρατοπέδων τὴν Ἰερουσαλὴμ, τότε γνώσεσθε ὅτι ἤγγικεν
ἡ ἐρήμωσις αὐτῆς. προεῖπε γὰρ τὸ ὕστερον συμβεβηκὸς
τέλος τῆς κατασκαφῆς Ἰερουσαλήμ.

20 6. Ἀποδεδειγμένου τοίνυν ἡμῖν περὶ τοῦ προγνώστην
εἶναι τὸν θεὸν οὐκ ἀκαίρως, ἵνα διηγησώμεθα πῶς οἱ ἀστέρες
γίνονται εἰς σημεῖα, νοητέον τοὺς ἀστέρας οὕτω τετάχθαι
9 κινεῖσθαι, ἐναντιοφορούντων τῶν καλουμένων πλανωμένων
τοῖς ἀπλανέσιν, ἵνα σημεῖα ἀπὸ τοῦ σχηματισμοῦ τῶν
25 ἀστέρων πάντων τῶν περὶ ἕκαστον γινομένων καὶ τῶν
καθόλου λαμβάνοντες γινώσκωσιν, οὐχὶ οἱ ἄνθρωποι, (πολ-
λῷ γὰρ μεῖζον ἢ κατὰ ἄνθρωπον τὸ δύνασθαι κατὰ ἀλήθειαν
ἐκλαμβάνειν ἀπὸ τῆς κινήσεως τῶν ἀστέρων τὰ περὶ
ἑκάστου τῶν ὅ τί ποτε ἐνεργούντων ἢ πασχόντων), ἀλλ' αἱ
30 δυνάμεις, ἃς ἀναγκαῖον διὰ πολλὰ ταῦτα γινώσκειν, ὡς
κατὰ δύναμιν ἐν τοῖς ἑξῆς δείξομεν. σανθέντες δὲ οἱ
ἄνθρωποι ἔκ τινων τηρήσεων, ἢ καὶ ἐκ διδασκαλίας ἀγγέλων

7 om. τέσσαρα Eu   12 ναζαρὲτ ACEuᵍ   18 συμβεβηκὸς]
+τὸ Eu   31 ἠσθανθέντες A; θέντες C; συνέντες Eu

R.   13

τὴν ἰδίαν τάξιν παραβεβηκότων καὶ ἐπὶ τῇ τοῦ γένους ABC Eu
ἡμῶν ἐπιτριβῇ διδαξάντων περὶ τούτων τινά, ᾠήθησαν τοὺς
ἀφ' ὧν τὰ σημεῖα οἴονται λαμβάνειν αἰτίους ὑπάρχειν
τούτων, ἃ σημαίνειν ὁ λόγος φησί· περὶ ὧν καὶ αὐτῶν ὡς
ἐν ἐπιτομῇ κατὰ δύναμιν ἐπιμελέστερον εὐθέως διαληψόμεθα. 5
προκείσεται τοίνυν ταῦτα τὰ προβλήματα· (α') πῶς, προ-
γνώστου ὄντος ἐξ αἰῶνος τοῦ θεοῦ περὶ τῶν ὑφ' ἑκάστου
πράττεσθαι νομιζομένων, τὸ ἐφ' ἡμῖν σώζεται· (β') καὶ
τίνα τρόπον οἱ ἀστέρες οὐκ εἰσὶ ποιητικοὶ τῶν ἐν ἀνθρώ-
ποις, σημαντικοὶ δὲ μόνον· (γ') καὶ ὅτι ἄνθρωποι τὴν περὶ 10
τούτων γνῶσιν ἀκριβῶς ἔχειν οὐ δύνανται, ἀλλὰ δυνάμεσιν
ἀνθρώπων κρείττοσι τὰ σημεῖα ἔκκειται· (δ') τίς γὰρ ἡ
αἰτία τοῦ τὰ σημεῖα τὸν θεὸν πεποιηκέναι εἰς γνῶσιν τῶν
δυνάμεων, τέταρτον ἐξετασθήσεται.

(α')   7. Καὶ τοίνυν ἴδωμεν τὸ πρῶτον, ὅπερ εὐλαβηθέντες 15
πολλοί τινες τῶν Ἑλλήνων, οἰόμενοι κατηναγκάσθαι τὰ
πράγματα καὶ τὸ ἐφ' ἡμῖν μηδαμῶς σώζεσθαι εἰ ὁ θεὸς
προγινώσκει τὰ μέλλοντα, ἀσεβὲς δόγμα ἐτόλμησαν ἀνα-
δέξασθαι μᾶλλον ἢ προσέσθαι τὸ, ὥς φασιν ἐκεῖνοι, ἔνδοξον
μὲν περὶ θεοῦ, ἀναιροῦν δὲ τὸ ἐφ' ἡμῖν καὶ διὰ τοῦτο 20
ἔπαινον καὶ ψόγον καὶ τὸ τῶν ἀρετῶν ἀπόδεκτον τῶν τε
κακιῶν ψεκτόν. καί φασιν, εἰ ἐξ αἰῶνος ἔγνω ὁ θεὸς τόνδε
τινὰ ἀδικήσειν καὶ τάδε ποιήσειν τὰ ἀδικήματα, ἀψευδὴς
δὲ ἡ γνῶσις τοῦ θεοῦ καὶ πάντως ἔσται ἄδικος ποιήσων
τάδε τὰ ἀδικήματα ὁ τοιοῦτος εἶναι προεωραμένος καὶ 10
ἀμήχανον μὴ ἀδικήσειν αὐτόν, κατηνάγκασται τὸ ἀδικήσειν
αὐτὸν καὶ ἀδύνατον ἔσται ἄλλο τι πρᾶξαι αὐτὸν ἢ ὅπερ
ἔγνω ὁ θεός· εἰ δὲ ἀδύνατον ἄλλο τι πρᾶξαι αὐτόν, οὐδεὶς
δὲ ἀδύνατα μὴ ποιήσας ψεκτός ἐστι, μάτην αἰτιώμεθα τοὺς
ἀδίκους. ἀπὸ δὲ τοῦ ἀδίκου καὶ τῶν ἀδικημάτων ἐπέρ- 30

6 om. τὰ ΑΒ   7 ἐξ αἰῶνος ὄντος Β   12 ἔγκειται ΑΒC
19 προέσθαι ΑΒC   22 ψεκτόν] τὸ μεμπτόν ΑΒC   23 ποι-
ῆσαι Eu   23—25 om. ἀψευδὴς—ἀδικήματα Β   24 om. καὶ
ΑC   26 τὸ] μὴ Β ; γὰρ C   30 ἔρχονται ΑΒC

ABC Eu χονται καὶ ἐπὶ τὰ ἄλλα ἁμαρτήματα, εἶτα ἐκ τοῦ ἐναντίου
καὶ τὰ νομιζόμενα κατορθώματα· καί φασιν ἀκολουθεῖν τῷ
τὸν θεὸν τὰ μέλλοντα προεγνωκέναι τὸ μὴ δύνασθαι τὸ ἐφ᾽
ἡμῖν σώζεσθαι.

5   8. Πρὸς οὓς λεκτέον ὅτι ἐπιβάλλων ὁ θεὸς τῇ ἀρχῇ
τῆς κοσμοποιίας, οὐδενὸς ἀναιτίως γινομένου, ἐπιπορεύεται
τῷ νῷ ἕκαστον τῶν ἐσομένων, ὁρῶν ὅτι ἐπεὶ τόδε γέγονε
τόδε ἕπεται, ἐὰν δὲ γένηται τόδε τὸ ἐπόμενον τόδε ἀκολουθεῖ,
οὗ ὑποστάντος τόδε ἔσται· καὶ οὕτω μέχρι τέλους τῶν
10 πραγμάτων ἐπιπορευθεὶς οἶδεν ἃ ἔσται, οὐ πάντως ἑκάστῳ
τῶν γινωσκομένων αἴτιος τοῦ αὐτὸ συμβῆναι τυγχάνων.
ὥσπερ γὰρ εἴ τις ὁρῶν τινὰ διὰ ἀμαθίαν προπετῆ, διὰ δὲ
τὴν προπετείαν ἀλογίστως ἐπιβαίνοντα ὁδοῦ ὀλισθηρᾶς,
εἰ καταλάβοι πεσεῖσθαι ὀλισθήσαντα, οὐχὶ αἴτιος τοῦ
15 ὀλίσθου ἐκείνῳ γίνεται· οὕτω νοητέον τὸν θεὸν· προεωρα-
κότα ὁποῖος ἔσται ἕκαστος καὶ τὰς αἰτίας τοῦ τοιοῦτον
αὐτὸν ἔσεσθαι καθορᾶν, καὶ ὅτι ἁμαρτήσεται τάδε ἢ κατορ-
θώσει τάδε. καὶ εἰ χρὴ λέγειν οὐ τὴν πρόγνωσιν αἰτίαν
τῶν γινομένων, (οὐ γὰρ ἐφάπτεται τοῦ προεγνωσμένου
11 ἁμαρτησομένου ὁ θεός, ὅταν ἁμαρτάνῃ), ἀλλὰ παραδοξότερον
μὲν ἀληθὲς δὲ ἐροῦμεν, τὸ ἐσόμενον αἴτιον τοῦ τοιάνδε εἶναι
τὴν περὶ αὐτοῦ πρόγνωσιν. οὐ γὰρ ἐπεὶ ἔγνωσται γίνεται,
ἀλλ᾽ ἐπεὶ ἔμελλεν γίνεσθαι ἔγνωσται· διαστολῆς δὲ δεῖται.
εἰ μὲν γὰρ τὸ ‘πάντως ἔσται’ οὕτω τις ἑρμηνεύει, ὡς ἀνάγκην
25 εἶναι γενέσθαι τὸ προεγνωσμένον, οὐ διδόαμεν αὐτῷ· οὐ γὰρ
ἐροῦμεν, ἐπεὶ προέγνωσται Ἰούδαν προδότην γενέσθαι, ὅτι
πᾶσα ἀνάγκη ἦν Ἰούδαν προδότην γενέσθαι. ἐν γοῦν ταῖς
περὶ τοῦ Ἰούδα προφητείαις μέμψεις καὶ κατηγορίαι τοῦ
Ἰούδα ἀναγεγραμμέναι εἰσὶ παντὶ τῷ παριστᾶσαι τὸ ψεκτὸν
30 αὐτοῦ. οὐκ ἂν δὲ ψόγος αὐτῷ προσήπτετο, εἰ ἐπαναγκὲς
προδότης ἦν, καὶ μὴ ἐνεδέχετο αὐτὸν ὅμοιον τοῖς λοιποῖς
ἀποστόλοις γενέσθαι. ὅρα δὲ εἰ μὴ ταῦτα δηλοῦται δι᾽

20 om. ὅταν ἁμαρτάνῃ ABC   25 δίδομεν BC; δίδωμεν A
29 παριστῶσαι CEu^g

13—2

ὧν παραθησόμεθα ῥητῶν οὕτως ἐχόντων· Μηδὲ γενηθήτω ABC Eu
οἰκτίρμων τοῖς ὀρφανοῖς αὐτοῦ· ἀνθ᾽ ὧν οὐκ ἐμνήσθη
ποιῆσαι ἔλεος, καὶ κατεδίωξεν ἄνθρωπον πένητα καὶ πτωχὸν
καὶ κατανενυγμένον τῇ καρδίᾳ τοῦ θανατῶσαι. καὶ ἠγάπη-
σεν κατάραν, καὶ ἥξει αὐτῷ· καὶ οὐκ ἠθέλησεν εὐλογίαν, 5
καὶ μακρυνθήσεται ἀπ᾽ αὐτοῦ. εἰ δέ τις διηγήσεται τὸ
'πάντως ἔσται,' καὶ τοῦτο σημαίνειν αὐτὸ λέγων, ὅτι ἔσται
μὲν τάδε τινὰ ἐνεδέχετο δὲ καὶ ἑτέρως γενέσθαι, τοῦτο ὡς
ἀληθὲς συγχωροῦμεν· τὸν μὲν γὰρ θεὸν οὐκ ἐνδέχεται
ψεύσασθαι, ἐνδέχεται δὲ περὶ τῶν ἐνδεχομένων γενέσθαι 10
καὶ μὴ γενέσθαι φρονῆσαι τὸ γενέσθαι αὐτὰ καὶ τὸ μὴ
γενέσθαι.

9. Σαφέστερον δὲ τοῦτο οὕτως ἐροῦμεν. εἰ ἐνδέ-
χεται Ἰούδαν εἶναι ἀπόστολον ὁμοίως Πέτρῳ, ἐνδέχεται
τὸν θεὸν νοῆσαι περὶ τοῦ Ἰούδα ὅτι μενεῖ ἀπόστολος 15
ὁμοίως Πέτρῳ. εἰ ἐνδέχεται Ἰούδαν προδότην γενέσθαι,
ἐνδέχεται τὸν θεὸν φρονῆσαι περὶ αὐτοῦ ὅτι προδότης ἔσται.
εἰ δὲ προδότης ἔσται Ἰούδας, ὁ θεὸς τῇ προγνώσει αὐτοῦ
τῶν προειρημένων ἐνδεχομένων δύο, ἐνδεχομένου τοῦ εἶναι
ἑνὶ αὐτῶν, τὸ ἀληθὲς προγινώσκων, προγνώσεται τὸν 20
Ἰούδαν προδότην γενέσθαι· τὸ δὲ περὶ οὗ ἡ γνῶσις ἐνδέ-
χεται καὶ ἑτέρως γενέσθαι· καὶ λέγοι ἂν ἡ γνῶσις τοῦ θεοῦ
ὅτι ἐνδέχεται μὲν τόνδε τόδε ποιῆσαι, ἀλλὰ καὶ τὸ ἐναντίον·
ἐνδεχομένων δὲ ἀμφοτέρων, οἶδα ὅτι τόδε ποιήσει· οὐ γὰρ
ὥσπερ ὁ θεὸς εἴποι ἄν, οὐκ ἐνδέχεται τόνδε τινὰ τὸν 25
ἄνθρωπον πτῆναι, οὕτω χρησμὸν φέρε εἰπεῖν περί τινος
διδοὺς ἐρεῖ ὅτι οὐκ ἐνδέχεται τόνδε σωφρονῆσαι. δύναμις
μὲν γὰρ πάντη οὐκ ἔστι τοῦ πτῆναι οὐδαμῶς ἐν τῷ ἀνθρώπῳ,
δύναμις δὲ ἔστι τοῦ σωφρονῆσαι καὶ τοῦ ἀκολαστῆσαι. ὧν 12
ἀμφοτέρων δυνάμεων ὑπαρχουσῶν, ὁ μὴ προσέχων λόγοις 30
ἐπιστρεπτικοῖς καὶ παιδευτικοῖς ἑαυτὸν ἐπιδίδωσι τῇ χείρονι·

7 καὶ τοῦτο] καὶ τὸ A; κατὰ τὸ Eu   19 ἐνδεχομένου] ἐνδεχο-
μένων AB; γεγονότων Eu   20 ἑνὶ αὐτῶν] ἑνὶ αὐτοῦ B; ἐν αὐτῷ
A Eu   24 τάδε Eu   31 χείρονι· τῇ] χειρίστῃ Eu

ABC Eu τῇ κρείττονι δὲ ὁ ζητήσας τὸ ἀληθὲς καὶ βιῶσαι βεβουλημένος κατ᾽ αὐτό. οὐ ζητεῖ δὲ ὅδε μὲν τἀληθῆ, ἐπεὶ ἐπιρρέπει ἐπὶ τὴν ἡδονήν· ὅδε δὲ ἐξετάζει περὶ αὐτῶν, αἱρεθεὶς ὑπὸ τῶν κοινῶν ἐννοιῶν καὶ λόγου προτρεπτικοῦ. πάλιν
5 τε αὖ ὅδε μὲν αἱρεῖται τὴν ἡδονήν, οὐχὶ οὐ δυνάμενος ἀντιβλέπειν αὐτῇ, ἀλλ᾽ οὐκ ἀγωνιζόμενος· ὅδε δὲ καταφρονεῖ αὐτῆς, τὸ ἄσχημον ὁρῶν τὸ ἐν αὐτῇ πολλάκις τυγχάνον.

10. Ὅτι μέντοι γε ἡ πρόγνωσις τοῦ θεοῦ οὐκ ἀνάγκην ἐπιτίθησι τοῖς περὶ ὧν κατείληφε, πρὸς τοῖς προειρημένοις
10 καὶ τοῦτο λελέξεται, ὅτι πολλαχοῦ τῶν γραφῶν ὁ θεὸς κελεύει τοὺς προφήτας κηρύσσειν μετάνοιαν, οὐ προσποιησάμενος τὸ προεγνωκέναι πότερον οἱ ἀκούσαντες ἐπιστρέψουσιν ἢ τοῖς ἁμαρτήμασιν ἑαυτῶν ἐμμενοῦσιν· ὥσπερ ἐν τῷ Ἱερεμίᾳ λέγεται· Ἴσως ἀκούσονται καὶ μετανοήσουσιν. Jer xxvi
15 οὐ γὰρ ἀγνοῶν ὁ θεὸς πότερον ἀκούσουσιν ἢ οὐ φησίν· (xxxiii) 3
Ἴσως ἀκούσονται καὶ μετανοήσουσιν· ἀλλ᾽ οἰονεὶ τὸ ἰσοστάσιον τῶν δυνάμεων γενέσθαι δεικνὺς ἐκ τῶν λεγομένων· ἵνα μὴ προκατηγγελμένη ἡ πρόγνωσις αὐτοῦ προκαταπεσεῖν ποιήσῃ τοὺς ἀκούοντας, δόξαν ἀνάγκης παριστᾶσα, ὡς
20 οὐκ ὄντος ἐπ᾽ αὐτοῖς τοῦ ἐπιστρέψαι, καὶ οἰονεὶ καὶ αὐτὴ αἰτία γένηται τῶν ἁμαρτημάτων· ἢ πάλιν τοῖς ἐκ τοῦ ἀγνοεῖν τὸ προεγνωσμένον καλὸν δυναμένοις ἐν τῷ ἀγωνίσασθαι καὶ ἀντιτείνειν πρὸς τὴν κακίαν ἐν ἀρετῇ βιῶσαι, αἰτία γένηται ἡ πρόγνωσις ἐκλύσεως, οὐκ ἔτι εὐτόνως
25 ἱσταμένοις κατὰ τῆς ἁμαρτίας, ὡς πάντως ἐσομένου τοῦ προειρημένου· καὶ οὕτω γὰρ οἷον ἐμπόδιον γένοιτ᾽ ἂν ἡ πρόγνωσις τοῦ ἐσομένου καλοῦ. πάντα γοῦν χρησίμως ὁ θεὸς τὰ κατὰ τὸν κόσμον οἰκονομῶν εὐλόγως ἡμᾶς καὶ πρὸς τὰ μέλλοντα ἐτύφλωσεν. ἡ γὰρ γνῶσις αὐτῶν ἀνῆκε μὲν
30 ἡμᾶς ἀπὸ τοῦ ἀθλεῖν κατὰ τῆς κακίας, ἐπέτριψε δ᾽ ἂν

5 τε] δὲ Eu   οὐ] ὁ BC   9 προκατείληφε Β   εἰρημένοις
C Euᵍ   12 ἐγνωκέναι Eu   ἀκούοντες BC   15 ἀκούσουσιν]
μετανοήσουσιν Β; ἂν μεταγνοῖεν C   22 καλὸν]+ἡ πρόγνωσις ΑΒ
24 om. ἡ πρόγνωσις ABC

δόξασα κατειληφθαι, πρὸς τὸ μὴ ἀντιπαλαίσαντας ἡμᾶς τῇ ABC Eu
ἁμαρτίᾳ τάχιον αὐτῇ ὑποχειρίους γενέσθαι. ἅμα δὲ καὶ
μαχόμενον ἐγίνετο τῷ καλὸν καὶ ἀγαθὸν γενέσθαι τινά, τὸ
τὴν πρόγνωσιν ἐληλυθέναι εἰς τόνδε τινὰ ὅτι πάντως ἔσται
ἀγαθός. πρὸς οἷς ἔχομεν γὰρ καὶ σφοδρότητος καὶ τάσεως 5
πλείονος χρεία πρὸς τὸ καλὸν καὶ ἀγαθὸν γενέσθαι· προ- 13
καταληφθεῖσα δὲ ἡ γνῶσις τοῦ πάντως καλὸν καὶ ἀγαθὸν
ἔσεσθαι ὑπεκλύει τὴν ἄσκησιν. διόπερ συμφερόντως οὐκ
ἴσμεν οὔτε εἰ ἀγαθοὶ οὔτε εἰ πονηροὶ ἐσόμεθα.

11. Ἐπεὶ δὲ εἰρήκαμεν ὅτι ἀπετύφλωσεν ἡμᾶς πρὸς 10
τὰ μέλλοντα ὁ θεός, ζητούμενόν τι ῥητὸν ἀπὸ τῆς Ἐξό-
Ex iv 11   δου ὅρα εἰ δυνάμεθα οὕτω σαφηνίσαι· Τίς ἐποίησεν δύσ-
κωφον καὶ κωφὸν, βλέποντα καὶ τυφλόν; οὐκ ἐγὼ κύριος
ὁ θεός; ἵνα τὸν αὐτὸν τυφλὸν καὶ βλέποντα πεποιηκὼς ᾖ,
βλέποντα μὲν τὰ ἐνεστηκότα τυφλὸν δὲ πρὸς τὰ μέλλοντα· 15
τὸ γὰρ περὶ τοῦ δυσκώφου καὶ κωφοῦ οὐ τοῦ παρόντος
καιροῦ διηγήσασθαι. ὅτι μέντοι γε πολλῶν τῶν ἐφ' ἡμῖν
αἴτια πλεῖστα τῶν οὐκ ἐφ' ἡμῖν ἐστι, καὶ ἡμεῖς ὁμολο-
γήσομεν· ὧν μὴ γενομένων, λέγω δὲ τῶν οὐκ ἐφ' ἡμῖν, οὐκ
ἂν τάδε τινὰ τῶν ἐφ' ἡμῖν ἐπράττετο· πράττεται δὲ τάδε 20
τινὰ τῶν ἐφ' ἡμῖν ἀκόλουθα τοῖσδε τοῖς προγενομένοις οὐκ
ἐφ' ἡμῖν, ἐνδεχομένου τοῦ ἐπὶ τοῖς αὐτοῖς προγενομένοις
καὶ ἕτερα πρᾶξαι παρ' ἃ πράττομεν. εἰ δέ τις ζητεῖ τὸ
ἐφ' ἡμῖν ἀπολελυμένον εἶναι τοῦ παντός, ὥστε μὴ διὰ τάδε
τινὰ συμβεβηκότα ἡμῖν ἡμᾶς αἱρεῖσθαι τάδε, ἐπιλέλησται 25
κόσμου μέρος ὢν καὶ ἐμπεριεχόμενος ἀνθρώπων κοινωνίᾳ
καὶ τοῦ περιέχοντος. μετρίως μὲν οὖν ὡς ἐν ἐπιτομῇ οἶμαι
ἀποδεδεῖχθαι τὸ τὴν πρόγνωσιν τοῦ θεοῦ μὴ εἶναι καταναγ-
καστικὴν τῶν προεγνωσμένων πάντως.

1 om. ἡμᾶς ABC   3 ἐγένετο Euᵍ; om. ABC   5 ἔχομεν
γὰρ καὶ] Euᵍ; ἔχομεν καὶ γὰρ ABC; γὰρ καὶ ἔχομεν Euᶜᵒᵈᵈ ᵃˡⁱqq
13 κωφὸν]+καὶ Eu   20 τῶν] τὰ ABC: om. Euᵍⁱ   21, 22 προ-
γενομένοις] προγεγραμμένοις (bis) B   25 om. τινὰ BC   29 πάντως]
+φέρε δὴ κ.τ.λ. Eu (v. infra p. 202 l. 2)

Ἔτι περὶ τοῦ αὐτοῦ ἐν τῷ β′ τόμῳ τῶν κατὰ Κέλσου
ἐν τούτοις.

ℵABC   12. Ὁ μὲν Κέλσος οἴεται διὰ τοῦτο γίνεσθαι τὸ ὑπό
τινος προγνώσεως θεσπισθὲν, ἐπεὶ ἐθεσπίσθη· ἡμεῖς δὲ
5 τοῦτο οὐ διδόντες φαμὲν οὐχὶ τὸν θεσπίσαντα αἴτιον εἶναι
τοῦ ἐσομένου, ἐπεὶ προεῖπεν αὐτὸ γενησόμενον, ἀλλὰ τὸ
ἐσόμενον, ἐσόμενον ἂν καὶ μὴ θεσπισθὲν, τὴν αἰτίαν τῷ
προγινώσκοντι παρεσχηκέναι τοῦ αὐτὸ προειπεῖν. καὶ ὅλον
γε τοῦτο ἐν τῇ προγνώσει τοῦ θεσπίζοντος αὐτὸ τυγχάνει·
10 δυνατοῦ δὲ ὄντος τοῦδέ τινος γενέσθαι, δυνατοῦ δὲ καὶ μὴ
γενέσθαι, ἔσται τὸ ἕτερον αὐτῶν τόδε τι. καὶ οὐ φαμεν
ὅτι ὁ προγινώσκων, ὑφελὼν τὸ δυνατὸν εἶναι γενέσθαι καὶ
μὴ γενέσθαι, οἱονεὶ τοιοῦτόν τι λέγει· τόδε πάντως ἔσται,
406 καὶ ἀδύνατον ἑτέρως γενέσθαι. καὶ τὸ τοιοῦτο φθάνει ἐπὶ
15 πᾶσαν τὴν περὶ τοῦ ἐφ' ἡμῖν τινος πρόγνωσιν, εἴτε κατὰ
τὰς θείας γραφὰς εἴτε κατὰ τὰς Ἑλλήνων ἱστορίας. καὶ ὁ
καλούμενός γε παρὰ τοῖς διαλεκτικοῖς ἀργὸς λόγος, σό-
φισμα τυγχάνων, οὐκ ἔσται μὲν σόφισμα, ὅσον ἐπὶ τῷ
Κέλσῳ, κατὰ δὲ τὸν ὑγιῆ λόγον σόφισμά ἐστιν. ἵνα δὲ τὸ
20 τοιοῦτο νοηθῇ, ἀπὸ μὲν τῆς γραφῆς χρήσομαι ταῖς περὶ
τοῦ Ἰούδα προφητείαις, ἢ τῇ τοῦ σωτῆρος ἡμῶν περὶ αὐτοῦ
ὡς προδώσοντος προγνώσει· ἀπὸ δὲ τῶν Ἑλληνικῶν
ἱστοριῶν τῷ πρὸς τὸν Λάϊον χρησμῷ, συγχωρῶν ἐπὶ τοῦ
παρόντος εἶναι· αὐτὸν ἀληθῆ, ἐπεὶ μὴ λυπεῖ τὸν λόγον.
25 περὶ τοῦ Ἰούδα τοίνυν ἐν ἑκατοστῷ καὶ ὀγδόῳ λέγεται ἐκ
προσώπου τοῦ σωτῆρος ψαλμῷ, οὗ ἡ ἀρχή· Ὁ θεὸς, τὴν   Ps cix (cviii)
αἴνεσίν μου μὴ παρασιωπήσῃς· ὅτι στόμα ἁμαρτωλοῦ καὶ   1 f.
στόμα δολίου ἐπ' ἐμὲ ἠνοίχθη. καὶ τηρήσας γε τὰ ἐν τῷ
ψαλμῷ εἰρημένα εὑρήσεις ὅτι, ὡς προέγνωσται προδώσων

3 C. Cels. ii. 20 (Ru. I. 405)   10 om. δὲ (pr.) ℵ   10, 11 om.
δυνατοῦ δὲ καὶ μὴ γεν. ℵ   14 φθάνειν ℵB   16 τὰς (sec.)] +τῶν
ABC   18 τυγχάνον ℵ   21 om. τοῦ (pr.) ℵ   25 περὶ τοῦ Ἰούδα
τοίνυν] τὸν περὶ τοῦ Ἰουδαίου νῦν ℵ   29 γεγραμμένα ℵ

τὸν σωτῆρα, οὕτω καὶ αἴτιος ὢν τῆς προδοσίας καὶ ἄξιος ℵΑΒC
τῶν ἐν τῇ προφητείᾳ λεγομένων διὰ τὴν κακίαν αὐτοῦ
Ps cix (cviii) ἀρῶν. τάδε γὰρ παθέτω, Ἀνθ᾽ ὧν, φησὶν, οὐκ ἐμνήσθη
16   τοῦ ποιῆσαι ἔλεος, καὶ κατεδίωξεν ἄνθρωπον πένητα καὶ
πτωχόν. οὐκοῦν ἐδύνατο μνησθῆναι τοῦ ποιῆσαι ἔλεος 5
καὶ μὴ καταδιῶξαι ὃν κατεδίωξε· δυνάμενος δὲ οὐ πεποίηκεν,
ἀλλὰ προέδωκεν· ὥστε ἄξιος εἶναι τῶν ἐν τῇ προφητείᾳ
κατ᾽ αὐτοῦ ἀρῶν. καὶ πρὸς Ἕλληνας δὲ χρησόμεθα τῷ
εἰρημένῳ τοῦτον τὸν τρόπον πρὸς τὸν Λάϊον, εἴτε αὐταῖς
λέξεσιν εἴτε τὸ ἰσοδυναμοῦν αὐταῖς ἀναγράψαντος τοῦ 10
τραγικοῦ. λέγεται τοίνυν πρὸς αὐτὸν ἀπὸ τοῦ προεγνωκό-
τος δὴ τὰ ἐσόμενα·

Eur Phoen   Μὴ σπεῖρε παίδων ἄλοκα δαιμόνων βίᾳ·
18 ff.   Εἰ γὰρ τεκνώσεις παῖδ᾽, ἀποκτενεῖ σ᾽ ὁ φὺς,
              Καὶ πᾶς σὸς οἶκος βήσεται δι᾽ αἵματος.   15

καὶ ἐν τούτῳ τοίνυν σαφῶς δηλοῦται ὅτι δυνατὸν μὲν ἦν τῷ
Λαΐῳ μὴ σπείρειν παίδων ἄλοκα· οὐκ ἂν γὰρ τὸ μὴ δυνατὸν
προσέταξεν αὐτῷ ὁ χρησμός· δυνατὸν δὲ ἦν καὶ τὸ σπείρειν,
καὶ οὐδέτερον αὐτῶν κατηνάγκαστο. ἠκολούθησε δὲ τῷ μὴ
φυλαξαμένῳ σπεῖραι παίδων ἄλοκα παθεῖν ἐκ τοῦ ἐσπαρ- 20
κέναι τὰ τῆς κατὰ Οἰδίποδα καὶ Ἰοκάστην καὶ τοὺς υἱοὺς
τραγῳδίας.

13. Ἀλλὰ καὶ ὁ ἀργὸς καλούμενος λόγος, σόφισμα
ὢν, τοιοῦτός ἐστι λεγόμενος ἐπὶ ὑποθέσεως πρὸς τὸν
νοσοῦντα καὶ ὡς σόφισμα ἀποτρέπων αὐτὸν χρῆσθαι τῷ 25
ἰατρῷ πρὸς ὑγίειαν, καὶ ἔχει γε οὕτως ὁ λόγος· Εἰ εἵμαρταί 407
σοι ἀναστῆναι ἐκ τῆς νόσου, ἐάν τε εἰσαγάγῃς τὸν ἰατρὸν
ἐάν τε μὴ εἰσαγάγῃς, ἀναστήσῃ· ἀλλὰ καὶ εἰ εἵμαρταί σοι
μὴ ἀναστῆναι ἐκ τῆς νόσου, ἐάν τε εἰσαγάγῃς τὸν ἰατρὸν
ἐάν τε μὴ εἰσαγάγῃς, οὐκ ἀναστήσῃ· ἤτοι δὲ εἵμαρταί σοι 30

7 προδέδωκεν ΑΒ; παρέδωκεν C   9 τούτῳ τῷ τρόπῳ ΑΒC
13 παίδων] τέκνων Eur (codd.)   αὔλακα ΑΒC   14 σ᾽ ὁ φὺς]
σε ὄφις Α   15 αἱμάτων ℵ   16 om. σαφῶς ℵ   17 αὔλακα
ΑΒC   20 παίδων] τέκνων ΑΒC

ℵABC ἀναστῆναι ἐκ τῆς νόσου, ἢ εἵμαρταί σοι μὴ ἀναστῆναι·
μάτην ἄρα εἰσάγεις τὸν ἰατρόν. ἀλλὰ χαριέντως τούτῳ τῷ
λόγῳ τοιοῦτόν τι ἀντιπαραβάλλεται· Εἰ εἵμαρταί σοι
τεκνοποιῆσαι, ἐάν τε συνέλθῃς γυναικὶ ἐάν τε μὴ συνέλθῃς,
5 τεκνοποιήσεις· ἀλλὰ καὶ εἰ εἵμαρταί σοι μὴ τεκνοποιῆσαι,
ἐάν τε συνέλθῃς γυναικὶ ἢ μὴ συνέλθῃς, οὐ τεκνοποιήσεις·
ἤτοι δὲ εἵμαρταί σοι τεκνοποιῆσαι ἢ μὴ τεκνοποιῆσαι·
μάτην ἄρα συνέρχῃ γυναικί. ὡς γὰρ ἐπὶ τούτου, ἐπεὶ ἀμή-
χανον καὶ ἀδύνατον τεκνοποιῆσαι τὸν μὴ συνελθόντα
10 γυναικὶ, οὐ μάτην παραλαμβάνεται τὸ συνελθεῖν γυναικί·
οὕτως, εἰ τὸ ἀναστῆναι ἐκ τῆς νόσου ὁδῷ τῇ ἀπὸ ἰατρικῆς
γίνεται, ἀναγκαίως παραλαμβάνεται ὁ ἰατρός· καὶ ψεῦδος
τό· Μάτην εἰσάγεις τὸν ἰατρόν. ὅλα δὲ ταῦτα παρειλή-
φαμεν, δι' ἃ παρέθετο ὁ σοφώτατος Κέλσος εἰπών· ‘Θεὸς
15 ὢν προεῖπε, καὶ πάντως ἐχρῆν γενέσθαι τὸ προειρημένον.’
εἰ γὰρ τοῦ πάντως ἀκούει ἀντὶ τοῦ κατηναγκασμένως, οὐ
δώσομεν αὐτῷ· δυνατὸν γὰρ ἦν καὶ μὴ γενέσθαι. εἰ δὲ τὸ
πάντως λέγει ἀντὶ τοῦ ἔσται, ὅπερ οὐ κωλύεται εἶναι ἀλη-
θὲς, κἂν δυνατὸν ᾖ τὸ μὴ γενέσθαι, οὐδὲν λυπεῖ τὸν λόγον·
20 οὐδὲ γὰρ ἠκολούθει τῷ προειρηκέναι τὸν Ἰησοῦν ἀληθῶς τὰ
περὶ τοῦ προδότου, ἢ τὰ περὶ τοῦ ἀρνησαμένου Πέτρου, τὸ
αὐτὸν αὐτοῖς αἴτιον γενέσθαι ἀσεβείας καὶ ἀνοσίου πράξεως.
ὁρῶν γὰρ αὐτοῦ τὸ μοχθηρὸν ἦθος ὁ καθ' ἡμᾶς γιγνώσκων   cf. Jn ii 25
τί ἦν ἐν τῷ ἀνθρώπῳ, καὶ ὁρῶν ἃ τολμήσει ἔκ τε τοῦ
25 φιλάργυρος εἶναι καὶ ἐκ τοῦ μὴ βεβαίως περὶ τοῦ διδασ-
κάλου φρονεῖν ἃ ἐχρῆν, εἶπε μετὰ πολλῶν καὶ τό· Ὁ ἐμ-   Mt xxvi 23
βάψας μετ' ἐμοῦ τὴν χεῖρα εἰς τὸ τρυβλίον, ἐκεῖνός με
παραδώσει.

3 παραβάλλεται ℵC   6 ἢ] ἐάν τε BC   8 ἐπεὶ] εἴπερ ABC
9 om. καὶ ἀδύνατον ABC   om. τὸν ABC   20 om. γὰρ ℵ
om. ἀληθῶς ℵ   21 om. πέτρου ℵ   23 ὁρῶν] ἰδὼν ℵ   27 ἐν τῶ
τρυβλίω C

[Τόμου τρίτου τῶν εἰς τὴν Γένεσιν]

(β´)   14. Φέρε δὲ ἀγωνισώμεθα καὶ περὶ τοῦ τοὺς ἀστέρας ABC Eu
μηδαμῶς εἶναι ποιητικοὺς τῶν ἐν ἀνθρώποις, σημαντικοὺς
δὲ μόνον. σαφὲς δὴ ὅτι εἰ ὅδε τις ὁ σχηματισμὸς τῶν
ἀστέρων ποιητικὸς νομίζοιτο τῶνδέ τινων τῶν γινομένων 5
περὶ τὸν ἄνθρωπον· ἔστω γὰρ περὶ τούτου νῦν ζητεῖσθαι
τὸν λόγον· οὐκ ἂν ὁ σήμερον φέρε εἰπεῖν γενόμενος σχη-
ματισμὸς περὶ τόνδε δύναιτο νοεῖσθαι πεποιηκέναι τὰ
παρεληλυθότα περὶ ἕτερον ἢ καὶ περὶ ἑτέρους· πᾶν γὰρ τὸ
ποιοῦν πρεσβύτερον τοῦ πεποιημένου. ὅσον δὲ ἐπὶ τοῖς 14
μαθήμασι τῶν τὰ τοιαῦτα ἐπαγγελλομένων, πρεσβύτερα
τοῦ σχηματισμοῦ προλέγεσθαι νομίζεται περὶ τοὺς ἀν-
θρώπους. ἐπαγγέλλονται γὰρ τόνδε τινὰ τόπον τὴν ὥραν
λαβόντες τοῦδε τοῦ ἀνθρώπου καταλαμβάνειν πῶς ἕκαστος
τῶν πλανωμένων κατὰ κάθετον, ἢ τῆσδε τῆς μοίρας τοῦ 15
ζωδίου ἢ τῶν ἐν αὐτῷ λεπτῶν, καὶ ποῖος ἀστὴρ τοῦ ζω-
διακοῦ κατὰ τοῦ ἀνατολικοῦ ἐτύγχανεν ὁρίζοντος, ποῖός τε
κατὰ τοῦ δυτικοῦ, καὶ τίς κατὰ τοῦ μεσουρανήματος, καὶ
τίς κατὰ τοῦ ἀντιμεσουρανήματος. καὶ ἐπὰν θῶσι τοὺς
ἀστέρας, οὓς νομίζουσιν ἑαυτοῖς ἐσχηματικέναι, κατὰ τὸν 20
καιρὸν τῆς τοῦ δεῖνος γενέσεως ἐσχηματισμένους οὑτωσί, τῷ
χρόνῳ τῆς ἀποτέξεως τοῦ περὶ οὗ σκοποῦσιν, οὐ μόνον τὰ
μέλλοντα ἐξετάζουσιν, ἀλλὰ καὶ τὰ παρεληλυθότα, καὶ τὰ
πρὸ τῆς γενέσεως καὶ τῆς σπορᾶς τοῦ περὶ οὗ ὁ λόγος
γεγενημένα· περὶ πατρός, ποταπὸς ὢν τυγχάνει, πλούσιος 25
ἢ πένης, ὁλόκληρος τὸ σῶμα ἢ σεσινωμένος, τὸ ἦθος
βελτίων ἢ χείρων, ἀκτήμων ἢ πολυκτήμων, τήνδε τὴν
πρᾶξιν ἢ τήνδε ἔχων· τὰ δ᾽ αὐτὰ καὶ περὶ τῆς μητρός, καὶ
περὶ πρεσβυτέρων ἀδελφῶν, ἐὰν τύχωσιν ὄντες.

2 Ru. II. 13. Eus. Praep. Ev. vi. 11   8 δύναται AC Eu;
δύνασθαι B*   13 τόπον] ABC Eu^gi; τρόπον Eu^codd aliqq   16 ποῖος]
+ ὁ AB   25 γεγενημένου AC Eu^non i

ABC Eu 15. Ἔστω δὲ ἡμᾶς ἐπὶ τοῦ παρόντος προσίεσθαι
αὐτοὺς καταλαμβάνειν τὰ ἐν τῷ τόπῳ ἀληθῆ, περὶ οὗ καὶ
αὐτοῦ ὕστερον δείξομεν ὅτι οὐχ οὕτως ἔχει· πευσώμεθα
τοίνυν τῶν ὑπολαμβανόντων κατηναγκάσθαι ὑπὸ τῶν ἄστρων
5 τὰ τῶν ἀνθρώπων πράγματα, τίνα τρόπον ὁ σήμερον σχη-
ματισμὸς ὁ τοιόσδε δύναται πεποιηκέναι τὰ πρεσβύτερα.
εἰ γὰρ τοῦτο ἀμήχανον, καθ' ὃ δὴ ὅτι εὑρίσκεται τὸ περὶ
τῶν πρεσβυτέρων τοῦ χρόνου ἀληθές, σαφὲς τὸ μὴ πεποιη-
κέναι τοὺς ἀστέρας οὑτωσὶ κινουμένους ἐν οὐρανῷ τὰ παρελη-
10 λυθότα καὶ γενόμενα πρὸ τοῦ οὕτως ἔχειν αὐτούς. εἰ δὲ
τοῦτο, τάχα ὁ προσιέμενος ἀληθεύειν αὐτούς, ἐπιστήσας
τοῖς περὶ τῶν μελλόντων λεγομένοις, ἐρεῖ ἀληθεύειν αὐτοὺς
οὐ τῷ ποιεῖν τοὺς ἀστέρας ἀλλὰ τῷ σημαίνειν μόνον. ἐὰν
δέ τις φάσκῃ τὰ μὲν παρεληλυθότα μὴ ποιεῖν τοὺς ἀστέρας,
15 ἀλλὰ ἄλλους μὲν σχηματισμοὺς τοὺς τῆς ἐκείνων γενέσεως
αἰτέους γεγονέναι, τὸν δὲ νῦν σχηματισμὸν σεσημαγκέναι
μόνον, τὰ μέντοι μέλλοντα δηλοῦσθαι ἀπὸ τοῦ ἐνεστηκότος
15 σχηματισμοῦ τῆς τοῦ δεῖνος γενέσεως· παραστησάτω τὴν
διαφορὰν τοῦ ἀπὸ τῶν ἀστέρων δύνασθαι δεῖξαι ὅτι τάδε
20 μὲν νενόηται ἀληθῆ ὡς ἀπὸ ποιούντων, τάδε δὲ ὡς ἀπὸ
σημαινόντων μόνον. μὴ ἔχοντες δὲ δοῦναι τὴν διαφορὰν
εὐγνωμόνως συγκαταθήσονται τῷ μηδὲν τῶν κατὰ τοὺς ἀν-
θρώπους ἀπὸ τῶν ἀστέρων γίνεσθαι, ἀλλ' ὡς προειρήκαμεν,
εἰ ἄρα, σημαίνεσθαι· ὡς εἰ καὶ μὴ ἀπὸ τῶν ἀστέρων τις
25 ἐλάμβανε τὰ παρεληλυθότα καὶ τὰ μέλλοντα, ἀλλ' ἀπὸ
τοῦ νοῦ τοῦ θεοῦ διά τινος λόγου προφητικοῦ. ὥσπερ γὰρ
προαπεδείξαμεν ὅτι οὐδὲν λυπεῖ τὸν περὶ τοῦ ἐφ' ἡμῖν λόγον
τὸ τὸν θεὸν εἰδέναι τὰ πραχθησόμενα ἑκάστῳ, οὕτως οὐδὲ
τὰ σημεῖα, ἃ ἔταξεν ὁ θεὸς εἰς τὸ σημαίνειν, ἐμποδίζει τὸ
30 ἐφ' ἡμῖν· ἀλλὰ παραπλησίως βιβλίῳ περιέχοντι τὰ μέλ-
λοντα προφητικῶς ὁ πᾶς οὐρανὸς δύναται, οἱονεὶ βίβλος
ὢν θεοῦ, περιέχειν τὰ μέλλοντα. διόπερ ἐν τῇ προσευχῇ

3 πευσόμεθα BC   7 γὰρ] δὲ ABC   22 om. τῷ Eu
24 μὴ καὶ Eu   29 τὸ (sec.)] τῷ AC

τοῦ Ἰωσὴφ δύναται οὕτω νοεῖσθαι τὸ λεγόμενον ὑπὸ τοῦ ABC Eu

cf. Test Aser
7
Ἰακώβ· Ἀνέγνων γὰρ ἐν ταῖς πλαξὶ τοῦ οὐρανοῦ ὅσα
συμβήσεται ὑμῖν καὶ τοῖς υἱοῖς ὑμῶν. τάχα δὲ καὶ τό·

Is xxxiv 4
Εἱλιγήσεται ὁ οὐρανὸς ὡς βιβλίον· τοὺς λόγους τοὺς
περιεχομένους σημαντικοὺς τῶν ἐσομένων δηλοῖ ἀπαρτι- 5
σθησομένους καὶ, ἵν᾽ οὕτως εἴπω, πληρωθησομένους, ὥσπερ
λέγονται καὶ αἱ προφητεῖαι πεπληρῶσθαι τῷ ἐκβεβηκέναι.
καὶ οὕτως ἔσται εἰς σημεῖα τὰ ἄστρα γεγονότα, κατὰ τὴν

Ge i 14
λέγουσαν φωνήν· Ἔστωσαν εἰς σημεῖα. ὁ δὲ Ἱερεμίας
ἐπιστρέφων ἡμᾶς πρὸς ἑαυτοὺς, καὶ περιαιρῶν φόβον τὸν 10
ἐπὶ τοῖς νομιζομένοις σημαίνεσθαι, τάχα δὲ καὶ ὑπολαμ-

Jer x 2
βανομένοις ἐκεῖθεν ἔρχεσθαι, φησίν· Ἀπὸ τῶν σημείων τοῦ
οὐρανοῦ μὴ φοβεῖσθε.

16. Ἴδωμεν καὶ δεύτερον ἐπιχείρημα, πῶς οὐ δύναν-
ται οἱ ἀστέρες εἶναι ποιητικοὶ ἀλλ᾽, εἰ ἄρα, σημαντικοί. 15
ἀπὸ πλείστων γὰρ ὅσων γενέσεων ἔστι λαβεῖν τὰ περὶ ἑνὸς
ἀνθρώπου· τοῦτο δὲ καθ᾽ ὑπόθεσιν λέγομεν, συγχωροῦντες
τὸ ἐπιστήμην αὐτῶν ἀναλαμβάνεσθαι ὑπ᾽ ἀνθρώπων δύνα-
σθαι. φέρε γὰρ εἰπεῖν, περὶ τοῦ τόνδε πείσεσθαι τόδε καὶ
τεθνήξεσθαι περιπεσόντα λῃσταῖς καὶ ἀναιρεθέντα φασὶ 20
δύνασθαι λαμβάνειν ἀπό τε τῆς ἰδίας αὐτοῦ γενέσεως, κἂν
τύχῃ ἔχων ἀδελφοὺς πλείονας, καὶ ἀπὸ τῆς ἑκάστου αὐτῶν.
περιέχειν γὰρ οἴονται τὴν ἑκάστου γένεσιν ἀδελφὸν ὑπὸ
λῃστῶν τεθνηξόμενον, ὁμοίως καὶ τὴν τοῦ πατρὸς καὶ τὴν
τῆς μητρὸς καὶ τὴν τῆς γαμετῆς καὶ τῶν υἱῶν αὐτοῦ καὶ 25
τῶν οἰκετῶν καὶ τῶν φιλτάτων, τάχα δὲ καὶ αὐτῶν τῶν 16
ἀναιρούντων. πῶς οὖν δυνατὸν τὸν τοσαύταις γενέσεσιν,
ἵνα αὐτοῖς τοῦτο συγχωρηθῇ, ἐμπεριεχόμενον γίνεσθαι ὑπὸ
τοῦ σχηματισμοῦ τῶν ἀστέρων τῆσδε μᾶλλον τῆς γενέσεως
ἢ τῶνδε; ἀπίθανον γὰρ καὶ τὸ φάσκειν τὸν σχηματισμὸν 30
τὸν ἐν τῇ ἰδίᾳ τοῦδέ τινος γενέσει ταῦτα πεποιηκέναι, τὸν
δὲ ἐν τῇ τῶνδε γενέσει μὴ πεποιηκέναι ἀλλὰ σεσημαγκέναι

ABC Eu μόνον· ἠλίθιον γὰρ τὸ εἰπεῖν ὅτι ἡ πάντων γένεσις περιεῖχε καθ' ἕκαστον ποιητικὸν τοῦ τόνδε ἀναιρεθῆναι, ὥστε ἐν γενέσεσιν, καθ' ὑπόθεσιν λέγω, πεντήκοντα περιέχεσθαι τὸ τόνδε τινὰ ἀναιρεθῆναι. οὐκ οἶδ' ὅπως δυνήσονται σῶσαι
5 τὸ τῶν μὲν ἐν Ἰουδαίᾳ σχεδὸν πάντων τοιόνδε εἶναι τὸν σχηματισμὸν ἐπὶ τῆς γενέσεως, ὡς ὀκταήμερον αὐτοὺς λαμβάνειν περιτομήν, ἀκρωτηριαζομένους τὰ μόρια καὶ ἑλκουμένους καὶ φλεγμονῇ περιπεσουμένους καὶ τραύμασι, καὶ ἅμα τῇ εἰς τὸν βίον εἰσόδῳ ἰατρῶν δεομένους· τῶν δὲ ἐν Ἰσμαηλίταις
10 τοῖς κατὰ τὴν Ἀραβίαν τοιόνδε, ὡς πάντας περιτέμνεσθαι τρισκαιδεκαετεῖς· τοῦτο γὰρ ἱστόρηται περὶ αὐτῶν· καὶ πάλιν τῶνδέ τινων τῶν ἐν Αἰθίοψι τοῖσδε τὰς κόγχας τῶν γονάτων περιαιρεῖσθαι, καὶ τῶν Ἀμαζόνων τοὺς ἑτέρους τῶν μαστῶν. πῶς γὰρ ταῦτα ποιοῦσιν οἱ ἀστέρες τοῖσδε
15 τοῖς ἔθνεσιν; οἶμαι ὅτι εἰ ἐπιστήσαιμεν οὐδὲ μέχρι τοῦ στῆσαι δυνησόμεθά τι ἀληθὲς εἰπεῖν περὶ αὐτῶν. τοσούτων δὲ φερομένων ὁδῶν προγνωστικῶν, οὐκ οἶδ' ὅπως ἐξώκειλαν οἱ ἄνθρωποι ἐπὶ τὸ τὴν μὲν οἰωνιστικὴν καὶ τὴν θυτικὴν μὴ λέγειν περιέχειν τὸ ποιοῦν αἴτιον, ἀλλὰ ση-
20 μαίνειν μόνον, καὶ τὴν ἀστεροσκοπικήν, οὐκ ἔτι δὲ τὴν
17 γενεθλιαλογικήν. εἰ γὰρ ἐπεὶ γινώσκεται, ἵνα καὶ χαρισώμεθα τὸ γινώσκεσθαι, γίνεται ἐκεῖθεν ὅθεν ἡ γνῶσις λαμβάνεται, τί μᾶλλον ἀπὸ τῶν ἀστέρων ἢ ἀπὸ τῶν οἰωνῶν ἔσται τὰ γινόμενα, καὶ μᾶλλον ἀπὸ τῶν οἰωνῶν ἢ ἀπὸ
25 τῶν σπλάγχνων τῶν θυομένων ἢ ἀπὸ τῶν διαταττόντων ἀστέρων; ταῦτα μὲν οὖν ἐπὶ τοῦ παρόντος ἀρκέσει εἰς ἀναίρεσιν τοῦ ποιητικοὺς εἶναι τοὺς ἀστέρας τῶν ἀνθρωπίνων.

17. Ὅπερ δὲ συγκεχωρήκαμεν, οὐ γὰρ ἐλύπει τὸν λό- (γ΄)
30 γον, ὡς τῶν ἀνθρώπων δυναμένων καταλαμβάνειν τοὺς οὐρανίους σχηματισμοὺς καὶ τὰ σημεῖα καὶ ὧν ἐστι σημεῖα,

7 om. τὰ μόρια Eu   14 om. τοῖσδε ABC   16 στῆναι
ABC; forsitan legendum σημανθῆναι   21 ἐπεὶ γιν.] ἐπιγιν. A Eu
22 γίνεται] + δὲ Eu   25 διαττόντων Eu   29 συνεχωρήσαμεν BC

τοῦτο φέρε νῦν ἐξετάσωμεν εἰ ἀληθές ἐστι. φασὶ τοίνυν οἱ ABC Eu περὶ ταῦτα δεινοὶ τὸν μέλλοντα τὰ κατὰ τὴν γενεθλιαλογίαν ἀκριβῶς καταλαμβάνειν <δεῖν> εἰδέναι οὐ μόνον τὸ κατὰ πόστου δωδεκατημορίου ἐστὶν ὁ καλούμενος ἀστήρ, ἀλλὰ καὶ κατὰ ποίας μοίρας τοῦ δωδεκατημορίου καὶ κατὰ ποίου 5 ἑξηκοστοῦ· οἱ δὲ ἀκριβέστεροι καὶ κατὰ ποίου ἑξηκοστοῦ τοῦ ἑξηκοστοῦ. καὶ τοῦτό φασι δεῖν ποιεῖν ἐφ' ἑκάστου τῶν πλανωμένων, ἐξετάζοντα τὴν σχέσιν τὴν πρὸς τοὺς ἀπλανεῖς. πάλιν αὖ ἐπὶ τοῦ ἀνατολικοῦ ὁρίζοντος δεήσει, φασὶν, ἰδεῖν οὐ μόνον τὸ δωδεκατημόριον ποῖον ἦν ἐπ' 10 αὐτοῦ, ἀλλὰ καὶ τὴν μοῖραν καὶ τὸ ἑξηκοστὸν τῆς μοίρας, τὸ πρῶτον ἢ τὸ δεύτερον ἑξηκοστόν. πῶς τοίνυν τῆς ὥρας πλατεῖ λόγῳ ἥμισυ δωδεκατημορίου περιεχούσης δύναταί τις λαβεῖν τὸ ἑξηκοστὸν, μὴ ἔχων τὴν ἀναλογίαν τῆς διαιρέσεως τῶν ὡρῶν, ὥστε φέρε εἰπεῖν εἰδέναι ὅτι γεγέν- 15 νηται ὁ δεῖνα ὥρᾳ τετάρτῃ, καὶ ἡμίσει ὥρας, καὶ τετάρτῳ, ὀγδόῳ, καὶ ἑκκαιδεκάτῳ, καὶ δυοτριακοστῷ; παραπολὺ γάρ φασι παραλλάττειν τὰ σημαινόμενα παρὰ τὴν ἀγνωσίαν οὐ τῆς ὅλης ὥρας, ἀλλὰ καὶ ποστημορίου αὐτῆς. ἐν γοῦν τοῖς διδύμοις γεννωμένοις πολλάκις τὸ μεταξὺ ἀκαριαῖον 20 ὥρας ἐστὶ, καὶ πολλαὶ παραλλαγαὶ τῶν συμβαινόντων καὶ τῶν πραττομένων ἐπ' αὐτῶν ἀπαντῶσιν, ὥς φασιν ἐκεῖνοι, παρὰ τὴν αἰτίαν τῆς σχέσεως τῶν ἀστέρων, καὶ τὸ μόριον τοῦ δωδεκατημορίου τὸ παρὰ τὸν ὁρίζοντα, οὐ καταλαμ- 18 βανόμενον ὑπὸ τῶν νομιζομένων τὴν ὥραν τετηρηκέναι. 25 οὐδεὶς γὰρ δύναται λέγειν ὅτι μεταξὺ τῆς τοῦδε γενέσεως πρὸς τὴν τοῦδε ἐστὶν ὥρας τριακοστόν. ἀλλ' ἔστω συγκεχωρημένα αὐτοῖς τὰ κατὰ τὸ ἐκλαμβάνειν τὴν ὥραν.

18. Φέρεται δὴ θεώρημα ἀποδεικνύον τὸν ζωδιακὸν κύκλον ὁμοίως τοῖς πλανωμένοις φέρεσθαι ἀπὸ δυσμῶν 30

3 ἀκριβῶς] ἀληθῶς Eu   om. τὸ BC   7 ἑκάστω ABC
9 αὖ] οὖν C Eu^g   12 om. τὸ πρῶτον ABC   18 φησι BEu^i
19 om. καὶ B Eu^g   26 ὅτι]+τὸ Eu^non i   τοῦδε τῆς Eu
27, 28 συγκεχωρημένον αὐτοῖς τὸ Eu^ig

ABC Eu ἐπὶ ἀνατολὰς δι' ἑκατὸν ἐτῶν μοῖραν μίαν, καὶ τοῦτο τῷ
πολλῷ χρόνῳ ἐναλλάττειν τὴν θέσιν τῶν δωδεκατημορίων·
ἑτέρου μὲν τυγχάνοντος τοῦ νοητοῦ δωδεκατημορίου, ἑτέρου
δὲ τοῦ ὡσανεὶ μορφώματος· τὰ δὲ ἀποτελέσματά φασιν
5 εὑρίσκεσθαι οὐκ ἐκ τοῦ μορφώματος, ἀλλ' ἐκ τοῦ νοητοῦ
ζωδίου· ὅπερ οὐ πάνυ τι δυνατὸν καταλαμβάνεσθαι. ἔστω
δὴ καὶ τοῦτο συγκεχωρημένον, τὸ καταλαμβάνεσθαι τὸ
νοητὸν δωδεκατημόριον, ἢ δύνασθαι ἐκ τοῦ αἰσθητοῦ δω-
δεκατημορίου λαμβάνεσθαι τὸ ἀληθές, ἀλλὰ τήν γε σύγ-
10 κρασιν παρ' αὐτοῖς καλουμένην τῶν ἐν τοῖσδε τοῖς σχη-
ματισμοῖς τυγχανόντων καὶ αὐτοὶ ὁμολογήσουσιν οὐχ οἷοί
τε σῶσαι κατ' ἀξίαν, ἀμαυρουμένου τοῦ δηλουμένου φέρε
εἰπεῖν χείρονος ἀπὸ τοῦδε, διὰ τὸ ἐπιβλέπεσθαι αὐτὸν ὑπὸ
τοῦδε τοῦ κρείττονος, καὶ ἐπὶ τοσόνδε ἢ τοσόνδε ἀμαυρου-
15 μένου· πολλάκις πάλιν τῆς ἀμαυρώσεως τῆς τοῦ χείρονος
ὑπὸ τῆς ἐπιβλέψεως τῆς τοῦ κρείττονος ἐμποδιζομένης, ἐκ
τοῦ ἕτερον οὑτωσὶ ἐσχηματίσθαι, χειρόνων ὄντα σημαντικόν.
καὶ οἶμαι ἐπιστήσαντά τινα τοῖς τόποις ἀπογνῶναι τὴν
περὶ τούτων κατάληψιν, οὐδαμῶς ἀνθρώποις ἐκκειμένην,
20 ἀλλ', εἰ ἄρα, μέχρι τοῦ σημανθῆναι μόνον φθάνουσαν. εἰ
δέ τις ἐν πείρᾳ γεγένηται τῶν πραγμάτων, μᾶλλον εἴσεται
τὸ ἐν τῷ στοχάζεσθαι ἀποπτωτικὸν τῶν λεγόντων καὶ
αὐτῶν τῶν συγγραψαμένων, ἤπερ νομιζόμενον ἐπιτευκτικόν.
καὶ Ἡσαΐας γοῦν, ὡς οὐ δυναμένων τούτων εὑρίσκεσθαι
25 ὑπὸ ἀνθρώπων, φησὶ πρὸς τὴν θυγατέρα τῶν Χαλδαίων
τῶν ταῦτα μάλιστα παρὰ πάντας ἐπαγγελλομένων· Στήτω- Is xlvii 13
σαν καὶ σωσάτωσάν σε οἱ ἀστρολόγοι τοῦ οὐρανοῦ, ἀναγ-
γειλάτωσάν σοι τί μέλλει ἐπὶ σὲ ἔρχεσθαι. διὰ γὰρ
τούτων διδασκόμεθα μὴ δύνασθαι τοὺς πάνυ περὶ ταῦτα
30 φιλομαθεῖς προδηλοῦν, ἃ βεβούληται κύριος ἑκάστῳ ἔθνει
ἐπαγαγεῖν.

12 κατὰ πᾶν Eu   19 ἐγκειμένην ABC   20 σανθῆναι B;
σωθῆναι Euᵍ; om. C   21 γένηται AB; γένοιτο C   29 om.
πάνυ ABC   31 ἐπαγαγεῖν] hactenus Eusebius

19. Νῦν γὰρ, ὡς πρὸς τὴν λέξιν, τὸ προφητικὸν ἐξει- 19

cf. Test Aser λήφαμεν. εἰ δέ φησιν ὁ Ἰακὼβ ἀνεγνωκέναι ἐν ταῖς ABC
7
πλαξὶ τοῦ οὐρανοῦ τὰ συμβησόμενα τοῖς υἱοῖς αὐτοῦ, καὶ
ὅσον ἐπὶ τούτῳ ἀντιλέγοι τις ἂν ἡμῖν ὅτι ἐναντία οἷς
εἰρήκαμεν δηλοῦται διὰ τῆς γραφῆς· ἐλέγομεν γὰρ ἄνθρω- 5
πον ἀκαταλήπτως ἔχειν τῶν σημείων, ὁ δὲ Ἰακὼβ φησιν
ἀνεγνωκέναι ἐν ταῖς πλαξὶ τοῦ οὐρανοῦ· ἀπολογησόμεθα
ὅτι οἱ καθ᾽ ἡμᾶς σοφοὶ, πνεύματι περισσοτέρῳ χρησάμενοι
τῆς ἀνθρωπίνης φύσεως, οὐκ ἀνθρωπίνως θείως δὲ διδάσ-
2 Co xii 4   κονται τὰ ἀπόρρητα· ὥσπερ ὁ Παῦλος, λέγων· Ἤκουσα 10
ἄρρητα ῥήματα ἃ οὐκ ἐξὸν ἀνθρώπῳ λαλῆσαι. ἴσασι γὰρ
τροπῶν ἀλλαγὰς καὶ μεταβολὰς καιρῶν, ἐνιαυτῶν κύκλους
καὶ ἀστέρων θέσεις, οὐκ ἀπ᾽ ἀνθρώπων οὐδὲ δι᾽ ἀνθρώπων,
ἀλλὰ τοῦ πνεύματος ἀποκαλύπτοντος αὐτοῖς καὶ καθαρῶς,
ὡς θέλει ὁ θεὸς, τὰ θεῖα ἀπαγγέλλοντος. καὶ ἄλλως δὲ ὁ 15
Ἰακὼβ μείζων ἢ κατὰ ἄνθρωπον ἦν, πτερνίζων τὸν ἀδελφὸν
αὐτοῦ, καὶ ὁμολογῶν ἐν αὐτῇ ταύτῃ τῇ βίβλῳ ἀφ᾽ ἧς
παρεθέμεθα τό· Ἀνέγνων ἐν ταῖς πλαξὶ τοῦ οὐρανοῦ·
εἶναι ἀρχιχιλίαρχος δυνάμεως κυρίου, καὶ ὄνομα πάλαι
κεκτημένος Ἰσραήλ· ὅπερ ἐν σώματι λειτουργῶν ἀναγνω- 20
ρίζει, ὑπομιμνήσκοντος αὐτὸν τοῦ ἀρχαγγέλου Οὐριήλ.

(δ´)   20. Μετὰ ταῦτα λείπεται ἐξετάσαι καὶ παραστῆσαι
τοῖς πιστεύουσιν ὅτι εἰς σημεῖα κεῖνται οἱ φωστῆρες τοῦ
οὐρανοῦ, σανθεῖσι δὲ καὶ ἐκ τῶν ὑπὸ τῶν περιεργοτέρων
φερομένων εἰς τοὺς τόπους, τίς ἡ αἰτία τοῦ ταῦτα τὰ σημεῖα 25
τὸν θεὸν πεποιηκέναι ἐν οὐρανῷ. καὶ ἔστιν εἰπεῖν πρῶτον
μὲν ὅτι πιστευόμενα τὰ τῆς μεγαλειότητος τοῦ νοῦ τοῦ
θεοῦ πᾶσαν γνῶσιν τὴν περὶ ἑκάστου τῶν ὄντων ἐμπερι-
ειληφότος, ὥστε μηδὲ τὸ τυχὸν καὶ νομιζόμενον ἐλάχιστον
λανθάνειν τὴν θειότητα αὐτοῦ, δόξαν μὲν περιέχει τοῦ οἱονεὶ 30
ἄπειρα ἀριθμῷ οὕτως αὐτὸν ἐμπεριειληφέναι ἐν ἑαυτῷ, οὐ
μὴν ἐναργῆ τὴν ἀπόδειξιν, ἀλλὰ πεπιστευμένη ὡς ἁρμό-

2 om. ὁ B   11 ἐξ ὧν ἀνῶν B   24 στανθεισι A; συνθήσῃ C
περιεργότερον AC   26 ἐν]+τῷ C

ABC ζουσαν τῷ ἀγενήτῳ νῷ καὶ ὑπὲρ πᾶσαν φύσιν τυγχάνοντι.

ἵν᾽ οὖν τῇ πείρᾳ τοῦτο καταλαμβάνηται ὑπὸ τῶν μειζόνων
ἢ κατὰ ἄνθρωπον καὶ τῶν ἁγίων ψυχῶν τοῦ ἐνεστηκότος
δεσμοῦ ἀπηλλαγμένων, ὡσπερεὶ γράμματα καὶ χαρακτῆρας
5 καὶ διὰ τῆς τῶν οὐρανίων περιφορᾶς ἐποίησεν ἐν οὐρανῷ ὁ
θεὸς τοὺς δεδιδαγμένους καὶ διδαχθησομένους ἀναγινώσκειν
τὰ σημεῖα τοῦ θεοῦ. οὐ θαυμαστὸν δὲ καὶ ὑπὲρ ἐνδείξεως
τῆς πρὸς τοὺς μακαρίους ποιεῖν τινὰ τὸν θεὸν, τῆς γραφῆς
λεγούσης τῷ Φαραώ· Εἰς αὐτὸ τοῦτο ἐξήγειρά σε, ὅπως Ro ix 17
10 ἐνδείξωμαι ἐν σοὶ τὴν δύναμίν μου, καὶ ὅπως διαγγελῇ τὸ
ὄνομά μου ἐν πάσῃ τῇ γῇ. εἰ γὰρ διετηρήθη Φαραὼ ὑπὲρ cf. Ex ix 16
20 ἐνδείξεως δυνάμεως θεοῦ καὶ διαγγελίας τοῦ ὀνόματος
αὐτοῦ ἐν πάσῃ τῇ γῇ, ἐννόει πόσην ἔνδειξιν δυνάμεως θεοῦ
περιέχει τὰ οὐράνια σημεῖα, πάντων τῶν ἀπ᾽ αἰῶνος ἕως
15 συντελείας ἐντετυπωμένων τῇ ἀξίᾳ βίβλῳ τοῦ θεοῦ τῷ
οὐρανῷ. δεύτερον δὲ στοχάζομαι ταῖς τὰ ἀνθρώπινα οἰ-
κονομούσαις δυνάμεσιν ἐκκεῖσθαι τὰ σημεῖα, ἵνα τινὰ μὲν
γινώσκωσι μόνον, τινὰ δὲ ἐνεργῶσι· καθάπερ ἐν ταῖς παρ᾽
ἡμῖν βίβλοις ἃ μὲν γέγραπται ἵνα γινώσκωμεν, οἷον τὰ
20 περὶ κοσμοποιίας καὶ εἴτινα ἄλλα μυστήρια· ἃ δὲ ἵνα
γινώσκοντες ποιῶμεν, ὥσπερ τὰ περὶ τὰς ἐντολὰς καὶ τὰ
προστάγματα τοῦ θεοῦ. ἐνδέχεται δὴ τὰ οὐράνια γράμ-
ματα, ἃ ἄγγελοι καὶ δυνάμεις θεῖαι ἀναγινώσκειν καλῶς
δύνανται, περιέχειν τινὰ μὲν ἀναγνωσθησόμενα ὑπὸ τῶν
25 ἀγγέλων καὶ λειτουργῶν τοῦ θεοῦ, ἵνα εὐφραίνωνται γινω-
σκοντες· τινὰ δὲ ὡσπερεὶ ἐντολὰς λαμβάνοντες ποιῶσι.

21. Καὶ οὐχ ἁμαρτησόμεθα τὸ ἀνάλογον τοῖς ἐν τῷ
νόμῳ λέγοντες ἔχειν τὸν οὐρανὸν καὶ τοὺς ἀστέρας· ἐὰν
δὲ χείρονες καὶ ἕτεραι τοῦ ἀνθρώπου ἐνέργειαι ποιῶσί τινα
30 τῶν προεγνωσμένων καὶ σημαινομένων ἐν οὐρανῷ, οὐκ
ἀνάγκη καὶ αὐτὰς ἀπὸ τῶν τοῦ θεοῦ γραμμάτων ὑπομιμνη-
σκομένας ποιεῖν ἃ ἐνεργοῦσιν· ἀλλ᾽ ὥσπερ ἄνθρωποι ἀδι-

9 ἐξηγήρασθαι (om. σε) A   10 διαγγελεῖται C   17 ἐγκεῖσθαι
ABC; sed cf. supr. p. 178, ll. 12, 15   22 om. τοῦ B

κοῦντες, οὐ μανθάνοντες προεγνωκέναι τὸν θεὸν τὸ τόνδε ABC
τινὰ ἀδικηθήσεσθαι ὑπ' αὐτῶν, ἐνεργοῦσι τὸ ἀδικεῖν ἐκ τῆς
ἑαυτῶν πονηρίας· οὕτως αἱ ἀντικείμεναι δυνάμεις, τοῦ θεοῦ
τὴν κακίαν τῶν τὰ μοχθηρὰ βουλομένων ἀνθρώπων καὶ
δυναμέων προεγνωκότος, τῇ ἰδίᾳ αἰσχίστῃ ἐπιτελοῦσι 5
cf. He i 14   προαιρέσει. οἱ μέντοι ἱεροὶ ἄγγελοι, τὰ λειτουργικὰ
πνεύματα τὰ εἰς διακονίαν ἀποστελλόμενα, εἰκὸς ὅτι,
ὡς ἀπὸ νόμου θεοῦ γεγραμμένων τὰ προστάγματα λαμ-
βάνοντες, τεταγμένως καὶ ὅτε δεῖ καὶ ὡς δεῖ καὶ ὅσον δεῖ
ποιοῦσι τὰ κρείττονα· ἄτοπον γὰρ αὐτοὺς θείους ὄντας 10
ἀποκληρωτικῶς καὶ <οὐχ> ὡρισμένως ἔρχεσθαι ἐπὶ τὸ
φέρ' εἰπεῖν χρηματίσαι τι τῷ Ἀβραὰμ, καὶ ποιῆσαί τι τῷ
Ἰσαὰκ, καὶ ῥύσασθαι ἐκ κινδύνου τὸν Ἰακὼβ, ἢ ἐπιστῆναι
τῷ πνεύματι τοῦδε τοῦ προφήτου. ἵνα οὖν μὴ ἀποκλη-
ρωτικῶς μηδὲ κατὰ συντυχίαν τοῦτο πράττωσιν, ἀνα- 15
γινώσκουσι τὴν βίβλον τοῦ θεοῦ· καὶ οὕτως ποιοῦσι τὰ
αὑτοῖς ἐπιβάλλοντα. ὡς προείπομεν δὲ, ἡμεῖς ἃ ποιοῦμεν,
ἢ αἱ ἀντικείμεναι ἐνέργειαι ἃ ἐπιτελοῦσιν εἰς ἡμᾶς, ἰδίᾳ
προαιρέσει ποιοῦμεν· ἀτάκτῳ μὲν, ὅτε ἁμαρτάνομεν· πεπαι-
δευμένῃ δὲ, οὐκ ἄτερ ἀγγέλων οὐδὲ θείων γραμμάτων οὐδὲ 20
ὑπηρετῶν ἁγίων, ὅτε θεῷ εὐάρεστα πράττομεν.

Καὶ Κλήμης Δὲ ὁ Ῥωμαῖος, Πέτρου τοῦ ἀποστόλου
μαθητὴς, ϲγνωδὰ τούτοιϲ ἐν τῷ παρόντι προβλήματι
πρὸϲ τὸν πατέρα ἐν Λαοδικείᾳ εἰπὼν ἐν ταῖϲ Περιό-
δοιϲ, ἀναγκαιότατόν τι ἐπὶ τέλει τῶν περὶ τούτου 25
λόγων φηϲὶν περὶ τῶν τῆϲ γενέϲεωϲ δοκούντων
ἐκβεβηκέναι, λόγῳ ιδ'.

22. Καὶ ὁ πατήρ· Σύγγνωθί μοι, τέκνον· οἱ μὲν γὰρ 21

5 δυναμέων] scripsi cum codd. Thuan.; δυναμένων ABC   προ-
εγνωκότες A   7 om. τὰ BC   8 γεγραμμένα A   9 ὡς
δεῖ καὶ ὅτε δεῖ B   11 οὐχ] Tarinus sine nota; om. ABC   17 ἃ]
+ οὐ B   28 cf. Clem. Recogn. x. 10 (vers. Rufin.)

ABC χθές σου λόγοι ἀληθεῖς ὄντες συνελογίσαντό με συνθέσθαι
σοι· ἡ δὲ ἐμὴ συνείδησις μικρά με ὥσπερ πυρετοῦ ἔλλειμμα
πρὸς ἀπιστίαν βραχέα βασανίζει· σύνοιδα γὰρ ἐμαυτῷ τὰ
τῆς γενέσεως πάντα μοι ἀποτελεσθέντα.

5 Κἀγὼ ἀπεκρινάμην· Συννόησόν μοι, πάτερ, οἵαν φύσιν
ἔχει τὸ μάθημα, ἐξ ὧν ἐγώ σοι συμβουλεύω. μαθηματικῷ
συμβαλών, εἰπὲ πρῶτον αὐτῷ ὅτι Τάδε μοι φαῦλα ἐν τῷδε
τῷ χρόνῳ γέγονεν· ἐκ τίνος ἄρα μοι τῶν ἀστέρων γέγονε
μαθεῖν ἤθελον. καὶ ἐρεῖ σοι ὅτι τοὺς χρόνους κακοποιὸς
10 διεδέξατο Ἄρης ἢ Κρόνος, ἢ τούτων τις ἀποκαταστατικὸς
ἐγένετο, ἢ τὸν ἐνιαυτὸν τοῦτόν τις ἐπεθεώρησεν ἐκ τετρα-
γώνου ἢ διαμέτρου ἢ συνὼν ἢ κεκεντρωμένος ἢ παρὰ αἵρεσιν.
ὅμως καὶ ἄλλα μυρία εἰπεῖν ἔχει. πρὸς τούτοις δὲ ἢ ἀγα-
θοποιὸς κακῷ ἀσύνδετος ἦν ἢ ἀνεπιθεώρητος ἢ ἐν σχήματι
15 ἢ παρὰ αἵρεσιν ἢ ἐν ἐκλείψει ἢ ἀνεπισύναφος ἢ ἐν ἀμαυροῖς
ἄστροις. καὶ ὅμως πολλῶν προφάσεων οὐσῶν πρὸς ἃ
ἤκουσε τὰς ἀποδείξεις παρασχεῖν ἔχει. μετὰ τοῦτον οὖν
τὸν μαθηματικὸν ἑτέρῳ προσελθὼν τὰ ἐναντία εἰπέ· ὅτι
Τόδε μοι ἀγαθὸν ἐν τῷδε τῷ χρόνῳ γέγονε· σὺ δὲ τὸν
20 χρόνον τὸν αὐτὸν λέγε· ἀπαίτει δὲ ἐκ τίνος ἄρα τῆς γενέσεως
τοῦτο γέγονε. καὶ ὅμως ὡς προεῖπον ἔχει, σοῦ καταψευσα-
μένου, αὐτὸς ἐκ πολλῶν σχημάτων ἕν τι εὑρεῖν σχῆμα καὶ
δεύτερον καὶ τρίτον καὶ πλείονα, ὡς αὐτὸ τὸ ἐνεργῆσαν
ὅθεν τὰ ἀγαθὰ ἐρεῖ γεγενῆσθαι. ἀδύνατον γὰρ ἐν πάσῃ
25 γενέσει ἀνθρώπων μὴ ἐν πάσῃ ὥρᾳ τῶν ἀστέρων τοὺς μὲν
καλῶς κεῖσθαι τοὺς δὲ κακῶς· κύκλος γὰρ ἔστιν ἰσομερής,
ποικίλος, ἀπείρους ἔχων τὰς προφάσεις· πρὸς ἃς ἕκαστος
εἰπεῖν ἔχει ὃ θέλει. ὅνπερ γὰρ τρόπον ἐπὶ τῶν λοξῶν
ὀνείρων ἐνίοτε οὐδὲν νοοῦμεν, ἀποβάντων δὲ οἰκειοτάτην
30 προσφέρομεν ἐπίλυσιν· οὕτως καὶ τὸ μάθημα πρὸ τοῦ τι

1 με] μοι AC; concluserunt me Ruf   10 ἀποκατασκικὸς AB
11 ἐθεώρησεν B   14 ἀσύνθετος AC; syndetus Ruf   23 om.
τὸ AC   25 in omni quam dicunt regione stellarum Ruf. (quasi
leg. χώρᾳ)

14—2

ἀποτελεσθῆναι οὐδὲν σαφὲς ἡμῖν μηνῦσαι δύναται, μετὰ δὲ ABC
τὴν τοῦ γενομένου ἱστορίαν τότε πρόδηλος ἡ τῆς ἐκβάσεως
αἰτία φαίνεται. πολλάκις μὲν οὖν οἱ προλέγοντες πταίουσι,
καὶ μετὰ τὴν ἔκβασιν ἑαυτοὺς μέμφονται λέγοντες ὅτι Τόδε
ἦν τὸ ποιῆσαν, καὶ οὐκ εἴδομεν. τὸ μὲν οὖν καὶ τοὺς πάνυ 5
ἐπιστήμονας πταίειν γίνεται διὰ τὸ μὴ εἰδέναι, ὡς χθὲς
ἔφην, ποῖα πάντως τῆς γενέσεως αἴτια γίνεται, ποῖα δὲ οὐ
πάντως, καὶ ποῖα πάντως ποιῆσαι ἐπιθυμοῦμεν, οὐ πάντως
δὲ ποιοῦμεν. ὅτι ἥδε ἡ αἰτία ἡμῖν τοῖς τὸ μυστήριον
μεμαθηκόσι σαφής ἐστιν· ὅτι, ἐλεύθερον ἔχοντες λογισμὸν 10
< ἐνίοτε συγχωρήσαντες τῇ ἐπιθυμίᾳ ἡττήμεθα, > ἐνίοτε 22
ἐπέχειν ταύτην βουλευσάμενοι νενικήκαμεν. οἱ δὲ ἀστρο-
λόγοι, τοῦτο αὐτὸ τὸ μυστήριον οὐκ εἰδότες, περὶ πάσης
προαιρέσεως ἀποφηνάμενοι ἐξ ἀρχῆς, πταίσαντες τοὺς
κλιμακτῆρας ἐπενόησαν, εἰς ἀδηλότητα ποιούμενοι τὴν 15
προαίρεσιν, ὡς χθὲς ἐπεδείξαμεν. σὺ δὲ τοῦ λοιποῦ πρὸς
ταῦτα εἴ τι ἔχεις εἰπεῖν, λέγε.

Καὶ ὁ πατὴρ ὁμόσας ἀπεκρίνατο, μηδὲν τούτων ἀλη-
θέστερον εἶναι, ὧν εἶπες.

XXIV.

Περὶ ὕληc, ὅτι οὐκ ἀγένητοc οὐδὲ κακῶν αἰτία. ἐκ 20
τῆc Εὐcεβίου τοῦ Παλαιcτιναίου εὐαγγελικῆc προπαρα-
cκευῆc, λόγου ζ΄.

1. Ὅτι μὲν ὑπάρχειν ἀδύνατον ἀγένητα δύο ἅμα, οὐδὲ ABC Eu
σὲ ἀγνοεῖν νομίζω· εἰ καὶ τὰ μάλιστα δοκεῖς προλαβὼν   Me Da
                                                        Di Ph
τοῦτο προτεθεικέναι τῷ λόγῳ· τῷ πάντως ἐξ ἀνάγκης τὸ 25

---

5 ἤδειμεν Β   **7** ποῖα...αἰτία...ποῖα Β   **9** ἤδε] δὲ Β
11 ἐνίοτε—ἡττήμεθα] supplevi; interdum concupiscentiis obsistimus,
interdum cedimus Ruf   **15** μεταποιούμενοι C   **19** εἶπας C;
εἶπεν Α   **23** Eus. Praep. Ev. vii. 22; Meth. De Lib. Vol. i. 5. 1
μὲν]+οὖν Di Ph   ἀδύνατον ὑπάρχειν Β Eu Da; om. ὑπάρχειν Ph
25 προστεθεικέναι ABC Eu Di x   τῷ (sec.)] τὸ C Eu Da; ὡς Me^m✳ x

ABC Eu
Me Da
Di Ph

ἕτερον δεῖν λέγειν, ἢ ὅτι κεχώρισται τῆς ὕλης ὁ θεός, ἢ αὖ
πάλιν ὅτι ἀμέριστος αὐτῆς τυγχάνει. εἰ μὲν οὖν ἠνῶσθαί
τις αὐτὸν εἰπεῖν ἐθέλοι, ἓν τὸ ἀγένητον λέξει· ἕκαστον γὰρ
τούτων μέρος ἔσται τοῦ πλησίον· ἀλλήλων δὲ μέρη τυγχά-
5 νοντα οὐκ ἔσται ἀγένητα δύο, ἀλλ᾽ ἓν ἐκ διαφόρων συνεστός·
οὐδὲ γὰρ τὸν ἄνθρωπον ἔχοντα διάφορα μέρη κατακερματί-
ζομεν εἰς πολλὰ γενητά· ἀλλ᾽ εἰ, ὡς ὁ λόγος ἀπαιτεῖ, ἕν τι
γενητὸν τὸν ἄνθρωπον πολυμερὲς πρὸς τοῦ θεοῦ γεγονέναι
φαμέν· οὕτως ἀνάγκη, εἰ μὲν μὴ κεχώρισται τῆς ὕλης ὁ
10 θεός, ἓν τὸ ἀγένητον εἶναι λέγειν. εἰ δὲ κεχωρίσθαι φήσει
τις, ἀνάγκη εἶναί τι τὸ ἀνὰ μέσον ἀμφοτέρων· ὅπερ καὶ
τὸν χωρισμὸν αὐτῶν δείκνυσιν· ἀδύνατον γὰρ ἐν διαστάσει
ἐξετάζεσθαί τι ἀπό τινος, οὐκ ὄντος ἑτέρου καθ᾽ ὃ ἡ
διάστασις ἑκατέρου γίνεται. ὅπερ οὐ μέχρι τούτου ἵσταται
15 καὶ μόνου, ἀλλὰ καὶ πλείστων ὅσων· ὃν γὰρ ἐπὶ τῶν δύο
ἀγενήτων εἴπαμεν λόγον, τοῦτον ἐξ ἀνάγκης ὁμοίως προ-
χωρεῖν, εἰ τὰ ἀγένητα δοθείη τρία. καὶ γὰρ περὶ τούτων
ἐροίμην ἄν, εἰ κεχώρισται ἀπ᾽ ἀλλήλων, ἢ αὖ πάλιν ἕκαστον
ἥνωται τῷ πλησίον. εἰ μὲν γὰρ ἠνῶσθαί τις εἰπεῖν ἐθέλοι,
20 τὸν αὐτὸν ἀκούσει τῷ πρώτῳ λόγον· εἰ δ᾽ αὖ πάλιν κεχώ-
ρισθαι, οὐ φεύξεται τὴν ἐξ ἀνάγκης τοῦ χωρίζοντος ὑπό-
στασιν. ἂν δ᾽ ἄρα τις καὶ τρίτον εἶναι λέξῃ λόγον, ὡς
ἁρμόζοντα περὶ τῶν ἀγενήτων λέγεσθαι, τουτέστι τὸ μήτε
κεχωρίσθαι τὸν θεὸν τῆς ὕλης μήτ᾽ αὖ πάλιν ὡς μέρη

---

1 δεῖ MeDaDi ✕   3 αὐτὸν εἰπεῖν] εἰπεῖν αὐτὸν (αὐτὰ Meᵐ)
Me; αὐτῇ Da; αὐτῷ Di ✕   ἑκάτερον ABC Eu   5 om. ἀλλ᾽ ἐν
ἐκ διαφόρων συνεστός ABC Eu ✕   6 οὐδὲ γὰρ τὸν ἄνθρωπον ἔχοντα]
ὡς οὐδὲ ABC Eu ✱   μέρη] μέλη Meᵐ ᵉᵗ ˢ ✱   κατακερματιζόμενα
ABC Eu ✱   7 ἀλλ᾽ ἢ AC MeDa ✱ ✕; ἀλλ᾽ Euⁱ   9 om.
μὲν ABC Eu Da ✱ ✕   10 κεχώρισται A MeDaPh   φησι
A✱ Meᵐ; φησὶν Meᶠ (sed ν punctis notat.); ἢ φησι (om. τις) Da
16 εἴπομεν ABC Eu ✱ ✕   17 περὶ] ἐπὶ ABC Eu ✱ ✕   18 om.
ἀπ᾽ ABC Eu ✕   19 εἰπεῖν θέλοι MeDa; εἰπεῖν ἐθέλει Euⁱ;
εἴποι Eu° ✱ ✕   22 om. ὡς MeDa ✕   23 μήτε] μὴ
ABC Eu   24 τῆς ὕλης τὸν θεὸν ABC Eu   μηδ᾽ ABC Da
Di Ph   μέρη] μέρει B Euⁱ Meˢᵗ; ἐν μέρει Eu°Ph; om. ὡς
μέρη Di

ἠνῶσθαι, εἶναι δὲ καθάπερ ἐν τόπῳ τῇ ὕλῃ τὸν θεὸν ἢ καὶ ABC Eu
τὴν ὕλην ἐν τῷ θεῷ, τὸ συνέχον ἀκουέτω· ὅτι, ἐὰν τόπον Me Da Di Ph
τοῦ θεοῦ τὴν ὕλην εἴπωμεν, ἐξ ἀνάγκης αὐτὸν καὶ χωρητὸν
λέγειν δεῖ καὶ πρὸς τῆς ὕλης περιγραφόμενον. ἀλλὰ μὴν
καὶ ὁμοίως αὐτὸν τῇ ὕλῃ ἀτάκτως φέρεσθαι δεῖ, μὴ ἵστα- 5
σθαι δὲ μηδὲ μένειν αὐτὸν ἐφ᾽ ἑαυτοῦ ἀνάγκη, τοῦ ἐν ᾧ
ἐστὶν ἄλλοτε ἄλλως φερομένου. πρὸς δὴ τούτοις καὶ ἐν
χείροσι γεγονέναι τὸν θεὸν εἰπεῖν ἀνάγκη. εἰ γάρ ποτε
ἄκοσμος ἦν ἡ ὕλη, ἐκόσμησε δὲ αὐτὴν εἰς τὸ κρεῖττον
τρέψαι προαιρούμενος· ἦν ποτὲ ὅτε ἐν ἀκοσμήτοις ἦν ὁ 10
θεός. δικαίως δ᾽ ἂν καὶ τοῦτο ἐροίμην, πότερον ἐπλήρου
τὴν ὕλην ὁ θεός, ἢ ἐν μέρει τινὶ ὑπῆρχεν αὐτῆς. εἰ μὲν
γὰρ ἐν μέρει τινὶ τῆς ὕλης εἰπεῖν τις ἐθέλοι τὸν θεόν, πλεῖ-
στον ὅσον μικρότερον αὐτὸν τῆς ὕλης λέγει· εἴ γε δὴ
μέρος αὐτῆς ὅλον ἐχώρησεν τὸν θεόν. εἰ δὲ ἐν πάσῃ εἶναι 15
λέγοι καὶ δι᾽ ὅλης κεχωρηκέναι τῆς ὕλης, πῶς ταύτην
ἐδημιούργησε φρασάτω· ἀνάγκη γὰρ ἢ συστολήν τινα τοῦ
θεοῦ λέγειν, ἧς γενομένης ἐδημιούργει ἐκεῖνο ἀφ᾽ οὗ ὑπε-
χώρησεν, ἢ καὶ ἑαυτὸν τῇ ὕλῃ συνδημιουργεῖν, οὐκ ἔχοντα
ὑποχωρήσεως τόπον. εἰ δὲ τὴν ὕλην ἐν τῷ θεῷ εἶναί τις 20
λέξει, ὁμοίως ἐξετάζειν δεῖ, πότερον ὡς διϊσταμένου αὐτοῦ
ἀφ᾽ ἑαυτοῦ, καὶ ὥσπερ ἐν ἀέρι ζώων ὑπάρχει γένη, διαιρου-
μένου καὶ μεριζομένου αὐτοῦ εἰς ὑποδοχὴν τῶν γινομένων
ἐν αὐτῷ· ἢ ὡς ἐν τόπῳ, τουτέστιν ὥσπερ ἐν γῇ ὕδωρ. εἰ

1 om. ἢ Me Da Ph Di   3 λέγωμεν Me   5 om. δεῖ ABC Eu ×
6 δὲ] τε ABC Eu ×   μήτε ABC ×   7 δὴ] δὲ Eu Me^m Da Di^o ×
8 ἦν ποτὲ ἄκοσμος ABC Eu ×   10 ὅτε]+καὶ ABC ×
11 τοῦτο ἐρ.] τοῦτον ἐρ. τὸν λόγον ABC Eu ×   12 ὑπῆρχεν
αὐτῆς] ὑπῆρχεν Me^s Di; αὐτῆς ἐτύγχανεν Ph; τῆς ὕλης ἦν ABC Eu
13 γὰρ] οὖν Eu   θέλοι Me ×   14 om. αὐτὸν ABC Eu ×
εἴ γε δὴ] εἴ γε ABC; εἰ δὲ (vel εἰ δὴ) Eu; ἄτε δὴ Da Ph Di^v; τί δὲ
(vel τί δὴ, vel ὅτι δὴ) Di^al (si quidem Ruf)   15 τὸν θεόν] αὐτὸν
ABC Eu ×   16 καὶ δι᾽ ὅλης κεχ. τῆς ὕλης] καὶ ὅλην κεχ. τῇ ὕλῃ
Da; τῇ ὕλῃ ABC Eu ×   17 ἐδημιούργει ABC Eu   om. ἢ Me Da
Di   18 γινομένης Me   19 αὐτὸν Me (? non Me^s) Ph   22 ζῷον
Me (non Me^s); ζῷα Di   ὑπάρχειν ABC Da Di Ph   γένη]
om. Di; εἰς γένη Me (non Me^s)   24 om. τουτέστιν ABC ×

ABC Eu μὲν γὰρ εἴποιμεν ὡς ἐν ἀέρι, μεριστὸν ἀνάγκη τὸν θεὸν
Me Da
Di Ph εἰπεῖν· εἰ δ' ὥσπερ ἐν γῇ ὕδωρ, ἦν δὲ ἄτακτος ἡ ὕλη καὶ
ἀκόσμητος, πρὸς δὴ τούτοις ἔχουσα καὶ κακά, τὸν θεὸν
λέγειν ἀνάγκη τόπον εἶναι τῶν ἀκοσμήτων καὶ τῶν κακῶν·
5 ὅπερ οὐκ εὔφημον εἶναί μοι δοκεῖ, ἐπισφαλὲς δὲ μᾶλλον.
ὕλην γὰρ εἶναι θέλεις, ἵνα μὴ τῶν κακῶν ποιητὴν εἴπῃς τὸν
θεόν· καὶ τοῦτο φυγεῖν προαιρούμενος, δοχεῖον αὐτὸν τῶν
κακῶν εἶναι λέγεις. εἰ μὲν οὖν τὴν ὕλην ἐκ τῶν ὑποστάν-
των γενητῶν ὑπονοεῖν ἀγένητον ὑπάρχειν ἔλεγες, πολὺν ἂν
10 περὶ ταύτης ἐποιησάμην λόγον εἰς ἀπόδειξιν τοῦ ὅτι ἀδύνα-
τον ὑπάρχειν αὐτὴν ἀγένητον· ἐπεὶ δὲ τὴν τῶν κακῶν
γένεσιν αἰτίαν ἔφησθα εἶναι τῆς τοιαύτης ὑπονοίας, διὰ
τοῦτο ἐπὶ τὴν ἐξέτασιν τούτων ἔρχεσθαί μοι δοκῶ. φανεροῦ
γὰρ γινομένου μοι τοῦ λόγου καθ' ὃν τρόπον ἐστὶ τὰ κακά,
15 καὶ ὅτι οὐχ οἶόν τέ ἐστιν ἀναίτιον τῶν κακῶν εἰπεῖν τὸν
θεὸν ἐκ τοῦ ὕλην αὐτῷ ὑποτιθέναι, τὴν τοιαύτην ὑπόνοιαν
ἀναιρεῖσθαί μοι δοκεῖ.

2. Φῆς τοίνυν ἄποιον ὕλην συνυπάρχειν τῷ θεῷ, ἐξ
ἧς τὴν τοῦ κόσμου γένεσιν ἐδημιούργησεν;

20 Οὕτω μοι δοκεῖ.

Οὐκοῦν εἰ ἄποιος ἐτύγχανεν ἡ ὕλη, γέγονε δὲ κόσμος
πρὸς τοῦ θεοῦ, ἐν δὲ τῷ κόσμῳ αἱ ποιότητες, τῶν ποιοτήτων
γέγονεν ποιητὴς ὁ θεός;

Οὕτως ἔχει.

25 Ἐπεὶ δέ σου καὶ λέγοντος πρόσθεν ἤκουον ὡς ἀδύνατον

---

2 γῇ]+τὸ ABC Eu   3 δὴ] δὲ Me Da   om. κακὰ Me^{m et s}
Da   7 φεύγειν ABC Eu Di; φάσκειν Da ×   9 ἀγέν.
ὑπονοεῖν ABC; ὑπονοῶν ἀγέν. Me ×   10 αὐτῆς ABC Eu ✳ ×
11 om. ἀγένητον ABC Eu Da ✳ ×   12 ἐφησθα] φης θῦ Da;
φῆς θεοῦ Di; φῆς Me^m; φ Me^f (evan. cet.) ×   εἶναι post
ὑπονοίας ABC ×   13 τούτων] ταύτην ABC ×   μοι δοκῶ]
δοκῶ Di; μοι δοκεῖ Me; δοκεῖ Da ×   14 γενομένου ABC
Eu^{codd. aliqq.} Di ×   15 ἀναίτιον] αἴτιον Me Da Di (sed causa non
esse Ruf) ×   17 μοι δοκεῖ] νόει ABC ×   19 τὴν]+τοῦδε ABC;
τῇδε Eu^i   23 γέγονεν ποιητὴς Me Da; ποιητὴς (ποιητης Eu^o)
γέγονεν ABC Eu   25 ἐπειδὴ Da Di   ἔμπροσθεν AB (om.
C) Eu ×   ἤκουσα ABC ×

ἐξ οὐκ ὄντων γίνεσθαί τι· πρὸς τὴν ἐρώτησιν ἀπόκριναι ABC Eu
τὴν ἐμήν· δοκεῖ σοι τὰς τοῦ κόσμου ποιότητας μὴ ἐξ (Me) Da
ὑποκειμένων ποιοτήτων γεγονέναι;   Di Ph
Δοκεῖ.

Ἕτερον δέ τι παρὰ τὰς οὐσίας ὑπάρχειν αὐτάς;   5
Οὕτως ἔχει.

Οὐκοῦν εἰ μήτε ἐξ ὑποκειμένων ποιοτήτων τὰς ποιό-
τητας ἐδημιούργησεν ὁ θεός, μήτε ἐκ τῶν οὐσιῶν ὑπάρ-
χουσιν, τῷ μηδὲ οὐσίας αὐτὰς εἶναι, ἐκ μὴ ὄντων αὐτὰς ὑπὸ
τοῦ θεοῦ γεγονέναι ἀνάγκη εἰπεῖν· ὅθεν περιττῶς ἐδόκεις 10
μοι λέγειν ἀδύνατον εἶναι δοξάζειν ἐξ οὐκ ὄντων γεγονέναι
τι πρὸς τοῦ θεοῦ. ἀλλ᾽ ὁ μὲν περὶ τούτου λόγος ὧδε ἐχέτω·
καὶ γὰρ παρ᾽ ἡμῖν ὁρῶμεν ἀνθρώπους ἐξ οὐκ ὄντων ποι-
οῦντάς τινα· εἰ καὶ τὰ μάλιστα δοκοῦσιν οὗτοι ποιεῖν ἔν
τινι· οἷον ἐπὶ τῶν ἀρχιτεκτόνων τὸ παράδειγμα λάβωμεν· 15
καὶ γὰρ οὗτοι ποιοῦσι πόλεις οὐκ ἐκ πόλεων, καὶ ναοὺς
ὁμοίως οὐκ ἐκ ναῶν. εἰ δέ, ὅτι τούτοις οὐσίαι ὑπόκεινται,
οἴει ἐξ ὄντων αὐτοὺς ταῦτα ποιεῖν, σφάλλῃ τῷ λόγῳ· οὐδὲ
γὰρ ἡ οὐσία ἐστὶν ἡ ποιοῦσα τὴν πόλιν ἢ αὖ πάλιν τοὺς
ναούς, ἀλλ᾽ ἡ περὶ τὴν οὐσίαν τέχνη. ἡ δὲ τέχνη οὐκ ἐξ 20
ὑποκειμένης τινὸς ἐν ταῖς οὐσίαις τέχνης γίνεται· ἀλλ᾽ ἐξ
οὐκ οὔσης ἐν αὐταῖς γίνεται. ἀπαντήσειν δέ μοι δοκεῖς
οὕτω τῷ λόγῳ, ὅτι ὁ τεχνίτης ἐξ ἧς ἔχει τέχνης τὴν ἐν τῇ
οὐσίᾳ τέχνην ποιεῖ. πρὸς δὲ τοῦτο λέγεσθαι τοῦτ᾽ εὖ
ἔχειν μοι δοκεῖ, ὅτι οὐδὲ ἐν τῷ ἀνθρώπῳ ἔκ τινος ὑποκει- 25
μένης τέχνης προσγίνεται. οὐδὲ γὰρ ἔνεστιν αὐτὴν ἐφ᾽
ἑαυτῆς οὖσαν δοῦναι τὴν τέχνην· τῶν γὰρ συμβεβηκότων
ἐστί, καὶ τῶν τότε τὸ εἶναι λαμβανόντων, ὁπόταν ἐν οὐσίᾳ

---

1 om. τὴν Me   7 οὐκοῦν εἰ μήτε] οὐκοῦν εἰ μὴ Da; εἰ οὖν μὴ
ABC Eu[i]; εἰ μὲν οὖν μὴ Eu°   8, 9 om. ὑπάρχουσιν ABC Eu
10 om. τοῦ Me Di Ph   εἰπεῖν ἀναγκαῖον ABC Eu   13 ὁρῶ-
μεν] θεωροῦμεν ABC Eu ✳   14 τά] ὅτι ABC Eu ✳ ×   17 ναῶν]
hactenus fragm. graec. Method.   20 ναούς] νεὼς ABC Eu[i]
23 om. ὁ Da Ph   24 om. εὖ ABC ✳ ×   26 προσγίνεται]
γίνεται ABC Eu ✳   οὐδὲ] οὐ Eu ✳   28 om. τὸ ABC Da ✳
sed cf. infra p. 218, l. 11   λαγχανόντων Da; ἐχόντων Ph ✳

ABC Eu
(Da) Di
Ph

γένηται. ὁ μὲν γὰρ ἄνθρωπος καὶ χωρὶς τῆς ἀρχιτεκτονικῆς
ἔσται, ἡ δὲ οὐκ ἔσται, ἐὰν μὴ πρότερον ἄνθρωπος ᾖ· ὅθεν
τὰς τέχνας ἐξ οὐκ ὄντων εἰς ἀνθρώπους πεφυκέναι γίνεσθαι
λέγειν ἀναγκαῖον. εἰ τοίνυν τοῦτο οὕτως ἔχον ἐπ᾽ ἀνθρώ-
5 πων ἐδείξαμεν, πῶς οὐχὶ προσῆκε τὸν θεὸν μὴ μόνον
ποιότητας ἐξ οὐκ ὄντων φάναι δύνασθαι ποιεῖν, ἀλλὰ καὶ
οὐσίας; τῷ γὰρ δυνατὸν φανῆναι γίνεσθαί τι ἐξ οὐκ ὄντων,
τὸ καὶ τὰς οὐσίας οὕτως ἔχειν δείκνυται.

3. Ἐπεὶ δὲ πόθος ἔστι σοι περὶ τῆς τῶν κακῶν
10 γενέσεως ζητεῖν, ἐπὶ τὸν τούτων ἐλεύσομαι λόγον· καί σου
βραχέα πυθέσθαι βούλομαι· τὰ κακὰ πότερον οὐσίαι σοι
δοκοῦσιν εἶναι ἢ ποιότητες οὐσιῶν;

Ποιότητας οὐσιῶν εὖ ἔχειν λέγειν μοι δοκεῖ.

Ἡ δὲ ὕλη ἄποιος ἦν καὶ ἀσχημάτιστος;

15 Οὕτω προλαβὼν ἐξεῖπον τῷ λόγῳ.

Οὐκοῦν εἰ τὰ κακὰ ποιότητες ὑπάρχουσιν οὐσιῶν, ἡ
δὲ ὕλη ἄποιος ἦν, τῶν δὲ ποιοτήτων ποιητὴν εἶπας τὸν θεὸν
εἶναι, ἔσται καὶ τῶν κακῶν δημιουργὸς ὁ θεός. ὅτε τοίνυν
οὐδ᾽ οὕτως ἀναίτιον τῶν κακῶν δυνατὸν εἰπεῖν τὸν θεόν,
20 ὕλην αὐτῷ προσάπτειν περιττὸν εἶναί μοι δοκεῖ· εἰ δέ τι
πρὸς ταῦτα εἰπεῖν ἔχεις, ἄρχου τοῦ λόγου. εἰ μὲν γὰρ ἐκ
φιλονεικίας ἡμῖν ἡ ζήτησις ἐγίνετο, οὐκ ἂν δεύτερον περὶ
τῶν κακῶν ἠξίουν ὁρίζεσθαι· ἐπεὶ δὲ φιλίας ἕνεκα μᾶλλον
καὶ τῆς πρὸς τὸν πλησίον ὠφελείας, τὴν ἐξέτασιν ποιού-
25 μεθα τῶν λόγων, ἄνωθεν περὶ τούτων ὁρίζεσθαι ἀξιῶ
συγχωρεῖν.

Τὴν μὲν προαίρεσιν τὴν ἐμὴν ἐκ πολλοῦ σοι φανερὰν
εἶναι δοκῶ καὶ τὴν ἐν τοῖς λόγοις σπουδήν, ὅτι οὐ πιθανῶς
εἰπὼν ψεῦδος νικῆσαι θέλω, ἀλλὰ δειχθῆναι τὴν ἀλήθειαν
30 μετὰ ἀκριβοῦς ἐξετάσεως· καὶ σὲ δὲ οὕτω διακεῖσθαι
σαφῶς ἐπίσταμαι· ὅθεν οἵῳ τρόπῳ χρώμενος νομίζεις

8 δείκνυται] hactenus Da: sed v. infr. p. 219, l. 1   21 εἰ-
πεῖν] λέγειν Eu ✳ ×   om. γὰρ Eu ✳ ×   26 om. συγχω-
ρεῖν ABC; habet ante ἀξιῶ Euº ✳ ×

δύνασθαι τὸ ἀληθὲς εὑρεῖν, τούτῳ χρῆσαι μηδὲν δυσωπού- ABC Eu
μενος· οὐ γὰρ σεαυτὸν ὠφελήσεις μόνον χρησάμενος τῷ   Di Ph
κρείττονι, ἀλλὰ πάντως κἀμὲ περὶ ὧν ἀγνοῶ. σαφῶς
παραστῆναί μοι δοκεῖ καὶ τὰ κακὰ οὐσίας ὑπάρχειν τινάς·
οὐδὲ γὰρ ἐκτὸς οὐσιῶν αὐτὰ ὄντα βλέπω.   5
4. Ἐπεὶ τοίνυν, ὦ οὗτος, καὶ τὰ κακὰ οὐσίας εἶναι
λέγεις, ἀνάγκη τὸν τῆς οὐσίας ἐξετάζειν λόγον.   δοκεῖ σοι
τὴν οὐσίαν σωματικήν τινα σύστασιν εἶναι;
Δοκεῖ.
Ἡ δὲ σωματικὴ σύστασις αὐτὴ ἐφ᾽ ἑαυτῆς ὑπάρχει, οὐ 10
δεομένη τινός, οὗ γενομένου τὸ εἶναι λήψεται;
Οὕτως ἔχει.
Δοκεῖ δέ σοι τὰ κακὰ ἐνεργείας εἶναί τινος;
Οὕτω μοι φαίνεται.
Αἱ δὲ ἐνέργειαι τότε τὸ εἶναι λαμβάνουσιν, ὁπότ᾽ ἂν ὁ 15
ἐνεργῶν παρῇ;
Οὕτως ἔχει.
Οὐκ ὄντος δὲ τοῦ ἐνεργοῦντος, οὐδ᾽ ὅπερ ἐνεργεῖ ἔσται
ποτέ;
Οὐκ ἔσται.   20
Οὐκοῦν εἰ ἡ οὐσία σωματική τίς ἐστι σύστασις, ἡ δὲ
σωματικὴ σύστασις οὐ δεῖταί τινος, ἐν ᾧ γενομένη τὸ εἶναι
λήψεται· τὰ δὲ κακὰ ἐνέργειαι ὑπάρχουσί τινος, αἱ δὲ
ἐνέργειαι δέονταί τινος, ἐν ᾧ γενόμεναι τὸ εἶναι λαμβάνου-
σιν, οὐκ ἔσονται οὐσίαι τὰ κακά.   εἰ δὲ οὐσίαι τὰ κακά, 25
κακὸν δὲ ὁ φόνος, οὐσία ἔσται ὁ φόνος· ἀλλὰ μὴν ὁ φόνος
ἐνέργεια ὑπάρχει τινός· οὐκ ἔσται ἄρα οὐσία ὁ φόνος.   εἰ
δὲ τὰ ἐνεργοῦντα οὐσίας εἶναι θέλεις, σύμφημι κἀγώ· οἷον
ἄνθρωπος ὁ φονεύς, καθ᾽ ὃν μὲν λόγον ἄνθρωπός ἐστιν,
ὑπάρχει οὐσία· ὁ δὲ φόνος ὃν ποιεῖ οὐκ ἔστιν οὐσία, ἀλλ᾽ 30
ἔργον τι τῆς οὐσίας.   λέγομεν δὲ τὸν ἄνθρωπόν ποτε μὲν
κακὸν διὰ τὸ φονεύειν, ποτὲ δ᾽ αὖ πάλιν διὰ τὸ εὐεργετεῖν

7 ἀνάγκη] + καὶ ABC ✳ ×   28 οὐσίας] οὐσίαν Eu ✳ ×
29 om. μὲν ABC ✳ ×   31 om. τι Eu ✳ ×

ABC Eu ἀγαθόν· καὶ πέπλεκται ταῦτα τὰ ὀνόματα τῇ οὐσίᾳ ἐκ τῶν
Da Di
Ph   συμβεβηκότων αὐτῇ, ἅτινα οὐκ ἔστιν αὐτή. οὔτε γὰρ
φόνος ἐστὶν ἡ οὐσία, οὔτ᾽ αὖ πάλιν [ἡ] μοιχεία, οὔτε τι
τῶν ὁμοίων κακῶν· ἀλλ᾽ ὥσπερ ἀπὸ τῆς γραμματικῆς ὁ
5 γραμματικὸς λέγεται καὶ ἀπὸ τῆς ῥητορικῆς ὁ ῥήτωρ καὶ
ἀπὸ τῆς ἰατρικῆς ὁ ἰατρός, τῆς οὐσίας οὔτε ἰατρικῆς οὔσης
οὔτε μὴν ῥητορικῆς οὔτε γραμματικῆς, ἀλλ᾽ ἀπὸ τῶν
συμβεβηκότων αὐτῇ τὴν προσηγορίαν λαμβανούσης, ἀφ᾽
ὧν οὕτως ὀνομάζεσθαι δοκεῖ, οὐδ᾽ ὁπότερον αὐτῶν οὖσα·
10 ὁμοίως μοι φαίνεται καὶ ἀπὸ τῶν δοκούντων εἶναι κακῶν
τὴν οὐσίαν ὄνομα προσλαμβάνειν, οὐδ᾽ ὁπότερον οὖσαν
αὐτῶν. καὶ ὁμοίως ἐπινόησον, εἴ τινα ἕτερον ἀναπλάττεις
ἐν τῷ νῷ τῶν κακῶν τοῖς ἀνθρώποις αἴτιον, ὡς κἀκεῖνος,
καθὸ ἐν τούτοις ἐνεργεῖ καὶ ὑποβάλλει ποιεῖν τὰ κακά,
15 ἐστὶ καὶ αὐτὸς κακὸς ἐξ ὧν ποιεῖ. διὰ τοῦτο γὰρ κἀκεῖνος
κακὸς εἶναι λέγεται, ὅτι τῶν κακῶν ἐστὶ ποιητής· ἃ δέ τις
ποιεῖ, οὐκ ἔστιν αὐτός, ἀλλ᾽ ἐνέργειαι αὐτοῦ, ἀφ᾽ ὧν τὴν
προσηγορίαν τοῦ κακὸς λέγεσθαι λαμβάνει. εἰ γὰρ αὐτὸν
ὑπάρχειν εἴποιμεν ἃ ποιεῖ, ποιεῖ δὲ φόνους καὶ μοιχείας
20 καὶ κλοπὰς καὶ ὅσα τούτοις ὅμοια, αὐτὸς ἔσται ταῦτα. εἰ δὲ
ταῦτά ἐστιν αὐτός, ταῦτα δ᾽ ὅτε γίνεται τὴν σύστασιν ἔχει,
οὐ γινόμενα δὲ καὶ τοῦ εἶναι παύεται, γίνεται δὲ ταῦτα πρὸς
ἀνθρώπων, ἔσονται τούτων οἱ ἄνθρωποι ποιηταί, καὶ τοῦ
εἶναι καὶ τοῦ μηκέτ᾽ εἶναι αἴτιοι. εἰ δὲ ταῦτα αὐτοῦ
25 ἐνεργείας φῇς, ἐξ ὧν ποιεῖ τὸ κακὸς εἶναι ἔχει, οὐκ ἐξ ὧν
ἐστὶν οὐσία. κακὸν δὲ εἴπομεν λέγεσθαι ἀπὸ τῶν συμβε-
βηκότων τῇ οὐσίᾳ, ἅτινα οὐκ ἔστιν ἡ οὐσία· ὡς ἀπὸ τῆς
ἰατρικῆς ὁ ἰατρός. εἰ δὲ ἐξ ὧν ἐνεργεῖ ἕκαστος ὑπάρχει

1 πέπλεκται] rursus inc. Da ; προσπλέκεται ABC Eu ＊   3 ὁ
φόνος Ph   om. ἡ Di   ἡ (sec.)] ABC Eu Da Di ×
7 om. μὴν ABC Di ×   12 καὶ]+μοι Eu Me^{s?} ＊   14, 15 om.
καθὸ—κἀκεῖνος ABC   17 ἀλλ᾽]+al Eu   ἐνέργεια Da
Di Ph   18 κακῶς AB Da ; κακοῦ Ph   23 τούτων] τούτου
ABC Euⁱ; καὶ ἑαυτῶν Di; om. τούτων Ph^{ab}   24, 25 ἐνεργείας
αὐτοῦ ABC Eu ×   28—1 (p. 220) om. ἕκαστος—ἐνεργεῖ ABC Eu;
om. ἕκαστος ὑπάρχει Di; om. ἕκαστος Me^s Da

κακὸς, ἃ δὲ ἐνεργεῖ ἀρχὴν τοῦ εἶναι λαμβάνει, ἤρξατο ABC Eu
κἀκεῖνος εἶναι κακός, ἤρξατο δὲ καὶ ταῦτα εἶναι κακά. εἰ Da Di Ph
δὲ οὕτως ἔχει, οὐκ ἔστιν ἀνάρχως κακός, οὐδὲ ἀγένητα τὰ
κακά, τῷ γενητὰ πρὸς αὐτοῦ εἶναι φάναι.

5. Τὸν μὲν πρὸς τὸν ἑταῖρον, ὦ φίλε, λόγον ἱκανῶς 5
μοι πεποιηκέναι δοκεῖς· ἐξ ὧν γὰρ προλαβὼν ἔδωκε τῷ
λόγῳ, ἐκ τούτων συνάγειν ἔδοξας καλῶς· ὡς ἀληθῶς γὰρ,
εἰ ἄποιος ἐτύγχανεν ἡ ὕλη, τῶν δὲ ποιοτήτων δημιουργὸς
ὑπάρχει ὁ θεός, ποιότητες δὲ τὰ κακά, τῶν κακῶν ἔσται
ποιητὴς ὁ θεός. οὗτος μὲν οὖν ὁ λόγος πρὸς ἐκεῖνον 10
εἰρήσθω καλῶς· ἐμοὶ δὲ ψεῦδος δοκεῖ τὴν ὕλην ἄποιον
εἶναι λέγειν· οὐδὲ γὰρ ἔνεστιν εἰπεῖν περὶ ἡστινοσοῦν οὐσίας,
ὡς ἐστιν ἄποιος· ἀλλὰ μὴν καὶ ἐν ᾧ ἄποιον εἶναι λέγει, τὴν
ποιότητα αὐτῆς μηνύει, ὁποία ἐστὶν ἡ ὕλη διαγραφόμενος·
ὅπερ ἐστὶ ποιότητος εἶδος. ὅθεν εἰ σοὶ φίλον ἐστὶν ἄνωθεν 15
ἔχου πρὸς ἐμὲ τοῦ λόγου· ἐμοὶ γὰρ ἡ ὕλη ποιότητας ἀνάρχως
ἔχειν δοκεῖ· οὕτως γὰρ καὶ τὰ κακὰ ἐκ τῆς ἀπορροίας
αὐτῆς εἶναι λέγω, ἵνα τῶν κακῶν ὁ μὲν θεὸς ἀναίτιος ᾖ,
τούτων δ᾽ ἁπάντων ἡ ὕλη αἰτία.

Τὴν μὲν προθυμίαν τὴν σὴν ἀποδέχομαι, ὦ φίλε, καί 20
σου τὴν ἐν τοῖς λόγοις σπουδὴν ἐπαινῶ· προσῆκε γὰρ ὡς
ἀληθῶς ἕκαστον τῶν φιλομαθῶν μὴ ἁπλῶς καὶ ὡς ἔτυχε
συγκατατίθεσθαι τοῖς λεγομένοις, ἀλλ᾽ ἀκριβῆ ποιεῖσθαι
τὴν ἐξέτασιν τῶν λόγων. οὐδὲ γὰρ εἰ ὁ προσζητῶν παρὰ
λόγον ὁρισάμενος ἀφορμὴν παρέσχε τῷ προσδιαλεγο- 25
μένῳ συνάγειν ὡς θέλει, τοῦτο καὶ τὸν ἀκροατὴν πείσει·
ἀλλ᾽ εἴ τι δοκεῖ δυνατὸν εἶναι λέγεσθαι καλῶς, τοῦτο

2 ταῦτα εἶναι] ταυτὶ τὰ Eu ; ταῦτα τὰ Da Ph ; ταῦτα Di
3 ἔσται Eu   5 ἑταῖρον] C ; ἕτερον AB Eu Me⁵ Da Ph ✳   6 προ-
λαβὼν ἔδωκε] προύλαβον B ; προύλαβεν A ; προύλαβες C Eu ✳
7 ὡς ἀληθῶς] ἀληθῶς (cum praec. conj. omissis ὡς et γὰρ) Me⁵ Da ✳
8 ἄποιος]+γὰρ Da ✳   12 om. εἶναι ABC Ph ✳   13 ἀλλὰ μὴν καὶ]
καὶ γὰρ ABC Eu ✳   16 ποιότητας ἀνάρχους Di ; ἀνάρχως ποιότ.
AB Eu ; ἀνάρχως post ἔχειν C   23 ποιήσασθαι ABC Euᵇ ✳ ×
26 πείσει τὸ λοιπόν Me⁵ᵗ ; πεισάτω λοιπόν Da ✳ ×   27 εἴ τι] fors.
legendum εἰ ὅ τι ex coni. Vigerii

ABC Eu
Da Di
Ph
λέξει παρών· δυοῖν γὰρ θάτερον ἔσται· ἢ γὰρ καὶ πρὸς ὃ κινεῖσθαι δοκεῖ ἀκούσας τέλεον ὠφεληθήσεται, ἢ τὸν προσδιαλεγόμενον ἐλέγξει οὐ τἀληθῆ λέγοντα. οὐ δοκεῖς δέ μοι δεόντως εἰρηκέναι ἔμποιον εἶναι ἀνάρχως τὴν ὕλην· εἰ γὰρ
5 τοῦθ᾽ οὕτως ἔχει, τίνος ἔσται ποιητὴς ὁ θεός; εἴτε γὰρ οὐσίας ἐροῦμεν, προεῖναι φαμέν· εἶτ᾽ αὖ πάλιν ποιοτήτων, καὶ ταύτας ὑπάρχειν λέγομεν. οὐκοῦν οὐσίας τε οὔσης καὶ ποιοτήτων περιττὸν εἶναί μοι δοκεῖ δημιουργὸν λέγειν τὸν θεόν. ἵνα δὲ μὴ ἐμαυτῷ κατασκευάζειν τινὰ δόξω λόγον,
10 ἀπόκριναί μοι νῦν ἐρωτώμενος· τίνι τρόπῳ δημιουργὸν εἶναι φῂς τὸν θεόν; πότερον ὅτι τὰς οὐσίας ἔτρεψεν εἰς τὸ μηκέθ᾽ ὑπάρχειν ἐκείνας, αἵπερ ἦσάν ποτε, ἀλλ᾽ ἑτέρας παρ᾽ αὐτὰς γενέσθαι; ἢ ὅτι τὰς μὲν οὐσίας ἐφύλαξεν ἐκείνας, αἵπερ ἦσαν πρὸ τούτου, τὰς δὲ ποιότητας ἔτρεψεν αὐτῶν;
15 6. Οὔτι μοι δοκεῖ ἀλλαγήν τινα οὐσιῶν γεγονέναι· καὶ γὰρ ἄτοπον τοῦτο λέγειν μοι φαίνεται· τροπὴν δέ τινα τῶν ποιοτήτων γεγονέναι φημί, καθ᾽ ἃς δημιουργὸν εἶναι λέγω τὸν θεόν. καὶ ὥσπερ εἰ τύχοι λέγειν ἐκ λίθων οἰκίαν γεγονέναι, ἐφ᾽ ὧν οὐκ ἔστιν εἰπεῖν ὡς οὐκέτι λίθοι μένουσι
20 τῇ οὐσίᾳ, οἰκία γενόμενοι οἱ λίθοι· τῇ γὰρ ποιότητι τῆς συνθέσεως τὴν οἰκίαν γεγονέναι φημί, τραπείσης δηλονότι τῆς προτέρας τῶν λίθων ποιότητος· οὕτω μοι δοκεῖ καὶ τὸν θεόν, ὑπομενούσης τῆς οὐσίας, τροπήν τινα τῶν ποιοτήτων αὐτῆς πεποιηκέναι, καθ᾽ ἣν τὴν τοῦδε τοῦ κόσμου γένεσιν
25 πρὸς τοῦ θεοῦ γεγονέναι λέγω.

Ἐπεὶ τοίνυν τροπήν τινα τῶν ποιοτήτων πρὸς τοῦ θεοῦ γεγονέναι φῂς, ἀπόκριναί μοι βραχέα πυθέσθαι

---

1 om. γὰρ (pr.) Eu (def. Da) ✳ ×   3 om. δέ Mˢ Da ✳ ×
4 ἔμποιον εἶναι ἀνάρχως τὴν ὕλην] sic restitui; ἔμποιον εἶναι Da; εἰ ἔμποιος ἦν ἀνάρχως ἡ ὕλη Ph; 'das die M. geeigenschaftet sei' Meˢ; ποιότητας τὴν ὕ. ἀνάρχους ἔχειν Di; τὴν ὕ. ἄνωθεν ποιότητας ἔχειν ABC Eu   6 om. ἐροῦμεν ABC ✳   προεῖναι]+ταύτας Eu;
+ταύτην ABC✳   ποιότητας Euᵒ Da Ph ✳   7 om. λέγομεν Eu✳
14 πρὸ τούτου] πρὸ τοῦ ABC; om. Di ×   19 ἔνεστιν Da Ph   25 λέγω]
φημί ABC Ph   26, 27 om. ἐπεὶ—φῂς ABC ×   26 om. τῶν
Da Di ×

προαιρουμένῳ. λέγε δὴ, εἰ ὁμοίως καὶ σοὶ δοκεῖ τὰ κακὰ ABC Eu
ποιότητες εἶναι τῶν οὐσιῶν; Da Di
Ph
Δοκεῖ.

Ἄνωθεν δὲ ἦσαν αἱ ποιότητες αὗται ἐν τῇ ὕλῃ, ἢ ἀρχὴν
ἔσχον τοῦ εἶναι; 5
Συνεῖναί φημι ἀγενήτως τῇ ὕλῃ ταυτασὶ τὰς ποιότητας.

Οὐχὶ δὲ τὸν θεὸν φῂς τροπήν τινα τῶν ποιοτήτων
πεποιηκέναι;

Τοῦτό φημι.

Πότερον οὖν εἰς τὸ κρεῖττον, ἢ εἰς τὸ χεῖρον; 10
Εἰς τὸ κρεῖττον λέγειν μοι δοκεῖ.

Οὐκοῦν εἰ ποιότητες ὕλης τὰ κακά, τὰς δὲ ποιότητας
αὐτῆς εἰς τὸ κρεῖττον ἔτρεψεν ὁ θεὸς, πόθεν τὰ κακὰ ζητεῖν
ἀνάγκη. οὐ γὰρ ἔμειναν αἱ ποιότητες ὁποῖαί ποτε ἦσαν
τῇ φύσει· ἢ εἰ μὲν πρότερον οὐκ ἦσαν αἱ ποιότητες κακαὶ, 15
ἐκ δὲ τοῦ τραπῆναι πρὸς τοῦ θεοῦ τὰς πρώτας τοιαύτας περὶ
τὴν ὕλην γεγονέναι ποιότητας φῂς, αἴτιος ἔσται τῶν κακῶν
ὁ θεὸς, τρέψας τὰς οὐκ οὔσας ποιότητας κακὰς εἰς τὸ εἶναι
κακάς· ἢ τὰς μὲν κακὰς ποιότητας εἰς τὸ κρεῖττον οὐ δοκεῖ
σοι τρέψαι τὸν θεὸν, τὰς δὲ λοιπὰς καὶ μόνας, ὅσαι ἀδιά- 20
φοροι ἐτύγχανον, τῆς διακοσμήσεως ἕνεκα πρὸς τοῦ θεοῦ
τετράφθαι λέγεις;

Οὕτως ἄνωθεν εἶχον ἐγώ.

7. Πῶς τοίνυν αὐτὸν τὰς τῶν φαύλων ποιότητας ὡς
εἶχον καταλελοιπέναι λέγεις; πότερον δυνάμενον μὲν κἀ- 25
κείνας ἀνελεῖν, οὐ βουληθέντα δὲ, ἢ τὸ δύνασθαι μὴ ἔχοντα;
εἰ μὲν γὰρ δυνάμενον λέξεις, οὐ βουληθέντα δὲ, αὐτὸν
αἴτιον τούτων εἰπεῖν ἀνάγκη. ὅτι δυνάμενος ποιῆσαι μὴ
εἶναι κακὰ συνεχώρησεν αὐτὰ μένειν ὡς ἦν, καὶ μάλιστα
ὅτε δημιουργεῖν τὴν ὕλην ἤρξατο. εἰ γὰρ μηδ᾽ ὅλως ἔμελεν 30

1 βουλομένῳ ABC × δὴ] δὲ ABC × ὁμοίως εἰ ABC; ὁμοίως]
Da ✳ × 1—3 om. τὰ—δοκεῖ ABC 2 ποιότητας Eu 6 συνεῖναι]
εὖ εἶναι AB; εἶναι C 9 τοῦτο]+δὲ ABC 12 ποιότητες]+τῆς
ABC Eu 15 om. αἱ ABC Eu × 20, 21 διάφοροι Eu[i] Me[s] Ph ✳
23 ἔσχον Eu ✳ 24 om. αὐτὸν ABC Ph ✳

ABC Eu
Da Di
Ph

αὐτῷ τῆς ὕλης, οὐκ ἂν αἴτιος ἦν ὧν συνεχώρει μένειν· ἐπεὶ
δὲ μέρος μέν τι αὐτῆς δημιουργεῖ, μέρος δέ τι οὕτως ἐᾷ
δυνάμενος κἀκεῖνο τρέπειν εἰς τὸ κρεῖττον, αἰτίαν ὀφλισκά-
νειν ἄξιος εἶναί μοι δοκεῖ, καταλιπὼν μέρος ὕλης εἶναι
5 πονηρὸν ἐπ' ὀλέθρῳ οὗ ἐδημιούργησε μέρους. ἀλλὰ μὴν
καὶ τὰ μέγιστα κατὰ τοῦτο τὸ μέρος ἠδικῆσθαί μοι δοκεῖ·
τοῦθ' ὅπερ κατεσκεύασε τῆς ὕλης μέρος ἀντιλαμβανόμενον
τανῦν τῶν κακῶν. εἰ γάρ τις ἐξετάζοι ἐπ' ἀκριβὲς τὰ
πράγματα, χαλεπώτερον νῦν εὑρήσει τὴν ὕλην πεπονθυῖαν
10 τῆς προτέρας ἀκοσμίας. πρὶν γὰρ αὐτὴν διακριθῆναι, τὸ
μηδὲ αἰσθέσθαι τῶν κακῶν παρῆν αὐτῇ· νυνὶ δὲ ἕκαστον
τῶν μερῶν αὐτῆς αἴσθησιν λαμβάνει τῶν κακῶν. καί μοι
ἐπ' ἀνθρώπου τὸ παράδειγμα λάβε. πρὶν γὰρ εἰκονισθῇ
καὶ ζῷον γένηται τῇ τοῦ δημιουργοῦ τέχνῃ, τὸ μηδενὸς
15 ἀντιλαμβάνεσθαι τῶν κακῶν παρὰ τῆς φύσεως εἶχεν· ἀφ'
οὗ δὲ πρὸς τοῦ θεοῦ ἄνθρωπος γίνεται, καὶ τὴν αἴσθησιν
τοῦ προσπελάζοντος κακοῦ προσλαμβάνει· καὶ τοῦθ' ὅπερ
ἐπ' εὐεργεσίᾳ τῆς ὕλης πρὸς τοῦ θεοῦ γεγονέναι λέγεις,
εὑρίσκεται μᾶλλον ἐπὶ τῷ χείρονι προσγενόμενον αὐτῇ. εἰ
20 δ' ἐκ τοῦ μὴ δύνασθαι τὸν θεὸν ἀνελεῖν τὰ κακὰ τὸ μὴ
πεπαῦσθαι λέγεις, ἀδύνατον τὸν θεὸν φήσεις ὑπάρχειν· τὸ
δὲ ἀδύνατον ἤτοι τῷ φύσει ἀσθενῆ ὑπάρχειν αὐτὸν ἔσται,
ἢ τῷ νικᾶσθαι τῷ φόβῳ δεδουλωμένον πρός τινος κρείττο-
νος. εἰ μὲν οὖν τὸν θεὸν φύσει ἀσθενῆ ὄντα τολμήσεις
25 εἰπεῖν, περὶ τῆς σωτηρίας αὐτῆς κινδυνεύειν μοι δοκεῖς· εἰ
δὲ τῷ νικᾶσθαι φόβῳ πρὸς τοῦ μείζονος, μείζονα λέξεις
τοῦ θεοῦ τὰ κακὰ νικῶντα τῆς προαιρέσεως αὐτοῦ τὴν
ὁρμήν· ὅπερ ἄτοπον εἶναί μοι λέγειν περὶ θεοῦ δοκεῖ. διὰ
τί γὰρ οὐχὶ μᾶλλον ταῦτα ἔσονται θεοί, νικᾶν κατὰ τὸν

2 ἐδημιούργει Eu ✳   εἴα Eu Di   3 κἀκεῖνα Eu   11 νυνὶ
ABC Eu   13 λάβε τὸ παράδ. ABC Ph ✳   14 μηθενὸς
(vel μεθ' ἑνὸς) Eu ✳ ×   20, 21 om. τὸ μὴ πεπαῦσθαι λέγεις
Meˢ Di   22 τῷ] τῇ Da Di Ph; τὸ B   26 λέξεις] ἔσται ABC
Eu ×

λόγον τὸν σὸν δυνάμενα τὸν θεόν, εἴπερ θεὸν ἐκεῖνό φαμεν   ABC Eu
ὃ τὴν ἁπάντων ἐξουσίαν ἔχει;

8. Βραχέα δέ σου καὶ περὶ τῆς ὕλης αὐτῆς πυθέσθαι
βούλομαι· καί μοι φέρων λέγε, πότερον ἁπλῆ τις ἦν ἡ
ὕλη ἢ σύνθετος; ἡ γὰρ διαφορὰ τῶν γεγονότων εἰς τοιαύτην 5
με περιίστησιν ἐξέτασιν τοῦδε τοῦ λόγου. εἰ γὰρ ἁπλῆ
τις ἐτύγχανεν ἡ ὕλη καὶ μονοειδής, σύνθετος δὲ ὁ κόσμος
καὶ ἐκ διαφόρων οὐσιῶν τε καὶ κράσεων τὴν σύστασιν ἔχει,
ἀδύνατον τοῦτον ἐξ ὕλης γεγονέναι λέγειν, τῷ τὰ σύνθετα
μὴ οἷόν τε ἐξ ἑνὸς ἁπλοῦ τὴν σύστασιν ἔχειν· τὸ γὰρ 10
σύνθετον ἁπλῶν τινῶν μίξιν μηνύει. εἰ δ' αὖ πάλιν τὴν
ὕλην σύνθετον λέγειν ἐθέλοις, πάντως ἐξ ἁπλῶν τινῶν
συντεθεῖσθαι φήσεις· εἰ δὲ ἐξ ἁπλῶν συνετέθη, ἦν ποτὲ
καθ' ἑαυτὰ τὰ ἁπλᾶ, ὧν συντεθέντων γέγονεν ἡ ὕλη· ἐξ
οὗπερ καὶ γενητὴ οὖσα δείκνυται. εἰ γὰρ σύνθετος ἡ ὕλη, 15
τὰ δὲ σύνθετα ἐξ ἁπλῶν τὴν σύστασιν ἔχει, ἦν ποτὲ καιρὸς
ὅτε ἡ ὕλη οὐκ ἦν, τουτέστι πρὶν τὰ ἁπλᾶ συνελθεῖν· εἰ δὲ
ἦν ποτὲ καιρὸς ὅτε ἡ ὕλη οὐκ ἦν, οὐκ ἦν δέ ποτε καιρὸς ὅτε
τὸ ἀγένητον οὐκ ἦν, οὐκ ἔσται ἀγένητος ἡ ὕλη· τὸ δ'
ἐντεῦθεν ἔσται πολλὰ τὰ ἀγένητα. εἰ γὰρ ἦν ἀγένητος ὁ 20
θεός, ἦν δὲ ἀγένητα καὶ τὰ ἁπλᾶ ἐξ ὧν ἡ ὕλη συνετέθη,
οὐκ ἔσται δύο καὶ μόνα τὰ ἀγένητα. δοκεῖ δέ σοι μηδὲν
τῶν ὄντων αὐτὸ ἑαυτῷ ἀντικεῖσθαι;

Δοκεῖ.

Ἀντίκειται δὲ τῷ πυρὶ τὸ ὕδωρ;   25

Ἀντικεῖσθαί μοι φαίνεται.

Ὁμοίως δὲ καὶ τῷ φωτὶ τὸ σκότος, καὶ τῷ ψυχρῷ τὸ
θερμόν; πρὸς δὴ τούτοις καὶ τῷ ξηρῷ τὸ ὑγρόν;

Οὕτως ἔχειν μοι δοκεῖ.

Οὐκοῦν εἰ μηδὲν τῶν ὄντων αὐτὸ ἑαυτῷ ἀντίκειται, 30

1 δυνάμενοι Eu Da × 2 δ] ὅπερ ABC; (ἐκεῖνον) ὃς Di ×
9, 10 om. ἀδύνατον—σύστασιν ἔχειν ABC Eu ✳ 15 σύνθετον
Eu^codd aliqq Da ✳ × 19 om. τὸ (pr.) B Da Ph ✳ 21 om. ἦν
δὲ ἀγένητα ABC Eu ✳ ×

ABC Eu
Da Di
Ph
ἀλλήλοις δὲ ταῦτα ἀντίκειται, οὐκ ἔσονται ὕλη μία, οὐδὲ μὴν ἐξ ὕλης μιᾶς. ὅμοιον δέ τινα τούτῳ λόγον πάλιν πυθέσθαι βούλομαι. δοκεῖ σοι τὰ μέρη μὴ ἀναιρετικὰ τυγχάνειν ἀλλήλων;

5 Δοκεῖ.

Εἶναι δὲ τῆς ὕλης μέρη τό τε πῦρ καὶ τὸ ὕδωρ, ὡσαύτως δὲ καὶ τὰ λοιπά;

Οὕτως ἔχω.

Τί δέ; οὐ δοκεῖ σοι ἀναιρετικὸν μὲν εἶναι τοῦ πυρὸς τὸ
10 ὕδωρ, τοῦ δὲ σκότους τὸ φῶς, καὶ τἄλλα ὅσα τούτοις παραπλήσια;

Δοκεῖ.

Οὐκοῦν εἰ τὰ μέρη οὐκ ἔστιν ἀλλήλων ἀναιρετικά, ταῦτα δὲ ἀλλήλων ἀναιρετικὰ τυγχάνει, οὐκ ἔσται ἀλλήλων
15 μέρη· εἰ δὲ οὐκ ἔστιν ἀλλήλων μέρη, οὐκ ἔσονται ὕλης μιᾶς. ἀλλὰ μὴν οὐδ' αὐτὰ ἔσονται ὕλη, τῷ μηδέν τι τῶν ὄντων αὐτὸ ἑαυτοῦ ἀναιρετικὸν ὑπάρχειν, κατὰ τὸν τοῦ ἀντικειμένου λόγον. οὐδὲ γάρ ἐστί τι ἑαυτῷ ἀντικείμενον· τὰ γὰρ ἀντικείμενα ἑτέροις ἀντικεῖσθαι πέφυκεν· οἷον τὸ
20 λευκὸν αὐτὸ ἑαυτῷ οὐκ ἀντίκειται, πρὸς δὲ τὸ μέλαν ἀντικείμενον λέγεται· καὶ τὸ φῶς ὁμοίως ἑαυτῷ μὴ ἀντικεῖσθαι δείκνυται, πρὸς δὲ τὸ σκότος οὕτως ἔχον φαίνεται, καὶ ἄλλα γοῦν ὁμοίως πλεῖστα ὅσα. εἰ τοίνυν καὶ ὕλη μία τις ἦν, οὐκ ἂν αὐτὴ ἑαυτῇ ἀντέκειτο. οὕτω δὲ τῶν
25 ἀντικειμένων ἐχόντων τὸ μὴ εἶναι τὴν ὕλην δείκνυται.

ABC
Ταῦτα ἀπὸ τοῦ ζ' λόγου τῆς Εὐσεβίου τοῦ Παλαι-
στιναίου εὐαγγελικῆς προπαρασκευῆς ἤντληται, ὄντα ὡς
φησιν Μαξίμου οὐκ ἀσήμου ἐν τοῖς χριστιανοῖς συγ-
γραφέως. αὐτολεξεὶ δὲ ταῦτα ἤρηται κείμενα ἐν τῷ

---

1 om. ἀλλήλοις—ἀντίκ. ABC Eu ✳   3 πυθέσθαι]+σου Eu ✳
13, 14 om. οὐκ ἔστιν—ταῦτα δὲ Da ✳   14 om. ταῦτα δὲ—τυγχάνει
Eu ✳   ταῦτα δὲ] Meˢ Ph; τὰ δὲ τῆς ὕλης ABC ✳   τυγχάνει]
ἐστὶν ABC ✳   24 οὕτως οὖν Da Ph ✳   28 om. τοῖς B

Ὠριγένογς πρὸς Μαρκιωνιστὰς καὶ ἄλλογς αἱρετικοὺς ABC
διαλόγῳ, Εὐτροπίογ Δικάζοντος, Μεγεθίογ Δὲ ἀντιλέ-
γοντος.

XXV.

Ὅτι ὁ ἐκ προγνώςεως ἀφορισμὸς ογκ ἀναιρεῖ τὸ
αγτεξογςιον. ἐκ τογ α΄ τόμογ τῶν εἰς τὴν πρὸς 5
Ῥωμαίογς ἐξηγητικῶν, εἰς τό· Ἀφωριςμένος εἰς
εγαγγέλιον θεογ.

Ro i 1   1. Τρίτον ἔστιν ἰδεῖν τό· Ἀφωρισμένος εἰς εὐαγγέλιον
θεοῦ. καὶ ἐν τῇ πρὸς Γαλάτας ὁ ἀπόστολος περὶ ἑαυτοῦ
Ga i 15 f. τοιαῦτά φησιν· Ὅτε δὲ εὐδόκησεν ὁ θεὸς, ὁ ἀφορίσας με ἐκ 10
κοιλίας μητρός μου, ἀποκαλύψαι τὸν υἱὸν αὐτοῦ ἐν ἐμοί.
ἐπιλαμβάνονται δὲ τῶν τοιούτων λέξεων οἱ μὴ συνιέντες
τὸν ἐκ προγνώσεως θεοῦ προωρισμένον αἴτιον τυγχάνοντα
τοῦ γίνεσθαι τὰ προγινωσκόμενα· καὶ οἴονται διὰ τούτων
εἰσάγειν τοὺς ἐκ κατασκευῆς καὶ φύσεως σωζομένους. 15
τινὲς δὲ καὶ τὸ ἐφ᾽ ἡμῖν ἐκ τῶν τοιούτων ἀναιροῦσι ῥητῶν,
Ps lviii   συγχρώμενοι καὶ τῷ· Ἀπηλλοτριώθησαν οἱ ἁμαρτωλοὶ
(lvii) 3   ἀπὸ μήτρας· ἐν ψαλμοῖς εἰρημένῳ. πρὸς μὲν οὖν τοῦτο
εὐχερῶς ἔστιν ἀπαντῆσαι, ἐρωτῶντας περὶ τῆς ἑξῆς λέξεως·
Ps lviii   γέγραπται γάρ· Ἀπηλλοτριώθησαν οἱ ἁμαρτωλοὶ ἀπὸ 20
(lvii) 3 f. μήτρας, ἐπλανήθησαν ἀπὸ γαστρὸς, ἐλάλησαν ψευδῆ·
θυμὸς αὐτοῖς κατὰ τὴν ὁμοίωσιν τοῦ ὄφεως. καὶ πευσόμεθά
γε τῶν ὡς σαφεῖ τῇ λέξει ἐπιβαινόντων, εἰ οἱ ἀπαλλοτριω-
θέντες ἁμαρτωλοὶ ἀπὸ μήτρας ἅμα τῷ ἐξελθεῖν ἀπὸ γαστρὸς
τῆς μητρὸς αὐτῶν ἐπλανήθησαν καὶ τῆς σωζούσης ὁδοῦ 25
ἐσφάλησαν, αὐτοὶ εἰς τοῦτο ἐνεργήσαντες. πῶς δὲ οἱ
ἀπαλλοτριωθέντες ἁμαρτωλοὶ ἀπὸ μήτρας ἀπὸ γαστρὸς
ἐπλανήθησάν τε καὶ ἐλάλησαν ψευδῆ; οὐ γὰρ δὴ δείξουσιν
ὅτι ἅμα τῷ γεννηθῆναι ἔναρθρον φωνὴν προήκαντο, ψευδῆ

2 om. δὲ B   7 Ru. IV. 462   23 ἀσαφεῖ C   24 τῷ] τὸ AB

ABC (cat) τινὰ προφερόμενοι. ἀλλ᾽ εἰ προσέχομεν τοῖς προτεταγ-
μένοις τοῦ προορισμοῦ ἐν τῇ ἐξεταζομένῃ ἐπιστολῇ λεγο-
μένοις, δυνησόμεθα, τὰ περισπῶντα τοὺς ἁπλουστέρους
πρὸς παραδοχὴν τοῦ ἀδικίαν κατηγοροῦντος κατὰ τοῦ θείου
5 δόγματος καθελόντες, ἀπολογήσασθαι περὶ τοῦ ἐκ κοιλίας
μητρὸς ἀφορίζοντος καὶ εἰς εὐαγγέλιον θεοῦ ἀφορίζοντος
τὸν δοῦλον Ἰησοῦ Χριστοῦ κλητὸν ἀπόστολον Παῦλον.
οὕτω δὲ ἔχει τὰ ῥητά· Οἴδαμεν δὲ ὅτι τοῖς ἀγαπῶσι τὸν Ro viii 28 ff
θεὸν πάντα συνεργεῖ εἰς ἀγαθόν, τοῖς κατὰ πρόθεσιν κλητοῖς
10 οὖσιν· ὅτι οὓς προέγνω, καὶ προώρισεν συμμόρφους τῆς
εἰκόνος τοῦ υἱοῦ αὐτοῦ, εἰς τὸ εἶναι αὐτὸν πρωτότοκον ἐν
πολλοῖς ἀδελφοῖς· οὓς δὲ προώρισεν, τούτους καὶ ἐκάλεσεν·
καὶ οὓς ἐκάλεσεν, τούτους καὶ ἐδικαίωσεν· οὓς δὲ ἐδικαίωσεν,
τούτους καὶ ἐδόξασεν.
15 2. Πρόσχωμεν οὖν τῇ τάξει τῶν λεγομένων. δικαιοῖ
ὁ θεὸς καλέσας πρότερον, οὐκ ἂν δικαιώσας οὓς μὴ ἐκάλεσεν·
καλεῖ δὲ πρὸ τῆς κλήσεως προορίσας, οὐκ ἂν καλέσας οὓς
μὴ προώρισεν· καὶ ἔστιν αὐτῷ ἀρχὴ τῆς κλήσεως καὶ τῆς
δικαιώσεως οὐχ ὁ προορισμός· οὗτος γὰρ εἰ ἦν ἀρχὴ τῶν
20 ἑξῆς, κἂν πιθανώτατα ἐκράτουν οἱ παρεισάγοντες τὸν περὶ
φύσεως ἄτοπον λόγον· ἀνωτέρω δέ ἐστι τοῦ προορισμοῦ ἡ
πρόγνωσις· Οὓς γὰρ προέγνω, φησί, καὶ προώρισεν συμ- Ro viii 29
μόρφους τῆς εἰκόνος τοῦ υἱοῦ αὐτοῦ. προενατενίσας οὖν ὁ
θεὸς τῷ εἱρμῷ τῶν ἐσομένων, καὶ κατανοήσας ῥοπὴν τοῦ
25 ἐφ᾽ ἡμῖν τῶνδέ τινων ἐπὶ εὐσέβειαν καὶ ὁρμὴν ἐπὶ ταύτην
μετὰ τὴν ῥοπήν, καὶ ὡς ὅλοι ἑαυτοὺς ἐπιδώσουσι τῷ κατ᾽
ἀρετὴν ζῆν, προέγνω αὐτούς, γινώσκων μὲν τὰ ἐνιστάμενα
προγινώσκων δὲ τὰ μέλλοντα· καὶ οὓς οὕτω προέγνω,
προώρισεν συμμόρφους ἐσομένους τῆς εἰκόνος τοῦ υἱοῦ

8 ῥήματα B   om. δὲ (sec.) A   9 εἰς] + τὸ C   οὖσι κλητοῖς C
13 οὓς δὲ] καὶ οὓς B   15 δικαιοῖ] + γὰρ AB; hic inc. catena post
aliq. praefat.   16 μὴ] cat; οὐκ ABC   19 ἦν] + ἡ ABC
20 κἂν πιθ. ἐκράτουν] πιθ. ἂν ἔλεγον cat   21 ἀτόπως ABC
26 ὅλους cat

15—2

cf. Col i 15 αὐτοῦ. ἔστιν οὖν τις ὁ υἱὸς τοῦ θεοῦ, εἰκὼν τυγχάνων τοῦ ABC cat
θεοῦ τοῦ ἀοράτου, καὶ τούτου εἰκὼν ἡ λεγομένη εἰκὼν τοῦ 463
υἱοῦ τοῦ θεοῦ· ἥντινα νομίζομεν εἶναι ἣν ἀνέλαβεν ψυχὴν
ὁ υἱὸς τοῦ θεοῦ ἀνθρωπίνην, γενομένην διὰ τὴν ἀρετὴν τῆς
εἰκόνος τοῦ θεοῦ εἰκόνα. ταύτης δὲ, ἣν οἰόμεθα εἰκόνος 5
εἰκόνα εἶναι [τοῦ υἱοῦ] τοῦ θεοῦ, συμμόρφους προώρισεν
γενέσθαι ὁ θεός, οὓς διὰ τὴν περὶ αὐτῶν πρόγνωσιν προώ-
ρισεν. οὐ νομιστέον τοίνυν εἶναι τῶν ἐσομένων αἰτίαν τὴν
πρόγνωσιν τοῦ θεοῦ· ἀλλ' ἐπεὶ ἔμελλεν γίνεσθαι κατ' ἰδίας
cf. Sus 42 ὁρμὰς τοῦ ποιοῦντος, διὰ τοῦτο προέγνω, εἰδὼς τὰ πάντα 10
πρὸ γενέσεως αὐτῶν· καὶ ὡς εἰδὼς τὰ πάντα πρὸ γενέσεως
αὐτῶν τούσδε μέν τινας προέγνω καὶ προώρισεν συμμόρ-
φους ἐσομένους τῆς εἰκόνος τοῦ υἱοῦ αὐτοῦ, ἄλλους δὲ εἶδεν
ἀπηλλοτριωμένους. ἐὰν δέ τις ἀνθυποφέρῃ πρὸς ταῦτα, εἰ
δυνατόν ἐστι μὴ γενέσθαι ἃ τοιάδε ἔσεσθαι προεγίνωσκεν 15
ὁ θεός· φήσομεν ὅτι δυνατὸν μὲν μὴ γενέσθαι· οὐχὶ δὲ, εἰ
δυνατὸν μὴ γενέσθαι, ἀνάγκη μὴ γενέσθαι ἢ γενέσθαι· καὶ
γίνεται οὐ πάντως ἐξ ἀνάγκης, ἀλλὰ δυνατοῦ ὄντος καὶ τοῦ
αὐτὰ μὴ γενέσθαι. τῆς δὲ λογικῆς ἔχεται ἐντρεχείας τε
καὶ θεωρίας ὁ περὶ τῶν δυνατῶν τόπος, ἵνα ὁ σμήξας ἑαυτοῦ 20
τὸ ὄμμα τῆς ψυχῆς δυνηθῇ τῇ λεπτότητι τῶν ἀποδείξεων
παρακολουθήσας κατανοῆσαι, πῶς καὶ μέχρι τῶν τυχόντων
οὐκ ἐμποδίζεται τὸ εἶναί τι εἰς πολλὰ δυνατόν, ἑνὸς ἐκ τῶν
πολλῶν ὄντος τοῦ ἐσομένου, καὶ οὐ κατὰ ἀνάγκην ἐσομένου·
προεγνωσμένου τε οὑτωσὶ, ὅτι ἔσται μὲν οὐκ ἐξ ἀνάγκης 25
δὲ ἔσται, ἀλλ' ἐνδεχομένου τυγχάνοντος τοῦ μὴ γενέσθαι
ἔσται τὸ οὐ στοχαστικῶς εἰρημένον ἀλλ' ἀληθῶς προεγνω-
σμένον.

3. Μὴ νομιζέτω δέ τις ἡμᾶς τὸ Κατὰ πρόθεσιν

---

1 om. τις cat   om. τυγχάνων cat   2 καὶ τούτου] τούτου δὲ
cat   3 νομίζω cat   6 τοῦ υἱοῦ] delend. vid.   11, 12 om. καὶ ὡς
—αὐτῶν ABC   15 προεγίνωσκεν] + ἐσόμενα ABC   16 δυνατὸν]
conieci; ἀδύνατον ABC cat   17 δυνατὸν] ἀδύνατον BC cat
18 δυνατόν ἐστι καὶ τὸ cat   19 om. τε cat   20 om. τῶν cat
22 om. καὶ ABC   27 om. τὸ cat

ABC cat σεσιωπηκέναι ὡς θλίβον ἡμῶν τὸν λόγον· ἐπεί φησιν ὁ
Παῦλος· Οἴδαμεν δὲ ὅτι τοῖς ἀγαπῶσι τὸν θεὸν πάντα Ro viii 28 f.
συνεργεῖ εἰς ἀγαθὸν, τοῖς κατὰ πρόθεσιν κλητοῖς οὖσιν.
ἀλλὰ προσεχέτω ὅτι τοῦ κατὰ πρόθεσιν εἶναι κλητοὺς τὴν
5 αἰτίαν καὶ ὁ ἀπόστολος ἀποδέδωκεν εὐθέως, εἰπών· Ὅτι
οὓς προέγνω, καὶ προώρισεν συμμόρφους τῆς εἰκόνος τοῦ
υἱοῦ αὐτοῦ. καὶ τίνα γε μᾶλλον ἐχρῆν ἐγκαταχωρισθῆναι
εἰς τὴν δικαιοῦσαν κλῆσιν τῇ προθέσει τοῦ θεοῦ ἢ τοὺς
ἀγαπῶντας αὐτόν; πάνυ δὲ τὴν ἐκ τοῦ ἐφ᾽ ἡμῖν αἰτίαν
10 παρίστησι τῆς προθέσεως καὶ τῆς προγνώσεως τό· Οἴδαμεν
δὲ ὅτι τοῖς ἀγαπῶσι τὸν θεὸν πάντα συνεργεῖ εἰς ἀγαθόν.
σχεδὸν γὰρ εἶπεν ὅτι πάντα συνεργοῦντα εἰς ἀγαθὸν διὰ
τοῦτο συνεργεῖ, ἐπεὶ ἄξιοί εἰσι συνεργίας οἱ ἀγαπῶντες τὸν
θεόν. ἅμα δὲ καὶ ἐρωτήσωμεν τοὺς τὰ ἐναντία λέγοντας,
15 καὶ ἀποκρινάσθωσαν ἡμῖν πρὸς ταῦτα. ἔστω καθ᾽ ὑπόθεσιν
εἶναί τινα ἐφ᾽ ἡμῖν· καὶ τοῦτο ἐροῦμεν αὐτοῖς ἀναιροῦσι τὸ
ἐφ᾽ ἡμῖν, ἕως ἐκ τῆς διδομένης ὑποθέσεως ἐλεγχθῇ αὐτῶν
ὁ λόγος οὐχ ὑγιὴς ὤν. ὄντος δὴ τοῦ ἐφ᾽ ἡμῖν, ἆρα ὁ θεὸς
ἐπιβαλὼν τῷ εἱρμῷ τῶν ἐσομένων προγνώσεται τὰ πρα-
20 χθησόμενα ἐκ τοῦ ἐφ᾽ ἡμῖν ἑκάστῳ τῶν ἐχόντων τὸ ἐφ᾽ ἡμῖν,
ἢ οὐ προγνώσεται; τὸ μὲν οὖν λέγειν Οὐ προγνώσεται,
ἀγνοοῦντός ἐστι τὸν ἐπὶ πᾶσι νοῦν καὶ τὴν μεγαλωσύνην
τοῦ θεοῦ. εἰ δὲ δώσουσιν ὅτι προγνώσεται, πάλιν ἐρωτή-
σωμεν αὐτούς, ἆρα τὸ ἐγνωκέναι αὐτὸν αἴτιόν ἐστι τοῦ
25 ἔσεσθαι τὰ ἐσόμενα, διδομένου τοῦ εἶναι τὸ ἐφ᾽ ἡμῖν; ἢ
ἐπεὶ ἔσται προέγνω, καὶ οὐδαμῶς ἐστιν αἰτία αὐτοῦ ἡ πρό-
γνωσις τῶν ἐσομένων ἐκ τοῦ ἐφ᾽ ἡμῖν ἑκάστῳ; δυνατὸν οὖν
ἦν τῶνδέ τινων ἀπαντησάντων μὴ τόδε ἀλλὰ τόδε ἐνεργῆσαι
τὸν δημιουργηθέντα αὐτεξούσιον.
30   4.   Τούτων οὖν καὶ τοιούτων ἂν λεχθησομένων, σώζεται

4 προσέχετε ABC   7 μᾶλλον] ἄλλον ABC   11, 12 εἰς]+
τὸ (bis) C   12 πάντα]+τὰ A   13 συνεργήσεως AB   15 ἀπο-
κρινέσθωσαν cat   22 om. τὴν ABC   23, 24 ἐρωτήσωμεν BC
25 τοῦ εἶναι τὸ] cat; τι εἶναι τοῦ AC; εἶναί τι τοῦ B   29 αὐτεξού-
σιον]+εἶναι BC; hactenus catena

Mt xxv 21, 23 καὶ τό· Εὖγε, ἀγαθὲ δοῦλε καὶ πιστέ· ἐπὶ ὀλίγα ἧς πιστός, ABC
ἐπὶ πολλῶν σε καταστήσω· εἴσελθε εἰς τὴν χαρὰν τοῦ
κυρίου σου· καὶ πᾶς ἔπαινος.   σώζεται δὲ καὶ τὸ εὔλογον
Ibid 26 f. τοῦ· Πονηρὲ δοῦλε καὶ ὀκνηρέ, ἔδει σε βαλεῖν τὸ ἀργύριόν
μου εἰς τράπεζαν.   οὕτω δὲ σωθήσεται μόνως τὰ δικαίως 5
Ibid 34 f. λεγόμενα πρὸς μὲν τοὺς ἐκ δεξιῶν· Δεῦτε πρός με οἱ
εὐλογημένοι τοῦ πατρός μου, κληρονομήσατε τὴν ἡτοιμα-
σμένην ὑμῖν βασιλείαν ἀπὸ καταβολῆς κόσμου· ὅτι ἐπείνασα,
καὶ ἐδώκατέ μοι φαγεῖν· καὶ τὰ ἑξῆς· πρὸς δὲ τοὺς ἐξ εὐω-
Ibid 41 f. νύμων· Πορεύεσθε ἀπ᾽ ἐμοῦ οἱ κατηραμένοι εἰς τὸ πῦρ τὸ 10
αἰώνιον, τὸ ἡτοιμασμένον τῷ διαβόλῳ καὶ τοῖς ἀγγέλοις
αὐτοῦ· ὅτι ἐπείνων, καὶ οὐκ ἐδώκατέ μοι φαγεῖν· καὶ τὰ
Ro i 1 ἑξῆς.   ἀλλὰ καὶ εἴπερ τό· Ἀφωρισμένος εἰς εὐαγγέλιον
Ga i 15 θεοῦ· καὶ τό· Ὁ ἀφορίσας με ἐκ κοιλίας μητρός μου·
1 Co ix 27 ἀνάγκην τινὰ περιεῖχε, πῶς ἂν εὐλόγως ἔφασκε τό· Ὑπο- 15
πιάζω μου τὸ σῶμα καὶ δουλαγωγῶ, μήπως ἄλλοις κηρύξας
Ibid 16 αὐτὸς ἀδόκιμος γένωμαι· καὶ τό· Οὐαὶ γάρ μοί ἐστιν ἐὰν
μὴ εὐαγγελίζωμαι; σαφῶς γὰρ ἐκ τούτων παρίστησιν ὅτι
εἰ μὴ ὑπεπίαζεν αὐτοῦ τὸ σῶμα καὶ ἐδουλαγώγει οἷόν τε ἦν
αὐτὸν ἄλλοις κηρύξαντα ἀδόκιμον γενέσθαι, καὶ ὅτι δυνατὸν 20
ἦν οὐαὶ αὐτῷ γενέσθαι εἰ μὴ εὐηγγελίζετο.   μήποτε οὖν
σὺν τούτοις ἀφώρισεν αὐτὸν ὁ θεὸς ἐκ κοιλίας μητρός, καὶ
ἀφώρισεν αὐτὸν εἰς εὐαγγέλιον θεοῦ, σὺν τῷ ἑωρακέναι τὴν
αἰτίαν τοῦ δικαίου ἀφορισμοῦ, ὅτι ὑποπιάσει τὸ σῶμα καὶ
δουλαγωγήσει εὐλαβούμενος μήπως ἄλλοις κηρύξας αὐτὸς 25
ἀδόκιμος γένηται, καὶ ὅτι, εἰδὼς οὐαὶ αὐτῷ ἔσεσθαι ἐὰν μὴ
εὐαγγελίσηται, φόβῳ τῷ πρὸς τὸν θεὸν πρὸς τὸ μὴ
γενέσθαι ἐν τῷ οὐαὶ οὐκ ἐσιώπα ἀλλ᾽ εὐηγγελίζετο.   καὶ
ταῦτα δὲ ἑώρα ὁ ἀφορίζων αὐτὸν ἐκ κοιλίας μητρὸς αὐτοῦ
2 Co xi 23 ff. καὶ ὁ ἀφορίζων αὐτὸν εἰς τὸ ἑαυτοῦ εὐαγγέλιον, ὅτι ἐν 30
κόποις ἔσται περισσοτέρως, ἐν φυλακαῖς περισσευόντως,

1 εὖ BC (sed cf. p. 232 l. 11)   δοῦλε ἀγαθὲ C   6 om. πρός με B
(sed cf. p. 156 l. 11)   11 αἰώνιον] ἐξότερον B   15 περιέχει B
15, 16 ὑπωπιάζω C   19 ἑαυτοῦ B   24 ὑπωπιάσει C   31 περισσο-
τέροις AB   περισσευόντως] περισσοτέρως C

ABC(cat₂) ἐν πληγαῖς ὑπερβαλλόντως, ἐν θανάτοις πολλάκις· ὑπὸ
Ἰουδαίων πεντάκις τεσσαράκοντα παρὰ μίαν λήψεται, τρὶς
ῥαβδισθήσεται, ἅπαξ λιθασθήσεται· καὶ τάδε τινὰ πείσεται
καυχώμενος ἐν ταῖς θλίψεσι καὶ εἰδὼς ὅτι ἡ θλίψις ὑπομο- cf. Ro v 3 f.
5 νὴν κατεργάζεται καὶ ὑπομένων. διὰ ταῦτα δὲ ἄξιον ἦν αὐ-
τὸν ἀφορισθῆναι εἰς εὐαγγέλιον θεοῦ προγινωσκόμενον
ἔσεσθαι, καὶ ἀφορισθῆναι αὐτὸν ἐκ κοιλίας μητρὸς αὐτοῦ.
καὶ ἀφωρίζετο εἰς εὐαγγέλιον θεοῦ οὐ διὰ τὴν φύσιν
ἔχουσάν τι ἐξαίρετον καὶ ὅσον ἐπὶ τῇ κατασκευῇ ὑπὲρ τὰς
10 τῶν μὴ τοιούτων φύσεις, ἀλλὰ διὰ τὰς προεγνωσμένας
μὲν πρότερον πράξεις ὕστερον δὲ γενομένας ἑκάστην ἐκ
τῆς παρασκευῆς καὶ τῆς προαιρέσεως τῆς ἀποστολικῆς.
νῦν δὲ ἀποδιδόναι εἰς τὸ ἀπὸ τοῦ ψαλμοῦ ῥητὸν οὐκ ἦν
εὔκαιρον, παρεκβατικὸν γὰρ ἦν· διὸ εἰς τὴν οἰκείαν
15 τάξιν θεοῦ διδόντος ἀποδοθήσεται, ὅταν τὸν ψαλμὸν
διηγώμεθα. ἀρκέσει δὲ καὶ ταῦτα πεπλεονασμένα εἰς τὸ
Ἀφωρισμένος.

XXVI.

Περὶ τοῦ τίνα τὰ ἀγαθὰ καὶ τίνα τὰ κακά, καὶ ὅτι
ἐν προαιρετικοῖς ταῦτα καὶ ἐν ἀπροαιρέτῳ, καὶ κατὰ τὴν
20 τοῦ χριστοῦ διδασκαλίαν, ἀλλ' οὐχ ὡς Ἀριστοτέλης
οἴεται. ἐκ τοῦ τόμου τοῦ εἰς τὸν δ' ψαλμόν, εἰς τό·
Πολλοὶ λέγουσι· τίς δείξει ἡμῖν τὰ ἀγαθά;   Ps iv 6

1. Πολλῆς παρὰ τοῖς ἀνθρώποις ζητήσεως τυγχα-
νούσης περὶ τοῦ τίνα τὰ ἀγαθὰ καὶ τίνα τὰ κακά· καί τινων
25 μὲν ἀπροαίρετα λεγόντων εἶναι τὰ ἀγαθὰ καὶ τὰ κακά,
ὥσπερεὶ τὴν ἡδονὴν ἀγαθὸν ἀποφαινομένων, κακὸν δὲ τὸ
πονηρόν· ἑτέρων δὲ ἐν μόνοις προαιρετικοῖς κατακλειόντων

8 ἀφωρίζετο] ἀφωρίζεται cat₂ (quae hic inc.)   10 om. μὴ A
cat₂   11 om. ἑκάστην cat₂   12 ἀποστολικῆς] hactenus cat₂
13 ἀπὸ τοῦ] αὐτοῦ C   23 Ru. II. 565

τὰ ἀγαθὰ καὶ τὰ κακά, καὶ τὰς μὲν ἀρετὰς καὶ τὰς κατ᾽ ABC
αὐτὰς πράξεις μόνας ἀγαθὰ λεγόντων, τὰς δὲ κακίας καὶ
τὰς κατὰ κακίαν ἐνεργείας κακά· τρίτων δὲ ὄντων τῶν
μιγνύντων, καὶ ἅμα ἐν προαιρετικοῖς καὶ ἀπροαιρέτοις
λεγόντων εἶναι τὰ ἀγαθὰ καὶ τὰ κακά· εἰκότως ὑπὸ τῶν 5
πιθανοτήτων περιελκόμενοι οἱ πολλοὶ τῶν πιστευόντων
φιλομαθοῦντες εἰς τὸν περὶ ἀγαθῶν τόπον λέγοιεν ἂν τό·

Ps iv 6 Τίς δείξει ἡμῖν τὰ ἀγαθά; ὅτι μὲν οὖν ἐν προαιρετικοῖς
ἐστὶν ἡ τῶν ἀγαθῶν φύσις, πᾶς ὁστισοῦν ἀποδεχόμενος τὸν
περὶ κρίσεως τόπον ἀδιστάκτως ὁμολογήσαι ἄν· ἀγαθὸν 10

Mt xxv 21, γάρ φησιν εἶναι ἐφ᾽ ᾧ ἀκούσεταί τις τό· Εὖγε, ἀγαθὲ δοῦλε
23 καὶ πιστέ· ἐπὶ ὀλίγα ἦς πιστός, ἐπὶ πολλῶν σε καταστήσω·
εἴσελθε εἰς τὴν χαρὰν τοῦ κυρίου σου· ἀγαθὸν δὲ καὶ τὸ
ἀπὸ τοῦ ἀγαθοῦ ἀνθρώπου ἐκ τῆς καρδίας αὐτοῦ προ-

Lc vi 45 φερόμενον, ὡς ὁ σωτήρ φησιν· Ὁ ἀγαθὸς ἄνθρωπος ἐκ τοῦ 15
ἀγαθοῦ θησαυροῦ τῆς καρδίας αὐτοῦ προφέρει τὰ ἀγαθά.
καὶ ἁπαξαπλῶς πᾶς καρπὸς δένδρου ἀγαθοῦ προαιρετικὸς
ὢν ἀγαθόν ἐστιν· ὡς ἀγάπη καὶ εἰρήνη καὶ χαρὰ καὶ
μακροθυμία, χρηστότης τε καὶ ἀγαθωσύνη καὶ πίστις καὶ
πραΰτης καὶ ἐγκράτεια· τὰ δὲ ἐναντία τούτοις κακά. εἰ δὲ 20
καὶ κατὰ τὴν τοῦ χριστοῦ διδασκαλίαν ἔστι τι ἀγαθὸν καὶ
κακὸν, καὶ ἐν ἀπροαιρέτοις ζητητέον· κἂν ᾖ δέ τι ἀγαθὸν ἢ
κακὸν ἐν ἀπροαιρέτοις, ὡς ὕστερον ἐξετάσαντες τάχα
δείξομεν. ἀλλ᾽ οὔτι γε τὰ ἀπὸ τῶν μιγνύντων τοῖς προ-
αιρετικοῖς τὰ ἀπροαίρετα λεγόμενα ἀγαθὰ ἂν εἴη καὶ κακά· 25
ἐκεῖνοι γὰρ οἴονται τῶν ἀγαθῶν τὰ μὲν εἶναι περὶ ψυχὴν, 566
τὰ δὲ περὶ σῶμα, τὰ δὲ ἐκτός· ὁμοίως δὲ καὶ τῶν κακῶν·
καὶ περὶ ψυχὴν μὲν, ἀρετὴν καὶ τὰς κατ᾽ ἀρετὴν πράξεις, ἢ
κακίαν καὶ τὰς κατὰ κακίαν πράξεις· περὶ σῶμα δὲ, ὑγείαν
καὶ εὐεξίαν καὶ κάλλος, ἢ νόσον καὶ καχεξίαν καὶ αἶσχος· 30
περὶ τὰ ἐκτὸς δὲ, πλοῦτον καὶ εὐγένειαν καὶ δόξαν, ἢ πενίαν
καὶ δυσγένειαν καὶ ἀδοξίαν.

11 εὖ δοῦλε ἀγαθὲ B   19 om. καὶ (sec.) AC   31 εὐγένειαν καὶ]
πενίαν AC   ἢ πενίαν] καὶ εὐγένειαν AC

ABC 2. Οἰήσονται δέ τινες καὶ κατὰ τὰς γραφὰς ὁμοίως
τρία γένη εἶναι τῶν ἀγαθῶν, καὶ τρία γένη τῶν κακῶν· τὰς
γὰρ ἀρετὰς καὶ τὰς κακίας προσιέμενοι εἶναι ἀγαθὰ καὶ
κακά, μετὰ τὰ ὁμολογούμενα καὶ ὑφ᾽ ἡμῶν ἐν ἀρετῇ καὶ
5 κακίᾳ καὶ ταῖς κατ᾽ αὐτὰς πράξεσι, χρήσονται ῥητοῖς καὶ
τὰ σωματικὰ καὶ τὰ ἐκτὸς δῆθεν ἀποφαινομένοις ἀγαθὰ ἢ
κακὰ τυγχάνειν. καὶ περὶ μὲν ἀρετῶν καὶ κακῶν τί δεῖ
καὶ λέγειν ; τῶν ἠθικῶν πραγμάτων διδασκόντων δεῖν ἡμᾶς
μὲν αἱρεῖσθαι δικαιοσύνην καὶ σωφροσύνην καὶ φρόνησιν
10 καὶ ἀνδρείαν καὶ τὰς κατ᾽ αὐτὰς πράξεις, ἐκκλίνειν δὲ τὰ
τούτοις ἐναντία. διόπερ οὐ χρεία παραδειγμάτων εἰς τὰ
παρὰ τῶν προαιρετικῶν ἀγαθά· σωματικὰ δὲ καὶ ἐκτὸς
ἀγαθὰ ἐκ τῆς κατὰ τὸ ῥητὸν ἐκδοχῆς πολλαχόθεν δείξουσι.
πλὴν ἐπὶ τοῦ παρόντος ἀρκεῖ παραθέσθαι τινὰ ἐκ τῶν
15 ἐν Ἐξόδῳ καὶ Λευϊτικῷ καὶ Δευτερονομίῳ κειμένων, ὡς ἐν
ἐπαγγελίᾳ πρὸς τοὺς τηροῦντας τὰς ἐντολάς, καὶ ὡς ἐν
ἀπειλῇ καὶ κατάραις πρὸς τοὺς παραβαίνοντας αὐτάς· οἷον
ὅτι ἡ ὑγεία ἀγαθόν ἐστι καὶ ἡ νόσος κακόν, ἀπὸ τῆς
Ἐξόδου δείξει ταῦτα προσάγεσθαι· Ἐὰν τηρήσῃς τὰς Ex xv 26
20 ἐντολάς μου καὶ τὰ προστάγματά μου, πᾶσαν νόσον ἣν
ἐπήγαγον τοῖς Αἰγυπτίοις οὐκ ἐπάξω ἐπὶ σέ· ἐγὼ γάρ εἰμι
κύριος ὁ ἰώμενός σε. καὶ τὸ ἀπὸ τοῦ Δευτερονομίου δὲ
πρὸς τοὺς ἁμαρτάνοντας λεγόμενον ὑπονοηθείη ἂν κακὸν
μὲν παριστάνειν τὰς σωματικὰς πληγὰς καὶ τὰς νόσους,
25 ἀγαθὸν δὲ δηλονότι τὴν ὑγείαν καὶ τὴν τοῦ σώματος ῥῶσιν.
ἔχει δὲ οὕτως ἡ λέξις· Ἐὰν μὴ ἀκούσητε ποιεῖν πάντα τὰ Deut xxviii
ῥήματα τοῦ νόμου τούτου τὰ γεγραμμένα ἐν τῷ βιβλίῳ 58 ff.
τούτῳ, φοβεῖσθαι τὸ ὄνομα τὸ ἔντιμον καὶ τὸ θαυμαστὸν
τοῦτο, Κύριον τὸν θεόν· καὶ παραδοξάσει κύριος τὰς πληγάς
30 σου καὶ τὰς πληγὰς τοῦ σπέρματός σου, πληγὰς μεγάλας
καὶ θαυμαστάς, καὶ νόσους πονηρὰς καὶ πλείστας. καὶ
ἐπιστρέψει ἐπὶ σὲ πᾶσαν τὴν πληγὴν Αἰγύπτου τὴν

4 ὑφ᾽] ἐφ᾽ B   7 καὶ (sec.)] ἢ B   7, 8 δεῖ καὶ] χρη B   10 ἀν-
δρίαν C   12 παρὰ] περὶ AC

πονηρὰν, ἣν διευλαβοῦ ἀπὸ προσώπου αὐτῶν, καὶ κολλη- ABC
θήσεταί σοι· καὶ πᾶσαν μαλακίαν καὶ πᾶσαν πληγὴν τὴν
μὴ γεγραμμένην ἐν τῷ βιβλίῳ τοῦ νόμου τούτου ἐπάξει
κύριος ἐπὶ σὲ, ἕως ἂν ἐξολοθρεύσῃ σε. καὶ πάλιν τοῖς
Lev xxvi 16 παραβαίνουσι τὰς ἐντολὰς λέγεται τό· Ἐπιπέμψω ὑμῖν 5
πυρετὸν καὶ ἴκτερον καὶ σφακελίζοντας τοὺς ὀφθαλμοὺς
ὑμῶν καὶ τὴν ψυχὴν ὑμῶν ἐκτήκουσαν. πρὸς τούτοις καὶ 567
ἐν τῷ Δευτερονομίῳ τοῖς ἀφισταμένοις τῆς θεοσεβείας
cf. Deut   ἀπειλεῖ ὁ λόγος ὀπισθότονον ἀνίατον.
xxxii 24
           3. Τὰ δὲ ἐκτὸς οἱ βουλόμενοι ἀγαθὰ κατὰ τὸν θεῖον 10
ἐπαγγέλλεσθαι λόγον τοῖς μὲν ἀπὸ τοῦ Λευϊτικοῦ, τούτοις
Lev xxvi 3 ff. χρήσονται· Ἐὰν ἐν τοῖς προστάγμασί μου πορεύησθε, καὶ
τὰς ἐντολάς μου φυλάσσησθε καὶ ποιήσητε αὐτάς, δώσω
τὸν ὑετὸν ὑμῖν ἐν καιρῷ αὐτοῦ, καὶ ἡ γῆ δώσει τὰ γενήματα
αὐτῆς, καὶ τὰ ξύλα τῶν πεδίων δώσει τὸν καρπὸν αὐτῶν· 15
καὶ καταλήψεται ὑμῖν ὁ ἀλοητὸς τὸν τρυγητόν, καὶ ὁ
τρυγητὸς καταλήψεται τὸν σπόρον, καὶ φάγεσθε τὸν ἄρτον
ὑμῶν εἰς πλησμονὴν, καὶ κατοικήσετε μετὰ ἀσφαλείας ἐπὶ
τῆς γῆς ὑμῶν· καὶ τὰ ἑξῆς. ἐκ δὲ τοῦ Δευτερονομίου
Deut xxviii τούτοις χρήσονται· Καὶ ἔσται ὡς ἂν διαβῆτε τὸν Ἰορδάνην 20
1 ff.   εἰς τὴν γῆν ἣν κύριος ὁ θεὸς δίδωσιν ὑμῖν, καὶ φυλάσσεσθε
ποιεῖν πάσας τὰς ἐντολὰς αὐτοῦ ἃς ἐγὼ ἐντέλλομαί σοι
σήμερον, καὶ δώσει σε κύριος ὁ θεός σου ὑπεράνω πάντων,
καὶ ἥξουσιν ἐπὶ σὲ πᾶσαι αἱ εὐλογίαι αὗται καὶ εὑρήσουσί
σε, ἐὰν ἀκούσῃς τῆς φωνῆς κυρίου τοῦ θεοῦ σου. εὐλογη- 25
μένος σὺ ἐν πόλει, καὶ εὐλογημένος σὺ ἐν ἀγρῷ· εὐλογημένα
τὰ ἔγγονα τῆς κοιλίας σου καὶ τὰ γενήματα τῆς γῆς σου
καὶ τὰ βουκόλια τῶν βοῶν σου καὶ τὰ ποίμνια τῶν προ-
βάτων σου· εὐλογημέναι αἱ ἀποθῆκαί σου καὶ τὰ ἐγκατα-
λίμματά σου· καὶ τὰ ἑξῆς. ὡς πάλιν ἐκ τῶν ἐναντίων τοῖς 30
ἀσεβοῦσι λέγεται τό· Ἐπικατάρατος σὺ ἐν πόλει, καὶ

1 προσώπων ΑΒ   3 τοῦ ν. τούτου] τούτω τοῦ ν. C   6 σφα-
καλλίζοντας C; σφακελιζούσας Α   13 φυλάσσητε Β   ποιῆτε
ΑC   16 ἀλωητός Β   om. ὁ (sec.) C   26 om. καὶ C
27 ἔκγονα C   29, 30 ἐγκαταλείμματά ΑC

ABC ἐπικατάρατος σὺ ἐν ἀγρῷ· ἐπικατάρατοι αἱ ἀποθῆκαί σου Deut. xxviii 16 ff.
καὶ τὰ ἐγκαταλίμματά σου· ἐπικατάρατα τὰ τέκνα τῆς
κοιλίας σου καὶ τὰ γενήματα τῆς γῆς σου· ἐπικατάρατα τὰ
βουκόλια τῶν βοῶν σου καὶ τὰ ποίμνια τῶν προβάτων
5 σου. καὶ ἄλλα δὲ δυσεξαρίθμητα ἐνεγκοῦσιν οἱ βουλόμενοι
ἐν σωματικοῖς καὶ τοῖς ἐκτὸς εἶναι ἀγαθὰ καὶ κακά· ἐφ-
άψονταί τε καὶ τῶν εὐαγγελίων, λέγοντες τὸν σωτῆρα
ἐληλυθότα ὡς κακὰ ἀφῃρηκέναι ἀπὸ τῶν ἀνθρώπων τὴν
τυφλότητα τὴν σωματικὴν καὶ τὴν κωφότητα καὶ τὴν
10 πάρεσιν τῶν μελῶν, καὶ πᾶσαν νόσον καὶ πᾶσαν μαλα- cf. Mt iv 23; ix 35
κίαν τεθεραπευκέναι, ἀγαθὰ ἀντὶ τῶν προκατειληφότων
κακῶν δωρούμενον τό τε διορατικὸν τὸ σωματικὸν καὶ
τὸ ἀκουστικὸν καὶ τὴν ἄλλην ὑγείαν καὶ ῥῶσιν· καὶ
δυσωπήσουσί σε φάσκοντες, εἰ μὴ καὶ ἡμεῖς ὁμολο-
15 γήσομεν κακὸν εἶναι τὸ δαιμονιᾶν καὶ τὸ σεληνιάζεσθαι, cf. Mt iv 24
ὡς πάλιν ἐκ τοῦ ἐναντίου ἀγαθὸν τὸ τούτων ἀπηλλά-
χθαι. ἀλλὰ καὶ οἱ ἀπόστολοι χαρίσματα ἰαμάτων καὶ ἐνερ-
γήματα δυνάμεων ἐπιτελοῦντες κατ᾽ αὐτὸ τὸ ἐνεργεῖν ἀγαθὰ
ἐποίουν τοῖς ἀνθρώποις καὶ κακῶν αὐτοὺς ἀπήλλαττον.
20 διαβήσονται δὲ οἱ τὰ τοιαῦτα λέγοντες καὶ ἐπὶ τὸν μέλλοντα
568 αἰῶνα, φάσκοντες τῷ κακὸν εἶναι τὸν πόνον τοὺς ἁμαρτω-
λοὺς πυρὶ αἰωνίῳ παραδίδοσθαι· εἰ δὲ κακὸν ὁ πόνος,
ἀνάγκη τὴν ἡδονὴν ἀγαθὸν εἶναι.

4. Σαφῆ μὲν οὖν ἐκ τῶν εἰρημένων τὰ δυνάμενα ἐπὶ
25 πλεῖον δυσωπῆσαι τοὺς οὐχ οἵους τε λῦσαι τὰ προσαγόμενα
περὶ τοῦ τρία γένη τῶν ἀγαθῶν εἶναι καὶ τρία τῶν κακῶν
κατὰ τὸν λόγον τῶν γραφῶν. ταύτην τοίνυν τὴν ἀπάτην
οὐ μόνον οἱ ὁμολογουμένως ἀκέραιοι τῶν πεπιστευκότων
ἠπάτηνται, ἀλλὰ καί τινες τῶν ἐπαγγελλομένων σοφίαν τὴν
30 κατὰ Χριστὸν, οἰόμενοι τοῦ δημιουργοῦ τοιάσδε τινὰς εἶναι
ἐπαγγελίας, καὶ πέρα τῶν ἀπὸ τῆς λέξεως δηλουμένων μηδὲν

2 ἐγκαταλείμματά AC   5 ἐνέγκουσιν AB ; ἐνέγκωσιν C ; cf.
p. 241 l. 17   14, 15 ὁμολογήσωμεν AB   21 τῷ] C (corr. pr. m.);
τὸ ABC*   om. τὸν πόνον B   22 κακὸς BC

σημαίνεσθαι κατὰ τὰς ἀπειλάς.   πρὸς πάντας τοίνυν τοὺς ABC
τὰ τοιαῦτα ἐκ τῶν γραφῶν ὑπολαμβάνοντας ἐπαπορητέον,
εἰ τετηρήκασι τὸν νόμον οἱ προφῆται, ὧν ἁμαρτήματα οὐ
κατηγορεῖται· οἷον Ἠλίας ὁ ἀκτημονέστατος, ὡς μηδὲ ἄρτον
ἔχειν παρ᾽ ἑαυτῷ φαγεῖν καὶ διὰ τοῦτο πέμπεσθαι πρὸς 5

cf. 1 Reg
xvii 8 f.
cf. 2 Reg
iv 8 ff.; xiii 14

γυναῖκα εἰς Σάρεπτα τῆς Σιδωνίας· καὶ Ἐλισσαῖος, ὃς παρὰ
τῇ Σουμανίτιδι βραχυτάτην ἔλαβε κατάλυσιν καὶ σκιμπό-
διον καὶ λυχνίαν εὐτελῆ, ὃς καὶ ἀρρωστήσας ἐτελεύτησε·

cf. Isa xx 3

καὶ Ἡσαΐας ὁ πορευθεὶς γυμνὸς καὶ ἀνυπόδετος τρισὶν ἔτεσι·

cf. Jer
xxxviii (xlv)
6; ix 2

καὶ Ἰερεμίας ὁ ἐμβληθεὶς εἰς λάκκον βορβόρου καὶ ἀεὶ 10
μυκτηρισθείς, ὥστε καὶ ἐρημίαν οἰκῆσαι εὔξασθαι· καὶ ὁ

cf. Mt iii 4

Ἰωάννης ὁ ἐν ταῖς ἐρημίαις διατρίβων καὶ πλὴν ἀκρίδων
καὶ μέλιτος ἀγρίου μηδενὸς μεταλαμβάνων, δέρματι περιε-
ζωσμένος τὴν ὀσφὺν καὶ ἀπὸ τριχῶν καμήλου ἠμφιεσμένος.
ὁμολογήσουσι γὰρ αὐτοὺς τετηρηκέναι τὸν νόμον.   καὶ 15
ἀπαιτήσομεν εἰ ἃ νοοῦσιν ἀγαθὰ τοῖς τετηρηκόσι τούτοις
ὑπῆρκται.   οὐκ ἔχοντες δὲ δεῖξαι, περικλεισθήσονται εἰς τὸ
ἤτοι ψευδεῖς εἶναι τὰς ἐπαγγελίας τὰς λεγομένας δίδοσθαι
τοῖς θεοσεβέσιν ἢ ἀληθεῖς τυγχανούσας ἀναγωγῆς δεῖσθαι·
εἰ δ᾽ ἐπ᾽ ἀλληγορίαν ἀναγκασθέντες ἔλθωσιν, ἀθετηθήσεται 20
αὐτῶν ἡ ὑπόληψις ἡ περὶ τοῦ τὸν νόμον ἀπειλεῖν νόσον
σωματικὴν καὶ τὰ ἐκτὸς νομιζόμενα κακὰ τοῖς ἠσεβηκόσιν,
ἢ ἐπαγγέλλεσθαι ὑγιαίνοντα εἶναι τὰ σώματα καὶ περι-
ουσίαν ἔσεσθαι τοῖς τῷ θεῷ κατηκολουθηκόσι.

5.   Πῶς δὲ οὐκ ἠλίθιον ἐπὶ τοῖς κακοῖς μέγα φρονεῖν 25
καὶ αὐχεῖν τοὺς ὄντας ἐν αὐτοῖς· εἰ γὰρ κακαὶ αἱ θλίψεις,

cf. Ro v 3

φησὶ δὲ ὁ ἀπόστολος καυχᾶσθαι ἐν ταῖς θλίψεσι, δῆλον
ὅτι καυχᾶται ἐν κακοῖς· τοῦτο δὲ ἠλίθιον, καὶ ὁ ἀπόστολος
οὐκ ἠλίθιος· οὐκ ἄρα κακὰ τὰ τοιάδε γυμνάσματα τοῦ

cf. 2 Co iv 8 f.;
vi 9 f.

ἁγίου, ὅστις ἐν παντὶ θλιβόμενος οὐ στενοχωρεῖται, ἀπορού- 30
μενος οὐκ ἐγκαταλείπεται, πειραζόμενος οὐ θανατοῦται,
νομιζόμενος εἶναι πτωχὸς πολλοὺς πλουτίζει, καὶ ὑπολαμ-

6 σαρεφθὰ Α; σαραφθᾶ C   ἐλισαῖος Α   15 ὁμολογήσασι γὰρ αὐτοῖς Α
16 ἀπαιτήσωμεν Α   29 κακὰ τὰ τοιάδε] καλὰ δὲ τὰ τοιαῦτα Β

ABC βανόμενος μηδὲν κεκτῆσθαι πάντα κατέχει· τοῦ γὰρ πιστοῦ
ὅλος ὁ κόσμος τῶν χρημάτων, τοῦ δὲ ἀπίστου οὐδὲ ὀβολός.
ἔτι δὲ ἔπεται τοῖς ὑπολαμβάνουσι κατὰ τὴν γραφὴν τρία
569 γένη τῶν ἀγαθῶν εἶναι, δῆλον δὲ ὅτι καὶ τῶν κακῶν, τοὺς
5 δικαίους ἀεὶ ἐν πολλοῖς κακοῖς εἶναι· ἀληθευούσης τῆς
λεγούσης προφητείας· Πολλαὶ αἱ θλίψεις τῶν δικαίων. Ps xxxiv
(xxxiii) 19
οὐκ ἄκαιρον δὲ καὶ τῶν τῷ Ἰὼβ συμβεβηκότων ὑπομνῆσαι
τοὺς οἰομένους τάδε τινὰ κακὰ εἶναι· ᾧ ὁ χρηματισμὸς μετὰ
τὸ ἐνεγκεῖν γενναιότατα τοὺς περιστάντας ἀγῶνάς φησιν·
10 Οἴει δέ με ἄλλως σοι κεχρηματικέναι ἢ ἵνα ἀναφανῇς Job xl 3
δίκαιος; εἰ γὰρ οὐκ ἄλλως ἀναφαίνεται ὁ Ἰὼβ δίκαιος ἢ ἐκ
τοῦ τάδε τινὰ καὶ τάδε αὐτῷ συμπτώματα γεγονέναι, πῶς
ἂν αὐτῷ κακὰ λέγοιμεν ὑπάρχειν τὰ αἴτια τοῦ ἀναφῆναι
αὐτοῦ τὴν δικαιοσύνην; ἑπόμενα δ᾽ ἂν τούτοις εἴη, μηδὲ
15 τὸν διάβολον τῷ ἁγίῳ κακὸν τυγχάνειν. τῷ γοῦν Ἰὼβ ὁ
διάβολος κακὸν οὐκ ἦν· ἐπεὶ τοῖς ἀγαπῶσι τὸν θεὸν πάντα cf. Ro viii 28
συνεργεῖ εἰς ἀγαθὸν ὁ θεός, τοῖς κατὰ πρόθεσιν κλητοῖς
οὖσιν. ἔτι δὲ πρὸς τούτοις παρὰ τὸ ἐναργὲς εἶναί φαμεν
τὸ τὸν δίκαιον ἐν ταῖς κατὰ τὸ ῥητὸν εὐλογίαις ἔσεσθαι τῶν
20 ἐν ταῖς γραφαῖς ἐγκειμένων νομιζομένων ἀγαθῶν· πολλὴ
γὰρ ἱστορία ἡ περὶ τοῦ ἁγίου ἐξεταζομένη ἐναντιοῦται ταῖς
τοιαύταις ἐκδοχαῖς. καὶ ἀνόητόν ἐστι τὸ ὑπολαμβάνειν
δανειστὴν τὸν ἅγιον ἔσεσθαι, πολλῶν ἐθνῶν τραπέζας κατὰ cf. Deut xv
6
πόλιν ἀνοίγοντα, καὶ περισπώμενον περὶ τὰς δόσεις καὶ
25 λήψεις, καὶ ποιοῦντα πράγματα ἀπηγορευμένα· Τὸ ἀργύριον Ps xv (xiv) 5
γὰρ αὐτοῦ οὐκ ἔδωκεν ἐπὶ τόκῳ ὁ δίκαιος καὶ δῶρα ἐπ᾽
ἀθώοις οὐκ ἔλαβε· καί· Ὁ ποιῶν ταῦτα οὐ σαλευθήσεται
εἰς τὸν αἰῶνα. καὶ κατὰ τὸν Ἰεζεκιὴλ ὁ ἅγιος ἐπὶ τόκῳ cf. Ezek
xviii 8
καὶ πλεονασμῷ οὐκ ἔδωκε τὸ ἀργύριον. τὸ δὲ καὶ πυρετὸν
30 νομίζειν διὰ τὰς ἁμαρτίας γίνεσθαι ἀπαιδεύτων εἰς ὑπερ-
βολήν ἐστι δόγμα, πολλάκις τῶν αἰτίων τῆς τοιᾶσδε νόσου
προδήλων ὄντων· ἢ γὰρ διὰ τὸ περιέχον ἢ διὰ τοιάδε ὕδατα

8 ᾧ] ὡς AC   10 οἴη A   11 om. ὁ B   15 συντυγχάνειν A
16 om. οὐκ B   24 καὶ (sec.)]+τὰς B   26 om. ὁ δίκαιος AC

ἢ διὰ τοιάσδε τροφάς. καὶ εἰ ἆθλα τοῖς δικαίοις ὑγεία καὶ ABC
πλοῦτος, ἐχρῆν μηδένα τῶν ἀσεβῶν ὑγιαίνειν μηδὲ πλουτεῖν.

ὑγείαν δὲ τὴν τοιάνδε κατάστασιν τῆς ψυχῆς ζητητέον, καὶ
πλοῦτον τὸν κατὰ Σολομῶντα λύτρον τυγχάνοντα τῆς
Prov xiii 8 ψυχῆς, λέγοντα· Λύτρον ἀνδρὸς ψυχῆς ὁ ἴδιος πλοῦτος· 5
φευκτέον δὲ πενίαν, καθ᾽ ἣν ἀναγέγραπται· Πτωχὸς δὲ οὐχ
ὑφίσταται ἀπειλήν. ἔτι δὲ τραύματα καὶ μώλωπας καὶ
νόσους ἐκληπτέον τὰ γινόμενα διὰ τὴν κακίαν ταῖς ἀπροσεκ-
τούσαις ψυχαῖς· περὶ ὧν καὶ ὁ προφήτης μέμφεται τοὺς
Isa i 6 ἐν τοῖς τοιούτοις τυγχάνοντας, λέγων· Ἀπὸ ποδῶν ἕως 10
κεφαλῆς οὔτε τραῦμα οὔτε μώλωψ οὔτε πληγὴ φλεγμαί-
νουσα· οὐκ ἔστι μάλαγμα ἐπιθεῖναι οὔτε ἔλαιον οὔτε
καταδέσμους.

6. Ταῦτα μὲν οὖν αὐτάρκη τοῖς μὴ πάνυ ἀμβλέσι,
πρὸς τὸ ἀπὸ τούτων ἑαυτοῖς ἀναλεξαμένοις τὰ περισπῶντα 15
ῥητὰ τῶν γραφῶν ἐπιβάλλειν τῇ ἀξίᾳ νοήσει τῆς ἐνεργείας
τοῦ ἁγίου πνεύματος. ἔτι δὲ ὑπὲρ τοῦ δυσωπῆσαι τοὺς
οἰομένους τάδε εἶναι τὰ ἀγαθὰ τὰ τοῖς ἁγίοις δοθησόμενα
καὶ τάδε τὰ κακὰ τοῖς ἁμαρτωλοῖς, καὶ ταῦτα προσθετέον· 570
ὅτι πᾶν τὸ διά τι ἔλαττόν ἐστι τοῦ δι᾽ ὅ ἐστιν· οἷον τομαὶ 20
καὶ καυτῆρες καὶ ἔμπλαστροι δι᾽ ὑγείαν παραλαμβανόμενα
ἐλάττονα τυγχάνει τῆς ὑγείας. κἂν ὡς ἐν ἰατρικοῖς δὲ
βοηθήμασι ἀγαθὰ λέγηται ταῦτα, χρὴ ἐκλαμβάνειν ὅτι
οὐκ ἔστι τελικὰ ἰατρικῆς ἀγαθὰ ἀλλὰ ποιητικά· τελικὸν δὲ
κατὰ τὴν ἰατρικὴν ἀγαθὸν ἡ τοῦ σώματος ὑγεία. οὕτω 25
τοίνυν καὶ εἰ τάσδε τὰς ἐντολὰς τηρητέον ὑπὲρ τοῦ τῶνδε
τῶν ἀγαθῶν τυχεῖν, τὰ δὲ ἆθλα τὰ σωματικά ἐστι καὶ τὰ
ἐκτός· αἱ ἀγαθαὶ πράξεις ἔσονται οὐκ ἀγαθαὶ ὡς τελικαί,
ἀλλ᾽ ἢ ἄρα ὡς ποιητικαὶ ἀγαθῶν· καὶ ἔσται διαφέρων ὁ
πλοῦτος, ὃν οἴονται ἐπαγγέλλεσθαι τὴν γραφήν, καὶ ἡ τοῦ 30
σώματος ὑγεία, τῆς δικαιοσύνης καὶ αὐτῆς δὲ τῆς ὁσιότητος
καὶ τῆς εὐσεβείας καὶ τῆς θεοσεβείας τῶν τηλικούτων ἀν-

1 ἢ διὰ] καὶ B   8 ἐκλεκτέον C; καὶ ἐγκλητέον B   16 ῥή-
ματα B   32 om. καὶ τῆς θεοσεβείας B

ABC δραγαθημάτων.   ἅπερ παραδέξασθαι ἀνθρώπων ἐστὶ τὸ
ἀξίωμα τῆς ἀρετῆς μὴ γινωσκόντων, ἀλλὰ τὰ ὑλικὰ αὐτῆς
προτιμώντων· πάντων γάρ ἐστιν ἀτοπώτατον τὸ τῶν
ἀνδραγαθημάτων λέγειν διαφέρειν τὸ πλουτεῖν καὶ τὸ
5 ὑγιαίνειν σωματικῶς.   διὰ τὰ μοχθηρὰ δὴ ταῦτα δόγματα
ἀκολούθως τινὲς προσήκαντο καὶ μετὰ τὴν ἀνάστασιν ἐν
ταῖς πρώταις ἐπαγγελίαις ἐσθίειν ἡμᾶς μέλλειν τὰ τοιάδε
βρώματα καὶ πίνειν, τινὲς δὲ καὶ τεκνοποιεῖν.   ταῦτα δὲ
φθάσαντα καὶ εἰς τοὺς ἀπὸ τῶν ἐθνῶν μεγάλης εὐηθείας
10 δόξαν ἀπενέγκασθαι ποιήσει τὸν χριστιανισμόν, πολλῷ
βελτίονα δόγματα ἐχόντων τινῶν ἀλλοτρίων τῆς πίσ-
τεως.

7. Ἡμεῖς δὲ ἤδη τὸ φαινόμενον ἡμῖν ἀπὸ τῆς ἐξε-
τάσεως τῶν ἱερῶν λογίων παραθησόμεθα· ἐφάσκομεν γὰρ
15 ἀρέσκεσθαι μὲν τῷ λέγειν ἐν προαιρετικοῖς καὶ ἐν ἀπροαι-
ρέτοις εἶναι τὰ ἀγαθὰ καὶ τὰ κακά· οὐ μὴν ἠριθμοῦμεν εἰς
τὰ ἀπροαίρετα τῶν ἀγαθῶν τὴν ὑγείαν καὶ τὸ κάλλος καὶ
τὴν εὐγένειαν καὶ τὴν εὐδοξίαν καὶ τὸν πλοῦτον· καὶ κατὰ
τὸ δυνατὸν ἐπειράθημεν τὰ περισπῶντα ὡς ἐν ἐπιτομῇ
20 διαλύσασθαι.   τίνα τοίνυν ἐστὶ τὰ ἀπροαίρετα ἀγαθὰ ἤδη
λεκτέον· ἐπεὶ ἀληθὲς τό· Ἐὰν μὴ κύριος οἰκοδομήσῃ οἶκον, Ps cxxvii
εἰς μάτην ἐκοπίασαν οἱ οἰκοδομοῦντες αὐτόν· καί· Ἐὰν μὴ (cxxvi) 1
κύριος φυλάξῃ πόλιν, εἰς μάτην ἠγρύπνησεν ὁ φυλάσσων.
οἰκοδομεῖ δὲ οἶκον πᾶς ὁ προκόπτων, καὶ φυλάσσει πόλιν
25 πᾶς ὁ τέλειος· μάταιον δὲ τὸ ἔργον τοῦ οἰκοδομοῦντος καὶ
ματαία ἡ φυλακὴ τοῦ τηροῦντος, ἐὰν μὴ κύριος οἰκοδομήσῃ
καὶ κύριος φυλάξῃ.   ἐκτὸς ἂν εἴη τῆς προαιρέσεως ἡμῶν
ἀγαθὸν ἡ ἀντιλαμβανομένη τοῦ κυρίου δύναμις τῆς οἰκοδο-
μῆς τοῦ οἰκοδομοῦντος καὶ συνοικοδομοῦσα τῷ οὐ δυναμένῳ
30 καθ' αὑτὸν ἀπαρτίσαι τὸ οἰκοδομούμενον· τὰ δὲ αὐτὰ καὶ
ἐπὶ τῆς φυλασσομένης πόλεως νοητέον.   καὶ ὥσπερ ἐὰν
εἴποιμι τὸ γεωργικὸν ἀγαθὸν τὸ ποιητικὸν τοῦ καρποῦ

8 τεκνοποιήσειν Β   9 εὐηθίας Β   14 παραθησώμεθα Β;
παραστησόμεθα Α   15 τῷ] τὸ Β   19 ἐπειράσθημεν ΑΒ

μικτὸν εἶναι ἐκ προαιρετικοῦ τοῦ κατὰ τὴν τέχνην τοῦ
γεωργοῦ καὶ ἀπροαιρέτου τοῦ παρὰ τῆς προνοίας, κατὰ τὴν
τῶν ἀέρων εὐκρασίαν καὶ φορὰν αὐτάρκους ὑετοῦ· οὕτω τὸ
τοῦ λογικοῦ ἀγαθὸν μικτόν ἐστιν ἔκ τε τῆς προαιρέσεως
αὐτοῦ καὶ τῆς συμπνεούσης θείας δυνάμεως τῷ τὰ κάλλιστα 5
προελομένῳ. οὐ μόνον τοίνυν εἰς τὸ καλὸν καὶ ἀγαθὸν
γενέσθαι χρεία καὶ τῆς προαιρέσεως τῆς ἡμετέρας καὶ τῆς
θείας συμπνοίας, ἥτις ἐστὶν ὡς πρὸς ἡμᾶς ἀπροαίρετον, ἀλλὰ
καὶ εἰς τὸ γενόμενον καλὸν καὶ ἀγαθὸν διαμεῖναι ἐν τῇ
ἀρετῇ· μεταπεσουμένου καὶ τοῦ τελειωθέντος, εἰ ὑπερεπ- 10
αρθείη ἐπὶ τῷ καλῷ καὶ ἑαυτὸν ἐπιγράφοι τούτου αἴτιον,
οὐχὶ δὲ τὴν δέουσαν δόξαν ἀναφέρων τῷ τῶν πολλῶν πλεῖον
δωρησαμένῳ εἰς τὴν κτῆσιν καὶ τὴν συνοχὴν τῆς ἀρετῆς.

cf. Ezek
xxviii 15 τοιοῦτον δέ τι αἴτιον καὶ τοῦ κατὰ τὸν Ἰεζεκιὴλ εἰρημένου
ἀμώμου περιπεπατηκέναι ἐν πάσαις ταῖς ὁδοῖς αὐτοῦ, ἕως 15
εὑρεθῇ ἀνομία ἐν αὐτῷ, ἡγούμεθα τυγχάνειν τοῦ αὐτὸν κατὰ
cf. Isa xiv 12 τὸν Ἡσαΐαν ἐκπεπτωκέναι ἐκ τοῦ οὐρανοῦ, ἑωσφόρον ποτὲ
γενόμενον πρωῒ ἀνανέλλοντα, ὕστερον συντετριμμένον ἐπὶ
τὴν γῆν. οὐ μόνον γὰρ ἐπὶ τοῖς υἱοῖς τῶν ἀνθρώπων, ἐάν
τις τέλειος ᾖ, τῆς ἀπὸ θεοῦ σοφίας ἀπούσης, ἀληθὲς τὸ εἰς 20
οὐδὲν αὐτὸν λογισθῆναι· ἀλλὰ καὶ ἐπὶ τῆς ἀγγελικῆς
τάξεως καὶ ἀρχικῆς καὶ πάσης τῆς ὅσον θεὸς πάρεστιν
αὐτῇ θείας τυγχανούσης. τάχα γοῦν ὁρῶν ὁ ἱερὸς ἀπόστο-
λος πολὺ ἔλαττον τὸ ἡμέτερον προαιρετικὸν τῆς τοῦ θεοῦ
cf. Ro ix 16 δυνάμεως πρὸς τὴν κτῆσιν τῶν ἀγαθῶν, φησὶ τὸ τέλος οὐ 25
τοῦ θέλοντος εἶναι οὐδὲ τοῦ τρέχοντος, ἀλλὰ τοῦ ἐλεοῦντος
θεοῦ· οὐχ ὡς χωρὶς τοῦ θέλειν καὶ τρέχειν ἐλεοῦντος θεοῦ,
ἀλλ' ὡς οὐδενὸς ὄντος τοῦ θέλειν καὶ τρέχειν συγκρίσει τοῦ
ἐλέου τοῦ θεοῦ· καὶ διὰ τοῦτο τὴν ἐπιγραφὴν τοῦ καλοῦ
δεόντως μᾶλλον ἀνατιθέναι τῷ ἐλέῳ τοῦ θεοῦ ἤπερ τῷ ἀν- 30
θρωπίνῳ θέλειν καὶ τρέχειν.

8. Ταῦτα δὲ ἐπὶ πολὺ παρεκβεβηκέναι δοκοῦντες ἐξη-

1, 2 om. τοῦ κατὰ—ἀπροαιρέτου A   16 ἐν αὐτῷ] ἑαυτῷ B   17 om.
ἐκ C   21 οὐθὲν AB   23 αὐταῖς θείαις τυγχανούσαις BC   29 ἐλέους A

ΑΒC τάσαμεν, πειθόμενοι ἀναγκαῖα αὐτὰ εἶναι πρὸς τό· Πολλοὶ Ps iv 6
λέγουσι· τίς δείξει ἡμῖν τὰ ἀγαθά; κατὰ τὸ δυνατὸν
γὰρ ὁ λόγος τοῖς λέγουσι πολλοῖς· Τίς δείξει ἡμῖν τὰ
ἀγαθά; παρέστησε καὶ ἔδειξε τίνα τὰ ἀγαθὰ, δῆλον
5 δὲ ὅτι καὶ τίνα τὰ κακά· ἵνα διά τε ἀσκήσεων καὶ εὐχῶν
κτησώμεθα τὰ ἀγαθὰ καὶ ἀνατρέψωμεν τὰ κακὰ ἀπὸ τῶν
ψυχῶν ἡμῶν. ἀλλ᾽ ἐπείπερ ἐστὶν ἐν τῷ φράζειν ὁτὲ μὲν
κυριολεκτεῖν, ὁτὲ δέ που καὶ καταχρῆσθαι, οὐ θαυμαστὸν
εἴ ποτε εὑρήσομεν τὴν τῶν ἀγαθῶν καὶ κακῶν προσηγορίαν
10 κειμένην ἐπὶ τῶν σωματικῶν καὶ τῶν ἐκτὸς λεγομένων παρὰ
τοῖς οὐχ ὑγιῆ δόγματα ἔχουσιν· οἷον ἐν τῷ Ἰώβ· Εἰ τὰ Job ii 10
ἀγαθὰ ἐδεξάμεθα ἐκ χειρὸς κυρίου, τὰ κακὰ οὐχ ὑποίσομεν;
καὶ ἐν τῷ Ἰερεμίᾳ· Κατέβη κακὰ παρὰ κυρίου ἐπὶ πύλας Mic i 12; cf.
Ἰερουσαλήμ. ἀντὶ γὰρ τοῦ εἰπεῖν· εἰ τὰ τοιάδε τινὰ Jer xvii 27
572 χρηστὰ καὶ ἡδέα τυγχάνοντα ἐδεξάμεθα παρὰ τῆς προνοίας
εἰς ἡμᾶς ἐφθακότα, τὰ πικρὰ καὶ ἐπίπονα οὐχὶ προθύμως
ἐνεγκοῦμεν; λέγεται τό· Εἰ τὰ ἀγαθὰ ἐδεξάμεθα ἐκ χειρὸς
κυρίου, τὰ κακὰ οὐχ ὑποίσομεν; καὶ ἀντὶ τοῦ φάναι· κατὰ
πρόνοιαν τάδε τινὰ τῇ Ἰερουσαλὴμ ὑπὲρ τοῦ παιδευθῆναι
20 τοὺς ἐνοικοῦντας ἐν αὐτῇ γεγένηται, γέγραπται τό· Κατέβη
κακὰ παρὰ κυρίου ἐπὶ πύλας Ἰερουσαλήμ. δεήσει τοίνυν
τὰ πράγματα συνιέντας μὴ γλίσχρους εἶναι περὶ τὰ ὀνόματα,
ἀλλὰ καταλαμβάνειν πότε κυρίως κατὰ τῶν πραγμάτων
ταῦτα τέτακται, καὶ πότε διὰ τὴν στενοχωρίαν τῶν ὀνομάτων
25 ἐν καταχρήσει. εἰ δὲ καὶ ὁ σωτὴρ τάδε τινὰ ἰάσατο,
καὶ ἐδωρήσατο ὑγείαν καὶ ὄψεις καὶ ἀκοὰς ἀνθρώποις·
προηγουμένως μὲν τὴν ἀναγωγὴν αὐτῶν ζητητέον, τοῦ λό-
γου τὰ τῆς ψυχῆς πάθη θεραπεύειν διὰ τούτων τῶν ἱστοριῶν
δηλουμένου. οὐκ ἄτοπον δὲ ἐπὶ τοῖς τοιούτοις καὶ τὰ κατὰ
30 τὴν ἱστορίαν ἀπαγγελλόμενα νοεῖν γεγονέναι ὑπὲρ κατα-
πλήξεως τῶν τότε ἀνθρώπων· ἵνα οἱ μὴ πειθόμενοι λόγοις
ἀποδεικτικοῖς καὶ διδασκαλικοῖς δυσωπηθέντες τὰς τερα-
στίους δυνάμεις συγκαταθῶνται τῷ διδάσκοντι.

3 om. πολλοῖς AC   13 ἐν ταῖς πύλαις C   16 om. τὰ AC

R.   16

XXVII.

Εἰς τό· Ἐϲκλήργνε κγριοс τὴν καρδίαν Φαραώ. ABC(G)

"Ἐϲκλήργνε δὲ κγριοс τὴν καρδίαν Φαραώ, καὶ ογκ
ἠβογλήθη ἐξαποϲτεῖλαι ἀγτογϲ."

1. Πολλάκις ἐν τῇ Ἐξόδῳ κείμενον τό· Ἐσκλήρυνε
κύριος τὴν καρδίαν Φαραώ· καί· Ἐγὼ σκληρυνῶ τὴν καρδίαν 5
Φαραώ· σχεδὸν πάντας τοὺς ἐντυγχάνοντας ταράσσει, τούς
τε ἀπιστοῦντας αὐτῇ καὶ τοὺς πιστεύειν λέγοντας. τοῖς
μὲν γὰρ ἀπιστοῦσι μετ' ἄλλων πολλῶν καὶ τοῦτο αἴτιον
ἀπιστίας εἶναι δοκεῖ, ὅτι λέγεται περὶ θεοῦ τὰ ἀνάξια
θεοῦ· ἀνάξιον δὲ θεοῦ τὸ ἐνεργεῖν σκλήρυνσιν περὶ καρ- 10
δίαν οὐτινοσοῦν, καὶ ἐνεργεῖν σκλήρυνσιν ἐπὶ τῷ ἀπειθῆσαι
τῷ βουλήματι τοῦ σκληρύνοντος τὸν σκληρυνόμενον· καὶ
πῶς, φασίν, οὐκ ἄτοπον τὸν θεὸν ἐνεργεῖν τινὰ ἐπὶ τῷ
ἀπειθεῖν αὐτοῦ τῷ βουλήματι; δῆλον γὰρ ὅτι μὴ βουλο-
μένου πειθόμενον ἔχειν οἷς προστάσσει τὸν Φαραώ. τοῖς 15
δὲ πιστεύειν νομιζομένοις διαφωνία οὐχ ἡ τυχοῦσα γεγένη-
ται διὰ τό· Ἐσκλήρυνε κύριος τὴν καρδίαν Φαραω. οἱ μὲν
γὰρ πειθόμενοι μὴ ἄλλον εἶναι θεὸν παρὰ τὸν δημιουργὸν
φρονοῦσιν ὡς ἄρα κατὰ ἀποκλήρωσιν ὁ θεὸς ὃν θέλει
ἐλεεῖ, ὃν δὲ θέλει σκληρύνει, αἰτίαν οὐκ ἔχοντος τοῦ τόνδε 20
μὲν ἐλεεῖσθαι τόνδε δὲ σκληρύνεσθαι ὑπ' αὐτοῦ. ἕτεροι
δὲ βέλτιον παρὰ τούτους φερόμενοί φασι πολλὰ καὶ ἄλλα
κεκρύφθαι τῆς γραφῆς αὐτοῖς νοήματα, καὶ οὐ παρὰ τοῦτο 112
τῆς ὑγιοῦς πίστεως τρέπεσθαι· ἐν δὲ τῶν ἀποκεκρυμ-
μένων εἶναι καὶ τὸν περὶ ταύτης τῆς γραφῆς ὑγιῆ λόγον. 25
οἱ δὲ ἕτερον θεὸν φάσκοντες παρὰ τὸν δημιουργὸν δίκαιον

---

1 εἰς] ἔτι εἰς G   4 Ru. II. 111   5, 6 καὶ—φαραώ] BG;
om. AC   7 λέγοντας] μέλλοντας B   9 περὶ] CG; παρὰ AB
10 σκλήρυνσιν περὶ] σκληρύνειν B   11 σκληρύνειν B   τῷ]
τὸ B   13 φησὶν ACG   15 φαραώ]+ταῦτα δοκεῖ λέγεσθαι τὰ
ῥήματα G   26 φάσκοντες post δημιουργὸν B

ABC μὲν αὐτὸν εἶναι θέλουσι καὶ οὐκ ἀγαθόν, σφόδρα ἰδιωτικῶς
ἅμα καὶ ἀσεβῶς ἐνεχθέντες ἐν τῷ χωρίζειν δικαιοσύνην
ἀγαθότητος, καὶ οἴεσθαι ὅτι οἷόν τέ ἐστι δικαιοσύνην εἶναι
ἔν τινι χωρὶς ἀγαθότητος καὶ ἀγαθότητα δίχα δικαιοσύνης·
5 ὅμως δὲ καὶ τοῦτο λέγοντες ἐναντία τῇ ἰδίᾳ ὑπολήψει περὶ
δικαίου προσίενται θεοῦ σκληρύνειν τὴν καρδίαν Φαραὼ
καὶ ἀπειθῆ αὐτὴν κατασκευάζειν ἑαυτῷ. εἰ γὰρ ὁ τὸ κατ'
ἀξίαν ἑκάστῳ ἀπονέμων δίκαιος καὶ ἀπὸ τῆς ἑαυτῶν αἰτίας
κρείττοσιν ἢ χείροσι γεγενημένοις ἀποδιδοὺς ὧν ἐπιτήδειον
10 ἕκαστον τυγχάνειν ἐπίσταται, πῶς δίκαιος ὁ ἁμαρτίας χεί-
ρονος αἴτιος γενόμενος τῷ Φαραώ; καὶ οὐχ ἁπλῶς αἴτιος,
ἀλλ' ὅσον ἐφ' οἷς ἐκεῖνοι ἐξεδέξαντο συνεργήσας εἰς τὸ
γενέσθαι αὐτὸν ἀδικώτατον. ἐπ' οὐδὲν γὰρ ἀναφέροντες
ἄξιον προαιρέσεως δικαίου θεοῦ τὴν σκλήρυνσιν τῆς καρδίας
15 Φαραώ, οὐκ οἶδ' ὅπως δίκαιον θεόν, κἂν καθ' ἃ διηγεῖσθαι
βούλωνται, παραστῆσαι δύνανται τὸν σκληρύνοντα τὴν
καρδίαν Φαραώ. ὅθεν θλιπτέον αὐτοὺς ἐν τοῖς κατὰ τὸν
προκείμενον τόπον, ὅπως ἤτοι παραστήσωσι πῶς δίκαιος
σκληρύνει, ἢ τολμήσωσιν εἰπεῖν ὅτι ἐπεὶ σκληρύνει πονη-
20 ρὸς ὁ δημιουργός· ἢ μήτε εὐποροῦντες ἀποδείξεων πρὸς
τὸ τὸν δίκαιον σκληρυντικὸν εἶναί τινος, μήτε τολμῶντες
τὸ ἐπὶ τοσοῦτον ἀσεβὲς προέσθαι περὶ τοῦ κτίσαντος ὡς
περὶ πονηροῦ, καταφύγωσιν ἐπὶ ἑτέραν ὁδὸν ἐξηγητικὴν
τοῦ· Ἐσκλήρυνε κύριος τὴν καρδίαν Φαραώ· ἀποστάντες   Ex x 27
25 τοῦ, ἐκ τοῦ νομίζειν τὰ κατὰ τὰς λέξεις νοεῖν, τὰς ἰδίας
ἀναιρεῖν περὶ δικαίου θεοῦ νοήσεις. τὸ δὲ τελευταῖον κἂν
ἀπορεῖν ὅ τί ποτε ὁ λόγος ὑποβάλλει ὁμολογήσουσιν.

2. Ταῦτα μὲν οὖν ἐσπαράχθω ἐξεταζόμενα περὶ θεοῦ
ἐν τῷ προκειμένῳ προβλήματι. ἐπεὶ δὲ εἰς τὸν περὶ
30 φύσεως τόπον οἱ ὑπολαμβάνοντές τινας ἐκ τῆς κατασκευῆς
ἐπ' ἀπωλείᾳ γεγονέναι καὶ ταῦτα φέρουσι, λέγοντες δη-

7 τὸ] τῷ AB   10 ἁμαρτίας] δημιουργὸς B   14 θεοῦ δικαίου B
16 σκληρύναντα B   23 om. περὶ C   om. ἐπὶ B   27 ὑπο-
βάλλη AC   28 om. οὖν AB

16—2

λοῦσθαι ὃ διδάσκουσι διὰ τοῦ ἐσκληρύνθαι ὑπὸ κυρίου ABC
τὴν καρδίαν Φαραὼ, φέρε ταῦτα αὐτῶν πυνθανώμεθα· ὁ ἐπ' 113
ἀπωλείᾳ κτισθεὶς οὐκ ἄν ποτε ποιῆσαί τι τῶν κρειττόνων
δύναιτο, αὐτῆς τῆς ἐνυπαρχούσης φύσεως ἀντιπραττούσης
αὐτῷ πρὸς τὰ καλά· τίς οὖν χρεία τὸν Φαραὼ ἀπωλείας, 5
ὥς φατε, υἱὸν τυγχάνοντα σκληρύνεσθαι ὑπὸ τοῦ θεοῦ, ἵνα
μὴ ἀποστείλῃ τὸν λαόν; εἰ γὰρ μὴ ἐσκληρύνετο, ἀπέστει-
λεν ἄν. ἀποκρινέσθωσαν δὴ περὶ τούτου λέγοντες, τί ἂν
ἐποίησεν ὁ Φαραὼ, εἰ μὴ ἐσκληρύνθη; εἰ μὲν γὰρ ἀπέλυε
μὴ σκληρυνθείς, οὐχὶ φύσεως ἀπολλυμένης ἦν. εἰ δὲ μὴ 10
ἀπέλυε, περισσὸν τὸ σκληρύνεσθαι αὐτοῦ τὴν καρδίαν·
ὁμοίως γὰρ οὐκ ἀπέλυε καὶ μὴ σκληρυνθείς. τί δὲ ἐνερ-
γῶν ὁ θεὸς περὶ τὸ ἡγεμονικὸν αὐτοῦ ἐσκλήρυνεν αὐτόν;
cf. Ex iv 23 καὶ πῶς αὐτὸν αἰτιᾶται λέγων· Ἀνθ' ὧν ἀπειθεῖς μοι, ἰδοὺ
ἐγὼ ἀποκτενῶ τὰ πρωτότοκά σου; ἆρα γὰρ ὁ σκληρύνων 15
σκληρὸν σκληρύνει; σαφὲς δ' ὅτι τὸ σκληρὸν οὐ σκληρύ-
νεται, ἀλλ' ἀπὸ ἀπαλότητος εἰς σκληρότητα μεταβάλλει·
ἀπαλότης δὲ καρδίας κατὰ τὴν γραφὴν ἐπαινετή, ὡς πολ-
λαχοῦ τετηρήκαμεν. λεγέτωσαν τοιγαροῦν εἰ χρηστὸς ὁ
Φαραὼ τυγχάνων γεγένηται πονηρός· ἀλλὰ καὶ ἤτοι αἰτιώ- 20
μενος ὁ θεὸς τὸν Φαραὼ μάτην αἰτιᾶται ἢ οὐ μάτην· εἰ
μὲν οὖν μάτην, πῶς ἔτι σοφὸς καὶ δίκαιος; εἰ δὲ μὴ μάτην,
αἴτιος ἐτύγχανε τῶν ἁμαρτημάτων τῶν κατὰ τὴν ἀπείθειαν
ὁ Φαραώ· καὶ εἰ αἴτιος, οὐ φύσεως ἦν ἀπολλυμένης.
πευστέον μέντοι γε καὶ τοῦτο, διὰ τὸ καταχρώμενον τὸν 25
Ro ix 18 f. ἀπόστολον τοῖς ἐντεῦθεν ῥητοῖς λέγειν· Ἄρ' οὖν ὃν θέλει
ἐλεεῖ, ὃν δὲ θέλει σκληρύνει. ἐρεῖς οὖν μοι, τί ἔτι μέμ-
φεται; τῷ γὰρ βουλήματι αὐτοῦ τίς ἀνθέστηκεν; τίς ὁ
σκληρύνων καὶ ἐλεῶν· οὐ γὰρ δὴ ἑτέρου τὸ σκληρύνειν καὶ

10 ἀπολελυμένης B   15 πρωτότοκά σου] post hoc habent καὶ
γνώσονται γὰρ κ.τ.λ. AC (non BG); cf. p. 249 l. 4   16 om.
σαφὲς δ' ὅτι τὸ C   17 ἀπαλότητος] post hoc lac. in G usque
ad τῶν μετὰ τὰ τ. p. 253 l. 23   σκληρότητα] σκληρὸν B
24 ὁ] τῶ C   ἀπολλυμένης]+ἐκεῖνος C   25 πιστευτέον C
29 δὴ] δι' B*   ἕτερον A

ABC ἑτέρου τὸ ἐλεεῖν κατὰ τὴν ἀποστολικὴν φωνήν, ἀλλὰ τοῦ
αὐτοῦ. ἤτοι οὖν οἱ ἐν Χριστῷ ἐλεούμενοι τοῦ σκληρύ-
νοντός εἰσι τὴν καρδίαν Φαραώ, καὶ μάτην ἀναπλάσσεται
αὐτοῖς ἕτερος θεὸς ἢ ὁ ἀγαθὸς κατ' αὐτοὺς θεός, οὐκ
5 ἐλεήμων μόνον ἀλλὰ καὶ σκληρύνων· ἢ καὶ οὐκέτ' ἂν εἴη,
ὡς ὑπολαμβάνουσιν, ἀγαθός.

3. Πάντα δὲ ταῦτα ἐπίτηδες ἐπὶ πλεῖον ἐξητάσαμεν
πρὸς τοὺς ἀβασανίστως ἑαυτοῖς χαριζομένους τὸ νενοηκέναι
καὶ ἐπιβαίνοντας τῇ ἁπλότητι τῶν ἡμετέρων ἐνιστάμενοι,
10 καὶ δεικνύντες ὅτι οὔτε εἰς ἃ ὑπολαμβάνουσι περὶ θεοῦ,
οὔτε εἰς ἃ δογματίζουσι περὶ φύσεων, συμβάλλεται αὐτοῖς
ὡς οἴονται ὁ λόγος ὁ κατὰ τὸ ἐνεστηκὸς ἐξεταζόμενος
ἀνάγνωσμα. ἡμεῖς δὲ πολλαχόθεν πειθόμενοι ἀπό τε τῶν
ἱερῶν γραφῶν καὶ ἀπὸ τῆς ἐνεργείας τῆς κατὰ τὸ μέγεθος
114 καὶ τάξεως τῶν δημιουργημάτων, παρὰ θεοῦ τοῦ κτίσαντος
τὰ βλεπόμενα καὶ τὰ μὴ βλεπόμενα, τὰ πρόσκαιρα καὶ τὰ
αἰώνια, ὡς ἑνὸς ὄντος καὶ τοῦ αὐτοῦ κατὰ πάντα τῷ πατρὶ
τοῦ κυρίου καὶ σωτῆρος ἡμῶν, ἀγαθῷ θεῷ καὶ δικαίῳ καὶ
σοφῷ· ἐπὶ τὸν σκοπὸν ἐκεῖνον τὰς γραφὰς ἄγειν ἀγωνιζό-
20 μεθα, τοῦ μὲν δεικνύναι πάντα ἀγαθοῦ θεοῦ καὶ δικαίου
καὶ σοφοῦ, οὐδὲ κατὰ τὸ τυχὸν ὑπονοηθέντες ἂν τοῖς γε
νοῦν ἔχουσιν ἀποπίπτειν, κατὰ δὲ τὸ ἐφαρμόζειν ἢ μὴ τῇ
ἀγαθότητι αὐτοῦ καὶ δικαιοσύνῃ καὶ σοφίᾳ τὰ λεγόμενα,
θεοῦ σωτῆρος δεόμενοι.

25 4. Τοιαῦτα τοίνυν καὶ περὶ τοῦ· Ἐσκλήρυνε κύριος Ex x 27
τὴν καρδίαν Φαραώ· ὑπονοοῦμεν. ἰατρός ἐστι ψυχῆς ὁ
λόγος τοῦ θεοῦ, ὁδοῖς θεραπείας χρώμενος ποικιλωτάταις
καὶ ἁρμοδίαις πρὸς τοὺς κακῶς ἔχοντας καὶ ἐπικαιροτάταις·
τῶν δὲ τῆς θεραπείας ὁδῶν αἱ μέν εἰσιν ἐπὶ πλεῖον αἱ δὲ
30 ἐπ' ἔλαττον πόνους καὶ βασάνους ἐμποιοῦσαι τοῖς εἰς ἴασιν

1 ἑτέρου B; ἕτερον A   2 χριστῷ] θῶ C   5 om. ἢ AC
11 φύσεως AC   13 om. ἀνάγνωσμα C   πειθόμενοι] post hoc
habent καὶ πόνον κ.τ.λ. AC; cf. p. 250 l. 1   15 παρά] παρα-
δεχόμεθα A   18 om. θεῶ C   25 κύριος]+ὁ θεὸς C

ἀγομένοις· πάλιν τε αὖ βοηθήματα ὁτὲ μὲν ἀπεμφαινόντως ABC
γίνεται, ὁτὲ δὲ οὐχ οὕτως ἔχει· καὶ πάλιν τάχιον ἢ βράδιον·
καὶ μετὰ τὸ ἐμφορηθῆναι τῆς ἁμαρτίας, ἢ μετὰ τὸ ὥσπερ
εἰπεῖν μόνον ἅψασθαι αὐτῆς. μαρτυριῶν δὲ τῶν εἰς
ἕκαστον πλήρης πᾶσα ἡ θεόπνευστος γραφή· σκυθρωπο- 5
τέρων βοηθημάτων ἐπὶ πλεῖον ἢ ἐπ᾽ ἔλαττον ἀναγεγραμ-
μένων γεγονέναι τῷ λαῷ, κατὰ τὰ συμβεβηκότα αὐτῷ
ὑπὲρ ἐπιστροφῆς καὶ διορθώσεως ἐν πολέμοις μείζοσιν ἢ
ἐλάττοσι καὶ λιμοῖς πολυχρονιωτέροις ἢ ὀλιγοχρονιωτέ-
Hos iv 14   ροις· ἀπεμφαινόντων δὲ ἐν τῷ· Οὐκ ἐπισκέψομαι ἐπὶ τὰς 10
θυγατέρας ὑμῶν ὅταν πορνεύσωσιν, καὶ ἐπὶ τὰς νύμφας
ὑμῶν ὅταν μοιχεύσωσιν. τάχα γὰρ τὰς ἐπὶ πλεῖον ἐφιε-
μένας ψυχὰς τῶν σωματικῶν καὶ ἡδέων εἶναι νομιζομένων
παρ᾽ ἑαυταῖς ἐγκαταλείπει, ἕως κορεσθεῖσαι ἀποστραφῶσι
τὰ ὧν ὀρέγονται, οἱονεὶ καὶ ἐμέσαι αὐτὰ βουλόμεναι καὶ οὐκ 15
ἂν ἔτι ταχέως τοῖς αὐτοῖς, διὰ τὸ ὡς ἐπὶ πλεῖον ἐμ-
πεφορῆσθαι αὐτὰς καὶ ἐπὶ τοσοῦτον βεβασανίσθαι, περι-
πεσούμεναι. βράδιον δὲ ἐπὶ τὴν θεραπείαν ἄγονται αἱ
καταφρονήσουσαι ἂν τοῦ δεύτερον τοῖς αὐτοῖς περιπεσεῖν,
διὰ τὸ τάχιον ἀπηλλάχθαι τῶν κακῶν. οἶδε δὲ ὁ τεχνίτης 20
θεὸς τὰς διαθέσεις ἑκάστων καί, ὡς ἐπιβάλλει αὐτῷ μόνῳ,
ἐπιστημόνως δυνάμενος τὰς θεραπείας προσάγειν, τί χρὴ
καὶ πότε ἑκάστῳ ποιεῖν.

5. Ὥσπερ δὲ ἐπί τινων σωματικῶν παθημάτων, εἰς
βάθος ἵν᾽ οὕτως εἴπω τοῦ κακοῦ κεχωρηκότος, ὁ ἰα- 25
τρὸς διά τινων φαρμάκων εἰς τὴν ἐπιφάνειαν ἕλκει καὶ
ἐπισπᾶται τὴν ὕλην, φλεγμονὰς χαλεπὰς ἐμποιῶν καὶ
διοιδήσεις καὶ πόνους πλείονας ἢ οὓς εἶχέ τις πρὶν ἐπὶ
τὸ θεραπευθῆναι ὁδεῦσαι· ὥσπερ ἔθος αὐτοῖς ποιεῖν ἐπὶ
λυσσοδήκτων καὶ ἑτέρων τινῶν τὰ παραπλήσια τούτοις 30

6, 7 ἀναγεγραμμένων] Ruaeus; ἀναγεγραμμένη ABC   7 κατὰ]
conjeci; καὶ ABC   9 ἢ ὀλιγοχρον.] καὶ χρον. AB   11 πορνεύ-
ωσιν C   12 μοιχεύωσιν AC   12, 13 ἀφιεμένας AB   14 αὐταῖς
AB   15 τὰ] τῶν C   17 τοσοῦτον] τούτοις AB   19 κατα-
φρονήσασαι C   28 ἢ οὓς] ὧν C

ABC
115 πεπονθότων· οὕτως οἶμαι καὶ τὸν θεὸν οἰκονομεῖν τὴν
κρύφιον κακίαν εἰς τὸ βάθος κεχωρηκυῖαν τῆς ψυχῆς. καὶ
ὥσπερ λέγοι ἂν ὁ ἰατρὸς ἐπὶ τοῦδέ τινος· ἐγὼ φλεγμονὰς
ποιήσω περὶ τὸν τόπον τῆς ἀνέσεως, καὶ διοιδῆσαι ἀναγ-
5 κάσω τάδε τινὰ τὰ μέρη, ὥστε ἀπόστημα χαλεπὸν ἐνεργά-
σασθαι· λέγοντος δὲ ταῦτα τοῦ ἰατροῦ, ὁ μὲν ἀκούων
αὐτοῦ ἐπιστημονικώτερον οὐκ αἰτιάσεται ἀλλὰ καὶ ἐπαι-
νέσεται τὸν ταῦτα οἱονεὶ ἀπειλοῦντα ἐνεργάσασθαι, ὁ δέ
τις ψέξει φάσκων ἀλλότριον τῆς τῶν ἰατρῶν ἐπαγγελίας
10 ποιεῖν τὸν δέον ὑγιάζειν ἐπὶ φλεγμονὰς καὶ ἀποστήματα
ἄγοντα· οὕτως οἶμαι καὶ τὸν θεὸν εἰρηκέναι τό· Ἐγὼ δὲ Ex vii 3
σκληρυνῶ τὴν καρδίαν Φαραώ. καὶ τούτων γεγραμμένων,
ὁ μὲν ἀκούων ὡς θεοῦ λογίων τὸ μὲν ἀξίωμα τοῦ λέγοντος
τηρῶν ἀποδέχεται, καὶ ζητῶν πᾶς εὑρίσκει καὶ ἐν τούτοις cf. Mt vii 8
15 ἀγαθότητα τοῦ θεοῦ παραστῆσαι γινομένην· φανερώτερον
μὲν ἐπὶ σωτηρίᾳ τοῦ λαοῦ, διὰ πλειόνων παραδόξων
πιστοποιουμένου· καὶ δεύτερον περὶ τῶν Αἰγυπτίων, ὅσοι
ἔμελλον καταπληττόμενοι τὰ γινόμενα ἀκολουθεῖν τοῖς
Ἑβραίοις· Ἐπίμικτος γὰρ, φησὶ, λαὸς πολὺς τῶν Αἰ- Ex xii 38
20 γυπτίων συνεξῆλθεν αὐτοῖς· ἀπορρητότερον δὲ καὶ βαθύ-
τερον τάχα καὶ ἐπὶ τῷ ὄφελος γενέσθαι αὐτῷ τῷ Φαραώ,
οὐκ ἔτι ἀποκρύπτοντι τὸν ἰὸν οὐδὲ τὴν ἕξιν συνέχοντι, ἀλλ'
ἕλκοντι καὶ εἰς τοὐμφανὲς αὐτὸν ἄγοντι καὶ τάχα διὰ τοῦ
πράττειν ἐκλύοντι, ἵνα πάντα τὰ τῆς ἐνυπαρχούσης κακίας
25 ἐκβράσματα ἐπιτελέσας ἄτονον ὕστερον ἔχῃ τὸ τῶν κακῶν
οἰστικὸν δένδρον, τάχα καὶ ξηραινόμενον ἐπὶ τέλει, ὅτε
καταποντοῦται, οὐχ ὡς οἰηθείη ἄν τις ἐπὶ τῷ παντελῶς
ἀπολέσθαι, ἀλλ' ἐπὶ τῷ ἀποβαλόντα τὰ ἁμαρτήματα
κουφισθῆναι, καὶ τάχα ἐν εἰρήνῃ ἢ μὴ ἐν τοσούτῳ πολέμῳ
30 τῆς ψυχῆς εἰς ᾅδου καταβῆναι.

5 om. τὰ C   5, 8 ἐργάσασθαι C   9 λέξει C   10 τὸν] τὸ C
15 παραστῆσαι τοῦ θεοῦ B   21 τῷ] τὸ AB   23 ἄγοντι αὐτὸν
AC   τοῦ] τοῦτο B   27 τῷ] τὸ AB   28 τῷ] τὸ A   ἀποβαλὼν
B; ἀποβάλλων A   29 ἢ μὴ ἐν τ. π.] ἀπὸ τοσούτου πολέμου C

6. Ἀλλ' εἰκὸς δυσπειθῶς ἕξειν τοὺς ἐντευξομένους, ABC βίαιον ὑπολαμβάνοντας εἶναι τὸ λεγόμενον, ὡς ἄρα συμφέρον γεγόνοι τῷ Φαραὼ τὸ ἐσκληρύνθαι αὐτοῦ τὴν καρδίαν, καὶ ὑπὲρ αὐτοῦ πάντα τὰ ἀναγεγραμμένα γεγονέναι μέχρι καὶ τῆς καταποντώσεως. ὅρα δὲ εἰ δυνάμεθα 5 ἐντεῦθεν τὸ δυσπειθὲς περιελόντες πειθὼ ἐνεργάσασθαι περὶ

Ps xxxii
(xxxi) 10
Prov iii 12

τῶν εἰρημένων. Πολλαὶ αἱ μάστιγες, φησὶν ὁ Δαυείδ, τῶν ἁμαρτωλῶν· ὁ δὲ υἱὸς αὐτοῦ διδάσκει ὅτι Μαστιγοῖ ὁ θεὸς πάντα υἱὸν ὃν παραδέχεται. ἔτι δὲ αὐτὸς ὁ Δαυεὶδ ἐπαγγελίαν προφητεύων τὴν περὶ Χριστοῦ καὶ τῶν εἰς 10

Ps lxxxix
(lxxxviii)
30 ff.

αὐτὸν πιστευόντων φησίν· Ἐὰν ἐγκαταλείπωσιν οἱ υἱοὶ αὐτοῦ τὸν νόμον μου, καὶ τοῖς κρίμασί μου μὴ πορευθῶσιν· ἐὰν τὰ δικαιώματά μου βεβηλώσωσι, καὶ τὰς ἐντολάς μου μὴ φυλάξωσιν· ἐπισκέψομαι ἐν ῥάβδῳ τὰς ἀνομίας αὐτῶν, καὶ ἐν μάστιξιν τὰς ἀδικίας αὐτῶν· τὸ δὲ ἔλεός μου οὐ μὴ 15 διασκεδάσω ἀπ' αὐτῶν. οὐκοῦν χάρις κυρίου ἐστὶ τὸν 116 ἄνομον ἐπισκεφθῆναι ἐν ῥάβδῳ καὶ τὸν ἁμαρτωλὸν μάστιξι. καὶ ὅσον γε οὐ μαστιγοῦται ὁ ἁμαρτάνων, παιδεύσει καὶ διορθώσει οὐδέπω ὑπάγεται. διὸ καὶ ἀπειλεῖ ὁ θεός, ἐὰν μεγάλα γένηται τὰ ἁμαρτήματα τῶν τὴν Ἰουδαίαν 20

cf. Hos iv 14

οἰκούντων, μηκέτι ἐπισκέψασθαι ἐπὶ τὰς θυγατέρας αὐτῶν ὅταν πορνεύσωσιν, καὶ ἐπὶ τὰς νύμφας αὐτῶν ὅταν μοι-

cf. Ezek
xxiv 13

χεύσωσιν. καὶ ἀλλαχοῦ φησίν· Ἀνθ' ὧν ἐκαθάρισά σε, καὶ οὐκ ἐκαθαρίσθης, οὐ θυμωθήσομαι ἐπὶ σοὶ ἔτι, οὐδὲ ζηλώσω ἐπὶ σοὶ ἔτι. οὐκοῦν οἷς οὐ θυμοῦται ἁμαρτά- 25 νουσιν, ἵν' οὕτως εἴπω, χολούμενος οὐ θυμοῦται.

7. Παρατηρητέον δὲ καὶ ἐν ταῖς προφητικαῖς ἀπειλαῖς

Ezek vii 27
et passim

ἐπὶ τοῖς πολλοῖς, ὅτι ἐπιλέγεται τό· Γνώσονται ὅτι ἐγώ

---

1 δυσπαθῶς C   3 γένοιτο B; γεγονέναι C   5 μέχρι καὶ]
μέχρις B   7, 8 τοῦ ἁμαρτωλοῦ C   9, 10 ἐπαγγέλεται A; ἀπαγγε-
λίαν C   om. τὴν A   11 ἐγκαταλίπωσιν C   16 κυρίου]
θεοῦ AC   17 om. ἐν AC   21 ἐπισκέψεσθαι A   22 πορ-
νεύωσι C   22, 23 μοιχεύωσι C   23 om. καὶ ἀλλαχοῦ φησίν B
27 ἐν] ἐπὶ AC   28 om. γνώσονται B

ABC εἰμι κύριος· καὶ ἀπειλαῖς οὐ μόνον Ἰσραηλιτικαῖς, ἀλλὰ
καὶ Αἰγυπτίοις καὶ Ἀσσυρίοις καὶ ἑτέρων ἐχθρῶν τοῦ λαοῦ.
τοῦτο δὲ τὸ ἐπὶ τέλει πολλῶν νομιζομένων ἀπειλῶν καὶ
ἐν τῇ Ἐξόδῳ ἀναγέγραπται· Καὶ γνώσονται γὰρ, φησὶ, Εx vii 5
5 πάντες οἱ Αἰγύπτιοι ὅτι ἐγώ εἰμι κύριος· ὡς διὰ τοῦτο τῶν
νομιζομένων χαλεπῶν ἐπαγομένων αὐτοῖς, ἵνα γνῶσι τὸν
κύριον. ἐν δὲ τοῖς Μακκαβαϊκοῖς τοιοῦτόν τι λέγεται·
Παρακαλῶ δὲ τοὺς ἐντυγχάνοντας τῇδε τῇ βίβλῳ μὴ 2 Mac vi
συστέλλεσθαι διὰ τὰς συμφοράς, νομίζειν δὲ τὰ γινόμενα 12 ff.
10 μὴ πρὸς ὄλεθρον ἀλλὰ πρὸς παιδείαν τοῦ γένους ἡμῶν
εἶναι· καὶ γὰρ τὸ μὴ πολὺν χρόνον ἐᾶσθαι δυσσεβοῦντας,
ἀλλ' εὐθέως περιπίπτειν ἐπιτιμίοις, μεγάλης εὐεργεσίας
σημεῖόν ἐστι· οὐ γὰρ καθάπερ ἐπὶ τῶν ἄλλων ἐθνῶν
ἀναμένει μακροθυμῶν ὁ δεσπότης, ἕως εἰς τέλος ἀφιεμένων
15 αὐτῶν τῶν ἁμαρτημάτων ὕστερον αὐτοὺς ἐκδικῇ, οὕτως καὶ
ἐφ' ἡμῶν ἔκρινεν· παιδεύων δὲ μετὰ συμφορᾶς οὐκ ἐγκατα-
λείπει τὸν ἑαυτοῦ λαόν. εἰ γὰρ τὸ ὑποπίπτειν ἐπιτιμίοις
διὰ τὰ ἁμαρτήματα μεγάλης εὐεργεσίας ἐστὶ σημεῖον,
ἐπιτιμώμενος καὶ ὁ Φαραὼ μετὰ τὸ ἐσκληρύνθαι αὐτοῦ τὴν
20 καρδίαν, καὶ κολαζόμενος ἅμα τῷ λαῷ αὐτοῦ, ὅρα εἰ μὴ
οὐ μάτην ἐπιτετίμηται μηδὲ ἐπὶ τῷ ἰδίῳ κακῷ. οἱονεὶ δὲ
μιμητὴς θεοῦ γινόμενος κατὰ τὸ ἐπιβάλλον τοῖς καιροῖς ὁ
Δαυεὶδ ἐντέλλεται περὶ τοῦ Ἰωὰβ τῷ Σολομῶντι κολάσαι
αὐτὸν διὰ τὰ ἡμαρτημένα εἰς Ἀβεννὴρ υἱὸν Νήρ, καὶ ἀπο-
25 κτεῖναι διὰ τὰ ἐπταισμένα· εἶτα ἐπιφέρει· Καὶ κατάξεις 1 Reg ii 6
αὐτοῦ τὴν πολιὰν ἐν εἰρήνῃ εἰς ᾅδου. δῆλον δὲ ὅτι, ὡς καὶ
ὁ Ἑβραῖος ἡμῖν ἀπήγγειλε, τὸ διὰ τοῦ κολασθῆναι αὐτὸν
ἐν εἰρήνῃ κοιμηθήσεσθαι, οὐκ ἔτι ὀφειλομένης αὐτῷ βα-
σάνου καὶ κολάσεως, διὰ τὸ ἐντεῦθεν ἤδη ἀπειληφέναι
30 αὐτὸν, μετὰ τὴν ἐντεῦθεν ἀπαλλαγήν. οὕτω δ' ἡμεῖς καὶ

---

1 ἀπειλεῖ C   Ισραηλίταις C   2 ἑτέροις ἐχθροῖς C   4 ἀνα-
γέγραπται] post hoc habent ἄρα γὰρ κ.τ.λ. AC; cf. p. 244 l. 15
7 κύριον] θεόν AC   8 om. δὲ C   13 ἐστὶ σημεῖον C   14 ἕως]
ὡς C   16 ἡμῶν C   19 om. ὁ B   μετὰ] διὰ B   25 πα-
τάξεις A   26 om. δὲ B   27 ἐπήγγειλεν B

πᾶσαν ἀπειλὴν καὶ πόνον καὶ κόλασιν τὰ προσαγόμενα ΑΒC
ἀπὸ τοῦ θεοῦ νοοῦμεν γίνεσθαι οὐδέποτε κατὰ τῶν πα- 117
σχόντων, ἀλλ᾽ ἀεὶ ὑπὲρ αὐτῶν. καὶ τὰ χαλεπώτατα γοῦν
νομιζόμενα θεῷ προσάπτεσθαι τῶν ὀνομάτων, θυμὸς καὶ
ὀργή, ἐλέγχειν καὶ παιδεύειν λέγεται ἐν τῷ· Κύριε, μὴ τῷ 5
θυμῷ σου ἐλέγξῃς με, μηδὲ τῇ ὀργῇ σου παιδεύσῃς με·
τοῦ ταῦτα εὐχομένου δεομένου μὴ δεηθῆναι ἐλέγχου τοῦ διὰ
θυμοῦ θεοῦ καὶ παιδεύσεως τῆς διὰ τῆς ὀργῆς αὐτοῦ, ὥς
τινων ἐλεγχθησομένων τῷ θυμῷ τοῦ θεοῦ καὶ παιδευθησο-
μένων τῇ ὀργῇ αὐτοῦ.   10

8. Ἵνα δὲ μᾶλλον προσιώμεθα τὰ λεγόμενα, καὶ ἀπὸ
τῆς καινῆς διαθήκης παραπλησίοις ῥητοῖς χρηστέον, τοῦ
μὲν σωτῆρος λέγοντος· Πῦρ ἦλθον βαλεῖν ἐπὶ τὴν γῆν,
καὶ εἴθε ἤδη ἐκάη· οὐκ ἂν γὰρ, μὴ σωτηρίου ὄντος τοῦ
πυρὸς ὃ ἦλθε βαλεῖν ἐπὶ τὴν γῆν, καὶ ἀνθρώποις γε σω- 15
τηρίου, ἔλεγε ταῦτα ὁ τοῦ ἀγαθοῦ θεοῦ υἱός. ἀλλὰ καὶ ὁ
Πέτρος ἀνελὼν τῷ λόγῳ τὸν Ἀνανίαν καὶ τὴν Σάπφειραν,
ἁμαρτήσαντας ἐν τῷ ψεύδεσθαι οὐκ ἀνθρώποις ἀλλὰ τῷ
κυρίῳ, οὐ μόνον πεφροντικὼς τῆς οἰκοδομῆς τῆς τῶν ἐκ
τοῦ ὁρᾶν τὸ γεγενημένον εὐλαβεστέρων ἐσομένων εἰς τὴν 20
Χριστοῦ πίστιν, ἀλλὰ καὶ τῶν ἀποθνησκόντων· βουλό-
μενος αὐτοὺς κεκαθαρμένους τῷ αἰφνιδίῳ θανάτῳ καὶ παρὰ
προσδοκίαν ἀπαλλάξαι τοῦ σώματος, ἔχοντάς τι καὶ δικαι-
ώσεως, ἐπεὶ κἂν τὸ ἥμισυ τῶν ὑπαρχόντων δεδώκασιν εἰς
τὴν χρείαν τῶν δεομένων. καὶ Παῦλος δὲ τὸν σὺν τῷ 25
ἀνθυπάτῳ Σεργίῳ Παύλῳ τῷ λόγῳ τυφλῶν διὰ τῶν πόνων
ἐπιστρέφει εἰς τὴν θεοσέβειαν, λέγων αὐτῷ· Ὦ πλήρης
παντὸς δόλου καὶ πάσης ῥᾳδιουργίας, υἱὲ διαβόλου, ἐχθρὲ
πάσης δικαιοσύνης, οὐ παύσῃ διαστρέφων τὰς ὁδοὺς κυρίου
τὰς εὐθείας; καὶ νῦν ἔσῃ τυφλός, μὴ βλέπων τὸν ἥλιον 30

Ps vi 1;
xxxviii
(xxxvii) 1

Lc xii 49

cf. Act v 4

Act xiii 10 f.

1 ἀπειλήν] post hoc habent ἀπό τε τῶν ἱερῶν γραφῶν κ.τ.λ. ΑC;
cf. p. 245 l. 13   2 νομίζομεν C   4 θεῷ νομιζόμενα C   4, 5 θυμῷτε
καὶ ὀργῆι (sic pr. m.) B   8 θυμοῦ θεοῦ] τοῦ θυμοῦ B   11 προσ-
ιέμεθα BC   14 ἤδη] δὲ ΑC   21 χριστοῦ] εἰς χριστὸν C   24 διδόασιν B
26 τυφλῶν] αὐτὸνἐλὼν (sic) B   27 εἰς τὴν] αὐτὸν εἰς C

ABC ἄχρι καιροῦ. ποίου γὰρ καιροῦ, ἢ τοῦ ὅτε ἐπιπληχθεὶς
καὶ βασανισθεὶς διὰ τὰ ἁμαρτήματα ἔμελλε μετανοῶν
ἄξιος γενέσθαι ἀμφοτέρως τὸν ἥλιον ἰδεῖν· καὶ κατὰ σῶμα,
ἵνα ἐξαγγέληται ἡ θεία δύναμις ἐπὶ τῇ ἀποκαταστάσει τῆς
5 ὄψεως αὐτοῦ· καὶ κατὰ ψυχήν, ὅτε ἔμελλεν ὡς πιστεύων
ὄνασθαι τῆς θεοσεβείας; ἀλλὰ καὶ Δημᾶς καὶ Ἑρμογένης,
οὓς παρέδωκε τῷ Σατανᾷ ἵνα παιδευθῶσι μὴ βλασφημεῖν, cf. 1 Tim i
παραπλήσιόν τι πεπόνθασι τοῖς προειρημένοις. καὶ ὁ ἐν 20
Κορίνθῳ τὴν γυναῖκα τοῦ πατρὸς ἐσχηκὼς καὶ αὐτὸς
10 παραδίδοται τῷ Σατανᾷ εἰς ὄλεθρον τῆς σαρκός, ἵνα τὸ 1 Co v 5
πνεῦμα σωθῇ ἐν τῇ ἡμέρᾳ τοῦ κυρίου. οὐ θαυμαστὸν οὖν
εἰ καὶ τὰ περὶ τὸν Φαραὼ τὸν σκληρυνόμενον καὶ ἐπὶ τέλει
τοιαύταις κολάσεσι περιβαλλόμενον ἀπὸ ἀγαθότητος οἰκο-
νομεῖται θεοῦ. ταῦτα δὲ ἡμῖν ἐπὶ τοῦ παρόντος, ὡς
118 ὑπέπεσεν, εἰρήσθω περὶ τοῦ· Ἐσκλήρυνε δὲ κύριος τὴν Ex x 27
καρδίαν Φαραώ. ἐὰν δέ τις τὸ πρὸς θεὸν εὐσεβὲς τηρῶν
κρείττονα καὶ μηδαμῶς ἀσεβείας ἐφαπτόμενα εὑρίσκῃ,
μετὰ μαρτυριῶν τῶν ἀπὸ τῶν θείων γραφῶν, ἐκείνοις
μᾶλλον χρηστέον.

20 καὶ ἐν ἄλλοιc περὶ τοῦ αὐτοῦ·

9. Ἔτι δὲ ἐφίστημι ἐν τοῖς κατὰ τὸν τόπον μήποτε,
ὥσπερ οἱ ἰατροὶ τῶν λυσσοδήκτων τὸν ἰὸν ἐπισπώμενοι εἰς
τὴν ἐπιφάνειαν, ἵνα μὴ ἔνδον νεμόμενος διαφθείρῃ τὸν
ἄνθρωπον, χαλεπωτέρας ἐμποιοῦσι διαθέσεις καὶ φλεγ-
25 μονάς· οὕτως ὁ θεὸς τὴν ἐγκρυπτομένην καὶ ἐμφωλεύουσαν
τοῖς βάθεσι τῆς ψυχῆς κακίαν, διὰ τῆς αὐτοῦ ἰατρικῆς
ἐπισπᾶται ἐπὶ τὰ ἔξω, ὥστε φανερὰν αὐτὴν καὶ ἐναργεστέραν
γενέσθαι, ἵνα μετὰ τοῦτο τὴν ἑξῆς ἐπαγάγῃ θεραπείαν.
τοιαῦτα δὲ ἡγοῦμαι καὶ τὰ ἐν Δευτερονομίῳ ῥητά, τοῦτον
30 ἔχοντα τὸν τρόπον· Καὶ μνησθήσῃ πᾶσαν τὴν ὁδὸν ἣν Deut viii 2 f.
διήγαγέν σε κύριος ὁ θεός σου τοῦτο τεσσαρακοστὸν ἔτος

1 om. γὰρ C   3 γίνεσθαι C   4, 5 τῶν ὄψεων C   5 om. ὡς
C   7 οὓς]+αὐτὸς B   13, 14 οἰκονομεῖσθαι B   15 om. δὲ C
16 πρὸς]+τὸν C   22 εἰς]ἐπὶ C   27 ἐπὶ]εἰς C   29 ἐν]+τῷ C

ἐν τῇ ἐρήμῳ, ὅπως κακώσῃ σε καὶ πειράσῃ σε, καὶ διαγνω- ABC
σθῇ τὰ ἐν τῇ καρδίᾳ σου, εἰ φυλάξῃ τὰς ἐντολὰς αὐτοῦ ἢ
οὔ. καὶ ἐκάκωσέν σε καὶ ἐλιμαγχόνησέν σε, καὶ ἐψώμισέν
σε τὸ μάννα ὃ οὐκ ᾔδεις σὺ καὶ οὐκ ᾔδεισαν οἱ πατέρες σου·
ἵνα ἀναγγείλῃ σοι ὅτι οὐκ ἐπ᾽ ἄρτῳ μόνῳ ζήσεται ἄνθρωπος, 5
ἀλλ᾽ ἐπὶ παντὶ ῥήματι ἐκπορευομένῳ διὰ στόματος θεοῦ
ζήσεται ὁ ἄνθρωπος. τήρει δὲ ἐν τούτοις ὅτι κακοῖ ὁ θεὸς
καὶ ἐκπειράζει, ἵνα διαγνωσθῇ τὰ ἐν τῇ ἑκάστου καρδίᾳ,
ὡς ὄντα μὲν ἐναποκείμενα δὲ τῷ βάθει καὶ εἰς φανερὸν διὰ
τῶν κακώσεων ἐρχόμενα. τοιοῦτόν ἐστι καὶ τὸ ἐν τῷ Ἰὼβ 10
ὑπὸ τοῦ κυρίου διὰ λαίλαπος καὶ νεφῶν ἀπαγγελλόμενον
Job xl 3   πρὸς τὸν Ἰὼβ οὕτως· Οἴει δέ με ἄλλως σοι κεχρηματικέναι
ἢ ἵνα ἀναφανῇς δίκαιος; οὔτε γὰρ εἶπε· ἵνα γένῃ δίκαιος·
ἀλλ᾽· ἵνα ἀναφανῇς· τοιοῦτος ὢν μὲν καὶ πρὸ τῶν πειρα-
σμῶν, ἀναφανῇς δὲ ἐν τοῖς συμβεβηκόσιν.   15
καὶ πάλιν ἐν ἄλλῳ τόπῳ ἐν ταῖς αὐταῖς εἰς τὴν
Ἔξοδον σημειώσεσιν·
    10. Ἔλεγε δέ τις τῶν καθ᾽ ἡμᾶς, ἀπὸ τῆς συνηθείας
τὸ ζητούμενον παραμυθούμενος, ὅτι πολλάκις οἱ χρηστοὶ
κύριοι μακροθυμοῦντες ἐπὶ τοὺς ἁμαρτάνοντας τῶν οἰκετῶν 20
λέγειν εἰώθασι τό· Ἐγώ σε ἀπώλεσα· καί· Ἐγώ σε πονη-
ρὸν ἐποίησα· μετὰ ἤθους ἐμφαίνοντες ὅτι ἡ χρηστότης
αὐτῶν καὶ ἡ μακροθυμία πρόφασις δοκεῖ γεγονέναι τῆς ἐπὶ
πλεῖον πονηρίας. ὥσπερ οὖν τούτων λεγομένων συκοφαν-
τῶν τις δύναται λέγειν, ὅτι ὡμολόγησεν ὁ δεσπότης πονηρὸν 25
πεποιηκέναι τὸν οἰκέτην· οὕτω τὰ ὑπὸ τῆς ἀγαθότητος 119
τοῦ θεοῦ πρόφασις γενόμενα τῆς σκληρότητος τοῦ Φαραὼ
ἐσκληρυκέναι ἀναγέγραπται τὴν καρδίαν Φαραώ. παραμυ-
θήσεται δὲ οὗτος ἐξ ἀποστολικῶν ῥητῶν ὃ νενόηκεν εἰπεῖν·
Ro ii 4 ff.   Ἢ τοῦ πλούτου τῆς χρηστότητος αὐτοῦ καὶ τῆς ἀνοχῆς καὶ 30

    7 om. ὁ C   δὲ] γὰρ B   12 οἴη AB   om. δέ AC
με] + μὴ B   13 om. ἵνα (sec.) C   15 forte leg. ἀναφανεὶς
16 τόμῳ C   16, 17 om. εἰς τὴν ἔξοδον B   18 δὲ] δὴ A   22 μετά]
+ τοῦ C   27 τῇ σκληρότητι B   29 ὢν νενοηκέναι B

ABC(G) τῆς μακροθυμίας καταφρονεῖς, ἀγνοῶν ὅτι τὸ χρηστὸν τοῦ
θεοῦ εἰς μετάνοιάν σε ἄγει; κατὰ δὲ τὴν σκληρότητά σου
καὶ ἀμετανόητον καρδίαν θησαυρίζεις σεαυτῷ ὀργὴν ἐν
ἡμέρᾳ ὀργῆς καὶ ἀποκαλύψεως καὶ δικαιοκρισίας τοῦ θεοῦ,
5 ος ἀποδώσει ἑκάστῳ κατὰ τὰ ἔργα αὐτοῦ. ὁ αὐτὸς γοῦν
ἀπόστολος ἐν τῇ αὐτῇ ἐπιστολῇ τῇ πρὸς Ῥωμαίους φησίν·
Εἰ δὲ θέλων ὁ θεὸς ἐνδείξασθαι τὴν ὀργὴν καὶ γνωρίσαι τὸ Ro ix 22
δυνατὸν αὐτοῦ ἤνεγκεν ἐν πολλῇ μακροθυμίᾳ σκεύη ὀργῆς
κατηρτισμένα εἰς ἀπώλειαν· ὡς τῆς μακροθυμίας τοῦ θεοῦ
10 ἐνηνοχυίας τὰ σκεύη τῆς ὀργῆς καὶ οἱονεὶ γεγεννηκυίας. εἰ
γὰρ παρὰ τὸ μακροθυμεῖν αὐτὸν οὐ κολάζοντα τοὺς ἁμαρ-
τάνοντας ἀλλ᾽ ἐλεοῦντα ἐπλεόνασε τῇ χύσει τῆς κακίας,
αὐτός πως ἤνεγκε τῇ ἑαυτοῦ μακροθυμίᾳ τὰ σκεύη τῆς
ὀργῆς, καὶ, ἵν᾽ οὕτως εἴπω, αὐτὸς αὐτὰ πεποίηκε σκεύη
15 ὀργῆς, καὶ κατὰ τοῦτο αὐτὸς ἐσκλήρυνε τὴν καρδίαν αὐτῶν.
ὅτε γὰρ σημείων τοσούτων καὶ τεράτων γινομένων οὐ
πείθεται ὁ Φαραὼ, ἀλλὰ μετὰ τηλικαῦτα ἀνθίσταται, πῶς
οὐ σκληρότερος καὶ ἀπιστότερος ὢν ἐλέγχεται, τῆς σκλη-
ρότητος καὶ τῆς ἀπιστίας δοκούσης ἐκ τῶν τεραστίων
20 δυνάμεων γεγονέναι; ὅμοιον δὲ καὶ τὸ ἐν τῷ εὐαγγελίῳ·
Εἰς κρίμα ἐγὼ εἰς τὸν κόσμον τοῦτον ἦλθον· οὐ γὰρ Jn ix 39
προέθετο ὁ σωτὴρ εἰς κρίμα ἐλθεῖν, ἀλλ᾽ ἠκολούθησε τῷ
ἐληλυθέναι αὐτὸν τὸ εἰς κρίμα αὐτὸν ἐληλυθέναι τῶν μετὰ
τὰ τεράστια οὐ πεπιστευκότων αὐτῷ· ἀλλὰ καὶ εἰς πτῶσιν cf. Lc ii 34
25 πολλῶν παρεγένετο· οὐ προθέμενος ὅτε παρεγίνετο ποιῆσαι
πεσεῖν τούτους, ὧν εἰς πτῶσιν ἐλήλυθεν.

καὶ μεθ᾽ ἕτερα·

11. Οὕτως τὰ τεράστια γινόμενα τοῖς μὲν δεχομένοις
καὶ πιστεύουσιν, ὥσπερ τοῖς ἐπιμίκτοις Αἰγυπτίοις τοῖς

---

2 κατά] διὰ C   4 καὶ δικαιοκρισίας] δικαιοκρισίας A; καὶ
δικαιοσύνης C   10—14 om. καὶ οἱονεὶ—ὀργῆς καὶ B   12 om. τῆς
κακίας C   14 om. καὶ A   16 γενομένων C   18 om. ὢν C
20 δυναμένης C   23 τῶν μετὰ] inc. rursus G   25 ὅτε] ὅτι AG
παρεγένετο G   25, 26 om. πολλῶν—εἰς πτῶσιν C   29 ὥσπερ]
ὡς παρὰ C

συνεληλυθόσι τῷ λαῷ, ἔλεος ἦν· τοῖς δὲ ἀπειθοῦσι σκλη- ABCG
ρότητα ταῖς καρδίαις αὐτῶν ἐπιφέρει. καὶ ἐκ τοῦ εὐαγγε-
λίου δὲ ἔτι παρὰ τὰ εἰρημένα ἔστι τὰ ὅμοια παραθέσθαι,
περὶ τοῦ καὶ τὸν σωτῆρα κακῶν αἴτιον δοκεῖν γεγονέναι
Lc x 13 ff. τισίν· Οὐαί σοι, Χοραζίν· οὐαί σοι, Βηθσαϊδά· ὅτι εἰ ἐν 5
Τύρῳ καὶ Σιδῶνι ἐγένετο τὰ σημεῖα τὰ γενόμενα ἐν ὑμῖν,
πάλαι ἂν ἐν σάκκῳ καὶ σποδῷ καθήμενοι μετενόησαν.
πλὴν λέγω ὑμῖν, Τύρῳ καὶ Σιδῶνι ἀνεκτότερον ἔσται ἢ
ὑμῖν. καὶ σὺ, φησὶν, Καπερναούμ· καὶ τὰ ἑξῆς. προ-
γνώστης γὰρ ὢν ὁ σωτὴρ τῆς ἀπιστίας τῶν ἐν Χοραζὶν καὶ 10
τῶν ἐν Βηθσαϊδὰ καὶ τῶν ἐν Καπερναοὺμ, καὶ ὅτι ἀνεκτό-
τερον γίνεται γῇ Σοδόμων ἐν ἡμέρᾳ κρίσεως ἢ ἐκείνοις, διὰ
τί τὰ τεράστια ἐπετέλει ἐν Χοραζὶν καὶ ἐν Βηθσαϊδά, ὁρῶν 120
ὅτι διὰ ταῦτα ἀνεκτότερον γίνεται ἐν ἡμέρᾳ κρίσεως Τυρίοις
καὶ Σιδωνίοις ἢ τούτοις;   15

κⲁὶ μεθ’ ἕτερⲁ·

Ex iv 22 f.   12. Σὺ δὲ ἐρεῖς τῷ Φαραώ· τάδε λέγει κύριος· υἱὸς
πρωτότοκός μου Ἰσραήλ· εἶπα δέ σοι· ἐξαπόστειλον τὸν
λαόν μου ἵνα μοι λατρεύσῃ· εἰ δὲ μὴ βούλει ἐξαποστεῖλαι
αὐτόν, ὅρα οὖν, ἐγὼ ἀποκτενῶ τὸν υἱόν σου τὸν πρωτότοκον. 20
λεκτέον οὖν τοῖς φάσκουσι δικαίου ταῦτα εἶναι θεοῦ, καὶ
ὑπολαμβάνουσι κατὰ τὸ πρόχειρον τῆς λέξεως ἐσκληρύνθαι
τὴν καρδίαν Φαραώ· πῶς δίκαιος ὁ σκληρύνας τε τὴν
καρδίαν τοῦ βασιλέως ἵνα μὴ ἐξαποστείλῃ τὸν λαὸν αὐτοῦ,
καὶ ἀπειλῶν εἰ μὴ ἀπολύσει ἀποκτεῖναι τὸν πρωτότοκον 25
αὐτοῦ υἱόν; θλιβόμενοι γὰρ πονηρὸν αὐτὸν ὁμολογήσουσιν.
εἶτα πάλιν ἀπὸ ἑτέρων ἀνατραπήσονται καὶ συναχθήσονται
εἰς τὸ μὴ τῇ προχείρῳ λέξει δουλεύειν, οὐ δυναμένῃ κατ’
αὐτοὺς σῶσαι τὸ δίκαιον τοῦ δημιουργοῦ. ἅπαξ δὲ ἐὰν

5, 10, 13 χωραζεῖν B; χωραζίν C   5 βιθσαϊδά B; βιτσαϊδά A
9 om. καὶ σὺ φ. καπ. C   11, 13 βιθσαϊδὰν B; βιτσαϊδὰ A
11 καφαρναοὺμ B   12 γίνεται] ἔσται B   13 τεράστια ἐπετέ-
λει] σημεῖα ἐπιτελεῖ B   14 om. διὰ ταῦτα G   19 λατρεύσωσιν
CG   20 γοῦν C   25 εἰ μὴ ἀπολύσει] τῷ μὴ παρ’ αὐτὸν τὸ
ABG

ABC(G) συναναγκασθῶσι βεβιασμένως ταῦτα ἐξετάζειν, ἀναβή-
σονται ἐπὶ τὸ μηκέτι κατηγορεῖν τοῦ δημιουργοῦ ἀλλὰ
φάσκειν αὐτὸν εἶναι ἀγαθόν. πευστέον οὖν τῶν οἰομένων
νενοηκέναι τό· Ἐσκλήρυνε κύριος τὴν καρδίαν Φαραώ· Ex x 27
5 πότερον ἀληθῶς ταῦτα λέγεσθαι πιστεύουσιν ὑπὸ τοῦ θεοῦ
διὰ Μωσέως ἐνθουσιῶντος ἢ ψευδῶς. εἰ μὲν γὰρ ψευδῶς,
οὔτε δίκαιος ἔτι κατ᾽ αὐτοὺς ὁ θεὸς οὔτε ἀληθής, καὶ ὅσον
ἐπὶ τούτοις οὐδὲ θεός· εἰ δ᾽ ἀληθῶς, κατανοείτωσαν εἰ μὴ
ὡς αὐτεξούσιον αἰτιᾶται λέγων· Εἰ δὲ μὴ βούλει ἐξαποστεῖ- Ex iv 23
10 λαι αὐτόν· καὶ ἀλλαχοῦ· Ἕως τίνος οὐ βούλει ἐντραπῆναί Ex x 3
με; τὸ γάρ· Ἕως τίνος οὐ βούλει ἐντραπῆναί με; δυσω-
πητικῶς λέγεται πρὸς τὸν Φαραώ, ὡς οὐκ ἐντρεπόμενον οὐ
παρὰ τὸ μὴ δύνασθαι ἀλλὰ παρὰ τὸ μὴ βούλεσθαι. καὶ
τὸ λεγόμενον δὲ ἀνωτέρω παρὰ Μωσέως πρὸς Φαραώ· Ἵνα Ex ix 29 f.
15 γνῷς ὅτι τοῦ κυρίου ἡ γῆ· καὶ σὺ καὶ οἱ θεράποντές σου
ἐπίσταμαι ὅτι οὐδέποτε πεφόβησθε τὸν κύριον· δηλοῖ ὅτι
φοβηθήσονται· ὅπερ ἁρμόζει πρὸς τοὺς ἑτεροδόξους περί
τε ἀγαθότητος θεοῦ καὶ τοῦ μὴ εἶναι ἀπολλυμένην φύσιν.

Καὶ πάλιν ἐκ τοῦ Δευτέρου τόμου τῶν εἰς τὸ ᾆσμα.

20   13. Πρόσχες δὲ καὶ τούτοις εἰς τὸν τόπον, ὅτι ὁ ἥλιος
λευκὸς καὶ λαμπρὸς ὢν δοκεῖ τὴν αἰτίαν ἔχειν τοῦ μελανοῦν,
οὐ παρ᾽ ἑαυτόν, ἀλλὰ παρὰ τὸν ὡς ἀποδεδώκαμεν με-
λανούμενον. οὕτω δὲ μήποτε καὶ σκληρύνει κύριος τὴν
καρδίαν Φαραώ, τῆς αἰτίας τούτου οὔσης περὶ αὐτὸν κατο- cf. Ex i 14
25 δυνῶντα τὴν τῶν Ἑβραίων ζωὴν ἐν τοῖς ἔργοις τοῖς σκλη-
ροῖς, τῷ πηλῷ καὶ τῇ πλινθείᾳ, καὶ πᾶσι τοῖς ἔργοις, οὐχὶ
τοῖς ἐν ὄρεσι καὶ βουνοῖς, ἀλλὰ τοῖς ἐν τοῖς πεδίοις. ὑλικὸς
γάρ τις ἀπὸ τῆς ἑαυτοῦ κακίας γεγενημένος, καὶ κατὰ
σάρκα κατὰ πάντα ζῶν, πηλῷ φίλος τυγχάνων βούλεται
30 καὶ τοὺς Ἑβραίους πηλοποιεῖν, τὸ ἡγεμονικὸν ἔχων οὐ

1 νῦν ἀναγκ. C   3 πιστευτέον B*   4 κύριος]+ὁ θεὸς C
12 om. ὡς C   14 om. ἀνωτέρω C   19 ᾆσμα]+τῶν ᾀσμάτων C
20 Ru. III. 51   om. εἰς τὸν τόπον C   27 ὄρεσιν ἢ B
28 ἑαυτοῦ] post hoc desinit G

καθαρὸν πηλοῦ· ὅπερ, ὡς πηλὸς ὑπὸ ἡλίου σκληρύνεται, ABC
οὕτως ὑπὸ τῶν αὐγῶν τοῦ θεοῦ ἐπισκοπουσῶν τὸν Ἰσραὴλ
ἐσκληρύνθη. ὅτι δὲ τοιαῦτά ἐστιν ἐν τοῖς κατὰ τὸν τόπον,
καὶ οἰχ ἱστορίαν ψιλὴν πρόκειται ἀναγράφειν τῷ θεράποντι,
δῆλον ἔσται τῷ συνορῶντι ὅτι, ἡνίκα κατεστέναξαν οἱ υἱοὶ 5

cf. Ex ii 23 f. Ἰσραήλ, οὔτε ἀπὸ τῆς πλινθείας οὔτε ἀπὸ τοῦ πηλοῦ οὔτε
ἀπὸ τῶν ἀχύρων κατεστέναξαν, ἀλλ' ἀπὸ τῶν ἔργων· καὶ 52
ἀνέβη αὐτῶν ἡ βοὴ πρὸς θεὸν οὐκ ἀπὸ πηλοῦ, ἀλλὰ πάλιν
ἀπὸ τῶν ἔργων. διὸ καὶ εἰσήκουσεν ὁ θεὸς τῶν στεναγμῶν
αὐτῶν· οὐκ εἰσακούων στεναγμοῦ τῶν οὐκ ἀπὸ ἔργων 10
βοώντων πρὸς αὐτόν, ἀλλ' ἀπὸ πηλοῦ καὶ τῶν γηΐνων
πράξεων.

2 τὸν] τῷ AC   4 om. τῷ θεράποντι C   9 ὁ θεὸς τῶν
στεναγμῶν] κύριος τὸν στεναγμὸν A

INDEX LOCORVM.

*Pages marked with an asterisk contain an allusion only. The references to the
Psalms follow the* LXX *numbering.*

R.   17

INDEX NOMINVM PROPRIORVM.

Names of frequent recurrence and Scripture names as a rule are not included.

INDEX VERBORVM.

CAMBRIDGE : PRINTED BY C. J. CLAY, M.A. AND SONS AT THE UNIVERSITY PRESS.

SOME PUBLICATIONS OF
THE CAMBRIDGE UNIVERSITY PRESS.

TEXTS AND STUDIES: CONTRIBUTIONS TO BIBLICAL AND PATRISTIC LITERATURE.

Edited by J. ARMITAGE ROBINSON, B.D., Norrisian Professor of Divinity.

Vol. I. **No. 1.** **The Apology of Aristides on behalf of** THE CHRISTIANS. Edited from a Syriac MS., with an Introduction and Translation by J. RENDEL HARRIS, M.A., and an Appendix containing the chief part of the Original Greek, by J. ARMITAGE ROBINSON, B.D. *Second Edition.* Demy 8vo. 5s. net.

No. 2. **The Passion of S. Perpetua:** the Latin freshly edited from the Manuscripts with an Introduction and Appendix containing the Original Latin Form of the Scillitan Martyrdom; by J. ARMITAGE ROBINSON, B.D. 4s. net.

No. 3. **The Lord's Prayer in the Early Church;** with Special Notes on the Controverted Clauses; by F. H. CHASE, B.D. 5s. net.

No. 4. **The Fragments of Heracleon:** the Greek Text with an Introduction by A. E. BROOKE, M.A. 4s. net.

Vol. II. **No. 1.** **A Study of Codex Bezae.** By J. RENDEL HARRIS, M.A. 7s. 6d. net.

No. 2. **The Testament of Abraham.** By M. R. JAMES, M.A., with an Appendix containing Translations from the Arabic of the Testaments of Abraham, Isaac and Jacob, by W. E. BARNES, B.D. 5s. net.

No. 3. **Apocrypha Anecdota:** containing the Latin Version of the Apocalypse of Paul, the Apocalypses of the Virgin, of Sedrach, of Zosimus, &c.: by M. R. JAMES, M.A. 6s. net.

The following is in course of preparation:

Vol. III. No. 1. **The Rules of Tyconius:** freshly edited from the MSS., with an examination of his witness to the Old Latin Version: by F. C. BURKITT, M.A.

CAMBRIDGE UNIVERSITY PRESS.

The Gospel according to Peter and The Revelation of PETER. Two Lectures on the Newly Recovered Fragments together with the Original Texts. By J. ARMITAGE ROBINSON, B.D., Norrisian Professor of Divinity, and MONTAGUE RHODES JAMES, M.A., Fellow and Dean of King's College. Crown 8vo. Paper covers, 2s. Cloth, 2s. 6d. net.

A Collation of the Athos Codex of the Shepherd of HERMAS. Together with an Introduction by SPYR. P. LAMBROS, PH.D., translated and edited with a Preface and Appendices by J. ARMITAGE ROBINSON, B.D. Demy 8vo. 3s. 6d.

The Witness of Hermas to the Four Gospels. By C. TAYLOR, D.D., Master of St John's College, Cambridge. Fcap. 4to. Buckram. 7s. 6d. net.

Psalms of the Pharisees, commonly known as the Psalms of Solomon. Edited by the Rev. H. E. RYLE, B.D., Hulsean Professor of Divinity, and M. R. JAMES, M.A., Fellow of King's College, Cambridge. Demy 8vo. 15s.

Theodore of Mopsuestia's Commentary on the Minor EPISTLES OF S. PAUL. The Latin Version with the Greek Fragments, edited from the MSS. with Notes and an Introduction, by H. B. SWETE, D.D. In Two Volumes. Volume I., containing the Introduction, with Facsimiles of the MSS., and the Commentary upon Galatians—Colossians. Demy 8vo. 12s.

Volume II., containing the Commentary on 1 Thessalonians—Philemon, Appendices and Indices. 12s.

The Diatessaron of Tatian. A preliminary Study. By J. RENDEL HARRIS, M.A. Royal 8vo. 5s.

The Teaching of the Apostles. Newly edited, with Facsimile Text and Commentary, by J. RENDEL HARRIS, M.A. Demy 4to. £1. 1s.

The following (uniform with the **Philocalia**) is in course of preparation:

Origen's Commentaries on S. John: freshly edited by A. E. BROOKE, M.A., Fellow of King's College.

LONDON: C. J. CLAY AND SONS,
CAMBRIDGE UNIVERSITY PRESS WAREHOUSE,
AVE MARIA LANE.

11314025R00187

Printed in Great Britain
by Amazon.co.uk, Ltd.,
Marston Gate.